C000153169

NomosPraxis

Murad Erdemir [Hrsg.]

Das neue Jugendschutzgesetz

Dr. Anna K. Bernzen, Universität Bonn | **Benjamin Dankert**, B.A., Rechtsanwalt, Hamburg | **Dr. Stephan Dreyer**, Leibniz-Institut für Medienforschung, Hans-Bredow-Institut (HBI) | **Sarah Ehls**, Universität Göttingen | **Prof. Dr. Murad Erdemir**, Hessische Landesanstalt für privaten Rundfunk und neue Medien; Universität Göttingen | **Christian Krebs**, LL.M., Niedersächsische Landesmedienanstalt | **Philipp Sümmermann**, LL.M., Rechtsanwalt, Köln | **Dr. Jörg Ukrow**, LL.M. Eur., Landesmedienanstalt Saarland | **Raphael Wager**, Universität Göttingen | **Kerstin Waldeck**, Hessische Landesanstalt für privaten Rundfunk und neue Medien

Nomos

Zitiervorschlag: *Bearbeiter* in Erdemir Das neue JuSchG § ... Rn. ...

Die Deutsche Nationalbibliothek verzeichnet diese Publikation in der Deutschen Nationalbibliografie; detaillierte bibliografische Daten sind im Internet über http://dnb.d-nb.de abrufbar.

ISBN 978-3-8487-7191-2

1. Auflage 2021
© Nomos Verlagsgesellschaft, Baden-Baden 2021. Gesamtverantwortung für Druck und Herstellung bei der Nomos Verlagsgesellschaft mbH & Co. KG. Alle Rechte, auch die des Nachdrucks von Auszügen, der fotomechanischen Wiedergabe und der Übersetzung, vorbehalten.

Vorwort

An der Dauerbaustelle Jugendmedienschutz[*] wird wieder gearbeitet!

Mit dem am 1. Mai 2021 in Kraft getretenen Zweiten Jugendschutzänderungsgesetz vom 9. April 2021 hat der Bund couragiert den ersten Schritt gemacht, das Jugendmedienschutzrecht offen für gesellschaftliche Veränderungen und hochdynamische Angebotsentwicklungen in konvergenten Medienumgebungen zu gestalten. Pflichten zur Implementation von Vorsorgemaßnahmen für Plattformen mit nutzergenerierten Inhalten geben eine erste Antwort auf die neuen Anforderungen aufgrund gewachsener Kommunikations- und Interaktionsrisiken für Kinder und Jugendliche in der digitalen Welt. Dabei hat das reformierte Jugendschutzgesetz seinen obrigkeitsrechtlichen Gestus nicht verloren. Und die neuen Regelungen werfen mehr Fragen auf, als sie beantworten. Darüber hinaus bewegen sie sich auf besonders grundrechtssensiblem Terrain, zumal sie ihre Durchsetzung mit der neu geschaffenen Bundeszentrale für Kinder- und Jugendmedienschutz einer Bundesoberbehörde überantworten.

Der vorliegende Band möchte allen Anwenderinnen und Anwendern des neuen Rechts eine schnelle und zuverlässige Handreichung sein, damit der Aufenthalt auf der Baustelle möglichst sicher gelingt. Das Handbuch verzichtet deshalb auf eine detaillierte Darstellung theoretischer Streitfragen mittels umfangreicher Fußnotenapparate ebenso wie auf die apodiktische Sprache, die „klassische" Kommentarwerke auszeichnet und auch auszeichnen muss. Vielmehr werden sämtliche Beiträge von der Intention getragen, behutsam mit dem umstrittenen neuen Recht umzugehen, um Angebote für dessen praxisnahe und möglichst verfassungskonforme Anwendung zu machen und es nicht vorschnell irreparabel zu beschädigen. Hierbei wird ein deutlicher Fokus auch auf diejenigen Instrumentarien des Medienrechts gelegt, die bereits aus dem „alten" Jugendschutzgesetz bekannt sind.

Das Handbuch befindet sich auf dem Stand von Juli 2021. Für ihr unermüdliches Engagement, das Werk der ambitionierten Zielvorgabe von Herausgeber und Verlag entsprechend nahezu „just in time" mit dem neuen Jugendschutzgesetz erscheinen zu lassen, danke ich allen Autorinnen und Autoren sehr herzlich. Ebenso herzlich danke ich Herrn Dr. Marco Ganzhorn vom Nomos Verlag für die vorzügliche Betreuung. Es ist ein seltener Glücksfall, als Herausgeber einen solchen Lektor, gleichermaßen fachlich versiert wie menschlich zugewandt, an seiner Seite zu wissen.

Kritische Anmerkungen und Anregungen aus der Leserschaft sind jederzeit herzlich willkommen. Denn ein Praxishandbuch lebt von den Erfahrungen aus der Praxis. Und auf der Baustelle Jugendmedienschutz besteht weiterhin Helmpflicht!

Kassel, im September 2021 *Murad Erdemir*

---

[*] „Baustelle Jugendmedienschutz": So lautete bereits der Titel der 7. Jugendmedienschutztagung von ARD, ZDF sowie der Evangelischen Kirche in Deutschland (EKD) und der Deutschen Bischofskonferenz vom 27.11.2014 beim NDR in Hamburg.

Inhaltsverzeichnis

Vorwort 5

Bearbeiterverzeichnis 11

Allgemeines Literaturverzeichnis 13

Abkürzungsverzeichnis 17

§ 1 Das neue Jugendschutzgesetz: Willkommen in der digitalen Welt?! 21

A. Zeitgemäßer Jugendmedienschutz zwischen Abschirmung, Vorsorge und
   Teilhabe 23

B. Zeitgemäßer Jugendmedienschutz im Lichte unserer Verfassung 28

C. Staatsferne der Medienaufsicht 34

D. Quo vadis, Jugendmedienschutz? 37

E. Epilog: Das scharfe Schwert aus der analogen Welt 40

§ 2 Anwendungsbereich und (neue) Schutzziele 41

A. Verfassungsrechtlicher Jugendschutzauftrag als Leitlinie 42

B. Erweiterter Anwendungsbereich des JuSchG im Bereich Medien und
   Kommunikation 43

C. Räumlicher Geltungsbereich 46

D. Explizierung und Erweiterung der gesetzlichen Schutzziele 47

E. Die Berücksichtigung von Interaktionsrisiken als Paradigmenwechsel im
   Jugendmedienschutz 54

§ 3 Kennzeichnung von Filmen und Spielprogrammen 65

A. Allgemeines 67

B. Neue Rechtslage 72

C. Ausblick 97

§ 4 Kennzeichnung bei Film- und Spielplattformen 100

A. Allgemeines 102

B. Regulierte Selbstregulierung nach dem JMStV 108

C. Kennzeichnung bei Film- und Spielplattformen, § 14a JuSchG 110

D. Evaluierung nach § 29b JuSchG 129

E. Ordnungswidrigkeiten 130

F. Verfahren und Rechtsschutz 130

G. Zusammenfassung 131

H. Ausblick 132

§ 5 Anbieterpflichten zur Implementation von Vorsorgemaßnahmen 135

A. Vorsorgemaßnahmen als neues Instrument im Jugendmedienschutz 137

B. Persönlicher Anwendungsbereich 140

C. Verhältnis zum Haftungsprivileg in § 10 TMG 152

D. Verhältnis von Absatz 1 zu Absatz 2 153

E. Einzelne Vorsorgemaßnahmen (Abs. 2) 157

F. Verhältnis zu anderen Rechtsakten 169

G. Aufsicht und Rechtsdurchsetzung 172

H. Konkretisierung im Rahmen regulierter Selbstregulierung
(§ 24b Abs. 2 JuSchG) 173

§ 6 Indizierung von Medien 175

A. Allgemeines 176

B. Indizierungsfähige Medien 177

C. Einleitung des Indizierungsverfahrens 179

D. Entscheidung durch die Prüfstelle 181

E. Folgen der Indizierung 200

F. Streichung aus der Liste jugendgefährdender Medien 204

G. Fazit und Ausblick 211

§ 7 Bundeszentrale für Kinder- und Jugendmedienschutz 213

A. Einführung 214

B. Der Weg hin zur Bundeszentrale 215

C. Die Bundeszentrale: Struktur, Aufbau und Aufgaben 218

D. Rechtsschutz gegen Entscheidungen der Bundeszentrale 238

E. Fazit und Ausblick 240

§ 8 Straf- und ordnungsrechtliche Sanktionen 242

A. Strafrechtliche Sanktionen, § 27 JuSchG 243

B. Ordnungsrechtliche Sanktionen, § 28 JuSchG 250

§ 9 Europarechtliche Aspekte und Rechtsdurchsetzung gegenüber
ausländischen Anbietern 278

A. Einleitung 278

B. Die Regelungen zur Rechtsdurchsetzung gegenüber ausländischen
Anbietern im Überblick.. 281

C. Die Novelle des Jugendschutzgesetzes und das Gebot
unionsrechtskonformer Rechtsanwendung 283

D. Insbesondere: Zum inländischen Empfangsbevollmächtigten 288

E. Fazit und Ausblick 291

Synopse 295

Stichwortverzeichnis.. 333

Bearbeiterverzeichnis

Dr. Anna K. Bernzen
Akademische Rätin an der Rheinischen Friedrich-Wilhelms-Universität Bonn

§ 5 (zs. mit *Dreyer*)

Benjamin Dankert, B.A.
Rechtsanwalt, Hamburg; Prüfer und Juristischer Sachverständiger bei der Freiwilligen Selbstkontrolle Fernsehen e.V. (FSF); Jugendschutzsachverständiger bei der USK.online

§ 6 (zs. mit *Sümmermann*)

Dr. Stephan Dreyer
Senior Researcher für Medienrecht und Media Governance am Leibniz-Institut für Medienforschung | Hans-Bredow-Institut (HBI)

§ 2
§ 5 (zs. mit *Bernzen*)

Sarah Ehls
Georg-August-Universität Göttingen; Prüferin bei der Freiwilligen Selbstkontrolle Fernsehen e.V. (FSF)

§ 7

Prof. Dr. Murad Erdemir (Hrsg.)
Stellv. Direktor der Hessischen Landesanstalt für privaten Rundfunk und neue Medien (LPR Hessen); Honorarprofessor an der Georg-August-Universität Göttingen; Dozent für Jugendmedienschutzrecht im Masterstudiengang Medienrecht (LL.M.) am Mainzer Medieninstitut

§ 1

Christian Krebs, LL.M.
Direktor der Niedersächsischen Landesmedienanstalt (NLM); Dozent für Medienrecht an der Hochschule für Musik, Theater und Medien Hannover

§ 8

Philipp Sümmermann, LL.M. (Köln/Paris I)
Rechtsanwalt, Köln

§ 6 (zs. mit *Dankert*)

Dr. Jörg Ukrow, LL.M. Eur.
Stellv. Direktor der Landesmedienanstalt Saarland (LMS); geschäftsführendes Vorstandsmitglied des Instituts für Europäisches Medienrecht (EMR); Mitglied im Landesprüfungsausschuss für Juristen des Saarlandes

§ 9

Raphael Wager
Georg-August-Universität Göttingen

§ 3 (zs. mit *Waldeck*)

Kerstin Waldeck
Juristische Referentin bei der Hessischen Landesanstalt für privaten Rundfunk und neue Medien (LPR Hessen); Georg-August-Universität Göttingen

§ 3 (zs. mit *Wager*)
§ 4

Allgemeines Literaturverzeichnis

BeckOK GG	Epping/Hillgruber, BeckOK Grundgesetz, Kommentar, 46. Aufl. 2021
BeckOK InfoMedienR	Gersdorf/Paal, BeckOK Informations- und Medienrecht, Kommentar, 31. Aufl. 2021
BeckOK JMStV	Liesching, BeckOK JMStV, Kommentar, 18. Aufl. 2020
BeckOK StGB	von Heintschel-Heinegg, BeckOK StGB, Kommentar, 49. Aufl. 2021
BeckOK VwGO	Posser/Wolff, BeckOK VwGO, Kommentar, 56. Aufl. 2021
BeckOK VwVfG	Bader/Ronellenfitsch, BeckOK VwVfG, Kommentar, 50. Aufl. 2021
Beck RundfunkR	Binder/Vesting, Beck'scher Kommentar zum Rundfunkrecht, 4. Aufl. 2018
Beck TMD	Roßnagel, Beck'scher Kommentar zum Recht der Telemediendienste, Kommentar, 2013
Bellut	Bellut, Jugendmedienschutz in der digitalen Generation. Fakten und Positionen aus Wissenschaft und Praxis, 2012
BK-GG	Kahl/Waldhoff/Walter, Bonner Kommentar zum Grundgesetz, Kommentar, 199. Aufl. 2019
Bornemann/v. Coelln/Hepach/ Himmelsbach/Gundel	Bornemann/von Coelln/Hepach/Himmelsbach/Gundel, Bayerisches Mediengesetz, Kommentar, 50. Aufl. 2021
Bornemann Ordnungswidrigkeiten	Bornemann, Ordnungswidrigkeiten in Rundfunk und Telemedien: Rechtshandbuch, 6. Aufl. 2018
Calliess/Ruffert	Calliess/Ruffert, EUV/AEUV, Kommentar, 5. Aufl. 2016
Dreier/Schulze	Dreier/Schulze, Urheberrechtsgesetz: UrhG, Kommentar, 6. Aufl. 2018
Dörr/Kreile/Cole MedienR	Dörr/Kreile/Cole, Medienrecht – Recht der elektronischen Massenmedien, Handbuch, 3. Aufl. 2021
Dörr/Schwartmann	Dörr/Schwartmann, Medienrecht, Kommentar, 6. Aufl. 2019
Erbs/Kohlhaas	Erbs/Kohlhaas, Strafrechtliche Nebengesetze, Kommentar, 236. Aufl. 2021
Erdemir Filmzensur und Filmverbot	Erdemir, Filmzensur und Filmverbot. Eine Untersuchung zu den verfassungsrechtlichen Anforderungen an die strafrechtliche Filmkontrolle im Erwachsenenbereich, 2000
Erdemir Menschenwürde	Erdemir, Das „Janusgesicht" der Menschenwürde. Regulierung im Spannungsfeld von Medienrecht und Medienethik, 2014
Fechner MedienR	Fechner, Medienrecht, Lehrbuch, 20. Aufl. 2019
Fischer	Fischer, Strafgesetzbuch: StGB, Kommentar, 68. Aufl. 2021
Göhler	Göhler, Gesetz über Ordnungswidrigkeiten: OWiG, Kommentar, 18. Aufl. 2021
Grabitz/Hilf/Nettesheim	Grabitz/Hilf/Nettesheim, Das Recht der Europäischen Union, Kommentar, 72. Aufl. 2021
HK-MStV	Hartstein/Ring/Kreile/Dörr/Stettner/Cole/Wagner, Medienstaatsvertrag, Jugendmedienschutz-Staatsvertrag, Kommentar, 86. Aufl. 2020

HK-RStV	Hartstein/Ring/Kreile/Dörr/Stettner/Cole/Wagner, Rundfunkstaatsvertrag, Jugendmedienschutz-Staatsvertrag, Kommentar, 82. Lfg. 2019
Hoeren/Sieber/Holznagel MMR-HdB	Hoeren/Sieber/Holznagel, Handbuch Multimedia-Recht, Handbuch, 54. Aufl. 2020
Jarass/Pieroth	Jarass/Kment, Grundgesetz für die Bundesrepublik Deutschland: GG, Kommentar, 16. Aufl. 2020
KK-OWiG	Mitsch, Karlsruher Kommentar zum Gesetz über Ordnungswidrigkeiten: OWiG, Kommentar, 5. Aufl. 2018
Kopp/Ramsauer	Kopp/Ramsauer, Verwaltungsverfahrensgesetz, Kommentar, 21. Aufl. 2020
Krenberger/Krumm	Krenberger/Krumm, OWiG, Kommentar, 6. Aufl. 2020
Köhler/Bornkamm/Feddersen	Köhler/Bornkamm/Feddersen, UWG, Kommentar, 39. Aufl. 2021
Lackner/Kühl	Lackner/Kühl, StGB, Kommentar, 29. Aufl. 2018
Liesching/Schuster	Liesching/Schuster, Jugendschutzrecht, Kommentar, 5. Aufl. 2011
Löffler	Löffler, Presserecht, Kommentar, 6. Aufl. 2015
LPK-StGB	Kindhäuser/Hilgendorf, Strafgesetzbuch, Lehr- und Praxiskommentar, Kommentar, 8. Aufl. 2019
MAH GewRS	Hasselblatt, Münchener Anwaltshandbuch Gewerblicher Rechtsschutz, Handbuch, 5. Aufl. 2017
MAH UrhR	Raue/Hegemann, Münchener Anwaltshandbuch Urheber- und Medienrecht, Handbuch, 2. Aufl. 2017
v. Mangoldt/Klein/Starck	von Mangoldt/Klein/Starck, Grundgesetz, Kommentar, Bände 1–3, 7. Aufl. 2018
Maunz/Dürig	Maunz/Dürig, Grundgesetz-Kommentar, Kommentar, 92. Aufl. 2020
Meyer-Goßner/Schmitt	Meyer-Goßner/Schmitt, Strafprozessordnung: StPO, Kommentar, 63. Aufl. 2020
MüKoStGB	Erb/Schäfer, Münchener Kommentar zum StGB, Kommentar, Bände 1 und 2, 4. Aufl. 2020
Nikles/Roll/Spürck/Erdemir/ Gutknecht	Nikles/Roll/Spürck/Erdemir/Gutknecht, Jugendschutzrecht, Kommentar, 3. Aufl. 2011
NK-JMStV	Bornemann/Erdemir, Jugendmedienschutz-Staatsvertrag, Kommentar, 2. Aufl. 2021
NK-MedienR	Paschke/Berlit/Meyer/Kröner, Hamburger Kommentar Gesamtes Medienrecht, Kommentar, 4. Aufl. 2021
NK-StGB	Kindhäuser/Neumann/Paeffgen, Strafgesetzbuch, Kommentar, 5. Aufl. 2017
Nomos-BR/Liesching	Liesching, Nomos Bundesrecht, Kommentar, Jugendschutzgesetz, 2/2018
Palandt	Palandt, Bürgerliches Gesetzbuch, Kommentar, 80. Aufl. 2021
Sachs	Sachs, Grundgesetz: GG, Kommentar, 9. Aufl. 2021
Satzger/Schluckebier/Widmaier StGB	Satzger/Schluckebier/Widmaier, Strafgesetzbuch – Kommentar zum StGB, Kommentar, 4. Aufl. 2018
Satzger/Schluckebier/Widmaier StPO	Satzger/Schluckebier/Widmaier, StPO-Kommentar, Kommentar, 4. Aufl. 2020
Schoch/Schneider VwGO	Schoch/Schneider, Verwaltungsgerichtsordnung: VwGO, Kommentar, 39. Aufl. 2020
Schulze/Janssen/Kadelbach EuropaR-HdB	Schulze/Janssen/Kadelbach, Europarecht, Handbuch, 4. Aufl. 2020
Schwartmann MedienR-HdB	Schwartmann, Praxishandbuch Medien-, IT- und Urheberrecht, Handbuch, 4. Aufl. 2018
Schwarz FilmR-HdB	Schwarz, Handbuch Filmrecht, 6. Aufl. 2021

Schwarze   Schwarze, EU-Kommentar, 4. Aufl. 2019
Schönke/Schröder   Schönke/Schröder, Strafgesetzbuch: StGB, Kommentar,
                               30. Aufl. 2019
Spindler/Schmitz   Spindler/Schmitz, TMG, Kommentar, 2. Aufl. 2018
Spindler/Schuster   Spindler/Schuster, Recht der elektronischen Medien,
                               Kommentar, 4. Aufl. 2019
Stelkens/Bonk/Sachs   Stelkens/Bonk/Sachs, VwVfG: Verwaltungsverfahrens-
                               gesetz, Kommentar, 9. Aufl. 2018
Ukrow JugendschutzR   Ukrow, Jugendschutzrecht, Lehrbuch, 2004
Ziekow VwVfG   Ziekow, Verwaltungsverfahrensgesetz, Kommentar,
                               4. Aufl. 2020

Abkürzungsverzeichnis

aA	andere Ansicht
aaO	am angegebenen Ort
abl.	ablehnend
Abs.	Absatz
Abschn.	Abschnitt
abw.	abweichend
aE	am Ende
AEUV	Vertrag über die Arbeitsweise der Europäischen Union
aF	alte Fassung
AG	Amtsgericht
AGB	Allgemeine Geschäftsbedingungen
allg.	allgemein
allgA	allgemeine Ansicht
allgM	allgemeine Meinung
aM	anderer Meinung
Anh.	Anhang
Anm.	Anmerkung
ARD	Arbeitsgemeinschaft der öffentlich-rechtlichen Rundfunkanstalten der Bundesrepublik Deutschland
Art.	Artikel
Aufl.	Auflage
ausdr.	ausdrücklich
ausf.	ausführlich
AVMD-RL	Richtlinie über audiovisuelle Mediendienste
Az.	Aktenzeichen
Bd.	Band
Begr.	Begründung
Bek.	Bekanntmachung
ber.	berichtigt
bes.	besonders
Beschl.	Beschluss
BGB	Bürgerliches Gesetzbuch
BGBl.	Bundesgesetzblatt
BGH	Bundesgerichtshof
bitkom	Bundesverband Informationswirtschaft, Telekommunikation und neue Medien
BMFSFJ	Bundesministerium für Familie, Senioren, Frauen und Jugend
BPjM	Bundesprüfstelle für jugendgefährdende Medien
BPjS	Bundesprüfstelle für jugendgefährdende Schriften
bspw.	beispielsweise
BVerfG	Bundesverfassungsgericht
bzgl.	bezüglich
BzKJ	Bundeszentrale für Kinder- und Jugendmedienschutz
bzw.	beziehungsweise
ders.	derselbe
dh	das heißt
Dok.	Dokument
Drs.	Drucksache
DSA-E	Entwurf des Digital Services Act
DS-GVO	Datenschutzgrundverordnung
DVO-JuSchG	Verordnung zur Durchführung des Jugendschutzgesetzes
E	Entwurf
eco	eco – Verband der Internetwirtschaft eV

EG	Europäische Gemeinschaft
EL	Ergänzungslieferung
eV	eingetragener Verein
ebd.	ebenda
Einf.	Einführung
eingetr.	eingetragen
Einl.	Einleitung
einschl.	einschließlich
einschr.	einschränkend
Entsch.	Entscheidung
entspr.	entsprechend
Erkl.	Erklärung
Erl.	Erlass; Erläuterung
ErwG	Erwägungsgrund
etc	et cetera
EU	Europäische Union
EuGH	Europäischer Gerichtshof
EUR	Euro (bei Geldbeträgen)
eur.	europäisch
evtl.	eventuell
f., ff.	folgende
Fn.	Fußnote
FSF	Freiwillige Selbstkontrolle Fernsehen eV
FSK	Freiwillige Selbstkontrolle der Filmwirtschaft GmbH
FSM	Freiwillige Selbstkontrolle Multimedia-Diensteanbieter eV
geänd.	geändert
GebO-BPjM	Verordnung über die Erhebung von Gebühren durch die Bundesprüfstelle für jugendgefährdende Medien
gem.	gemäß
GEMA	Gesellschaft für musikalische Aufführungs- und mechanische Vervielfältigungsrechte
GG	Grundgesetz
ggf.	gegebenenfalls
GjS	Gesetz zur Verbreitung jugendgefährdender Schriften
GjSM	Gesetz zur Verbreitung jugendgefährdender Schriften und Medieninhalte
GlüStV 2021	Glücksspielstaatsvertrag 2021
grds.	grundsätzlich
hA	herrschende Auffassung
HdB	Handbuch
hL	herrschende Lehre
hM	herrschende Meinung
Hrsg.	Herausgeber
Hs.	Halbsatz
iA	im Auftrag
IARC	International Age Rating Coalition
ICO	Information Commissioner's Office
idF	in der Fassung
idR	in der Regel
idS	in diesem Sinne
ieS	im engeren Sinne
iHv	in Höhe von
inkl.	inklusive
insbes.	insbesondere
insg.	insgesamt
IP	Internet Protocol

iS	im Sinne
iSd	im Sinne des/der
iSv	im Sinne von
IuKDG	Informations- und Kommunikationsdienste-Gesetz
iÜ	im Übrigen
iVm	in Verbindung mit
iwS	im weiteren Sinne
JFMK	Jugend- und Familienministerkonferenz
JMStV	Jugendmedienschutz-Staatsvertrag
JÖSchG	Gesetz zum Schutze der Jugend in der Öffentlichkeit
JuSchG	Jugendschutzgesetz
Kap.	Kapitel
KI	Künstliche Intelligenz
KJM	Kommission für Jugendmedienschutz
KRK	VN-Kinderrechtskonvention
krit.	kritisch
LG	Landgericht
lit.	litera
Lit.	Literatur
Ls.	Leitsatz
mAnm	mit Anmerkung
mE	meines Erachtens
mind.	Mindestens
Mitt.	Mitteilung(en)
mN	mit Nachweisen
mpfs	Medienpädagogischer Forschungsverbund Südwest
MStV	Medienstaatsvertrag
mwN	mit weiteren Nachweisen
mWv	mit Wirkung von
mzN	mit zahlreichen Nachweisen
nrkr	nicht rechtskräftig
nv	nicht veröffentlicht
Nachw.	Nachweise
NetzDG	Netzwerkdurchsetzungsgesetz
nF	neue Fassung
Nov.	Novelle
Nr.	Nummer
o.	oben, oder
o. a.	oben angegeben, angeführt
oÄ	oder Ähnliches
og	oben genannt
OLG	Oberlandesgericht
PEGI	Pan European Game Information
RdErl.	Runderlass
resp.	respektive
RiStBV	Richtlinien für das Strafverfahren und das Bußgeldverfahren
Rn.	Randnummer
Rspr.	Rechtsprechung
RStV	Rundfunkstaatsvertrag
S.	Seite(n), Satz
s.	siehe
s. a.	siehe auch
s. o.	siehe oben
s. u.	siehe unten
SGB	Sozialgesetzbuch
Slg	Sammlung

sog.	sogenannt/so genannt
SPIO	Spitzenorganisation der Filmwirtschaft eV
SPIO/JK	Juristenkommission der Spitzenorganisation der Filmwirtschaft eV
TKG	Telekommunikationsgesetz
TMG	Telemediengesetz
TTDSG	Telekommunikation-Telemedien-Datenschutz-Gesetz
ua	unter anderem
UAbs.	Unterabsatz
uam	und anderes mehr
uä	und ähnlich
uÄ	und Ähnliches
uE	unseres Erachtens
umstr.	umstritten
unstr.	unstreitig
UrhDaG	Urheberdiensteanbietergesetz
USK	Unterhaltungssoftware Selbstkontrolle
usw	und so weiter
uU	unter Umständen
uVm	und Vieles mehr
v.	von/vom
VG	Verwaltungsgericht
vgl.	vergleiche
VN	Vereinte Nationen
vorl.	vorläufig
VPN	Virtual Private Network
VwVfG	Verwaltungsverfahrensgesetz
wN	weitere Nachweise
zB	zum Beispiel
ZDF	Zweites Deutsches Fernsehen
Ziff.	Ziffer
zit.	zitiert
zT	zum Teil
zust.	zustimmend
zutr.	zutreffend
zw.	zweifelhaft
zzgl.	zuzüglich

§ 1 Das neue Jugendschutzgesetz: Willkommen in der digitalen Welt?!

Literatur: *Altenhain,* Anm. zum Urteil des VG Berlin vom 9.11.2011 – 27 A 64.07 (zur Eignung einer Fernsehsendung zur Entwicklungsbeeinträchtigung), MMR 2012, 274; *Bethge,* Medienrechtliche Befugnisse und Instrumente zur Gewährleistung des Jugendschutzes nach BayMG und RStV, 2001; *Bund-Länder-Kommission,* Bericht zur Medienkonvergenz von Juni 2016, abrufbar unter https://www.bundesregierung.de/breg-de/bundesregierung/staatsministerin-fuer-kultur-und-medien/medien/medienkonvergenz; *Degenhart,* Verfassungsfragen des Jugendschutzes beim Film, UFITA 2009, 331; *Degenhart,* Staatsferne der Medienaufsicht. Zum Entwurf eines Zweiten Gesetzes zur Änderung des Jugendschutzgesetzes, Rechtsgutachten für die Direktorenkonferenz der Landesmedienanstalten (DLM), 2020, abrufbar unter https://www.die-medienanstalten.de/fileadmin/user_upload/die_medienanstalten/Ueber_uns/Positionen/20200909_Staatsferne_der_Medienaufsicht.pdf; *Dörr/Cole,* Jugendschutz in den elektronischen Medien. Bestandsaufnahme und Reformabsichten: eine Untersuchung der verfassungsrechtlichen Vorgaben unter besonderer Berücksichtigung der Situation im Rundfunk, 2001; *Dreyer,* Nichts für schwache Nerven?! Wie Bund und Länder den Jugendmedienschutz modernisieren wollen, KJug 2020, 130; *Dreyer/Hasebrink/Lampert/Schröder,* Herausforderungen für den Jugendmedienschutz durch digitale Medienumgebungen, Soziale Sicherheit CHSS 2013, 195, abrufbar unter https://leibniz-hbi.de/de/publikationen/herausforderungen-fuer-den-jugendmedienschutz; *Ehls,* Die Passion Christi, in: Erdemir/Rockenbauch (Hrsg.), Filme im Grenzbereich. Schriftliche Ausarbeitungen zu dem medienrechtlichen Kolloquium "Filme im Grenzbereich: Göttinger Studenten diskutieren Kino kontrovers", abgehalten an der Juristischen Fakultät der Georg-August-Universität Göttingen am 8.7.2011 und am 14.5.2012, 2014, S. 1 (zit.: *Ehls* in Erdemir/Rockenbauch); *Eifert,* Aufsicht über angemessene Vorsorgemaßnahmen des Jugendschutzes bei sozialen Netzwerken als zulässige Verwaltungsaufgabe, Rechtliches Kurzgutachten für das Bundesministerium für Familie, Senioren, Frauen und Jugend, 2020; *Engel,* Die Internet-Service-Provider als Geiseln deutscher Ordnungsbehörden. Eine Kritik an den Verfügungen der Bezirksregierung Düsseldorf, MMR-Beilage 4/2003, 1; *Engels,* Kinder- und Jugendschutz in der Verfassung, AöR 1997, 212; *Erdemir,* Entwurf eines neuen Jugendschutzgesetzes. Husarenstück oder kompetenzüberschreitende Verstaatlichung des Jugendmedienschutzes?, ZRP 2021, 53; *Erdemir,* Killerspiele und gewaltbeherrschte Medien im Fokus des Gesetzgebers, K&R 2008, 223; *Erdemir,* Die Bedeutung des Kunstvorbehalts für die Prüfentscheidungen von FSK und USK, JMS-Report 5/2012, 2; *Erdemir,* Das Prinzip Verantwortung. Kinder- und Jugendmedienschutz in der digitalen Welt, JMS-Report 2/2016, 2; *Erdemir,* Realisierung der Staatsaufgabe Jugendschutz im Web 2.0, in: Bieber/Eifert/Groß/Lamla (Hrsg.), Soziale Netze in der digitalen Welt. Das Internet zwischen egalitärer Teilhabe und ökonomischer Macht, 2009, S. 287 (zit.: *Erdemir* in Bieber/Eifert/Groß/Lamla); *Erdemir,* Bausteine eines wissenschaftlich fundierten modernen Jugendmedienschutzes im Netz, in Bellut (Hrsg.), Jugendmedienschutz in der digitalen Generation. Fakten und Positionen aus Wissenschaft und Praxis, 2012, S. 309 (zit.: *Erdemir* in Bellut); *Erdemir,* Die richtige Weggabelung. Plädoyer für eine grundsätzliche Neukonzeption des Jugendmedienschutzes, Funkkorrespondenz 4/2012, 9, abrufbar unter www.uni-goettingen.de/erdemir (Vorträge); *Erdemir,* „Wechselseitige Anerkennung". Notwendige Regulierungen aus Sicht der Wissenschaft, epd medien 14/2015, 10, abrufbar unter www.uni-goettingen.de/erdemir (Vorträge); *Erdemir,* Eine Frage der Kompetenz: Jugendmedienschutz im digitalen Zeitalter, in Eifert/Gostomzyk (Hrsg.), Medienföderalismus. Föderale Spannungslagen und Lösungsansätze in der Medienregulierung, 2018, S. 191 (zit.: *Erdemir* in Eifert/Gostomzyk); *Erdemir,* Neugewichtung des Kinder- und Jugendmedienschutzes in Zeiten der Digitalisierung der Gesellschaft, 2014, abrufbar unter www.uni-goettingen.de/erdemir (Vorträge); *Erdemir,* Novellierung des Jugendmedienschutz-Staatsvertrags. Notwendige und mögliche Regulierungen aus Sicht von Wissenschaft und Praxis, KJug 2015, 58; *Erdemir,* Zeitgemäßer Jugendmedienschutz: Eine Frage der Kompetenz, KJug 2018, 39; *Erdemir,* Das Zensurverbot im Prozess des Wandels und der inhaltlichen Neubestimmung, JMS-Report 5/2018, 2; *Erdemir/Gutknecht/Engels,* Jugend(medien)schutz im digitalen Raum, FORUM Jugendhilfe 1/2019, 27; *Frey/Dankert,* Konkurrenz statt Kohärenz im Jugendmedienschutz? Zu den Novellierungsplänen von Bund und Ländern für das Jugendschutzgesetz (JuSchG) und den Jugendmedienschutz-Staatsvertrag (JMStV), CR 2020, 626; *Fromm/Rockenbauch*, Mann beißt Hund, in: Erdemir/Rockenbauch (Hrsg.), Filme im Grenzbereich. Schriftliche Ausarbeitungen zu dem medienrechtlichen Kolloquium "Filme im Grenzbereich: Göttinger Studenten diskutieren Kino kontrovers", abgehalten an der Juristischen Fakultät der Georg-August-Universität Göttingen am 8.7.2011 und am 14.5.2012, 2014, S. 45 (zit.: *Fromm/Rockenbauch* in Erdemir/Rockenbauch); *Gehrhardt*, Die Beschränkung der Gesetzgebung auf das Unerlässliche (dargestellt am Beispiel des § 131 StGB), NJW 1975, 375; *Hans-Bredow-Institut (Hrsg.)*, Analyse des Jugendmedienschutzsystems – Jugendschutzgesetz und Jugendmedienschutz-Staatsvertrag, Endbericht, 2007, abrufbar unter https://www.hans-bredow-institut.de/de/publikationen/analyse-des-jugendmedienschutzsystems-jugendschutzgesetz-und-jugendmedienschutz-staatsvertrag; *Hilgert/Sümmermann*, Von Inhalt zu Interaktion: Neuerungen im Jugendschutzrecht, K&R 2021, 297; *Hoffmann-Riem*, Nachvollziehende Medienregulierung, epd medien 56/2009, 21; *Hoffmann-Riem*, Die Governance-Perspektive in der rechtswissenschaftlichen Innovationsforschung, 2011; *KIM-Studie 2020*. Kindheit, Internet, Medien. Basisuntersuchung zum Medienumgang 6- bis 13-Jähriger in Deutschland, herausgegeben vom Medienpädagogischen Forschungsverbund Südwest (mpfs), 2021; *Koreng*, Zensur im Internet. Der verfassungsrechtliche Schutz der digitalen Massenkommunikation, 2010; *Langenfeld*, Die Neuordnung des Jugendschutzes im Internet, MMR 2003, 303; *Ladeur*, Risikomanagement. Warum der Jugendmedienschutz sich vom Leitbild der Gefahrenabwehr lösen sollte, Funkkorrespondenz 20/21/2005, 3; *Ladeur/Wehsack*, Jugendgefährdung durch Medien – von der normativen Unterstellung zum sozialwissenschaftlichen Beweis? Zur Notwendigkeit der Umstellung des Jugendschutzes auf Risikomanagement, UFITA 3/2009, 695; *Laufhütte*, 4. Gesetz zur Reform des Strafrechts. 2. Teil: Pornographie, gewaltverherrlichende und jugendgefährdende Schriften, JZ 1974, 46; *Liesching*, Fehler im Betriebssystem. Der neue JMStV-Eilentwurf der Länder, beckblog v. 24.5.2020, abrufbar unter https://community.beck.de/2020/05/24/fehler-im-betriebssystem-der-neue-jmstv-eilentwurf-der-laender; *Liesching*, Jugendmedienschutz in Deutschland und Europa, 2002; *Liesching*, Nutzungsrisiken nach dem neuen Jugendschutzgesetz. Implikationen im Bereich Werbung für Medien, ZUM 2021, 563; *Liesching/Zschammer*, Das reformierte Jugendschutzgesetz. Wesentliche Neuerungen und zentrale Fragestellungen für die künftige Anwendungspraxis, JMS-Report 3/2021, 2; *Nessel*, Das grundgesetzliche Zensurverbot, 2004; *Nikles*, Erzieherischer Kinder- und Jugendschutz, KJug 2015, 35; *Raue*, Literarischer Jugendschutz, 1970; *Rossen-Stadtfeld*, Beurteilungsspielräume der Medienaufsicht, ZUM 2008, 457; *Rossen-Stadtfeld*, Jugendschutz durch JMStV und JuSchG: wie lassen sich die Wertungen dynamisch harmonisieren?, in Eifert/Gostomzyk (Hrsg.), Medienföderalismus. Föderale Spannungslagen und Lösungsansätze in der Medienregulierung, 2018, S. 165 (zit.: *Rossen-Stadtfeld* in Eifert/Gostomzyk); *Roßbach*, Eine Zensur findet nicht statt. Oder? Neue Herausforderungen an Art. 5 GG, Politik & Kultur 4/2019, 18; *Schuppert*, Governance und Rechtsetzung. Grundfragen einer modernen Regelungswissenschaft, 2011; *Stettner*, Der neue Jugendmedienschutz-Staatsvertrag. Eine Problemsicht, ZUM 2003, 425; *Stumpf*, Jugendschutz oder Geschmackszensur? Die Indizierung von Medien nach dem Jugendschutzgesetz. Eine verwaltungs- und verfassungsrechtliche Untersuchung unter Berücksichtigung europarechtlicher und völkerrechtlicher Bezüge, 2009; *Thaenert*, Der Einfluss der EU-Medienpolitik auf die nationale Rundfunkordnung, MMR 2005, 279; *Ukrow*, Die Selbstkontrolle im Medienbereich in Europa, 2000; *Ukrow*, Bundeskabinett: Neues Jugendschutzgesetz beschlossen, MMR Homepage, abrufbar unter https://rsw.beck.de/cms/main?docid=433765; *Wager*, Das Spiel mit dem Hakenkreuz. (Un-)Zulässigkeit der Verwendung von NS-Symbolik in Computerspielen, MMR 2019, 80; *Wagner/Gebel*, Prävention als Element des intelligenten Risikomanagements. Expertise für das I-KiZ-Zentrum für Kinderschutz im Internet, 2015, abrufbar unter https://www.jff.de/fileadmin/user_upload/Wagner_Gebel_2015_Expertise_Praevention.pdf; *Waldeck*, Wer darf? Wer muss? Wer sollte? Zur Frage der Gesetzgebungskompetenzen im Bereich des Jugendmedienschutzes, KJug 2019, 23; *Weber*, Die Kriminalisierung von Gewaltdarstellungen nach § 131 StGB. Ein kritischer Beitrag zur Legitimation der Norm, 2020.

Erdemir

A. Zeitgemäßer Jugendmedienschutz zwischen Abschirmung, Vorsorge und Teilhabe 1
  I. Das deutsche Jugendmedienschutzrecht: ein einseitig restriktiver Fokus auf Inhalte 1
  II. Die digitale Welt: Rezeptions-, Kommunikations- und Interaktionsrisiken 4
  III. Risikomanagement: Vorsorge vor Restriktion 7
  IV. Das neue Jugendschutzgesetz: Anschluss an die Wirklichkeit 12
B. Zeitgemäßer Jugendmedienschutz im Lichte unserer Verfassung 14
  I. Allgemeines Persönlichkeitsrecht 14
  II. Elternrecht 16
    1. Elterliches Erziehungsrecht 16
    2. Erziehungsaspekt im einfachgesetzlichen Jugendmedienschutz ... 19
  III. Kommunikationsgrundrechte 21
  IV. Berufs- und Eigentumsfreiheit 24
  V. Zensurverbot...................... 25
    1. Strenges Mittelverbot für staatlichen Jugendmedienschutz 25

    2. Adressaten des Zensurverbots.... 26
    3. Anpassung des Zensurbegriffs an neue Medienangebote 30
C. Staatsferne der Medienaufsicht.......... 34
  I. Gebot der Staatsferne 34
  II. Verfassungsrechtlicher Rundfunkbegriff 35
  III. Gebot der staatsfernen Organisation des Jugendmedienschutzes 36
  IV. Aufsicht und Vollzug durch die Bundeszentrale für Kinder- und Jugendmedienschutz 38
D. Quo vadis, Jugendmedienschutz? 41
  I. Ein erster Schritt nach vorn: Das neue Jugendschutzgesetz 41
  II. Das Gebot der Stunde: Besonnene Aufsichtspraxis mit Augenmaß 42
  III. Das Gebot über die Stunde hinaus: Mut, Kreativität und klare Sprache .. 43
  IV. Konvergenz und Kohärenz: Der Weg führt über die Länder 46
  V. Fazit 49
E. Epilog: Das scharfe Schwert aus der analogen Welt 50

A. Zeitgemäßer Jugendmedienschutz zwischen Abschirmung, Vorsorge und Teilhabe

I. Das deutsche Jugendmedienschutzrecht: ein einseitig restriktiver Fokus auf Inhalte

Der Jugendmedienschutz in Deutschland gilt als einer der restriktivsten Rechtsrahmen der westlichen Welt.[1] Die zentralen Instrumente des Jugendmedienschutzes sind in ihrer Wirkung im Schwerpunkt rezeptions- bzw. inhaltsorientiert. Sie verfolgen einen restriktiv-bewahrenden Ansatz und sind darauf ausgerichtet, den Zugang von Kindern und Jugendlichen zu medialen Angeboten zu beschränken oder generell zu verhindern (**Abschirmung**).

Als besonders scharfes Schwert[2] erweist sich die staatliche **Indizierung** nach dem Jugendschutzgesetz (→ Rn. 50), welche weitreichende Abgabe- und Vertriebsverbote sowie absolute Werbeverbote nach sich zieht, wobei den Distributoren bei Nichtbeachtung Freiheitsstrafe bis zu einem Jahr oder Geldstrafe droht (§ 15 Abs. 1 iVm § 27 Abs. 1 JuSchG). Im Vergleich mit dem Ausland ebenso ohne Parallelen[3] bleibt das unmittelbar im Strafgesetzbuch verankerte – gleichermaßen mit Freiheitsstrafe bis zu einem Jahr oder mit Geldstrafe bedrohte – absolute **Herstellungs- und Verbreitungsverbot** bestimmter Formen von Gewaltdarstellungen insbes. in Spielfilmen (§ 131 Abs. 1 StGB). Aber auch die Einbeziehung praktisch sämtlicher Online-Angebote in das vom Jugendmedienschutz-Staatsvertrag ausgerufene **Postulat eines ausdifferenzierten, altersabgestuften Zugangs** (§ 5 Abs. 1 JMStV) zeugt nicht von Kompromissbereitschaft. Das Modell einer durchdeklinierten Altersabstufung verträgt sich nicht

1   Ebenso deutlich *Dreyer* KJug 2020, 130.
2   Begriff bei *Erdemir* K&R 2008, 223 (227); dort für die sog. automatische Indizierung kraft Gesetzes nach § 15 Abs. 2 JuSchG.
3   Vgl. *Gerhardt* NJW 1975, 375 („einzige ihrer Art in der ganzen Welt"); *Laufhütte* JZ 1974, 46 (49) („geschichtslos"); *Weber*, Die Kriminalisierung von Gewaltdarstellungen nach § 131 StGB, S. 21; NK-StGB/*Ostendorf* StGB § 131 Rn. 1; s. auch *Erdemir*, Filmzensur und Filmverbot, S. 71.

mit der dynamischen und globalen Struktur des Internets.[4] Globale Nutzer, die in Echtzeit in einem weltumspannenden Medium kommunizieren, lassen sich nicht in Alterskategorien und „Sendezeitschienen" pressen.[5]

3   Dabei war das deutsche Jugendmedienschutzrecht jenseits der klassischen Rezeptionsrisiken bis vor wenigen Monaten gleichwohl noch ein gänzlich unbeschriebenes Blatt. Selbst die im Oktober 2016 in Kraft getretene Novelle zum Jugendmedienschutz-Staatsvertrag wurde von den Ländern nicht dazu genutzt, um einen Fokus auf die neuen Risiken im Netz zu legen.[6]

II. Die digitale Welt: Rezeptions-, Kommunikations- und Interaktionsrisiken

4   Die voranschreitende **Digitalisierung der Gesellschaft** konnte darauf keine Rücksicht nehmen. Sie ist mittlerweile nahezu abgeschlossen. Die „digitale Volljährigkeit" beginnt heute mit etwa zehn Jahren: Über 70 Prozent der Sechs- bis Dreizehnjährigen nutzen das Internet, während es bei den Zwölf- bis Dreizehnjährigen mit 97 Prozent nahezu alle sind.[7] Jeder zwölfjährige Schüler findet mühelos den Weg zu gewaltverherrlichenden oder pornografischen Angeboten im digitalen Netz. Zudem sind Minderjährige seit dem Einzug des Web 2.0 nicht nur Rezipienten, sondern zugleich Teilnehmer und Akteure (**Paradigmenwechsel in den Medien**).[8] Und durch die Ausweitung und Ausdifferenzierung ihrer Rollen vervielfältigen sich die Risiken. Mobbing und Cybergrooming,[9] der zu sorglose Umgang mit der eigenen Nacktheit beim Tausch von Bildern, Suchtgefährdung und Anleitung zur Selbstgefährdung, Verbraucher- und Datenschutz: Kinder und Jugendliche sind beim Umgang mit sozialen Medien vor allem **Kommunikations- und Interaktionsrisiken** ausgesetzt.

5   Wobei die **Rezeptionsrisiken** auch in der digitalen Welt zentrales Thema bleiben. Jenseits der großen Streaming-Portale für Filme und Serien fluten auch weltweit abrufbare **Darstellungen von Leid, Gewalt und Tod** die Bildlabore des Web 2.0, ohne mit den wirksamen Möglichkeiten der Kontextualisierung und Kommentierung für eine moralische Grundierung zu sorgen.[10] Und erstaunlich viele Nutzer schauen lustvoll hin, wenn im World Wide Web das humane Genom der Gesellschaft attackiert wird. Es ist kaum abzuschätzen, was diese Bilder, die oftmals sogar für Erwachsene kaum zu ertragen sind, speziell in den Köpfen und Herzen der Kinder zur Folge haben können. Rigoroses Vorgehen bleibt dort unverzichtbar. Dort, wo Menschenwürde und konkreter Opferschutz tangiert sind, stehen Rechtsverfolgung und Sanktionierung nicht zur Disposition.

---

4   Krit. auch Beck RundfunkR/*Schulz/Dankert* JMStV § 11 Rn. 82 („zu ambitioniert").
5   S. hierzu bereits *Erdemir* Funkkorrespondenz 4/2012, 9 (11).
6   Ausf. zur JMStV-Novelle 2016 Spindler/Schuster/*Erdemir* JMStV § 1 Rn. 41 ff.; s. hierzu *auch Erdemir* in Eifert/Gostomzyk S. 200 ff.
7   KIM-Studie 2020, S. 87.
8   Zum Paradigmenwechsel in den Medien s. *Erdemir*, Neugewichtung des Kinder- und Jugendmedienschutzes in Zeiten der Digitalisierung der Gesellschaft, S. 8 ff.
9   Wenn Täter oder Täterinnen im Internet nach ihren Opfern suchen, nennt man das Cybergrooming: Sie nutzen verschiedene soziale Netzwerke wie bspw. Instagram oder Snapchat oder die Chatfunktion von Online-Spielen, um den sexuellen Kontakt zu Kindern und Jugendlichen herzustellen.
10 S. hierzu die Praxisbeispiele bei *Erdemir* Menschenwürde S. 15 ff.

Damit steht jedenfalls fest: Kinder- und Jugendmedienschutz im digitalen Zeitalter ist 6 **Risikomanagement.** Sicherheit gibt es nur an der Kinokasse.

III. Risikomanagement: Vorsorge vor Restriktion

Risikomanagement: ein Begriff, den *Karl-Heinz Ladeur* maßgeblich mitgeprägt hat 7 und den das *Hans-Bredow-Institut* ebenso wie der Verfasser des vorliegenden Beitrags bereits vor Jahren als Grundkonzept eines zeitgemäßen Jugendmedienschutzes vorgeschlagen haben.[11] Es geht hierbei darum, Risiken zu erkennen und zu minimieren. Es geht um eine realistische Bewertung der Gefährdungslage (**Gefahrenprognose** → § 2 Rn. 48 ff.). Die Fallhöhe bemisst sich dabei nach der Größe des Risikos für den Minderjährigen, bleibenden Schaden zu nehmen. Ist die Fallhöhe gering oder eine harte Regulierung – wenn überhaupt – nur mit größten Anstrengungen und entsprechender Rechtsunsicherheit der Netzakteure möglich, dann ist das Risiko zu akzeptieren. Im Ergebnis ist dies ein Abwägungsvorgang, der streng genommen bereits aus dem verfassungsrechtlichen Verhältnismäßigkeitsgebot folgt. „Das Risiko zu akzeptieren" heißt selbstverständlich nicht, tatenlos zu bleiben. Vielmehr muss sich der Jugendmedienschutz an dieser Stelle vom Leitbild der Gefahrenabwehr lösen und auf das **Prinzip der Vorsorge** umstellen. *Karl-Heinz Ladeur* weist in diesem Zusammenhang darauf hin, dass gerade Vorsorge ein sorgfältiges Konzept verlangt, „damit nicht unverhältnismäßig gegen alles und jedes Vorsorge getroffen wird, weil Vorsorge prinzipiell unendlich ist."[12] Gefragt ist also **pragmatischer Realismus.**[13]

Ein zeitgemäßer Jugendmedienschutz legt den Fokus deshalb nicht einseitig auf Filter 8 und Sperren, sondern mehr auf die Kinder und Jugendlichen selbst. Sie müssen durch geeignete Maßnahmen dazu befähigt werden, selbstständig und verantwortungsvoll mit den neuen Medien umzugehen.[14] **Identitätsbildung findet nicht im medienfreien Raum statt.** Vielmehr tragen Medien wesentlich zur Sozialisation bei. Und eine gelungene Sozialisation erfordert eben auch die gewollte Konfrontation mit Situationen und Themen, die Kinder und vor allem Jugendliche intellektuell und ethisch herausfordern. Und an denen sie mit ihrer Haltung wachsen können.[15] Dabei geht es nicht allein um **Medienkompetenz,** sondern auch um **Resilienz.** Wenn wir Kinder und Jugendliche responsiv, kommunikativ und resilient machen, dann werden die Konsequenzen (auch) bewusster Grenzüberschreitungen im Netz, die in Lebensphasen der Orientierungssuche einfach mit dazugehören, nicht so dramatisch ausfallen.[16]

---

11 Vgl. hierzu *Ladeur* Funkkorrespondenz 20/21/2005, 3 ff.; *Ladeur/Wehsack* UFITA 2009, 695 ff. sowie *Erdemir* in Bieber/Eifert/Groß/Lamla S. 298; s. auch *Hans-Bredow-Institut,* Analyse des Jugendmedienschutzsystems – Jugendschutzgesetz und Jugendmedienschutz-Staatsvertrag, Endbericht, S. 373 ff.
12 *Ladeur* Funkkorrespondenz 20/21/2005, 3 (5).
13 S. hierzu auch *Erdemir* in Bellut S. 311 ff.
14 In diesem Zusammenhang gewinnt auch der sog. erzieherische Kinder- und Jugendmedienschutz, gesetzlich verankert in § 14 SGB VIII, an Bedeutung; eingehend hierzu *Nikles* KJug 2015, 35 ff. – Hier gilt es, die Medienpädagogik in der gesamten Bildungskette zu verankern; s. hierzu bereits *Erdemir,* Neugewichtung des Kinder- und Jugendmedienschutzes in Zeiten der Digitalisierung der Gesellschaft, S. 17 f.
15 S. hierzu auch *Stumpf,* Jugendschutz oder Geschmackszensur? Die Indizierung von Medien nach dem Jugendschutzgesetz, S. 161 ff.
16 *Erdemir* JMS-Report 2/2016, 2 (3).

9   Die **Technik** kann dazu einen wertvollen Beitrag leisten, wenn wir sie vor allem **als weiches Regulierungsinstrument** einsetzen: Bspw. in Gestalt von gut sichtbaren und auch von Kindern leicht bedienbaren Online-Meldesystemen bei sexueller Belästigung und bei Mobbing, in Gestalt von verständlichen und jugendgerechten Datenschutzerklärungen und Warnhinweisen sowie in Gestalt von Spielzeitbegrenzungen.

10 Ein zeitgemäßer Jugendmedienschutz verbindet präventive Module mit einem Anreiz- oder Belohnsystem für die Anbieter. Es gilt ein System zu etablieren, in welchem für ein Mehr an jugendschutzrelevanten Leistungen und Selbstverpflichtungen ein Mehr an Privilegien gewährt wird (**Anreizregulierung**).[17] Mögliche Gewährungen sind neben Regelungs- vor allem Haftungsprivilegierungen. Stimuli für jugendschutzrelevante Leistungen können schließlich auch darin bestehen, dass die Bemühungen der Akteure um den Jugendschutz formell anerkannt werden und sie dies für ihre Image- oder Produktwerbung einsetzen können. Dabei muss allerdings klar sein: Es geht hier allein um „proaktive" Leistungen für den Jugendschutz. Rechtskonformes Verhalten muss nicht extra belohnt werden. Und in gewisser Weise hat der Jugendmedienschutz-Staatsvertrag das System der Anreizregulierung über das **Modell der regulierten Selbstregulierung** bereits verwirklicht: Hat sich der Anbieter einer anerkannten Einrichtung der Freiwilligen Selbstkontrolle (FSF, FSM, FSK.online oder USK.online) angeschlossen, bleiben die Eingriffs- und Sanktionsmöglichkeiten der Aufsicht nach § 20 Abs. 3 und 5 JMStV begrenzt.[18] Vor allem die in § 20 Abs. 3 JMStV verankerte **Privilegierung** von angeschlossenen privaten Rundfunkveranstaltern setzt einen spürbaren Stimulus für die entsprechende Vorlage von Sendebeiträgen bei der FSF noch vor ihrer Ausstrahlung.

11 Ein zeitgemäßer Jugendmedienschutz verlangt den Einsatz von Öffentlichkeit iS einer **Media Governance**[19] und damit prinzipiell verantwortliches Handeln aller beteiligten Akteure. Denn das Internet verlangt eine Modifikation unseres Bildes davon, wie Regulierung funktioniert. **Jugendmedienschutz ist eine gesamtgesellschaftliche Aufgabe.** Dieser besonderen Bedeutung gerecht zu werden heißt hierbei, den Anbieter nicht von vornherein als potenziellen Gegner, sondern zunächst als potenziellen Verbündeten zu begreifen und entsprechende Anreize zu schaffen, den Jugendmedienschutz aktiv mitzugestalten. Und es heißt auch, den sog. Netzbürger aktiv einzubinden (Institutionalisierung der Öffentlichkeit).[20]

IV. Das neue Jugendschutzgesetz: Anschluss an die Wirklichkeit

12 Und nun ist es also der Bund, welcher mit dem am 1.5.2021 in Kraft getretenen Zweiten Jugendschutzänderungsgesetz vom 9.4.2021[21] ein kompetenzrechtlich den

---

17 Eingehend zur Anreizregulierung im Bereich des Jugendmedienschutzes *Erdemir* in Bellut S. 317 ff.
18 Zum partiellen Primat der Selbstkontrolle s. auch Spindler/Schuster/*Erdemir* JMStV § 1 Rn. 12 ff., § 20 Rn. 1 f., 8 ff., 29 ff. sowie NK-JMStV/*Bornemann* JMStV § 20 Rn. 25 ff.
19 Zu neuen Konzepten speziell zur Media Governance s. bereits *Hoffmann-Riem* epd medien 56/2009, 21 ff.; zur Governance-Forschung im Allgemeinen s. *Schuppert,* Governance und Rechtsetzung. Grundfragen einer modernen Regelungswissenschaft, 2011; speziell zum Verhältnis von Governance und Innovation s. *Hoffmann-Riem,* Die Governance-Perspektive in der rechtswissenschaftlichen Innovationsforschung, 2011.
20 Zur Berücksichtigung des sozialen Wandlungsprozesses beim Jugendmedienschutz s. *Erdemir* in Bellut S. 320 f.
21 BGBl. 2021 I 742.

Ländern zustehendes Terrain[22] (→ § 4 Rn. 8, → § 7 Rn. 75) für sich besetzt hat, welches diese allerdings bis heute gemieden haben. Das Regelungswerk lässt „Begehrlichkeiten"[23] erkennen, den Jugendschutz einheitlich durch ein Bundesgesetz zu regeln, sucht dabei jedoch unmissverständlich Anschluss an die Wirklichkeit. Denn es adressiert die neuen Risiken im Netz und verwendet hierfür zwar nicht markante, aber immerhin **erste Elemente eines Risikomanagements.** Für Video-Sharing-Plattform-Anbieter und Betreiber sozialer Netzwerke sieht das Gesetz die Verpflichtung zum Vorhalten von **Vorsorgemaßnahmen** vor: Hierzu zählen ua die Bereitstellung eines Melde- und Abhilfeverfahrens, die Bereitstellung eines Einstufungssystems für nutzergenerierte audiovisuelle Inhalte sowie die Einrichtung von Voreinstellungen, die Nutzungsrisiken für Minderjährige begrenzen (§ 24a JuSchG). Die Aufsicht wird durch die ehemalige Bundesprüfstelle für jugendgefährdende Medien (BPjM), die als Behörde zur Bundeszentrale für Kinder- und Jugendmedienschutz (BzKJ) umstrukturiert wird, wahrgenommen. Es soll zunächst in einem **dialogischen Aufsichtsverfahren** (→ § 7 Rn. 63 ff.) auf eine Verbesserung der Angebote hingewirkt werden. Bleibt dieser Ansatz erfolglos, wird die Bundesoberbehörde ermächtigt, die angemessenen Vorsorgemaßnahmen anzuordnen und durchzusetzen. Kommt ein Anbieter seiner Verpflichtung nicht nach, kann ihm ein **Bußgeld von bis zu fünfzig Millionen Euro** drohen (§ 28 Abs. 5 JuSchG iVm § 30 Abs. 2 S. 3 OWiG). Darüber hinaus stellt das neue Jugendschutzgesetz – allerdings nur mit Blick auf die seit der JMStV-Novelle 2016 in § 5 Abs. 2 S. 5 JMStV verankerte „Durchwirkungs"-Regelung – rechtliche Kohärenz bei der Vergabe von Alterskennzeichen her.[24]

Die Fragen, die das neue Jugendschutzgesetz aufwirft, sind gleichwohl vielfältig. Zum 13 einen wird mit der Bundeszentrale für Kinder- und Jugendmedienschutz eine neue staatliche Aufsichtsstruktur eingeführt, ohne dass die Befugnisse der verschiedenen Institutionen des Jugendmedienschutzes klar voneinander abgegrenzt sind. Dies führt neben einer **Verstaatlichung des Jugendmedienschutzes** (→ Rn. 38 ff.) zum Aufbau von Doppelstrukturen[25] und unklaren Zuständigkeiten (→ § 4 Rn. 105) im Bereich der Online-Medien, wovon neben den staatsfern organisierten Landesmedienanstalten und ihrer Kommission für Jugendmedienschutz (KJM) auch die Einrichtungen der Freiwilligen Selbstkontrolle betroffen sind.[26] Zum anderen, und dieser Aspekt ist von grundsätzlicher Bedeutung für die Auslegung und Anwendung des neuen Rechts, bewegen sich Regelungen zum Jugendmedienschutz vor allem mit Blick auf **Verhältnismäßigkeitsgebot, Bestimmtheitsgebot**[27] (→ § 4 Rn. 12 f.) und **Zensurverbot** (→ Rn. 25 ff.) zwangsläufig auf einem ausgesprochen grundrechtssensiblen Terrain. Werfen wir also einen näheren Blick in unser Grundgesetz:

---

22 Eingehend zum bereits 2016 angekündigten Vorstoß des Bundes und seiner kompetenzrechtlichen Problematik *Erdemir* in Eifert/Gostomzyk S. 204 ff. sowie *Rossen-Stadtfeld* in Eifert/Gostomzyk S. 189 f.; s. hierzu auch *Waldeck* KJug 2019, 23 (24 f.) sowie aktuell zum neuen JuSchG *Erdemir* ZRP 2021, 53 (54 f.).

23 NK-JMStV/*Schwartmann* JMStV § 2 Rn. 7.

24 Eingehend zum Erfordernis einer parallelen Anpassung des Jugendschutzgesetzes an die Neufassung des § 5 Abs. 2 JMStV NK-JMStV/*Erdemir* JMStV § 5 Rn. 39 ff.; s. hierzu auch NK-JMStV/*Hopf* JMStV § 16 Rn. 10 ff.

25 Instruktiv zu Schnittmengen und Doppelregulierung im Kontext von JMStV, TMG und NetzDG NK-JMStV/*Lamprecht-Weißenborn* JMStV § 5b Rn. 17 ff.

26 Ausf. hierzu NK-JMStV/*Braml* JMStV § 19 Rn. 16.

27 Zum Bestimmtheitsgebot im Kontext des Jugendmedienschutzes s. MAH UrhR/*Erdemir* § 23 Rn. 11.

B. Zeitgemäßer Jugendmedienschutz im Lichte unserer Verfassung

I. Allgemeines Persönlichkeitsrecht

14 Der Jugendmedienschutz ist weit mehr als eine typische Schranke der Medienfreiheit. Er findet in dem allgemeinen Persönlichkeitsrecht aus Art. 2 Abs. 1 iVm Art. 1 Abs. 1 GG seine grundrechtsnormativen Wurzeln und gehört damit zu den kollidierenden Verfassungsgütern. Es ist das verfassungsrechtlich verbürgte Recht der Kinder und Jugendlichen, sich zu selbstbestimmten, sozialverantwortlichen Persönlichkeiten entwickeln zu können.[28] Von dort wird der Jugendmedienschutz ausgerichtet auf das durch die Basisnorm des Art. 5 Abs. 1 GG eingehegte Kommunikationsverfassungsrecht der Gewährleistung eines freien Meinungsbildungsprozesses.[29]

15 Dabei hat bei gesetzlich verordnetem Jugendschutz im Unterschied zu elterlichem Jugendschutz nicht der erzieherische Gedanke, sondern vielmehr der Aspekt einer möglichst unbelasteten Entwicklung der Persönlichkeit von jungen Menschen im Vordergrund zu stehen. Anderenfalls wäre ein Konflikt mit dem **Gebot zur weltanschaulichen Neutralität** vorgezeichnet.[30] Jugendmedienschutzrecht hat die Förderung der **Eigenverantwortung** und **Gemeinschaftsfähigkeit** junger Menschen zum Inhalt, nicht dagegen deren Erziehung zu „anständiger Gesinnung".[31] Und weil die einseitige Fokussierung auf Filter und Verbotsschilder die dringenden Probleme in der digitalen Welt nicht lösen kann, wird auch präventiver Jugendmedienschutz – ebenso wie der repressive Jugendmedienschutz abzuleiten aus dem allgemeinen Persönlichkeitsrecht – zum Verfassungsauftrag.[32]

II. Elternrecht

1. Elterliches Erziehungsrecht

16 Zugleich kann und darf gesetzlich und damit staatlich verordneter Jugendschutz elterliche Verantwortung nicht ersetzen. Denn unser Grundgesetz weist die Verantwortung für die Erziehung und ebenso den Schutz des Kindes vor Gefahren bekanntlich den Eltern zu. Sie sind die „natürlichen Sachwalter" des Kindeswohls. Und bis zur Grenze der Kindeswohlgefährdung – gemeint ist eine nachhaltige Störung der Entwicklung des Kindes zu einer eigenverantwortlichen Persönlichkeit innerhalb der sozialen Gemeinschaft – obliegt es allein den Eltern, zu bestimmen, welchen Erziehungs- und Pflegeeinflüssen ihr Kind ausgesetzt ist.

17 Das elterliche Erziehungsrecht aus Art. 6 Abs. 2 S. 1 GG begründet für die Eltern folglich gleichermaßen das Recht wie die Pflicht zur Pflege und Erziehung ihrer Kinder. Damit erweist sich das Elternrecht, das insoweit treffender als **Elternverantwor-**

---

28 BVerwG Urt. v. 3.3.1987 – 1 C 16.86, BVerwGE 77, 75 (82); *Engels* AöR 1997, 212 (228).
29 Vgl. *Rossen-Stadtfeld* in Eifert/Gostomzyk S. 173.
30 S. hierzu *Altenhain* MMR 2012, 274; BK-GG/*Degenhart* GG Art. 5 Abs. 1 u. 2 Rn. 53; *Degenhart* UFITA 2009, 331 (352); HK-MStV/*Mellage* JMStV § 5 Rn. 14 sowie *Erdemir,* Filmzensur und Filmverbot, S. 168 ff.
31 So ausdr. bereits *Raue,* Literarischer Jugendschutz, S. 73.
32 Eingehend zum präventiven Jugendmedienschutz *Erdemir,* Neugewichtung des Kinder- und Jugendmedienschutzes in Zeiten der Digitalisierung der Gesellschaft, S. 10 ff.; s. auch *Erdemir* KJug 2018, 39, (40 f.) sowie *Erdemir/Gutknecht/Engels* FORUM Jugendhilfe 1/2019, 27 ff.

Erdemir

tung bezeichnet werden sollte,[33] als ein Grundrecht im Interesse des Kindes und somit als vollwertige Schranke für gesetzlichen Jugendmedienschutz. Dieser darf sich nicht als Bevormundungsinstrument für Eltern erweisen.[34]

Allerdings hat gesetzlicher Jugendschutz immer auch dem Umstand Rechnung zu tragen, dass es familiäre Bindungen gibt, in denen erzieherisches Handeln nicht oder nur unzureichend stattfindet. Gleichzeitig findet das Erziehungsrecht seine Grenze in der auch von den Eltern zu respektierenden Persönlichkeit des Jugendlichen. Daher treten mit wachsender Handlungs- und Entscheidungsfähigkeit des Minderjährigen Verantwortlichkeit und Sorgerecht der Eltern zurück. 18

2. Erziehungsaspekt im einfachgesetzlichen Jugendmedienschutz

Der Erziehungsaspekt findet im neuen Jugendschutzgesetz an verschiedenen Stellen ausdrückliche Berücksichtigung. So (legal)definiert § 10a Nr. 1 JuSchG solche Medien als entwicklungsbeeinträchtigend, „die geeignet sind, die Entwicklung von Kindern oder Jugendlichen oder ihre Erziehung zu einer eigenverantwortlichen und gemeinschaftsfähigen Persönlichkeit zu beeinträchtigen". Entsprechend (legal)definiert § 10a Nr. 2 JuSchG solche Medien als jugendgefährdend, „die geeignet sind, die Entwicklung von Kindern oder Jugendlichen oder ihre Erziehung zu einer eigenverantwortlichen und gemeinschaftsfähigen Persönlichkeit zu gefährden". § 24a Abs. 2 Nr. 6 JuSchG wiederum sieht vor, dass Angebote von Diensteanbietern Systeme zur Steuerung und Begleitung der Nutzung der Angebote durch die personensorgeberechtigten Personen bereitstellen, mit denen „ein altersgerechter Zugang zu Medien und Angeboten nachvollzogen und auf potenzielle Gefährdungen für die persönliche Integrität der Kinder und Jugendlichen Einfluss genommen werden kann."[35] Dem entsprechend weist die amtliche Begründung zum Gesetzentwurf die Förderung der Orientierung sowohl für Kinder und Jugendliche als auch für Personensorgeberechtigte sowie pädagogische Fachkräfte bei der Mediennutzung und Medienerziehung als besonderes Ziel aus.[36] 19

Der Begriff der Entwicklungsbeeinträchtigung nach § 5 Abs. 1 JMStV stellt zwar ebenfalls maßgeblich auf die Kriterien der Eigenverantwortung und Gemeinschaftsfähigkeit ab, verzichtet aber auf das alternative Kriterium einer Erziehungsbeeinträchtigung. Dabei lässt der Jugendmedienschutz-Staatsvertrag mit der Aufnahme erziehungsbeeinträchtigender Angebote in die – den Zweck des Staatsvertrages umschreibende – Vorschrift des § 1 JMStV allerdings ebenfalls keinen Zweifel an seiner Gesamtzielsetzung: jugendschutzorientierte Selbst- und Fremdregulierung sämtlicher Online-Medien unter Anerkennung und Förderung der Elternverantwortung. 20

---

33 Das Kindeswohl muss alles in allem bestimmend sein und Vorrang vor den Elterninteressen besitzen; so ausdr. v. Mangoldt/Klein/Starck/*Robbers* GG Art. 6 Rn. 149; zur Elternverantwortung s. auch BVerfG Urt. v. 6.2.2001 – 1 BvR 12/92, BVerfGE 79, 203 (210 f.).
34 *Langenfeld* MMR 2003, 303 (305).
35 BT-Drs. 19/24909, 65.
36 BT-Drs. 19/24909, 41.

III. Kommunikationsgrundrechte

21 Aus den in Art. 5 Abs. 1 GG verankerten Kommunikationsgrundrechten (**Meinungs-, Presse-, Rundfunk- und Filmfreiheit**) ergeben sich besonders ernst zu nehmende Anforderungen an eine verfassungsmäßige, hierbei insbes. verhältnismäßige Ausgestaltung des Jugendmedienschutzes. Die Zielvorgabe eines möglichst effektiven Jugendschutzes birgt immer die Gefahr, gegenläufige Grundrechte freier Kommunikation und freier künstlerischer oder personaler Selbstentfaltung zu minimalisieren. So reicht allein die Feststellung, dass eine bestimmte Maßnahme dem Schutze der Jugend iSd Schrankenregelung des Art. 5 Abs. 2 GG dient, zur Rechtfertigung eines Eingriffs nicht aus. Vielmehr bedarf es in jedem konkreten Einzelfall einer materiellen Wertung, die dem Stellenwert der Kommunikationsgrundrechte wie auch der schrankenlos gewährleisteten **Kunstfreiheit** aus Art. 5 Abs. 3 GG hinreichend Rechnung trägt.

22 Dabei bleibt die **Informationsfreiheit** gerade auch unter dem Regime des neuen Jugendschutzgesetzes eine der maßgeblichen verfassungsrechtlichen Determinanten für das Recht des Jugendmedienschutzes. So darf eine Information aus Gründen des Jugendschutzes nicht generell unterdrückt oder der Zugang zu ihr auch den nicht betroffenen (insbes. erwachsenen) Personengruppen massiv erschwert werden, wenn der angestrebte Schutz auch mit besonderen Distributions- bzw. Zugangsbeschränkungen erreicht werden kann.[37]

23 Der auf der „passiven" Rezipientenseite anzusiedelnden Informationsfreiheit entsprechen auf der „aktiven" Seite neben der Meinungsfreiheit die Presse-, Rundfunk- und Filmfreiheit. Der in Art. 5 Abs. 1 S. 2 GG zur Anwendung gelangende **Begriff der Berichterstattung** ist hierbei weit auszulegen, so dass zB der Filmfreiheit nicht nur Tatsachenmitteilungen wie Wochenschau- oder Nachrichtenfilme, sondern darüber hinaus auch Meinungsäußerungen und damit neben Dokumentarfilmen unter anderem auch Spielfilme (erzählende Filme) unterfallen. Bei alledem ist der **Filmbegriff** – ebenso wie der Presse- und der Rundfunkbegriff – entwicklungsoffen zu verstehen: Neben dem klassischen Kinofilm auf Celluloid ist auch die Herstellung und Verbreitung eines Films auf Trägermedien – Digital Versatile Disc (DVD) und Blu-ray Disc (BD) – geschützt.[38]

IV. Berufs- und Eigentumsfreiheit

24 Indem der Staat den freien Austausch einschlägiger Medien in der Gesellschaft beschränkt, kommt regelmäßig auch ein Eingriff in die **Freiheit der Berufsausübung** (Art. 12 Abs. 1 GG) in Betracht. Neben den privaten Rundfunkanbietern[39] können auch Provider die Berufsfreiheit für sich in Anspruch nehmen, soweit sie mit ihrer Tätigkeit nicht allein kommunikative, sondern überwiegend auch kommerzielle Ziele

---

37 Vgl. *Degenhart* UFITA 2009, 331 (357).
38 Eingehend zur Reichweite der Filmfreiheit *Erdemir,* Filmzensur und Filmverbot, S. 8 ff.; zum Schutzbereich der Filmfreiheit s. auch Jarass/Pieroth/*Jarass* GG Art. 5 Rn. 61.
39 Den öffentlich-rechtlichen Rundfunkanstalten fehlt es dagegen im Hinblick auf Art. 12 und Art. 14 GG schon an der Grundrechtsfähigkeit gem. Art. 19 Abs. 3 GG; s. hierzu BVerfG Beschl. v. 23.3.1988 – 1BvR 686/86, BVerfGE 78, 101 (102 f.).

verfolgen. Insofern beeinträchtigen unter dem Regime des Staatsvertrags der Länder zB die programmbezogenen Restriktionen in den §§ 4 und 5 JMStV neben der redaktionellen unweigerlich auch die unternehmerische Dispositionsfreiheit. Entsprechendes gilt im Anwendungsbereich des Jugendschutzgesetzes im besonderen Maße für Indizierungen, wobei auch die verbindliche Einführung von Vorsorgemaßnahmen die Grundrechtsausübung des Anbieters massiv beeinträchtigen und im Einzelfall sogar in ihrem Kern bis hin zur **Freiheit der Berufswahl** verhindern kann (→ § 5 Rn. 57). Des Weiteren schützt der Garantiegehalt des Art. 14 Abs. 1 GG die maßgeblichen Akteure im Steuerungsfeld der Vorsorgemaßnahmen – insbes. Plattformbetreiber sowie deren jeweiliges Personal – vor willkürlichen, unzumutbaren oder unerträglichen staatlichen Beeinträchtigungen (**Recht am eingerichteten und ausgeübten Gewerbebetrieb** → § 5 Rn. 54).[40]

V. Zensurverbot

1. Strenges Mittelverbot für staatlichen Jugendmedienschutz

Das in Art. 5 Abs. 1 S. 3 GG verankerte Zensurverbot enthält zwar kein eigenständiges Grundrecht. Als **Proklamation der Freiheit des Geistes**[41] findet es aber seinen zentralen Platz im Kanon der Kommunikationsgrundrechte. Es gilt als spezielle Eingriffsschranke (sog. Schranken-Schranke)[42] für alle Kommunikations- und Medienfreiheiten des Art. 5 Abs. 1 GG. Für die Kunstfreiheit des Art. 5 Abs. 3 GG ist das Zensurverbot analog zu Art. 5 Abs. 1 S. 3 GG gültig.[43] Mit seiner apodiktischen Feststellung „Eine Zensur findet nicht statt" verschafft das Grundgesetz dem Zensurverbot einen absoluten Geltungsanspruch, der sich – ähnlich der Unantastbarkeitsklausel der Menschenwürdegarantie – jedem grundrechtlichen Abwägungsprozess entzieht. Eine Zensur findet ebenso wenig statt wie die Menschenwürde nicht antastbar ist. Auch Zensur kann nicht durch Rückgriff auf andere Verfassungsgüter legitimiert werden. Bei dem Zensurverbot handelt es sich folglich um ein strenges Mittelverbot, das selbst dann nicht durchbrochen werden darf, wenn es um Jugendschutz geht.[44] So mag der Staat das legitime Ziel verfolgen, kommunikative Betätigung zum Zwecke des Jugendschutzes zu unterdrücken oder zu beschränken. Das Zensurverbot verwehrt ihm aber, das Mittel der Zensur zu gebrauchen. Dabei schließt das Zensurverbot nach herrschender Auffassung lediglich die **Vorzensur** aus.[45] Es verbietet damit in seiner unbedingten Geltung die vollständige und insoweit folgenschwerste Unterdrückung eines Kommunikationsinhalts, nämlich die Verhinderung seiner erstmaligen Veröffentlichung oder Verbreitung.

25

---

40 BVerfGE 60, 154 (160).
41 Begriff bei Sachs/*Bethge* GG Art. 5 Rn. 130.
42 Vgl. Jarass/Pieroth/*Jarass* GG Art. 5 Rn. 7; BK-GG/*Degenhart* GG Art. 5 Abs. 1 u. 2 Rn. 546.
43 *Erdemir*, Filmzensur und Filmverbot, S. 59 ff. mwN; s. auch Sachs/*Bethge* GG Art. 5 Rn. 129.
44 Vgl. *Erdemir*, Filmzensur und Filmverbot, S. 79; Jarass/Pieroth/*Jarass* GG Art. 5 Rn. 77; v. Mangoldt/Klein/*Starck*/*Starck* GG Art. 5 Abs. 1 u. 2 Rn. 173; v. Münch/Kunig/*Wendt* GG Art. 5 Rn. 66; das Verbot der Vorzensur für den Bereich des Jugendschutzes dagegen restriktiv interpretierend *Stettner* ZUM 2003, 425 (435).
45 Vgl. BVerfG Beschl. v. 25.4.1972 – 1 BvL 13/67, BVerfGE 33, 52 (71 ff.) – Der lachende Mann; BVerfG Beschl. v. 27.11.1990 – 1 BvR 402/87, BVerfGE 83, 130 (155) – Josefine Mutzenbacher; BVerfG Beschl. v. 20.10.1992 – 1 BvR 698/8987, BVerfGE 209 (230) – Tanz der Teufel; Jarass/Pieroth/*Jarass* GG Art. 5 Rn. 77 sowie v. Mangoldt/Klein/*Starck*/*Starck* GG Art. 5 Rn. 170.

2. Adressaten des Zensurverbots

26 Das Zensurverbot richtet sich in seiner unmittelbaren Geltung allein gegen den Staat.[46] Die neu geschaffene **Bundeszentrale für Kinder- und Jugendmedienschutz (BzKJ)** ist damit als selbstständige Bundesoberbehörde im Geschäftsbereich des Bundesministeriums für Familie, Senioren, Frauen und Jugend unmittelbare Adressatin des Zensurverbots. Jede von der BzKJ getroffene Maßnahme muss sich an dem absoluten Verbot messen lassen.

27 Ob und inwieweit die staatsfern organisierten, weil binnenpluralistisch strukturierten und der Fachaufsicht nicht unterliegenden **Landesmedienanstalten** als Adressatinnen des Zensurverbots in Betracht kommen, wird unterschiedlich gesehen.[47] Dabei ist dem Zensurverbot immer auch eine Ausstrahlungswirkung auf privatrechtlich organisierte **Einrichtungen der Freiwilligen Selbstkontrolle** beizumessen, sofern diese unter staatlichem Einfluss stehen. Bis zu welchem Grad eine staatliche Einflussnahme auf bestimmte Formen der „Selbstzensur" noch hingenommen werden kann, muss unter Berücksichtigung der besonderen Umstände des jeweiligen Einzelfalles ermittelt werden.[48]

28 Dass das Instrumentarium der Selbstkontrolle nicht zwangsläufig vor Zensur schützt, zeigt das **Prüfverfahren der Freiwilligen Selbstkontrolle der Filmwirtschaft GmbH (FSK)**. Aufgrund des präventiven Charakters des Anwesenheitsverbots mit Freigabevorbehalt stellt sich die Frage nach seiner Vereinbarkeit mit dem Zensurverbot. Zwar verstoßen Kontrollmaßnahmen im Filmbereich zu Zwecken des Jugendschutzes (noch) nicht gegen das Zensurverbot, wenn sie nur zu einer Verbreitungsbeschränkung führen. Voraussetzung ist dann aber, dass die Medieninhalte für erwachsene Personen gleichsam als Kern der Öffentlichkeit ebenso unverändert wie frei erreichbar bleiben. Insoweit werden der Prüfung solcher Filme, die sich von vornherein allein an ein erwachsenes Publikum richten (Alterskennzeichnung nach § 14 Abs. 2 Nr. 5 JuSchG „Keine Jugendfreigabe"), als sog. **Erwachsenenprüfung** mindestens zensurgleiche Wirkungen beizumessen sein.[49]

29 Eine **verfassungswidrige Verlagerung des Jugendschutzes in den Erwachsenenbereich** ist auch bei den sog. Kennzeichnungsverboten nach § 14 Abs. 3 und 4 JuSchG zu verzeichnen. Denn mit den rigorosen Verboten schießt der Jugendschutz über sein selbst definiertes Ziel hinaus und verstößt gegen das verfassungsrechtliche Verhältnismäßigkeitsgebot, da bereits mit der Kennzeichnung „Keine Jugendfreigabe" den Erfordernissen des Jugendschutzes hinreichend Rechnung getragen wird.[50]

---

46 BVerfG Beschl. v. 25.4.1972 – 1 BvL 13/67, BVerfGE 33, 52 (72) – Der lachende Mann.
47 Die Landesmedienanstalten aus dem Adressatenkreis des Zensurverbots herausnehmend Sachs/*Bethge* GG Art. 5 Rn. 134b; aA *Nessel*, Das grundgesetzliche Zensurverbot, S. 210.
48 Vgl. zum Ganzen *Erdemir*, Filmzensur und Filmverbot, S. 38 ff., 61 ff., 180 ff.
49 So auch *Degenhart* UFITA 2009, 331. – Eingehend zur Verfassungswidrigkeit der sog. Erwachsenenprüfung durch die FSK *Erdemir*, Filmzensur und Filmverbot, S. 180 ff.; beipflichtend Nikles/Roll/Spürck/*Erdemir*/Gutknecht/*Gutknecht* JuSchG § 14 Rn. 5 sowie Liesching/Schuster/*Liesching* JuSchG § 11 Rn. 11; krit. auch Dörr/Kreile/Cole/*Cole*, Kap. G Rn. 20; offenlassend noch *Dörr*/*Cole*, Jugendschutz in den elektronischen Medien, S. 94 f.
50 Grundlegend hierzu *Degenhart* UFITA 2009, 331 (369 ff.); s. auch *Erdemir* JMS-Report 5/2012, 2 (4 f.) mwN sowie *Wager* MMR 2019, 80 (82 f.). Instruktiv zur Praxisrelevanz der Kennzeichnungsverbote am Beispiel sog. Skandalfilme *Ehls* in Erdemir/Rockenbauch S. 27 ff. („Die Passion Christi" USA 2004) sowie *Fromm*/*Rockenbauch* in Erdemir/Rockenbauch S. 62 ff. („Mann beißt Hund" Belgien 1992).

3. Anpassung des Zensurbegriffs an neue Medienangebote

Es fragt sich, ob die herkömmliche Unterscheidung zwischen Vor- und Nachzensur in   30
der digitalen Welt unverändert Bestand haben kann. Immerhin ist bei Abrufdiensten
mit dem Moment des Einstellens des Medieninhalts dessen kommunikative Funktion
regelmäßig noch nicht erfüllt. In der Literatur sind deshalb Ansätze erkennbar, die
sich für eine entsprechende Ausweitung und Anpassung des Zensurbegriffs an neue
Medienangebote und damit für eine **partielle Ausdehnung auf die Nachzensur** aus-
sprechen. So verlangt zB *Christoph Degenhart* für das Vorliegen des maßgeblichen
Kriteriums der erstmaligen Verbreitung, dass die Informationsangebote im Internet
„einen gewissen Zeitraum hindurch abrufbar waren".[51] Einer vorbehaltslosen, zeitlich unbegrenzten Ausdehnung des Zensurverbots auf die Nachzensur[52] ist dagegen
nach richtigem grundrechtsdogmatischem Verständnis eine Absage zu erteilen. Entsprechenden Gefahren für die Kommunikationsfreiheiten – und dabei insbes. für die
Informationsfreiheit – ist durch verfassungsbezogene Einschränkung behördlicher
Sanktionsmöglichkeiten in Anwendung der Schranken des Art. 5 Abs. 2 GG zu begegnen.[53]

Zudem stellt sich gerade im Bereich des technischen netzbezogenen Jugendschutzes   31
zunehmend die Frage, ob und inwieweit auch **faktische Kontrollmechanismen als verfassungswidrige Zensur** anzusehen sind. Unter Zugrundelegung des klassischen formellen Zensurbegriffs fallen unter das Zensurverbot des Art. 5 Abs. 1 S. 3 GG zwar
nur formelle Prüfungs- und Genehmigungsverfahren, also Präventivmaßnahmen, welche die Herstellung und/oder Verbreitung eines Kommunikationsinhalts rechtlich von
einer behördlichen Genehmigung abhängig machen. Nach einer in der Literatur mittlerweile im Vordringen befindlichen Auffassung können dagegen auch faktische Be-
schränkungswirkungen durch Kontrollmaßnahmen unter den formellen Zensurbegriff fallen, ohne dass hierfür etwa notgedrungen ein mit dem Grundgesetz inkompa-
tibler materieller Zensurbegriff zu bemühen wäre. So können unter **Zugrundelegung
eines erweiterten formellen Zensurbegriffs** – welchem auch das BVerfG zugeneigt
ist[54] – neben rechtlichen auch faktische Kontrollmechanismen einer verfassungswidrigen Zensur gleichkommen, sofern diese ein funktionales Äquivalent der formellen
Zensur darstellen.[55]

Im Anwendungsbereich des Jugendmedienschutz-Staatsvertrags können zB präventi-   32
ve Sendezeitbeschränkungen in ihrer Wirkung einer Zensur gleichkommen, wenn sie
dazu führen, dass bestimmte Medieninhalte oder Sendeformate aus dem Angebot genommen werden müssen.[56] An diesem Zensurbegriff sind unter dem Regime des neu-
en Jugendschutzgesetzes gerade auch die sog. **Vorsorgemaßnahmen** – ggf. auch hinsichtlich möglicher **„Kollateralschäden" für die Kommunikationsfreiheit** – zu messen.

---

51   BK-GG/*Degenhart* GG Art. 5 Abs. 1 und 2 Rn. 555.
52   So klingt es zB bei *Engel* MMR-Beilage 4/2003, 1 (12) und *Koreng,* Zensur im Internet, S. 219 an.
53   BK-GG/*Degenhart* GG Art. 5 Abs. 1 und 2 Rn. 551.
54   BVerfGE 87, 209 (230 ff.) – Tanz der Teufel.
55   Eingehend hierzu *Erdemir,* Filmzensur und Filmverbot, S. 50 ff., 56 f., 180 ff.; beipflichtend *Liesching,* Ju-
     gendmedienschutz in Deutschland und Europa, S. 136 f., 182 sowie Liesching/Schuster/*Liesching* JuSchG
     § 11 Rn. 11.
56   Vgl. hierzu BK-GG/*Degenhart* GG Art. 5 Abs. 1 und 2 Rn. 549 und Spindler/Schuster/*Erdemir* JMStV § 8
     Rn. 12 jeweils mwN.

Es wird sorgfältig darauf zu achten sein, dass hierdurch die Verbreitungschancen von Inhalten nicht nachhaltig geschmälert werden. Nur so wird der grundsätzlichen Wertung des Zensurverbots – Vorrang der grundrechtlichen Eigenverantwortung durch Beschränkung hoheitlicher Kontrolle auf repressive Maßnahmen und Ausschluss inhaltlicher Kontrolle von Äußerungsinhalten vor ihrer Verbreitung[57] – hinreichend Rechnung getragen.

33 Nach alledem steht fest: Das verfassungsrechtliche Zensurverbot ist in seiner apodiktischen Sprache und in seinem unbedingten Geltungsanspruch ein starkes Indiz für die **Unzulässigkeit staatsseitiger Einflussnahme auf Meinungsbildung und Medien**.[58] Dabei befindet sich die schöne Zwillingsschwester der Medienfreiheit im Prozess des Wandels und der inhaltlichen Neubestimmung (Paradigmenwechsel). Wir müssen das Zensurverbot in gewisser Weise neu denken, damit es den aktuellen Gefährdungslagen für die digitale Kommunikation wirksam entgegentreten kann.[59]

C. Staatsferne der Medienaufsicht

I. Gebot der Staatsferne

34 Kommunikationsmedien wie im Besonderen der lineare Rundfunk übernehmen eine herausragende Rolle im demokratischen Rechtsstaat. Nach dem verfassungsrechtlichen Verständnis ist die Rundfunkfreiheit deshalb eine „dienende Freiheit"[60] im Hinblick auf die **Gewährleistung einer freien und umfassenden Meinungsbildung**[61] und insoweit „schlechthin konstituierend für die freiheitliche demokratische Grundordnung".[62] Im Zentrum der Garantie stehen die Staatsferne des Rundfunks[63] (→ § 8 Rn. 54 ff.) und die Programmautonomie.[64] Staatsferne des Rundfunks bedeutet wegen der ihm zugeschriebenen „Breitenwirkung, Aktualität und Suggestivkraft"[65] zunächst, dass der Staat „weder selbst Rundfunkveranstalter sein noch bestimmenden Einfluss auf das Programm der von ihm unabhängigen Veranstalter gewinnen" darf.[66] In der Konsequenz erstreckt sich das Gebot der Staatsferne auf die Aufsicht über den Rundfunk.[67] Dabei sollen auch „alle mittelbaren und subtilen Einflussnahmen des Staates verhindert werden".[68]

II. Verfassungsrechtlicher Rundfunkbegriff

35 Bereits aus dem Vorgenannten folgt, dass einfachgesetzlicher und verfassungsrechtlicher Rundfunkbegriff (→ § 8 Rn. 58 ff.) nicht deckungsgleich sind. Vielmehr können

---

57 So ausdr. BK-GG/*Degenhart* GG Art. 5 Abs. 1 und 2 Rn. 558.
58 Ebenso deutlich BK-GG/*Degenhart* GG Art. 5 Abs. 1 und 2 Rn. 45.
59 Eingehend hierzu *Erdemir* JMS-Report 5/2018, 2 ff.; s. auch *Roßbach* Politik & Kultur 4/2019, 18.
60 BVerfGE 87, 181 (197); 83, 238 (296).
61 BVerfGE 59, 231 (257); 74, 297 (323).
62 BVerfGE 77, 65 (74); 107, 299 (329).
63 BVerfGE 83, 238 (322).
64 BVerfGE 87, 181 (201); 114, 371 (389).
65 BVerfGE 90, 60 (87).
66 BVerfGE 83, 238 (330).
67 Vgl. BVerwG Urt. v. 15.7.2020 – 6 C 25.19; *Langenfeld* MMR 2003, 303 (307 f.); s. auch BK-GG/*Degenhart* GG Art. 5 Abs. 1 u. 2 Rn. 373 (dort für die Programmaufsicht durch den Rundfunkrat).
68 BVerfGE 90, 60 (88); 121, 30 (53).

Erdemir

über das Internet verbreitete Telemedieninhalte aufgrund ihrer medialen Wirkung und ihrer **Meinungsbildungsrelevanz** auch Rundfunk im verfassungsrechtlichen Sinne sein.[69] Und auch das BVerfG lässt keinen Zweifel daran, dass sich der verfassungsrechtliche Rundfunkbegriff nicht nur auf die traditionellen Formen des Rundfunks erstreckt, sondern auch solche Dienste bzw. Telemedien erfasst, die **dem herkömmlichen Rundfunk vergleichbare massenkommunikative Wirkungen** erzeugen.[70] Und der Einfluss von Telemedien auf die öffentliche Meinungsbildung ist ebenso wie ihre kulturelle Relevanz in den zurückliegenden Jahren sukzessive deutlich gestiegen. Die Verbreitung von Informationen über **Video-Sharing-Plattformen** und vor allem über **soziale Netzwerke** ist von erheblicher und zunehmender Bedeutung für den Prozess freier Meinungsbildung.

III. Gebot der staatsfernen Organisation des Jugendmedienschutzes

Es liegt auf der Hand, dass die Ordnung der Medien, wie auch das BVerfG betont, um der **Gewährleistung freier Meinungsbildung** willen insgesamt staatsfern einzurichten und auszugestalten ist.[71] Ebenso liegt auf der Hand, dass der Jugendmedienschutz sich in diesen grundrechtsnormativen Zusammenhang eingliedert; er ist staatsfern zu organisieren. Oder, wie *Helge Rossen-Stadtfeld* es treffend formuliert: „Nur in einer Ordnung der Medien, in der diese dem Zugriff staatlicher und staatsnaher Macht entzogen sind, kann sich die Verfassungserwartung erfüllen, dass die Freiheit der Meinungsbildung eine **Persönlichkeitsbildung hin zur Autonomie** allererst ermögliche."[72] Zumal bei Jugendschutzentscheidungen Abwägungen notwendig sind, die aus der Wechselwirkungslehre des BVerfG folgen und unmittelbare Auswirkungen auf die Ausgestaltung der Rundfunkfreiheit haben. Solche Abwägungen dürfen nicht staatlichen Akteuren überantwortet werden.[73]

36

Es ist mit den verfassungsrechtlich normierten Grundwertungen des Jugendmedienschutzes deshalb unvereinbar, könnte die staatliche Verwaltung einseitig festlegen, was erfolgreicher Persönlichkeitsentwicklung zu- oder abträglich ist und also in jugendmedienschutzrechtlicher Hinsicht zugelassen, womöglich gefördert oder aber unterbunden werden muss. Es bedarf vielmehr staatsfern organisierter Einrichtungen des Jugendmedienschutzes, um die **Entwicklung und Anpassung grundlegender Wertungen** und die **Ausfüllung normativer Rechtsbegriffe** wie „Entwicklungsbeeinträchtigung" verfassungskonform zu gewährleisten.

37

---

69 v. Mangoldt/Klein/Starck/*Starck*/*Paulus* GG Art. 5 Rn. 178 f.; Maunz/Dürig/*Grabenwarter* GG Art. 5 Abs. 1 u. Abs. 2 Rn. 636 ff.
70 Seit BVerfGE 12, 205 (225 ff.) ständige Rspr.; s. auch *Rossen-Stadtfeld* in Eifert/Gostomzyk S. 176.
71 BVerfGE 12, 205 (260); 57, 295 (320, 323); 136, 9 (33).
72 *Rossen-Stadtfeld* in Eifert/Gostomzyk S. 173 (Hervorhebung vom Verfasser).
73 S. hierzu auch NK-JMStV/*Bornemann* JMStV § 14 Rn. 17; *Bethge*, Medienrechtliche Befugnisse und Instrumente zur Gewährleistung des Jugendschutzes nach BayMG und RStV, S. 73 ff.; *Rossen-Stadtfeld* ZUM 2008, 457 (472); *Stettner* ZUM 2003, 425 (433).

IV. Aufsicht und Vollzug durch die Bundeszentrale für Kinder- und Jugendmedienschutz

38 Die Übertragung von Aufsicht und Vollzug an die im Geschäftsbereich des Bundesministeriums für Familie, Senioren, Frauen und Jugend angesiedelte Bundeszentrale für Kinder- und Jugendmedienschutz (BzKJ) kollidiert mit dem medienrechtlich grundlegenden **Gebot der Staatsferne** (→ § 8 Rn. 67 ff.).[74] Schließlich nimmt die BzKJ neben einer Beratungstätigkeit auch **regulatorische Aufgaben** insbes. gegenüber Video-Sharing-Plattform-Anbietern und Betreibern sozialer Netzwerke wahr. Dabei sind gerade auch diese Angebote angesichts ihrer erheblichen und zunehmenden Bedeutung für den Meinungsbildungsprozess von staatlichem Einfluss möglichst freizuhalten.[75]

39 Hier spricht auch die Begründung zum Gesetzentwurf Klartext:

„Der Bund schafft durch Anbieterpflichten, deren Nichterfüllung im Ergebnis bußgeldbewehrt ist, die systemischen Voraussetzungen dafür, dass sich alle Anbieter von kind- und jugendrelevanten Medien, auch wenn sie nicht in Deutschland ihren Sitz haben, nach den Vorgaben, Strukturen und Verfahren von Jugendmedienschutz-Staatsvertrag und JuSchG richten und ihrer Verantwortung für sichere Interaktionsräume gerecht werden. Die **Ahndung systemischen Versagens** erfolgt durch die zuständige **Bundesbehörde**, die im Rahmen ihres Verfahrens den je nach Sitzland und Regelungsmaterie gegebenenfalls divergierenden Anforderungen an das Rechtsstatut Rechnung trägt."[76]

40 Das neue Jugendschutzgesetz hat seinen obrigkeitsrechtlichen Gestus also nicht verloren. Womit neben einem zu attestierenden Verstoß gegen das verfassungsrechtliche Gebot der Staatsferne auch die **Einhaltung europarechtlicher Vorgaben** auf dem Prüfstand steht. Denn nach **Art. 30 Abs. 1 AVMD-RL** haben die Mitgliedstaaten dafür Sorge zu tragen, dass die Regulierungsbehörden rechtlich von den Regierungsstellen getrennt und funktionell von ihren Regierungen unabhängig sind.[77] Dabei ist eine verstärkte internationale Ausrichtung ein tragender Baustein für einen zeitgemäßen und vor allem zukunftsfähigen Jugendmedienschutz. Und das deutsche Jugendschutzrecht mit seinem – im Jugendmedienschutz-Staatsvertrag verankerten – Modell der „regulierten Selbstregulierung"[78] (→ Rn. 10) könnte in einer zunehmend komplexen

---

74 Eingehend hierzu *Degenhart*, Staatsferne der Medienaufsicht. Zum Entwurf eines Zweiten Gesetzes zur Änderung des Jugendschutzgesetzes, S. 24 ff.; s. auch *Erdemir* ZRP 2021, 53 (55 f.) mwN; NK-JMStV/*Lamprecht-Weißenborn* JMStV § 5b Rn. 19 („Die angesichts der inhaltlichen Reichweite der Vorgaben des JuSchG im Gesetzgebungsverfahren geäußerte Kritik an der fehlenden Staatsferne der Bundeszentrale bleibt bestehen.") sowie *Rossen-Stadtfeld* in Eifert/Gostomzyk S. 189 f. (dort zum entsprechenden „Diskussionspapier" aus dem Bundesministerium für Familie, Senioren, Frauen und Jugend mit Stand v. 30.9.2015); aA *Eifert*, Aufsicht über angemessene Vorsorgemaßnahmen des Jugendschutzes bei sozialen Netzwerken als zulässige Verwaltungsaufgabe, S. 9.
75 *Degenhart*, Staatsferne der Medienaufsicht Zum Entwurf eines Zweiten Gesetzes zur Änderung des Jugendschutzgesetzes, S. 16 f.
76 BT-Drs. 19/24909, 27 (Hervorhebung vom Verfasser).
77 S. hierzu *Degenhart*, Staatsferne der Medienaufsicht. Zum Entwurf eines Zweiten Gesetzes zur Änderung des Jugendschutzgesetzes, S. 26 f. sowie *Ukrow*, Bundeskabinett: Neues Jugendschutzgesetz beschlossen, abrufbar unter https://rsw.beck.de/cms/main?docid=433765.
78 Zum Model der „regulierten Selbstregulierung" und der Stärkung der Eigenverantwortung der Anbieter s. Spindler/Schuster/*Erdemir* JMStV § 1 Rn. 1, 12 ff.; NK-JMStV/*Schwartmann/Hentsch* JMStV § 1 Rn. 2 ff. sowie NK-JMStV/*Braml* JMStV § 19 Rn. 3 f.; zur Bedeutung des selbstregulativen Konzepts im europäischen Kontext s. auch *Ukrow*, Die Selbstkontrolle im Medienbereich in Europa, S. 19 ff. sowie *Thaenert* MMR 2005, 279 (281).

Erdemir

Technikumgebung Vorbildcharakter haben. In einem gemeinsamen europäischen Rechtsraum sollte es für europaweite Lösungen geöffnet werden, zumal die AVMD-RL den Weg zur Selbstregulierung bereits geebnet hat.[79] Gleiches gilt für die **Steuerungselemente der Staatsferne und des gesellschaftlichen Pluralismus.**[80]

D. Quo vadis, Jugendmedienschutz?

I. Ein erster Schritt nach vorn: Das neue Jugendschutzgesetz

„Quo vadis, Jugendmedienschutz?"[81] Mit dem neuen Jugendschutzgesetz hat der 41
Bund couragiert den ersten Schritt gemacht, das Jugendmedienschutzrecht offen für gesellschaftliche Veränderungen und hochdynamische Angebotsentwicklungen in konvergenten Medienumgebungen zu gestalten. Nicht mehr. Aber auch nicht weniger. Das Regelwerk beschränkt sich nicht auf Rezeptionsrisiken. Pflichten zur Implementation von Vorsorgemaßnahmen für Plattformen mit nutzergenerierten Inhalten geben vielmehr **eine erste Antwort auf die neuen Anforderungen** aufgrund gewachsener Kommunikations- und Interaktionsrisiken für Kinder und Jugendliche **in der digitalen Welt.** Dass der Bund mit der Regulierung neuer Medien und Plattformen ein Terrain für sich beansprucht, welches kompetenzrechtlich den Ländern zusteht ($\rightarrow$ § 4 Rn. 8, $\rightarrow$ § 7 Rn. 75), haben diese sehenden Auges geschehen lassen, lagen die Pläne doch spätestens seit Veröffentlichung des Bund-Länder-Berichts zur Medienkonvergenz im Juni 2016 offen auf dem Tisch.[82] Zudem verstößt das neue Jugendschutzgesetz, indem es die Durchsetzung der neuen Regeln der Bundeszentrale für Kinder- und Jugendmedienschutz – mithin einer Bundesoberbehörde – überantwortet, gegen das verfassungsrechtliche Gebot der Staatsferne ($\rightarrow$ Rn. 38 ff., $\rightarrow$ § 8 Rn. 67 ff.), wobei auch Doppelregulierung und Doppelstrukturen ($\rightarrow$ § 4 Rn. 105) im Bereich der Online-Medien drohen.

II. Das Gebot der Stunde: Besonnene Aufsichtspraxis mit Augenmaß

Doch die neu geschaffene Bundeszentrale für Kinder- und Jugendmedienschutz kann 42
einiges dafür tun, um dem Verdikt der Verstaatlichung sowie dem Aufbau von Doppelstrukturen etwas Substanzielles entgegenzusetzen. Eine besonnene Aufsichtspraxis mit Augenmaß ist das Gebot der Stunde: Das sog. dialogische Aufsichtsverfahren ist als **Dialog auf Augenhöhe** mit einem potenziellen Verbündeten zu führen. Dabei ist das Damoklesschwert der Rechtsdurchsetzung außer Sichtweite des Anbieters zu platzieren. Aufsichtsmaßnahmen bis hin zur **Bußgeldverhängung** sind lediglich **als Ultima Ratio** in Anwendung zu bringen. Dort, wo normative Rechtsbegriffe Raum

---

79 S. hierzu bereits *Erdemir* in Bieber/Eifert/Groß/Lamla S. 297 f. („Export des deutschen Jugendschutzmodells"); s. aktuell auch NK-JMStV/*Braml* JMStV § 19 Rn. 19 („Vorreiterrolle").

80 S. hierzu auch *Rossen-Stadtfeld* in Eifert/Gostomzyk S. 173 ff.

81 „Quo vadis, Jugendmedienschutz?": So lautete auch der Titel der 6. Jugendmedienschutztagung von ARD, ZDF sowie der Evangelischen Kirche in Deutschland (EKD) und der Deutschen Bischofskonferenz vom 30. u. 31.11.2011 beim ZDF in Mainz. S. hierzu *Erdemir*, Die richtige Weggabelung. Plädoyer für eine grundsätzliche Neukonzeption des Jugendmedienschutzes, Vortrag im Original abgedruckt in Funkkorrespondenz 4/2012, 9 ff.

82 S. hierzu bereits *Erdemir* in Eifert/Gostomzyk S. 204 ff. sowie *Rossen-Stadtfeld* in Eifert/Gostomzyk S. 189 f. Der Bund-Länder-Bericht zur Medienkonvergenz ist abrufbar unter https://www.bundesregierung.de/breg-d e/bundesregierung/staatsministerin-fuer-kultur-und-medien/medien/medienkonvergenz.

für restriktive Auslegung und Anwendung vor allem des neuen geltenden Rechts lassen, ist dieser Raum unter sorgfältiger Beachtung von Bestimmtheitsgebot und Verhältnismäßigkeitsgebot auch zu nutzen. Gerade „Vorsorge" verlangt hier nach einem sorgfältigen Konzept. Die Bundeszentrale wird deshalb als unmittelbare Adressatin des Zensurverbots (→ Rn. 26) besonders sorgfältig darauf zu achten haben, dass durch die jeweils getroffenen Vorsorgemaßnahmen die Verbreitungschancen von Inhalten nicht nachhaltig geschmälert werden. Die privaten **Einrichtungen der Freiwilligen Selbstkontrolle** schließlich sind ebenso wie die staatsfern organisierten **Landesmedienanstalten** und ihr Organ KJM möglichst frühzeitig und umfassend in die Willensbildungsprozesse und dort, wo das Gesetz dies nicht kategorisch ausschließt, auch in die Entscheidungsprozesse mit einzubeziehen (**Abstimmungs- und Kooperationsbedarf**).

III. Das Gebot über die Stunde hinaus: Mut, Kreativität und klare Sprache

43 Um Jugendmedienschutz in der digitalen Welt neu zu denken, dazu bedarf es allerdings Mut und Kreativität zur echten Transformation. Einer **Transformation**, die eine sorgfältige Balance erfordert zwischen präventivem Jugendmedienschutz in Gestalt von Befähigung zum Selbstschutz, Kooperationsnetzwerken und selektiven Anreizen auf der einen Seite und repressivem Jugendmedienschutz in Gestalt von Verboten, Pflichten und Sanktionen auf der anderen Seite. Dabei muss sich der Jugendmedienschutz vom Leitbild der reinen Gefahrenabwehr lösen und auf **intelligentes Risikomanagement** (→ Rn. 7 ff.) umstellen.[83] Und erste Elemente eines solchen Regulierungsansatzes finden sich schließlich bereits im neuen Jugendschutzgesetz.

44 Zukunftsfähiger Jugendmedienschutz braucht **einfache und klare Regelungen,** um auf möglichst breite Akzeptanz zu stoßen und nicht auf Konfrontation mit dem Bestimmtheitsgebot zu gehen. Schließlich verlangt er verantwortliches Handeln aller beteiligten Akteure wie der Anbieter, der Nutzerinnen und Nutzer, der Eltern, der Lehrerinnen und Lehrer und nicht zuletzt auch der Minderjährigen selbst.

45 So ist der Gesetzgeber daran zu erinnern, dass nur solche Regelungen, welche den Adressaten nicht überfordern, dem Jugendschutz dienen. Dagegen bleibt das neue Jugendschutzgesetz gerade auch im Hinblick auf die Anbieterpflichten zur Implementation von Vorsorgemaßnahmen und die Kennzeichnungspflichten und -verfahren für Filme und Spiele auf Online-Plattformen wenig transparent und nachvollziehbar. Wenn eine einzelne Norm eine ganze DIN A4-Seite für ihren Text und eine „gefühlte" Heerschar von Juristinnen und Juristen für ihre Auslegung beansprucht, hat sie ihren Zweck verfehlt. Zwar dürfte das gesamte Jugendmedienschutzrecht auch in seiner stringentesten Darbietung kaum auf einen Bierdeckel passen. Gleichwohl haben dessen „Architektinnen und Architekten" den bekannten Satz von *Heinrich Tessenow* zu verinnerlichen: **„Das Einfache ist nicht immer das Beste, aber das Beste ist immer einfach."**

---

83 Zum sog. intelligenten Risikomanagement s. auch *Wagner/Gebel,* Prävention als Element des intelligenten Risikomanagements. Expertise für das I-KiZ-Zentrum für Kinderschutz im Internet, S. 5 unter Verweis auf *Dreyer/Hasebrink/Lampert/Schröder* Soziale Sicherheit CHSS 2013, 195 sowie *Erdemir,* Neugewichtung des Kinder- und Jugendmedienschutzes in Zeiten der Digitalisierung der Gesellschaft.

Erdemir

IV. Konvergenz und Kohärenz: Der Weg führt über die Länder

Dabei steht fest: Zeitgemäßer und zukunftsfähiger Jugendmedienschutz erfordert ein 46
konvergentes und kohärentes Regelungswerk. Und der Weg dahin führt zwingend
über die Länder. Denn der Bund kann wegen seiner fehlenden Gesetzgebungskompetenz für „klassischen" Rundfunk und für Telemedien mit massenkommunikativer
Wirkung auf verfassungsmäßiger Grundlage kein geeignetes Regelwerk paraphie-
ren.[84] Womit auch sein vehementes Berufen auf die **Erforderlichkeitsklausel aus
Art. 72 Abs. 2 GG** zu einem Bumerang wird. Die Länder hingegen könnten mit ihrem
staatsvertraglichen **Instrumentarium des kooperativen Föderalismus** den Jugendmedienschutz durchaus in eigener Regie bewältigen.[85] Wenn sie es denn wollten.

Bevor sich die Länder nun dieser Herkulesaufgabe widmen, sollten sie vorbehaltslos 47
anerkennen, dass der Bund es richtig macht, wenn er bei der Beurteilung einer Entwicklungsbeeinträchtigung neben den „klassischen" inhaltlichen Risiken ausdrücklich auch Kommunikations- und Kontaktrisiken, Mechanismen zur Förderung eines
exzessiven Mediennutzungsverhaltens sowie ökonomische Risiken adressiert. Insoweit gehört es zu den vordringlichen Aufgaben, über lediglich redaktionelle Anpassungen hinaus die erforderliche **Kompatibilität des Jugendmedienschutz-Staatsvertrags mit dem Jugendschutzgesetz** herzustellen, damit auch Nutzungsrisiken außerhalb der medieninhaltlichen Wirkung Berücksichtigung finden können. Denn derzeit
gelten für Altersbewertungen unter dem Regime des Staatsvertrags weiterhin allein
inhaltsbezogene Beurteilungskriterien (→ § 2 Rn. 47, → § 3 Rn. 45).[86] Eine klare
Aussage trifft hier zudem die Legaldefinition in § 3 Nr. 1 JMStV, wonach der Begriff
des Angebotes lediglich den Inhalt von Medien umfasst.[87]

Ein „**Erster Arbeitsentwurf JMStV für Fachgespräche**" der Länder, welcher bereits 48
seit April 2020 im Netz zirkuliert,[88] sieht zwar folgerichtig die ausdrückliche Berücksichtigung von „Kommunikations- und Kontaktrisiken, Mechanismen zur Förderung
eines exzessiven Mediennutzungsverhaltens sowie ökonomische Risiken" bei zukünftigen Beurteilungen einer Entwicklungsbeeinträchtigung vor. Dabei verfolgt der Arbeitsentwurf aber auch den Ansatz, den Anwendungsbereich des Jugendmedienschutzes im Bereich der Telemedien auf **Hersteller und Anbieter von Betriebssystemen**
auszudehnen, ohne dass sie selbst jugendschutzrelevante Inhalte zugänglich machen.
Insoweit stünde hier eine weitere **Medienverspartung statt Konvergenz**[89] ins Haus.
Zumal die Betriebssystemhersteller dazu gehalten wären, nicht altersgekennzeichne-

---

84 S. hierzu *Rossen-Stadtfeld* in Eifert/Gostomzyk S. 176: „Soweit jugendschutzrechtliche Regelungen auch
   Rundfunk und Telemedien erfassen, handelt es sich um Medienrecht, für das die Verbandszuständigkeit bei
   den Ländern liegt".
85 Eingehend hierzu *Erdemir* in Eifert/Gostomzyk S. 196 ff.; s. auch *Rossen-Stadtfeld* in Eifert/Gostomzyk
   S. 189 f. („Auch das ‚Erforderlichkeits'-Kriterium des Art. 72 Abs. 2 GG könnte womöglich überstrapaziert
   erscheinen") sowie *Waldeck* KJug 2019, 23 (24 f.); aktuell zur Problematik mit Blick auf das neue JuSchG
   Erdemir ZRP 2021, 53 (54 f.).
86 Zur Inkompatibilität der erweiterten bundesrechtlichen Definition der Entwicklungsbeeinträchtigung mit
   dem Staatsvertrag der Länder s. auch NK-JMStV/*Erdemir* JMStV § 5 Rn. 4 und 11 sowie *Hilgert/Sümmer-
   mann* K&R 2021, 297 (302) (gesetzgeberisches Konvergenzziel besonders auffällig verfehlt).
87 Vgl. hierzu *Liesching* ZUM 2021, 563 (565 f.) mit Verweis auf Spindler/Schuster/*Erdemir* JMStV § 3 Rn. 3
   („alle visualisierbaren und/oder hörbaren Darstellungen in Bild, Wort und Ton"); *Liesching*/*Zschammer*
   JMS-Report 3/2021, 2 (5).
88 S. hierzu *Dreyer* KJug 2020, 130 (133); *Frey/Dankert* CR 2020, 626 (631).
89 Begriff bei *Liesching*, beck-blog v. 24.5.2020.

te Inhalte in eigener Verantwortung auf ihre Beeinträchtigungsmöglichkeit hin zu analysieren oder sie anderenfalls wie einen Erwachseneninhalt „ab 18 Jahren" zu behandeln.[90]

V. Fazit

49 Der Bund, das gilt es bei aller berechtigter Kritik anzuerkennen, hat mit dem neuen Jugendschutzgesetz einen ersten Schritt in die richtige Richtung getan. Dabei ist der **Jugendmedienschutz** aber weiterhin eine **Dauerbaustelle mit Helmpflicht.**[91] Und er steht am Scheideweg. Wenn die Länder bestehende Schutzkonzepte nicht umgehend neu überdenken, wird das deutsche Jugendmedienschutzrecht weiter an Glaubwürdigkeit und damit an notwendigem Rückhalt in der Gesellschaft verlieren. Wenn sie aber die richtige Weggabelung nehmen, dann sollte am Ende dieser Entwicklung ein neues und aufgeräumtes Jugendschutzmodell stehen, das ebenso präventiv wie interdisziplinär ausgerichtet ist. Ein pragmatisches Jugendschutzmodell, das einige grundsätzliche Regelungen zu einem stärker risikoorientierten Jugendschutz trifft und dort, wo es um Menschenwürde und Opferschutz geht, auf die repressiven Instrumentarien des geltenden Rechts verweist.[92]

E. Epilog: Das scharfe Schwert aus der analogen Welt

50 In dem vorliegenden Beitrag ist viel von einem zeitgemäßen, nach vorn gewandtem Jugendmedienschutz die Rede. Das im Jugendschutzgesetz verankerte **Instrumentarium der Indizierung** folgt dagegen noch dem Leitbild eines paternalistischen Fürsorgestaates mit streng bewahrpädagogischer Ausrichtung (rigorose Abschirmung). Damit passt es nicht zu dem modernen Anstrich, den das Jugendschutzgesetz mit der aktuellen Novelle erhalten hat. Die Indizierung beschädigt mit ihrem strengen Werbeverbot, welches auch die sog. neutrale Werbung umfasst,[93] vor allem die Informationsfreiheit des mündigen (erwachsenen) Bürgers, erschwert aber auch nachhaltig die Berufsausübung der Anbieter und Vertriebsfirmen von Filmen und Spielen.[94] Es wäre deshalb ein starkes Signal des Bundes, würde er dieses scharfe Schwert aus der analogen Welt entweder **ersatzlos streichen** oder aber zumindest auf schwer jugendgefährdende Medien beschränken.

---

90 S. hierzu *Dreyer* KJug 2020, 130 (134) („potenzielle Bombe").
91 „Baustelle Jugendmedienschutz": So lautete bereits der Titel der 7. Jugendmedienschutztagung von ARD, ZDF sowie der Evangelischen Kirche in Deutschland (EKD) und der Deutschen Bischofskonferenz vom 27.11.2014 beim NDR in Hamburg. S. hierzu *Erdemir,* „Wechselseitige Anerkennung". Notwendige Regulierungen aus Sicht der Wissenschaft, Vortrag im Original abgedruckt in epd medien 14/2015, 10 (13) („absolute Helmpflicht").
92 Eingehend zur Aufsichtspraxis der Landesmedienanstalten im Bereich von Menschenwürde und Opferschutz *Erdemir* Menschenwürde S. 12 ff.
93 Liesching/Schuster/*Liesching* JuSchG § 15 Rn. 40.
94 Das Werbeverbot führt zB bei Filmen, die im Kino vorgeführt werden sollen, dazu, dass sie faktisch von Erwachsenen nicht wahrgenommen werden, weil die öffentliche Vorführung nicht angekündigt werden darf; vgl. *Degenhart* UFITA 2009, 335; Nikles/Roll/Spürck/Erdemir/Gutknecht/*Spürck/Erdemir* JuSchG § 15 Rn. 31 sowie Liesching/Schuster/*Liesching* JuSchG § 15 Rn. 33.

§ 2 Anwendungsbereich und (neue) Schutzziele

Literatur: *Bodensiek*, Nutzungsrisiken im Gefüge des Jugendschutzrechts, MMR-Beil. 2020, 23; *Brüggen/Dreyer/Gebel/Lauber/Müller/Stecher*, Gefährdungsatlas. Digitales Aufwachsen. Vom Kind aus denken. Zukunftssicher handeln, 2019; *Bund-Länder-Kommission*, Endbericht der Bund-Länder-Kommission zur Medienkonvergenz, Juni 2016; *Cole*, Der Dualismus von Selbstkontrolle und Aufsicht im Jugendmedienschutz, ZUM 2005, 462; *Dreyer*, Entscheidungen unter Ungewissheit im Jugendmedienschutz, 2018; *Dreyer*, Entwicklungspfade für ein netzwerkgerechtes Jugendmedienschutzrecht, 2011; *Dreyer/Hasebrink/Lampert/Schröder*, Herausforderungen für den Jugendmedienschutz durch digitale Medienumgebungen, Soziale Sicherheit (CHSS) 2013, 195; *Dreyer/Oermann/Schulz*, Kooperative Medienregulierung, 2016; *Erdemir*, Das Prinzip der Verantwortung, JMS-Report 2/2016, 2; *Erdemir*, Entwurf eines neuen Jugendschutzgesetzes. Husarenstück oder kompetenzüberschreitende Verstaatlichung des Jugendmedienschutzes?, ZRP 2021, 53; *Frey/Dankert*, Konkurrenz statt Kohärenz im Jugendmedienschutz?, CR 2020, 626; *Greiner*, Die Verhinderung verbotener Internetinhalte im Wege polizeilicher Gefahrenabwehr, 2001; *Kluth/Schulz*, Konvergenz und regulatorische Folgen, Gutachten im Auftrag der Rundfunkkommission der Länder, 2014; *Langenfeld*, Die Neuordnung des Jugendschutzes im Internet, MMR 2003, 303; *Liesching*, Zur Gesetzgebungskompetenz der Bundesländer für den Bereich „Jugendschutz in Rundfunk und Telemedien", ZUM 2002, 868; *Liesching*, Nutzungsrisiken nach dem neuen Jugendschutzgesetz, ZUM 2021, 563; *Liesching/Zschammer*, Das reformierte Jugendschutzgesetz, Wesentliche Neuerung und zentrale Fragestellungen für die künftige Anwendungspraxis, JMS-Report 3/2021 2; *Lober/Jäkel-Gottmann*, Überblick über die Spruchpraxis zur Alterskennzeichnung, MMR-Beil. 2020, 8; *Ohler*, Die Kollisionsordnung des Allgemeinen Verwaltungsrechts, 2005; *Reinwald*, Jugendmedienschutz im Telekommunikationsbereich in Bundeskompetenz?, ZUM 2002, 119; *Stettner*, Der neue Jugendmedienschutz-Staatsvertrag, ZUM 2003, 425; *Stumpf*, Jugendschutz oder Geschmackszensur? Die Indizierung von Medien nach dem Jugendschutzgesetz, 2009.

A. Verfassungsrechtlicher Jugendschutzauftrag als Leitlinie 1
B. Erweiterter Anwendungsbereich des JuSchG im Bereich Medien und Kommunikation 4
C. Räumlicher Geltungsbereich 14
D. Explizierung und Erweiterung der gesetzlichen Schutzziele 15
  I. Schutz vor entwicklungsbeeinträchtigenden Medien, Nr. 1 18
  II. Schutz vor jugendgefährdenden Medien, Nr. 2 21
  III. Schutz der persönlichen Integrität, Nr. 3 22
  IV. Förderung der Orientierung, Nr. 4 ... 29
E. Die Berücksichtigung von Interaktionsrisiken als Paradigmenwechsel im Jugendmedienschutz 34
  I. Voraussetzungen der Berücksichtigung bei Beurteilungen der Entwicklungsbeeinträchtigung 39
    1. Kann-Vorschrift 40
    2. Außerhalb der medieninhaltlichen Wirkung liegende Umstände 42

3. Auf Dauer angelegter Bestandteil des Mediums 43
4. Rechtfertigung einer abweichenden Gesamtbeurteilung – Beschränkung auf Verfahren nach § 14 Abs. 6 JuSchG 45
II. Erhebliche Risiken für die persönliche Integrität, § 10b Abs. 3 S. 1 JuSchG 48
  1. Kommunikations- und Kontaktfunktionen 52
  2. Kauffunktionen 54
  3. Glücksspielähnliche Mechanismen 55
  4. Mechanismen zur Förderung eines exzessiven Mediennutzungsverhaltens 56
  5. Weitergabe von Bestands- und Nutzungsdaten 57
  6. Nicht altersgerechte Kaufappelle 60

A. Verfassungsrechtlicher Jugendschutzauftrag als Leitlinie

1 Das JuSchG ist zu sehen als gesetzgeberischer Akt zur **Umsetzung des staatlichen Schutzauftrags** im Jugendmedienschutz, wie er aus Art. 2 Abs. 1 GG iVm Art. 1 Abs. 1 GG gelesen wird.[1] Ziel dieses Schutzauftrags ist die Gewährleistung des Rechts auf möglichst unbeeinträchtigte Persönlichkeitsentwicklung und -entfaltung von Kindern und Jugendlichen zu „eigenverantwortlichen Persönlichkeiten innerhalb der sozialen Gemeinschaft"[2] (→ § 1 Rn. 14 f.). Bei der Gestaltung eines gesetzlichen Jugendmedienschutzes kommt dem Gesetzgeber angesichts der unbestimmten Zielbegriffe ein Gestaltungsspielraum zu, der nach unten vom Untermaßverbot begrenzt wird, dh der Gesetzgeber kann nicht entscheiden, ob er überhaupt einen gesetzlichen Jugendmedienschutz etabliert – er muss einen entsprechenden Rechtsrahmen bereitstellen. Nach oben wird der legislative Entscheidungsspielraum vor allem durch widerstreitende Grundrechte Dritter begrenzt. Bei der Frage, wie er den Rechtsrahmen gestalten möchte, muss der Gesetzgeber insoweit die durch die Vorschriften betroffenen Grundrechte von Dritten (Anbietern, erwachsenen Mediennutzerinnen und -nutzern bzw. Kommunikationsteilnehmerinnen und -teilnehmern, Eltern und den Kindern selbst) berücksichtigen und bei Grundrechtseingriffen den Verhältnismäßigkeitsgrundsatz wahren.

2 Innerhalb dieses Korridors obliegt der rechtliche Gestaltungsspielraum dem Gesetzgeber. Die vom BVerfG in ständiger Rechtsprechung vertretene Wesentlichkeitstheorie verpflichtet ihn dazu, dass er bei gesetzlichen Regelungen mit Grundrechtsbezügen „alle wesentlichen Entscheidungen selbst zu treffen" hat.[3] Angeleitet wird der Gesetzgeber dabei von den beiden verfassungsgerichtlich vorgegebenen **Entwicklungszielen der Eigenverantwortlichkeit und der Gemeinschaftsfähigkeit.** Wo das Ziel der Eigenverantwortlichkeit den subjektbezogenen Blick nach innen wendet und starke Bezüge zu Konzepten wie denen der Autonomie und der Selbstbestimmtheit in das Zentrum stellt, verweist die möglichst zu erreichende Gemeinschaftsfähigkeit auf einen Blick nach außen, also vor allem auf die Fähigkeit des Einzelnen, in sozialen Kontexten und Umwelten in den Austausch mit anderen Individuen und Gruppen treten zu können.[4] Damit berührt vor allem der Aspekt der Gemeinschaftsfähigkeit auch den Bereich der jeweils vorherrschenden gesellschaftlichen Werte.

3 Dieser hier sehr kurz skizzierte verfassungsrechtliche Rahmen leitet den Gesetzgeber bei der Konkretisierung seines Schutzauftrags im Jugendmedienschutz an. Vor diesem Hintergrund müssen auch vage oder unbestimmte Rechtsbegriffe, nicht weiter explizierte Bewertungs- oder Entscheidungsmaßstäbe und die gesetzgeberischen Ziel- oder Zweckangaben (→ Rn. 14 ff.) selbst verstanden und interpretiert werden.

---

1 Vgl. *Dreyer*, Entscheidungen unter Ungewissheit im Jugendmedienschutz, 2018, S. 196 ff. (mwN).
2 BVerfGE 83, 130 (140); 79, 51 (63).
3 BVerfGE 34, 165 (192 f.); 40, 237 (249); 41, 251 (260); 45, 400 (417 f.); 48, 210 (221); 49, 89 (126 f.).
4 Spindler/Schuster/*Erdemir* JMStV § 5 Rn. 6; *Brüggen* et al. Gefährdungsatlas S. 72 ff.

Dreyer

B. Erweiterter Anwendungsbereich des JuSchG im Bereich Medien und Kommunikation

Die Änderungen im neuen JuSchG betreffen ausschließlich den Bereich des gesetzli- 4
chen Jugend*medien*schutzes. Das neue JuSchG reagiert in § 1 JuSchG auf den politischen Wunsch[5] nach einem kohärenteren gesetzlichen Jugendmedienschutz mit einem
einheitlichen Medienbegriff: Nach § 1 Abs. 1a JuSchG sind „Medien im Sinne dieses
Gesetzes (...) Trägermedien und Telemedien". Vor dem Hintergrund der Zweiteilung
des deutschen Jugendschutzrechtsrahmens in einen Bereich für verkörperte Trägermedien (JuSchG des Bundes) einerseits und in einen Bereich elektronischer Medien
(Rundfunk und Telemedien: JMStV der Länder) könnte die Ausweitung des Medienbegriffs eine weitreichende Umstellung der Anwendungsbereiche von JuSchG und
JMStV bedeuten. Ganz so umfassend sind die Folgen dieser Erweiterung auf den
zweiten Blick indes nicht.

Dies liegt zum einen daran, dass der Bundesgesetzgeber mit dem Medienbegriff **nur** 5
Trägermedien und Telemedien umfasst. Rundfunk ist und bleibt vom Anwendungsbereich des JuSchG ausgenommen. Geschuldet ist dies dem Umstand, dass (jedenfalls) für den Rundfunkbereich die der **Kulturhoheit der Länder** folgende Gesetzgebungskompetenz der Länder angenommen wird. Das Ausklammern entsprechender
Dienste vom Anwendungsbereich des JuSchG ist insoweit folgerichtig, bedeutet aber
gleichzeitig die nachhaltige Absage an einen Versuch, hier doch irgendwann einen
tatsächlich einheitlichen Rechtsrahmen zu schaffen. Zudem geht die Begründung auf
den Umstand, dass Telemediendienste einfachgesetzlich von Rundfunkdiensten ab-
grenzbar sind, auf Ebene von Art. 5 Abs. 1 S. 2 GG aber den verfassungsrechtlichen
Rundfunkbegriff (→ § 1 Rn. 35) durchaus erfüllen können, gar nicht ein.[6] Faktisch
aufgekündigt wird mit der Erweiterung des JuSchG-Anwendungsbereichs durch den
neuen Medienbegriff und der grundsätzlichen Einbeziehung von Telemedien jedenfalls die Abgrenzung der Regelungsbereiche, wie sie Bund und Länder im Eckpunktepapier von 2002 vereinbart hatten.[7] Die dortige Absprache – der Bund hält sich im
Bereich der jugendschutzrechtlichen Einhegung der Telemedien zurück – kann angesichts des JuSchG-Vorstoßes des Bundes so nicht mehr als geltend angesehen werden.

Daneben muss in Erinnerung gerufen werden, dass es auch zuvor schon Ausbuchtun- 6
gen des Anwendungsbereichs des alten JuSchG in den Telemedienbereich hinein gegeben hat. So bestanden vorher telemedienbezogene Regeln im Rahmen des Indizierungsverfahrens (§§ 18 Abs. 6, 22 Abs. 2 JuSchG aF). Auch die grundsätzliche
Gleichstellung der elektronischen Zugänglichmachung von Trägermedien über Telemedien in § 1 Abs. 2 S. 2 JuSchG verwies auf den Umstand, dass der Bundesgesetzgeber Telemedien bereits zuvor mit in den Regelungsbereich einbezogen hatte.

---

5 S. den Punkt im Koalitionsvertrag von CDU, CSU und SPD für die 19. Legislaturperiode, S. 23, sowie den
   Endbericht der Bund-Länder-Kommission zur Medienkonvergenz, Juni 2016, S. 12.
6 Zum verfassungsrechtlichen Rundfunkbegriff s. v. Mangoldt/Klein/Starck/*Starck/Paulus* GG Art. 5 Rn. 178 f.;
   Maunz/Dürig/*Grabenwarter* GG Art. 5 Rn. 636 ff.
7 Eckpunktepapier der Ministerpräsidentenkonferenz v. 8.3.2002, abgedruckt bei HK-RStV/*Potthast* RStV Teil
   C2, S. 86 ff. Der Bund hatte dem Papier seinerzeit durch den Bundeskanzler zugestimmt.

7 Zum anderen führen die jetzigen Vorschriften des JuSchG den in § 1 Abs. 1a JuSchG vereinheitlichten Medienbegriff nicht selten ad absurdum: Nur wenige einzelne Normen rekurrieren überhaupt auf den einheitlichen Medienbegriff, so etwa §§ 10a, 10b, 18 und § 22. In der Mehrzahl der Vorschriften ist dagegen die Rede von „Träger- und Telemedien", Regelungen sehen differenzierte Anforderungen für Trägermedien einer- und Telemedien andererseits vor[8] (s. etwa § 15 Abs. 1, Abs. 1a JuSchG), oder aber das JuSchG arbeitet mit anderen Bezeichnungen (Filme, Spielprogramme, Bildschirmspielgeräte, Bildträger, Film- und Spieleplattformen). Die **Praxisrelevanz** des neuen Medienbegriffs im JuSchG bleibt damit **überschaubar**.

8 Mit dem einheitlichen Medienbegriff für Träger- und Telemedien schafft das JuSchG also weniger einen kohärenten oder konvergenten Rechtsrahmen, sondern sorgt für **weitere Überlappungen mit dem JMStV**. Wo die beiden Normprogramme zuvor wie Puzzleteile nur an zwei Stellen ineinander ragten (Durchwirkungsvorschriften und Indizierungen von Telemedien), sind durch das neue JuSchG eine Reihe weiterer Überlagerungen und Verschränkungen hinzugetreten. Dies betrifft etwa die Kennzeichnungspflichten für Film- und Spielplattformen mit Alterskennzeichen aus beiden Rechtsregimen (§ 14 a JuSchG), die Antragsbefugnisse für Indizierungsverfahren durch nach dem JMStV anerkannte Selbstkontrollen (§ 21 Abs. 2 JuSchG), neue Aufgaben der Stelle jugendschutz.net (§ 24b Abs. 1 JuSchG), Pflichten zum Einziehen von Vorsorgemaßnahmen für Anbieter nutzergenerierter Inhalte (§ 24a JuSchG), die neben die Anforderungen aus dem JMStV treten, sowie neue, teils mit nach dem JMStV anerkannten Einrichtungen der freiwilligen Selbstkontrolle verbundene Aufsichtskompetenzen für die BzKJ (§ 24b Abs. 3 JuSchG).

9 Das parallele Bestehen von zwei Rechtsrahmen auf Bundes- und Länderebene für das gleiche Medium (Telemedien) mit dem gleichen (verfassungsrechtlichen) Schutzweck wird nun nicht mehr ermöglicht durch die oben angesprochene Eckpunktevereinbarung von Bund und Ländern aus 2002, sondern vor allem durch § **16 JuSchG**. Die dortige ausdrückliche Erlaubnis, dass die Länder in ihrem Regelungsbereich über die Vorgaben des JuSchG hinaus Jugendschutzregelungen für Telemedien treffen können, löst die ansonsten bei der Wahrnehmung einer **konkurrierenden Gesetzgebungskompetenz** durch den Bund aufscheinende Frage, ob und inwieweit den Ländern dann die Möglichkeit der weiteren rechtlichen Rahmung des entsprechenden Bereichs entzogen ist, soweit kein Fall von Art. 72 Abs. 3 GG vorliegt (Art. 72 Abs. 1 GG: „solange und soweit der Bund von seiner Gesetzgebungszuständigkeit nicht durch Gesetz Gebrauch gemacht hat"). Für Gesetzgebungsthemen, bei denen Bund *und* Länder sich auf Kompetenztitel berufen können („doppelter kompetenzieller Zugriff"[9]),[10] wie es der Jugendmedienschutz eins ist, gelten **erhöhte Anforderungen an Rücksicht und Absprache** bei einer arbeitsteiligen, koordinierten Aufgabenwahrnehmung. Wie beide

---

8 *Liesching/Zschammer* JMS-Report 3/2021, 2 (4).
9 *Kluth/Schulz*, Konvergenz und regulatorische Folgen, 2014, S 66 f.
10 Auf die jahrzehntealte Diskussion um die für den Jugendmedienschutz einschlägigen Kompetenztitel von Bund einer- und den Ländern andererseits kann hier nur verwiesen werden. S. dazu (jeweils mwN) *Erdemir* ZRP 2021, 53 (54); *Reinwald* ZUM 2002, 119; *Löffler/Altenhain* JuSchG Einl. Rn. 10 ff. mwN; *Liesching* ZUM 2002, 868; *Stumpf*, Jugendschutz oder Geschmackszensur, 2009, S. 89 f.; *Cole* ZUM 2005, 462 (463); *Stettner* ZUM 2003, 425 (427 ff.); *Langenfeld* MMR 2003, 303 (306); *Reinwald* ZUM 2002, 119 (124 f.).

Dreyer

Seiten die Zusammenarbeit konkret ausgestalten, ist Gegenstand der den beiden Parteien dabei zukommenden Entscheidungsspielräume, „soweit die eigenverantwortliche Kompetenzwahrnehmung und die Zuschreibungsklarheit gewährleistet sind".[11] Durch die Erweiterung der JuSchG-Vorschriften auf den (übrigens durchaus auch inhaltsbezogenen[12]) Bereich der Telemedien bei gleichzeitiger Klarstellung in § 16 JuSchG, dass die Länder „im Bereich der Telemedien über dieses Gesetz hinausgehende Regelungen zum Jugendschutz treffen" können, kann zunächst wie eine (riskante) Klarstellung des Bundes zu verstehen sein: Man hätte auch den *gesamten* Telemedienbereich im Jugendschutz ohne weitere Kompetenzen in Länderhand regulieren können, wenn man gewollt hätte. Aus dieser Perspektive klingt § 16 JuSchG eher wie eine Drohung, mit der den Ländern im Zweifelsfall auch noch die verbliebenen Kompetenzen abgesprochen werden könnten, wenn der Bund möchte. Aus einem positiveren Blickwinkel soll die Vorschrift hier aber als Ausformung der eben beschriebenen Koordinationsanforderungen verstanden werden. Insoweit muss § 16 S. 2 JuSchG dann auch eher als dynamischer Verweis und **infrastruktur-/inhaltebezogene Weichenstellung** des Bundesgesetzgebers verstanden werden[13], und nicht als Vorgabe des Bundes an die Landesgesetzgeber, wie das Gesetzeswerk zur jugendmedienschutzrechtlichen Regelung im Bereich der Telemedien heißen muss.

Die Entscheidung darüber, in welchen Rechtsvorschriften und mit welchen Mitteln die Länder den Jugendmedienschutz in Telemedien regeln, bleibt ihnen überlassen. Allerdings kann sich mit Blick auf die Modernisierung des Jugendschutzes auch auf Länderseite aus der Systematik des § 16 JuSchG die Frage stellen, inwieweit die Vorschrift die Länder dann dabei hemmt, ebenfalls **technik- oder infrastrukturbezogene Regelungen** vorzusehen. Die Frage stellt sich derzeit etwa mit Blick auf § 11 JMStV und die dortigen Anforderungen an Jugendschutzprogramme, wird aber auch dort virulent, wo eine mögliche JMStV-Novelle technikbezogene Vorgaben zum Einziehen von Schutzhürden auf Browser- oder Betriebssystemebene enthielte.[14] Hier wird zu klären sein, inwieweit derartige Regelungsansätze mit Blick auf § 16 JuSchG nun mit Blick auf Art. 72 Abs. 1 GG nicht tatsächlich blockiert sind. **10**

Die **übrigen Begriffsbestimmungen sind unverändert** geblieben. Auch nach dem neuen JuSchG sind Kinder alle Personen, die unter 14 Jahre alt sind, und Jugendliche alle Personen von 14 bis 17 Jahren (§ 1 Abs. 1 Nr. 1 und Nr. 2 JuSchG). Auch an der Legaldefinition von Trägermedien wurde nichts verändert. So sind Trägermedien auch weiterhin „Medien mit Texten, Bildern oder Tönen auf gegenständlichen Trägern, die zur Weitergabe geeignet, zur unmittelbaren Wahrnehmung bestimmt oder in einem Vorführ- oder Spielgerät eingebaut sind" (§ 1 Abs. 2 JuSchG).[15] Hier und bei der De- **11**

---

11 *Dreyer/Oermann/Schulz*, Kooperative Medienregulierung, 2016, S. 35.
12 So erscheint jedenfalls die Kennzeichnungspflicht für Film- und Spielplattformen in § 14a JuSchG als gesetzliche Vorgabe, die sich auf die inhaltliche Gestaltung bei der Erbringung von den betroffenen Telemedien bezieht. Außerdem setzen Indizierungsverfahren auch bei Telemedien ausschließlich an den Inhalten dieser Angebote an.
13 *Liesching* ZUM 2021, 563 (565).
14 S. *Frey/Dankert* CR 2020, 626 (631); *Liesching*, Fehler im Betriebssystem – Der neue JMStV-Eilentwurf der Länder, beck community v. 24.5.2020, https://community.beck.de/2020/05/24/fehler-im-betriebssystem-der-neue-jmstv-eilentwurf-der-laender.
15 Zur Abgrenzung im Einzelnen vgl. Liesching/Schuster/*Liesching* JuSchG § 1 Rn. 24 (mwN).

finition von Telemedien in § 1 Abs. 3 scheinen dann Zirkelschlüsse mit Blick auf den einheitlichen Medienbegriff auf, da der Medienbegriff wie gezeigt nunmehr Trägermedien und Telemedien umfasst, deren beide Definitionen allerdings wieder auf den Medienbegriff aufsetzen. Eigentlich hätte der neue Medienbegriff eine Änderung der Definitionen von Trägermedien und Telemedien notwendig gemacht, dies ist aber unterblieben.

12 Der neu hinzugetretene § 1 Abs. 6 JuSchG, der klarstellt, dass „Diensteanbieter im Sinne dieses Gesetzes (…) Diensteanbieter nach dem Telemediengesetz" sind, wurde benötigt, um die Adressaten der neuen telemedienspezifischen Vorgaben (§§ 14a, 24a, 24b JuSchG) zu benennen. Schwierigkeiten im Detail gibt es bei den Anwendungsbereichen dieser Vorschriften dennoch, → § 4 Rn. 26 ff., → § 5 Rn. 14 ff.

13 **Die wichtigsten Punkte:**

- Der neue einheitliche Medienbegriff des JuSchG (Träger- und Telemedien) hat nur eine geringe Praxisrelevanz. Das Gros der Regelungen nutzt andere Begriffe oder differenziert auf Ebene der Einzelnorm wieder zwischen Träger- und Telemedien.
- Die Ausklammerung von Rundfunk aus dem Anwendungsbereich des JuSchG ist mit Blick auf die Rundfunkkompetenz der Länder folgerichtig, führt aber nicht zu einem konvergenten Rechtsrahmen im Jugendmedienschutz.
- Die gesetzliche Weichenstellung in § 16 JuSchG zwischen infrastrukturbezogenen Vorgaben (JuSchG) und weitergehenden inhaltlichen Anforderungen (JMStV) an Telemedien ist nicht durchhaltbar und führt zu einer Reihe an Folgeproblemen, die auch Auswirkungen auf die Anwendbarkeit von technikbezogenen Regelungen im JMStV haben können.

C. Räumlicher Geltungsbereich

14 Als deutsches Gesetz gilt das neue JuSchG jedenfalls auf **deutschem Staatsgebiet.** Das Gesetz enthält keine ausdrücklichen Angaben zu seiner allgemeinen räumlichen Geltung; mit Blick auf die Durchsetzung einzelner Normen auch gegenüber Anbietern mit Sitz im Ausland (vgl. §§ 14a Abs. 3, 24a Abs. 4 JuSchG) muss aber unterstellt werden, dass der Gesetzgeber die Einhaltung der Vorgaben auch von solchen Anbietern erwartet. Eine **Anwendbarkeit nationaler Vorschriften auch auf Anbieter außerhalb der deutschen Staatsgrenzen** ist grundsätzlich umfasst von der Überlegung, dass ein souveräner Staat in der Lage sein muss, auf äußere Bedrohungen für Rechtsgüter und -positionen im Inland mit Abwehrinstrumenten zu reagieren.[16] Inwieweit in diesen Sachverhalten europarechtliche Vorgaben wie das Herkunftslandsprinzip gesetzlichen Vorschriften oder behördlichen Maßnahmen entgegenstehen oder die fehlende Hoheitsgewalt deutscher Behörden die Durchsetzung in der Praxis erschwert, ist Gegenstand ausführlicher Überlegungen in → § 9 Rn. 5 ff.

---

16 Vgl. Hoeren/Sieber/Holznagel/*Altenhain* MMR-HdB Teil 20 Jugendschutz, Rn. 12, unter Verweis auf *Greiner*, Die Verhinderung verbotener Internetinhalte im Wege polizeilicher Gefahrenabwehr, 2001, S. 134 und *Ohler*, Die Kollisionsordnung des Allgemeinen Verwaltungsrechts, 2005, S. 309.

D. Explizierung und Erweiterung der gesetzlichen Schutzziele

In § 10a JuSchG benennt der Bundesgesetzgeber **erstmalig die Schutzziele des gesetzlichen Jugendmedienschutzes** auf Bundesebene im Gesetzestext (vgl. auf Länderebene § 1 JMStV). Neben den klassischen Schutzzielen der Verhinderung des Inkontaktkommens mit entwicklungsbeeinträchtigenden (Nr. 1) oder jugendgefährdenden (Nr. 2) Medieninhalten sieht die Aufzählung auch den „Schutz der persönlichen Integrität von Kindern und Jugendlichen bei der Mediennutzung" (Nr. 3) sowie die „Förderung von Orientierung für Kinder, Jugendliche, personensorgeberechtigte Personen sowie pädagogische Fachkräfte bei der Mediennutzung und Medienerziehung" (Nr. 4) vor.   15

Die Benennung von Schutzzielen hat zunächst **keinen eigenständigen Regelungsgehalt**, aus dem unmittelbar Rechte oder Pflichten erwachsen. Dafür spricht auch die recht schwache Formulierung der Norm, wonach die in der Paragrafenüberschrift noch stark als „Schutzziele des Kinder- und Jugendmedienschutzes" bezeichneten Vorgaben im Normtext lediglich zum „Schutz im Bereich der Medien gehören". Hätte der Gesetzgeber sich hier deutlicher dazu geäußert, wie zentral ihm das Erreichen dieser Ziele bei jeder einzelnen Entscheidung im Normprogramm des JuSchG ist, hätte den Nummern 1 bis 4 auch unmittelbare Rechtswirkung zukommen können (vgl. etwa die Aufzählung der Regulierungsziele in § 2 Abs. 2 TKG mit Gebotswirkung). Dort, wo eine andere Vorschrift explizit die Schutzziele einbezieht, wirken sie aber als **verbindliche Entscheidungsleitlinie**. So verweist § 17 Abs. 2 Nr. 1 JuSchG für die „Förderung einer gemeinsamen Verantwortungsübernahme von Staat, Wirtschaft und Zivilgesellschaft" ausdrücklich auf die „Verwirklichung der Schutzziele des § 10a". In § 24a Abs. 1 S. 1 JuSchG wird die Einziehung von angemessenen und wirksamen Vorsorgemaßnahmen von Anbietern nutzergenerierter Inhalte an die Wahrung der Schutzziele des § 10a Nummer 1 bis 3 JuSchG gekoppelt. Außerdem bilden sie den Maßstab für den Untersuchungsrahmen der in § 29b S. 1 JuSchG vorgesehenen Gesetzesevaluation im Jahr 2024 und sind zentrale Messgrößen für die gemäß Satz 3 danach alle zwei Jahre fälligen Berichte der Bundesregierung an den Bundestag zur Erreichung der JuSchG-Schutzziele.   16

Die Ziele können daneben – insbesondere in der Zusammenschau mit dem verfassungsrechtlichen Jugendmedienschutzauftrag (→ Rn. 1 ff.) – **mittelbare Wirkungen** entfalten, wo sie unabhängig von ihrer ausdrücklichen Einbeziehung in eine Vorschrift maßstabsprägend für Bewertungen und Einschätzungen sein können. Dadurch wird vorstellbar, dass die Schutzziele trotz ihres in erster Linie „deskriptiven Normcharakters"[17] signifikante Praxisrelevanz entfalten. Der Begründung nach können die Schutzziele zudem auch als „Orientierungsrahmen für untergesetzliches Handeln" dienen.[18]   17

---

17 *Liesching/Zschammer* JMS-Report 3/2021, 2 (2).
18 BT-Drs. 19/24909, 41; vgl. *Liesching/Zschammer* JMS-Report 3/2021, 2 (2).

I. Schutz vor entwicklungsbeeinträchtigenden Medien, Nr. 1

18 Als erstes gesetzliches Ziel sieht § 10 Nr. 1 JuSchG den Schutz vor „Medien, die geeignet sind, die Entwicklung von Kindern oder Jugendlichen oder ihre Erziehung zu einer eigenverantwortlichen und gemeinschaftsfähigen Persönlichkeit zu beeinträchtigen". Dies entspricht der vormals in § 14 Abs. 1 JuSchG aF enthaltenen Vorschrift und enthält die beiden aus der Verfassungsrechtsprechung entnommenen, persönlichkeits(entwicklungs)bezogenen Zielkomponenten der Eigenverantwortlichkeit und Gemeinschaftsfähigkeit (→ Rn. 2 und → § 1 Rn. 14 f.). Dort, wo ein Medieninhalt derart auf Kinder und Jugendliche wirken kann, dass diese Schwierigkeiten haben, das Gesehene oder Gehörte emotional zu verarbeiten, oder deren Inhalt sie nicht nur kurz überfordert, ängstigt oder verunsichert, besteht das **Risiko einer Persönlichkeitsentwicklungsbeeinträchtigung.** Durch die Art der Formulierung – Beschreibung, dann Rechtsbegriff in Klammern – erhält der bislang unbestimmte Begriff der entwicklungsbeeinträchtigenden Medien nun mit § 10a Nr. 1 JuSchG seine **Legaldefinition;** wo das JuSchG von **Entwicklungsbeeinträchtigung** spricht, gilt das hier hinterlegte Verständnis.

19 Angesichts der Entsprechung der Definition mit den bisherigen Beschreibungen und der Spruchpraxis im Bereich des JuSchG und des JMStV (vgl. § 5 Abs. 1 S. 1 JMStV) inklusive der Einbeziehung der Dimension der Erziehungsbeeinträchtigung ergibt sich durch die Legaldefinition zunächst **keine inhaltliche Änderung zum bisherigen Recht.** Angesichts dieser Gleichförmigkeit kann es derzeit auch dahingestellt bleiben, inwieweit die Legaldefinition des § 10a Nr. 1 JuSchG für den Bereich der Telemedien eine exklusive Geltung beansprucht und nach dem Prinzip „Bundesrecht bricht Landesrecht" auch im telemedienbezogenen Anwendungsbereich des JMStV gilt.[19] Für den Rundfunk gilt unabhängig davon ausschließlich der JMStV (→ Rn. 5) und dessen jeweiliges Begriffsverständnis der Entwicklungsbeeinträchtigung.

20 Der ebenfalls neue § 10b Abs. 1 JuSchG, der das Begriffsverständnis von § 10a Nr. 1 JuSchG weiter konkretisiert, indem er feststellt, dass zu entwicklungsbeeinträchtigenden Medien „insbesondere übermäßig ängstigende, Gewalt befürwortende oder das sozial-ethische Wertebild beeinträchtigende Medien" gehören, bleibt der **bisherigen Spruchpraxis** hinsichtlich der Entwicklungsbeeinträchtigung von Medieninhalten treu.[20] Soweit als gesetzliches Ziel der Schutz von Kindern und Jugendlichen vor entwicklungsbeeinträchtigenden Medien genannt wird, zielt das JuSchG hier ab auf die **Minimierung medieninduzierter Entwicklungsrisiken**[21] und damit vor allem auf das Inkontaktkommen mit entsprechenden medialen Darstellungen. Zentrale praktische Relevanz entfaltet der Begriff der Entwicklungsbeeinträchtigung zusammen mit dem

---

19 Für eine solche Auslegung spricht auch der politische Wille der Bund-Länder-Kommission zur Medienkonvergenz, die 2016 beschlossen hat, dass das Bundesrecht „eine gemeinsame Grundlagennorm für entwicklungsbeeinträchtigende Medien" schaffen soll, „die die – in der Sache schon heute weitgehend inhaltsgleichen – Regelungen von JuSchG und JMStV ,umrahmt'." In JuSchG und JMStV sollen dann die jeweiligen Verbreitungsbeschränkungen anknüpfen, vgl. Endbericht der Bund-Länder-Kommission zur Medienkonvergenz, Juni 2016, S. 12.

20 *Frey/Dankert* CR 2020, 626 (629); *Hilgert/Smmermann* K&R 2021, 297 (298). *Liesching/Zschammer* JMS-Report 3/2021, 2 (2). Überblick bei *Lober/Jäkel-Gottmann* MMR-Beil. 2020, 8.

21 *Dreyer*, Entwicklungspfade für ein netzwerkgerechtes Jugendmedienschutzrecht, 2011, S. 6; *Erdemir* JMS-Report 2/2016, 2 (2).

Dreyer

neuen § 14 Abs. 1 JuSchG. Danach dürfen Filme und Spielprogramme nicht für Kinder und Jugendliche freigegeben werden, wenn sie für Kinder und Jugendliche in der jeweiligen Altersstufe entwicklungsbeeinträchtigend sind. Diese Medien bedürfen insoweit einer vorherigen Altersbewertung; dabei finden die Altersstufen des § 14 Abs. 2 JuSchG Anwendung (0, 6, 12, 16 18); s. dazu ausführlich → § 3 Rn. 16 ff.

II. Schutz vor jugendgefährdenden Medien, Nr. 2

Medien, „die geeignet sind, die Entwicklung von Kindern oder Jugendlichen oder ihre Erziehung zu einer eigenverantwortlichen und gemeinschaftsfähigen Persönlichkeit zu gefährden", sind nach § 10a Nr. 2 jugendgefährdende Medien. Der Schutz vor dem Inkontaktkommen mit diesen Inhalten ist ebenfalls – und angesichts ihres Risikopotenzials umso mehr – **altes wie neues Ziel** des JuSchG. Der **Begriff der Gefährdung** stellt dabei ein Mehr gegenüber der Beeinträchtigung dar. Ausgangspunkt des gesetzgeberischen Jugendgefährdungsbegriffs ist, dass Darstellungen in der Lage sein können, die Erreichbarkeit der normativen Entwicklungsziele nicht nur zu schmälern, sondern diese durch die Förderung von Einstellungen zu konterkarieren, die im Widerspruch zu verfassungsrechtlichen Werten stehen. Mit Blick auf derart jugendgefährdende Inhalte sind die beiden zentralen Normen § 18 und § 15 JuSchG, wonach die Prüfstelle für jugendgefährdende Medien derartige Darstellungen indizieren kann und für die in der Folge restriktive Abgabe- und Zugangsbeschränkungen bestehen (→ § 6 Rn. 117 ff.). Eine inhaltliche Änderung des Jugendgefährdungsbegriffs geht mit der Legaldefinition in § 10a Nr. 2 JuSchG nicht einher. Hier ist davon auszugehen, dass die **bisherige Spruchpraxis der BPjM** (nun: Prüfstelle für jugendgefährdende Medien der BzKJ) fortgeführt werden wird.[22]

III. Schutz der persönlichen Integrität, Nr. 3

Der in § 10a Nr. 3 JuSchG genannte Schutz der persönlichen Integrität als Schutzziel des JuSchG ist neu. Auch mit Blick auf andere Jugendschutznormen wird hier ein **bislang nicht kodifiziertes Ziel** von Jugendmedienschutz benannt. Dabei geht es dem Bundesgesetzgeber im Kern um eine Reaktion auf die beobachtbaren Veränderungen im Bereich der Medienangebote und der Mediennutzung von Kindern und Jugendlichen. Die Möglichkeiten digitaler Medien sind längst nicht mehr auf die Rezeption statischer Medieninhalte wie Fotos, Filme, Musik oder Spiele begrenzt, sondern ermöglichen es jeder Teilnehmerin und jedem Teilnehmer, in kommunikativen Austausch mit Anbietern von Inhalten und mit anderen Kommunikationsteilnehmerinnen und -teilnehmern zu treten – in öffentlichen, halb-öffentlichen bzw. gruppeninternen oder in privaten Unterhaltungen. Dabei kann jede teilnehmende Person vielfach auch selbst Inhalte erstellen und Dritten zugänglich machen. Die **Erweiterung der dadurch möglichen Rollen von minderjährigen Mediennutzerinnen und -nutzern** – vom ausschließlich Rezipierenden zu Marktteilnehmenden, Akteuren in unterschiedlichen individuellen Kommunikationsprozessen und zu Inhalteproduzierenden – geht einher

21

22

---

22 Die Spruchpraxis kann sich aber zukünftig dadurch verändern, dass die Amtliche Begründung davon ausgeht, dass die Prüfstelle – jedenfalls in krassen Fällen – auch Risiken für die persönliche Integrität berücksichtigen kann, vgl. BT-Drs. 19/24909, 53. S. dazu kritisch → § 6 Rn. 38 f.

mit einer ganzen Reihe von **neuen interaktions- und kommunikationsbasierten Phänomenen mit Risikopotenzial.**[23] Für den gesetzlichen Jugendmedienschutz war vor diesem Hintergrund seit längerem klar: „Ein rein medieninhaltsbezogenes Schutzkonzept, das Minderjährige ausschließlich in der Rezipientenrolle sieht, reicht nicht (mehr) aus."[24]

23 Der Koalitionsvertrag für die 19. Wahlperiode hat diese Beobachtung aufgegriffen und sich unter anderem zum Ziel gesetzt, **Interaktionsrisiken einzudämmen.**[25] Auch die Jugend- und Familienministerkonferenz hatte festgestellt, dass „der gesetzliche Jugendmedienschutz (…) nicht mehr zeitgemäß [ist] und (…) dem Anspruch nicht gerecht [wird], die mit der Digitalisierung einhergehenden Risiken für Kinder und Jugendliche abzudecken" und sich ins Pflichtenheft geschrieben, dass neben Inhaltsrisiken „vor allem auch Risiken im Zusammenhang mit Interaktionsmöglichkeiten in Social Media (zB sexuelle Belästigung, Cybermobbing, Radikalisierung, aber auch Profiling und In-AppKäufe) weiter einbezogen werden".[26] Damit umrissen ist der Ausgangspunkt für die Entscheidung des Gesetzgebers, die einfachgesetzlichen Ziele des JuSchG um den Schutzgedanken der persönlichen Integrität zu erweitern. Dabei scheint auch die Amtliche Begründung davon auszugehen, dass ein entsprechender Schutzauftrag sich unmittelbar aus der Verfassung, der VN-Kinderrechtskonvention und der EU-Grundrechtecharta ergibt.[27]

24 Der Begriff der „persönlichen Integrität" wird dabei im Gesetzestext gar nicht und in der Begründung kaum definiert, umschrieben oder erklärt. Es gibt eine Reihe von Konkretisierungen und Benennungen von Beispielen für integritätsbezogene Risiken in der Amtlichen Begründung[28], eine **Herleitung oder Rückbindung des Begriffs erfolgt aber nicht systematisch.** Die Konkretisierung des Begriffs und die darauf aufbauende Erarbeitung von konkreten Kriterien bei der Angebotsbewertung wird eher den Obersten Landesjugendbehörden überantwortet.[29] Den einzigen Hinweis gibt die Begründung, wo sie darauf verweist, dass mit dem Begriff „die Wahrung ihrer Persönlichkeitsrechte im weiten Sinne in mittelbarer Drittwirkung aus Artikel 2 Absatz 1 in Verbindung mit Artikel 1 Absatz 1 des Grundgesetzes sowie, damit einhergehend, das Recht auf informationelle Selbstbestimmung und insgesamt der Schutz vor Identitätsverletzungen" erfasst werden sollen.[30]

25 Dies ermöglicht eine **erste Annäherung an den Begriff** und seine verfassungsrechtlichen Grundlagen: Kern des verfassungsrechtlichen Jugendmedienschutzes ist das Recht von Kindern und Jugendlichen auf eine möglichst unbeeinträchtigte Persönlichkeitsentwicklung und -entfaltung. Es erwächst insbesondere aus der Annahme, dass Kinder und Jugendliche noch über relativ fluide Persönlichkeitsmerkmale und -facetten verfügen, die relativ offen für Eindrücke von außen sind. Einwirkungen auf

---

23 Vgl. *Brüggen* et al. Gefährdungsatlas S. 76 ff.
24 *Dreyer/Hasebrink/Lampert/Schröder* Soziale Sicherheit (CHSS), Nr. 4/2013, 195 (198).
25 Koalitionsvertrag von CDU, CSU und SPD für die 19. Legislaturperiode, S. 23.
26 Öffentliches Protokoll der Jugend- und Familienministerkonferenz, 3. und 4.5.2018, Kiel, S. 27.
27 BT-Drs. 19/24909, 27.
28 Vgl. BT-Drs. 19/24909, 2, 22, 42 f., 63, 64, 65.
29 BT-Drs. 19/24909, 39.
30 BT-Drs. 19/24909, 43.

diese Entwicklungsphase können dadurch zu nachhaltigen, aus normativer Sicht auch negativen Veränderungen von Einstellungen und Verhaltensweisen führen. Verfassungsrechtlicher Jugendschutz erscheint somit als strukturverwandt mit Überlegungen, wie sie aus dem **Allgemeinen Persönlichkeitsrecht (APR)** stammen. Dafür spricht, dass Jugendmedienschutz und integritätsbezogene Schutzüberlegungen des APR die gleichen verfassungsrechtlichen Rückbindungen (Art. 2 Abs. 1 iVm Art. 1 Abs. 1 GG) aufweisen. Der Integritätsbegriff als solcher scheint bereits dort als Schutzziel des APR auf, wo es um den Schutz der **Integrität der Person in geistig-seelischer Hinsicht** – in Abgrenzung zu der in Art. 2 Abs. 2 S. 1 GG geschützten biologisch-physiologischen Integrität – geht.[31] Wo das JuSchG nun auf den Begriff der „persönlichen Integrität" verweist, scheint damit die unbeeinträchtigte Entwicklung der „geistig-seelischen" Integrität von Kindern und Jugendlichen angesprochen zu sein und insbesondere die **entwicklungsbezogenen Aspekte der Ausprägungen des APR** anzusprechen, also das Recht der Selbstbestimmung (Bildung eigener Identität), der Selbstbewahrung (Privatheit und Vertraulichkeit) und der Selbstdarstellung (Recht der persönlichen Ehre, Recht am eigenen Wort, Recht am eigenen Bild, Recht auf informationelle Selbstbestimmung, Recht auf Gewährleistung der Vertraulichkeit und Integrität informationstechnischer Systeme).

Hier kann der Integritätsbegriff noch weiter fruchtbar gemacht werden: Das BVerfG 26 umschreibt geistig-seelische Integrität als „**psychisches Wohlbefinden**"[32] im Sinne eines Zustands, bei dem das Individuum mit sich selbst und mit der Welt in Einklang ist. Ein solcher Zustand der Kohärenz von „ich möchte – ich kann" scheint beim APR stets als **freiheitsbezogene Voraussetzung der Persönlichkeitsentfaltung**. Er ist Grundbedingung der Entfaltung individueller Potenziale und sozialer Teilhabe. Ob der verfassungsrechtliche Jugendmedienschutz hier persönliche Integrität eher als parallele Schutzdimension aus dem verfassungsrechtlichen Jugendmedienschutz oder als spezifische entwicklungsbezogene Ausprägung des APR zu konzipieren ist, kann hier offenbleiben. In beiden Fällen ermöglicht die Rückbindung des individuumbezogenen Integritätsbegriffs an Persönlichkeitsentwicklungs- und -entfaltungsrechte des Einzelnen eine Annäherung an mögliche Schutzdimensionen: So sind Beeinträchtigungen der hier kurz als Wohlbefinden umschriebenen persönlichen Integrität auf Ebenen denkbar wie der **psychischen Integrität** (Identitätsfindung, innere Autonomie, individuelle Meinungsbildung), der **sozialen Integrität** (Geltungsanspruch in einer Gemeinschaft, Identitäts- und Beziehungsmanagement), der **dezisionalen Integrität** (Entscheidungsfreiheit, kommerzielle Autonomie) oder der **sexuellen Integrität** (sexuelle Selbstbestimmung); weitere Dimensionen sind angesichts der Vielzahl von risikobehafteten Medienphänomenen denkbar.[33] Bei allen Dimensionen aber gilt, dass ein Risiko oder eine Beeinträchtigung der Integrität ausschließlich **in der Auseinandersetzung mit Dritten** entstehen kann. Der Schutz der persönlichen Integrität erscheint auch aus dieser Perspektive **in erster Linie als Interaktionsschutz**. Von einer integri-

---

31 v. Mangoldt/Klein/Starck/*Starck* GG Art. 2 Rn. 86.
32 BVerfG NVwZ 2009, 1494.
33 Eine Übersicht über aktuelle Phänomene der Mediennutzung durch Kinder und Jugendliche und ihre möglichen Risiken findet sich bei *Brüggen* et al. Gefährdungsatlas S. 76 ff.

tätsbezogenen Beeinträchtigung kann dabei aber jeweils erst ausgegangen werden, wenn es auf einer der Ebenen zu einer **nachhaltigen Störung** kommt; Irritationen oder Verstimmungen reichen wie beim klassischen Verständnis einer Entwicklungsbeeinträchtigung nicht aus.

27 Eine Operationalisierung möglicher Risiken für die persönliche Integrität von Kindern und Jugendlichen ist nicht trivial: Wo die klassische Jugendschutzperspektive auf die Erreichung objektiver Entwicklungsresultate abzielt, verweist die Integritätsperspektive in erster Linie auf die subjektive Wahrnehmung der Erreichbarkeit der (eigenen) Entwicklungsziele. Derartig **subjektives Empfinden** aber funktioniert im Rahmen gesetzlicher Zieldefinitionen nicht, sondern muss für eine Risikoeinschätzung objektiviert werden. Es wird bei der weiteren Konkretisierung des Begriffs insoweit darum gehen, **Risiko- und Fallkategorien weiter auszudifferenzieren und objektive Kriterien** zu bilden. Dabei wird auch die Frage eine Rolle spielen, ob der anzulegende Maßstab für ein integritätsbezogenes Risiko „störungsgeneigte" Individuen zu berücksichtigen hat. Klar geworden ist bis hierhin, dass der vom Gesetzgeber genutzte Begriff der persönlichen Integrität Potenzial hat, in den kommenden Jahren aber weiterer Ausfüllung bedarf.

28 Abschließend bleibt zu konstatieren, dass mit der Erweiterung der gesetzlichen Schutzziele auf interaktionsbasierte Risikolagen die Notwendigkeit einhergeht, für entsprechende Regelungsbereiche **neue aktivitätsbezogene Schutzkonzepte** zu entwickeln, die im Kern auf Kenntnis, Kompetenz und Selbstschutz ausgerichtet sein müssen[34], weil sich klassische Formen der Jugendschutzregulierung nur sehr begrenzt auf interaktive, dynamische Inhalte insbesondere auch im Bereich halb-öffentlicher und privater Kommunikation anwenden lassen und viele der (autonomen) Nutzungsformen der traditionellen elterlichen oder sozialen Kontrolle entzogen sind.

IV. Förderung der Orientierung, Nr. 4

29 Die „Förderung von Orientierung für Kinder, Jugendliche, personensorgeberechtigte Personen sowie pädagogische Fachkräfte bei der Mediennutzung und Medienerziehung" ist nach § 10a Nr. 4 JuSchG ein weiteres neues Schutzziel. Damit nimmt der Gesetzgeber ein Ziel in den gesetzlichen Jugendmedienschutz auf, der bislang **zentraler Teil des erzieherischen Jugendschutzes** in Deutschland ist: Davon umfasst sind **präventive und pädagogische Aktivitäten**, die auf die Stärkung und Befähigung von Kindern und Jugendlichen beim Umgang mit Medien abzielen und sie so dabei unterstützen, sich selbst vor gefährdenden Einflüssen zu schützen. Teile des erzieherischen Jugendmedienschutzes betreffen auch die Eltern und andere Erziehungsberechtigte, die er ebenfalls dabei unterstützen möchte, Mediennutzungsrisiken zu (er)kennen und Kinder und Jugendliche vor Gefahren zu schützen.

30 Der Fokus in § 10a Nr. 4 JuSchG auf den **Orientierungsbegriff** könnte dafür sprechen, dass es hierbei vor allem um Aktivitäten geht, die Kindern, Jugendlichen, Personensorgeberechtigten und pädagogischen Fachkräften Erläuterungen und Auskünf-

---

34 *Dreyer*, Entwicklungspfade für ein netzwerkgerechtes Jugendmedienschutzrecht, 2011, S. 17.

te zu Fragen und Maßnahmen des gesetzlichen Jugendmedienschutzes selbst geben. Angesichts der Perspektive „bei der Mediennutzung und Medienerziehung" ist das Schutzziel hier breiter zu verstehen: Orientierung im Jugendmedienschutz bei der Mediennutzung und Medienerziehung kann sich auf Inhalte, auf vorgehaltene Funktionen, auf Akteure, aber auch auf individuelle Schutzmechanismen und Coping-Strategien beziehen. Die Begründung spricht hier von „**Wegweisern**".[35] Von dem Ziel umfasst wären Maßnahmen, die das Erkennen von relevanten Inhalten und problematischen Kommunikationen fördern, die die Kenntnis von und den Umgang mit eigenen oder anbieterseitig vorgehaltenen Schutzfunktionen und Unterstützungsmöglichkeiten verbessern, Unterstützungs-, Beratungs- und Meldemöglichkeiten und Ansprechpartner im Fall von Fragen, Hinweisen oder Problemen bekannt machen. Auf diese Weise können im Vorfeld jugendschutzrelevanter Nutzungssituationen **Vorbedingungen** geschaffen werden, die Kindern und Jugendlichen **unbeschwertere Teilhabemöglichkeiten** sichern und das Risiko für nachhaltige Schädigungen verringern können. Für Eltern bergen entsprechende Ansätze die Möglichkeit, die eigenen – ganz unterschiedlichen – **Erziehungskonzepte** im Medienalltag und auch bei sehr autonomer Mediennutzung etwa älterer Kinder umzusetzen. Und pädagogische Fachkräfte als Adressaten des Förderungsziels sind wichtige Multiplikatorinnen und Multiplikatoren bei der Vermittlung und Weitervermittlung des relevanten Wissens, aber in vielen Fällen auch direkte Ansprechpartner für Kinder oder Eltern.

Der Hinweis in § 10a Nr. 4 JuSchG, dass die Vorschriften des Achten Buches Sozialgesetzbuch unberührt bleiben, hat eher deklaratorischen Charakter: Damit soll klargestellt werden, dass das JuSchG – auch wenn es insbesondere zu § 14 SGB VIII parallele Ziele verfolgt – keinen unmittelbaren Auftrag an Einrichtungen der öffentlichen oder freien Jugendhilfe enthält.   31

Die **Einbeziehung des erzieherischen Jugendschutzgedankens** ist mit Blick auf die oben beschriebenen neuen Nutzungsrisiken – insbesondere mit Blick auf Interaktionsrisiken – und damit einhergehenden Herausforderungen für klassische Regulierungsansätze im Jugendmedienschutz folgerichtig. Wie gezeigt lassen sich Risiken, die sich aus der interaktiven Kommunikation mit Dritten ergeben, nicht im gleichen Maße durch gesetzliche Verbote oder Zugangsbeschränkungen verringern wie statische Medieninhalte. Zur Risikominimierung bedarf es vielmehr auch **Maßnahmen im Vorfeld sowie während der Mediennutzung**. Das Schutzziel in § 10a Nr. 4 JuSchG öffnet die bisherige Logik des gesetzlichen Jugendmedienschutzes in Richtung präventiver und befähigender Ansätze. Die systematische Verschränkung von (repressiven) gesetzlichen Instrumenten und pädagogischen präventiven und teilhabeunterstützenden Maßnahmen ist seit Längerem eine Forderung der Praxis. Insoweit kann die Aufnahme dieser neuen Logik in die Ziele des JuSchG als ein **wichtiger erster Schritt** in diese Richtung zu sehen sein; ausreichend für eine enge Verknüpfung von gesetzlichem und pädagogischem Jugendschutz ist dies allerdings noch nicht. Das liegt auch daran, dass ausschließlich § 17a JuSchG auf die Verwirklichung der Ziele aus § 10a Nr. 4 JuSchG bei der Aufgabenbeschreibung der neuen BzKJ verweist.   32

---

[35] BT-Drs. 19/24909, 43.

33   **Die wichtigsten Punkte:**

- Das neue JuSchG enthält erstmalig ausdrückliche Schutzziele. Der Gesetzgeber erweitert dabei die klassischen Schutzziele gesetzlichen Jugendmedienschutzes um den Schutz vor Risiken für die persönliche Integrität und die Förderung von Orientierung bei der Mediennutzung.

- An den zentralen Begriffen der jugendgefährdenden und entwicklungsbeeinträchtigenden Medien hält auch das neue JuSchG fest. Eine Änderung der inhaltsbezogenen Prüfkriterien ist nicht im Gesetz angelegt.

- Neues ausdrückliches Schutzziel ist der Schutz der persönlichen Integrität. Der Begriff umfasst die entwicklungsspezifischen Aspekte der Ausprägungen des Allgemeinen Persönlichkeitsrechts, die insbesondere durch Interaktions- und Kommunikationsrisiken berührt sein können. Hier bedarf es in den kommenden Jahren noch einer fundierten dogmatischen Rückbindung und einer praxisnahen Ausdifferenzierung in Fallkategorien.

- Das neue Ziel der Förderung von Orientierung bei der Mediennutzung verbindet das JuSchG mit Aktivitäten des pädagogischen Jugendschutzes. Die Einbeziehung präventiver und befähigender Maßnahmen ist mit Blick auf die neuen interaktiven Risikoformen ein wichtiger Schritt.

E. Die Berücksichtigung von Interaktionsrisiken als Paradigmenwechsel im Jugendmedienschutz

34   Die Erweiterung der gesetzlichen Schutzziele um den Schutz vor Risiken für die persönliche Integrität in § 10a Nr. 3 JuSchG ist wie oben gezeigt vor allem vor dem **Hintergrund neuer Risikodimensionen** bei der Nutzung interaktiver Medienangebote durch Kinder und Jugendliche erfolgt. Dieser **Fokus auf Interaktionsrisiken** und den damit einhergehenden notwendigen neuen regulatorischen Ansätzen findet seine Umsetzung in zwei neuen, zentralen Vorschriften des JuSchG: Zum einen etabliert § 24a Abs. 1 JuSchG eine Pflicht zum Vorhalten von Vorsorgemaßnahmen für größere Anbieter nutzergenerierter Inhalte, die vor allem auf Möglichkeiten des (Selbst-)Schutzes durch Kinder und ihre Eltern ausgerichtet sind (im Einzelnen → § 5 Rn. 2, 8 ff.). Zum anderen sieht § 10b Abs. 2 JuSchG vor, dass bei der Beurteilung der Entwicklungsbeeinträchtigung „auch außerhalb der medieninhaltlichen Wirkung liegende Umstände der jeweiligen Nutzung des Mediums berücksichtigt werden" können, „wenn diese auf Dauer angelegter Bestandteil des Mediums sind und eine abweichende Gesamtbeurteilung über eine Kennzeichnung nach § 14 Absatz 2a hinaus rechtfertigen".

35   Diese **Erweiterung des Betrachtungsgegenstands** bei der Prüfung eines entwicklungsbeeinträchtigenden Mediums ist beachtlich[36]: Klassischer Jugendmedienschutz ist gerichtet auf die Minimierung von Entwicklungsrisiken, die sich aus den rezipierten medialen Inhalten ergeben – derartige Medienwirkungen waren lange Zeit die einzige Risikodimension jugendschutzrelevanter Darstellungen. Mit der Reaktion der Erweiterung der gesetzlichen Schutzziele um strukturell neue Risiken, die Gefährdungen

---

36 *Frey/Dankert* CR 2020, 626 (629).

Dreyer

für die persönliche Integrität darstellen können (→ Rn. 22 ff.), musste der Gesetzgeber folgerichtig Vorschriften erlassen, die auf **Kommunikations- und Interaktionsrisiken** reagieren.

Dies bedeutet mit Blick auf die jahrzehntelange gesetzliche Fokussierung auf die ausschließlich inhaltsbezogenen Wirkungsrisiken eine **strukturelle Erweiterung des Bewertungsgegenstands** im Jugendmedienschutz – und kommt einem Paradigmenwechsel gleich. Nicht mehr nur die medieninduzierten Entwicklungsrisiken, die aus medialen Darstellungen resultieren, sind Betrachtungsobjekt im neuen JuSchG, sondern auch die die **Zugänglichmachung begleitenden Funktionalitäten** und deren entwicklungsbezogenen Risikopotenziale im Rahmen der Mediennutzung durch Minderjährige. Dies fordert den klassischen Medienbegriff und die gelebte Bewertungspraxis gleichermaßen heraus: Ist es noch Jugend*medien*schutz, wenn Prüfgegenstand nicht mehr (nur) der objektiv rezipierbare Medieninhalt ist, sondern auch mögliche kommunikative Verläufe und interaktive Entwicklungen bei der Nutzung technischer Funktionalitäten, die unabhängig von dem konkret zugänglich gemachten Medieninhalt entstehen? Hier diffundiert das neue JuSchG eher in Richtung eines **kinder- und jugendbezogenen Kommunikationsschutzes** und damit deutlich stärker in den Bereich von Technikregulierung. Und anders als die technikbasierten Instrumente zur Umsetzung der Zugangsbeschränkungen im JMStV (technische Mittel gem. § 5 Abs. 3 JMStV; Jugendschutzprogramme gem. § 11 JMStV) geht es dem JuSchG in § 10b Abs. 2 JuSchG nicht um die Nutzung von Technologie zur Implementierung von Zugangshürden für jugendschutzrelevante Inhalte, sondern die **Technologie selbst ist die Quelle möglicher Gefahren** für die unbeeinträchtigte Entwicklung von Kindern und Jugendlichen.

36

Diese Gefahren entstehen aber nicht automatisch und unmittelbar durch entsprechende Technologien oder technische Funktionalitäten, sondern erst durch die **Ausformung von Nutzungspraktiken und das (kommunikative) Verhalten Dritter** im Verlauf des Medienangebots.[37] Anders als der klassische Medieninhalt anhand seiner potenziellen Wirkung auf Kinder und Jugendliche bewertet wird, wofür Medienwirkungswissen und Wissen über individuelle Dispositionen von durchschnittlichen und gefährdungsgeneigten Minderjährigen als Bewertungsgrundlage zur Verfügung steht, erfordert die Einschätzung von funktionalitätsbasierten Risiken eine Entscheidung ohne vergleichbare Wissensgrundlagen. Dies gilt umso mehr, wenn die Entscheidung ex ante, dh vor der Möglichkeit der Beobachtung der tatsächlichen Nutzungspraktiken, des Kommmunikationsverhaltens der einzelnen Nutzerinnen und Nutzer und ggf. auch der sich dort etablierenden sozialen Normen zu treffen ist. Die Risikobewertung hat in solchen **Vorabeinschätzungen einen starken hypothetischen Aspekt,** der naturgemäß einen erhöhten Grad der Ungewissheit aufweist.[38] Bewertungsverfahren – vor allem dort, wo sie in staatliche Entscheidungen eingebunden sind – müssen höheren Verfahrens-, Dokumentations- und Begründungsanforderungen entsprechen und einer gerichtlichen Überprüfung zugänglich sein. Daneben wird deutlich,

37

---

37 *Bodensiek* MMR-Beil. 2020, 23 (25).
38 *Dreyer*, Entscheidungen unter Ungewissheit im Jugendmedienschutz, S. 64 f.

dass die Erweiterung des Prüfungsgegenstands und seiner **kategorial anderen Risikoarten** für die prüfenden und bewertenden Akteure auch mit neuen und ausgeweiteten Anforderungen an die Prüfungs- und Bewertungskompetenzen und -expertise einhergeht. Der gesetzliche Paradigmenwechsel setzt sich in der Prüfungs- und Spruchpraxis der zuständigen Institutionen und Akteure fort.

38 Durch § 10b Abs. 2 JuSchG verortet der Gesetzgeber die Berücksichtigung möglicher Interaktionsrisiken direkt in den **Bereich der Bewertung der Entwicklungsbeeinträchtigung** eines Mediums – und im JuSchG damit in den Kontext der bislang ausschließlich inhaltsbezogenen **Altersbewertung und Alterskennzeichnung**. Die Frage, ob dies systematisch folgerichtig und regulatorisch optimal ist, kann hier nicht in Gänze entfaltet werden. Wenn Risiken für die persönliche Integrität integraler Teil der Entwicklungsbeeinträchtigung sind, stellt sich aber die Frage, warum § 10a JuSchG die beiden Schutzziele gesondert nennt, ohne den Zusammenhang bereits auf dieser Ebene deutlich zu machen. Faktisch kommt es so zu einer **Verschränkung von inhaltlichen Medienwirkungsrisiken und den Begleitumständen der Mediennutzung**, wobei die Letzteren vergleichsweise mittelbar und wie gezeigt eher hypothetisch wirken als objektiv und vorab wahrnehmbare Darstellungen. Das kann mit Blick auf die letztlichen Konsequenzen – Entwicklungsbeeinträchtigung durch Darstellungen einer- und durch Interaktionen mit Dritten andererseits – aus Sicht der gesetzlichen Schutzziele vertretbar erscheinen. Angesichts ganz unterschiedlicher Absehbarkeiten, Risikoverläufe und nachteiliger entwicklungsbezogener Umschlagpunkte zwischen den beiden Auswirkungsebenen ist aber wichtig, die Bewertungs- und Einschätzungsverfahren klar voneinander zu trennen (s. zum Ablauf der Einbeziehung der Interaktionsrisiken → Rn. 48 ff.). Die **Vermengung der beiden Systeme der Beeinträchtigungsbewertung** und der Umstand, dass die Ergebnisse beider Bewertungsvornahmen in eine gemeinsame Altersbewertung fließen[39], in der die systematischen Unterschiede der inhaltsbezogenen und der nutzungsbasierten Risiken aggregiert werden, scheint jedenfalls nicht optimal und wurde auch im Rahmen des Gesetzgebungsprozesses verschiedentlich kritisiert.[40]

I. Voraussetzungen der Berücksichtigung bei Beurteilungen der Entwicklungsbeeinträchtigung

39 Der angesprochene Punkt, dass die Erweiterung des Bewertungsgegenstands und die von ihm ausgehenden Risiken eine **systematisch andere Einschätzungsperspektive** mit abweichenden Entscheidungsgrundlagen voraussetzt, hat der Gesetzgeber in die Normprogramme von § 10b Abs. 2, 3 JuSchG eingeschrieben. Die Vorschriften sehen für die Einbeziehung von Interaktionsrisiken in die jugendschutzrechtliche Bewertung eine Reihe von Voraussetzungen und Anforderungen vor, die in der Praxis zu einem **sehr komplexen Prüfungsverfahren** führen.

---

39 *Hilgert/Sümmermann* MMR 2020, 301 (303).
40 S. etwa *Bodensiek* MMR-Beil. 2020, 23 (24); *Dreyer/Schulz*, Stellungnahme zum JuSchG-E, S. 15.

1. Kann-Vorschrift

Zunächst gibt § 10b Abs. 2 JuSchG vor, dass Interaktionsrisiken bei der Beurteilung   40
der Entwicklungsbeeinträchtigung berücksichtigt werden *können*. Die **fakultative
Vorgabe** führt zu einem Entscheidungsspielraum, ob außerhalb eines Medieninhalts
liegende Umstände in die Beurteilung der Entwicklungsbeeinträchtigung dieses Mediums einbezogen werden sollen. Insbesondere führt die Formulierung nicht zu einer
zwingenden Beschäftigung mit derartigen Aspekten[41]; dies ist eine erste systematische
Einschränkung der oben beschriebenen Erweiterung der Betrachtungsgegenstände im
neuen JuSchG.

Nicht ganz klar ist allerdings das Verhältnis der Kann-Vorschrift in § 10b Abs. 2   41
JuSchG zu der Formulierung in Abs. 3, wonach als erheblich einzustufende Risiken
für die persönliche Integrität angemessen zu berücksichtigen *sind*. Die Wortwahl hier
deutet auf eine verpflichtende Beachtung von Interaktionsrisiken hin und widersprä-
che dem fakultativen Charakter in Abs. 2. Eine Interpretationsmöglichkeit ist, dass
im Rahmen von Abs. 2 eine Vorprüfung des Vorliegens der Voraussetzungen der Beachtlichkeit nicht-inhaltlicher Umstände ergeben hat, „dass überhaupt auf Dauer angelegte Interaktionsrisiken vorhanden sind und eine Einbeziehung solcher Risiken in
Anwendung der Kann-Bestimmung des Abs. 2 in Betracht kommt".[42] Nach dieser
Ansicht würde Absatz 3 dann die Einzelheiten der Prüfung konkretisieren. Eine abschließende Aussage, wie die beiden Absätze zueinander stehen, ist auf Grundlage der
Amtlichen Begründung nicht möglich, da beide Vorgaben in dieser Form erst kurz
vor der Verabschiedung in die Gesetzesvorlage Eingang gefunden haben. Die Sichtweise entspricht allerdings der in den beiden Absätzen angelegten Systematik: Absatz
2 spricht nur von der **grundsätzlichen Möglichkeit der Berücksichtigung** von bestimmten inhaltsexternen Umständen, ohne dass es zu diesem Zeitpunkt einer Risikoeinschätzung bedarf. Absatz 3 bestimmt dann den Ansatz der Risikoeinschätzung
(konkrete Gefahrenprognose), die Relevanz der so eingeschätzten Risikopotenziale
(als für die persönliche Integrität erheblich einzustufende Risiken) und nennt – nicht
abschließend – Beispielkategorien für derartige Risiken. Eine Durchbrechung dieser
Lesart, bei der Absatz 3 auf Absatz 2 aufbaut, ist dabei allerdings in dem Umstand zu
sehen, dass Absatz 2 als Voraussetzung enthält, dass die Interaktionsrisiken eine abweichende Gesamtbeurteilung über eine Kennzeichnung nach § 14 Absatz 2a hinaus
rechtfertigt. Das macht bereits auf Ebene der Prüfung des Vorliegens der Voraussetzungen von § 10b Abs. 2 JuSchG eine **jedenfalls kursorische Risikoeinschätzung** gemäß Abs. 3 erforderlich.[43] Daher wird man jedenfalls in Bezug auf den Rechtfertig-
ungsaspekt eher von einem **Wechselverhältnis zwischen den Absätzen 2 und 3** ausgehen müssen.

2. Außerhalb der medieninhaltlichen Wirkung liegende Umstände

Nach der inhaltlichen Bewertung der Entwicklungsbeeinträchtigung eines Mediums   42
ist erster Prüfungsschritt im Rahmen von § 10b Abs. 2 JuSchG die Einschätzung, wel-

---

41 Vgl. *Liesching* ZUM 2021, 563 (564 f.).
42 *Hilgert/Sümmermann* K&R 2021, 297 (299).
43 *Hilgert/Sümmermann* K&R 2021, 297 (299).

che besonderen Umstände außerhalb der medieninhaltlichen Wirkung überhaupt in Frage kommen. Zur inhaltlichen Beurteilung gehören alle vom Anbieter vorab festlegbaren und festgelegten Darstellungen, auch solche, die (erst) im Rahmen der Interaktion einer Nutzerin oder eines Nutzers mit dem Medium wahrnehmbar werden. Im Umkehrschluss bedeutet dies, dass in den Anwendungsbereich von § 10b Abs. 2 JuSchG insbesondere **technische Funktionalitäten fallen, die bestimmte Nutzungs- und Kommunikationsformen überhaupt erst ermöglichen.** Dabei kann die Gestaltung der Nutzerinteraktion im Rahmen von Benutzeroberflächen und Handlungsabläufen im Rahmen der Prüfung von Interaktionsrisiken mit berücksichtigt werden. Rein von der inhaltlichen Gestaltung sind diese Oberflächen in der Regel nicht jugendschutzrelevant, aber die von ihnen implizierten Handlungsaufforderungen (Affordanzen) können einen außerhalb der medieninhaltlichen Wirkung liegenden Umstand darstellen.

3. Auf Dauer angelegter Bestandteil des Mediums

43 Diese Umstände müssen zudem Bestandteil des in Frage stehenden Mediums sein.[44] Bewertungsgegenstand beider Ebenen – der inhaltlichen wie der funktionsbezogenen – muss das Medium im Sinne von § 1 Abs. 1a JuSchG sein. Insbesondere bei **verschachtelten Telemedien** wie etwa einem Online-Spiel, welches über eine Spielplattform vertrieben wird, kann die inhaltliche wie die funktionsbezogene Beurteilung der Entwicklungsbeeinträchtigung nur die in dem Einzelspiel selbst enthaltenen Darstellungen und Funktionen umfassen. Die Interaktionsmöglichkeiten der umgebenden Plattform können insoweit keine Berücksichtigung bei der Altersbewertung des Einzelspiels finden.[45]

44 Der relevante Bestandteil des Mediums muss zudem auf Dauer angelegt sein; das **nur kurzzeitige oder temporäre Vorhalten** von bestimmten interaktiven Funktionen kann im Rahmen von § 10b Abs. 2 JuSchG insoweit keine Berücksichtigung finden. Eine feste Grenze dessen, was „auf Dauer" für Mindestzeiträume des Vorhaltens einer Funktion bedeutet, gibt das JuSchG nicht vor. Hier ist davon auszugehen, dass die Beurteilung sich auf die bei **Vorlage eines Mediums zur Prüfung** enthaltenen oder zumindest die zu diesem Zeitpunkt vom Anbieter durch Konzepte dokumentierten Funktionen beschränkt.[46]

4. Rechtfertigung einer abweichenden Gesamtbeurteilung – Beschränkung auf Verfahren nach § 14 Abs. 6 JuSchG

45 Die relevanten äußeren Umstände eines zu beurteilenden Mediums müssen „eine abweichende Gesamtbeurteilung über eine Kennzeichnung nach § 14 Absatz 2a hinaus rechtfertigen", um überhaupt berücksichtigt werden zu können. Hierbei handelt es sich um einen **Zirkelschluss**, weil für die Frage der Rechtfertigung einer Abweichung zwingend eine Auseinandersetzung mit just jenen nicht-inhaltlichen Umständen erfol-

---

44 Kritisch zur Frage, wie ein Risiko Bestandteil eines Mediums sein kann: *Bodensiek* MMR-Beil. 2020, 23 (24).
45 Etwas anders kann gelten, wenn der Anbieter eines Spiels innerhalb des Mediums auf technische Infrastrukturen einer solchen Plattform aufbauend technische Funktionen anbietet. In diesem Fall wird eine technische Funktionalität in die Summe der Bestandteile des Medium hineingezogen.
46 In diese Richtung *Hilgert/Sümmermann* K&R 2021, 297 (298).

Dreyer

gen muss. Um eine jedenfalls kursorische Prüfung äußerer Umstände wird insoweit nicht herumzukommen sein, bevor entschieden wird, ob diese Umstände im Rahmen von § 10b Abs. 2 JuSchG berücksichtigt werden *können*; die einzige Ausnahme davon gilt für Medien, die bereits aufgrund ihrer Inhalte als nicht geeignet für Kinder und Jugendliche zu bewerten sind („ab 18").

Aus der Formulierung, dass eine abweichende Gesamtbeurteilung über eine Kennzeichnung nach § 14 Absatz 2a hinaus gerechtfertigt sein muss, wird die **Hierarchie der einzelnen Beurteilungsebenen** deutlich: An erster Stelle steht die ausschließlich **inhaltsbezogene Beurteilung** eines Mediums und die daraus folgende Altersbewertung im ersten Zugriff. An zweiter Stelle steht die **kursorische Prüfung der technischen Funktionalitäten** eines Mediums. Aus beiden Untersuchungen folgen dann die relevanten Deskriptoren nach § 14 Abs. 2a JuSchG, die für eine Kennzeichnung des Mediums in Frage kommen (→ § 3 Rn. 44 ff.).[47] Erst im dritten Schritt kann dann anhand einer **systematischen Gefahrenprognose** nach § 10b Abs. 3 JuSchG beurteilt werden, ob die durch die technischen Funktionen verursachten Risikopotenziale eine Abweichung von der bis zu diesem Punkt ermittelten Altersbewertung und der Wirkung durch die ggf. zusätzlichen inhaltlichen und funktionsbezogenen Deskriptoren rechtfertigen. Die Rechtfertigung einer Abweichung muss sich aus der **Gesamtschau von inhaltlicher Altersbewertung, Orientierungspotenzialen der Deskriptoren und Risikopotenzial der jugendschutzrelevanten Funktionalitäten** ergeben. 46

Aus dieser Hierarchie wird auch klar, dass sich die Möglichkeit der Berücksichtigung von nicht-inhaltlichen Umständen bei der Beurteilung der Entwicklungsbeeinträchtigung **ausschließlich auf Bewertungsverfahren nach § 14 Abs. 6 JuSchG beschränkt**: Voraussetzung für die fakultative Berücksichtigung dieser Risiken ist die gerechtfertigte abweichende Gesamtbeurteilung über eine Kennzeichnung nach § 14 Absatz 2a hinaus. § 14 Abs. 2a JuSchG aber findet dem Wortlaut entsprechend ausschließlich Anwendung auf klassische JuSchG-Verfahren („im Rahmen des Verfahrens nach Absatz 6"); für Altersbewertungen außerhalb des § 14 Abs. 6 JuSchG und insbesondere solche unter der Ägide des JMStV gelten insoweit weiterhin ausschließlich inhaltsbezogene Beurteilungskriterien (→ § 3 Rn. 45).[48] 47

II. Erhebliche Risiken für die persönliche Integrität, § 10b Abs. 3 S. 1 JuSchG

Für die vollständige Beurteilung der Risiken von nicht-inhaltlichen Umständen eines Mediums für die persönliche Integrität von Kindern und Jugendlichen sieht § 10b Abs. 3 S. 1 JuSchG vor, dass „insbesondere (...) als erheblich einzustufende Risiken (...) angemessen zu berücksichtigen sind". Diese erheblichen Risiken sind im Rahmen einer **konkreten Gefahrenprognose** zu identifizieren und zu bewerten. Satz 2 zählt zu erheblichen Risiken vor allem solche, die „durch Kommunikations- und Kontaktfunktionen, durch Kauffunktionen, durch glücksspielähnliche Mechanismen, durch Mechanismen zur Förderung eines exzessiven Mediennutzungsverhaltens, durch die 48

---

47 Vgl. *Liesching/Zschammer* JMS-Report 3/2021, 2 (2).
48 *Liesching* ZUM 2021, 563 (565 f.); *Liesching/Zschammer* JMS-Report 3/2021, 2 (5); s. auch NK-JMStV/ *Erdemir* JMStV § 5 Rn. 4 und 11.

Weitergabe von Bestands- und Nutzungsdaten ohne Einwilligung an Dritte sowie durch nicht altersgerechte Kaufappelle insbesondere durch werbende Verweise auf andere Medien" entstehen können. Die Liste ist dabei nicht abschließend.

49 Grundlage der Beurteilung von Risikopotenzialen derartiger Funktionalitäten soll eine konkrete Gefahrenprognose sein (wobei sich das „konkret" auf die Prognose mit Blick auf einen konkreten Sachverhalt bezieht, nicht auf eine konkrete Gefahr). Zentraler Ansatz dafür ist die Beschäftigung mit der **Eintrittswahrscheinlichkeit eines bestimmten Risikos und dem damit einhergehenden Schadenspotenzial.** Aus dieser Zusammenschau – und mit Blick auf die Erreichung der gesetzlichen Schutzziele aus § 10a JuSchG – ergeben sich

a) die Anforderungen an ggf. kompensierende Gegenmaßnahmen des Anbieters und
b) die Indizien einer Erheblichkeit der Risiken für die persönliche Integrität.

50 Für die Einschätzung sind **Maßnahmen des Medienanbieters**, die die potenziellen Risiken eindämmen können, kompensierend zu berücksichtigen; der Verweis des JuSchG auf die Vorsorgemaßnahmen nach § 24a JuSchG ist hier lediglich als Verdeutlichung möglicher Maßnahmen zu lesen („im Sinne"). Ob der Medienanbieter nach § 24a JuSchG zur Einziehung entsprechender Maßnahmen verpflichtet ist oder nicht (s. dazu → § 5 Rn. 12 ff.), spielt für die Berücksichtigung ihrer risikoverringernden Eigenschaften keine Rolle.[49]

51 Unklar bleibt insgesamt bei der Gefahrenprognose aber, wann konkret die Erheblichkeitsschwelle überschritten ist, und ob und inwieweit bestehende gesetzliche Rahmenbedingungen aus anderen Rechtsbereichen dabei berücksichtigt werden können oder müssen.

1. Kommunikations- und Kontaktfunktionen

52 Mit Kommunikations- und Kontaktfunktionen sind Funktionen umschrieben, die es Nutzerinnen und Nutzern eines Mediums ermöglichen, **mit- und untereinander in Kontakt zu treten** und sich auszutauschen. Mit Blick auf die gesetzlichen Schutzziele sind davon alle medialen Formen des Austauschs umfasst, dh rein textbasierte Kommunikation genauso wie Audionachrichten, bildliche oder audiovisuelle Darstellungen. Auch die ohne nutzergenerierte Kommunikationsinhalte durch den Medienanbieter zur Verfügung gestellte **Anbahnungsmöglichkeit** (zB Abo, Follow, Freundschaftsanfrage etc) fällt bereits unter den Gegenstandsbereich. Für die Berücksichtigung kommt es nicht darauf an, ob die Kommunikation öffentlich, nur durch bestimmte Personenkreise oder ausschließlich durch den Kommunikationspartner (wie etwa bei Direct Messages) einsehbar ist. Dabei spielt es keine Rolle, ob der Kommunikationsinhalt von einem Kommunikationspartner selbst erstellt oder nur von diesem weitergeleitet oder (wieder)verwendet worden ist; denkbar ist insoweit das Inkontaktkommen mit der ganzen **Breite jugendschutzrelevanter Darstellungen.** Daneben können sich Risiken aus dem Kommunikationskontext ergeben, etwa durch relevante Anbahnungen von Handlungen im Bereich des Cybergroomings (§§ 176a, 176b StGB), durch andere sexuelle Grenzverletzungen oder durch Ehrdelikte.

---

49 *Hilgert/Sümmermann* K&R 2021, 297 (298).

Dreyer

Der **Kommunikationsbegriff** ist im Übrigen weit zu verstehen und umfasst bereits   53
einseitige Kommunikation durch eine Nutzerin oder einen Nutzer; eine Anschluss-
kommunikation durch betroffene Minderjährige ist nicht erforderlich. Somit sind
von dem Beispiel prinzipiell alle nutzergenerierten Inhalte umfasst, da diese stets eine
nutzerseitige Nutzung von Kommunikationsfunktionen eines Mediums darstellen.
Risiken können sich insoweit durch Kontakt mit allen möglichen entwicklungsbeeinträchtigenden Inhalten ergeben, darunter relevante Spielernamen, Profilfotos oder
Chatnachrichten.

2. Kauffunktionen

Der käufliche Erwerb von Dingen oder Rechten durch Kinder und Jugendliche ist   54
nicht per se schlecht oder entwicklungsbeeinträchtigend, so dass mit Blick auf Risiken für die persönliche Integrität davon auszugehen ist, dass es weiterer Anforderungen bedarf, damit eine Kauffunktion im Rahmen der konkreten Gefahrenprognose
rechtliche Beurteilungsrelevanz entfaltet. So kann etwa die Möglichkeit, innerhalb eines Mediums gegen Entgelt weitere Inhalte zu kaufen (genauer: eine Nutzungslizenz
zu erwerben) bzw. freizuschalten, zu kaum absehbaren oder schlecht kontrollierbaren
Ausgaben durch Kinder und Jugendliche führen. Allerdings sind entsprechende
Rechtsgeschäfte nach §§ 104 ff. BGB schwebend unwirksam; die **Gefahr einer nachhaltigen entwicklungsbezogenen Störung erscheint hier gering**. Außerdem begegnet
die Einbeziehung von Kaufmöglichkeiten in die jugendschutzrechtliche Altersbewertung mit Blick auf die Dienstleistungsfreiheit europarechtlichen Bedenken.[50] Inwieweit hier in der Prüfungspraxis anhand konkreter Gefahrenprognosen ein erhebliches
Risiko festgestellt werden wird, bleibt abzuwarten, wird sich aber voraussichtlich auf
besonders krasse Fälle – die Amtliche Begründung etwa nennt „Kostenfallen"[51] (die
parallel auch wettbewerbsrechtliche Relevanz haben) – beschränken.

3. Glücksspielähnliche Mechanismen

Angesichts der Tatsache, dass die Teilnahme von Minderjährigen an Glücksspielen im   55
Sinne von § 3 Abs. 1 GlüStV grundsätzlich verboten ist (§ 4 Abs. 3 GlüStV), zielt das
Beispiel nur auf ähnliche Mechanismen ab. Dazu zählen vor allem **Formen simulier-
ten Glücksspiels**, die ohne Entgelt und/oder ohne Echtgeld-Gewinnmöglichkeit aus-
kommen, ansonsten aber Formen und Handlungsabläufe von Glücksspiel nachstellen
(zB Kartenspiele oder Roulette, glücksspielautomatenähnliche Darstellungen). Die
Darstellung von räumlichen Kontexten, in denen üblicherweise Glücksspiel stattfindet (zB Casino, Spielhalle) ist für das Beispiel nicht einschlägig, da es sich hierbei um
inhaltsbezogene Aspekte eines Mediums handelt. Zudem geht es in dem Beispiel zentral um den **Mechanismenbegriff**, dh im Vordergrund einer Beurteilung stehen die
möglichen Risiken durch Aneignung von bestimmten glücksspielbezogenen Praktiken
oder Sichtweisen wie insbesondere die falsche Vorstellung über Gewinnmöglichkei-
ten. Umfasst sein können theoretisch auch andere Interaktionsmöglichkeiten, bei denen der Ausgang eines Spiels oder das Fortkommen der Nutzerin oder des Nutzers

---

50 *Hilgert/Sümmermann* MMR 2020, 301 (302).
51 BT-Drs. 19/24909, 21.

vom Zufall abhängt; die Amtliche Begründung nennt hier explizit „Loot-Boxen" als relevanten Mechanismus.[52] Inwieweit es sich dabei tatsächlich um glücksspielähnliche Handlungsabläufe handelt, kann bezweifelt werden.[53] Unabhängig davon aber müssten sich in jedem Fall spezifische Gefahren für die persönliche Integrität von Minderjährigen ergeben.

4. Mechanismen zur Förderung eines exzessiven Mediennutzungsverhaltens

56 Auch bei dem Beispiel der Förderung eines exzessiven Mediennutzungsverhaltens stellt der Gesetzgeber auf den Begriff des Mechanismus und damit auf **Handlungslogiken und regelmäßig wiederkehrende Anreize oder Hürden** als Bestandteil der Mediennutzung ab. Wie und wodurch dabei exzessives Nutzungsverhalten im Einzelnen gefördert werden kann, und ab wann von einem exzessiven Nutzungsverhalten auszugehen ist, wird durch das JuSchG nicht konkretisiert. Angesichts **unklarer empirischer Grundlagen** zu dem kausalen Zusammenhang von derartigen Mechanismen und suchtähnlichem Verhalten sowie des Umstandes, dass die Entstehung nutzungsbezogener exzessiver Verhaltensweisen zentral auch von der individuellen Disposition der Nutzerin oder des Nutzers abhängt, wird hier zunächst eine – möglichst wissenschaftsbasierte – Spruchpraxis abzuwarten sein. Jedenfalls wird das reine Verweisen auf möglicherweise allgemein anreizende Mechaniken wie persistente Spielwelten, wiederkehrende Belohnungssysteme oder die Verknüpfung eines Mediums mit sozialen Netzwerkfunktionen nicht ausreichen, um daraus unmittelbar erhebliche Risiken für die persönliche Integrität schlussfolgern zu können.

5. Weitergabe von Bestands- und Nutzungsdaten

57 § 10b Abs. 3 nennt als weiteres Beispiel die „Weitergabe von Bestands- und Nutzungsdaten ohne Einwilligung an Dritte" als mögliches Risiko für die persönliche Integrität. Während eine **Verletzung des Rechts auf Datenschutz bzw. auf informationelle Selbstbestimmung** an sich unstrittig ein Integritätsrisiko darstellt, bleibt die Frage offen, inwieweit der bestehende durch die DSGVO aufgestellte Rechtsrahmen bei der Beurteilung möglicher integritätsbezogener Risiken einzubeziehen ist. Hier existieren nach Art. 6, Art. 8 DSGVO Anforderungen an die Verarbeitung von personenbezogenen Daten Minderjähriger, nach denen eine Weitergabe von personenbezogenen Daten an Dritte ohne Einwilligung **in der Regel ohnehin rechtswidrig** ist. Geht das JuSchG hier davon aus, dass es zu rechtswidrigen Datenverarbeitungen kommt, würde die Vorschrift anerkennen, dass es nicht abzustellende Rechtsbrüche gibt – mit Blick auf das Rechtsstaatsprinzip ein problematischer Ansatz. Hier muss ein Beurteilender grundsätzlich davon ausgehen dürfen, dass Datenschutzrecht gilt und auch durchgesetzt wird. Mögliche Vollzugsausfälle in der Praxis kann das Jugendschutzrecht insoweit nicht ohne Weiteres voraussetzen.

58 Soweit ein Verantwortlicher, also der in Frage stehende Medienanbieter, sich in bestimmten Fällen auf einen **Erlaubnistatbestand nach Art. 6 DSGVO** berufen kann (zB Vorliegen eines rechtswirksamen Vertrages; legitimes Interesse), der eine **Einwilligung**

---

52 BT-Drs. 19/24909, 44.
53 Kritisch auch *Hilgert/Sümmermann* K&R 2021, 297 (299).

Dreyer

der Betroffenen (oder der Träger der elterlichen Verantwortung) gerade **nicht voraussetzt**, kann eine Datenverarbeitung inklusive einer Weitergabe an Dritte wie zB Auftragsverarbeiter nach Art. 28 DSGVO rechtmäßig sein. Setzte sich das JuSchG über den Umstand der datenschutzrechtlichen Rechtmäßigkeit hinweg und würde mit Blick auf diese Praxis zu einer ggf. höheren Altersbewertung kommen, schiene hingegen ein anderes Problem auf: Das Sanktionsinstrumentarium des **DSGVO bei Datenschutzverstößen ist abschließend**[54], die Sanktionierung einer datenschutzkonformen Verarbeitung durch eine erhöhe Altersbewertung erschiene aus dieser Sicht europarechtlich jedenfalls fragwürdig.[55]

Außerdem stellt sich bei der Beurteilung der Weitergabe von personenbezogenen Daten an Dritte ohne rechtskonforme Einwilligung die praktische Frage, wie die beurteilende Stelle eine entsprechende Praxis identifizieren und nachweisen kann. In der Regel sind **Datenabflüsse im Rahmen der Mediennutzung verschlüsselt**, so dass bestenfalls eine Aussage darüber gemacht werden kann, ob eine Verbindung zu einem Dritten aufgebaut wird. Informationen darüber, ob im Rahmen der Verbindung *personenbezogene* Daten übermittelt werden, ist für den Prüfenden nicht ohne Weiteres einsehbar. Hier muss sich die beurteilende Stelle möglicherweise auf eine **Selbstauskunft des Medienanbieters** verlassen (etwa durch Vorlage eines Verarbeitungsverzeichnisses nach Art. 30 DSGVO).   59

6. Nicht altersgerechte Kaufappelle

Als letztes Beispiel möglicher Risiken für die persönliche Integrität nennt § 10b   60
Abs. 3 JuSchG „nicht altersgerechte Kaufappelle insbesondere durch werbende Verweise auf andere Medien". Das Beispiel erscheint hier als **Fremdkörper**, weil es an inhaltliche Aspekte eines Mediums – die Werbung – anknüpft. Damit **fällt es systematisch aus der Betrachtungsebene** des § 10b Abs. 2 JuSchG heraus, die auf „außerhalb der medieninhaltlichen Wirkung liegende Umstände" beschränkt ist (→ Rn. 42). Ein Anwendungsfall, bei dem entsprechende „werbende Verweise" ein spezifisches Integritätsrisiko darstellen, ist nicht ersichtlich.[56] Soweit ein Medium Werbeinhalte für andere Medien zugänglich macht, gelten also ausschließlich die üblichen inhaltsbezogenen Bewertungskriterien.

> **Die wichtigsten Punkte:**   61
>
> ■ Die Möglichkeit der Einbeziehung von nicht-inhaltlichen Interaktionsfunktionen mit Risikopotenzial für die persönliche Integrität von Kindern und Jugendlichen ist eine folgerichtige Erweiterung der jugendschutzrechtlichen Perspektive, bedarf in der Praxis aber neuer Beurteilungsansätze.
>
> ■ Die Verortung der Einbeziehung von Interaktionsrisiken in die JuSchG-Beurteilung einer Entwicklungsbeeinträchtigung und damit in die Altersbewertung ist systematisch nicht optimal. Dies führt zu (über-)komplexen Prüfverfahren mit

---

54 In diese Richtung auch *Bodensiek* MMR-Beil. 2020, 23 (24).
55 So iE auch *Hilgert/Sümmermann* MMR 2020, 301 (303).
56 *Liesching* ZUM 2021, 563 (565 f.).

vielen Einschränkungen und sehr unbestimmten Begriffen und Entscheidungsmaßstäben.

- Da die Einbeziehung von nicht-inhaltlichen Risiken ausschließlich in klassischen Altersbewertungsverfahren nach § 14 Abs. 6 JuSchG – und dort dann nicht zwingend – erfolgt, entfaltet die Vorschrift in der Praxis weniger Relevanz als von Teilen der Akteure im Jugendmedienschutz befürchtet.

- Die vom JuSchG genannten Beispiel für Funktionen mit erheblichen Risikopotenzialen bedürfen in der Zukunft noch operationalisierbarer Kriterien in der Prüfpraxis. Insgesamt bleibt unklar, inwieweit bei einer Beurteilung der Risiken der bestehende Rechtsrahmen in anderen Rechtsbereichen in die Bewertungsentscheidung einzubeziehen ist.

§ 3 Kennzeichnung von Filmen und Spielprogrammen

Literatur: *bitkom*, Stellungnahme des Bundesverband Informationswirtschaft, Telekommunikation und Neue Medien eV (bitkom) zum Referentenentwurf für ein zweites Gesetz zur Änderung des Jugendschutzgesetzes (JuschG-ÄndG-E) vom 28.2.2020 (zit.: Stellungnahme bitkom v. 28.2.2020); *Bodensiek*, Nutzungsrisiken im Gefüge des Jugendschutzrechts, MMR-Beil. 2020, 23; *Bund-Länder-Kommission*, Bericht zur Medienkonvergenz, Juni 2016, abrufbar unter https://www.bundesregierung.de/resource/blob/974430/473870/07ba875e860ada4556526641bd915 1b6/2016-06-14-medienkonvergenz-bericht-blk-data.pdf?download=1; *Degenhart*, Verfassungsfragen des Jugendschutzes beim Film, UFITA 2009, 331; *Erdemir*, „Wechselseitige Anerkennung". Notwendige Regulierungen aus Sicht der Wissenschaft, epd medien 14/2015, 10; *Erdemir*, Die Bedeutung des Kunstvorbehalts für die Prüfungsentscheidungen von FSK und USK, JMS-Report 5/2012, 2; *Erdemir*, Novellierung des Jugendmedienschutz-Staatsvertrages Notwendige und mögliche Regulierungen aus Sicht von Wissenschaft und Praxis, KJug 2015, 58; *FSF*, Stellungnahme der Freiwilligen Selbstkontrolle Fernsehen (FSF) eV zum „Entwurf eines Zweiten Gesetzes zur Änderung des Jugendschutzgesetzes" vom 28.2.2020 (zit.: Stellungnahme FSF v. 28.2.2020); *Grapentin*, Neuer Jugendschutz in den Onlinemedien. Pflichten für Online-Anbieter nach dem neuen Jugendmedienschutz-Staatsvertrag, CR 2003, 458; *Hans-Bredow-Institut*, Analyse des Jugendmedienschutzes – Jugendschutz und Jugendmedienschutz-Staatsvertrag. Endbericht, Oktober 2007 (Gutachten), unter Mitarbeit von Brunn ua, 2007 (zit.: Hans-Bredow-Institut Analyse des Jugendmedienschutzes); *Hans-Bredow-Institut*, Schriftliche Stellungnahme zu dem Entwurf eines Zweiten Gesetzes zur Änderung des Jugendschutzgesetzes des Leibniz-Institut für Medienforschung vom 28.2.2020 (zit.: Stellungnahme HBI v. 28.2.2020); *Hentsch/von Petersdorff*, Gesetzlicher Jugendschutz in der Games-Branche Die USK als One-Stop-Shop für alle Anbieter von Computerspielen, MMR-Beil. 2020, 3; *Hilgert/Sümmermann*, Von Inhalt zu Interaktion: Neuerungen im Jugendschutzrecht, K&R 2021, 297; *Hopf/Braml*, Bewertungsvorgänge im Jugendmedienschutz: Kategorienbildung anstelle differenzierter Jugendschutzprüfung – Paradigmenwechsel oder Feigenblatt?, ZUM 2010, 211; *Hopf/Braml*, Die Entwicklung des Jugendmedienschutzes 2019, ZUM 2020, 312; *Hopf*, Die Entwicklung des Jugendmedienschutzes 2017/2018, ZUM 2019, 8; *Kunczik/Zipfel*, Gewalt und Medien: Ein Studienhandbuch, 5. Aufl. 2006 (zit.: Kunczik/Zipfel Gewalt und Medien); *Lober/Jäkel-Gottmann*, Überblick über die Spruchpraxis zur Alterskennzeichnung Verfassungsfeindliche Symbole, grünes Blut, Zombies und Posen, MMR-Beil. 2020, 8; *Medienanstalten*, Stellungnahme der Medienanstalten zum Entwurf eines Zweiten Gesetzes zur Änderung des Jugendschutzgesetzes vom 6.3.2020 (zit.: Stellungnahme DLM v. 6.3.2020); *von Petersdorff*, Neues JuSchG überzeugt nicht, KJug 2020, 141; *Portz*, Der Jugendmedienschutz bei Gewalt darstellenden Computerspielen – Mediengewaltwirkungsforschung, Jugendschutzgesetz, Gewaltdarstellungsverbot & Moralpanik, 2013 (zit.: *Portz* Jugendmedienschutz); *Schraut*, Jugendschutz und Medien: zur Verfassungsmäßigkeit des Jugendschutzes im Rundfunk und bei den übrigen audiovisuellen Medien, 1993 (zit.: *Schraut* Jugendschutz und Medien); *Schwiddessen*, Der neue JMStV: Altersstufen für Telemedien, Möglichkeit der Anerkennung geräteinterne Parental Control-Funktionen als Jugendschutzmaßnahmen und neue Haftungsprivilegien. Vorstellung und Kommentierung zentraler Neuerungen im JMStV, CR 2016, 548; *Schwiddessen*, IARC und USK – Alterskennzeichen für Apps und Online-Games, CR 2015, 515; *Schwiddessen*, Konkurrierende Alterskennzeichnungsverfahren für TV-Produkte und Online-Angebote – Kosten- und Zeitersparnisse für die Wirtschaft? Vorstellung, Vergleich und Untersuchung des neuen Durchwirkungsverfahrens zur Alterskennzeichnung nach dem neuen JMStV und des neuen vereinfachten Prüfverfahrens der FSK, ZUM 2016, 716; *Schwiddessen*, Lootboxen nach dem deutschem Glücksspiel- und Jugendmedienschutzrecht (Teil 1 und 2), CR 2018, 444 und 512; *Schwiddessen/Karius*, Watch your loot boxes! – Recent developments and legal assessment in selected key jurisdictions from a gambling law perspective, IELR 2018, Vol. 1, 17; *SPIO*, Stellungnahme Spitzenorganisation der Filmwirtschaft eV und Freiwillige Selbstkontrolle der Filmwirtschaft GmbH zum Referentenentwurf eines Zweiten Gesetzes zur Änderung des Jugendschutzgesetzes vom 28.2.2020 (zit.: Stellungnahme SPIO v. 28.2.2020); *Stumpf*, Jugendschutz oder Geschmackszensur?: Die Indizierung von Medien nach dem Jugendschutzgesetz: eine verwaltungs- und verfassungsrechtliche Untersuchung unter Berücksichtigung europarechtlicher und völkerrechtlicher Bezüge, 2009 (zit.: *Stumpf* Jugendschutz oder Geschmackszensur?); *Suffert*, Recht- und Verfassungsmäßigkeit freiwilliger Selbstkontrolle bei Film und Fernsehen unter besonderer Beachtung des Zensurverbotes, 2002 (zit.: *Suffert* Recht- und Verfassungsmäßigkeit Freiwilliger Selbstkontrolle); *USK*, Stellungnahme der Unterhaltungssoftware Selbstkontrolle (USK) zum Arbeitsentwurf des Bundesministeriums für Familie, Senioren, Frauen und Jugend zur Reform des Jugendschutzgesetzes für ein zweites Gesetz zur Änderung des Jugendschutzgesetzes (JuSchG-E) vom 28.2.2020 (zit.: Stellungnahme USK v. 28.2.2020); *Vaunet*, Positionspapier des Verband Privater Medien eV (Vaunet) im Rahmen der Verbändeanhörung zum Entwurf eines zweiten Gesetzes zur Änderung des Jugendschutzgesetzes (10.2.2020) vom 28.2.2020 (zit.: Stellungnahme Vaunet v. 28.2.2020); *Vlachopoulos*, Kunstfreiheit und Jugendschutz, 1996; *Wager*, Das Spiel mit dem Hakenkreuz, MMR 2019, 80; *Wager*, Zur straf- und jugendschutzrechtlichen Zulässigkeit von NS-Symbolik im Mehrspielermodus, K&R 2019, 380; *Waldeck*, Wer darf? Wer muss? Wer sollte? Zur Frage der Gesetzgebungskompetenzen im Bereich des Jugendmedienschutzes, KJug 2019, 23; *Wandtke/Ohst*, Medienrecht Praxishandbuch – Band 4 – Persönlichkeitsrecht und Medienstrafrecht, 3. Aufl. 2014 (zit.: Wandtke/Ohst MedienR-HdB IV).

A. Allgemeines	1
I. Regelungsziel	3
II. Sinn und Zweck einer Kennzeichnung	5
III. Anwendungsbereich	8
IV. Verfassungsmäßigkeit	10
1. Keine verfassungswidrige Vorzensur im Sinne des Art. 5 Abs. 1 S. 3 GG	11
2. Verhältnismäßigkeit der Kennzeichnungsverbote in § 14 Abs. 3 und 4 JuSchG	14
3. Ungleichbehandlung zwischen öffentlich-rechtlichem und privatem Rundfunk, Art. 3 GG	15
B. Neue Rechtslage	16
I. Begriff der Entwicklungsbeeinträchtigung (Abs. 1)	16
1. Ausweitung des Bewertungsaspektes	16
2. Einschätzungsprärogative des Gesetzgebers	18
II. Die Alterskennzeichen (Abs. 2)	19
1. Die Kriterien der Entwicklungsbeeinträchtigung	19
a) Aspekte einer Entwicklungsbeeinträchtigung (USK)	19
b) Prüfkriterien der FSK	21
c) Berücksichtigung von Kennzeichen verfassungswidriger Organisationen	22
d) Berücksichtigung von Interaktionsrisiken	23
e) Berücksichtigung von Lootboxen	27
f) Der Gefährdungsgeneigte als Prüfungsmaßstab	28
2. Die einzelnen Alterskennzeichen	29
a) Freigegeben ohne Altersbeschränkung (Abs. 2 Nr. 1)	29
b) Freigegeben ab 6 Jahren (Abs. 2 Nr. 2)	31
c) Freigegeben ab 12 Jahren (Abs. 2 Nr. 3)	33
d) Freigegeben ab 16 Jahren (Abs. 2 Nr. 4)	36
e) Keine Jugendfreigabe (Abs. 2 Nr. 5)	38
3. Keine Kennzeichnung (Schwelle zur einfachen Jugendgefährdung)	41
4. Abwägung mit der Kunstfreiheit bei der Vergabe der Alterskennzeichen	42
a) Bindungswirkung gegenüber den Selbstkontrolleinrichtungen	42
b) Ausreichende Berücksichtigung durch Altersstufen	43
III. Die Inhaltsdeskriptoren (Abs. 2a)	44
IV. Fehlende Kennzeichnungsfähigkeit (Abs. 3)	52
V. Inhaltsgleichheit mit einem nach § 18 JuSchG indizierten Medium (Abs. 4)	55
VI. Ausnahmeregelungen für Freigaben nach § 11 Abs. 1 JuSchG (Abs. 4a)	56
VII. Parental Guidance	57
VIII. Übernahmeregelungen für öffentliche Filmveranstaltungen (Abs. 5)	58
IX. Das Kennzeichnungsverfahren (Abs. 6)	59
1. Keine Pflicht zur Kennzeichnung	59
2. Das gemeinsame Verfahren	60
a) Gemeinsame Vorschriften	60
b) Prüfungsverfahren für Computerspiele (USK)	62
aa) Das Regelverfahren	62
bb) Das Berufungsverfahren	66
cc) Das Appellationsverfahren	67
dd) Besondere Verfahren	68
c) Prüfungsverfahren für Filme (FSK)	69
aa) Der Arbeitsausschuss	69

bb) Der Hauptausschuss
(Berufungsinstanz) 71
cc) Appellationsausschuss ... 72
dd) Besondere Verfahren 73
(1) 3er-Arbeitsausschuss 73
(2) Vereinfachtes Verfah-
ren 74
d) Rechtsschutz 75
3. Kooperationsmöglichkeit der
OLJB und den nach dem JMStV
anerkannten Einrichtungen der
freiwilligen Selbstkontrolle 76
X. Exkurs: Trailerregelung und nicht
altersgerechte Kaufappelle,
§ 10b Abs. 3 JuSchG 78
XI. Das International Age Rating Coalition (IARC) System 83
XII. Durchwirkungen der Alterskennzeichnung (Abs. 6a) 86
1. Durchwirkungsregelungen nach
dem JMStV 87
2. Implementierung einer Korrespondenzregelung im JuSchG 91
a) Anpassung des gemeinsamen
Verfahrens 93
b) Überprüfungsvorbehalt 95
3. Durchwirkungsfolgen 97
XIII. Kennzeichnung als „Infoprogramm"
oder „Lehrprogramm" (Abs. 7) 100

XIV. Mitzuberücksichtigende Begleitfor-
men (Abs. 8) 103
XV. Entsprechungsklausel für Telemedien
(Abs. 9) 105
XVI. Ausgestaltungsmöglichkeiten der
visuellen Kennzeichenwahrnehmung
(Abs. 10) 107
C. Ausblick 108
I. Neuerungen für die Praxis 108
II. Handlungsaufträge 109
1. Kohärenter Begriff der Entwicklungsbeeinträchtigung
(§ 10b JuSchG) 109
2. Berücksichtigung von Interaktionsrisiken bei der Altersfreigabe 110
3. Inhaltsdeskriptoren
(§ 14 Abs. 2a JuSchG) 111
4. Kooperationsvereinbarung zwischen den OLJB und den nach
dem JMStV anerkannten Einrichtungen der freiwilligen Selbstkontrolle (§ 14 Abs. 6 S. 3 JuSchG) .. 112
5. Gemeinsames Verfahren für
Anbieter von Inhalten über Telemedien zur Realisierung von
Durchwirkungsmöglichkeiten
(§ 14 Abs. 6a JuSchG) 113

A. Allgemeines

Mit § 14 JuSchG trifft der Gesetzgeber Regelungen über die Kennzeichnung von Fil- 1
men und Spielprogrammen. Neben verschiedenen eher redaktionell-sprachlichen Änderungen erfolgen **Anpassungen des Verfahrens zur Erlangung von Kennzeichnungen,
der Anforderungen an die Kennzeichnungen selbst sowie Erweiterungen der Durchwirkungsmöglichkeiten zwischen JuSchG und JMStV**. Der Gesetzgeber trägt damit
dem seit Langem vorherrschenden und konsequent fortschreitenden Prozess der Medienkonvergenz jedenfalls zu einem gewissen Grad Rechnung. Wenn – zumindest
sprachlich – eine Abkehr von den bislang etablierten Medienkategorien „Trägermedi-
en" und „Telemedien" hin zu einem einheitlichen Medienbegriff in § 1 Abs. 1a
JuSchG erfolgt, bleibt dies nicht ohne Auswirkung auf den Alterskennzeichnungsprozess.[1] Die Forderung, Kennzeichnungen nach Medieninhalten und nicht mehr nach
Distributionsform vorzunehmen, wurde daher schon früh erhoben.[2] Denn die bewährten Alterskennzeichen dienen seit jeher der Orientierung von Akteuren des Jugendmedienschutzes – darunter Medienschaffende, Jugendschützer und Pädagogen –

---

1 Faktisch wird indes kein tatsächlich einheitlicher Medienbegriff geschaffen, was zum einen daraus resultiert,
dass der Rundfunk aus einer bundesgesetzlichen Regelung ausgespart bleibt – und dies verfassungsrechtlich
auch geboten ist – und zum anderen an unterschiedliche Verbreitungswege nach wie vor unterschiedliche
Rechtsfolgen geknüpft werden und sogar über § 14a JuSchG ein weiterer Verbreitungsweg etabliert wird, vgl.
auch *Lober/Jäkel-Gottmann* MMR-Beil. 2020, 8 (12).
2 Statt vieler: *Erdemir* epd medien 14/2015, 10 (11).

und nicht zuletzt auch Eltern, Kindern und Jugendlichen und gewährleisten Transparenz im Dickicht der Gefährdungsdimensionen.[3]

2　Die zusätzliche **Einführung von Inhaltsbeschreibungen (Inhaltsdeskriptoren)** birgt das Potenzial, mehr Transparenz und Orientierung bei der Einschätzung eines Inhalts zu schaffen.[4] Gleichzeitig führt mehr Nachvollziehbarkeit von Alterskennzeichnungen auch zu mehr Akzeptanz und schafft die Möglichkeit, valide und belastbare Entscheidungen in Hinblick auf die Rezeption von – und den Umgang mit – potenziell entwicklungsbeeinträchtigenden Medien zu treffen.[5] Mit § 14 Abs. 2a JuSchG werden nicht nur Deskriptoren eingeführt, vielmehr werden – gegen überwiegend kritische Äußerungen – erstmals auch **Risiken, die sich aus der Nutzung und Interaktion mit dem Medium ergeben** können (sog. **Interaktionsrisiken** → § 2 Rn. 22 ff.), adressiert. Die Berücksichtigung solcher Risiken bei der Einstufung kann jedoch zu Wertungswidersprüchen und Regelungsbrüchen im bewährten System der Alterskennzeichnungen führen.[6] Dies eröffnet jedenfalls Raum zur Besorgnis, dass damit die Verlässlichkeit von Alterskennzeichnungen potenziell geschwächt und aufgeweicht und damit die Orientierungsfunktion beeinträchtigt werden könnte.[7]

I. Regelungsziel

3　Der Gesetzgeber hat es sich nicht nur zum Ziel gemacht, **Transparenz und Orientierung im Bereich der Alterskennzeichnungen zu fördern,** sondern adressiert auch die Umsetzung der bereits iRd Abschlussberichtes der Bund-Länder-Kommission zur Medienkonvergenz im Juni 2016 beschlossenen Zielsetzung:[8] Neben der Abschaffung der verbreitungswegspezifischen Medienbegriffe sollen die Regelung und das Verfahren des § 14 JuSchG für die freiwillige Vorlage jeder Art von vorlagefähigen Filmen und Spielprogrammen geöffnet werden. Es soll eine verfassungskonforme Regelung zur **Übernahme von Altersbewertungen nach dem JMStV** integriert werden.[9] Damit wird auch die rechtliche Kohärenz bei der Vergabe von Alterskennzeichen angesprochen, um so den gewohnten Qualitätsstandard bei der Bewertung von Inhalten nach dem Jugendmedienschutzrecht aufrechtzuerhalten.[10] Außerdem kann die Einführung von § 14 Abs. 6a JuSchG eine reflexhafte Rechts- und Verwaltungsvereinfachung bewirken.[11] Denn das Verfahren zur Kennzeichnung von Medieninhalten, die im Wege des Rundfunks oder der Telemedien schon verwertet wurden, wird vereinfacht

---

3　*Erdemir* epd medien 14/2015, 10 (10), spricht insoweit von „hilfreiche[n] Wiedererkennungseffekten"; *Erdemir* KJug 2015, 58 (59).

4　Krit. Stellungnahme bitkom v. 28.2.2020, S. 11 f.

5　Dass grundsätzlich ein erhöhter Bedarf danach besteht, die Gründe für die Vergabe eines Alterskennzeichens nachzuvollziehen, zeigen die über 250.000 Zugriffe pro Jahr auf die Kurzbegründungen der Kennzeichnungen auf der FSK-Homepage und in der FSK-App (Stellungnahme SPIO v. 28.2.2020, S. 9).

6　*Lober/Jäkel-Gottmann* MMR-Beil. 2020, 8 (12).

7　Zust. Stellungnahme HBI v. 28.2.2020, S. 9; Stellungnahme DLM v. 6.3.2020, S. 6; Stellungnahme USK v. 28.2.2020, S. 8; Stellungnahme FSF v. 28.2.2020, S. 3.

8　BT-Drs. 19/24909, 22, 25.

9　Dieses Ziel war bereits zwischen Bund und Ländern ausgehandelt worden, vgl. Bericht der Bund-Länder-Kommission zur Medienkonvergenz, Juni 2016, S. 12.

10　Vgl. BT-Drs. 19/24909, 36.

11　Teilweise wird jedoch von einem unverhältnismäßig höheren Kosten- und Verwaltungsaufwand ausgegangen: Stellungnahme FSF v. 28.2.2020, S. 5.

(→ Rn. 86 ff.).[12] Beabsichtigt ist auch eine Entlastung der Wirtschaft durch die Vermeidung von Doppelprüfungen und damit eine Reduktion von Kosten- und Zeitaufwand.[13] Der Gesetzgeber geht davon aus, durch die Novelle von § 14 JuSchG den von der Medienwirtschaft immer wieder geforderten „One-Stop-Shop"[14] bei der rechtssicheren Alterskennzeichnung umgesetzt zu haben.[15]

Die **Einführung von Inhaltsdeskriptoren**, die bereits in anderen Ländern Anwendung finden,[16] ist auch vor einem unionsrechtlichen Hintergrund zu betrachten. Insoweit werden die europäischen Anforderungen, die durch **Art. 6a Abs. 3 RL 2010/13/EU in der Fassung der RL (EU) 2018/1808 (AVMD-Richtlinie)** aufgestellt werden, erfüllt. Danach ist es Aufgabe der Mitgliedstaaten, sicherzustellen, dass Mediendienstanbieter den Zuschauern ausreichende Informationen über Inhalte geben, die die körperliche, geistige oder sittliche Entwicklung von Minderjährigen beeinträchtigen können (→ § 9 Rn. 2). 4

II. Sinn und Zweck einer Kennzeichnung

Die sichtbarste und wohl bekannteste Ausprägung des medialen Jugendschutzes sind die Alterskennzeichen, mit denen beinahe jeder Film- und Spielinhalt versehen ist. Filme und Spiele dürfen gem. § 12 Abs. 1 JuSchG Kindern und Jugendlichen nur dann zugänglich gemacht werden, wenn sie für ihre Altersstufe freigegeben und gekennzeichnet worden sind (**Kennzeichnungspflicht**). Daher geht der Vergabe eines jeden einzelnen Alterskennzeichens ein individuelles Prüfverfahren voraus (→ Rn. 60 ff.). Gelangen die Beteiligten in dem Verfahren zu der Überzeugung, dass das geprüfte Medium **kennzeichnungsfähig**, dh nicht jugendgefährdend, ist, vergeben sie eine Alterskennzeichnung, den sog. **Jugendentscheid**. 5

Alterskennzeichnungen dienen dazu, Rezipienten bei der fachkundigen Einschätzung des Gefährdungspotenzials eines Mediums zu leiten und eine **Orientierungshilfe** bei der Auswahl von Medieninhalten zu bieten.[17] Jedoch stellen die Alterskennzeichnungen der Einrichtungen der freiwilligen Selbstkontrolle gerade **keine pädagogischen oder ästhetischen Empfehlungen** dar.[18] Ebenso wenig geben sie Informationen darüber, ob der Rezipient die Besonderheiten des Inhalts – wie etwa Zugänglichkeit oder Bedienbarkeit – durchdringt. Maßgebliches Leitkriterium bei der Freigabeentscheidung für eine gewisse Altersstufe ist vielmehr die potenzielle Eignung des Mediums, die Entwicklung von Kindern und Jugendlichen oder ihre Erziehung zu einer ei- 6

---

12 BT-Drs. 19/24909, 29.
13 BT-Drs. 19/24909, 32.
14 „One-Stop-Shop" bezeichnet die rechtliche und/oder tatsächliche Möglichkeit, alle in einem Verfahren erforderlichen Schritte bei einer zentral zuständigen Stelle zu absolvieren. Damit sollen Kommunikationswege verkürzt, Verfahren effizienter gestaltet und Abläufe optimiert werden. Im Bereich der Alterskennzeichnungen kam in der Vergangenheit in ihrem Zuständigkeitsbereich nur der USK eine solche Stellung zu, vgl. *Hentsch/v. Petersdorff* MMR-Beil. 2020, 3 (8).
15 BT-Drs. 19/24909, 32.
16 Etwa Pan European Game Information (PEGI) und Entertainment Software Rating Board (ESRB).
17 Vgl. Nr. 2.2 USK-Leitkriterien; Stellungnahme SPIO v. 28.2.2020, S. 2, obgleich dies eine idealtypische Vorstellung darstellen mag; im analogen Einzelhandel kommt der Alterskennzeichnung auch eine tatsächliche Zugangsbeschränkungsfunktion zu.
18 Nikles/Roll/Spürck/Erdemir/Gutknecht/*Gutknecht* JuSchG § 14 Rn. 11.

genverantwortlichen und gemeinschaftsfähigen Persönlichkeit zu beeinträchtigen,[19] wobei bei der Freigabeentscheidung nicht nur auf den Entwicklungsstand der Jüngsten einer Alterskohorte Rücksicht zu nehmen ist, sondern – jedenfalls nach Ansicht der Jugendschutzinstitutionen – auch die sog. gefährdungsgeneigte Minderjährige die entscheidende Bezugsgröße bildet (§ 19 Abs. 2 Nr. 4 USK-Grundsätze).[20]

7   Gleichermaßen dienen Alterskennzeichen aber auch dazu, Gatekeepern[21] zu ermöglichen, den Zugriff auf Medieninhalte bestimmten Altersgruppen **zu verwehren**. Die Alterskennzeichnung nimmt indes nicht nur Rezipienten in den Blick, sondern bietet auch für Anbieter und Vertreiber Rechtssicherheit.

III. Anwendungsbereich

8   Welche gesetzlichen Grundlagen bei der Altersprüfung zur Anwendung kommen, hängt grundsätzlich weiterhin von der **Distributionsform** ab. Inhalte, insbesondere Filme und Spiele, die physisch vertrieben werden, fallen in den Anwendungsbereich des JuSchG. Inhalte – etwa auch Filme und Spiele, aber vor allem auch Apps –, die im Internet angeboten werden, fallen in den Regelungsbereich des JMStV der Länder.[22]

9   § 14 JuSchG regelt die **Kennzeichnung von Filmen und Spielprogrammen**, wobei die redaktionelle Streichung von „Filmprogrammen" keine materiellrechtlich unterschiedlichen Konsequenzen zur Folge hat, so dass die Unterscheidung im gesamten JuSchG aufgegeben wurde.[23]

IV. Verfassungsmäßigkeit

10   Die Verfassungsmäßigkeit der Regelungen des Jugendmedienschutzes wird immer wieder unter verschiedenen Gesichtspunkten thematisiert,[24] so auch die Neufassung des § 14 JuSchG.

1. Keine verfassungswidrige Vorzensur im Sinne des Art. 5 Abs. 1 S. 3 GG

11   Die Regelungen des § 14 JuSchG stellen grundsätzlich **keine verfassungswidrige Vorzensur** dar.[25] Mögen die deutschen Kennzeichnungspflichten von Medienschaffenden

---

19 BT-Drs. 14/9013, 22.
20 BVerwG Urt. v. 16.12.1971 – I C 31,68, NJW 1972, 1587 – Bundesprüfstelle; *Vlachopoulos* Kunstfreiheit und Jugendschutz S. 54; *Hopf/Braml* ZUM 2010, 211 (214); Wandtke/Ohst MedienR-HdB IV/*von Gottberg* S. 393 (412); a.A. NK-JMStV/*Erdemir* JMStV § 5 Rn. 18 ff.; *Stumpf* Jugendschutz oder Geschmackszensur? S. 161 ff.; *Wager* K&R 2019, 380 (384); eine umfassende Darstellung des uneinheitlichen Bilds der Aufsichts- und Prüfpraxis gibt NK-JMStV/*Erdemir* JMStV § 5 Rn. 15 ff. mwN.
21 Im „analogen" Bereich sind solche „Gatekeeper" vor allem Fachpersonal an Kinokassen, Videotheken und Ladenlokalen, vgl. *Erdemir,* Stellungnahme zur Ausschusssache 17/3542 A04/1, S. 2: „Sicherheit gibt es nur an der Kinokasse".
22 *Hentschl/v. Petersdorff* MMR-Beil. 2020, 3 (4).
23 BT-Drs. 19/24909, 44; sprachlich etwas sperrig geregelt waren von der vormaligen Norm sowohl zur Veröffentlichung vorgesehene Filme, Bildträger mit Filmen und Spielen sowie Programme der Bildschirmgeräte erfasst, vgl. Nomos-BR/*Liesching* JuSchG § 14 Rn. 1, wobei es nur auf den tatsächlichen Film- oder Spielinhalt ankommt.
24 Dies betrifft beispielsweise die Frage nach der Gesetzgebungskompetenz (vgl. *Waldeck* KJug 2019, 23) oder die Kollision mit Verfassungsgütern wie der Kunstfreiheit (vgl. *Erdemir* JMS-Report 5/2012, 2 (4); *Wager* MMR 2019, 80 (82)).
25 NK-JMStV/*Gutknecht* JMStV § 12 Rn. 11.

bisweilen als zensorisch empfunden werden,[26] erfüllen sie an sich nicht die engen rechtlichen Voraussetzungen der Vorzensur.[27] Denn Wesensmerkmal der verfassungswidrigen Vorzensur ist, dass „durch die Vorzensur nicht auf planmäßigem Wege präventiv verhindert werden darf, was später vor Gericht verfolgt werden darf".[28] Erforderlich wäre damit das Vorliegen einer Kombination aus formellen und materiellen Zensurkriterien, um dann von einer Zensur iSd Art. 5 Abs. 1 S. 3 GG sprechen zu können, wenn planmäßig und systematisch durchgeführte Präventivmaßnahmen in einer rechtlichen oder faktischen Weise bewirken, dass die Veröffentlichung eines Geisteswerkes von der zuvor einzuholenden Erlaubnis einer hoheitlichen Instanz abhängig gemacht wird.[29]

Gemessen daran stellt der im JuSchG angelegte Alterskennzeichnungsprozess gerade keine solche Maßnahme dar, insbesondere da eine **„hoheitliche Erlaubnis"** dort **gerade nicht vorausgesetzt** wird. Denn es bleibt „dem Handelnden selbst die vorherige Prüfung und Entscheidung" überlassen, ob er mit einer Veröffentlichung ohne Alterskennzeichnung „dieses Risiko eingeht, während eine Zensur verhindern würde, daß sich eine Risikobereitschaft überhaupt bilden kann"[30].   12

Dies gilt in dieser Weise jedenfalls, soweit sich Inhalte nicht nur offenkundig an ein erwachsenes Publikum richten.[31] Denn selbst eine nur faktische Vorlageverpflichtung rückt bedenklich nahe an das Verbot der Vorzensur heran, wenn Inhalte betroffen sind, bei denen eine reine **Erwachsenenfreigabe** in Rede steht (→ § 1 Rn. 28).[32]   13

2. Verhältnismäßigkeit der Kennzeichnungsverbote in § 14 Abs. 3 und 4 JuSchG

Die Verfassungsmäßigkeit der Kennzeichnungsverbote des § 14 Abs. 3 und 4 JuSchG ist vor allem vor dem Hintergrund des verfassungsrechtlichen Verhältnismäßigkeitsprinzips kritisch zu hinterfragen. Inhalt der Kennzeichnungsverbote ist es, dass indizierte Inhalte sowie solche Inhalte, die mit diesen inhaltsgleich sind, keine Kennzeichnung erhalten. Durch die Gesetzesnovelle hat sich auch insoweit nichts an den grundsätzlichen Bedenken geändert, dass durch die Verbotstatbestände der Jugendschutz über sein selbst definiertes Ziel hinausschießt. Denn es liegt nahe, dass mittels der Kennzeichnung **„Keine Jugendfreigabe"** den Erfordernissen des Jugendschutzes angemessen genügt wird.[33]   14

---

26 *Bethesda Softworks* im Interview mit GameStar, Juni 2014, S. 100 (101).
27 Vgl. zum Begriff der Vorzensur auch BVerfG Beschl. v. 25.4.1972 – 1 BvL 13/67, NJW 1972, 1934 (1938) – Der lachende Mann.
28 *Erdemir* Filmzensur und Filmverbot S. 131.
29 Wobei zu beachten sein dürfte, dass auch schon die bloße Existenz eines solchen Verfahrens oder Kontrollapparates die „Schere im Kopf" auslösen könnte.
30 BVerfG Beschl. v. 25.4.1972 – 1 BvL 13/67, NJW 1972, 1934 (1938) – Der lachende Mann.
31 NK-JMStV/*Gutknecht* JMStV § 12 Rn. 11 aE.
32 Instruktiv zur Frage der Verfassungswidrigkeit der Prüfung von Erwachseneninhalten: *Erdemir* Filmzensur und Filmverbot S. 180 ff.
33 So auch: *Erdemir* JMS-Report 5/2012, 2 (4 f.); MAH UrhR/*Erdemir* § 23 Rn. 127; *Degenhart* UFITA 2009, 331 (369 ff.).

3. Ungleichbehandlung zwischen öffentlich-rechtlichem und privatem Rundfunk, Art. 3 GG

15 Aufgrund der verfassungsrechtlichen Kompetenzverteilung müssen Regelungen des Rundfunks – privat oder öffentlich-rechtlich – von bundesrechtlichen Vorgaben ausgenommen bleiben. Es ist daher verfassungsrechtlich konsequent, dass trotz der Proklamierung eines konvergenten und einheitlichen Medienbegriffs der Rundfunk von diesen Regelungen grundsätzlich ausgenommen ist. Daneben steht die offene Frage, ob eine **Ungleichbehandlung zwischen öffentlich-rechtlichen und privaten Rundfunkveranstaltern** insbesondere in der Durchwirkungsregelung des Abs. 6a angelegt ist.[34] Bedenken können vor allem vor dem Hintergrund aufkommen, dass private Rundfunkanbieter, um von der Durchwirkung profitieren zu können, auf die **Bestätigungsentscheidung der Kommission für Jugendmedienschutz (KJM)** angewiesen sind. Demgegenüber können die öffentlich-rechtlichen Rundfunkveranstalter ihre eigenen Altersbewertungen in **eigener Expertise** direkt einer Durchwirkung zugänglich machen.[35]

B. Neue Rechtslage

I. Begriff der Entwicklungsbeeinträchtigung (Abs. 1)

1. Ausweitung des Bewertungsaspektes

16 Entwicklungsbeeinträchtigende Angebote sind solche, die dem Grunde nach geeignet sind, die Entwicklung von Kindern und Jugendlichen oder ihre Erziehung zu einer eigenverantwortlichen und gemeinschaftsfähigen Persönlichkeit zu beeinträchtigen. Konkret handelt es sich dabei etwa um Inhalte, die übermäßig ängstigen, Gewalt befürworten oder das sozialethische Wertebild beeinträchtigen. Bei der **Beurteilung der Entwicklungsbeeinträchtigung** können auch außerhalb der medieninhaltlichen Wirkung liegende Umstände der jeweiligen Nutzung des Mediums berücksichtigt werden, wenn diese auf Dauer angelegter Bestandteil des Mediums sind und eine abweichende Gesamtbeurteilung rechtfertigen (→ § 2 Rn. 43 f.). Auch Risiken, die bei der Nutzung des Mediums auftreten können, sind angemessen zu berücksichtigen (→ Rn. 44 ff.).

17 Die Notwendigkeit der Ausweitung des Schutzziels folgt nach Ansicht des Gesetzgebers aus einem **strukturellen Schutzdefizit** für Kinder und Jugendliche, da die bisherigen Vorschriften die veränderte Mediennutzung nicht angemessen erfassen würden.[36] Durch die JuSchG-Novelle werden allerdings auch Bereiche des Strafrechts, des Verbraucherschutzrechts oder des Datenschutzrechts tangiert. Es wird daher darauf zu

---

34 Krit. Stellungnahme FSF v. 28.2.2020, S. 11 f.
35 Den Veranstaltern von öffentlich-rechtlichem Rundfunk obliegt es, Jugendschutzbelange in Eigenregie zu regeln. Soweit es Altersbewertungen angeht, sind die institutionalisierten Jugendschutzbeauftragten dafür zuständig. Die dafür maßgeblichen Kriterien werden iRv Richtlinien konkretisiert. Hintergrund dieses Regelungszusammenhangs ist der dem Binnenpluralismus als grundlegendem Prinzip der Organisation und Programmgestaltung der Landesrundfunkanstalten geschuldete anstaltsinterne Kontrollzusammenhang zwischen dem Intendanten und dem Rundfunkrat, der auch dem Gebot der Staatsferne Rechnung trägt. Dem Intendanten, der die Programmverantwortung trägt, kommt die Leitung der Rundfunkanstalt zu, wobei er durch den Rundfunkrat beraten und unterstützt wird. Dieser überwacht seinerseits zugleich die Einhaltung der Programmgrundsätze.
36 BT-Drs. 19/24909, 19.

achten sein, dass durch die Neuerungen keine Gefahr einer Doppelregulierung mit widersprüchlichen Rechtsfolgen entsteht.

2. Einschätzungsprärogative des Gesetzgebers

Die Zulässigkeit von hoheitlichen Alterskennzeichen ist Ausfluss des verfassungs-   18
rechtlich verbürgten Schutzgutes des Jugendschutzes, da sich aufgrund der wissenschaftlichen Erkenntnisse im Bereich der Medienwirkungsforschung nicht ausschließen lässt, dass gewisse Medieninhalte eine entwicklungsbeeinträchtigende Wirkung auf die Rezipienten haben können (**Einschätzungsprärogative des Gesetzgebers**).[37]
Da Alterskennzeichnungspflichten nur einen geringen Eingriff in grundrechtlich geschützte Freiheiten der Anbieter darstellen, sind auch unbestimmte Rechtsbegriffe zulässig und für **partielle Distributionsbeschränkungen in Form einer Alterskennzeichnung** ausreichend.[38]

II. Die Alterskennzeichen (Abs. 2)

1. Die Kriterien der Entwicklungsbeeinträchtigung

a) Aspekte einer Entwicklungsbeeinträchtigung (USK)

Zur Konkretisierung des unbestimmten Rechtsbegriffs der Entwicklungsbeeinträchti-   19
gung (→ § 2 Rn. 18) sind seitens der USK **untergesetzliche Prüfkriterien** entwickelt worden, welche in der gegenwärtigen Fassung die Erweiterung des Begriffs der Entwicklungsbeeinträchtigung um **Interaktions- und Nutzungsrisiken** allerdings **nur partiell abbilden**, so dass wohl eine Anpassung der Prüfkriterien erforderlich werden wird. Obgleich diese untergesetzlichen privaten Auslegungsregeln keine Bindungswirkung gegenüber staatlichen Institutionen entfalten, können sie dennoch als **Auslegungshilfe** herangezogen werden.[39] Nach § 19 Abs. 2 Nr. 1 USK-Grundsätze werden unter Entwicklungsbeeinträchtigungen bisher Hemmungen, Störungen oder Schädigungen verstanden, wobei alle Beeinträchtigungen iVm der Gesamtwirkung des Spiels zu berücksichtigen sind. Dazu zählen insbesondere Spiele, die die Nerven überreizen, übermäßige Belastungen hervorrufen, die Fantasie über Gebühr erregen, die charakterliche, sittliche (einschließlich religiöse) oder geistige Erziehung hemmen, stören, schädigen oder sozialethisch desorientierend wirken. Diese Auslegungshilfen fanden bis dato sowohl für Verfahren nach dem JuSchG als auch JMStV Anwendung und sicherten somit eine Bewertungskohärenz unabhängig vom Distributionsweg.[40]
Mit Erweiterung des Begriffs der Entwicklungsbeeinträchtigung um Nutzungs- und Interaktionsrisiken in § 10b Abs. 2 und 3 JuSchG droht bis zur geplanten Novelle des JMStV die Gefahr einer Risikoverschiebung, da bisher gem. § 5 Abs. 1 iVm § 3 Nr. 1 JMStV lediglich der Angebotsinhalt und nicht die von ihm ausgehenden Nutzungs- und Interaktionsrisiken die Bewertungsgrundlage bilden. Um eine solche Unwucht zu

---

37 *Kunczik/Zipfel* Gewalt und Medien S. 13, 84 f., 397.
38 BVerfG Beschl. v. 27.11.1990 – 1 BvR 402/87, NJW 1991, 1471 (1472) – Josefine Mutzenbacher; *Degenhart* UFITA 2009, 331 (373); Spindler/Schuster/*Erdemir* JMStV § 1 Rn. 29 ff. mwN.
39 VG Berlin Urt. v. 9.11.2011 – 27 A 63/07, BeckRS 2012, 47565 – Im Tal der Mittzwanziger; VG Kassel Urt. v. 31.10.2013 – 1 K 391/12.KS, BeckRS 2015, 49388 – Big Brother; VG Berlin Urt. v. 9.11.2011 – 27 A 64.07, ZUM 2012, 417 (423) – Sex and the City.
40 Nr. 1 Ergänzende Kriterien der USK für den Bereich des JMStV.

vermeiden, haben die Staatsvertragsparteien im Rahmen des Novellierungsentwurfs des JMStV aus April 2020 geplant, ebenfalls Nutzungs- und Interaktionsrisiken bei der Frage der Entwicklungsbeeinträchtigung nach § 5 Abs. 1 JMStV-E zu berücksichtigen.

20 Die mögliche Entwicklungsbeeinträchtigung resultiert maßgeblich aus der Gestaltung des Spiels und der davon ausgehenden **Wirkungsmacht**. Einen abschließenden Kriterienkatalog für die Beurteilung kann es wegen der **Einzelfallbezogenheit der Prüfung** nicht geben, wohl aber Maßstäbe, die der sachkundigen Auslegung bedürfen. Als Kriterien kommen unter anderem die visuelle und akustische Umsetzung, Realitätsgrad und Glaubwürdigkeit sowie thematische Ausrichtung auf Krieg, Gewalt, Sexualität oder Glücksspiel in Betracht.[41]

b) Prüfkriterien der FSK

21 Die Prüfung von Filmen erfolgt durch die FSK anhand der in § 2 FSK-Grundsätze benannten Kriterien.[42] Die in § 18 Abs. 2 **FSK-Grundsätze** niedergelegten **Auslegungshilfen** zur Bestimmung einer Entwicklungsbeeinträchtigung sind **beinahe deckungsgleich** mit denen der **USK** (→ Rn. 19) und umfassen etwa auch Hemmungen, Störungen und Schädigungen im Zusammenhang mit der Rezeption des Films. Nach § 18 Abs. 3 FSK-Grundsätze sind schwer jugendgefährdende Medien und solche, die nach § 18 JuSchG in die Liste aufgenommen wurden, nicht kennzeichnungsfähig. Dies folgt jedoch bereits aus § 14 Abs. 3 JuSchG, so dass § 18 Abs. 3 FSK-Grundsätze insoweit lediglich deklaratorische Bedeutung zukommt.

c) Berücksichtigung von Kennzeichen verfassungswidriger Organisationen

22 Die Verwendung von **Kennzeichen verfassungswidriger Organisationen** kann sowohl eine **strafrechtliche als auch jugendschutzrechtliche Relevanz** besitzen.[43] Daher prüfen die Gremien, ob die nicht **sozialadäquate Verwendung** solcher Kennzeichen einer Alterskennzeichnung nach § 14 JuSchG entgegensteht. Dabei kommt der Abwägung zwischen der Kunstfreiheit und den Belangen des Jugendschutzes eine außerordentliche Bedeutung zu.[44]

d) Berücksichtigung von Interaktionsrisiken

23 Die vom Gesetzgeber bei der Einführung des § 10b Abs. 2 JuSchG verfolgte Intention, dass außerhalb der medieninhaltlichen Wirkung liegende **Interaktionsrisiken** wie „uneingeschränkte Kommunikationsmöglichkeiten", „uneingeschränkte Kaufmöglichkeiten digitaler Güter" oder die „unangemessene Übermittlung personenbezogener Daten an Dritte" bei der Alterseinstufung berücksichtigt werden können,[45] wenn sie **auf Dauer angelegter** Bestandteil des Mediums sind und auch unter Berücksichtigung eines etwa vergebenen Inhaltsdeskriptors nach § 14 Abs. 2a JuSchG eine „abweichende Gesamtbewertung" rechtfertigen,[46] wird sich in der Praxis möglicherweise

---

41 Zum materiellen Inhalt s. Nr. 4 USK-Leitkriterien.
42 Wandtke/Ohst MedienR-HdB IV/*v. Gottberg* S. 393 (436 ff.).
43 *Wager* MMR 2019, 80 (81).
44 Nr. 5 USK-Leitkriterien.
45 BT-Drs. 19/24909, 43.
46 Zur Dauerhaftigkeit und weiteren Einschränkungen: *Hilgert/Sümmermann* K&R 2021, 297 (298).

als nur bedingt mit den Altersstufen kompatibel und differenziert abbildbar darstellen, selbst wenn die daraus resultierenden Änderungen **Ausnahmecharakter** haben.[47]

Die Berücksichtigung von Interaktionsrisiken ist insbesondere vor dem Hintergrund 24 kritisch zu betrachten, dass ein und derselbe Medieninhalt auf unterschiedlichen Plattformen je nach **Einbindung weiterer Nutzungsoptionen** (etwa Online-Zugang, genutzte Plattform und persönliche Geräteeinstellung) bald „ab 0", „ab 6", „ab 12" oder mit einer **anderen Altersstufe** zu bewerten sein dürfte, **obwohl sich der Inhalt gar nicht ändert**.[48]

Durch die **zusätzliche Berücksichtigung von Nutzungs- und Interaktionsrisiken** ist zu 25 besorgen, dass die bisherige Orientierung an einem inhaltlichen Bewertungsmaßstab zugunsten eines an den Nutzungsumständen orientierten Maßstabs aufgeweicht wird. Da die Nutzungsumstände naturgemäß von der individuellen Handhabung des Rezipienten abhängen, besteht die Gefahr, eine für Erziehungsberechtigte und Rezipienten gleichermaßen nachvollziehbare und transparente Orientierung anhand seit Jahrzehnten bewährter Alterskennzeichen zu erschweren.[49] Entscheidende Frage bei der „konkreten Gefahrenprognose" (→ § 2 Rn. 48) wird sein, wann sich aus einer Funktion (Chat, Lootboxen etc) ein Risiko entwickelt und wann daraus wiederum eine konkrete Gefahr resultiert. Sodann, ob diese Gefahr etwa durch Deskriptoren nach § 14 Abs. 2a JuSchG oder geeignete Vorsorgemaßnahmen nach § 24a JuSchG verringert werden kann. Dabei dürfte wohl die grundsätzliche Implementierung einer solchen Kommunikations- und Interaktionsfunktion nicht entscheidend sein (denn diese wird oftmals bereits von dem Endgerät werkseitig bereitgehalten, etwa Xbox Live Party Chat, TeamSpeak), sondern die Gewichtung dieser Funktion für das Fortkommen im Spiel. Der Fokus und die jugendschutzrechtliche Relevanz werden daher wohl auf der **Unausweichlichkeit des Risikos** (fehlende Optionalität) liegen.

Die **Definition neuer Gefahren und Schutzziele** in § 10 Abs. 2 und 3 JuSchG wird je- 26 denfalls **inhaltliche Änderungen der Beurteilungskriterien** nach sich ziehen und für die Regelungsadressaten weitreichende Folgen haben. Die Staatsvertragsparteien hatten daher im Rahmen eines aus April 2020 stammenden Novellierungsentwurfs in § 5 Abs. 1 JMStV-E ebenfalls Nutzungs- und Interaktionsrisiken bei der Beurteilung einer Entwicklungsbeeinträchtigung berücksichtigt, da bis dato einzig der Angebotsinhalt gem. § 3 Nr. 1 JMStV Beurteilungsmaßstab ist.[50]

e) Berücksichtigung von Lootboxen

Trotz des glücksspielähnlichen Charakters von Lootboxen bleiben diese auch nach 27 der Novellierung des JuSchG in für Minderjährige freigegebenen Spielen zulässig, wobei sie im Ausnahmefall zu einer Anhebung der Altersfreigabe führen können.[51]

---

47 *Liesching*, Stellungnahme zur Ausschussdrucksache 19(13)110a, S. 5; *game-Verband*, Stellungnahme v. 4.1.2021, S. 4.
48 *Bodensiek* MMR-Beil. 2020, 23 (25); *Liesching*, Stellungnahme zur Ausschussdrucksache 19(13)110a, S. 5; *game-Verband*, Stellungnahme v. 4.1.2021, S. 4.
49 *v. Petersdorff* KJug 2020, 141 (142); *Liesching*, Stellungnahme zur Ausschussdrucksache 19(13)110a, S. 5.
50 § 5 Abs. 1 S. 2 JMStV-E (Erster Arbeitsentwurf JMStV für Fachgespräche, Stand: 21.4.2020).
51 BT-Drs. 19/27289, 13, wonach bei entsprechender Einstellungsmöglichkeit (wieder) „allein" der Medieninhalt ausschlaggebend sein soll.

Zeitweise wurde auch ein Verbot von Lootboxen oder eine Anhebung der Altersfreigabe „auf 18"[52] – wie etwa in anderen Ländern[53] – diskutiert.[54] Neben glücksspielregulatorischen Fragen können Lootboxen jugendmedienschutzrechtlich insbesondere unter dem Gesichtspunkt der unzulässigen Werbung gem. § 6 JMStV relevant sein; namentlich wegen des **Verbots direkter Kaufappelle gegenüber Kindern und Jugendlichen** gem. § 6 Abs. 2 Nr. 1 JMStV und wegen des **Verbots interessenschädigender Werbung** gem. § 6 Abs. 4 JMStV.[55] Im Regelungsregime des JuSchG soll fortan durch sog. Inhaltsdeskriptoren auf ihre mögliche entwicklungsbeeinträchtigende Wirkung hingewiesen werden (→ Rn. 44 ff.). Die Erwerbsmöglichkeit von Lootboxen kann aber nur dann zu einer Anhebung der Altersfreigabe führen, wenn entsprechende Deskriptoren oder andere ebenso geeignete **Vorsorgemaßnahmen nach § 24a JuSchG** (etwa standardmäßige Deaktivierung [**safety by design** → § 5 Rn. 82]) das Risiko nicht ausreichend vermindern. Bestehen überdies endgerätabhängige Einstellungsmöglichkeiten zur Steuerung oder Deaktivierung von In-Game-Käufen, so ist grundsätzlich von einer ausreichenden Risikoverminderung auszugehen.[56]

f) Der Gefährdungsgeneigte als Prüfungsmaßstab

28 Im Rahmen des Alterskennzeichnungsverfahrens ist gem. § 19 Abs. 2 Nr. 4 USK-Grundsätze und § 18 Abs. 2 Nr. 4 FSK-Grundsätze allerdings **nicht nur** auf den **durchschnittlichen, sondern** auch auf den **gefährdungsgeneigten Minderjährigen** abzustellen, wobei lediglich Extremfälle auszunehmen sind. Dies wird jedoch zu recht kritisch betrachtet, da bei konsequenter Handhabung dieses Prüfungsmaßstabs für die Berücksichtigung des durchschnittlichen Jugendlichen von vornherein kein Raum bleibt, in der Folge die weit überwiegende Mehrheit der Kinder und Jugendlichen von einer alterskonformen Rezeption ausgeschlossen werden und dies einen Verstoß gegen das **verfassungsrechtliche Verhältnismäßigkeitsprinzip** darstellen könnte.[57] Unter gefährdungsgeneigten Minderjährigen werden Kinder und Jugendliche verstanden, die vermehrt Risikofaktoren aufweisen, die der Entwicklung zu einer gemeinschaftsfähigen und eigenverantwortlichen Persönlichkeit entgegenstehen bzw. diese verzögern können.[58] Die Ursachen dieses Defizits werden in der Regel im familiären und/oder sozialen Umfeld vermutet.[59]

2. Die einzelnen Alterskennzeichen

a) Freigegeben ohne Altersbeschränkung (Abs. 2 Nr. 1)

29 Kennzeichnend für ohne Altersbeschränkung freigegebene Inhalte ist, dass diese **keine bedenklichen Gewaltdarstellungen** beinhalten und Kinder nicht mit nachhaltig ängs-

---

52 Vgl. Bayerischer Landtag Drs. 17/19257 sowie 17/19256 und 17/19237.
53 *Schwiddessen/Karius* IELR 2018, Vol. 1, 17 (28 ff.); https://www.gamestar.de/artikel/counter-strike-global-o ffensive-lootboxen-in-belgien-und-den-niederlanden-nicht-mehr-verfuegbar,3332259.html.
54 *Schwiddessen* CR 2018, 444 (452).
55 *Erdemir*, Stellungnahme zur Ausschusssache 17/3542 A04/1, S. 5 f.
56 BT-Drs. 19/27289, 13.
57 So etwa: NK-JMStV/*Erdemir* JMStV § 5 Rn. 18 ff.; krit. jedenfalls auch: *Stumpf* Jugendschutz oder Geschmackszensur? S. 161 ff.; *Schraut* Jugendschutz und Medien S. 74; *Wager* K&R 2019, 380 (384).
58 Nr. 2.4. USK-Leitkriterien.
59 Nr. 2.4. USK-Leitkriterien; Wandtke/Ohst MedienR-HdB IV/*von Gottberg* S. 393 (409) mwN.

Wager/Waldeck

tigenden Situationen konfrontieren. So sollen wegen der vorwiegend episodischen Wahrnehmung von Kindern **belastende Rezeptionssituationen vermieden** werden.[60]

Bei typischen Kinderspielen vermittelt die Spielwelt etwa häufig einen **freundlichen**   30
und farbenfrohen Eindruck. Der ruhigere Spielaufbau setzt auch jüngere Kinder unter keinen hohen Handlungsdruck.[61]

b) Freigegeben ab 6 Jahren (Abs. 2 Nr. 2)

Ab 6 Jahren entwickeln Kinder zunehmend die Fähigkeit zu kognitiver Verarbeitung   31
von Sinneseindrücken; sie lernen fiktionale und reale Geschichten zu unterscheiden. Eine **distanzierende Wahrnehmung** wird zunehmend **möglich**, ebenso können kurze Spannungsmomente sowie ein durch Pausen abgeschwächter Handlungsdruck altersadäquat verkraftet werden.[62]

Durch eine erkennbar **fiktive Einbettung** der Geschehnisse kann eine Verwechslung   32
des zur Schau gestellten Konflikts mit der Alltagswirklichkeit grundsätzlich vermieden werden. Auf diese Weise sollen **Konfliktsituationen** Kinder **weder verunsichern,** noch sozial schädigende Vorbilder vermitteln. Eine **positive Auflösung von Konfliktsituationen** ist auch hier maßgebend.[63]

c) Freigegeben ab 12 Jahren (Abs. 2 Nr. 3)

In dieser Altersgruppe ist die Fähigkeit zu distanzierter Wahrnehmung und rationa-   33
ler Verarbeitung bereits ausgebildet. Erste Genre-Kenntnisse sind vorhanden; eine höhere Erregungsintensität wird verkraftet.[64] Sofern sie durch die Handlung gerahmt und nicht zu detailliert gezeigt werden, können **auch realistischere Gewalttaten** thematisiert werden. Ebenso können in alltagsnahen Settings Themen wie Gewalt oder Sex eine Rolle spielen, wenn dabei in **angemessener Weise** Probleme des Erwachsenwerdens thematisiert werden. Die daraus entstehende Auseinandersetzung oder auch Identifizierung mit Problemen und Charakteren darf Zwölfjährige dabei zwar herausfordern, sollte aber **weder verstörend oder sozial-ethisch/sexual-ethisch desorientierend** wirken.

Mit einem Alterskennzeichen „ab 12 Jahren" gekennzeichnete Spiele sind **häufig**   34
schon deutlich **kampfbetonter;** die Spielszenarien werden oft von **nicht jugendaffinen Settings** gerahmt, so dass sie ausreichend Distanzierungsmöglichkeiten und keine Modelle für Konfliktlösungen bieten.[65]

Im Bereich der **Kinovorstellungen** besteht mit der Novellierung des § 11 Abs. 2   35
JuSchG fortan die Möglichkeit, dass Kinder ab 6 Jahren in Begleitung ihrer Eltern oder einer erziehungsbeauftragten Person auch Kinovorstellungen ab 12 Jahren besuchen dürfen (**Parental Guidance** → Rn. 57).[66]

---

60 S. https://www.spio-fsk.de/?seitid=508&tid=72.
61 S. https://usk.de/die-usk/arbeit-der-usk/welche-alterskennzeichen-gibt-es/.
62 S. https://usk.de/die-usk/arbeit-der-usk/welche-alterskennzeichen-gibt-es/.
63 S. https://www.spio-fsk.de/?seitid=508&tid=72.
64 S. https://www.spio-fsk.de/?seitid=508&tid=72.
65 S. https://usk.de/die-usk/arbeit-der-usk/welche-alterskennzeichen-gibt-es/.
66 IRd Novelle wurde die Parental-Guidance-Regelung auch auf erziehungsbeauftragte Personen erweitert, zum Begriff vgl. § 1 Abs. 1 Nr. 4 JuSchG.

d) Freigegeben ab 16 Jahren (Abs. 2 Nr. 4)

36 Bei 16- bis 18-Jährigen kann von einer **entwickelten Medienkompetenz** ausgegangen werden. Eine besondere Sensibilität ist allerdings im Bereich der Vermittlung sozial schädigender Botschaften gefordert. Auch die Werteorientierung in Bereichen wie Drogenkonsum, politischem Radikalismus oder Ausländerfeindlichkeit wird mit besonderer Sensibilität geprüft.[67]

37 Sofern gewaltsame Konflikte thematisiert werden, bleiben diese allerdings durch die Story gerahmt, so dass **keine sozial schädigenden Botschaften oder Vorbilder** vermittelt werden. Bei Multiplayer-Spielen kann diese Rahmung auch durch Teamwork oder sportlichen Wettkampf stattfinden.[68]

e) Keine Jugendfreigabe (Abs. 2 Nr. 5)

38 Obgleich sich die **Inhalte an Erwachsene richten**, wird dieses Alterskennzeichen aufgrund eines positiven Jugendentscheids nach Durchlaufen des Verfahrens nach § 14 Abs. 6 JuSchG vergeben (→ Rn. 59 ff.). Es wird damit festgestellt, dass von dem betreffenden Inhalt **keine einfache bzw. schwere Jugendgefährdung** ausgeht.

39 Aufgrund der individuellen Einlasskontrollprüfung beim Kinobesuch und der dadurch effektiven Verhinderung eines unberechtigten Zugangs durch Minderjährige erfolgt nach § 14 Abs. 3 und 4 JuSchG für auf Trägermedien und in Telemedien vertriebene Inhalte die Vergabe des Kennzeichens „FSK ab 18", wenn keine **einfache** Jugendgefährdung vorliegt, während dies für die öffentliche Filmvorführung erfolgt, wenn der Film nicht **schwer** jugendgefährdend ist. Ob eine solche Differenzierung zur Wahrung der Belange des Jugendschutzes überhaupt geboten ist oder nicht vielmehr „über das Ziel hinausschießt" und damit gegen das verfassungsrechtliche Verhältnismäßigkeitsprinzip verstößt, ist jedenfalls fraglich.[69] Es ist daher möglich, dass ein Film, der im Kino eine Freigabe „ab 18 Jahren" erhalten hat, in der gleichen Version für eine Veröffentlichung auf einem Trägermedium oder in Telemedien keinen positiven Jugendentscheid erhält.

40 Betreffende Filme und Spiele thematisieren **nahezu ausschließlich langanhaltende oder** in kurzen Abständen aufeinanderfolgende **intensive Gewaltdarstellungen** und erzeugen häufig eine düstere und **bedrohliche Atmosphäre**. Durch die Freigabe „ab 18" sollen Minderjährige etwa vor drastischen Gewaltdarstellungen oder antisozialen Weltanschauungen geschützt werden. Auch wird Spielen die Freigabe verweigert, deren Spielmechanik die Herabwürdigung von Charakteren als normal oder sogar positiv vermittelt. Generell soll verhindert werden, dass sich Minderjährige mit Charakteren identifizieren, deren Handeln nicht den ethisch-moralischen Anforderungen unserer Gesellschaft entspricht. Die **Inhalte** und Darstellungen dieser Spiele **verlangen** einen **Grad an sozialer Reife und Distanz**, der bei 16- bis 17-Jährigen nicht generell vorausgesetzt werden kann.[70]

---

67 S. https://www.spio-fsk.de/?seitid=508&tid=72.
68 S. https://usk.de/die-usk/arbeit-der-usk/welche-alterskennzeichen-gibt-es/.
69 Ausführlich hierzu *Erdemir* JMS-Report 5/2012, 2 (4 f.); MAH UrhR/*Erdemir* § 23 Rn. 127.
70 S. https://usk.de/die-usk/arbeit-der-usk/welche-alterskennzeichen-gibt-es/.

3. Keine Kennzeichnung (Schwelle zur einfachen Jugendgefährdung)

Gelangen die an dem Alterskennzeichnungsprozess beteiligten Gremien zu dem Er- 41
gebnis, dass **kein positiver Jugendentscheid** ergehen kann, so verweigern sie eine
Kennzeichnung („**Keine Kennzeichnung**"). Der Inhalt ist dadurch aber **nicht automatisch** wegen einer Jugendgefährdung **indiziert** oder strafrechtlich relevant. Vielmehr
muss nach § 18 Abs. 1 und 5 JuSchG die „einfache Jugendgefährdung" iRd Indizierungsverfahrens durch die **Prüfstelle** der Bundeszentrale für Kinder- und Jugendmedienschutz (BzKJ; → § 6 Rn. 15 ff.) bzw. die Strafbarkeit des Medieninhalts im Rahmen
eines gerichtlichen Verfahrens festgestellt werden (→ § 6 Rn. 76 ff.).

4. Abwägung mit der Kunstfreiheit bei der Vergabe der Alterskennzeichen

a) Bindungswirkung gegenüber den Selbstkontrolleinrichtungen

Die **Grund- und Freiheitsrechte** des I. Abschnittes des Grundgesetzes sind **staatsge-** 42
richtet, dh sie binden und verpflichten zunächst einmal die in Art. 1 Abs. 3 GG genannten Träger öffentlicher Gewalt.[71] Wegen der **beherrschenden Stellung des Staates**
bei dem Alterskennzeichnungsprozess (→ Rn. 60) sind allerdings auch die privatrechtlich organisierten USK und FSK grundrechtsverpflichtet.[72]

b) Ausreichende Berücksichtigung durch Altersstufen

Im Gegensatz zu dem Indizierungsverfahren nach § 18 Abs. 3 Nr. 2 JuSchG ist **eine** 43
Abwägung mit der **Kunstfreiheit** bei dem gemeinsamen Verfahren nach § 14 Abs. 6
JuSchG weder explizit vorgesehen noch erforderlich. Denn das **abgestufte Alterssys-
tem** stellt einen **verhältnismäßigen Eingriff in die Kunstfreiheit** zur Wahrung der wi-
derstreitenden Belange des Jugendschutzes dar, da dieses bereits das gesteigerte
Kunstverständnis des betreffenden Rezipientenkreises angemessen berücksichtigt.[73]
Etwas anderes gilt jedoch, wenn eine Kennzeichnung verweigert werden soll („**Keine
Kennzeichnung**"), da dieser Eingriff schwerer wiegt.[74] Im Einzelfall können daher die
Belange der Kunstfreiheit die des Jugendschutzes überwiegen, so etwa iRd Appellati-
onsverfahrens zu dem Spiel „Spec Ops: The Line".[75] Denn ein alleiniges „**Kunstmo-
nopol**" der Prüfstelle **existiert** gerade **nicht**.[76]

III. Die Inhaltsdeskriptoren (Abs. 2a)

Ein Novum stellt § 14 Abs. 2a JuSchG dar, der vorsieht, dass künftig über die Alters- 44
kennzeichen hinaus mit Inhaltsdeskriptoren die **wesentlichen Gründe** für die **Altersfreigabe** zusammengefasst werden sollen. Diese sollen der Gesetzesbegründung zufolge „**technisch auslesbar**" ausgestaltet werden. Insbesondere die Selbstkontrolleinrichtungen sind angehalten, durch Anpassung ihrer Leitkriterien und einer einheitlichen
optischen Gestaltung der Deskriptoren dem gesetzgeberischen Auftrag nachzukom-

71 Maunz/Dürig/*Herdegen* GG Art. 1 Abs. 3 Rn. 1 ff.; Sachs/*Höfling* GG Art. 1 Rn. 82 ff.
72 Betreffend die Abwägung mit der Kunstfreiheit s. auch die Präambel der USK-Leitkriterien bzw. § 2 Abs. 1
   FSK-Grundsätze.
73 *Hans-Bredow-Institut* Analyse des Jugendmedienschutzes S. 110; *Erdemir* JMS-Report 5/2012, 2 (4).
74 BVerfG Beschl. v. 27.11.1990 – 1 BvR 402/87, NJW 1991, 1471 (1473) – Josefine Mutzenbacher.
75 Vgl. auch BPjM Entsch. Nr. 5367 v. 5.1.2006, S. 10 f. – God of War.
76 *Erdemir* JMS-Report 5/2012, 2 (5).

men. Im Rahmen des gemeinsamen Verfahrens (→ Rn. 60 ff.) wird zukünftig zu diskutieren sein, wie neben den bereits existierenden Deskriptoren zu den jugendschutzrelevanten Inhalten (zB Gewalt, Sprache, Erotik, kontrollierte Substanzen) fortan auch Informationen über die in § 10b Abs. 3 S. 2 JuSchG nicht abschließend genannten Interaktionsrisiken (**Risiken für die persönliche Integrität** → § 2 Rn. 22 ff.) (zB Nutzerinteraktion, Standortweitergabe, In-Game-Einkäufe) und die Kaufmöglichkeit zufallsgenerierter Gegenstände (**Lootboxen**[77]) angegeben werden können.[78] Die USK beabsichtigt, sowohl im Online- als auch Offline-Bereich **textbasierte Deskriptoren** zu verwenden und zwischen **Inhalts- und Nutzungsdeskriptoren** zu unterscheiden.[79] Dabei soll die Kenntlichmachung von **Inhaltsrisiken** mittels bis zu **20 Deskriptoren** – die sich an den Aspekten der Wirkungsmacht orientieren – erfolgen; bei den **Nutzungsrisiken** sind bis zu **vier Deskriptoren** (Nutzerinteraktion/Zufallskäufe/Standortweitergabe/Zusatzkäufe[80]) vorgesehen. Die kumulierte Anzahl der auf dem Prüfobjekt abzubildenden Deskriptoren soll drei nicht überschreiten und damit gem. § 14 Abs. 2a JuSchG gerade nur die **wesentlichen Gründe** für die Altersfreigabe darstellen. Zwar ist die Verwendung von Inhaltsdeskriptoren im europäischen und außereuropäischen Ausland bereits verbreitet (PEGI/ESRB) und umfasst auch dort nicht nur Inhalts-, sondern auch Interaktionsrisiken,[81] allerdings verzichten diese auf eine Bewertung der Online-Interaktionen. Durch den **deutschen Sonderweg** besteht die Gefahr, dass die internationale Vorreiterrolle Deutschlands im Bereich des Jugendschutzes (**gold-plating**) über das Ziel hinausschießt und seine **internationale Anschlussfähigkeit** an Systeme wie **IARC** (→ Rn. 83 ff.) riskiert, da Jugendmedienschutzeinrichtungen anderer Länder sich gerade nicht als Monitoringstelle für Gefahren aus der digitalen Kommunikation begreifen.

45 Besonderes Augenmerk ist darauf zu legen, dass die **zusätzliche Kennzeichnung** mittels Inhaltsdeskriptoren **nur iRd gemeinsamen Verfahrens** nach Abs. 6 erfolgen soll. Dem Wortlaut nach beschränkt sich die zusätzliche Kennzeichnung auf Verfahren unter Beteiligung der Obersten Landesjugendbehörden (OLJB) oder einer Organisation der freiwilligen Selbstkontrolle – **erfasst** damit aber **nicht** die nach dem JMStV anerkannten Einrichtungen der freiwilligen Selbstkontrolle, **soweit Verfahren sich allein nach dem JMStV richten**. Normativ verankert wird dies in dem novellierten § 16 S. 2 JuSchG, der klarstellt, dass die neuen Vorschriften in § 10b Abs. 2 und 3, § 14a und § 24a JuSchG zwar Telemedien adressieren, dabei aber die inhaltsbezogenen Regelungen des JMStV unberührt lassen. Interaktions- bzw. Nutzungsrisiken sind danach im JMStV weiterhin nicht zu berücksichtigen, zumal gem. § 3 Nr. 1 JMStV nur der Inhalt von Telemedien als Angebot gilt.[82]

46 Der zusätzlich anzubringende Deskriptor dürfte im Ergebnis wohl auch **kein selbstständiger Verwaltungsakt**, sondern vielmehr **Teil der Gesamtbewertung** – und damit bis zum Abschluss des gesamten Alterskennzeichnungsprozesses lediglich ein Inter-

---

77 BT-Drs. 19/27289, 13; zur Regulierung: *Erdemir*, Stellungnahme zur Ausschusssache 17/3542 A04/1, S. 5 f.
78 *Hilgert/Sümmermann* K&R 2021, 297 (298).
79 Nur textbasierte Deskriptoren bieten die Gewähr für eine technische Auslesbarkeit.
80 Etwa kosmetische Items, hingegen wohl nicht klassische Add-Ons wie neue Maps oder Spielerweiterungen.
81 S. https://pegi.info/de/; https://www.esrb.org/.
82 BT-Drs. 19/27289, 15.

Wager/Waldeck

num – sein. Bereits der Gesetzeswortlaut des § 14 Abs. 2a JuSchG sieht vor, dass die zusätzliche Kennzeichnung mittels Deskriptoren „im Rahmen des Verfahrens nach Abs. 6" und gerade nicht in einem separaten eigenständigen Verfahren erfolgen soll. Aber auch aus teleologischer Sicht ist ein das Prüfungsverfahren abschließendes einheitliches Verfahren gewünscht, da die jugendschutzrechtliche Relevanz eines Prüfobjekts **nur in seiner Gesamtheit betrachtet und bewertet** werden kann. Eine künstliche Aufspaltung führte überdies zu dem unpraktikablen und dem Anliegen des Jugendschutzes entgegenlaufenden Ergebnis, dass der Anbieter selektiv gegen den erteilten Deskriptor gerichtlich vorgehen könnte und die jugendschutzrechtliche Relevanz des Prüfobjekts sodann nicht mehr adäquat abgebildet würde.

Angemerkt werden sollte, dass die FSK bereits seit 2011 **individuelle Freigabebegrün-**   47
dungen zu Kinofreigaben über ihre Webseite und in der FSK-App veröffentlicht;[83] auch bei der Deskriptorenvergabe beabsichtigt die FSK, an schriftlichen Begründungen festzuhalten. Da diese Freigabebegründungen für alle im Kino anlaufenden Filme mit einer Alterskennzeichnung bis einschließlich „ab 16" bereitstehen und hinsichtlich ihres Umfangs wohl auch über die gesetzlichen Anforderungen des § 14 Abs. 2a JuSchG hinausgehen, dürfte es im Bereich der Kinoverführungen ausreichend sein, den Zugang zu den **Freigabebegründungen in Form von QR-Codes** zu ermöglichen, so dass zusätzliche schriftliche Deskriptoren nicht angebracht werden müssen.[84]

Anders gestaltet sich dies für Kinofilme, welche „ab 18" freigegeben wurden und sol-   48
che, die ausschließlich auf Trägermedien und auf Plattformen nach § 14a JuSchG veröffentlicht werden. Für diese Filme stellt die FSK nämlich keine Freigabebegründungen bereit, so dass bei diesen Formaten die wesentlichen Gründe für die Altersfreigabe und dessen potenzielle Beeinträchtigung der persönlichen Integrität mittels geeigneter Deskriptoren anzugeben wären.

Einer Abstimmung mit den OLJB bedarf es wohl auch hinsichtlich der Frage, ob bei   49
Serien lediglich das Gesamtwerk oder jede einzelne Folge mit sodann ggf. unterschiedlichen Deskriptoren **gekennzeichnet werden muss**.[85] Von entscheidendem Gewicht wird hierbei sein, ob das Verfahren nach § 14 Abs. 6 JuSchG für jede einzelne Folge durchgeführt wird, in welcher zeitlichen Iteration die Folgen veröffentlicht werden und ob ihnen bei wertender Betrachtung – etwa wegen ihrer Laufzeit – eine eigenständige Bedeutung zukommt, so dass just für diese Folge ein (weiterer) Deskriptor neben die des Gesamtwerkes zu treten hat.

Da Inhaltsdeskriptoren vor der Rezeption über die Altersfreigabe hinaus Orientie-   50
rung bieten und den Auswahlprozess beeinflussen sollen, stellen **Werbeclips und Trailer** eine **Besonderheit** dar, da sie üblicherweise von den Rezipienten nicht aktiv ausgewählt bzw. übersprungen werden können. Der formale Standpunkt, dass Inhaltsdeskriptoren an dieser Stelle keine zusätzliche Orientierungsfunktion bieten können und daher für o.g. Formate nicht notwendig sein könnten, führt womöglich zu einem jugendschutzrechtlich nicht erwünschten Ergebnis. Denn dann wären solche

---

83 S. https://www.fsk.de/?seitid=2737&tid=469; https://www.fsk.de/media_content/3070.pdf.
84 Von der Deskriptorenpflicht ausgenommen sind Info- und Lehrprogramme nach § 14 Abs. 7 JuSchG, da von offensichtlich keine beeinträchtigende Wirkung ausgeht, vgl. § 14 Abs. 7 S. 2 JuSchG.
85 Gleiches gilt wohl auch für Making-Ofs, Deleted Scenes und Interviews.

Trailer, die übersprungen werden können, mit Inhaltsdeskriptoren zu kennzeichnen, um – der eigenen Medienkompetenz zum Dank – vor einer nicht gewünschten Rezeption zu schützen. Trailer, die hingegen nicht übersprungen werden können, wären – trotz eines nicht erwünschten Inhalts aus Sicht des Rezipienten – nicht zu kennzeichnen, da die Funktion und der gesetzgeberische Zweck der Inhaltsdeskriptoren, die Orientierung zu fördern und den Auswahlprozess zu beeinflussen, nicht erreicht werden könnten.

51 Wegen der facettenreichen Darstellungsmöglichkeiten von jugendschutzrelevanten Inhalten bietet sich neben den bereits existierenden Deskriptoren (→ Rn. 44) eine **moderate Erweiterung der beschreibenden Schlagwörter** (etwa um: autoaggressives/suizidales Verhalten) sowie eine **Gewichtung derselben** (zB angedeutet/deutlich/eindrücklich oder visuell als Ampel/Punkteskala) an.

IV. Fehlende Kennzeichnungsfähigkeit (Abs. 3)

52 Die **Kennzeichnungsfähigkeit** beschreibt die rechtliche Möglichkeit, dass ein zur Prüfung vorgelegter Medieninhalt einen **positiven Jugendentscheid**, also eine Alterskennzeichnung erhält. Gem. § 14 Abs. 3 S. 1 JuSchG werden – trotz verfassungsrechtlicher Bedenken (→ Rn. 10 ff.) – Inhalte, die einen in § 15 Abs. 2 Nr. 1–5 JuSchG bezeichneten Inhalt haben oder nach § 18 JuSchG in die Liste jugendgefährdender Medien aufgenommen wurden, nicht gekennzeichnet (→ § 6 Rn. 11 ff.).[86] Durch die Einführung des einheitlichen Medienbegriffs in § 1 Abs. 1a JuSchG wird das **Verfahren zur Altersfreigabe** nach § 14 Abs. 6 JuSchG für die freiwillige Vorlage von Filmen und Spielprogrammen **in Telemedien** anwendbar.

53 „Keine Kennzeichnung" stellt allerdings **kein Aufführungsverbot** dar. Kinos können auf eigenes rechtliches Risiko den Film vorführen – allerdings nur vor Erwachsenen (→ § 6 Rn. 120). Kommt ein Gericht zu der rechtlichen Überzeugung, dass es sich um einen „schwer jugendgefährdenden Film" mit strafbarem Inhalt handelt, sind unter anderem Werbung und Ankündigung gesetzlich verboten und daher strafbar, vgl. § 27 Abs. 1 JuSchG (→ § 8 Rn. 1 ff.).

54 Die bereits dargestellte Besonderheit der Vorführbarkeit nicht gekennzeichneter Inhalte in einer öffentlichen Kinovorstellung (→ Rn. 39) befreit allerdings nicht von Prüfung des § 14 Abs. 3 S. 1 JuSchG, ob eine „schwere Jugendgefährdung" vorliegt.

V. Inhaltsgleichheit mit einem nach § 18 JuSchG indizierten Medium (Abs. 4)

55 Die Änderungen an § 18 Abs. 4 JuSchG sind im Wesentlichen redaktioneller Natur. Durch die Einführung des einheitlichen Medienbegriffs in § 1 Abs. 1a JuSchG wird der **Anwendungsbereich** nunmehr auf Filme und Spielprogramme in **Telemedien erweitert**. Die Änderung in dem neueingefügten Satz 2 stellt überdies klar, dass über die Inhaltsgleichheit nach Satz 1 die **Prüfstelle** (→ § 7 Rn. 26) entscheidet, wodurch auch ein **Gleichlauf mit § 4 Abs. 3 JMStV** hergestellt wird.[87]

---

86 Ausführlich hierzu *Erdemir* JMS-Report 5/2012, 2 (4 f.); MAH UrhR/*Erdemir* § 23 Rn. 127.
87 BT-Drs. 19/24909, 45.

VI. Ausnahmeregelungen für Freigaben nach § 11 Abs. 1 JuSchG (Abs. 4a)

Mit dem neuen Abs. 4a wird sichergestellt, dass die obigen redaktionellen Anpassun- 56
gen infolge der Einführung des einheitlichen Medienbegriffs und der Öffnung des
Freigabe- und Kennzeichnungsverfahrens für Filme und Spielprogramme in Telemedi-
en nicht die bisherige Rechtslage verändern, da § 14 Abs. 4 JuSchG iRd Prüfung einer
Freigabe für öffentliche Filmveranstaltungen (§ 11 JuSchG), dessen Hauptanwen-
dungsfall **Kinovorführungen** sind, **nicht gilt**.

VII. Parental Guidance

Im Rahmen der Novelle wurde § 11 Abs. 2 JuSchG dahin gehend erweitert, dass bei 57
dem Besuch von **Kinovorstellungen** Kinder ab 6 Jahren in Begleitung ihrer **Eltern**
oder einer erziehungsbeauftragten Person auch Kinovorstellungen ab 12 Jahren besuchen dürfen (**Parental Guidance**). **Erziehungsbeauftragte Person** ist jede Person über
18 Jahren, soweit sie auf Dauer oder zeitweise aufgrund einer Vereinbarung mit der
personensorgeberechtigten Person Erziehungsaufgaben wahrnimmt oder soweit sie
ein Kind oder eine jugendliche Person iRd Ausbildung oder der Jugendhilfe betreut
(§ 1 Abs. 1 Nr. 4 JuSchG). Erziehungsbeauftragte Personen können insbesondere
(volljährige) Geschwister, andere Verwandte oder Freunde der begleiteten Person,
aber auch Ausbilder oder Mitarbeiter der Jugendhilfe sein, solange die Begleitungs-
funktion tatsächlich eingehalten wird.[88] Damit wird betreffend die Betreuungssituati-
on Minderjähriger ein Gleichlauf mit § 4 Abs. 1 und § 5 Abs. 1 JuSchG hergestellt.

VIII. Übernahmeregelungen für öffentliche Filmveranstaltungen (Abs. 5)

In Abs. 5 wird die **Übertragbarkeit von Kennzeichnungen**, die für vorgelegte Filme 58
zur Verbreitung auf Träger- oder in Telemedien erteilt wurden, auf deren **inhaltsgleiche öffentliche Vorführung** angeordnet.[89] Die Regelung, nach der Alterskennzeichen
von Filmen auf Bildträgern automatisch auch für die öffentliche Vorführung der Filme gelten, wird flexibilisiert, so dass die OLJB hiervon abweichende Regelungen treffen können, um auch auf heute noch nicht absehbare mediale Veränderungen und
daraus folgende Vermarktungswege von Filmen sachgerecht reagieren zu können.[90]

IX. Das Kennzeichnungsverfahren (Abs. 6)

1. Keine Pflicht zur Kennzeichnung

Eine Alterskennzeichnung ist **nur obligatorisch, wenn** der Inhalt auch **Minderjährigen** 59
zugänglich gemacht werden soll. Wird ein Inhalt allerdings nicht gekennzeichnet,
steht er rechtlich einem Titel mit verweigerter Alterskennzeichnung gleich
(→ Rn. 41), so dass im Falle eines jugendgefährdenden Inhalts die Gefahr einer Indizierung mit weitreichenden Werbe- und Vertriebsbeschränkungen besteht (**Indizierungsschutz bei Alterskennzeichnung** [→ § 6 Rn. 11]).[91]

---

88 Weitere Beispiele in BT-Drs. 14/9013, 17, sowie bei Erbs/Kohlhaas/*Liesching* JuSchG § 1 Rn. 4.
89 BT-Drs. 19/24909, 45.
90 BT-Drs. 19/24909, 45.
91 Liesching/Schuster/*Liesching* JuSchG § 18 Rn. 119 ff.

2. Das gemeinsame Verfahren

a) Gemeinsame Vorschriften

60 Das **gemeinsame Verfahren** beschreibt die **Zusammenarbeit staatlicher** und **privater Akteure** bei der Vergabe eines Alterskennzeichens. Zuständig für die Erteilung einer Alterskennzeichnung sind die **OLJB**. Sie bedienen sich eines **kooperativen Verfahrens** mit einer Organisation der freiwilligen Selbstkontrolle (etwa **USK** oder **FSK**).[92] Die Selbstkontrolleinrichtungen fungieren dabei als **gutachterliche Stelle** (vgl. § 21 Abs. 2 FSK-Grundsätze, § 21 Abs. 1 USK-Grundsätze).

61 Die **Besetzung** der Prüfgremien erfolgt **pluralistisch** durch Beisitzer aus Wirtschaft und öffentlicher Hand sowie mit einem von den OLJB bestellten und beschäftigten Ständigen Vertreter (§ 5 Abs. 2, 3 und 4 FSK-Grundsätze; § 7 Abs. 2, 3 und 4 USK-Grundsätze). Die Prüfgremien treffen mit **einfacher Mehrheit** auf Grundlage ihrer Prüfgrundsätze ihre Beschlüsse (§ 7 Abs. 7 S. 1 FSK-Grundsätze; § 8 Abs. 4 S. 2 USK-Grundsätze). Die Verfahrenshoheit liegt jedoch bei dem Ständigen Vertreter der OLJB, der das endgültige Prüfergebnis als eigene Entscheidung aller OLJB übernimmt und dem Antragsteller gegenüber den **Verwaltungsakt** der Kennzeichnung nach § 14 Abs. 2 JuSchG erlässt.[93] Wegen der starken Stellung des Ständigen Vertreters sowie der Entsendung zahlreicher Prüfer durch staatliche Stellen ist das **Prüfungsverfahren** insgesamt hoheitlich geprägt und **dem Staat zuzurechnen**.[94] Ein Verstoß gegen das Zensurverbot des Art. 5 Abs. 1 S. 3 GG (→ § 1 Rn. 25 ff.) liegt indes nicht vor, da eine Veröffentlichung auch ohne zuvor eingeholte Alterskennzeichnung grundsätzlich möglich ist (→ Rn. 11 f.).

b) Prüfungsverfahren für Computerspiele (USK)

aa) Das Regelverfahren

62 Nach Einreichung eines Antrags auf Prüfung eines Spielprogramms wird das Medium im **Regelverfahren** durch vier Jugendschutzsachverständige, die für drei Jahre aufgrund eines gemeinsamen Vorschlags der OLJB und der in der USK beteiligten Verbände berufen wurden, unter Vorsitz des **Ständigen Vertreters** geprüft (§ 7 Abs. 2 iVm §§ 10, 13 USK-Grundsätze).

63 Um insbesondere auch komplexe oder mit multiplen Enden versehene Spiele in ihrer Gesamtheit würdigen zu können, wird das zu prüfende Spiel von Mitarbeitern des Testbereichs der USK, den **Sichtern**, in technischer und inhaltlicher Hinsicht präsentiert und ein Gesamtüberblick gegeben, der insbesondere alle jugendschutzrelevanten Inhalte in einer neutralen Weise vorträgt und auch die Ausführungen des Antragstellers umfasst (§§ 6, 10 Abs. 4, 13 Abs. 2 USK-Grundsätze). Aufgrund des nunmehr eingeführten § 10b Abs. 2 JuSchG können auch außerhalb der medieninhaltlichen Wirkung liegende Umstände der jeweiligen Nutzung des Mediums berücksichtigt werden, wenn diese auf Dauer angelegter Bestandteil des Mediums sind und eine ab-

---

92 Nikles/Roll/Spürck/Erdemir/Gutknecht/*Gutknecht* JuSchG § 14 Rn. 20; *Hentschl/v. Petersdorff* MMR-Beil. 2020, 3 (4).
93 Nikles/Roll/Spürck/Erdemir/Gutknecht/*Gutknecht* JuSchG § 14 Rn. 22; *Hans-Bredow-Institut* Analyse des Jugendmedienschutzes S. 120; vgl. auch § 21 Abs. 3 FSK-Grundsätze und § 21 Abs. 2 USK-Grundsätze.
94 *Erdemir* JMS-Report 5/2012, 2 (3); *Hentschl/v. Petersdorff* MMR-Beil. 2020, 3 (4).

Wager/Waldeck

weichende Gesamtbeurteilung über eine Kennzeichnung nach § 14 Abs. 2a JuSchG hinaus rechtfertigen.[95] Inwieweit insbesondere **dynamische Nutzungs- und Interaktionsrisiken** adäquat bei einer punktuell-statischen Altersprüfung berücksichtigt werden können, wird abzuwarten bleiben. Es ist zu berücksichtigen, dass die **USK sich nicht als Monitoringstelle versteht** und die **Alterskennzeichnung** daher eine **Stichtagbewertung** ist. Da es sich bei Spielen und Apps um hochgradig dynamische Medien handelt, die auch noch nach Markteinführung mittels Updates und Patches erweitert werden können, besteht die Gefahr, dass diese in Spielen und Apps enthaltenen Risiken zu keinem Zeitpunkt abschließend und valide überprüfbar sind (zur Besonderheit bei **IARC** → Rn. 83 ff.[96]).[97] Denkbar wäre daher, die Regelungswirkung des Kennzeichens nur auf die konkret vorgelegte und geprüfte Version zu beschränken (etwa: Spiel bis Version XY „freigegeben ab 12 Jahren"), bereits die Implementierung einer Interaktions- und Kommunikationsmöglichkeit (Chat- oder Kauffunktionen) alterserhöhend zu berücksichtigen oder den Online-Part gar nicht in der Altersprüfung zu berücksichtigen (so etwa das ESRB[98]). Letztgenannte Möglichkeit läuft allerdings Gefahr, dem mit der Novelle des § 10b JuSchG zutage getretenen gesetzgeberischen Regelungswillen entgegenzulaufen. Seitens der USK bietet sich daher eine **vorgelagerte Abfrage an den Anbieter** an, ob das Prüfobjekt (Spiel oder App) Kommunikations- oder andere Interaktionsrisiken bereithält oder solche nachträglich implementiert werden sollen. Diese Risiken könnten anschließend mittels Deskriptoren kenntlich gemacht werden, bevor sodann die eigentliche Prüfung nach § 14 Abs. 6 JuSchG beginnen würde. Im Rahmen der Prüfung sind dabei auch die jeweiligen technischen Besonderheiten der Veröffentlichungsplattform (Nintendo Switch, iOS, Android etc) zu berücksichtigen.

Bei der anschließenden **Beratung** sind nach § 10 Abs. 5 USK-Grundsätze die Mitglieder des Prüfgremiums, einschließlich des Ständigen Vorsitzenden, und die Sichter anwesend. 64

Im Rahmen der **Beschlussfassung** sind nur noch die fünf stimmberechtigten Mitglieder des Prüfausschusses anwesend und treffen eine Prüfentscheidung, die eine Empfehlung einer Altersfreigabe von „Freigegeben ohne Altersbeschränkung" bis „Keine Jugendfreigabe" (§ 14 Abs. 2 Nr. 1–5 JuSchG) umfasst (§ 10 Abs. 6 USK-Grundsätze). Nach der Novelle des JuSchG sollen neben der bisherigen Alterskennzeichnung auch Deskriptoren (→ Rn. 44 ff.) angegeben werden (§ 14 Abs. 2a JuSchG). Wird eine Jugendgefährdung vermutet (§ 10 Abs. 6 Nr. 6 USK-Grundsätze) oder soll eine gutachterliche Stellungnahme der Prüfstelle für jugendgefährdende Medien (→ § 7 Rn. 10) eingeholt werden, um eine jugendgefährdende Wirkung auszuschließen (§ 10 Abs. 6 Nr. 7 USK-Grundsätze), wird die Empfehlung ausgesprochen, kein Kennzeichen zu vergeben. 65

---

95 Zur Dauerhaftigkeit s. *Hilgert/Sümmermann* K&R 2021, 297 (298).
96 Bei der nachträglichen Implementierung von jugendschutzrelevanten Inhalten von Online-Games oder Apps kann beim IARC-System eine erneute Abfrage der jugendschutzrechtlichen Bewertung erforderlich werden.
97 Stellungnahme USK v. 28.2.2020, S. 7.
98 Interaktive Online-Elemente werden von dem ESRB bei der Altersklassifikation nicht berücksichtigt. Entsprechende Titel werden zwar mit Inhaltsdeskriptoren versehen, tragen aber zugleich die Warnung: „Online Interactions Not Rated by the ESRB".

bb) Das Berufungsverfahren

66 Bei Verletzung von Prüfkriterien oder Missachtung der USK-Grundsätze können sowohl der Antragsteller als auch der Ständige Vertreter innerhalb von drei (Ständiger Vertreter) bzw. zehn (Antragsteller) Werktagen **Berufung** einlegen (§ 14 Abs. 1 und 2 USK-Grundsätze).[99] Im Rahmen des Verfahrens wird das gesamte Prüfergremium – mit Ausnahme des Ständigen Vertreters – neu zusammengesetzt und die Kennzeichnungsempfehlung neu begutachtet und ggf. neu beschieden (§ 7 Abs. 3 USK-Grundsätze).[100] Dabei sind die Beteiligten inhaltlich nicht präkludiert, so dass auch neue Argumente vorgebracht werden können (§ 14 Abs. 4 USK-Grundsätze). Eine **reformatio in peius**, also eine Verschlechterung des Prüfergebnisses, ist hingegen nach § 14 Abs. 5 USK-Grundsätze **ausgeschlossen**. Die Einlegung der **Berufung** hat darüber hinaus einen **Suspensiveffekt** auf die Wirkung des angefochtenen Prüfentscheids (§ 14 Abs. 6 USK-Grundsätze).

cc) Das Appellationsverfahren

67 Nach Abschluss des Berufungsverfahrens können jede OLJB sowie die in der USK beteiligten Verbände[101] im Einvernehmen mit dem Antragsteller eine **erneute Prüfung** des eingereichten Bildträgers verlangen (§ 15 Abs. 1 USK-Grundsätze).[102] Das binnen fünf Tagen nach der Übermittlung des Ergebnisses des Berufungsverfahrens einzureichende **Appellationsbegehren** hat bzgl. der Wirksamkeit des Prüfentscheids aus dem Berufungsverfahren einen **Suspensiveffekt** (§ 15 Abs. 2 und 3 USK-Grundsätze).[103] Das Prüfergremium wird in diesem Fall nach § 7 Abs. 4 USK-Grundsätze durch sieben Vertreter der OLJB ersetzt.[104] Es gewährt dem Antragsteller das Recht auf Stellungnahme und Anhörung während der Präsentation (§ 15 Abs. 4 USK-Grundsätze). Mit dem Appellationsverfahren wird abschließend über die Erteilung oder Verweigerung eines Jugendentscheids (→ Rn. 5) entschieden.[105] Eine weitere Appellationsmöglichkeit ist nicht gegeben (§ 15 Abs. 6 USK-Grundsätze).

dd) Besondere Verfahren

68 Nach § 16 Abs. 1 S. 1 Nr. 1–4 USK-Grundsätze wird die Prüfung zur Feststellung, dass ein Prüfgegenstand ganz oder im Wesentlichen **inhaltsgleich** ist (Port auf andere Systeme, Nr. 1), einem anderen bereits gekennzeichneten Prüfgegenstand zugehört (Add-On, Nr. 2), eine Spielesammlung ist, deren Einzeltitel **bereits vollständig geprüft** wurden (Nr. 3), oder im Hinblick auf den Spielinhalt, die Darstellungsform und die Jugendschutzrelevanz (maximale Altersfreigabe: „Freigegeben ab 6 Jahren") bereits geprüften Titeln entspricht (Nr. 4), lediglich durch den Ständigen Vertreter und einen Sichter durchgeführt. Lassen sich diese Feststellungen nicht herbeiführen, erfolgt gem. § 14 Abs. 1 S. 2 JuSchG eine Verweisung des Prüfgegenstandes in das Regelverfahren (→ Rn. 62 ff.).

---

99 *Portz* Jugendmedienschutz S. 160.
100 *Suffert* Recht- und Verfassungsmäßigkeit Freiwilliger Selbstkontrolle S. 47.
101 Trägerin der USK ist die Freiwillige Selbstkontrolle Unterhaltungssoftware GmbH. Gesellschafter dieser gemeinnützigen GmbH ist der „game – Verband der deutschen Gamesbranche e.V."
102 NK-JMStV/*Gutknecht* JMStV § 12 Rn. 15.
103 *Suffert* Recht- und Verfassungsmäßigkeit Freiwilliger Selbstkontrolle S. 47.
104 *Stumpf* Jugendschutz oder Geschmackszensur? S. 151.
105 *Hentschl/v. Petersdorff* MMR-Beil. 2020, 3 (4).

c) Prüfungsverfahren für Filme (FSK)

aa) Der Arbeitsausschuss

Der **Arbeitsausschuss** ist das **Eingangsgremium** zur Prüfung von Filmen. Er ist mit   69
fünf Mitgliedern besetzt: Dem Ständigen Vertreter als Vorsitzendem, zwei von der
FSK benannten Mitgliedern und einem von der öffentlichen Hand benannten Mitglied sowie einem Sachverständigen für Jugendschutz (§ 5 Abs. 2 Nr. 1 FSK-Grundsätze).

Gem. § 9 Abs. 3 FSK-Grundsätze besteht die Prüfung aus **Verhandlung, Beratung** und   70
Beschlussfassung. Die Verhandlung umfasst die Bekanntgabe der technischen Daten,
der gestellten Anträge und der sonstigen wesentlichen Umstände des Prüffalles einschließlich früherer Prüfvorgänge, sodann die Sichtung des Films, die Ausführungen
des Antragstellers und anderer Verfahrensbeteiligter. Bei der sich anschließenden Beratung und Beschlussfassung im Arbeitsausschuss dürfen grundsätzlich nur die Mitglieder des Ausschusses und die Protokollführenden anwesend sein (§ 9 Abs. 6 FSK-
Grundsätze).

bb) Der Hauptausschuss (Berufungsinstanz)

Nach § 13 Abs. 1 und 2 FSK-Grundsätze können der Antragsteller und die über-   71
stimmte Minderheit schriftlich **Berufung** zum **Hauptausschuss** einlegen; diese ist zu
begründen. Den Vorsitz des mit sieben Personen besetzten Hauptausschusses führt
ein von der FSK benannter Prüfer, wobei kein Prüfer an der Entscheidung der Vorinstanz beteiligt gewesen sein darf. Auf die Berufung hin wird die Kennzeichnungsempfehlung neu begutachtet und ggf. neu beschieden, wobei die Beteiligten auch andere
als die in der Vorinstanz geäußerten Argumente vortragen können (§ 13 Abs. 3 FSK-
Grundsätze). Die **Berufung** hat einen **Suspensiveffekt** (§ 14 Abs. 1 FSK-Grundsätze).
Sofern lediglich der Antragsteller Berufung eingelegt hat, darf die angefochtene Entscheidung nicht zu seinem Nachteil geändert werden (§ 14 Abs. 3 FSK-Grundsätze).

cc) Appellationsausschuss

Jede OLJB kann nach abgeschlossener Prüfung eines Films die erneute Prüfung durch   72
die FSK verlangen (**Appellationsverfahren**). Die Appellation ist schriftlich unter genauer Angabe, welche Altersgrenze gefordert wird, zu begründen. Dieses Recht steht
auch den Spitzenverbänden der Film- und Videowirtschaft im Einvernehmen mit dem
Antragsteller zu. Das Recht zur Appellation ist nicht fristgebunden, ist aber mit
Wirksamwerden des Prüfbescheids präkludiert. Ein erneutes Prüfverfahren kann nur
für eine wesentlich geänderte Fassung oder wegen wesentlich geänderter Umstände
beantragt werden (§ 16 Abs. 1 FSK-Grundsätze). Gegen die Entscheidung des Appel-
lationsausschusses ist eine **weitere Appellation nicht mehr möglich** (§ 15 FSK-Grundsätze).

dd) Besondere Verfahren

(1) 3er-Arbeitsausschuss

Die Prüfung im **3er-Arbeitsausschuss** nach § 24 Abs. 1 Nr. 1–7 FSK-Grundsätze er-   73
folgt insbesondere, wenn etwa ein nach § 18 Abs. 1 JuSchG indizierter Bildträger für

die Kinoauswertung vorgelegt wird und durch die Prüfung eine schwere Jugendgefährdung ausgeschlossen werden soll (Nr. 3), für Spielfilme unter 60 Minuten (Nr. 4), Werbefilme und Trailer (Nr. 5) und Filme, die das Kennzeichen „Keine Jugendfreigabe" für die öffentliche Vorführung erhalten haben und auf Bildträgern ausgewertet werden sollen (Nr. 6).

(2) Vereinfachtes Verfahren

74 Das vereinfachte Verfahren nach § 25 FSK-Grundsätze kommt insbesondere bei Videoclips, Dokumentationen, Beiprogrammen für Bildträger, Zeichentrick/Animationen und TV-Serien, die bereits zwischen 6 und 22 Uhr ausgestrahlt wurden und nun auf DVD/Blu-ray zweitverwertet werden sollen, in Betracht. Das vereinfachte Verfahren erstreckt sich nicht auf die Erteilung des Kennzeichens „Keine Jugendfreigabe". Zudem besteht kein Anspruch des Antragstellers auf Prüfung und Kennzeichnung im vereinfachten Verfahren. Das vereinfachte Verfahren stellt demnach ein beschleunigtes Verfahren für die Kennzeichnung von Inhalten mit einer grds. geringen Jugendschutzrelevanz dar.

d) Rechtsschutz

75 Gegen die Erteilung bzw. Nichterteilung einer Alterskennzeichnung in Form eines Verwaltungsakts kann der Berechtigte auf dem **Verwaltungsrechtsweg** vor dem VG Berlin (USK)[106] bzw. VG Mainz (FSK)[107] Rechtsschutz suchen (§§ 45, 52 VwGO).

3. Kooperationsmöglichkeit der OLJB und den nach dem JMStV anerkannten Einrichtungen der freiwilligen Selbstkontrolle

76 Der neu eingefügte Abs. 6 S. 3 stellt klar, dass auch nach dem JMStV anerkannte Einrichtungen der freiwilligen Selbstkontrolle eine Vereinbarung mit den OLJB nach den Sätzen 1 und 2 schließen können. Diese Möglichkeit war bereits nach dem bisherigen Wortlaut des Abs. 6 gegeben. Die nunmehr ausdrückliche Normierung soll bestehende Bestrebungen befördern, denn der Abschluss entsprechender Vereinbarungen ist im Interesse der Vermeidung von Doppelprüfungen sowie eines einfachen und effektiven Verfahrens der Alterskennzeichnung geboten. Durch den Anspruch auf Anerkennung sollen die seit Langem geforderten medienübergreifenden „**One-Stop-Shop**"-Lösungen ermöglicht werden.[108]

77 Die nach dem JMStV anerkannten Einrichtungen der freiwilligen Selbstkontrolle werden zeitnah in Verhandlungen mit den OLJB treten müssen, um von den **neuen Kooperationsmöglichkeiten** Gebrauch zu machen und diese mit Leben zu füllen. Bei den Verhandlungen wird unter Wahrung der besonderen Interessen der nach dem JMStV anerkannten Einrichtungen der freiwilligen Selbstkontrolle eine Orientierung an den Verfahren mit der USK und FSK möglich sein. Besondere Vorsicht wird aber in Hinblick auf die Ausgestaltung des Verfahrens betreffend den **Rundfunk unter Gesichtspunkten des Staatsfernegebots** (→ § 1 Rn. 34 ff.) geboten sein.[109] Vor diesem Hinter-

---

106 *Hentsch/v. Petersdorff* MMR-Beil. 2020, 3 (4).
107 S. Art. 1 iVm Art. 2 der Ländervereinbarung v. 1.1.2011.
108 BT-Drs. 19/24909, 46; *Hentsch/v. Petersdorff* MMR-Beil. 2020, 3 (4), krit. NK-JMStV/*Braml* JMStV § 19 Rn. 14.
109 Es mag daher angebracht sein, diesen vollständig aus einer Verfahrensvereinbarung auszuklammern.

grund scheint es jedenfalls nicht ausgeschlossen, dass auch künftig eine **Zweigleisig-keit von Verfahren mit und ohne Beteiligung der OLJB** bestehen bleibt.

X. Exkurs: Trailerregelung und nicht altersgerechte Kaufappelle, § 10b Abs. 3 JuSchG

Grundsätzlich unterliegen **Trailer und Programmankündigungen** demselben Verbot mit Erlaubnisvorbehalt wie auch übrige filmische Inhalte, § 11 Abs. 4 S. 1 JuSchG. Jeder Trailer durchläuft damit ein Prüfverfahren und erhält eine eigene – von dem beworbenen Medium losgelöste – Alterskennzeichnung. 78

Im Rahmen der Ausdifferenzierung entwicklungsbeeinträchtigender Medien greift § 10b Abs. 3 S. 2 aE JuSchG im Rahmen einer nicht enumerativen Aufzählung besondere Integritätsrisiken – namentlich **„nicht altersgerechte Kaufappelle** insbesondere durch werbende Verweise auf andere Medien" – auf. Dies gibt Anlass zur Frage, welcher künftige Umgang mit Werbetrailern dadurch möglicherweise determiniert wird. Bedenken bestehen dahingehend, dass insoweit an sich Interaktionsrisiken, die vorrangig durch Deskriptoren und sonstige Mittel berücksichtigt werden sollen, reguliert werden – die Bewertung von Trailern aber nur eine inhaltliche sein kann. Hier greifen die proklamierten Schutzziele nicht reibungslos ineinander, sondern offenbaren vielmehr eine Bruchstelle, über die womöglich das **Prinzip strenger Akzessorietät** (wieder) eingeführt werden könnte.[110] 79

Ausgangspunkt bei der Annäherung an die Problematik kann dabei nur der Gesetzeswortlaut sein. Ob Trailer vom unbestimmten Rechtsbegriff der „Kaufappelle" überhaupt erfasst werden, mag schon kritisch zu hinterfragen und nur unter Zugrundelegung des Verweises auf **„werbende Verweise auf andere Medien"** überhaupt sprachlich angelegt sein. Denn es liegt nahe, Werbevorspanne wie Trailer entsprechend dem staatsvertraglichen Verständnis – dort § 5c JMStV – als Programmankündigung zu verstehen, die dann eben keinen Kaufappell darstellen. Auch der Begriff des Kaufappells selbst ist dem Jugendmedienschutzrecht nicht fremd, wenn in § 6 Abs. 2 Nr. 1 JMStV auf „direkte Aufrufe zum Kauf" abgestellt wird, die danach nicht an Kinder und Jugendliche gerichtet werden dürfen. Allerdings sind grundsätzliche werbliche Anpreisungen von Gütern gegenüber Kindern und Jugendlichen per se nicht unzulässig,[111] so dass für die Erfüllung des Begriffs des Kaufappells jedenfalls ein Mindestmaß an offensivem Aufforderungscharakter zu fordern ist. Gemessen daran erhärten sich die Bedenken, Trailer und Programmankündigungen als „Kaufappell" zu qualifizieren, dies vor allem vor dem Hintergrund, dass diese regelmäßig auch als eigenständige (cineastische) Produkte zu werten sein dürften. Regelmäßig dienen Trailer dazu, eine realitätsnahe Erwartungshaltung bei dem geneigten Publikum für das filmische oder spielerische Hauptmedium zu wecken und gerade nicht in werbeheischender Weise Kinder und Jugendliche für ein Hauptmedium zu adressieren, die nicht auch durch das Hauptmedium als Zielgruppe erfasst werden. 80

---

110 Danach war im JMStV bis zur Neufassung durch den 19. RÄndStV geregelt, dass Trailer der entsprechenden Alterseinstufung des Hauptprogramms folgten und damit denselben Beschränkungen unterlagen, vgl. NK-JMStV/*Erdemir*, 1. Aufl. 2017, JMStV § 10 Rn. 3.

111 NK-JMStV/*Schwartmann/Ohr* JMStV § 6 Rn. 23.

81   Selbst wenn man Werbetrailer im Einzelfall unter den Begriff des Kaufappells fassen möchte, stellt sich sodann die Anschlussfrage, wann ein solcher überhaupt „**nicht altersgerecht**" ist.[112] Der Gesetzeswortlaut lässt erkennen, dass es sich bei dem Kaufappell selbst um einen nicht altersgerechten handeln darf, gleichwohl die amtliche Begründung suggeriert, dass es bei der Bestimmung der Referenz auf den beworbenen Inhalt ankomme.[113] Selbst bei Berücksichtigung der gesetzgeberischen Absicht, „zu verhindern, dass Werbevorspanne wie Trailer für Medien werben, die eine höhere Alterskennzeichnung haben oder erwarten lassen, als der Film oder das Spiel, in dessen Rahmen der Werbetrailer eingebunden ist",[114] kann ein solcher Schritt gewissermaßen in das staatsvertragliche Zeitalter vor 2016 bei gleichzeitiger Proklamationen eines modernen Jugendmedienschutzes nicht gewollt sein.[115] Der Staatsvertragsgeber hatte seinerzeit gute Gründe, bei der jugendschutzrechtlichen Einordnung von Programmankündigungen ausschließlich auf deren Inhalt abzustellen.[116] Es erscheint auch unter Beachtung der verfassungsrechtlichen Grenzen von Art. 12 GG und des Verhältnismäßigkeitsgrundsatzes lebensfremd, dass der Gesetzgeber hierdurch das Akzessorietätsprinzip wieder einführen wollte.

82   Für den Umgang mit Trailern in den Prüfverfahren kann damit festgehalten werden: Stehen herkömmliche Trailer für Filme oder Spiele zur Prüfung an, werden diese regelmäßig nicht dem Begriff der „Kaufappelle" unterfallen, es sei denn, sie enthalten zusätzliche nicht altersgerechte Formen der Aufforderung zum Erwerb eines Mediums. Nur in diesem Ausnahmefall ist nach einer konkreten Gefahrenprognose ein als erheblich einzustufendes Risiko für die persönliche Integrität von Kindern und Jugendlichen unter Einbeziehung etwaiger Vorsorgemaßnahmen iSd § 24a Abs. 1, Abs. 2 JuSchG zu prüfen.

XI. Das International Age Rating Coalition (IARC) System

83   Das **globale Bewertungssystem IARC** ermöglicht die gleichzeitige Vergabe individueller nationaler Alterskennzeichen für unterschiedliche Länder bei Online-Games und Apps. Das Prüfungsaufkommen von IARC beträgt mehrere zehntausend Altersbewertungen im Jahr und überschreitet das jährliche Prüfaufkommen der USK damit erheblich.[117] Grundlage für die automatisierte Bewertung bildet eine **Selbsteinschätzung des Anbieters oder Entwicklers** in Form eines **Fragebogens**, in dem die jugendschutzrechtlich relevanten Angaben des Prüftitels darzustellen sind.[118] Die Besonderheit des IARC-Systems besteht allerdings darin, dass trotz der Ausgestaltung als globales Bewertungssystem die **Kriterien** für die Generierung **der Alterskennzeichnung**

---

112   Betreffend andere Konsumgüter mag ein nicht altersgerechter Kaufappell prima vista bei der Bewerbung von Zigaretten oder Alkohol im Rahmen eines an Kinder und Jugendliche gerichteten Programms vorliegen. Ob ein solcher aber auch dann vorliegt, wenn ein Kraftfahrzeug, für dessen Führung eine entsprechende Fahrerlaubnis und wenigstens das Erreichen des 17. Lebensjahres erforderlich ist, im Rahmen desselben Programms beworben wird, liegt nicht eindeutig auf der Hand.
113   BT-Drs. 19/27289, 14.
114   BT-Drs. 19/27289, 14.
115   S. dazu bereits NK-JMStV/*Erdemir*, 1. Aufl. 2017, JMStV § 10 Rn. 17 (Abschaffung des Akzessorietätsprinzips kein gravierender Verlust für den Jugendmedienschutz).
116   Vgl. Bay. LT-Drs. 17/9700, 26.
117   Jahresstatistik der USK für 2020, abrufbar unter: https://usk.de/jahresstatistik-2020/.
118   *Schwiddessen* CR 2015, 515 (515).

nicht von IARC festgelegt werden, sondern die Kriterien der jeweiligen **nationalen Prüfungsinstitutionen** (etwa DE: USK; USA: ESRB) **Bewertungsgrundlage** bleiben.[119] Damit werden sowohl tradierte Prüfpraxis als auch landesspezifische Besonderheiten im Umgang mit jugendschutzrechtlich relevanter Thematik gewahrt.[120] Daher entsprechen die IARC-Kennzeichen auch denen der jeweiligen nationalen Prüfungsinstitution und können demzufolge auch von den für andere Länder generierten Alterskennzeichen abweichen.

Der **Anschluss** der Entwickler und Anbieter an das **IARC-System** erfolgt maßgeblich **über die Vertriebsplattformen** wie etwa App-Stores, denn dort müssen die um den IARC-Fragebogen erweiterten Geschäftsbedingungen der Vertriebsplattformen akzeptiert werden.[121]   84

Das sodann generierte Alterskennzeichen kann wiederum von den endgeräte- oder nutzerseitigen Jugendschutzeinstellungen (Jugendschutzsperren/Filter/Familieneinstellungen) ausgelesen werden und Zugangsbeschränkungen zur Folge haben. Sofern der bereits gekennzeichnete Inhalt nachträglich – etwa infolge eines **Updates** – um (weitere) jugendschutzrechtlich relevante Inhalte wie etwa Kommunikations- oder Interaktionsfunktionen erweitert wird, ist der **IARC-Fragebogen grundsätzlich neu auszufüllen**, so dass ggf. die Altersbewertung aktualisiert werden kann.   85

XII. Durchwirkungen der Alterskennzeichnung (Abs. 6a)

Mit der Neueinführung von Abs. 6a versucht der Gesetzgeber, den vielfachen Forderungen nach einer gegenseitigen Durchwirkung von Alterskennzeichnungen zum Zwecke der Vereinfachung und Verzahnung von bundes- und landesrechtlichem Jugendmedienschutz nachzukommen.[122] Die gegenseitige Anerkennung von Alterskennzeichen nach dem JuSchG einerseits und dem JMStV andererseits stellt sich als logische Konsequenz der Medienkonvergenz dar – auf diese Weise könnten Doppelprüfungen obsolet und damit das Verfahren für Anbieter vereinfacht werden.[123] Denn: Eine **wechselseitige Anerkennung von Alterskennzeichnungen unabhängig von der Distributionsform** bzw. der Erstverbreitung eines Inhalts bildet einen entscheidenden Baustein für einen zeitgemäßen und konvergenten Jugendmedienschutz.[124] Dabei darf vor allem nicht außer Acht gelassen werden, dass inzwischen Inhalte vielfach zunächst online und im Rundfunk und erst im Anschluss auf einem Trägermedium veröffentlicht werden. Es ist dabei begrüßenswert, dass sich der Gesetzgeber im Zuge des Gesetzgebungsverfahrens anstatt für die ursprünglich beabsichtigte „Kann"-Regelung für eine „Soll"-Regelung entschieden hat.   86

---

119   *Schwiddessen* CR 2015, 515 (515); https://www.globalratings.com/about.aspx.
120   *Schwiddessen* CR 2015, 515 (515).
121   S. etwa: https://support.google.com/googleplay/android-developer/answer/9859655?hl=de.
122   Für eine Stärkung der Durchwirkung etwa: Stellungnahme DLM v. 6.3.2020 S. 4, auch wenn dort vermutlich redaktionell fehlerhaft auf § 14a Abs. 6 JuSchGÄndG-E anstatt § 14 Abs. 6a JuSchGÄndG-E abgestellt wird.
123   Vgl. Stellungnahme bitkom v. 28.2.2020, S. 14; Stellungnahme FSF v. 28.2.2020, S. 11.
124   Dies fordernd: NK-JMStV/*Erdemir* JMStV § 5 Rn. 36; *Erdemir* KJug 2015, 58 (60); Stellungnahme SPIO v. 28.2.2020, S. 3.

1. Durchwirkungsregelungen nach dem JMStV

87 Nach dem bisherigen Zusammenspiel der bundesrechtlichen und staatsvertraglichen Regelungen zur Alterskennzeichnung wurde eine **tatsächliche wechselseitige Durchwirkung** von Alterskennzeichnungen **bislang nicht gewährleistet.**

88 Der normative Anknüpfungspunkt für das bisherige Durchwirkungsverfahren liegt in § 5 Abs. 2 S. 3–5 JMStV.[125] Gegenwärtig sind **nur die Altersfreigaben der FSK „übernahmefähig".** Ein FSK-Kennzeichen kann die Verbreitung auf einem anderen Vertriebsweg ermöglichen, weshalb keine erneute Prüfung des Inhalts vor einer solchen erforderlich ist.[126] Für den Fall einer Erstverwertung im Bereich des Rundfunks oder der Telemedien – und damit außerhalb des bisherigen originären Geltungsbereichs des JuSchG – war eine solche „vertriebsfeste" Alterskennzeichnung nicht vorgesehen. Danach war für eine **Zweitverwertung des Inhalts** etwa auf DVD oder Blu-ray Disc – neben der Einstufung des Anbieters – gleichwohl eine **Bewertung durch die FSK notwendig.**[127]

89 § 5 Abs. 2 S. 5 JMStV sieht weiterhin vor, dass Altersbewertungen, die durch eine anerkannte Einrichtung der Freiwilligen Selbstkontrolle vorgenommen und **von der KJM bestätigt** wurden, von den OLJB zu übernehmen sind, soweit es sich um inhaltsgleiche oder im Wesentlichen inhaltsgleiche Trägermedien handelt. Insoweit ist keine erneute Prüfung der Alterskennzeichnung erforderlich.[128] Besonderes Augenmerk ist darauf zu legen, dass die staatsvertraglichen Regelungen insoweit von einer **obligatorischen Übernahme** ausgehen.[129] Vom – staatsvertraglich geregelten – Durchwirkungsverfahren ausgenommen sind die **Altersbewertungen des öffentlich-rechtlichen Rundfunks.**[130]

90 Die bisherigen Möglichkeiten, Kennzeichen nach dem JMStV in das JuSchG zu überführen, stellten sich daher als **äußerst mühselig und ineffizient** dar. Im Rahmen der Antragstellung bei einer Einrichtung der Freiwilligen Selbstkontrolle (§ 19 JMStV) – wobei gerade bei Serienproduktionen für jede einzelne Folge ein individueller Antrag zu stellen war – konnte der Anbieter eine Weiterleitung an die KJM beantragen. Nach Prüfung und Gutachtenerstellung durch die Selbstkontrolleinrichtung konnte diese einen Antrag auf Bestätigung bei der KJM stellen. Innerhalb von zwei Wochen traf die KJM durch Einzelprüferinnen und Einzelprüfer eine Entscheidung, die in einer Datenbank hinterlegt, im Gutachten der Selbstkontrolleinrichtung vermerkt

---

125 § 5 Abs. 2 JMStV wurde im Zuge des 19. RÄndStV angepasst, um auf staatsvertraglicher Seite die Voraussetzungen für eine wechselseitige Durchwirkung von Alterskennzeichnung zu schaffen. Grundlegend zum Durchwirkungsverfahren zur Alterskennzeichnung: NK-JMStV/*Erdemir* JMStV § 5 Rn. 35 f.; *Schwiddessen* ZUM 2016, 716 (718 f.).

126 NK-JMStV/*Erdemir* JMStV § 5 Rn. 35 spricht insoweit davon, dass der Inhalt „mit dieser Altersfreigabe durch alle Medien und Vertriebswege wandern" kann; *Erdemir* in Bellut S. 309 (323).

127 Die Alterskennzeichnung durch die FSK ist insoweit auch bindend für die weitere Verbreitung in Rundfunk und Telemedien, was im Falle einer höheren Altersfreigabe durch die FSK etwa auf die zulässigen Sendezeiten für den entsprechenden Inhalt durchschlägt, s. *Erdemir* KJug 2015, 58 (60).

128 Vgl. die ausführliche Darstellung des Verfahrensablaufs bei *Schwiddessen* ZUM 2016, 716 (718 f.).

129 Dies ist hervorzuheben, da iRd JuSchG-Novelle die Übernahmeregelung zunächst rein fakultativ vorgesehen war.

130 Dies folgt bereits aus dem eindeutigen Wortlaut der Norm, der auf die Bestätigung und Übernahme von Alterskennzeichnungen durch anerkannte Einrichtungen der Freiwilligen Selbstkontrolle abstellt. Krit. bzgl. dieser Differenzierung: *Erdemir* in Bellut S. 309 (324).

und dem Antragsteller mitgeteilt wurde. Anschließend konnte die Selbstkontrolleinrichtung unter Vollmacht des Antragstellers einen Übernahmeantrag bei den OLJB stellen.

2. Implementierung einer Korrespondenzregelung im JuSchG

Bereits im Zuge der seinerzeitigen Anpassung der staatsvertraglichen Regelungen 91 durch den 19. RÄndStV war deutlich geworden, dass der JMStV nicht der adäquate Ort sein kann, um eine verbindliche Regelung für die Wirkung von Alterskennzeichnungen im von Bund bestellten Regelungsterrain zu treffen, sondern dass eine Regelung (auch) im JuSchG verankert werden muss.[131] Denn der Regelungsbereich des JMStV beschränkt sich im Wesentlichen auf Rundfunk und Telemedien; Trägermedien werden aber gerade nicht erfasst. Zu dieser Erkenntnis gelangte auch bereits die Bund-Länder-Kommission zur Medienkonvergenz in ihrem Eckpunktepapier von 2016.[132] Schon damals waren Vorschläge zur Verortung einer solchen Vorschrift laut geworden.[133]

Mit § 14 Abs. 6a JuSchG schafft der Bundesgesetzgeber nun endlich – etwa 5 Jahre 92 später – die **Korrespondenzregelung**, bleibt aber mit dem Regelungsumfang teilweise hinter den Erwartungen zurück. Indem die Geltung der Abs. 3 und 4 zudem unberührt bleibt, wird sichergestellt, dass grundsätzlich die **umfassende Prüfungskompetenz und -verpflichtung** für Fragen der **Jugendgefährdung** bei den **OLJB** bestehen bleibt.[134]

a) Anpassung des gemeinsamen Verfahrens

Die bisherige Durchwirkungslogik stellte sich als „semipermeabel" für Alterskenn- 93 zeichnungen nach dem JuSchG dar. Der novellierte Abs. 6a enthält nun den Regelungsauftrag, das bisherige gemeinsame Verfahren zur Alterskennzeichnung (→ Rn. 60 ff.) anzupassen, um damit Bestätigungsentscheidungen der KJM als zentraler Aufsichtsstelle der Länder für den Jugendmedienschutz zu Altersbewertungen von Einrichtungen der Freiwilligen Selbstkontrolle nach dem JMStV oder Altersbewertungen durch die Veranstalter öffentlich-rechtlichen Rundfunks zu ermöglichen.[135] Damit wird die Möglichkeit geschaffen, dass Alterskennzeichnungen aus dem Telemedien- und Rundfunkbereich dieselben rechtlichen Implikationen aufweisen wie die genuinen Kennzeichen nach dem JuSchG. Eine solche Anpassung des Verfahrens ist schon aufgrund der Vereinfachung des Durchwirkungsverfahrens positiv zu bewerten. Zudem stellt sich das Verfahren bei der FSK auch gerade aus Kosten- und Zeitgründen für Anbieter als attraktiv dar. Dies vor allem vor dem Hintergrund,

---

131 NK-JMStV/*Erdemir* JMStV § 5 Rn. 39; *Erdemir* KJug 2015, 58 (60); *Schwiddessen* ZUM 2016, 716 (728).
132 Vgl. Bericht der Bund-Länder-Kommission zur Medienkonvergenz, Juni 2016, S. 12.
133 So bereits damals: NK-JMStV/*Erdemir*, 1. Aufl. 2017, JMStV § 5 Rn. 39; *Erdemir* in Bellut S. 309 (325).
134 In Zweifelsfällen bleibt eine Befassung der Prüfstelle für jugendgefährdende Medien möglich, vgl. BT-Drs. 19/24909, 46, wobei der Bundesgesetzgeber davon ausgeht, dass sich dies faktisch nur bei Inhalten im Grenzbereich zur Jugendgefährdung realisieren dürfte; vgl. insoweit auch NK-JMStV/*Hopf* JMStV § 16 Rn. 10a, die von einer „verfahrensökonomischen Durchwirkung" spricht.
135 Krit. zur Anpassung des gemeinsamen Verfahrens: Stellungnahme Vaunet v. 28.2.2020, S. 10.

dass die Kennzeichnung unter Beteiligung der OLJB Rechtssicherheit für den Anbieter gewährleisten kann.

94 Soweit es die Altersbewertungen durch **Veranstalter des öffentlich-rechtlichen Rundfunks** angeht, können die OLJB nun auch entsprechende Durchwirkungsregelungen vereinbaren, ohne dass eine rechtliche Einbeziehung der KJM oder der Einrichtungen der freiwilligen Selbstkontrolle erforderlich wäre.

b) Überprüfungsvorbehalt

95 Allein: Ein „Wermutstropfen" bleibt. So kann eine Durchwirkung dann nicht erfolgen, wenn dies mit der Spruchpraxis der OLJB unvereinbar wäre. Die Durchwirkung der Kennzeichnungen nach dem JMStV steht unter dem Vorbehalt, dass diese „**mit der Spruchpraxis der obersten Landesbehörden nicht unvereinbar ist**", § 14 Abs. 6a S. 1 aE JuSchG. Es wird teilweise befürchtet, dass der Überprüfungsvorbehalt durch die OLJB einer stringenten Durchwirkungs- und Vereinfachungswirkung zuwiderlaufen könnte.[136] Im Ergebnis kann damit eine Prüfungsentscheidung einer der nach dem JMStV anerkannten Einrichtungen, nachdem diese durch die KJM bestätigt wurde, wieder aufgehoben und abgewandelt werden. Perspektivisch ist dies auch deshalb problematisch, da damit das System der regulierten Selbstregulierung weiter geschwächt werden und eine Unwucht in Richtung des JuSchG entstehen könnte.

96 Im Ergebnis obliegt damit die **letzte Kontrolle der Alterskennzeichnungen weiterhin den OLJB**, womit deren Verfahrenshoheit erhalten bleibt.[137] Die bundesrechtliche Regelung stellt sich damit aber gerade nicht als vollständig deckungsgleich mit § 5 Abs. 2 JMStV dar, sondern bleibt hinter dessen unmittelbarer Durchwirkung zurück.[138] Offen bleibt im Übrigen auch, wann eine solche „Unvereinbarkeit", welche den Überprüfungsvorbehalt auszulösen vermag, vorliegt.

3. Durchwirkungsfolgen

97 Von einer direkten bzw. unmittelbaren Durchwirkung kann daher nicht gesprochen werden. Insoweit bleibt es bei dem bisherigen Status quo, dass **faktisch einzig die Kennzeichnungen nach dem JuSchG Rechtssicherheit für die Anbieter** gewährleisten können. Dies hat auch zur Folge, dass aus der Bestätigungsentscheidung der KJM allein kein Indizierungsschutz nach § 18 Abs. 8 S. 2 JuSchG resultieren kann.[139]

98 Nun bedarf es einer **zeitnahen und pragmatischen Anpassung des gemeinsamen Verfahrens**, damit eine Durchwirkung von Kennzeichnungen des JMStV auf das JuSchG realisiert werden kann.[140] Dabei werden die wechselseitigen Interessen der betroffe-

---

136 Krit. Stellungnahme bitkom v. 28.2.2021, S. 14, die darin eine Fortsetzung der Ungleichbehandlung der Selbstkontrolleinrichtungen und eine einseitige Stärkung der FSK sehen.
137 Krit. Stellungnahme bitkom v. 28.2.2020, S. 14; Stellungnahme FSF v. 28.2.2020, S. 11. Die Wahrung der Verfahrenshoheit der OLJB war allerdings bereits iRd Bund-Länder-Kommission zur Medienkonvergenz avisiert worden: Bericht der Bund-Länder-Kommission zur Medienkonvergenz, Juni 2016, S. 12; eine unmittelbare Durchwirkung würde auch einen Eingriff in die Verfahrenshoheit der OLJB darstellen: NK-JMStV/*Erdemir* JMStV § 5 Rn. 40.
138 Dies bedauernd: Stellungnahme DLM v. 6.3.2020, S. 4; Stellungnahme FSF v. 28.2.2020, S. 14.
139 BT-Drs. 19/24909, 46.
140 Insoweit beabsichtigt auch der Gesetzgeber eine „möglichst niedrigschwellige und automatisierte Durchwirkung" (BT-Drs. 19/24909, 46).

Wager/Waldeck

nen Akteure in einen schonenden Ausgleich zu bringen sein. Es wird darauf ankommen, die bei den anerkannten Einrichtungen der freiwilligen Selbstkontrolle und der KJM angehäufte Expertise bestmöglich und fruchtbringend zu nutzen. Gleichzeitig steht den Ländern im Rahmen einer anstehenden JMStV-Novelle die Möglichkeit offen, das etablierte **System der regulierten Selbstregulierung zu stärken** und den Kennzeichnungen nach dem JMStV selbst mehr Geltung zu verleihen.

Die Klärung der Frage der rechtlichen Qualifikation der Altersbewertungen durch **öffentlich-rechtliche Rundfunkanstalten** steht dabei ebenfalls noch aus: Denn das Gebot der Staatsferne des Rundfunks (→ § 1 Rn. 34 ff.) lässt die Einordnung der **Alterskennzeichen als Verwaltungsakt** als **unwahrscheinlich** erscheinen. Ein anderes Ergebnis würde in letzter Konsequenz bedeuten, dass dem öffentlich-rechtlichen Rundfunk insoweit eine Verwaltungsaktsbefugnis zuzubilligen sein müsste – eine solche findet aber gesetzlich keine Stütze. Es ist insoweit noch unklar, welche Auswirkungen dieser Befund im Rahmen der Durchwirkungen zeitigt. **99**

XIII. Kennzeichnung als „Infoprogramm" oder „Lehrprogramm" (Abs. 7)

Abs. 7 regelt unverändert die Kennzeichnung von Filmen und Spielprogrammen zu Informations-, Instruktions- und Lehrzwecken. Die Änderung – Bereinigung um den Begriff der „Filmprogramme" – ist **rein redaktioneller Natur**.[141] **100**

Anbietern steht weiterhin die Möglichkeit offen, ihre Angebote selbst zu kennzeichnen (sog. **Anbieterkennzeichnung**), sofern diese **offensichtlich nicht die Entwicklung oder Erziehung von Kindern und Jugendlichen beeinträchtigen**.[142] Anbieter idS sind dabei sowohl Hersteller des betroffenen Mediums als auch Gewerbetreibende und Veranstalter iSd §§ 11, 12 und 13 JuSchG.[143] Für die Beurteilung der Offensichtlichkeit kommt es nur auf die **Eignung zu einer Beeinträchtigung** an, die schon dann vorliegen dürfte, wenn nicht ausgeschlossen werden kann, dass Einzelinhalte und Gesamtwirkung das körperliche, geistige oder seelische Wohl von Kindern und Jugendlichen beeinträchtigen können.[144] **101**

Eine **fehlerhafte Kennzeichnung erfüllt den Ordnungswidrigkeitstatbestand** des § 28 Abs. 2 Nr. 4 JuSchG. Weitere bußgeldbewehrte Verstöße kommen nach § 28 Abs. 1 Nr. 14–19 JuSchG in Betracht, wenn eine missbräuchliche Anbieterkennzeichnung stattfindet, da in diesen Fällen die Kennzeichnung als nicht erfolgt gilt, was die Verbote nach § 11 Abs. 1, § 12 Abs. 1 und § 13 Abs. 1 JuSchG auslösen kann.[145] Nach Satz 3 können Anbieter auch infolge **missbräuchlicher Anbieterkennzeichnung** durch die oberste Landesbehörde vom Verfahren der Anbieterkennzeichnung ausgeschlos- **102**

---

141 BT-Drs. 19/24909, 46.
142 Im Gesetzgebungsverfahren wurde in Hinblick auf Instruktionszwecke beispielhaft auf Gebrauchsanweisungen oder Anleitungen auf Bildträgern abgestellt, die „visuell vorführen, wie es gemacht wird" (BT-Drs. 14/9013, 23). Was Informationszwecke anbelangt, kann beispielsweise auf Firmenvideos oder Produktpräsentationen abgestellt werden. Von Lehrzwecken kann dann auszugehen sein, wenn spezifische Fachthemen veranschaulicht werden, wie dies im Kontext von Kursen und Unterricht denkbar ist.
143 Erbs/Kohlhaas/*Liesching* JuSchG § 14 Rn. 17.
144 Erbs/Kohlhaas/*Liesching* JuSchG § 14 Rn. 18.
145 Erbs/Kohlhaas/*Liesching* JuSchG § 14 Rn. 20.

sen werden.[146] Dieser Ausschluss kann unabhängig von der Durchführung eines Ordnungswidrigkeitsverfahrens durchgeführt werden und stellt sich damit als selbstständige verwaltungsrechtliche Maßnahme dar, gegen die Rechtsschutz vor den Verwaltungsgerichten gesucht werden kann.[147]

XIV. Mitzuberücksichtigende Begleitformen (Abs. 8)

103 Parallel zu den übrigen **rein redaktionellen Anpassungen** wird auch § 14 Abs. 8 JuSchG um den Begriff der „Filmprogramme" bereinigt.[148] Der Regelungsgehalt von Abs. 8 erschöpft sich darin, dass bei der Kennzeichnung neben den primären Medieninhalten (also Filme und Spielprogramme) auch **Titel, Zusätze oder weitere Darstellungen in Texten, Bildern und Tönen** zu berücksichtigen sind, sofern diese die **Eignung zur Entwicklungsbeeinträchtigung** aufweisen.[149] Der Gesetzgeber hatte dabei seinerzeit vor allem Trägermedien wie CD-ROM und DVD vor Augen, die neben den eigentlichen Filmen und Spielprogrammen vielgestaltige Inhalte aufweisen können.[150]

104 Dass die Berücksichtigung solcher weiterer Inhalte im Ergebnis zu einer anderen (höheren) Alterskennzeichnung führt, als sich für den bloßen Inhalt des Films oder Spielprogramms ergeben hätte, dürfte indes den **Ausnahmefall** darstellen.

XV. Entsprechungsklausel für Telemedien (Abs. 9)

105 Abs. 9 wird durch die Novelle vollständig neu eingefügt und soll zur Verzahnung des JuSchG mit dem JMStV dienen. Danach gelten die Abs. 1 bis 6 und 8 entsprechend für die Kennzeichnung von zur Verbreitung in Telemedien bestimmten und kennzeichnungsfähigen Filmen und Spielprogrammen. Das **Alterskennzeichnungsverfahren wird somit auf Telemedien ausgeweitet.** Nach der Vorstellung des Gesetzgebers stellt dies die **Korrespondenzvorschrift zu § 12 S. 2 JMStV** dar, der die Regelung und das Verfahren zur Altersfreigabe und den Alterskennzeichnungen auch für die freiwillige Vorlage von Filmen und Spielprogrammen in Telemedien für anwendbar erklärt.[151]

106 Zwar kann die Erforderlichkeit einer solchen Regelung vor dem Hintergrund, dass für die einschlägigen Angebote keine Kennzeichnungspflicht statuiert wird und die Möglichkeit einer (grundsätzlichen) Altersklassifizierung schon in § 5 JMStV ange-

---

146 BT-Drs. 14/9013, 23.
147 In Ermangelung einer sprachlichen Erfassung im Normtext ist ein solcher Ausschluss gerade nicht als weitere Rechtsfolge der Ordnungswidrigkeit zu qualifizieren.
148 BT-Drs. 19/24909, 46.
149 Vgl. Erbs/Kohlhaas/*Liesching* JuSchG § 14 Rn. 21; Nomos-BR/*Liesching* JuSchG § 14 Rn. 9 unter Hinweis auf Texte, die getrennt von dem eigentlichen Programminhalt auf einem Datenträger abgerufen werden können.
150 BT-Drs. 14/9013, 23; nach dem Telos der Norm ist dies aber unproblematisch auch auf aktuelle Erscheinungsformen wie beispielsweise Blu-ray Disc übertragbar.
151 BT-Drs. 19/24909, 46; § 12 S. 2 JMStV wurde ebenfalls iRd 19. RÄndStV eingefügt, um dem Konvergenzgedanken Rechnung zu tragen und Anbietern von Online-Angeboten die Möglichkeit zu geben, Inhalte nicht nur den nacherkannten Einrichtungen der Freiwilligen Selbstkontrolle nach dem JMStV, sondern auch der FSK oder USK vorzulegen, vgl. NK-JMStV/*Gutknecht* JMStV § 12 Rn. 27 f.

legt ist, infrage gestellt werden.[152] Allerdings dient die Regelung mit ihrer **deklaratorischen Wirkung** der Rechtsklarheit und -sicherheit.[153]

XVI. Ausgestaltungsmöglichkeiten der visuellen Kennzeichenwahrnehmung (Abs. 10)

Die Einführung von Abs. 10 korrespondiert mit der erstmaligen Einführung einer 107
Kennzeichnungspflicht für Film- und Spielplattformen nach § 14a Abs. 1 JuSchG.
Abs. 10 ermöglicht es den OLJB, mit den Einrichtungen der freiwilligen Selbstkontrolle Vereinbarungen über die Ausgestaltung und Anbringung der Kennzeichen nach
§ 14a Abs. 1 S. 2 JuSchG zu treffen. Adressiert werden dabei sowohl die Organisationen der freiwilligen Selbstkontrolle wie USK und FSK als auch die nach dem JMStV
anerkannten Einrichtungen der freiwilligen Selbstkontrolle.[154] Der Gesetzgeber bezweckt damit, dass die Kennzeichen sich auch im Bereich der Film- und Spieleplattformen in einem einheitlichen und transparenten Layout darstellen, um damit auch
deren Akzeptanz und Wiedererkennungswert zu steigern.[155]

C. Ausblick

I. Neuerungen für die Praxis

- Der Begriff der Entwicklungsbeeinträchtigung wird um Interaktionsrisiken erweitert (§ 10b Abs. 2 und 3 JuSchG). 108

- Interaktionsrisiken (etwa Chatmöglichkeit, Lootboxen, Weitergabe von Nutzungsdaten) können künftig bei der Altersfreigabe berücksichtigt werden, wenn sie dauerhafter Bestandteil sind und die von ihnen ausgehende Gefährdung nicht durch Inhaltsdeskriptoren ausreichend abgefedert werden kann. Im Einzelfall kann dies zu einer Anhebung der Alterskennzeichnung führen.

- Durch geeignete Vorsorgemaßnahmen nach § 24a JuSchG wie etwa niedrigschwellige anbieter- und endgeräteseitige (Jugendschutz-)Einstellungsmöglichkeiten kann die Anhebung der Altersfreigabe grundsätzlich verhindert werden.

- Neben den herkömmlichen Alterskennzeichen soll eine zusätzliche Kennzeichnung mittels technisch auslesbarer Inhaltsdeskriptoren erfolgen (§ 14 Abs. 2a JuSchG).

- Nach dem JMStV anerkannte Einrichtungen der freiwilligen Selbstkontrolle (etwa usk.online/FSF) können künftig zur Durchführung des gemeinsamen Verfahrens nach § 14 Abs. 6 JuSchG mit den OLJB eine Vereinbarung schließen (§ 14 Abs. 6 S. 3 JuSchG).

- Von der KJM bestätigte Altersbewertungen oder Altersbewertungen von Veranstaltern des öffentlich-rechtlichen Rundfunks iRd gemeinsamen Verfahrens nach

---

152 *Hopf/Braml* ZUM 2020, 312 (318).
153 Vgl. Stellungnahme SPIO v. 28.2.2020, S. 11 f., die aber die Einbeziehung des Abs. 8 unter Verweis auf das bei der Online-Verwertung eines Inhalts im Zeitpunkt der Bewertung noch nicht feststehende Umfeld sowie etwaige Begleitmaterialen moniert und darin potenzielle Rechtsunsicherheiten für Anbieter sieht.
154 BT-Drs. 19/24909, 46.
155 BT-Drs. 19/24909, 46; dies kann sich etwa auf Inhalt, Größe, Form oder Farbe beziehen.

§ 14 Abs. 6 JuSchG sollen als Freigaben iSd § 14 Abs. 6 S. 2 JuSchG wirken (§ 14 Abs. 6a JuSchG).

■ Durch die Einführung des einheitlichen Medienbegriffs in § 1 Abs. 1a JuSchG wird das Verfahren zur Altersfreigabe nach § 14 Abs. 6 JuSchG für die freiwillige Vorlage von Filmen und Spielprogrammen in Telemedien anwendbar. Die Änderung korrespondiert insoweit mit § 12 S. 2 JMStV. Es wird jedoch keine neue Kennzeichnungspflicht statuiert.

■ Auf Grundlage des gemeinsamen Verfahrens wird künftig eine Durchwirkungsmöglichkeit der Alterskennzeichnung aus dem Regime des JMStV und des öffentlich-rechtlichen Rundfunks geschaffen werden können, sobald eine entsprechende Anpassung des JMStV stattgefunden hat (§ 14 Abs. 6a JuSchG).

■ In § 11 Abs. 2 JuSchG wird die Parental-Guidance-Regelung auch auf erziehungsbeauftragte Personen erweitert.

II. Handlungsaufträge

1. Kohärenter Begriff der Entwicklungsbeeinträchtigung (§ 10b JuSchG)

109   Zwecks Förderung des gesetzgeberischen Ziels eines umfassenden und konvergenten Jugendmedienschutzes wäre eine Abstimmung und Anpassung des Begriffs der Entwicklungsbeeinträchtigung durch den Bundesgesetzgeber und die Parteien des JMStV förderlich und begrüßenswert, um divergierende Entscheidungen oder Regelungslücken zu vermeiden. Dabei wird es auch darauf ankommen, eine Kongruenz zwischen den Begrifflichkeiten im JuSchG und JMStV herzustellen.

2. Berücksichtigung von Interaktionsrisiken bei der Altersfreigabe

110   Durch die paritätische Berücksichtigung von Nutzungsumständen bei der Vergabe von Alterskennzeichen ist nicht auszuschließen, dass die bisherige Transparenz der Alterskennzeichen nicht im gleichen Maße gewährleistet werden kann, da werksoder nutzerseitige Einstellungen diese Nutzungs- und Interaktionsgefahr minimieren können. Eine solche werksseitige Herangehensweise unternimmt etwa § 12 JMStV-E, der eine Verpflichtung von Anbietern von Betriebssystemen vorsieht, Eltern zu ermöglichen, in einfacher und sicherer Weise das Alter/die Altersstufe des Minderjährigen einzustellen und Anbieter von Vermittlungsdiensten (ohne eigene redaktionelle Verantwortung) dazu verpflichten will, eigene Jugendschutzsysteme vorzuhalten, die Inhalte nur entsprechend der über das Betriebssystem gemeldeten Alterseinstellung zugänglich machen, wobei ausdrücklich auch Spieleplattformen und App-Stores erfasst sein sollen.[156] Um dem „Restrisiko" der Nutzungs- und Interaktionsrisiken zu begegnen, hat der Gesetzgeber mit den neu eingefügten Inhaltsdeskriptoren nach § 14 Abs. 2a JuSchG eine grundsätzlich geeignete und ausreichende Möglichkeit offeriert. Die Staatsvertragsgeber werden hier für eine ausreichende Verzahnung sorgen müssen.

---

156 Eckpunkte zur Reform des Jugendmedienschutzes in Deutschland v. 11.3.2020; zur „Regulierung durch Anreize" im Wege der Media Governance s. bereits *Erdemir* in Bellut S. 309 (317 ff.).

3. Inhaltsdeskriptoren (§ 14 Abs. 2a JuSchG)

Mit der Einführung von Inhaltsdeskriptoren in § 14 Abs. 2a JuSchG geht nicht nur 111 eine Erwartungshaltung, sondern auch ein Umsetzungsauftrag an die Einrichtungen der freiwilligen Selbstkontrolle einher. Sowohl die Art und Weise der Einbeziehung in das Verfahren nach Abs. 6 und dessen Ausgestaltung als auch Art, Umfang und Gestaltung der tatsächlichen Kennzeichnung der Medien mit entsprechenden Symbolen und weiteren Mitteln steht grundsätzlich im Ermessen der benannten Akteure.[157] Diese haben sich auf textbasierte Deskriptoren geeinigt. Die Inhaltsdeskriptoren sollen der Gesetzesbegründung zufolge allerdings „**technisch auslesbar**" sein, was aufgrund fehlender Kodifizierung im Text zunächst als Erwartungshaltung an die umsetzenden Akteure zu verstehen ist.

4. Kooperationsvereinbarung zwischen den OLJB und den nach dem JMStV anerkannten Einrichtungen der freiwilligen Selbstkontrolle (§ 14 Abs. 6 S. 3 JuSchG)

Die nach dem JMStV anerkannten Einrichtungen der freiwilligen Selbstkontrolle 112 können rasch in Verhandlungen mit den OLJB treten, um die Parameter für eine Kooperation iRd Verfahrens nach Abs. 6 auszuloten. Dabei wird den etablierten Verfahrensordnungen der USK und FSK womöglich eine hilfreiche Orientierungsfunktion zukommen. Es wird darum gehen, belastbare Verfahrensabläufe zu entwickeln, die auch den Besonderheiten der nach dem JMStV anerkannten Einrichtungen der freiwilligen Selbstkontrolle angemessen Rechnung tragen.

5. Gemeinsames Verfahren für Anbieter von Inhalten über Telemedien zur Realisierung von Durchwirkungsmöglichkeiten (§ 14 Abs. 6a JuSchG)

Unter Beachtung der Interessen aller Betroffenen ist das gemeinsame Verfahren nach 113 Abs. 6 von den Akteuren so auszugestalten, dass die Voraussetzungen für die Durchwirkung nach Abs. 6a geschaffen werden. Dabei werden die Eingriffsvoraussetzungen für den Überprüfungsvorbehalt ausdifferenziert werden müssen. Es wird darauf ankommen, im Zusammenspiel von Veranstaltern öffentlich-rechtlichen Rundfunks, KJM und OLJB eine praxisgerechte und realisierbare Lösung zu erarbeiten. Dabei dürfen vor allem die Länder die bisherigen positiven Erfahrungen mit dem etablierten System der regulierten Selbstregulierung nicht außer Acht lassen, sondern sollten vor allem die Expertise der nach dem JMStV anerkannten Einrichtungen der freiwilligen Selbstkontrolle in den Vordergrund stellen. Denkbar wäre insoweit, bei der Durchwirkung von Freigaben des JuSchG auf den JMStV etwa Vorbehalte zu installieren, die diese Expertise aufnehmen.

---

157 BT-Drs. 19/24909, 45.

§ 4 Kennzeichnung bei Film- und Spielplattformen

Literatur: *Arbeitskreis der Jugendschutzbeauftragten*, Stellungnahme zum Entwurf des Jugend-schutzgesetzes v. 26.2.2020 (zit.: Stellungnahme Jugendschutzbeauftragte v. 26.2.2020); *bit-kom*, Stellungnahme des Bundesverband Informationswirtschaft, Telekommunikation und Neue Medien eV (bitkom) zum Referentenentwurf für ein zweites Gesetz zur Änderung des Jugend-schutzgesetzes (JuschG-ÄndG-E) vom 28.2.2020 (zit.: Stellungnahme bitkom v. 28.2.2020); *Bundesvereinigung der kommunalen Spitzenverbände*, Stellungnahme zum Entwurf eines Zwei-ten Gesetzes zur Änderung des Jugendschutzgesetzes BT-Drs. 19/24909, v. 6.1.2021 Ausschuss-Drs. 19(13)110f (zit.: Stellungnahme Spitzenverbände v. 6.1.2021); *Erdemir*, Bausteine eines wissenschaftlich fundierten modernen Jugendmedienschutzes im Netz, in: Bellut (Hrsg.), Ju-gendmedienschutz in der digitalen Generation. Fakten und Positionen aus Wissenschaft und Praxis, 2012, S. 309 (zit.: *Erdemir* in Bellut); *Erdemir*, Eine Frage der Kompetenz: Jugendmedi-enschutz im digitalen Zeitalter in: Eifert/Gostomzyk (Hrsg.), Medienföderalismus. Föderale Spannungslagen und Lösungsansätze in der Medienregulierung, 2018, S. 191 (zit.: *Erdemir* in Eifert/Gostomzyk); *Erdemir*, Entwurf eines neuen Jugendschutzgesetzes. Husarenstück oder kompetenzüberschreitende Verstaatlichung des Jugendmedienschutzes?, ZRP 2021, 53; *Erde-mir*, Stellungnahme zur Ausschussdrucksache 17/3542 A04/1 für die Kommission zur Wahrneh-mung der Belange der Kinder (Kinderschutzkommission) des Ausschusses für Familie, Kinder und Jugend des Landtags NRW in der 17. Wahlperiode (zit.: Stellungnahme *Erdemir* zur Aus-schusssache 17/3542 A04/1); *Frey/Dankert*, Konkurrenz statt Kohärenz im Jugendmedien-schutz, CR 2020, 626; *FSF*, Stellungnahme der Freiwilligen Selbstkontrolle Fernsehen (FSF) eV zum „Entwurf eines Zweiten Gesetzes zur Änderung des Jugendschutzgesetzes" vom 28.2.2020 (zit.: Stellungnahme FSF v. 28.2.2020); *Günter/Schindler*, Technische Möglichkeiten des Jugend-schutzes im Internet, RdJB 2006, 341; *Herberger*, Ein digitales Update für das Jugendschutzge-setz, FuR 2021, 286; *Hilgert/Sümmermann*, Der Entwurf für ein neues Jugendschutzgesetz, MMR 2020, 301; *Hilgert/Sümmermann*, Von Inhalt zu Interaktion: Neuerungen im Jugend-schutzrecht, K&R 2021, 297; *Hopf/Braml*, Die Entwicklung des Jugendmedienschutzes 2019, ZUM 2020, 312; *Innocence in Danger*, Stellungnahme von Innocence in Danger eV zum Ent-wurf der Bundesregierung für ein Zweites Gesetz zur Änderung des Jugendschutzgesetzes (BT-Drs. 19/24909), Ausschuss-Drs. 19(13)110e (zit.: Stellungnahme Innocence in Danger); *Kalb-henn/Schepers*, Öffentlich-rechtliche Telemedien und digitale Plattformen, K&R 2021, 316; *Kreißig*, Was kann, soll und muss das (neue) Jugendschutzgesetz leisten?, KJug 2020, 140; *Leible/Sosnitza*, Neues zur Störerhaftung von Internetauktionshäusern, NJW 2004, 3225; *Leib-niz-Institut für Medienforschung*, Schriftliche Stellungnahme zu dem Entwurf eines Zweiten Ge-setzes zur Änderung des Jugendschutzgesetzes vom 28.2.2020 (zit.: Stellungnahme HBI v. 28.2.2020); *Liesching*, Das Herkunftslandprinzip nach E-Commerce- und AVMD-Richtlinie, MMR-Beil. 2020, 3; *Liesching*, Nutzungsrisiken nach dem neuen Jugendschutzgesetz – Implika-tionen im Bereich Werbung für Medien, ZUM 2021, 563; *Liesching/Zschammer*, Das refor-mierte Jugendschutzgesetz – Wesentliche Neuerungen und zentrale Fragestellungen für die künf-tige Anwendungspraxis, JMS-Report 3/2021, 2; *Linz*, Was kann, soll und muss das (neue) Ju-gendschutzgesetz leisten?, KJug 2020, 140; *Medienanstalten*, Stellungnahme der Medienanstal-ten zum Entwurf eines Zweiten Gesetzes zur Änderung des Jugendschutzgesetzes vom 6.3.2020 (zit.: Stellungnahme DLM v. 6.3.2020); *Mikat*, Was kann, soll und muss das (neue) Jugend-schutzgesetz leisten?, KJug 2020, 143; *Papadileris*, Das Erfordernis des grenzüberschreitenden Bezugs im Recht der Marktfreiheiten, JuS 2011, 123; *Pieroth/Schlink*, Grundrechte Staatsrecht II, 28. Aufl. 2012; *Rauda*, Staatlicher Jugendschutz für Apps und parallele Regeln der App-Stores Konkurrenz zwischen dem Jugendschutz nach dem JMStV und den Richtlinien von Google und Apple für Publisher von Apps, MMR-Beil. 2020, 13; *Schwiddessen*, IARC und USK – Alterskennzeichen für Apps und Online-Games Rechtliche und praktische Analyse des ersten globalen Jugendschutzsystems, CR 2015, 515; *SPIO*, Stellungnahme Spitzenorganisation der Filmwirtschaft eV und Freiwillige Selbstkontrolle der Filmwirtschaft GmbH zum Referentenent-wurf eines Zweiten Gesetzes zur Änderung des Jugendschutzgesetzes vom 28.2.2020 (zit.: Stel-lungnahme SPIO v. 28.2.2020); *USK*, Stellungnahme der Unterhaltungssoftware Selbstkontrolle

(USK) zum Arbeitsentwurf des Bundesministeriums für Familie, Senioren, Frauen und Jugend zur Reform des Jugendschutzgesetzes für ein zweites Gesetz zur Änderung des Jugendschutzgesetzes (JuSchG-E) vom 28.2.2020 (zit.: Stellungnahme USK v. 28.2.2020); *Vaunet*, Positionspapier des Verband Privater Medien eV (Vaunet) im Rahmen der Verbändeanhörung zum Entwurf eines zweiten Gesetzes zur Änderung des Jugendschutzgesetzes (10.2.2020) vom 28.2.2020 (zit.: Stellungnahme Vaunet v. 28.2.2020); *Waldeck*, Wer darf? Wer muss? Wer sollte? Zur Frage der Gesetzgebungskompetenzen im Bereich des Jugendmedienschutzes, KJug 2019, 23.

A. Allgemeines 1
  I. Regelungsziel 1
  II. Unionsrechtlicher Rahmen 4
  III. Verfassungsmäßigkeit 6
    1. Gesetzgebungskompetenz 7
    2. Vereinbarkeit mit Grundrechten 9
      a) Meinungs- und Medienfreiheit, Art. 5 Abs. 1 GG 9
      b) Insbesondere: Keine Zensur iSd Art. 5 Abs. 1 S. 3 GG 10
      c) Berufsfreiheit, Art. 12 GG 11
    3. Bestimmtheitsgebot 12
    4. Keine verfassungswidrige Ungleichbehandlung zwischen öffentlich-rechtlichem und privatem Rundfunk, Art. 3 GG 14
  IV. Medienrealität 16
B. Regulierte Selbstregulierung nach dem JMStV 20
  I. Entwicklungsbeeinträchtigende Angebote, § 5 JMStV 21
  II. Kennzeichnungspflicht, § 12 JMStV .. 23
  III. Jugendschutzbeauftragte, § 7 JMStV 24
C. Kennzeichnung bei Film- und Spielplattformen, § 14a JuSchG 25
  I. Anwendungsbereich 26
    1. Diensteanbieter / Angebot eigener Inhalte 26
      a) Anbieterbegriff 27
      b) Angebot eigener Inhalte 28
        aa) Eigene Inhalte nach TMG 30
        bb) Eigene Inhalte nach JuSchG 33
    2. Gewinnerzielungsabsicht 37
    3. Individueller Abrufzeitpunkt 40
    4. Einschränkung des Anwendungsbereichs: Ausschluss fernsehähnlicher Angebote 41
  II. Kennzeichnungspflicht 43
    1. Relevante Inhalte 44
    2. Kennzeichen nach § 14 Abs. 2 JuSchG 48
    3. Deutliche Wahrnehmbarkeit 50
    4. Exkurs: Umgang mit Trailern auf Plattformen 51
  III. Kennzeichnungsverfahren 52
    1. Verfahren nach § 14 Abs. 6 JuSchG – Gemeinsames Verfahren 53
    2. Kennzeichnung durch freiwillige Selbstkontrolle (§ 19 JMStV) / zertifizierten Jugendschutzbeauftragen (§ 7 JMStV) 54

      a) Kennzeichnung durch freiwillige Selbstkontrolle (§ 19 JMStV) 55
      b) Kennzeichnung durch zertifizierten Jugendschutzbeauftragen (§ 7 JMStV) 57
    3. Automatisiertes Bewertungssystem 61
    4. Berücksichtigung von Interaktionsrisiken nach § 10b JuSchG und Verwendung vom Deskriptoren nach § 14 Abs. 2a JuSchG 65
    5. Exkurs: Das IARC-System (International Age Rating Coalition) .. 68
  IV. Einschränkung des Anwendungsbereichs 70
    1. Bagatellgrenze 71
    2. Angebote ausschließlich für Erwachsene 74
  V. Geltung für ausländische Anbieter ... 77
    1. Hinreichender kinder- und jugendmedienschutzrechtlicher Inlandsbezug 78
    2. Europäisches Sitzland 81
    3. Herkunftslandprinzip / Sendestaatprinzip 82
    4. Anwendungsfälle 85
      a) Diensteanbieter mit Sitz in Deutschland 86
      b) Diensteanbieter mit Sitz im europäischen Ausland 87
      c) Diensteanbieter mit Sitz im außereuropäischen Ausland ... 90
D. Evaluierung nach § 29b JuSchG 93
E. Ordnungswidrigkeiten 94
F. Verfahren und Rechtsschutz 97
G. Zusammenfassung 101
H. Ausblick............................... 102
  I. Bestimmung des Anwendungsbereichs: Insbesondere „Eigene Inhalte" 103
  II. Bestimmung des Anwendungsbereichs: Insbesondere „Fernsehähnliche Angebote" 104
  III. Vermeidung von Doppelprüfungen und der Entstehung von Doppelstrukturen bei klarer Abgrenzung der Zuständigkeiten 105
  IV. Ausgestaltung der Verfahrensordnungen der nach § 19 JMStV anerkannten Einrichtungen der Selbstkontrolle 106

V. (Weiter-)Entwicklung des Kennzeich-
nungsverfahrens: Zertifizierung von
Jugendschutzbeauftragten und Auto-
matisierte Bewertungssysteme 107
VI. Bagatellgrenze: Konkretisierung des
Nutzerbegriffs 109

VII. Bagatellgrenze: Angebote ausschließlich für Erwachsene 110
VIII. Internationale Rechtsdurchsetzung ... 111

A. Allgemeines

I. Regelungsziel

1 Mit der Einführung von § 14a JuSchG strebt der Bundesgesetzgeber einen Paradigmenwechsel im bisher etablierten System der Alterskennzeichnungen an, indem erstmals allgemeine **Pflichten für die Alterskennzeichnung von Onlineinhalten auf Film-
und Spielplattformen** für Anbieter eingeführt werden. Dadurch wird das bisherige
System der Anbieterverantwortung und der regulierten Selbstregulierung teilweise
durchbrochen und auf neue rechtliche Füße gestellt.[1] Mit § 14a JuSchG adressiert der
Gesetzgeber Risiken des Mediennutzungsverhaltens von Kindern und Jugendlichen,
die nicht nur der Medienkonvergenz geschuldet sind, sondern auch aus einem grundlegend geänderten – und sich weiterhin ändernden – Nutzungsverhalten resultieren.
Dabei hat der Gesetzgeber es sich zum Ziel gemacht, Onlineinhalte – insbesondere
Video-on-Demand-Dienste wie Mediatheken und Onlinevertriebswege wie App-
Stores – dem Regime des JuSchG zu unterwerfen,[2] und – über den Bereich der Film-
und Spielprogramme hinaus – „für eine **hinreichende Transparenz und Orientierung**
über die potenzielle entwicklungsbeeinträchtigende Wirkung der Online-Inhalte zu
sorgen."[3]

2 Damit schickt sich der Bundesgesetzgeber auch an, den **Auftrag des Koalitionsvertra-
ges** umzusetzen, der vorsieht, „einen zukunftsfähigen und kohärenten Rechtsrahmen
– unter Berücksichtigung der kompetenzrechtlichen Zuständigkeiten der Länder –
für den Kinder- und Jugendmedienschutz im Jugendmedienschutzstaatsvertrag und
Jugendschutzgesetz [zu] schaffen" und „Interaktionsrisiken [...] ein[zudämmen] (zB
bei Chatfunktionen) und [...] unter Wahrung der Kompetenzen der Länder für eine
wirkungsvolle Durchsetzung des Kinder- und Jugendmedienschutzes auch gegenüber
nicht in Deutschland ansässigen Angeboten [zu sorgen]."[4] Dies zielt darauf ab, durch
verlässliche und medienübergreifende Alterskennzeichnung wieder Orientierung für
Eltern zu schaffen.[5]

3 Kernstück der neuen Regelung ist die **Erweiterung der Alterskennzeichnungspflicht**,
die bisher im JuSchG nur für Bildträger mit Filmen und Spielen und für Filmveran-

---

1 *Hentschl/von Petersdorff* MMR-Beil. 2020, 3 (6); *Liesching/Zschammer* JMS-Report 3/2021, 2 (3).
2 BT-Drs. 19/24909, 47.
3 BT-Drs. 19/24909, 47.
4 „Ein neuer Aufbruch für Europa. Eine neue Dynamik für Deutschland. Ein neuer Zusammenhalt für unser
Land.", Koalitionsvertrag zwischen CDU, CSU und SPD, 19. Legislaturperiode, S. 23; https://www.csu.de/co
mmon/csu/content/csu/hauptnavigation/dokumente/2018/Koalitionsvertrag_2018.pdf.
5 BT-Drs. 19/24909, 98, die Notwendigkeit dieser Orientierungsfunktion herausstellend: *Mikat* KJug 2020,
139 (143).

staltungen vorgesehen war.[6] § 14a JuSchG sorge dafür, dass Spiele und Filme auch auf den heute bei Kindern und Jugendlichen wesentlich relevanteren Onlineplattformen die aus dem JuSchG gewohnten und bewährten klaren Alterskennzeichnungen tragen und insoweit wieder eine **verlässliche Orientierung für Eltern und Fachkräfte aber auch für Kinder und Jugendliche** selbst geschaffen werde,[7] was grundsätzlich auch den an einen modernen Jugendmedienschutz zu stellenden Anforderungen entspricht.[8] Dafür erforderlich sei neben der deutlichen Wahrnehmbarkeit auch insbesondere, dass Kennzeichnungen auf Grundlage eines verlässlichen und transparenten Verfahrens zustande kommen, wie das im Bereich der Trägermedien – anders als im Telemedienbereich – seit Langem der Fall sei.[9] Auf diese Weise können Eltern, Kinder und Pädagogen in die Lage versetzt werden, **Chancen und Risiken der Mediennutzung angemessen zu bewerten** und einzuordnen.

II. Unionsrechtlicher Rahmen

Die Einführung von § 14a JuSchG ist nicht bloß den nationalen Bestrebungen geschuldet, sondern im unions- und völkerrechtlichen Kontext zu sehen, welcher Umfang und Grenzen der in § 14a JuSchG statuierten Verpflichtungen jedenfalls teilweise determiniert. Dabei wird das europäische Jugendmedienschutzrecht in erster Linie durch die RL 2010/13/EU[10] in der Fassung der RL 2018/1808[11] (**AVMD-Richtlinie**) sowie durch die RL 2000/31/EG[12] (**E-Commerce-Richtlinie**) erfasst, an deren Vorgaben auch § 14a JuSchG zu messen ist. Im Ergebnis ist § 14a JuSchG in seiner Ausgestaltung **mit dem Unionsrecht vereinbar** und steht insbesondere nicht in Widerspruch zu dem fundamentalen Herkunftslandprinzip (→ Rn. 82 ff.).   4

Mit der Einführung von § 14a JuSchG wird dem **europarechtlich vorgegebenen Anspruch genügt.**[13] Dies betrifft – jedenfalls soweit es die Kennzeichnung durch zusätz-   5

---

6 Die Übertragung „eine[r] auf Trägermedien bezogene[n] Schutzfunktion ins Digitale" wurde dabei bereits im Gesetzgebungsverfahren in Hinblick auf die unterschiedlichen Schutzfunktionen krit. gesehen, vgl. Stellungnahme DLM v. 6.3.2020, S. 6; krit. zur Übertragung „analoger" Kennzeichen in den digitalen Bereich auch: Stellungnahme Vaunet v. 28.2.2020, S. 6 mit der Begründung, dass die „Hauptfunktion des JuSchG-Alterskennzeichens […] in öffentlichen Räumen das Fachpersonal von Kinos, Spielhallen, Videotheken oder Verkaufsstellen darüber [zu informieren], welche Altersfreigabe der Bildträger hat und welchen Altersgruppen es den Zugriff oder Zutritt verweigern muss", im digitalen Bereich mangels entsprechender „Gatekeeper" nicht mehr erfüllt werden kann, weshalb auf technische – auslesbare – Kennzeichen zurück gegriffen werden müsste, welche dann Sperrungen auslösen könnten; ebenso: Stellungnahme FSF v. 28.2.2020, S. 2 in Hinblick auf die Übertragung der „aus dem Trägermedienbereich stammende Regulierungslogik des JuSchG" auf Onlineinhalte; krit. zur Adaption von Altersklassifizierungen auf Onlineinhalte damals schon: *Erdemir* in Bellut S. 309 (314).
7 BT-Drs. 19/24909, 98.
8 Vgl. zu den allgemeinen Zielen eines zeitgemäßen Jugendmedienschutzes: Stellungnahme *Erdemir* zur Ausschusssache 17/3542 A04/1, S. 7.
9 Vgl. BT-Drs. 19/25207, 5.
10 Richtlinie 2010/13/EU des Europäischen Parlaments und des Rates vom 10.3.2010 zur Koordinierung bestimmter Rechts- und Verwaltungsvorschriften der Mitgliedstaaten über die Bereitstellung audiovisueller Mediendienste (Richtlinie über audiovisuelle Mediendienste), ABl. Nr. L 95/1.
11 Richtlinie (EU) 2018/1808 des Europäischen Parlaments und des Rates vom 14.11.2018 zur Änderung der Richtlinie 2010/13/EU zur Koordinierung bestimmter Rechts- und Verwaltungsvorschriften der Mitgliedstaaten über die Bereitstellung audiovisueller Mediendienste (Richtlinie über audiovisuelle Mediendienste) in Hinblick auf sich verändernde Marktgegebenheiten, ABl. Nr. L 303/69.
12 Richtlinie 2000/31/EG des Europäischen Parlaments und des Rates vom 8.6.2000 über bestimmte rechtliche Aspekte der Dienste der Informationsgesellschaft, insbesondere des elektronischen Geschäftsverkehrs, im Binnenmarkt (Richtlinie über den elektronischen Geschäftsverkehr), ABl. Nr. L 178.
13 BT-Drs. 19/24909, 28.

liche Inhaltsdeskriptoren angeht – insbesondere den in Art. 6a Abs. 3 der AVMD-Richtlinie niedergelegten Auftrag an die Mitgliedstaaten, sicherzustellen, dass Mediendiensteanbieter den Zuschauern **ausreichende Informationen über Inhalte** geben, die die körperliche, geistige oder sittliche Entwicklung von Minderjährigen beeinträchtigen können.[14] Dazu kann ein System genutzt werden, mit dem die potenzielle Schädlichkeit des Inhalts eines audiovisuellen Mediendienstes beschrieben wird.[15] Weiterhin stellen die in § 14a Abs. 1 JuSchG niedergelegten Verpflichtungen **keine allgemeinen Nachforschungs- oder Überwachungsverpflichtungen** dar, die mit Art. 15 Abs. 1 E-Commerce-Richtlinie konfligieren würden.

III. Verfassungsmäßigkeit

6 Regelungen des Jugendmedienschutzes bewegen sich seit jeher in einem sehr **grundrechtssensiblen Bereich** (→ § 1 Rn. 14 ff.). Die Frage der Verfassungsmäßigkeit neuer Normen – hier des § 14a JuSchG – darf daher unter verschiedenen Gesichtspunkten jedenfalls aufgeworfen werden.

1. Gesetzgebungskompetenz

7 Zum Erlass der Neuregelung des JuSchG beruft sich der Bundesgesetzgeber insbesondere auf eine **konkurrierende Gesetzgebungskompetenz** aus Art. 74 Abs. 1 Nr. 7 GG (öffentliche Fürsorge) und ergänzend auf Nr. 1 (Strafrecht) und Nr. 11 (Recht der Wirtschaft), welche er eingeschränkt wahrnehme, wobei er zugleich die Voraussetzungen des Art. 72 Abs. 2 GG über die **Erforderlichkeit einer bundeseinheitlichen Regelung** als erfüllt ansieht.[16] Soweit es die hier in Rede stehenden Plattformen betrifft, geht der Bundesgesetzgeber auch von einer Gesetzgebungskompetenz für den Jugendmedienschutz unter Einbeziehung von Gefährdungslagen im Bereich der Telemedien aus.[17]

8 Diese Einschätzung ist unter Beachtung der Kompetenzverteilung des Grundgesetzes aber nicht unproblematisch.[18] Soweit die inhaltliche **Aufsicht über Rundfunk und Telemedien** betroffen ist, liegt die **Zuständigkeit bei den Ländern**.[19] Aus diesem Grund ist dem Bund wohl auch eine vollumfängliche Regelung des Jugendmedienschutzes verwehrt. Das Bewusstsein für diesen Konflikt mag sich an § 16 S. 2 JuSchG ablesen lassen, wenn dort die Regelungskompetenz der Länder im Bereich der Telemedien deklaratorisch herausgestellt wird, zumal die Zuständigkeit der Länder für die **Einzel-**

---

14 Dies kann allenfalls vor dem Hintergrund kritisch gesehen werden, dass die Verwendung von Inhaltsdeskriptoren de lege lata auf das gemeinsame Verfahren nach § 14 Abs. 6 JuSchG beschränkt sein dürfte.

15 Dies spiegelt sich auch in Erwägungsgründen Nummern 19 und 20 der RL (EU) 2018/1808 wider, wonach als ein solches System insbesondere die Verwendung von Inhaltsdeskriptoren, akustischen Warnhinweisen oder optischer Kennzeichnung zur Beschreibung der Art des Inhalts in Betracht kommen kann.

16 BT-Drs. 19/24909, 27.

17 Vgl. BT-Drs. 19/24909, 27.

18 Zweifel an der Einhaltung der Kompetenzordnung des Grundgesetzes äußerten auch die Landesmedienanstalten, vgl. Stellungnahme DLM v. 6.3.2020, S. 2; krit. zur Frage des bundesstaatlichen Subsidiaritätsprinzips: *Hopf/Braml* ZUM 2020, 312 (317); instruktiv zur Frage der Gesetzgebungskompetenz im Jugendmedienschutz: *Erdemir* ZRP 2021, 53 (54).

19 Stellungnahme *Erdemir* zur Ausschusssache 17/3542 A04/1, S. 7; *Erdemir* in Eifert/Gostomzyk S. 191 (198); *Waldeck* KJug 2019, 23 (24).

fallaufsicht über **Telemedieninhalte unberührt** bleibe.[20] Soweit durch den Bundesgesetzgeber nur systematische und strukturelle Regelungen getroffen werden, darf diese Einschätzung auch ernst genommen werden.[21] Unter föderalen Gesichtspunkten ist zudem die Erwartungshaltung der Länder, diese im Rahmen der Fortentwicklung des JuSchG an einem konstruktiven Dialog zu beteiligen und eine besondere Abstimmung und Kooperation zwischen Bund und Ländern zur Realisierung eines konvergenten und kohärenten Regelungsrahmens vorzunehmen,[22] zu begrüßen. Dass die Regelung des Jugendmedienschutzes, soweit es den **Rundfunk betrifft, ausschließlich den Ländern vorbehalten** ist, darf dabei als Prämisse zu Grunde gelegt werden.[23] Es wird daher darauf ankommen, die Grenzen der Auslegung des verfassungsrechtlichen Rundfunkbegriffs sauber zu bestimmen, um die Rundfunkhoheit der Länder nicht zu beschneiden.[24]

2. Vereinbarkeit mit Grundrechten

a) Meinungs- und Medienfreiheit, Art. 5 Abs. 1 GG

Die neuen Anbieterverpflichtungen begründen **keinen verfassungsrechtlich relevanten Widerspruch zu der Meinungs- und Medienfreiheit des Art. 5 GG** (→ § 1 Rn. 21 ff.). Es kann angenommen werden, dass – wie der wohl überwiegende Teil der Maßnahmen des Jugendschutzes – die Verpflichtungen des § 14a JuSchG den Schutzbereich von Art. 5 Abs. 1 GG tangieren.[25] Allerdings sieht Art. 5 Abs. 2 GG eine **Schrankenregelung zum Schutze der Jugend** vor, welche im Rahmen der Beurteilung der Verhältnismäßigkeit zu beachten ist.[26] Es ist dabei auch nicht außer Acht zu lassen, dass auch der Jugendschutz selbst als ein Rechtsgut von Verfassungsrang im Rahmen der Herstellung praktischer Konkordanz zu berücksichtigen ist.

9

b) Insbesondere: Keine Vorzensur iSd Art. 5 Abs. 1 S. 3 GG

Kennzeichnungspflichten dürfen sich nicht im kritischen Bereich einer verfassungswidrigen Vorzensur bewegen, da durch das **Zensurverbot des Art. 5 Abs. 1 S. 3 GG** eine absolute Schranken-Schranke statuiert wird.[27] Dies war jedoch im Rahmen des Gesetzgebungsverfahrens durch verschiedene Stellen jedenfalls besorgt worden.[28] Die Anbieterverpflichtungen erfüllen aber wohl nicht den **eng auszulegenden Begriff der Vorzensur,**[29] selbst wenn aufgrund der Veröffentlichung von Inhalten im Internet die

10

---

20 BT-Drs. 19/24909, 27; deutlicher: BT-Drs. 19/27289, 15.
21 Daran wird sich der Bundesgesetzgeber auch messen lassen müssen. Soweit der Bundesgesetzgeber gerade im Bereich der Telemedien Regelungen schafft, wird sensibel zu prüfen sein, dass diese nicht in die genuinen Länderkompetenzen eingreifen.
22 BR-Drs. 195/21, 1 f.
23 BVerfG Urt. v. 28.2.1961 – 2 BvG 1/60, 2 BvG 2/60, BVerfGE 12, 205 (229) – 1. Rundfunkentscheidung; *Erdemir* in Eifert/Gostomzyk S. 191 (197).
24 *Hopf/Braml* ZUM 2020, 312 (317), die diese Forderung bereits im Gesetzgebungsverfahren gestellt haben.
25 Grundsätzlich zu den verfassungsrechtlichen Anforderungen an den Jugendmedienschutz (auch nach JMStV) vgl. NK-JMStV/*Schwartmann/Hentsch* JMStV § 1 Rn. 22 ff.
26 Zur Schranke des Jugendschutzes: Maunz/Dürig/*Grabenwarter* GG Art. 5 Rn. 190 ff.
27 Grundlegend zum Zensurverbot im Bereich des Jugendmedienschutzes: MAH UrhR/*Erdemir* § 23 Rn. 8 f.
28 Stellungnahme Vaunet v. 28.2.2020, S. 4 in Hinblick auf eine Ausweitung der Vorlagepflicht für rundfunkähnliche und journalistisch-redaktionell gestaltete Telemedien; Stellungnahme HBI v. 28.2.2020, S. 12 in Hinblick auf eine restriktivere Ausgestaltung der Kennzeichnungspflicht als im Trägermedienbereich.
29 Zum Begriff der Vorzensur: BVerfG Beschl. v. 25.4.1972 – 1 BvL 13/67, NJW 1972, 1934 (1938) = BVerfGE 33, 52 (72) – Der lachende Mann; grundlegend zu den engen Anforderungen daran → § 3 Rn. 11.

Abgrenzung zwischen Vor- und Nachzensur bisweilen schwerfallen mag.[30] Eine – jedenfalls denkbare – faktische Zensurwirkung durch die bloße Existenz einer entsprechenden Kennzeichnungspflicht und einer Bußgeldbedrohung im Falle der Zuwiderhandlung, vermag zwar womöglich die „Schere im Kopf" von Medienschaffenden auszulösen, die Verfassungsmäßigkeit aber nicht zu berühren (grundlegend zum Zensurverbot → § 1 Rn. 25 ff.).

c) Berufsfreiheit, Art. 12 GG

11 Es liegt wohl auch kein verfassungsrechtlich nicht zu rechtfertigender Eingriff in die grundrechtlich geschützte Berufsfreiheit der Diensteanbieter vor (grundlegend zur Berufsfreiheit → § 1 Rn. 24). Zumal es sich bei den neuen Verpflichtungen – wenn überhaupt – nur um **Berufsausübungsregelungen** und damit um Eingriffe auf der 3. Stufe des Drei-Stufen-Modells handelt, können diese bereits **durch vernünftige Erwägungen des Gemeinwohls gerechtfertigt** werden.[31] Die verfassungsrechtlich verbürgten Belange des Jugendschutzes können hierzu durchgreifend in Anschlag gebracht werden.

3. Bestimmtheitsgebot

12 Offene Fragen stellen sich aber in Hinblick auf das verfassungsrechtliche Bestimmtheitsgebot (im Kontext des Ordnungswidrigkeitenrechts → § 8 Rn. 72) unter anderem durch die Einführung der Bagatellgrenze in § 14a Abs. 2 JuSchG (→ Rn. 71 ff.) und die Sanktionsbedrohung nach § 28 Abs. 3 Nr. 2 JuSchG (→ § 8 Rn. 40). Das Bestimmtheitsgebot sieht – als Ausfluss aus dem Rechtsstaatprinzip – vor, dass eine **hinreichende Messbarkeit und Berechenbarkeit staatlichen Handelns** gegeben sein muss.[32] Für Rechtsanwender muss – auch unter Einbeziehung unbestimmter Rechtsbegriffe – voraussehbar sein, welche Konsequenzen und Einzelfallentscheidungen aus gesetzlichen Regelungen folgen.[33] Dies gilt umso mehr, wenn Normen den Betroffenen Verpflichtungen auferlegen und den Staat zu Eingriffen ermächtigen, wobei die Anforderungen an die Bestimmtheit der Normen mit höherer Eingriffsintensität steigen.[34]

13 Die **Einhaltung dieser Anforderungen** kann bei § 14a JuSchG jedenfalls **hinterfragt** werden. Der **Anwendungsbereich** ist – auch aufgrund (noch) unklarer Zuständigkeiten – **nicht klar umgrenzt.** Zudem lässt das Gesetz Regelungen zu Einschränkungen des Anwendungsbereichs, insbesondere zur Definition der „Nutzer", sowie zum maßgeblichen Zeitraum vermissen (→ Rn. 73). Anbieter können damit womöglich nicht mit der erforderlichen Gewissheit absehen, ob ihr Angebot kennzeichnungspflichtig ist. Gerade für Anbieter in Grenzbereichen betreffend die Nutzerzahlen ist kaum vorhersehbar, ob sie noch unter die Bagatellgrenze fallen oder den Verpflichtungen des Abs. 1 nachkommen müssen.

---

30 MAH UrhR/*Erdemir* § 23 Rn. 8; NK-JMStV/*Schwartmann/Hentsch* JMStV § 1 Rn. 25.
31 Vgl. zu den Rechtfertigungsanforderungen auf Ebene der Berufsausübung: BVerfG Urt. v. 11.6.1958 – 1 BvR 596/56, NJW 58, 1035 (1038), BVerfGE 7, 377 (405) – Apothekerurteil.
32 Mangoldt/Klein/Starck/*Sommermann* GG Art. 20 Rn. 289.
33 Mangoldt/Klein/Starck/*Sommermann* GG Art. 20 Rn. 289.
34 Mangoldt/Klein/Starck/*Sommermann* GG Art. 20 Rn. 291.

Waldeck

4. Keine verfassungswidrige Ungleichbehandlung zwischen öffentlich-rechtlichem und privatem Rundfunk, Art. 3 GG

Im Rahmen der neuen Kennzeichnungspflichten wurde teilweise eine verfassungswid- 14
rige Ungleichbehandlung zwischen öffentlich-rechtlichem und privatem Rundfunk
moniert, insbesondere vor dem Hintergrund, dass **Angebote des öffentlich-rechtli-**
chen Rundfunks von den Verpflichtungen ausgenommen seien und damit in breit genutzten Plattformen wie den öffentlich-rechtlichen Mediatheken Inhalte nicht gekennzeichnet werden müssten (→ Rn. 39).[35] Ob derselbe Inhalt aber in einer privaten
oder öffentlich-rechtlichen Mediathek angeboten wird, begründet **jugendmedien-**
schutzrechtlich kein unterschiedliches Gefährdungspotential. Die Problematik ver-
kompliziert sich weiterhin noch durch ein "Wandern" desselben Inhalts durch unterschiedliche Plattformen einerseits oder aber private und öffentlich-rechtliche Koope-
rationsproduktionen andererseits.

Bei der nachvollziehbar empfundenen Ungleichbehandlung darf jedoch nicht außer 15
Acht gelassen werden, dass eine **verfassungsrechtlich relevante Ungleichbehandlung**
neben der Ungleichbehandlung von „Wesentlich Gleichem" auch zur Voraussetzung
hat, dass diese durch **dieselbe Rechtssetzungsgewalt** erfolgt.[36] Soweit jedoch durch
die bundesgesetzlichen Regelungen der öffentlich-rechtliche Rundfunk nicht reguliert
wird – und wohl auch nicht werden kann – fehlt bereits eine wesentliche Voraussetzung einer verfassungsrechtlich relevanten Ungleichbehandlung. Dies gilt sowohl für
den Fall, dass eine andere Rechtsetzungsgewalt eine abweichende Regelung erlassen
oder gänzlich auf eine Regelung verzichtet hat.

IV. Medienrealität

Die Notwendigkeit der JuSchG-Reform lässt sich zwanglos aus dem seit der letzten 16
Neuordnung des Jugendmedienschutzes im Jahr 2003 **geänderten Mediennutzungs-**
verhalten von Kindern und Jugendlichen ableiten (→ § 1 Rn. 4). Die Nutzung des Internets – darunter die Nutzung von Film- und Spieleplattformen – stellt einen nicht
zu vernachlässigenden Baustein im Leben und Alltag nahezu aller Kinder und Jugendlichen dar und ist aus ihrer Lebenswirklichkeit nicht mehr wegzudenken.[37]

So verfügen **94 % der Kinder und Jugendlichen** im Alter zwischen 12 und 19 Jahren 17
über ein **eigenes Smartphone.**[38] 84 % der Haushalte, in denen die befragten Kinder
und Jugendliche aufwachsen, verfügen über ein Video-Streaming-Abonnement wie
Netflix oder Amazon Prime, 70 % über ein Fernsehgerät mit Internetzugang (sog.
Smart-TV).[39] Im Jahr 2020 lag die **durchschnittliche tägliche Nutzungsdauer des In-**

---

35 Stellungnahme bitkom v. 28.2.2020, S. 16; Stellungnahme FSF v. 28.2.2020, S. 3.
36 BVerfG Beschl. v. 30.5.1972 – 2 BvL 41/71, BeckRS 1972, 104416 = BVerfGE 33, 224 (231); *Pieroth/*
 Schlink, StaatsR II, 28. Aufl. 2012, Rn. 463.
37 89 % der Jugendlichen im Alter von 12 bis 19 Jahren nutzen dabei das Internet täglich, 93 % nutzen jedenfalls das eigene Smartphone täglich, JIM-Studie 2020, S. 13.
38 JIM-Studie 2020, S. 10, in der Altersstufe der 12/13-Jährigen verfügen immerhin 91 % über ein eigenes
 Smartphone.
39 JIM-Studie 2020, S. 6 f., die Verfügbarkeit von Video-Streaming-Diensten verzeichnet damit eine deutliche
 Erweiterung der Reichweite von etwa 11 % gegenüber dem Vorjahr 2019.

ternets bei 258 Minuten, dies entspricht **fast viereinhalb Stunden.**[40] Bei den bevorzugten Onlineangeboten steht seit Jahren YouTube (57 %) an der Spitze, gefolgt von Instagram (35 %) und WhatsApp (31 %). Mit einigem Abstand reihen sich dahinter Netflix (16 %), Google (14 %), Snapchat (12 %) und TikTok (10 %).[41] 87 % der Kinder und Jugendlichen nutzen mindestens mehrmals pro Woche einen Video-Streaming-Dienst, wobei die Nutzung neben YouTube (58 %), Netflix (59 %) und Amazon Prime (26 %) auch auf die Mediatheken der linearen Fernsehsender (17 %) entfällt.[42]

18   Neben der oben beschriebenen primär passiven Rezeption von Medieninhalten steht **aktive Nutzung von digitalen Spielangeboten,** die mit anderen, aber nicht minder relevanten Risiken verbunden ist. Digitale Spiele bilden ebenfalls einen festen Bestandteil des Medienalltags von Kindern und Jugendlichen: 68 % der Kinder und Jugendlichen spielen unabhängig von der technischen Spielmöglichkeit mindestens mehrmals pro Woche.[43] Dabei liegt die **durchschnittliche tägliche Spieldauer** zwischen **121 Minuten** an Werktagen und 145 Minuten an Wochenenden.[44]

19   Die **überwiegende Mediennutzung** von Kindern und Jugendlichen spielt sich **zu großen Teilen online** ab.[45] Mit diesem Befund gehen vielfältigen Nutzungsmöglichkeiten und Risiken einher. Die Bestrebungen des Gesetzgebers zur Adressierung dieser Risiken im Bereich von Film- und Spielplattformen treffen nur partiell die tatsächlichen Risiken und Herausforderungen, denen sich Kinder und Jugendliche, aber auch Eltern, Pädagogen und Jugendschützer einerseits und Anbieter, Content-Creator und Plattformbetreiber andererseits gegenübersehen.

B. Regulierte Selbstregulierung nach dem JMStV

20   Bisher erfolgte **keine Regelung von Anbieterverpflichtungen durch das JuSchG.** Insoweit sich dessen Regulierung im Wesentlichen auf Trägermedien beschränkte, wurden Telemedien und (private) Rundfunkangebote durch die Länder reguliert. Damit unterfielen Anbieterverpflichtungen dem **Prinzip der regulierten Selbstregulierung** folgend ausschließlich dem Regime des JMStV – dort insbesondere den §§ 5 und 12 JMStV.[46]

---

40   JIM-Studie 2020, S. 33, im Vorjahr 2019 lag die durchschnittliche tägliche Nutzungsdauer noch bei 205 Minuten, wobei nicht außer Acht zu lassen ist, dass der starke Anstieg auch den Folgen der veränderten Situation durch die Corona-Pandemie geschuldet ist, mit welcher eine verstärkte Onlinenutzung für schulische Zwecke als auch der Wegfall alternativer Freizeitbeschäftigungen einher ging.

41   Angebote wie Spotify, Facebook, Amazon Prime und Twitch erreichen dagegen nur Nutzungswerte im einstelligen Prozentbereich.

42   JIM-Studie 2020, S. 45, Sky, MagentaTV, Maxdome, ITunes und Vimeo werden von Kindern und Jugendlichen eher weniger genutzt.

43   JIM-Studie 2020, S. 53, nur 8 % der befragten Kinder und Jugendlichen gaben an, nie zu spielen.

44   JIM-Studie 2020, S. 56.

45   Die inhaltliche Verteilung der Internetnutzung im Jahr 2020 weist eine Nutzung zu Unterhaltungszwecken mit 34 %, für Spiele mit 28 %, zu Kommunikationszwecken mit 27 % und zu Informationszwecken zu nur 11 % auf, vgl. JIM-Studie 2020, S. 34.

46   *Hopf/Braml* ZUM 2020, 312 (318) unter Hinweis auf entstehende Doppelstrukturen.

I. Entwicklungsbeeinträchtigende Angebote, § 5 JMStV

§ 5 JMStV statuiert für Telemedienangebote **keine Kennzeichnungspflicht**, sondern 21
dem Prinzip des eigenverantwortlichen Anbieters folgend Verpflichtungen betreffend
die **Verbreitung und Zugänglichmachung von entwicklungsbeeinträchtigenden Angeboten.**[47] Dies bedeutet, dass Anbieter potenziell jugendmedienschutzrelevanter Inhalte dazu verpflichtet sind, diese selbst zu bewerten und durch Schutzmaßnahmen dafür Sorge zu tragen, dass Kinder und Jugendliche der betroffenen Altersstufe solche
Inhalte üblicherweise nicht wahrnehmen.

Der Begriff der Entwicklungsbeeinträchtigung des JMStV, an dem die Altersstufen 22
und Zugangsbeschränkungen zu messen sind, rekurriert de lege lata auf den **inhaltsbezogenen Begriff der Entwicklungsbeeinträchtigung** nach § 14 Abs. 1 JuSchG aF.[48]
Maßgebliche Kriterien bildeten dabei die Entwicklung zur **Eigenverantwortung und
zur Gemeinschaftsfähigkeit.** Welche Implikationen sich durch die Erweiterung auf der
Schutzziele auf die persönliche Integrität (§ 10a Nr. 3 JuSchG) und die Erfassung von
Kommunikations- und Interaktionsrisiken (§ 10b Abs. 2, 3 JuSchG) für das bundesrechtliche und staatsvertragliche Verständnis des Begriffs der Entwicklungsbeeinträchtigung ergeben werden, wird sich noch herausstellen müssen (grundlegend dazu
→ § 2 Rn. 22 ff.).[49]

II. Kennzeichnungspflicht, § 12 JMStV

§ 12 S. 1 JMStV begründet für Anbieter von Telemedien eine **Hinweispflicht auf be-** 23
reits bestehende Alterskennzeichnungen für Bildträger mit Filmen und Spielen, soweit
die angebotenen Inhalte im Wesentlichen inhaltsgleich zu nach dem JuSchG gekennzeichneten Inhalten sind.[50] Die Regelung korrespondiert mit der Regelung des § 12
Abs. 2 S. 1 JuSchG im analogen Bereich, wonach ein Hinweis auf eine Alterskennzeichnung nach § 14 Abs. 2 JuSchG deutlich sichtbar auf dem Medium und dessen
Hülle angebracht werden muss. Dieselben inhaltlichen Anforderungen an die Hinweispflicht ergeben sich für Anbieter von Telemedien, die Filme und Spielprogramme
verbreiten nach § 12 Abs. 2 S. 4 JuSchG.[51]

III. Jugendschutzbeauftragte, § 7 JMStV

Zur **Absicherung jugendschutzrechtlicher Belange** können bzw. müssen Anbieter 24
nach § 7 JMStV einen Jugendschutzbeauftragten bestellen, welcher im Optimalfall
bereits vor der Bereitstellung eines Inhalts diesen auf seine Jugendschutzkonformität
überprüfen und gegebenenfalls regulierend eingreifen kann. Die **Institutionalisierung**
stellt einen wichtigen Baustein im System der regulierten Selbstregulierung dar. Im

---

47 NK-JMStV/*Erdemir* JMStV § 5 Rn. 3.
48 NK-JMStV/*Erdemir* JMStV § 5 Rn. 5.
49 Zur Inkompatibilität der erweiterten bundesrechtlichen Definition der Entwicklungsbeeinträchtigung mit
    dem Staatsvertrag der Länder s. auch NK-JMStV/*Erdemir* JMStV § 5 Rn. 4 und 11.
50 Instruktiv: NK-JMStV/*Gutknecht* JMStV § 12 Rn. 6 ff.
51 Der Unterschied im Regelungsbereich liegt darin, dass § 12 Abs. 2 S. 4 JuSchG faktisch insbesondere den
    Onlineversandhandel mit Medienträgern regelt, nicht aber den Fall erfasst, dass Inhalte selbst in Form von
    Telemedien vorliegen. Umfassend zu den Anforderungen an die Hinweispflicht, NK-JMStV/*Gutknecht*
    JMStV § 12 Rn. 25 f.

Rahmen der Zusammenarbeit mit dem Jugendschutzbeauftragten ergreifen die Anbieter entsprechende Maßnahmen der Zugangsregulierung, die dem jugendschutzrelevanten Inhalt gerecht werden. Dabei bleibt der Anbieter indes dem Risiko der Falschbewertung – und damit dem Risiko eines Ordnungswidrigkeitsverfahrens – zwar ausgesetzt. Insoweit besteht aber ein **abgestuftes System aus Anreizen und Privilegierungen,** unter anderem mit der Folge, dass die meisten Anbieter über eigene Jugendschutzbeauftragte verfügen.

C. Kennzeichnung bei Film- und Spielplattformen, § 14a JuSchG

25 § 14a JuSchG statuiert für einen bestimmen Kreis von Diensteanbietern vollkommen neue **Kennzeichnungspflichten** für Inhalte, die auf Film- und Spieleplattformen bereitgestellt werden. **Film- und Spieleplattformen sind Diensteanbieter, die Filme oder Spielprogramme in einem Gesamtangebot zusammenfassen und mit Gewinnerzielungsabsicht als eigene Inhalte zum individuellen Abruf zu einem von den Nutzerinnen und Nutzern gewählten Zeitpunkt bereithalten.** Nach der novellierten Rechtslage sind die zuvor genannten Plattformen dazu verpflichtet, ihre Inhalte mit einem deutlich sichtbaren Hinweis auf die Altersstufe, für die der jeweilige Inhalt freigegeben wurde, zu kennzeichnen. Damit wird wohl eine **absolute Kennzeichnungspflicht** aufgestellt, die auch über die im Bereich der Trägermedien bislang etablierte Kennzeichnungspflicht hinausgeht, da sie Anbietern keine Möglichkeit bietet, ihr Angebot – etwa unter Inkaufnahme einer fehlenden Jugendfreigabe – ohne Kennzeichnung bereitzuhalten,[52] es sei denn, diese fielen nach den Voraussetzungen von Abs. 2 aus dem Anwendungsbereich heraus.

I. Anwendungsbereich

1. Diensteanbieter / Angebot eigener Inhalte

26 Die Kennzeichnungspflicht erfasst **Diensteanbieter,** die Medieninhalte in einem Gesamtangebot zusammenfassen und mit Gewinnerzielungsabsicht **als eigene Inhalte** zum individuellen Abruf zu einem von den Nutzerinnen und Nutzern gewählten Zeitpunkt bereithalten.

a) Anbieterbegriff

27 § 1 Abs. 6 JuSchG bestimmt den jugendschutzrechtlichen Diensteanbieterbegriff im Wege einer **dynamischen Verweisung** auf den Diensteanbieterbegriff nach dem **Telemediengesetz,** mit dem gesetzgeberischen Ziel, einen „Gleichklang der Regelungswerke zu erzeugen"[53]. Insoweit sei für die Bestimmung des Anwendungsbereichs auf § 2 S. 1 Nr. 1 TMG abzustellen, wonach Diensteanbieter „jede natürliche oder juristische Person, die eigene oder fremde Telemedien zur Nutzung bereithält oder den Zugang zur Nutzung vermittelt" sei. Die telemedienrechtliche Definition des Diensteanbieterbegriffs ist **sehr umfassend** und erfasst grundsätzlich nicht nur Content Provider, sondern auch Portalbetreiber und gewerbliche Dienstleister im Rahmen von durch Dritte

---

52 So auch: *Liesching/Zschammer* JMS-Report 3/2021, 2.
53 BT-Drs. 19/24909, 41.

Waldeck

betriebene Verkaufsplattformen.[54] Erfasst werden über § 2 S. 2 TMG grundsätzlich neben natürlichen Personen auch juristische Personen, sowie teilrechtsfähige Personengesellschaften; nicht jedoch Erfüllungsgehilfen und Arbeitnehmer des Anbieters.[55] Der Begriff des Diensteanbieters ist dabei auch in einem unionsrechtlichen Kontext mit Art. 12–15 E-Commerce-Richtlinie zu sehen, wobei die vom nationalen Gesetzgeber gewählte **überschießende Umsetzung** mit seinem weiten Begriffsverständnis unter Aussparung des Kriteriums der „Entgeltlichkeit" grundsätzlich zulässig ist.[56]

b) Angebot eigener Inhalte

Für die Bestimmung des Anwendungsbereichs von § 14a JuSchG ist darüber hinaus die Frage entscheidend, ob ein Diensteanbieter **eigene Inhalte** – dann Plattform iSd § 14a JuSchG – oder **fremde Inhalte** – dann Anbieter iSd § 24a JuSchG – zur Verfügung stellt. Eigene und fremde Inhalte stehen dabei grundsätzlich in einem **Exklusivitätsverhältnis**, sofern sich ein Anbieter nicht fremde Inhalte zu eigen macht (→ § 5 Rn. 12).[57]   28

Nach der Gesetzesbegründung sei dabei auf § 7 Abs. 1 TMG abzustellen. Dieser trifft eine Aussage über die Verantwortlichkeit der Anbieter nach den allgemeinen Gesetzen für eigene Informationen, die diese zur Nutzung bereithalten und stellt mithin eine Grundlagennorm des Haftungsrechts dar, deren unionsrechtliche Determinierung nicht außer Acht gelassen werden darf.[58] Nach Auffassung des Gesetzgebers handele es sich schon dann um eigene Inhalte, wenn Anbieter „auf die Auswahl und Darstellung der Filme und Spielprogramme einen **direkten inhaltlichen Einfluss** haben und diese **kuratiert bereitstellen** [, wobei] eine Zusammenfassung [...] grundsätzlich auch dann anzunehmen [ist], wenn der Diensteanbieter die Filme oder Spiele vor der Bereitstellung **nur einer geringfügigen inhaltlichen Einschätzung unterzieht** und diese **mittels automatisierter Verfahren sortiert** und auf dem Angebot veröffentlicht.[59]   29

aa) Eigene Inhalte nach TMG

Das TMG regelt sprachlich nicht den Begriff eigener Inhalte, sondern – unter Beachtung der Art. 12–15 E-Commerce-Richtlinie – den Begriff der **eigenen Informationen**, der jedoch wohl über den bloßen Inhaltsbegriff hinausgehen soll und alle Angaben erfasst, die im Rahmen des jeweiligen Teledienstes übermittelt oder gespeichert werden.[60]   30

Es liegt auf der Hand, dass selbst **hergestellte Inhalte** ohne Frage eigene Inhalte darstellen.[61] Darüber hinaus wurden – gemessen an den Normen des TDG aF – fremde Inhalte dann als eigene Inhalte zugerechnet, wenn der Anbieter sie sich „zu eigen" machte, was jedenfalls dann angenommen werden könnte, wenn sich die Informatio-   31

---

54 Spindler/Schuster/*Ricke* TMG § 2 Rn. 2.
55 Spindler/Schuster/*Ricke* TMG § 2 Rn. 4.
56 BeckOK InfoMedienR/*Paal/Hennemann* TMG § 7 Rn. 19.
57 Vgl. zum Begriff der „*eigenen Inhalte*" nach § 5 Abs. 2 TDG noch OLG München Urt. v. 3.2.2000 – 6 U 5475/99, MMR 2000, 617.
58 Vgl. zum unionsrechtlichen Hintergrund: BeckOK InfoMedienR/*Paal/Hennemann* TMG § 7 Rn. 4.
59 BT-Drs. 19/24909, 47.
60 BT-Drs. 14/6098, 23; Spindler/Schuster/*Hoffmann/Volkmann* TMG Vor § 7 Rn. 12.
61 So auch: Spindler/Schuster/*Hoffmann/Volkmann* TMG § 7 Rn. 14 unter Verweis auf EuGH Urt. v. 12.7.2011 – C-329/09, Rn. 106 ff. – L'Oréal SA.

nen aus Sicht eines Dritten wie eigene darstellten,[62] wobei eine Bewertungen der Gesamtumstände im Einzelfall unter Beachtung des objektiven Empfängerhorizontes eines Durchschnittsnutzers zu erfolgen hatte.[63] Zur Frage, welche genauen Anforderungen an die Gesamtumstände zu stellen sein dürfen, herrschte Uneinigkeit.[64] Nach Rechtsprechung des BGH kam es für das **Zu-Eigen-Machen fremder Inhalte** damit darauf an, dass der Anbieter sich mit diesen in einer Weise "identifiziert, so dass sie **als seine eigene[n] erschein[en]"**.[65]

32   Unter Beachtung der Judikatur des EuGH hat sich jedoch ein engeres Begriffsverständnis entwickelt, indem dieser insoweit das **Kriterium der „Neutralität"** geprägt hat: In Hinblick auf § 10 TMG bzw. Art. 14 der E-Commerce-Richtlinie hafte der Anbieter jedenfalls dann für einen Inhalt, wenn er durch eigene Kenntnis oder Kontrolle über fremde Informationen eine „aktive Rolle" einnehme, **nicht** aber, wenn es sich um eine **rein technische oder automatische Verarbeitung** handele.[66] Dieser Abgrenzung hat sich auch die nationale Rechtsprechung nicht verschlossen und agiert in Haftungsfragen nun entlang einer restriktiveren Auslegung.[67]

bb) Eigene Inhalte nach JuSchG

33   Gemessen daran geht die gesetzgeberische Begründung insbesondere für den praktisch höchst relevanten Fall des Zu-Eigen-Machens fremder Inhalte deutlich über die in der Literatur und Rechtsprechung herausgebildeten Kriterien hinaus.

34   Soweit dem Anbieter ein **direkter inhaltlicher Einfluss** auf die Auswahl und Darstellung der Inhalte zukommt, kann von einer Identifikation mit den Inhalten in einer Weise, dass diese als eigene Inhalte des Anbieters erscheinen, ausgegangen werden. Dies gilt umso mehr, wenn der Anbieter etwa mit den Inhalten im Besonderen wirbt.[68] Soweit der Anbieter Inhalte **kuratiert bereitstellt**, wird man eine entsprechende Identifikation je nach Umfang und Intensität der kuratierten Bereitstellung jedenfalls im Einzelfall annehmen können. Kriterien, die ein Zu-Eigen-Machen jedenfalls nahelegen dürften, könnten eine redaktionell und inhaltlich ausgerichtete Bereitstellung im Gegensatz zu einer bloß chronologischen Sortierung sein.

35   Soweit der Gesetzgeber von einem Zu-Eigen-Machen auch in den Fällen ausgeht, in denen der Anbieter die Inhalte nur einer **geringfügigen inhaltlichen Einschätzung** unterzieht und diese mittels eines **automatisierten Verfahrens sortiert und bereitstellt**, überschreitet diese sehr extensive Auslegung jedenfalls das bisherige Verständnis. Es ist schon unklar, wann der Anbieter nur eine solche geringfügige inhaltliche Einschätzung vornimmt, weder der Gesetzeswortlaut noch die Begründung gewähren darüber Aufschluss. Zudem wird es auch maßgeblich auf die technische Umsetzung eines entsprechenden automatisierten Verfahrens ankommen. Dabei darf wohl davon

---

62 Spindler/Schuster/*Hoffmann/Volkmann* TMG § 7 Rn. 16.
63 Spindler/Schuster/*Hoffmann/Volkmann* TMG § 7 Rn. 16; *Leible/Sosnitza* NJW 2004, 3225 (3226).
64 Zum Meinungsbild vgl. BeckOK InfoMedienR/*Paal/Hennemann* TMG § 7 Rn. 30 f. mwN.
65 BGH Urt. v. 30.6.2009 – VI ZR 210/08, MMR 2009, 752.
66 EuGH Urt. v. 12.7.2011 – C-324/09, GRUR 2011, 1025 (1032) – L'Oréal/eBay ua; EuGH Urt. v. 23.3.2010 – C-236/08 bis C-238/08, GRUR 1020, 445 (451) – Google France ua.
67 BGH Urt. v. 4.4.2017 – VI ZR 123/16, GRUR 2017, 844 (846) – klinikbewertungen.de; OLG Braunschweig Urt. v. 18.6.2019 – 2 U 97/18, BeckRS 2019, 27084 Rn. 34 f.
68 Vgl. zum Werbeverhalten grundsätzlich: Spindler/Schuster/*Hoffmann/Volkmann* TMG § 7 Rn. 16.

ausgegangen werden, dass, je intensiver dieses sich an Inhalten orientiert, ein Zu-Eigen-Machen naheliegen dürfte, nicht aber wenn es sich um bloße Überprüfungen der technischen Funktionsfähigkeit handelt.

Ausgenommen von der Kennzeichnungspflicht sind im Ergebnis – durch die Begrenzung auf eigene Inhalte – jedenfalls **Host-Provider**, sowie Betreiber von **Video-Sharing-Plattformen** und **sozialen Netzwerken**.[69] Erst recht ergibt sich für diese Gruppen auch keine anlassunabhängige Pflicht zur Überwachung und Prüfung von Drittinhalten.[70]   36

2. Gewinnerzielungsabsicht

Die Kennzeichnungspflicht trifft ausweislich des Gesetzeswortlautes nur Anbieter, die mit Gewinnerzielungsabsicht handeln. Von der Kennzeichnungspflicht **ausgeschlossen** sollen damit vor allem **privat betriebene Plattformen** sein.[71] Ebenfalls nicht verpflichtet werden sollen Anbieter von **non-profit-, behördlichen und firmeninternen Plattformen, die ohne kommerzielle Interessen** betrieben werden oder wenn diese lediglich für Spenden – keine regelmäßigen Mitgliedsbeiträge – zur Deckung der Betriebskosten werben.[72]   37

Die Einschränkung der Kennzeichnungspflicht auf im Wesentlichen kommerzielle Plattformen ist unter Gesichtspunkten der **Verhältnismäßigkeit** zu begrüßen, darf aber gemessen an den Schutzzielen des Kinder- und Jugendmedienschutzes wenigstens kritisch hinterfragt werden, denn ein effektiver Kinder- und Jugendmedienschutz darf nicht aus Kosten- oder Finanzierungsgründen versagen.[73]   38

Als rechtliche Herausforderung stellt sich auch der mit der Einschränkung verbundene **Ausschluss der öffentlich-rechtlichen Rundfunkveranstalter** aus dem Geltungsbereich dar (zur verfassungsrechtlichen Einordnung → Rn. 14 f.). Dies mag nicht nur unter Gleichbehandlungs- und Kompetenzgesichtspunkten Fragen aufwerfen, sondern stellt auch ganz praktische Fallstricke. Bereits auf den ersten Blick ist zu fragen, wie künftig mit **privaten und öffentlich-rechtlichen Gemeinschaftsproduktionen** umgegangen werden muss und welche Anforderungen an eine Kennzeichnung gestellt werden dürfen, wenn diese mal in einer öffentlich-rechtlichen Mediathek, mal ein einer privaten Mediathek zum Abruf bereitgestellt werden.[74] Die Klärung dieser Frage ist auch in Hinblick auf die fortschreitende Vernetzung von betroffenen Plattformen vordringlich.[75] Ein unterschiedlicher Umgang mit Alterskennzeichnungen ist je-   39

---

69 So auch: *Herberger* FuR 2021, 286 (289).
70 Vgl. BT-Drs. 19/24909, 47.
71 Der Gesetzgeber verweist beispielhaft auf Homepages zum Austausch von Let's-Play-Videos, Zusammenstellungen von Videos zu einem bestimmten Themenbereich und Nutzerprofile / Videokanäle von Influencern, BT-Drs. 19/24909, 47. Vor allem die Qualifikation von Influencer-Tätigkeiten als rein privat kann dabei aber durchaus hinterfragt werden.
72 BT-Drs. 19/24909, 47.
73 Auf diesen Wertungswiderspruch war bereits erfolglos auch im Gesetzgebungsverfahren hingewiesen worden, vgl. exemplarisch die Stellungnahme SPIO v. 28.2.2020, S. 13, die vor allem auch auf die dadurch geschwächte Akzeptanz hingewiesen hat.
74 In der Folge werden damit entsprechende Koproduktionen wie beispielsweise Babylon Berlin in einer öffentlich-rechtlichen Mediathek nicht mit einem Alterskennzeichen zu versehen sein, im Angebot eines privaten Anbieters wie etwa Sky hingegen schon, vgl. Stellungnahme FSF v. 28.2.2020, S. 6 f.
75 So auch: Stellungnahme SPIO v. 28.2.2020, S. 13.

denfalls für den Rechtsanwender unter Beachtung der Schutzziele nur schwer nachvollziehbar.

3. Individueller Abrufzeitpunkt

40 Inhalte müssen zum individuellen Abruf zu einem von den Nutzerinnen und Nutzern **selbst gewählten Zeitpunkt** bereitgehalten werden. Damit ist klargestellt, das von der Kennzeichnungspflicht **keine linear verbreiteten Inhalte** erfasst werden. Im Gegensatz zu Rundfunkinhalten, die für jedermann zum zeitgleichen Empfang bereitgestellt werden und für die diese Regelung gerade nicht gilt, müssen die Nutzerinnen und Nutzer den Tag und die Uhrzeit für den Abruf des Inhalts frei wählen können. Keinen Unterschied soll es jedoch machen, ob ein Inhalt zunächst auf ein elektronisches Gerät heruntergeladen und für einen späteren Offline-Abruf gespeichert und gegebenenfalls sogar installiert („**Download-Angebote**") oder direkt online gestreamt wird („**Streaming-Angebote**").[76]

4. Einschränkung des Anwendungsbereichs: Ausschluss fernsehähnlicher Angebote

41 Soweit Filme aufgrund ihrer Form und Gestalt **fernsehähnlich** sind, sollen sie **von der Kennzeichnungspflicht nicht erfasst** werden, worunter nach dem Willen des Gesetzgebers insbesondere Nachrichten, Reportagen, Unterhaltungs- oder Informationssendungen fallen sollen.[77] Ausgeschlossen werden soll die Pflicht hingegen nicht dadurch, dass Inhalte wie Spielfilme, Serien und Dokumentarfilme neben dem Bereithalten auf Abruf in Online-Mediatheken **auch im Rundfunk** gesendet werden. Diese Einschränkung des Anwendungsbereichs ergibt sich aus dem Wortlaut der Norm an sich nicht.[78] **Abgrenzungsschwierigkeiten** zwischen den Medienkategorien liegen zudem auf der Hand und können auch durch die amtliche Begründung nicht entschärft werden.[79] Diese Kritik war auch bereits im Gesetzgebungsverfahren durch den Bundesrat eingebracht worden, hatte jedoch keinen Niederschlag gefunden.[80]

42 Es bleibt offen, in wessen Hand die **Definition der „Fernsehähnlichkeit"** und deren Feststellung im Einzelfall liegt. Die verfassungsrechtliche Zuordnung des Rundfunks in den Hoheitsbereich der Länder legt bereits nahe, dass die Definition nicht durch den Bundesgesetzgeber oder die Bundeszentrale für Kinder- und Jugendmedienschutz (BzKJ) selbst erfolgen kann. Unter Beachtung des Staatsfernegebots (grundlegend zum Staatsfernegebot → § 1 Rn. 34 ff.) kann auch eine Definition durch den Landesgesetzgeber oder die Obersten Landesjugendbehörden (OLJB) nicht überzeugen. Grundsätzlich überzeugend ist es daher, die Begriffsbestimmung im **Zuständigkeitsbereich der Landesmedienanstalten** und der **Kommission für Jugendmedienschutz** (KJM) als deren Willensbildungsorgan zu verorten. Handfeste Abgrenzungskriterien werden erst noch ausgeprägt werden müssen, wobei „typische TV-Formate", insbe-

---

76 BT-Drs. 19/24909, 47.
77 BT-Drs. 19/24909, 47.
78 Stellungnahme DLM v. 6. 3.2020, S. 4 mit der zusätzlichen Problematisierung, dass an einen einheitlichen Medienbegriff auch einheitliche Rechtsfolgen geknüpft werden sollten.
79 *Liesching/Zschammer* JMS-Report 3/2021 2 (3).
80 BT-Drs. 19/24909, 89 mit Verweis auf die Schwierigkeiten bei der Abgrenzung der Anwendungsbereiche von § 14a JuSchG und den Pflichten nach dem JMStV insbesondere betreffend digitale Rundfunkangebote oder rundfunkähnliche Telemedien.

sondere solche, bei denen der reine Unterhaltungsaspekt überwiegt, als fernsehähnlich qualifiziert werden könnten. Gleiches könnte für sehr kurze Formate wie Musikclips oder anderen Snackable Content gelten.[81] Unklar bleibt auch, ob **generell rundfunkähnliche Telemedien** iSd § 2 Abs. 2 Nr. 13 MStV[82] aus dem Anwendungsbereich des JuSchG ausgenommen werden sollen.[83]

II. Kennzeichnungspflicht

Die Anbieter dürfen einen Film oder ein Spielprogramm im Rahmen der Plattform nur dann bereitstellen, wenn der Inhalt gemäß den Altersstufen des § 14 Abs. 2 JuSchG mit einer entsprechenden **deutlich wahrnehmbaren Kennzeichnung** versehen ist, die im Rahmen eines näher bestimmten Verfahrens vergeben wurde. Der Gesetzgeber schickt sich damit an, das bewährte System der Alterskennzeichnung aus dem analogen Bereich in den digitalen Bereich im Wesentlichen eins zu eins zu übertragen.[84]   43

1. Relevante Inhalte

Die Kennzeichnungspflicht erstreckt sich dabei – unbeschadet der oben dargestellten Ausnahmen – auf alle auf den Plattformen angebotenen Inhalte. Soweit **Spielprogramme** betroffen sind, darf wohl davon ausgegangen werden, dass die Pflicht auch mögliche **Erweiterungen und Zusatzinhalte**, die auf der Plattform bereitgestellt werden, erfasst. Unter den Begriff der Spielprogramme fallen richtigerweise grundsätzlich auch Apps.[85]   44

Darüber hinaus soll die Kennzeichnungspflicht im Bereich der Filme **Spielfilme, Serien und Dokumentarfilme** erfassen.[86] Ob der vom Gesetzgeber bei der Bestimmung des Anwendungsbereichs beabsichtigte Gleichlauf mit der bisherigen Praxis der §§ 11 und 12 JuSchG tatsächlich eintritt, bleibt abzuwarten. Die Einschränkung auf bestimmte Filme ist aber jedenfalls vor dem Hintergrund des **Bestimmtheitsgebotes** kritisch zu sehen, insoweit sich eine entsprechende Beschränkung der Kennzeichnungspflicht nicht im Gesetzeswortlaut niederschlägt.[87]   45

Schwierigkeiten in der Umsetzung und unverhältnismäßiger Aufwand für die Anbieter drohen jedoch dort, wo es um die Kennzeichnung **seriell produzierter Inhalte**   46

---

81 Als Snackable Content bezeichnet man besonders leicht konsumierbare Inhalte, die sich in der Regel durch eine einfache Gestaltung und wenig zeitraubenden Rezeptionsaufwand auszeichnen. Klassische Beispiele sind etwa die maximal 15-sekündigen „Stories" von Plattformen wie Instagram oder Snapchat, Tweets oder Memes und Animated GIFs.

82 § 2 Abs. 2 Nr. 13 MStV lautet: Im Sinne dieses Staatsvertrages ist rundfunkähnliches Telemedium ein Telemedium mit Inhalten, die nach Form und Gestaltung hörfunk- oder fernsehähnlich sind und die aus einem von einem Anbieter festgelegten Katalog zum individuellen Abruf zu einem vom Nutzer gewählten Zeitpunkt bereitgestellt werden (Audio- und audiovisuelle Mediendienste auf Abruf); Inhalte sind insbesondere Hörspiele, Spielfilme, Serien, Reportagen, Dokumentationen, Unterhaltungs-, Informations- oder Kindersendungen.

83 Dafür plädierend: Stellungnahme Vaunet v. 28.2.2020, S. 15.

84 Diese Übertragung krit. sehend: *Kreißig* KJug 2020, 139.

85 So auch: *Rauda* MMR-Beil. 2020, 13 (15), dies kann jedenfalls für solche Apps gelten, in denen Spielangebote dargeboten werden.

86 BT-Drs. 19/24909, 47.

87 So auch: *Hilgert/Sümmermann* MMR 2020, 301 (303); *Herberger* FuR 2021, 286 (289).

geht.[88] Es ist erforderlich, dass jede einzelne Episode eine individuelle Kennzeichnung erhält. Bei einer Miniserie mag dies noch einen überschaubaren Einsatz bedeuten, ganz anders mag sich die Situation aber bei umfangreichen und ausgedehnten Formaten darstellen.

47 Aufgrund ihres fernsehähnlichen Charakters **nicht erfasst** sein sollen **Nachrichten, Reportagen, Unterhaltungs- oder Informationssendungen** – also die „klassischen" TV-Formate – wobei die Abgrenzung zwischen den einzelnen Formaten fließend sein dürfte und die Entwicklung enumerativer Abgrenzungskriterien noch aussteht (zum Ausschuss fernsehähnlicher Inhalte → Rn. 41 f.). Besonderheiten können sich zudem bei Werbeinhalten und Trailern ergeben (→ Rn. 51).

2. Kennzeichen nach § 14 Abs. 2 JuSchG

48 Die Alterskennzeichnungen des JuSchG stellen für viele Akteure des Jugendmedienschutzes, aber auch für Kinder, Jugendliche und Eltern seit jeher eine verlässliche und spürbare Ausprägung des Jugendmedienschutzes dar. Sie bieten eine leicht zugängliche Basis,[89] und dienen dazu, bei der **fachkundigen Einschätzung des Gefährdungspotentials** eines Inhalts zu assistieren, **ohne dabei eine pädagogische oder ästhetische Empfehlung** auszusprechen (→ § 3 Rn. 5 ff.). Die Einbeziehung der bewährten Alterskennzeichen in Bezug auf Film- und Spieleplattformen ist vor diesem Hintergrund an sich zu begrüßen und dient dem gesetzgeberischen Ziel, mehr **Transparenz und Orientierung** zu gewährleisten.[90] Darüber hinaus dienen Alterskennzeichen aber auch dazu, den „Gatekeepern" der Medieninhalte aufzuzeigen, Personen welchen Alters Zugriff auf einen Medieninhalt gewährt werden darf und welchen nicht.[91] Diese **Gatekeeping-Funktion** kann in einem digitalen Kontext durch Jugendsperren, Filterfunktionen, Familieneinstellungen wahrgenommen werden.

49 Vor diesem Hintergrund wird die **Übernahme ausländischer Kennzeichen** nicht ausreichend sein, selbst wenn die bei der Vergabe angelegten Bewertungskriterien denen der deutschen Kennzeichen entsprechen.[92]

3. Deutliche Wahrnehmbarkeit

50 Die Alterskennzeichnungen müssen für die Rezipienten deutlich wahrnehmbar sein. Der Anbieter muss die Kennzeichnung **grundsätzlich innerhalb der Benutzeroberfläche** und bereits **vor der Anwahl** des Films bzw. des Spielprogrammes verfügbar halten.[93] Noch bevor die Nutzerinnen und Nutzer von der Benutzeroberfläche in die Medien einsteigen, muss die Altersstufe sichtbar sein. Sie darf auch nicht erst nach

---

88 Krit. Stellungnahme FSF v. 28.2.2020, S. 5, zudem auf den drohenden erhöhten Verwaltungs- und Kostenaufwand hinweisend.
89 *Linz* KJug 2020, 139 (140); so auch: Stellungnahme SPIO v. 28.2.2020, S. 1.
90 So auch: Stellungnahme HBI v. 28.2.2020, S. 11.
91 Im „analogen" Bereich sind solche „Gatekeeper" vor allem Fachpersonal an Kinokassen, Videotheken und Ladenlokalen.
92 So auch: *Hilgert/Sümmermann* K&R 2021, 297 (300).
93 Benutzeroberflächen stellen die Steuerungsebenen der Plattformen dar, sie können beispielsweise in textlicher, bildlicher oder akustischer Weise eine Übersicht über die Inhalte der Plattformen geben und einen direkten und unmittelbaren Zugriff auf die Angebote gewähren, vgl. *Kalbhenn/Schepers* K&R 2021, 316 (319 f.).

Start des Inhalts erkennbar werden, wobei ein darüber hinaus gehender zusätzlicher Hinweis nach Beginn des Films oder Spielprogrammes nicht erforderlich ist. Die Kennzeichnung soll barrierefrei wahrnehmbar sein.[94]

4. Exkurs: Umgang mit Trailern auf Plattformen

Im Umgang mit Werbetrailern auf Plattformen stellt sich die Frage, ob diese **selbst** **51** **besonders gekennzeichnet** werden müssen (grundlegend zum Umgang mit Trailern → § 3 Rn. 78 ff.). Die Kennzeichnungspflicht erstreckt sich dem Wortlaut nach auf „Filme und Spielprogramme". Dies wirft – neben der grundsätzlichen Frage nach der Berücksichtigung von Interaktionsrisiken (→ § 2 Rn. 60) – die Frage auf, ob und in welchem Umfang von dem Begriff des „Films" womöglich auch **Werbetrailer** erfasst sein können. Der Wortlaut als äußere Grenze der Auslegung wäre einer Erfassung jedenfalls zugänglich, soweit gerade keine Laufzeitbeschränkung oä im Gesetzestext verankert wurde. Dieser Auslegung kann jedoch die amtliche Begründung entgegengehalten werden, wonach „von der Kennzeichnungspflicht des Absatz 1 […] nur solche Filme erfasst [sind], die als **Spielfilme, Serien und Dokumentarfilme** anzusehen sind."[95] Unter Zugrundelegung des Gesetzeswortlauts und der gesetzgeberischen Absicht ist damit wohl davon auszugehen, dass Trailer – gleichwohl diese freilich grundsätzlich dasselbe Kennzeichnungsverfahren durchlaufen wie andere filmische Inhalte – keiner besonderen Kennzeichnung im Rahmen der Plattform bedürfen.

III. Kennzeichnungsverfahren

§ 14a Abs. 1 S. 2 JuSchG sieht **drei Möglichkeiten des Kennzeichnungsverfahrens** vor. **52** Der Verfahrensregelung liegt das **Prinzip der abgestuften Privilegierung** zugrunde, wonach zunächst das Verfahren nach § 14 Abs. 6 JuSchG durchgeführt werden oder eine Vergabe durch freiwillige Selbstkontrolleinrichtungen oder durch zertifizierte Jugendschutzbeauftragte der Anbieter erfolgen kann. Subsidiär ist ein Rückgriff auf automatische Bewertungssysteme nach § 14a Abs. 1 S. 2 Nr. 3 JuSchG möglich.

1. Verfahren nach § 14 Abs. 6 JuSchG – Gemeinsames Verfahren

Das Verfahren nach § 14 Abs. 6 JuSchG sieht in seiner Ausgestaltung ein **Zusammen-** **53** **wirken von privaten und staatlichen Akteuren** bei der Vergabe von Alterskennzeichen vor (→ § 3 Rn. 60 ff.). Die Zuständigkeit für die Vergabe der Alterskennzeichen liegt bei den OLJB, die dabei mit den Organisationen der freiwilligen Selbstkontrollen zusammenarbeiten. Durch letztere erfolgt die gutachterliche Bewertung der Inhalte. Dieses Verfahren ist durch jahrelange Erprobung in der Praxis bereits etabliert und sollte die beteiligten Instanzen nicht vor erhebliche praktische Schwierigkeiten stellen. Gleichwohl wird – insbesondere in Hinblick auf die Implikationen der Novelle – eine Anpassung des gemeinsamen Verfahrens notwendig sein (→ § 3 Rn. 111 ff.).

---

94 BT-Drs. 19/24909, 47 f.
95 So auch: *Liesching* ZUM 2021, 563 (567), der insoweit für eine teleologische Reduktion des „Film"-Begriffs plädiert.

2. Kennzeichnung durch freiwillige Selbstkontrolle (§ 19 JMStV) / zertifizierten Jugendschutzbeauftragen (§ 7 JMStV)

54 Nach § 14a Abs. 1 S. 2 Nr. 2 JuSchG kann eine Alterskennzeichnung auch durch eine nach § 19 JMStV anerkannte Einrichtung der freiwilligen Selbstkontrolle oder durch einen von einer Einrichtung der freiwilligen Selbstkontrolle zertifizierten Jugendschutzbeauftragten erfolgen. Anders als eine Kennzeichnung im Verfahren nach § 14 Abs. 6 JuSchG bietet eine Kennzeichnung im Verfahren nach § 14a Abs. 1 S. 2 Nr. 2 JuSchG keinen Indizierungsschutz (zum Indizierungsschutz durch Alterskennzeichnungen → § 6 Rn. 12 f.).[96]

a) Kennzeichnung durch freiwillige Selbstkontrolle (§ 19 JMStV)

55 Die nach dem JMStV anerkannten Selbstkontrolleinrichtungen sind bis dato die FSF (Privatfernsehen / fernsehähnliche Telemedien), FSM (Telemedien), FSK.online (Telemedien) und USK.online (Telemedien / Online-Spiele / Rundfunk),[97] wobei mit der Anerkennung keine Verleihung von hoheitlichen Befugnissen verbunden ist.[98] Voraussetzung der Anerkennung – und damit gemeinsames Merkmal aller anerkannten Einrichtungen – ist die **Unabhängigkeit der Prüfer.** Diese muss sowohl gegenüber dem Staat als auch gegenüber den Anbietern, die sich den Einrichtungen angeschlossen haben, gewährleistet sein.[99] Prüfer müssen zudem die **erforderliche Sachkunde** – mithin hinreichende Befassung mit jugendschutzrelevanten Themen aufgrund beruflicher Erfahrungen oder Ausbildung – vorweisen.[100]

56 Die Prüfungsentscheidungen sind grundsätzlich daran zu messen, dass sie einen **wirksamen Kinder- und Jugendschutz** gewährleisten.[101] Im Rahmen der bisherigen Prüfungen unter dem Regime des JMStV waren die Entscheidungen maßgeblich an den §§ 4, 5 und 6 JMStV, den dazu erlassenen Durchführungsvorschriften sowie den von den Landesmedienanstalten erlassenen Jugendschutzrichtlinien zu orientieren.[102] Zur Durchführung der Prüfungen geben sich die Einrichtungen eigene Verfahrensordnungen, die den Anforderungen des § 19 Abs. 2 Nr. 4 JMStV gerecht werden müssen.[103] Inwieweit eine Anpassung der bisherigen Verfahrensordnungen – womöglich auch unter Adaption neuer Prüfungsmaßstäbe – erforderlich werden wird, bleibt abzuwarten.

b) Kennzeichnung durch zertifizierten Jugendschutzbeauftragen (§ 7 JMStV)

57 Dem Anbieter steht auch die Möglichkeit zur Verfügung, die Kennzeichnung durch einen von einer Einrichtung der freiwilligen Selbstkontrolle **zertifizierten Jugend-**

---

96 BT-Drs. 618/20, 52.
97 NK-JMStV/*Braml* JMStV § 19 Rn. 9–12, instruktiv zu den jeweiligen Anerkennungsvoraussetzungen des § 19 Abs. 2 JMStV: NK-JMStV/*Braml* JMStV § 19 Rn. 25–37.
98 NK-JMStV/*Braml* JMStV § 19 Rn. 4.
99 NK-JMStV/*Braml* JMStV § 19 Rn. 25.
100 NK-JMStV/*Braml* JMStV § 19 Rn. 25.
101 NK-JMStV/*Braml* JMStV § 19 Rn. 27.
102 NK-JMStV/*Braml* JMStV § 19 Rn. 27; vgl. auch „Gemeinsame Richtlinien zur Gewährleistung des Schutzes der Menschenwürde und des Jugendschutzes" https://www.die-medienanstalten.de/fileadmin/user_uplo ad/Rechtsgrundlagen/Richtlinien/Richtlinien_Leitfaeden/JuschRiLi/JuschRiLi_der_Landesmedienanstalten_ab_15.10.2019.pdf.
103 Vgl. etwa Prüfungsordnung der FSF https://fsf.de/data/user/Dokumente/Downloads/FSF_PrO.pdf; Statut der USK.online abrufbar unter https://usk.de/die-usk/grundlagen-und-struktur/grundlagen/.

schutzbeauftragten nach § 7 JMStV durchführen zu lassen.[104] Die fachlich an den Jugendschutzbeauftragten zu stellenden Anforderungen entsprechen richtigerweise mindestens denen des § 7 JMStV. Nach § 7 Abs. 4 JMStV muss der Jugendschutzbeauftragte über die zur Erfüllung seiner Aufgaben **erforderliche Fachkunde** verfügen und seine **Tätigkeit weisungsfrei** ausüben. Durch die Möglichkeit der Beteiligung eines Jugendschutzbeauftragten wird die bereits im Rundfunk- und Telemedienbereich bewährte Vorgehensweise zur Kennzeichnung von Inhalten auf das Gebiet der digitalen Medien übertragen.

Weder das JuSchG noch der JMStV machen indes inhaltliche Vorgaben, anhand welcher Merkmale die erforderliche Fachkunde zu bestimmen ist.[105] In Hinblick auf die hohe Relevanz der Tätigkeit als Jugendschutzbeauftragter kann sich die erforderliche Fachkunde nicht aus formalen Abschlüssen ergeben, sondern es dürfen **ausreichende praktische Erfahrungen und Fertigkeiten** im Bereich des Jugendmedienschutzes zu fordern sein.[106] Aufgrund der Vielfältigkeit und Interdisziplinarität des Arbeitsfeldes, dürfen neben rechtlichen Grundkenntnissen im Bereich des **Jugendmedienschutzes** auch Fertigkeiten in den Bereichen **Pädagogik, Sozialwissenschaft, Medienwirkung und Journalismus** vorausgesetzt werden. Zusätzlich wird ein gewisses Maß an **technischen und organisatorischen Kompetenzen** erforderlich sein, um den mannigfaltigen Anforderungen gerecht werden zu können.[107] Dem Jugendschutzbeauftragten kommt dabei – jedenfalls in Bezug auf sein genuines beratendes Tätigkeitsfeld – keine hoheitliche Funktion zu.[108] 58

Die praktische Umsetzung der Alterskennzeichnungen durch einen zertifizierten Jugendschutzbeauftragten liegt bislang jedoch noch weitestgehend im Unklaren. Bis dato existieren noch keine Konzepte für eine solche Zertifizierung, deren **Entwicklung und Ausarbeitung** der Gesetzgeber expressis verbis in den **Verantwortungsbereich der Einrichtungen der freiwilligen Selbstkontrollen** übertragen hat.[109] Die zwecks Qualitätssicherung an eine solche Zertifizierung anzulegenden Kriterien werden weder im JuSchG noch im JMStV vorgegeben, sondern werden teleologisch anhand der Schutzzwecke zu erarbeiten sein. 59

Um überhaupt einen realen Anwendungsbereich von § 14a Abs. 1 S. 2 Nr. 2 Alt. 2 JuSchG zu schaffen, dürfte zunächst eine **vorläufige Zertifizierung** der bislang tätigen Jugendschutzbeauftragten notwendig sein. Neben der Frage, welche inhaltlichen Anforderungen an eine entsprechende Zertifizierung zu stellen sein dürfen, ist auch of- 60

---

104 Ursprünglich war eine Kennzeichnung durch die Jugendschutzbeauftragten nicht vorgesehen gewesen, die Möglichkeit der Kennzeichnung durch einen Jugendschutzbeauftragten war aber durch diverse Verbände gefordert worden, vgl. Stellungnahme FSF v. 28.2.2020, S. 14; Stellungnahme VAUTNET v. 28.2.2020, S. 7; und war auch auf Bestrebungen des Arbeitskreises der Jugendschutzbeauftragten aufgenommen worden, die andernfalls ihre Funktion als auch ihre langjährige Expertise ausgehebelt gesehen hätten, vgl. Stellungnahme Jugendschutzbeauftragte v. 26.2.2020, S. 1.

105 Vgl. zu den Anforderungen an die erforderliche Fachkunde das Positionspapier „Jugendschutzbeauftragte – Rechtsauffassung der Kommission für Jugendmedienschutz (KJM) zu § 7 Jugendmedienschutz-Staatsvertrag (JMStV)", https://www.kjm-online.de/fileadmin/user_upload/KJM/Ueber_uns/Positionen/Rechtsauffassung_KJM_Jugendschutzbeauftragte1.pdf.

106 So auch NK-JMStV/*Gutknecht* JMStV § 7 Rn. 33.

107 Instruktiv: NK-JMStV/*Gutknecht* JMStV § 7 Rn. 33 f.

108 NK-JMStV/*Gutknecht* JMStV § 7 Rn. 35.

109 BT-Drs. 19/24909, 48.

fen, wie diese – formal betrachtet – nachgewiesen werden kann und muss. Denkbar wäre eine verpflichtende turnusmäßige Teilnahme an **Fort- und Weiterbildungsveranstaltungen**, die seitens der Einrichtungen der freiwilligen Selbstkontrollen ausgerichtet werden könnten. Alternativ käme auch eine singuläre Zertifizierung – etwa zu Beginn der Tätigkeit als Jugendschutzbeauftragter – durch Absolvieren entsprechender **Leistungsnachweise** in Betracht. Auf lange Sicht wäre auch – dann jedoch wohl nicht ausschließlich durch die Einrichtungen der freiwilligen Selbstkontrolle – die Implementierung einer entsprechenden Zertifizierung in einen entsprechenden (Medien-)Studiengang, gleichsam eine "praxisnahe Lehrbefähigung", denkbar. Im Endeffekt kann es aber nur im wohlverstandenen Interesse aller Beteiligten sein, dass die bei den Jugendschutzbeauftragten vorhandene Expertise und Erfahrung (auch) im Bereich der Alterskennzeichnungen weiter fruchtbar gemacht wird.

3. Automatisiertes Bewertungssystem

61 Alternativ können Anbieter auch ein automatisiertes Bewertungssystem verwenden, welches von einer obersten Landesbehörde anerkannt und von einer gemäß § 14 Abs. 6 JuSchG tätigen Einrichtung der freiwilligen Selbstkontrolle entwickelt wurde. Grundlage eines solchen Bewertungssystems ist stets die von den Anbietern vorgenommene Selbsteinschätzung betreffend Inhalt und Gefährdungspotential des Inhalts. Im Spielebereich wurde und wird bisher vor allem das Bewertungssystem der **International Age Rating Coalition** (IARC) genutzt, welches der novellierten Regelung als Vorbild diente (→ Rn. 68 ff.).

62 Bislang gibt es noch kein automatisiertes Bewertungssystem, welches die **erforderliche staatliche Anerkennung** aufweisen würde, womit § 14a Abs. 2 Nr. 3 JuSchG noch keinen tatsächlichen Anwendungsbereich hat. Die staatliche Anerkennung wirft mehrere Fragen auf:[110] So ist noch unklar, nach welchen Kriterien und Verfahren eine solche Anerkennung vonstattengehen kann, zumal das JuSchG hierzu keine expliziten Vorgaben macht.[111] Bei der Ausarbeitung der Anerkennungskriterien wird eine **enge Zusammenarbeit zwischen privaten und staatlichen Akteuren** erforderlich sein, um **inhaltlich fundierte und praxistaugliche Kriterien** zu entwickeln. Es muss gewährleistet werden, dass **angemessene Mindeststandards** eingehalten werden, damit nicht im Ergebnis das Jugendschutzniveau abgesenkt wird. Dabei wird zuvörderst sichergestellt werden müssen, dass insbesondere **strafrechtlich relevante** sowie **jugendgefährdende Inhalte** mit sehr hoher Sicherheit als solche erkannt und im Bereich der Entwicklungsbeeinträchtigung jugendschutzrelevante Inhalte zuverlässig erfasst und in Übereinstimmung mit der bisherigen Spruchpraxis der Selbstkontrollen bewertet werden. Im Rahmen der Anerkennung wird auch ein **adäquates Qualitätsmanagement** etabliert werden müssen, welches die Entwicklungen gesellschaftlicher Normen und Werte sowie technische Neuerungen nachvollzieht, denn ein moderner Jugendschutz kann nicht als starres Konstrukt gedacht werden. Vielmehr liegt in der Etablierung

---

110 Grds. einer staatlichen Anerkennung krit. gegenüberstehend: Stellungnahme USK v. 28.2.2020, S. 11.
111 Vgl. Stellungnahme FSF v. 28.2.2020, S. 7; Stellungnahme Vaunet v. 28.2.2020, S. 9, die auch einen Eingriff in die Freiwillige Selbstkontrolle besorgen, sofern seitens der Behörden die Bewertungskriterien geändert oder eine solche Änderung gefordert werden könnte, ebenso Stellungnahme USK v. 28.2.2020, S. 10, die die Anerkennung von IARC besorgen.

Waldeck

solcher Systeme auch ein implizierter und kontinuierlicher Entwicklungsauftrag an alle Beteiligten. Für eine effiziente Gestaltung auch künftiger Bewertungssysteme wird es gerade auch darauf ankommen, hinreichend **ausdifferenzierte Algorithmen** zu entwickeln, die auch ebendiesen hochsensiblen Bereich der **Entwicklungsbeeinträchtigung** abdecken können.[112]

Bei der Entwicklung wird auch auf die aus einem seit April 2020 laufenden **Modell-** **versuch** der FSK gewonnenen Erkenntnisse und Expertisen zurückgegriffen werden können. Im Rahmen des Verfahrens nach § 14 Abs. 6 JuSchG (→ § 3 Rn. 60 ff.) hat die FSK in Kooperation mit den OLJB ein **kriterienbasiertes Klassifizierungs-Tool** entwickelt, welches bereits für über 7000 Prüfungsinhalte zum Einsatz kam. Anders als dies für die Umsetzung innerhalb eines vollständig automatisierten Bewertungssystems der Fall sein wird, kann das Klassifizierungs-Tool entweder durch geschultes FSK-Prüfpersonal oder durch geschulte Anbieterverantwortliche angewendet werden, wobei das Tool **keine künstliche Intelligenz** darstellt, sondern auf Basis eines etwa 80 Fragen umfassenden Fragenkatalogs einer internen Logik folgend eine Altersbewertung generiert. Im Rahmen des Pilotprojekts erfolgt die Einbindung des Klassifizierungs-Tools als Ergänzung zu dem etablierten, plural besetzten Prüfverfahren, wobei nach Abschluss der Klassifizierung die Altersbewertung als Freigabeentscheidung von den Ständigen Vertretern freigegeben wird.

Eine Kennzeichnung durch ein automatisiertes Bewertungssystem bietet jedoch **keinen Schutz vor Indizierung** (zum Indizierungsschutz durch Alterskennzeichnungen → § 6 Rn. 12 f.), da auch im Rahmen dieser Kennzeichnung – anders als im Verfahren nach § 14 Abs. 6 JuSchG – kein Verwaltungsakt durch die OLJB ergeht.[113] Daran ändert sich auch nichts durch die Anerkennung des Bewertungssystems selbst.

4. Berücksichtigung von Interaktionsrisiken nach § 10b JuSchG und Verwendung vom Deskriptoren nach § 14 Abs. 2a JuSchG

§ 14a Abs. 1 S. 3 JuSchG ordnet die entsprechende Geltung der §§ 10b und 14 Abs. 2a JuSchG auch für die nach § 14a JuSchG ausreichende Kennzeichnung an. Damit soll sichergestellt werden, dass auch im Rahmen der Kennzeichnung nach § 14a Abs. 1 S. 2 JuSchG **Interaktionsrisiken** (grundlegend zur Berücksichtigung von Interaktionsrisiken → § 2 Rn. 34 ff.) **berücksichtigt** und **Inhaltsdeskriptoren** (→ § 3 Rn. 111) **verwendet** werden können. Die Berücksichtigung von Interaktionsrisiken dürfte dabei gerade bei der Kennzeichnung von Apps an Relevanz gewinnen, denn dort mag vielfach die **Förderung exzessiven Nutzungsverhaltens** oder die **Animation zu Kaufangeboten digitaler Güter** auftreten.[114]

63

64

65

---

112 Krit. *Hopf/Braml* ZUM 2020, 312 (318) in Bezug auf die Einordnung und Berücksichtigung des dem Inhalt zu Grunde liegenden Kontextes; die FSF geht von einer Quote von etwa 20 % algorithmischer Fehleinschätzungen aus, Stellungnahme FSF v. 28.2.2020, S. 12; im Rahmen des dargestellten Pilotprojekts der FSK wurden im Evaluierungszeitraum von sechs Monaten 3175 filmische Inhalte überprüft und im Rahmen des anschließenden individuellen Qualitätsmanagements kam es nur in etwa 1 % der Prüffälle zu einer abweichenden Bewertung.

113 Der vollständig automatisierte Erlass eines Verwaltungsaktes wäre gemessen an den Anforderungen des § 35a VwVfG bei einer Alterskennzeichnung auch kaum vorstellbar, da regelmäßig Ermessen oder Beurteilungsspielraum bei der Bewertung vorliegen dürfte.

114 *Rauda* MMR-Beil. 2020, 13 (15) mit dem zutr. Hinweis, dass bereits jetzt schon auf freiwilliger Basis auf unterschiedlichen Plattformen etwa auf die Möglichkeit von „In-App-Käufen" hingewiesen wird.

66   Soweit es die **Kennzeichnung nach Nr. 2 und 3** angeht, werden die Details dafür zwischen den beteiligten Akteuren ausgearbeitet werden müssen. Dabei ist indes zu beachten, dass aufgrund des Wortlautes von § 10b Abs. 2 JuSchG „Kennzeichnung nach § 14 Abs. 2a hinaus" und der Formulierung in § 14 Abs. 2a JuSchG „im Rahmen des Verfahrens nach Abs. 6" sowie des Wortlauts von § 14a Abs. 1 S. 2 Nr. 1 JuSchG im Wege der Auslegung wohl davon auszugehen ist, dass eine **Berücksichtigung von Interaktionsrisiken im Kennzeichnungsverfahren ohne staatliche Beteiligung wohl fakultativ** ausgestaltet sein dürfte.[115] Es bleibt den betroffenen Stellen selbst überlassen, ob und gegebenenfalls in welchem Umfang Interaktionsrisiken bei der Bewertung Beachtung finden sollen. Im Ergebnis beschränkt sich damit wohl auch die Verwendung von Deskriptoren auf das gemeinsame Verfahren mit dem OLJB.

67   Insbesondere die **Berücksichtigung von** (plattformspezifischen) **Interaktionsrisiken** bei der Alterskennzeichnung darf aber kritisch hinterfragt werden, führt sie doch womöglich dazu, dass ein identischer Inhalt je nach Interaktionsmöglichkeiten einer Plattform bisweilen **unterschiedliche Alterskennzeichen** erhalten mag. Es bleibt aber abzuwarten, ob sich ein solches „Schreckgespenst" der unterschiedlichen Kennzeichnung identischer Inhalte in der Realität tatsächlich auswirken oder ob die Besorgnis nicht eher theoretischer Natur bleiben wird. Im Rahmen der Verwendung von Deskriptoren stellen sich zudem dieselben offenen Fragen wie bei der Kennzeichnung im Rahmen von § 14 JuSchG, wobei die von den Beteiligten vorzunehmenden Entwicklungen und Abstimmungen für § 14a JuSchG in dessen Anwendungsbereich wohl gleichermaßen Wirkung zeitigen werden (→ § 3 Rn. 111).

5. Exkurs: Das IARC-System (International Age Rating Coalition)

68   Bei der **Entwicklung automatisierter Bewertungssysteme** dient das im Jahr 2013 von der USK[116] mitbegründete IARC-System als Vorbild, das bereits in der Vergangenheit eine besondere Erfolgsgeschichte schrieb. Jährlich erteilt die global agierende IARC mehrere Millionen Alterskennzeichen innerhalb der angeschlossenen Plattformen.[117] Anbieter, die ihren Inhalt auf einer entsprechenden Vertriebsplattform feilbieten wollen, speisen dabei die relevanten Informationen in das im Rahmen der Plattform implementierte IARC-System ein.[118] Das etablierte Alterskennzeichnungssystem bleibt nicht bei den gesetzlichen Minimalanforderungen stehen, sondern geht über diese hinaus, indem schon in der Vergangenheit mit **Deskriptoren und Zusatzinformationen** gearbeitet wurde und wird, um die **Kennzeichnungen nachvollziehbar und transparent** zu gestalten. Die Kenntlichmachung von Interaktionsrisiken mittels Zusatzinformationen einerseits und Inhaltsrisiken mittels Alterskennzeichnung andererseits kann dabei gerade einer Verwässerung von Alterskennzeichen entgegenwirken.[119] Auf der

---

115 So auch: *Liesching* ZUM 2021, 563 (564).
116 Diese verantwortet das IARC-System in enger Abstimmung mit dem pluralistisch besetzten Beirat, der sich unter anderem durch Vertreter der OLJB, der KJM, der bisherigen BPjM und dem BMFSFJ konstituiert.
117 Angeschlossen sind gerade auch solche Plattformen, die eine große Reichweite besitzen, wie der Google Play Store, der Microsoft Windows Store und der Xbox Store, *Hentsch/von Petersdorff* MMR-Beil. 2020, 3 (7).
118 *Schwiddessen* CR 2015, 515 (516).
119 *Hentsch/von Petersdorff* MMR-Beil. 2020, 3 (7).

technischen Seite können diese Alterskennzeichen auch **durch Jugendschutzprogramme ausgelesen und gefiltert** werden.

Die Kennzeichengenerierung erfolgt dabei automatisch auf Basis anbieterseitiger Angaben mittels der Beantwortung eines Fragebogens, bei der eine **Selbsteinschätzung zu den jugendschutzrelevanten** Inhalten erfolgt.[120] Die Kriterien für die Kennzeichnung werden nicht für alle teilnehmenden Länder durch IARC vorgegeben, sondern werden von den Prüforganisationen zugeliefert und bilden daher den **nationalen Prüfstandard** ab.[121] Basierend auf den technisch auslesbaren Kennzeichen können anschließend **Jugendschutzsperren, Filter oder Familieneinstellungen** vorgenommen werden.[122] Auf nationaler Ebene erfolgt eine stichprobenartige Qualitätskontrolle durch die USK, die auch eine **Beschwerdestelle zur individuellen und manuellen Überprüfung** monierter IARC-Kennzeichen eingerichtet hat.[123]   69

IV. Einschränkung des Anwendungsbereichs

Über Abs. 2 wird der Geltungsbereich der Kennzeichnungspflicht – vor allem unter Aspekten der Verhältnismäßigkeit – auf näher bestimme Anbieter beschränkt. Vom Anwendungsbereich ausgenommen werden damit einerseits Diensteanbieter, denen **nur eine geringe Reichweite** zukommt und andererseits Angebote, bei denen sichergestellt ist, dass sie **ausschließlich von Erwachsenen wahrgenommen** werden.   70

1. Bagatellgrenze

Gemäß § 14a Abs. 2 S. 1 JuSchG sind Diensteanbieter mit **weniger als eine Million Nutzerinnen und Nutzern im Inland von der Kennzeichnungspflicht befreit.** Die Ausgestaltung der Ausnahmeregelung, die eine gewisse Verhältnismäßigkeit gegenüber kleineren Anbietern bezwecken soll,[124] ist **so kaum nachvollziehbar.**[125] Sie konterkariert im Ergebnis auch das Ziel des neuen JuSchG, einen umfassenden Jugendschutz im digitalen Zeitalter zu gewährleisten.   71

Die Einführung einer solchen Bagatellgrenze war auch im Rahmen des Gesetzgebungsverfahrens unter verschiedenen Gesichtspunkten immer wieder und von verschiedenen Seiten kritisiert worden.[126] Dies maßgeblich mit dem überzeugenden Argument, dass eine **Gefährdung oder Beeinträchtigung der Entwicklung Minderjähriger von den Inhalten der Medien abhängt** und nicht von der Zahl der Nutzer eines Anbieters.[127] Gleichzeitig wurde auch immer wieder auf die Schwierigkeiten bei den Begriffsbestimmungen hingewiesen. Die gesetzgeberische Intention, kleinere   72

---

120 *Schwiddessen* CR 2015, 515.
121 *Schwiddessen* CR 2015, 515.
122 *Schwiddessen* CR 2015, 515 (516).
123 *Schwiddessen* CR 2015, 515 (516).
124 BT-Drs. 19/24909, 49.
125 Ebenso: Stellungnahme bitkom v. 28.2.2020, S. 16; Stellungnahme DLM v. 6.3.2020, S. 6; *Hopf/Braml* ZUM 2020, 312 (318).
126 Vgl. exemplarisch: Stellungnahme Spitzenverbände v. 6.1.2021 S. 2; Stellungnahme Innocence in Danger, S. 5; Stellungnahme Vaunet v. 28.2.2020, S. 5 f.
127 Sehr pittoresk in diesem Zusammenhang die Analogie, dass auch für Tabak- und Alkoholverkaufsregularien keine solchen Bagatellgrenzen existierten, da andernfalls etwa Tankstellen mit bis zu 1.000 Kunden am Tag von den Regelungen des Jugendschutzes freigestellt sein könnten, was „völlig abstrus" sei, BT-Drs. 19/27289, 12.

Anbieter zu entlasten, mag von guten Absichten getragen sein, verfehlt jedoch ihr Ziel und lässt den Rechtsanwender mit mehr Fragen als Antworten zurück. Gerade die Bestimmtheit der Grenze ist fraglich, zumal weder die Definition des „Nutzer"-Begriffs eindeutig, noch der maßgebliche Zeitraum zur Bestimmung des Nämlichen erkennbar ist.[128] Fraglich ist auch, ob ein Abstellen auf die Nutzung der Plattform in Gänze bestimmt genug ist oder ob nicht vielmehr die Nutzung einzelner Angebote in den Blick genommen werden müsste.[129] Eine solche Rechtsunsicherheit geht am Ende des Tages zulasten des Schutzniveaus für Kinder und Jugendliche.

73   Selbst unter Zuhilfenahme der Gesetzgebungsmaterialien als Auslegungshilfe ist nicht erkennbar, wie der **Nutzerbegriff** bestimmt und die **relevante Nutzerzahl** berechnet werden soll, was auch während des Gesetzgebungsverfahrens wiederholt moniert worden war.[130] Dass darauf keine Klarstellung erfolgte, ist umso erstaunlicher vor dem Hintergrund, dass es vergleichbare Fragestellungen bereits im Kontext von § 1 Abs. 2 NetzDG gegeben hatte, in dem jedoch auf die **Registrierung der Nutzer** abgestellt wird.[131] Es stellt sich darüber hinaus auch die Frage, welche Anforderungen an einen „Nachweis" zu stellen sein dürften. Soweit ein Nachweis durch die Anzahl der „Nutzungen" geführt werden kann, ist zu beachten, dass **Mehrfachnutzungen** dadurch nicht abgebildet würden.

2. Angebote ausschließlich für Erwachsene

74   Sorgt der Anbieter – etwa mittels einer Altersprüfung durch Altersverifikationssysteme, ähnlich einer **geschlossenen Benutzergruppe** für relativ unzulässige Angebote nach § 4 Abs. 2 S. 2 JMStV – dafür, dass die von ihm bereitgestellten Inhalte mit hinreichender Sicherheit ausschließlich Erwachsenen zugänglich sind, werden ebenfalls keine Hinweise auf die jeweilige Altersstufe verlangt. Es kommt dabei entscheidend auf den tatsächlichen Ausschluss der Zugänglichmachung an, gleich ob dieser durch technische Mittel oder andere Maßnahmen erfolgt.

75   Ein möglicher **Rückgriff auf die Kriterien für die geschlossenen Benutzergruppen nach § 4 Abs. 2 S. 2 JMStV**, den auch die Gesetzesbegründung vorsieht,[132] stellt einen erfreulichen Baustein der Verzahnung von bundesrechtlichem und staatsvertraglichem Jugendmedienschutz dar. Denn damit kann auf bereits vorhandene Erkenntnisse und Erfahrungen gerade im Bereich der Telemedien aufgebaut und vorhandene Expertise optimal ausgenutzt werden. Dies gilt in besonderer Weise für das Anforderungsprofil, das insoweit an ein effizientes Altersverifikationssystem zu stellen sein dürfte.[133] Maßgeblich kommt es für die **Verlässlichkeit eines Altersverifikationssystems** darauf an, dass es einfache, naheliegende und offensichtliche Umgehungsmög-

---

128   Zu Recht krit. *Hilgert/Sümmermann* K&R 2021, 297 (299), *Hopf/Braml* ZUM 2020, 312 (318).
129   Krit. *Liesching/Zschammer* JMS-Report 3/2021, 2 (3).
130   Stellungnahme Vaunet v. 28.2.2020, S. 5 f.; Stellungnahme bitkom v. 28.2.2020, S. 16; Stellungnahme DLM v. 6.3.2020, S. 6; Stellungnahme USK v. 28.2.2020, S. 11.
131   Dies vor allem mit dem Argument, dass kleinere Netzwerke von aufwändigen Prüfungspflichten befreit werden sollen und bei geringer Nutzerzahl zudem nur eine schwächere Perpetuierungswirkung der ausgetauschten und öffentlich zugänglich gemachten Inhalte vorhanden sei, BT-Drs. 18/12356, 19.
132   BT-Drs. 618/20, 53.
133   Instruktiv zu den Anforderungen: NK-JMStV/*Erdemir* JMStV § 4 Rn. 231 ff.

lichkeiten ausschließt.[134] Insoweit hat sich etwa das **zweistufige Altersverifikations-verfahren der KJM** etabliert, welches auf erster Stufe eine Identifizierung des Nutzers (in der Regel durch sog. Face-to-Face-Kontrolle) zur Aushändigung der Zugangsdaten zu der Benutzergruppe vorsieht. Auf zweiter Stufe erfolgt eine Authentifizierung des Nutzers bei jedem einzelnen Zugriff auf die Inhalte der Benutzergruppe (etwa durch die Eingabe einer persönlichen PIN).[135] Die Anforderungen, die an ein Altersverifikationssystem iSd § 14a Abs. 2 JuSchG zu stellen sind, dürften keine anderen sein als die im Rahmen des JMStV zu stellenden.

Bislang ist zur **Anerkennung** entsprechender Altersverifikationssysteme **ausschließlich die KJM** berufen. Möglich wäre, diese bestehende Zuständigkeit auch auf die Altersverifikationssysteme des JuSchG zu übertragen. Es erscheint denkbar und kohärent, die anschließende Einzelfallbeurteilung den anerkannten Einrichtungen der freiwilligen Selbstkontrolle nach dem JMStV zu überantworten. Es wäre dann an den Ländern, die Weichen für eine entsprechende Verzahnung zu stellen.   76

V. Geltung für ausländische Anbieter

Abs. 3 konstituiert die Anwendbarkeit der Kennzeichnungspflicht vorbehaltlich der Ausnahmeregelung in Abs. 2 auch auf **Anbieter, deren Sitzland nicht Deutschland ist,** „sofern ein hinreichender kinder- und jugendmedienschutzrechtlicher Inlandsbezug gegeben ist"[136]. Gleichzeitig wird auf die fortbestehende Geltung der §§ 2a und 3 TMG verwiesen. In §§ 2a und 3 TMG ist das europarechtlich vorgesehene **Herkunftslandprinzip** verankert. Reichweite und Geltung der Regelung war mit Blick auf das Unionsrecht bereits im Gesetzgebungsverfahren in Zweifel gezogen worden.[137]   77

1. Hinreichender kinder- und jugendmedienschutzrechtlicher Inlandsbezug

Anbieter, deren Sitzland nicht Deutschland ist, werden nur dann von den Kennzeichnungspflichten getroffen, sofern ein hinreichender kinder- und jugendmedienschutzrechtlicher Inlandsbezug gegeben ist. Dieses hinreichende Kriterium ergibt sich nicht bereits aus dem Gesetzeswortlaut selbst, findet aber in der Gesetzesbegründung Niederschlag, ohne dort näher erläutert zu werden.[138] Die Einschränkung der Geltung der Kennzeichnungspflicht ist neben Erwägungen der Verhältnismäßigkeit auch einem Pragmatismus und dem sog. **genuine-link-Konzept** des Völkerrechts geschuldet. Eine Verpflichtung ausländischer Anbieter durch das nationale Jugendschutzgesetz – und damit durch den deutschen Gesetzgeber – ohne dass es einen wie auch im-   78

---

134 BGH Urt. v. 18.10.2007 – I ZR 102/05, NJW 2008, 1882 (1884) – ueber18.de; NK-JMStV/*Erdemir* JMStV § 4 Rn. 231.
135 Vgl. Beschluss der KJM v. 18.6.2003, vgl. auch *Günter/Schindler* RdJB 2006, 341 (344).
136 BT-Drs. 19/24909, 49.
137 Stellungnahme USK v. 28:2.2020, S. 11; Stellungnahme FSF v. 28.2.2020, S. 3.
138 Vgl. BT-Drs. 19/25207, 4.

mer gearteten Bezugspunkt zu Deutschland gibt, erscheint auch kaum vorstellbar (→ § 9 Rn. 6).[139]

79 Der Begriff des **hinreichenden kinder- und jugendmedienschutzrechtlichen Inlandsbezuges** bedarf der Auslegung, wobei in erster Linie auf die Schutzrichtung abzustellen ist. Dabei bietet sich ein Vergleich mit den inhaltlich korrespondierenden Vorschriften des § 2 Abs. 1 S. 2, 3 JMStV und § 1 Abs. 8 S. 1, 2 MStV an, die den jeweiligen Anwendungsbereich mittels des Kriteriums, dass das Angebot oder der Inhalt **zur Nutzung in Deutschland bestimmt** sei, erweitern. Dies ist dann der Fall, wenn „sie sich in der Gesamtschau, insbesondere durch die verwendete Sprache, die angebotenen Inhalte oder Marketingaktivitäten, an Nutzer in Deutschland richten oder in Deutschland einen nicht unwesentlichen Teil ihrer Refinanzierung erzielen".[140]

80 Der Inlandsbezug kann daher nicht schon gegeben sein, wenn es sich um eine bloß grenzüberschreitende Internetnutzung etwa durch den Zugriff von einer deutschen IP-Adresse auf die Plattform eines beliebigen ausländischen Diensteanbieters handelt.[141] Entsprechend der staatsvertraglichen Regelungen sind daher Kriterien heranzuziehen, die den Inlandsbezug bestimmen. Neben der Verwendung der deutschen Sprache könnte dabei auf die **Möglichkeit einer deutschen Spracheinstellung** auf der Benutzeroberfläche einerseits oder innerhalb der dargebotenen Filme und Spiele andererseits abgestellt werden. Über das Kriterium der Marketingaktivität kann subjektiv auch die von dem Diensteanbieter anvisierte Zielgruppe beachtet werden, die auch durch thematische und inhaltliche Ausrichtung der angebotenen Filme und Spiele (etwa deutschsprachige Inhalte, deutsche Produktionen, deutsche Vermarktung) perpetuiert werden könnte. Nicht ausreichend kann es sein auf die Nationalitäten der tatsächlichen Nutzergruppen abzustellen.

2. Europäisches Sitzland

81 § 2a TMG – welcher durch die Regelungen des § 14a JuSchG unberührt bleibt – regelt die Lokalisierung der Anbieter in den Geltungsbereichen der E-Commerce-Richtlinie und der AVMD-Richtlinie. Vorbehaltlich verschiedener Ausnahmen ist damit grundsätzlich Sitzland derjenige Mitgliedstaat, in dessen Hoheitsgebiet der Anbieter niedergelassen ist bzw. in dem die Hauptverwaltung des Anbieters liegt und die redaktionellen Entscheidungen getroffen werden.[142]

---

139 Dies wird auch für die Anwendbarkeit der europäischen Grundfreiheiten angenommen, wenn dort anhand der Zielsetzung der Nämlichen jedenfalls ein grenzüberschreitender Sachverhalt zur Voraussetzung gemacht wird, vgl. EuGH Urt. v. 8.12.1987 – C-20/87, ECLI:EU:C:1987:531 – Ministère public v. Gauchard; beispielhaft: Schwarze/Becker/Hatje/Schoo/*Becker* AEUV Art. 34 Rn. 19 f.; instruktiv auch: *Papadileris* JuS 2011, 123.

140 Ein direkter Übertrag für die Auslegung von Bundesrecht kann durch den Landesgesetzgeber freilich nicht geleistet werden. Gleichwohl wäre es dem Bundesgesetzgeber – vergleichbar den staatsvertraglichen Regelungen – möglich gewesen, eine entsprechende Formulierung aufzunehmen.

141 Eine andere Beurteilung mag bei § 1 Abs. 2 NetzDG naheliegen, wenn dort auf „im Inland [...] registrierte Nutzer" abgestellt wird. Einerseits könnte hier mit der Gesetzesbegründung auf den gewöhnlichen Aufenthalt/Wohnort der Nutzer abgestellt werden, BT-Drs. 18/13013, 19. Andererseits spricht der Wortlaut eher dafür, dass es auf den Registrierungsort – und damit auf die verwendete IP-Adresse – ankommen könnte, vgl. BeckOK InfoMedienR/*Hoven*/*Gersdorf* NetzDG § 1 Rn. 33, krit. hingegen Spindler/Schmitz/*Liesching* NetzDG § 1 Rn. 71.

142 Instruktiv: BeckOK InfoMedienR/*Weller* TMG § 2a.

3. Herkunftslandprinzip / Sendestaatprinzip

Das Institut des Herkunftslandprinzip ist neben der **Stärkung des Binnenmarktes** im 82
elektronischen Geschäftsverkehr dem Ziel geschuldet, einen **einheitlichen rechtlichen
Rahmen** zur Gewährleistung des freien Verkehrs von Diensten der Informationsgesellschaft zwischen den Mitgliedstaaten zu schaffen.[143]

Nach dem **Herkunftslandprinzip**, das seine europarechtliche Grundlage in der E- 83
Commerce-Richtlinie findet, ist ein Diensteanbieter für die Erbringung seiner jeweiligen Dienste auch in anderen Mitgliedstaaten nur dem Recht seines Sitzstaates (sog.
Herkunftslandrecht) unterworfen. Im Bereich der AVMD-Richtlinie gilt im Wesentlichen dasselbe unter dem Begriff des **Sendestaatprinzips**. Quintessenz dessen ist, dass
es einem Empfangs-Mitgliedstaat grundsätzlich verwehrt ist, im Geltungsbereich der
Richtlinien strengere rechtliche Anforderungen an die Anbieter zu stellen, als diese
in ihrem jeweiligen Sitz-/Sendestaat erfüllen müssen. Soweit flächendeckend strengere
Regelungen getroffen werden, sind diese grundsätzlich nicht oder nur mit Einschränkungen auf Anbieter mit Niederlassung in einem europäischen Mitgliedstaat anwendbar.[144]

Wenngleich damit grundsätzlich empfangsstaatliche Restriktionen durch Legislative 84
und Exekutive unzulässig sind, bleiben auch im Geltungsbereich der Richtlinien konkret-individuelle Einzelfallmaßnahmen (wie etwa Aufsichts- oder Verfolgungsmaßnahmen) trotzdem zulässig. Diese Möglichkeit stellt sich gewissermaßen als eine
Durchbrechung des Herkunftslandprinzips dar. In § 3 Abs. 5 und 6 TMG werden zudem Ausnahmen statuiert, deren Anwendbarkeit jedoch die Überwindung hoher materieller und prozeduraler Hürden voraussetzt.[145] Vor dem Ergreifen entsprechender
potenzieller Aufsichtsmaßnahmen durch die BzKJ müssen insbesondere sowohl der
betroffene Anbieter selbst, als auch die Kommission und der Mitgliedstaat, in dem
der betroffene Anbieter niedergelassen ist, involviert und unterrichtet werden (grundlegend zu den Anforderungen an Aufsichtsmaßnahmen → § 9 Rn. 18). Bei der Auslegung unionsrechtlich determinierter Normen ist zudem eine unionsrechtsfreundliche
Betrachtung vorzunehmen und Unionsrechtskonformität herzustellen.

---

143 Vgl. Erwägungsgrund Nr. 8 zur Richtlinie 2000/31/EG des Europäischen Parlaments und des Rates vom
8.6.2000 über bestimmte rechtliche Aspekte der Dienste der Informationsgesellschaft, insbesondere des
elektronischen Geschäftsverkehrs, im Binnenmarkt („Richtlinie über den elektronischen Geschäftsverkehr"), ABl. Nr. L 178.

144 Vgl. *Liesching* MMR-Beil. 2020, 3 (27), der auf die Nichtanwendbarkeit abzielt.

145 § 3 Abs. 5 TMG regelt dabei insbesondere Ausnahmen für das Angebot und die Verbreitung von Telemedien, bei denen es sich nicht um audiovisuelle Mediendienste handelt, soweit Beeinträchtigungen oder ernsthafte und schwerwiegende Gefahren für insbesondere die öffentliche Sicherheit und Ordnung, die öffentliche Gesundheit oder das Interesse der Verbraucher und Anleger drohen, wobei Voraussetzung für das Ergreifen von Maßnahmen die Durchführung des Verfahrens nach Art. 3 Abs. 4 lit. b, Abs. 5 RL 2000/31/EG
ist. § 3 Abs. 6 TMG regelt Einschränkungen für den freien Empfang und die Weiterverbreitung von audiovisuellen Mediendiensten, soweit deren Inhalte in offensichtlicher, ernster und schwerwiegender Weise etwa die Aufstachelung zu Gewalt oder Hass gegen gewisse Personengruppen enthalten oder diese eine Beeinträchtigung oder eine ernsthafte und schwerwiegende Gefahr der Beeinträchtigung für die öffentliche
Gesundheit, die öffentliche Sicherheit oder die Wahrung nationaler Sicherheits- und Verteidigungsinteressen darstellen, wobei die engen Voraussetzungen des Art. 3 Abs. 2 bis 5 RL 2021/13/EU erfüllt sein müssen.

4. Anwendungsfälle

85 Für den Geltungsbereich der Verpflichtungen des Abs. 1 können damit im Wesentlichen drei Fallgruppen in Abhängigkeit vom Sitz-/Sendestaat des Anbieters unterschieden werden.

a) Diensteanbieter mit Sitz in Deutschland

86 Die in Abs. 1 statuierten Verpflichtungen gelten vorbehaltlich der Ausnahmen in Abs. 2 gegenüber **Diensteanbietern, die ihren Sitz in Deutschland haben.**[146] Dies ergibt sich schon aus dem Geltungsbereich des JuSchG und bedarf keiner weiteren Erläuterung. Als Sachrecht entfaltet es uneingeschränkt materielle und prozedurale Wirkung diesen gegenüber.

b) Diensteanbieter mit Sitz im europäischen Ausland

87 Die Geltung der Kennzeichnungspflicht für Diensteanbieter mit Sitz im europäischen Ausland ist zwar bisweilen bezweifelt worden.[147] Denn die Frage, ob Plattformbetreiber mit Sitz im EU-Ausland vollständig aus dem Regelungsbereich des deutschen Jugendschutzrechts und damit auch des § 14a JuSchG herausfallen, hängt im Ergebnis auch von der **Auslegung des Herkunftslandprinzips** ab.[148] Gegen eine Geltung kann jedenfalls in Feld geführt werden, dass die durch Abs. 1 statuierten Anbieterpflichten jedenfalls in die Nähe unionsrechtswidriger Einschränkungen rücken.[149] Eine solche Einschränkung würde zu einer signifikanten **Schwächung der Alterskennzeichnungspflichten** führen und kaum die angestrebten Schutzfunktionen realisieren.[150]

88 Mittels der Möglichkeit, **Einzelfallmaßnahmen** selbst unter Durchbrechung des Herkunftslandprinzips durchzuführen, kann einer Entkräftung der Kennzeichnungspflicht entgegengewirkt und damit das **Schutzniveau** weitestgehend **aufrechterhalten werden**. Es steht jedoch fest, dass sich infolge der unionsrechtlichen Anforderungen praktische Herausforderungen, was die Regulierung der Angebote und die Disziplinierung von Verstößen gegen die neuen Pflichten anbelangt, ergeben dürften. Dies resultiert schon aus der Notwendigkeit des Durchlaufens eines entsprechenden Verfahrens vor dem Erlass von Aufsichtsmaßnahmen (→ § 9 Rn. 18 f.). Damit bleibt aber die grundsätzliche **Verpflichtung zur Kennzeichnung von Anbietern mit Sitz im europäischen Ausland bestehen** und dies führt auf gesetzlicher Ebene gerade nicht zu einer Aussparung von großen, frequentierten und bei Kindern und Jugendlichen beliebten Film- und Spieleplattformen.[151]

---

146 Dies ergibt sich zwanglos aus dem Wortlaut des Abs. 3: „Die Vorschrift findet *auch* auf Diensteanbieter Anwendung, deren Sitzland nicht Deutschland ist."

147 *Liesching/Zschammer* JMS-Report 3/2021, 2 (5).

148 Skeptisch gegenüber der Geltung für Anbieter mit Sitz im europäischen Ausland: *Frey/Dankert* CR 2020, 626 (630). Zur Klärung dieser Frage wäre womöglich in letzter Instanz auch der EuGH berufen, der sich jedoch in der Vergangenheit nicht eindeutig positioniert hat.

149 Faktisch betrachtet gilt das jedenfalls, soweit die Erfüllung der Kennzeichnungspflichten das Durchlaufen eines entsprechenden Kennzeichnungsverfahrens erfordert und die Implementierung von Kennzeichen und Deskriptoren mit organisatorischem und gegebenenfalls finanziellem Aufwand verbunden ist.

150 Stellungnahme FSF v. 28.2.2020, S. 7; *Hopf/Braml* ZUM 2020, 312 (318).

151 Beispiele: GOG.com (ehemals Good Old Games) haben ihren Sitz in Warschau, Polen. Ubisoft (als Betreiber von Ubisoft Connect) hat seinen Hauptsitz in Montreuil, Frankreich.

Waldeck

Es bleibt abzuwarten, ob solche Maßnahmen durch die BzKJ bei einem (bloßen) Verstoß gegen Alterskennzeichnungspflichten gegen einzelne Anbieter tatsächlich auch verhängt werden.[152]

89

c) Diensteanbieter mit Sitz im außereuropäischen Ausland

Diensteanbieter, deren Sitz im außereuropäischen Ausland – und damit außerhalb des durch die E-Commerce-Richtlinie und die AVDM-Richtlinie koordinierten Bereichs – liegt, unterfallen nicht dem unionrechtlichen Regelungskorsett und sind damit **vom Herkunftslandprinzip unberührt.** Davon betroffen sind gleichsam die Staaten des EWR-Raumes sowie Großbritannien. Ihnen gegenüber **gelten damit die Verpflichtungen nach Abs. 1 uneingeschränkt,** sofern der erforderliche kinder- und jugendmedienschutzrechtliche Inlandsbezug (→ Rn. 78 ff.) gegeben ist.

90

Beispielhaft kann hier auf die Spieleplattform Steam mit Sitz in Washington, USA, sowie auf den **Xbox-Store** und die **App-Stores für Android und iOS** rekurriert werden, die jeweils von US-Unternehmen betrieben werden. Selbiges gilt auch für den **PlayStation-Store,** der von einem Sony-Tochterunternehmen mit Sitz in London betrieben wird.

91

Unbeschadet der Geltung der Kennzeichnungspflichten den Anbietern gegenüber, stellt die Rechtsdurchsetzung auch ihnen gegenüber eine besondere Herausforderung dar.[153]

92

D. Evaluierung nach § 29b JuSchG

Eine turnusmäßige Berichterstattung und Evaluierung der **Effektivität und Effizienz des novellierten JuSchG** war auf Bestrebungen des Bundesrates in das Gesetz aufgenommen worden.[154] Um insbesondere zu überprüfen, ob die Schutzziele des § 10a JuSchG – namentlich die Förderung von Transparenz und Orientierung, die Anpassung der Indizierungspraxis an das digitale Zeitalter, die wirksame Begegnung von Interaktionsrisiken, die Förderung der Weiterentwicklung des Kinder- und Jugendmedienschutzes und die konsequente Rechtsdurchsetzung im Hinblick auf die für Kinder und Jugendliche relevanten Gefährdungslagen – erreicht wurden,[155] sind entsprechende Untersuchungen durchzuführen.[156] Ob der erstgenannte Schutzzweck gefördert wurde, wäre beispielsweise durch die **Anzahl der Alterskennzeichnungen iSd § 14a Abs. 1 JuSchG** verifizierbar. Insgesamt ist die Aufgeschlossenheit des Gesetzgebers einer solchen Evaluierung gegenüber – vor allem angesichts der vielfach kritischen Stimmen während des Gesetzgebungsverfahrens – positiv einzuordnen.[157]

93

---

152 In Hinblick darauf skeptisch: *Liesching/Zschammer* JMS-Report 3/2021, 2 (5).
153 Diese Einschätzung teilend: Stellungnahme DLM v. 6.3.2020, S. 7.
154 BR-Drs. 195/21, 3.
155 BT-Drs. 19/24909, 39, 40, 73.
156 Eine solche Untersuchung kann ganzheitlich nur unter Kooperation der BzKJ, der anerkannten Einrichtungen der Selbstkontrolle und der OLJB gelingen.
157 So auch: *Herberger* FuR 2021, 286 (293).

E. Ordnungswidrigkeiten

94 Anbieter von Film- und Spieleplattformen, die vorsätzlich oder fahrlässig entgegen § 14a Abs. 1 S. 1 JuSchG einen Film oder ein Spielprogramm ohne die erforderliche Kennzeichnung bereithalten, begehen eine **Ordnungswidrigkeit** nach § 28 Abs. 3 Nr. 2 JuSchG, die mit einer **Geldbuße bis zu 50.000 Euro** (§ 28 Abs. 5 S. 1 JuSchG) durch die BzKJ (§ 28 Abs. 7 JuSchG iVm § 36 Abs. 1 Nr. 1 OWiG) geahndet werden kann (→ § 8 Rn. 40). Auch gegen Anbieter, die nicht im Geltungsbereich des Gesetzes handeln, kann ein Bußgeld verhängt werden (§ 28 Abs. 6 JuSchG) (→ § 8 Rn. 48 ff.).

95 Durch die Bußgeldbewehrung jeglicher Nicht-Kennzeichnung wird gewissermaßen eine **absolute Kennzeichnungspflicht** eingeführt.[158] Die Verfahrensvorgaben verhindern, dass Angebote – auch ohne Durchlaufen des Kennzeichnungsverfahrens – durch Anbieter mit einer Kennzeichnung „ab 18" auf die Plattform eingestellt werden. Anbietern bleibt damit nur die Möglichkeit, ihr Angebot in einer Abs. 2 S. 2 konformen Weise auszugestalten, um in erster Instanz zu verhindern, überhaupt in den Geltungsbereich der Kennzeichnungspflicht zu fallen.

96 **Kein Ordnungswidrigkeitenverfahren** droht jedoch in den Fällen von **Falschkennzeichnungen**, da das JuSchG einen entsprechenden Ordnungswidrigkeitstatbestand nicht vorsieht. Nicht ausgeschlossen wird damit aber die Möglichkeit der Landesmedienanstalten auf Basis von §§ 5, 24 JMStV in deren Anwendungsbereich bei Vorliegen der Tatbestandsvoraussetzungen tätig zu werden.

F. Verfahren und Rechtsschutz

97 Die Verfahrensabläufe des Kennzeichnungsprozesses richten sich nach den jeweiligen **Anforderungen des gewählten Verfahrens**, wobei den Besonderheiten etwa einer automatisierten Kennzeichnung angemessen Rechnung zu tragen sein wird. Zudem gewinnen die Verfahrensordnungen der Einrichtungen der Selbstkontrollen an Relevanz, soweit diese eine Kennzeichnung vornehmen. Schließlich sieht auch das Verfahren nach § 14 Abs. 6 JuSchG prozedurale Charakteristika vor (→ § 3 Rn. 60 ff.).

98 Allen Verfahren ist gemein, dass am Ende des Verfahrens eine **finale Alterskennzeichnung** steht, deren **rechtliche Qualität divergiert** und maßgeblich von dem zugrundeliegenden Entstehungsprozess abhängt. Insoweit kommt bislang nur den Kennzeichen, die unter formaler Mitwirkung staatlicher Akteure vergeben werden, **Verwaltungsaktqualität** zu – faktisch beschränkt sich das auf das **Verfahren nach § 14 Abs. 6 JuSchG**.

99 Demgegenüber waren bisher Entscheidungen der privatrechtlich handelnden nach § 19 JMStV anerkannten Einrichtungen dem bürgerlichen Recht zuzuordnen und damit einer Überprüfung vor den ordentlichen Gerichten zugänglich.[159] Eine vergleichbare Einschätzung kann wohl auch in Hinblick auf die Kennzeichnung im automati-

---

158 Vgl. Stellungnahme HBI v. 28.2.2020, S. 12, die darauf hinweisen, dass dadurch faktisch eine restriktivere Regelung als im Bereich der Trägermedien etabliert werde, in dem die Vorlage zur Kennzeichnung weiterhin freiwillig bleibe und dies auch Fragen in Hinblick auf das verfassungsrechtlich verbürgte Zensurverbot aufwerfen könne (→ Rn. 10).

159 NK-JMStV/*Braml* JMStV § 19 Rn. 8.

sierten Verfahren und durch zertifizierte Jugendschutzbeauftragte getroffen werden. In den genannten Fällen fehlt es an einer hinreichenden Form staatlicher Beteiligung, die den Erlass eines Verwaltungsaktes ermöglichen würde, denn weder den Einrichtungen der freiwilligen Selbstkontrolle noch den Jugendschutzbeauftragten kommt die dafür erforderliche **Verwaltungsaktbefugnis** zu. Kein anderes Ergebnis kann sich im Rahmen einer automatisierten Bewertung ergeben, in dem ein hoheitliches Handeln noch ferner liegt.

Bei der Aus- und Neugestaltung der Kennzeichnungsverfahren erscheint es zwar 100 denkbar, dass die nach § 19 JMStV anerkannten Einrichtungen eine stärkere staatliche Involvierung anstreben.[160] Doch selbst eine stärkere staatliche Einflussnahme – im Rahmen des Prüfverfahrens – vermag wohl an der rechtlichen Einordnung nichts zu ändern, da es den Einrichtungen weiterhin an der Verwaltungsaktbefugnis fehlen dürfte.

G. Zusammenfassung

Im Zusammenhang mit der Kennzeichnung bei Film- und Spielplattformen haben 101 sich nachfolgende Neuerungen ergeben:

- Anbieter, die eigene Inhalte – Filme und Spielprogramme – in einem Gesamtangebot zusammengefasst mit Gewinnerzielungsabsicht zum individuellen Abruf zu einem beliebigen Zeitpunkt für Nutzerinnen und Nutzer bereitstellen, müssen diese mit einer deutlich wahrnehmbaren Kennzeichnung versehen.
- Ausgenommen von der Kennzeichnungspflicht sind die Veranstalter öffentlich-rechtlichen Rundfunks. Ebenfalls nicht der Kennzeichnungspflicht unterliegen fernsehähnliche Inhalte wie Nachrichten, Reportagen, Unterhaltungs- und Informationssendungen.
- Die Kennzeichnung muss im Rahmen eines vorgegebenen Verfahrens erfolgen: Dabei kann der Anbieter sich entweder des gemeinsamen Verfahrens nach § 14 Abs. 6 JuSchG bedienen oder eine Bewertung durch die nach dem JMStV anerkannten Einrichtungen der freiwilligen Selbstkontrolle (FSF, FSM, FSK.online, USK.online) oder durch einen zertifizierten Jugendschutzbeauftragten vornehmen lassen. Subsidiär kann eine Bewertung durch ein von den OLJB anerkanntes automatisiertes Bewertungssystem erfolgen, wobei zu beachten ist, dass das verbreitete IARC-System bis dato keine staatliche Anerkennung hat und weitere anerkannte Bewertungssysteme noch nicht bereitstehen.
- Im Rahmen der Kennzeichenvergabe sind – soweit es das Kennzeichnungsverfahren unter staatlicher Mitwirkung betrifft – auch Interaktionsrisiken zu berücksichtigen und Deskriptoren zu verwenden. Unter Rückgriff auf die anderen Kennzeichnungsoptionen ist sowohl die Berücksichtigung von Interaktionsrisiken als auch die Verwendung von Deskriptoren fakultativ.
- Mittels einer Bagatellgrenze – nachweislich weniger als einer Million Nutzerinnen und Nutzer im Inland – werden Anbieter, die unterhalb des Grenzwertes liegen,

---

160 Bei stärkerer staatlicher Involvierung wird es dann darauf ankommen, im sensiblen Grenzbereich zu Rundfunkinhalten gemessen am Staatsfernegebot Zurückhaltung walten zu lassen.

aus dem Anwendungsbereich herausgenommen. Die Bestimmtheit des Grenzwertes unterliegt verfassungsrechtlichen Bedenken.

■ Ebenso von der Kennzeichnungspflicht ausgenommen sind Inhalte, bei denen ein potenzieller Zugang ausschließlich durch Erwachsene sichergestellt wird. Die Sicherstellung kann – wie bei geschlossenen Benutzergruppen nach § 5 Abs. 3 JMStV – durch Altersverifikationssysteme gewährleistet werden.

■ Grundsätzlich erfasst die Kennzeichnungspflicht nicht nur Anbieter mit Sitz in Deutschland, sondern auch solche, die ihren Sitz im außereuropäischen Ausland haben. Anbieter mit Sitz im europäischen Ausland – die durch das Herkunftslandprinzip betroffen werden – können voraussichtlich jedenfalls Adressaten von regulierenden Einzelfallmaßnahmen werden, sofern das erforderliche formale Procedere durchlaufen wird.

■ Sowohl die vorsätzliche als auch die fahrlässige Bereitstellung von Filmen oder Spielprogrammen auf einer Plattform ohne die erforderliche Kennzeichnung stellt eine Ordnungswidrigkeit dar, die mit einer Geldbuße bis zu 50.000 EUR geahndet werden kann.

H. Ausblick

102 Es ist nun an den Akteuren des Jugendmedienschutzes, mit dem neuen vorgefundenen Regelungsregime zu arbeiten und dieses mit Leben zu füllen. Dabei werden die neuen rechtlichen Implikationen jedoch nicht ausreichen, um kohärenten und konvergenten Jugendmedienschutz zu gewährleisten. Vielmehr stehen die novellierten gesetzlichen Normen zur Erprobung an und bedürfen an diversen Stellen noch der näheren Auslegung und Definition – eine Aufgabe, die nur gemeinschaftlich angemessen gelöst werden kann. Es obliegt nun dem Staatsvertragsgeber, im Rahmen einer anstehenden Novelle des JMStV die notwendigen Verzahnungen zum JuSchG herzustellen und Anwendungsbereiche und Zuständigkeiten auszudifferenzieren. Die nachfolgenden Aspekte mögen daher als potenzielle und nicht abschließende Anregungen verstanden werden, um Lücken zu schließen und Rechtsklarheit und -sicherheit für alle Beteiligten herzustellen.

I. Bestimmung des Anwendungsbereichs: Insbesondere „Eigene Inhalte"

103 Zur Gewährleistung von Rechtssicherheit ist es notwendig, dass der Anwendungsbereich der Kennzeichnungspflichten – und damit das Spannungsverhältnis zu § 24a JuSchG – ausdifferenziert wird, damit von den Anbietern die adäquaten Maßnahmen getroffen werden können. Hierzu müssen belastbare Kriterien erarbeitet werden, die insbesondere eigene von fremden Inhalten abgrenzen.

II. Bestimmung des Anwendungsbereichs: Insbesondere „Fernsehähnliche Angebote"

104 Die verfassungsrechtlichen Grenzen – konkret die Aussparung des Rundfunks aus dem Regime des JuSchG – müssen auch bei der Auslegung des Anwendungsbereichs Beachtung finden. Die Aufgabe der trennscharfen Bestimmung dieser Grenzen wird

den staatsfern organisierten Landesmedienanstalten und deren Willensbildungsorgan KJM obliegen, die dabei auf ihre über Jahrzehnte erprobte Expertise zurückgreifen können.

III. Vermeidung von Doppelprüfungen und der Entstehung von Doppelstrukturen bei klarer Abgrenzung der Zuständigkeiten

Die Vermeidung der Bildung von Doppelstrukturen, die Verhinderung sich über- 105 schneidender Tätigkeitsbereiche und die Bewältigung gemeinsamer Prozesse dürfte als eine der größten Herausforderungen der Jugendmedienschutznovelle zu qualifizieren sein. Es wird darauf ankommen, dass sowohl für Kinder, Jugendliche und Eltern als auch für Anbieter sich die Zuständigkeiten eindeutig erkennen lassen.[161] Dabei wird vor allem die Abgrenzung zwischen den Anwendungsbereichen des JuSchG und des JMStV von herausragender Bedeutung sein.

IV. Ausgestaltung der Verfahrensordnungen der nach § 19 JMStV anerkannten Einrichtungen der Selbstkontrolle

Unter Beachtung des neuen Aufgabenfeldes werden die Einrichtungen ihre Prüf- und 106 Verfahrensordnungen den neuen Anforderungen entsprechend anpassen müssen. Dabei könnten womöglich auch die Berücksichtigung von Interaktionsrisiken und Verwendung von Deskriptoren Beachtung finden. Hinsichtlich der Gewährleistung von Rechtssicherheit für Anbieter erscheint auch eine Stärkung der staatlichen Beteiligung an den Verfahren in den verfassungsrechtlichen Grenzen denkbar.

V. (Weiter-)Entwicklung des Kennzeichnungsverfahrens: Zertifizierung von Jugendschutzbeauftragten und Automatisierte Bewertungssysteme

Im Rahmen der neuen Kennzeichnungsverfahren haben die nach dem JMStV aner- 107 kannten Einrichtungen der freiwilligen Selbstkontrolle Kriterien und Prozesse für die Zertifizierung der Jugendschutzbeauftragten zu entwickeln. Dabei wird ein schonender Ausgleich zwischen hinreichender Niederschwelligkeit der Zertifizierung einerseits und Gewährleistung eines ausreichenden Schutzniveaus andererseits herzustellen sein.

Zudem werden – in Hinblick auf die Etablierung automatisierter Bewertungssysteme 108 – Anerkennungskriterien mit den und durch die OLJB ausgearbeitet werden müssen. Die Entwicklung solcher Systeme obliegt zuvörderst den Selbstkontrolleinrichtungen des JuSchG. Dabei wird auf die im Rahmen von IARC und des Modellversuchs der FSK gewonnene Expertise zurückgegriffen werden können, um einen adäquaten Mindeststandard etablieren und aufrechterhalten zu können.

VI. Bagatellgrenze: Konkretisierung des Nutzerbegriffs

Der Begriff der „Nutzer" muss in Hinblick auf eine hinreichende Bestimmbarkeit der 109 Bagatellgrenze des Abs. 2 konkretisiert werden. Denkbar wäre – wie in § 1 Abs. 2

---

161 Dies entspricht etwa auch dem Selbstanspruch der KJM, vgl. 9. Tätigkeitsbericht der KJM März 2019 – Februar 2021, S. 63.

NetzDG – auf die Zahl der registrierten Nutzer abzustellen, was jedoch im Gesetzeswortlaut keine Stütze findet. Alternativ könnte vergleichbar zu § 91 Abs. 2 Nr. 1 MStV auf den Nutzerdurchschnitt von sechs Monaten in Deutschland pro Monat abgestellt werden. Es wäre auch denkbar, unter Beachtung der zum Digital Service Act von Dezember 2020 angebrachten Überlegungen, die Nutzerzahlen nur in Bezug auf die für die Kennzeichnungspflicht relevanten Inhalte zu bestimmen.

VII. Bagatellgrenze: Angebote ausschließlich für Erwachsene

110 Zur Sicherstellung des Zugangs zu gewissen Angeboten nur durch Erwachsene können Altersverifikationssysteme eingesetzt werden, wie dies bisher nur bei § 4 Abs. 2 S. 2 JMStV der Fall war. Die Anerkennung solcher Systeme kann auch im Anwendungsbereich des JuSchG der KJM überantwortet werden, sofern im Rahmen der Novelle des JMStV eine entsprechende Verzahnung erfolgt. Diese Aufgabenzuweisung könnte etwa in § 16 JMStV verortet werden.

VIII. Internationale Rechtsdurchsetzung

111 Das deutsche Jugendmedienschutzrecht gilt weltweit als eines der schärfsten Regime (→ § 1 Rn. 1 f.) – die hier in Rede stehende Novelle des JuSchG wird diesem Befund aller Wahrscheinlichkeit nach keinen Abbruch tun. Um mit den neuen Verpflichtungen auch tatsächlich ein erhöhtes Schutzniveau im Bereich der Film- und Spieleplattformen realisieren zu können, wird es an der BzKJ sein, mit hinreichendem Fingerspitzengefühl nötigenfalls auch gegen ausländische Anbieter durchzugreifen, um so den Kennzeichnungspflichten adäquat Geltung zu verschaffen.

§ 5 Anbieterpflichten zur Implementation von Vorsorgemaßnahmen

Literatur: *Arbeitskreis Kartellrecht*, Digitale Ökonomie – Internetplattformen zwischen Wettbewerbsrecht, Privatsphäre und Verbraucherschutz, Hintergrundpapier, 1.10.2015, abrufbar unter https://www.bundeskartellamt.de/SharedDocs/Publikation/DE/Diskussions_Hintergrundpapier/AK_Kartellrecht_2015_Digitale_Oekonomie.pdf?__blob=publicationFile&v.=2 (zit.: *Arbeitskreis Kartellrecht* Digitale Ökonomie); *Bernzen/Kehrberger*, Rechtsdurchsetzung durch Informationstechnik, RW 2019, 374; *bitkom eV*, Stellungnahme Referentenentwurf für ein zweites Gesetz zur Änderung des Jugendschutzgesetzes (JuschG-ÄndG-E), 28.2.2020, abrufbar unter https://www.bitkom.org/sites/default/files/2020-03/20200305_bitkomstn_juschg-andg.pdf (zit.: *bitkom* Stellungnahme); *Bodensiek*, Gefährdung der hergebrachten Alterskennzeichnung durch die geplante Reform des JuSchG, MMR-Beil. 2020, 23; *Bund-Länder-Kommission zur Medienkonvergenz*, Endbericht, Juni 2016, abrufbar unter https://www.hamburg.de/contentblob/6448616/07ba875e860ada4556526641bd9151b6/data/d-bericht-bund-laender-kommission-zur-medienkonvergenz.pdf (zit.: *Bund-Länder-Kommission zur Medienkonvergenz* Endbericht); *Dreyer*, Entwicklungspfade für ein netzwerkgerechtes Jugendmedienschutzrecht, 2011 (zit.: *Dreyer* Entwicklungspfade); *Dreyer*, Entscheidungen unter Ungewissheit im Jugendmedienschutz, 2018 (zit.: *Dreyer* Ungewissheit); *Dreyer*, On the Internet, nobody knows you're a kid. Zur (Nicht-)Erkennbarkeit Minderjähriger in digitalen Medienumgebungen, medien + erziehung 2018, 65; *Dreyer/Schulz*, Schriftliche Stellungnahme zu dem Entwurf eines Zweiten Gesetzes zur Änderung des Jugendschutzgesetzes, 28.2.2020, abrufbar unter https://www.hans-bredow-institut.de/uploads/media/default/cms/media/rrfjs70_HBI_Stellungnahme_JuSchG-E-1.pdf (zit.: *Dreyer/Schulz* Stellungnahme); *Europäische Kommission*, Strategie für den digitalen Binnenmarkt: Europäische Kommission vereinbart Tätigkeitsbereiche, Pressemitteilung, 25.3.2015, abrufbar unter https://ec.europa.eu/commission/presscorner/detail/de/IP_15_4653 (zit.: *Europäische Kommission* Pressemitteilung 25.3.2015); *Europarat*, Leitlinien zur Achtung, zum Schutz und zur Verwirklichung der Rechte des Kindes im digitalen Umfeld, Empfehlung CM/Rec(2018)7 des Ministerkomitees an die Mitgliedstaaten, September 2018, abrufbar unter https://edoc.coe.int/en/children-and-the-internet/7922-leitlinien-zur-achtung-zum-schutz-und-zur-verwirklichung-der-rechte-des-kindes-im-digitalen-umfeld-empfehlung-cmrec20187-des-ministerkomitees-an-die-mitgliedstaaten.html (zit.: *Europarat* Empfehlung CM/Rec(2018)7); *Gerlach*, Neues zur Rechtsschutzgarantie: Das Ende der Beurteilungsspielraums im Jugendschutzgesetz, NordÖR 2020, 451; *Google Ireland Ltd.*, Stellungnahme an das Bundesministerium für Familie, Senioren, Frauen und Jugend zum vorgeschlagenen „Entwurf eines Zweiten Gesetzes zur Änderung des Jugendschutzgesetzes", 10.2.2020, abrufbar unter https://www.bmfsfj.de/resource/blob/161590/43c0f0deb318e45f0208f7fef972ec83/23-google-ireland-ltd-data.pdf (zit.: *Google Ireland Ltd.* Stellungnahme); *Heldt/Dreyer*, Competent Third Parties and Content Moderation on Platforms, Journal of Information Policy 2021, 266; *Hilgert/Sümmermann*, Maßnahmen der Jugendschutz-Compliance in Rundfunk und Telemedien, MMR-Beil. 2020, 26; *Hilgert/Sümmermann*, Von Inhalt zu Interaktion – Neuerungen im Jugendschutzrecht, K&R 2021, 297; *Holznagel/Woods*, Rechtsgüterschutz im Internet – Regulierung durch Sorgfaltspflichten in England und Deutschland, JZ 2021, 276; *Hopf/Braml*, Die Entwicklung des Jugendmedienschutzes 2019, ZUM 2020, 312; *Hopf/Braml*, Die Entwicklung des Jugendmedienschutzes 2020, ZUM 2021, 421; *Information Commissioner's Office*, Age appropriate design: a code of practice for online services, abrufbar unter https://ico.org.uk/for-organisations/guide-to-data-protection/key-data-protection-themes/age-appropriate-design-a-code-of-practice-for-online-services/ (zit.: ICO Age appropriate design); *Jugend- und Familienministerkonferenz*, Bund-Länder-Eckpunktepapier „Kinder- und Jugendmedienschutz als Aufgabe der Jugendpolitik", 3./4.5.2018, TOP 7.1, abrufbar unter https://www.bzkj.de/resource/blob/176388/dc2bddeb09a4736824fc40e63f3f29b1/jfmk-data.pdf (zit.: *JFMK* Bund-Länder-Eckpunktepapier); *Kaesling/Knapp*, Umsetzung der urheberrechtlichen Verantwortlichkeit von Upload-Plattformen, MMR 2021, 11; *Krempl*, Soziale Medien: Kontrolleure drängen auf Einsatz von KI zum Jugendschutz, heise online, 5.9.2019, abrufbar unter https://www.heise.de/newsticker/meldung/Soziale-Medien

-Kontrolleure-draengen-auf-Einsatz-von-KI-zum-Jugendschutz-4514660.html (zit.: *Krempl* heise online); *Liesching*, Das Herkunftslandprinzip der E-Commerce-Richtlinie und seine Auswirkung auf die aktuelle Mediengesetzgebung in Deutschland, 2020 (zit.: *Liesching* Herkunftslandprinzip); *Livingstone*, Positioning children's interests within debates over internet governance, in Feilitzen/Carlsson/Bucht (Hrsg.), New questions, new insights, new approaches: contributions to the research forum at the World Summit on Media for Children and Youth 2010, 2011, S. 161 (zit.: *Livingstone* in Feilitzen/Carlsson/Bucht New questions); *Medienpädagogischer Forschungsverbund Südwest*, JIM-Studie 2020. Jugend, Information, Medien, 2020, abrufbar unter https://www.mpfs.de/fileadmin/files/Studien/JIM/2020/JIM-Studie-2020_Web_final.pdf (zit.: *mpfs* JIM 2020); *Medienpädagogischer Forschungsverbund Südwest*, KIM-Studie 2020. Kindheit, Internet, Medien, 2020, abrufbar unter https://www.mpfs.de/fileadmin/files/Studien/KIM/2020/KIM-Studie2020_WEB_final.pdf (zit.: *mpfs* KIM 2020); *Montgomery*, Youth and surveillance in the Facebook era: Policy interventions and social implications, Telecommunications Policy 2015, 771; *Schulz/Dreyer*, Governance von Informations-Intermediären – Herausforderungen und Lösungsansätze, 2020 (zit.: *Schulz/Dreyer* Informations-Intermediäre); *Siller*, Whitelistbasierte Ansätze zur Schaffung von sicheren Surfräumen für Kinder, in Bauer/Hoffmann/Mayrberger (Hrsg.), Fokus Medienpädagogik. Aktuelle Forschungs- und Handlungsfelder [Stefan Aufenanger zum 60. Geburtstag gewidmet], 2010, S. 160 (zit.: *Siller* FS Aufenanger, 2010); *Spindler*, Der Regierungsentwurf zum Netzwerkdurchsetzungsgesetz – europarechtswidrig?, ZUM 2017, 473; *UK Department for Digital, Culture, Media & Sport*, Online Harms White Paper, April 2019, abrufbar unter https://assets.publishing.service.gov.uk/government/uploads/system/uploads/attachment_data/file/973939/Online_Harms_White_Paper_V2.pdf (zit.: *UK Department for Digital, Culture, Media & Sport* Online Harms White Paper); *VN-Kinderrechtsausschuss*, General Comment No. 25 on Children's Rights in Relation to the Digital Environment, 2021, abrufbar unter https://www.ohchr.org/EN/HRBodies/CRC/Pages/GCChildrensRightsRelationDigitalEnvironment.aspx (zit.: *VN-Kinderrechtsausschuss* General Comment No. 25).

A. Vorsorgemaßnahmen als neues Instrument im Jugendmedienschutz 1
B. Persönlicher Anwendungsbereich 12
  I. Diensteanbieter 14
  II. Speicherung und Bereitstellung fremder Informationen 16
  III. Gewinnerzielungsabsicht 24
  IV. Ziel- und Nutzergruppen 29
  V. Journalistisch-redaktionelle Angebote 35
  VI. Weniger als eine Million Nutzerinnen und Nutzer 37
  VII. Anwendbarkeit unabhängig vom Sitzland? 45
C. Verhältnis zum Haftungsprivileg in § 10 TMG 47
D. Verhältnis von Absatz 1 zu Absatz 2 51
  I. Angemessenheit der Vorsorgemaßnahmen 53
  II. Wirksamkeit der Vorsorgemaßnahmen 58
E. Einzelne Vorsorgemaßnahmen (Abs. 2) 61
  I. Melde- und Abhilfeverfahren (Nr. 1, Nr. 2) 62
  II. Systeme zur nutzerseitigen Alterseinstufung (Nr. 3) 69

  III. Altersüberprüfungssysteme (Nr. 4) ... 73
  IV. Hinweise auf Unterstützungs- und Beratungsangebote (Nr. 5) 77
  V. Parental-Control-Funktionen (Nr. 6) 80
  VI. Schutzbezogene Voreinstellungen (safety by design) (Nr. 7) 82
  VII. Zentrale AGB-Elemente in kindgerechter Sprache (Nr. 8) 88
  VIII. Weitere konkrete Vorsorgemaßnahmen 95
F. Verhältnis zu anderen Rechtsakten 99
  I. Verhältnis zu den Vorschriften des NetzDG 100
  II. Verhältnis zu anderen Vorschriften des JuSchG 104
  III. Verhältnis zu § 5a JMStV 105
  IV. Verhältnis zu den Vorschriften der DS-GVO 106
G. Aufsicht und Rechtsdurchsetzung 111
H. Konkretisierung im Rahmen regulierter Selbstregulierung (§ 24b Abs. 2 JuSchG) 114

Bernzen/Dreyer

A. Vorsorgemaßnahmen als neues Instrument im Jugendmedienschutz

Mit dem § 24a führt das JuSchG einen **neuen Regulierungsansatz** in den gesetzlichen 1
Jugendmedienschutz ein. Danach haben „Diensteanbieter, die fremde Informationen
für Nutzerinnen und Nutzer mit Gewinnerzielungsabsicht speichern oder bereitstellen, [...] durch angemessene und wirksame strukturelle Vorsorgemaßnahmen dafür
Sorge zu tragen, dass die Schutzziele des § 10a Nummer 1 bis 3 gewahrt werden".
Dem Gesetzgeber geht es hier nicht darum, den Zugang zu einzelnen nicht altersangemessenen medialen Angeboten zu erschweren, zu verhindern oder Verstöße gegen
derartige Zugangsbeschränkungen zu sanktionieren. Vielmehr soll Kindern und Jugendlichen durch **strukturelle Vorsorgepflichten** der Anbieter im Bereich von Angeboten mit nutzergenerierten Inhalten eine Nutzung ermöglicht werden, die von Beginn
an den Kinderschutzgedanken verinnerlicht hat und in deren Rahmen die Minderjährigen und ihre Eltern befähigt werden, sich gegen Gefährdungen durch solche nicht
altersgerechten Inhalte oder Kommunikationen von Seiten Dritter zu schützen, auf
die der Gesetzgeber nur begrenzt Einfluss hat.

Damit unterscheiden sich die angedachten Vorsorgemaßnahmen in § 24a JuSchG 2
strukturell von den ebenfalls präventiv wirkenden klassischen Regelungsinstrumenten
des gesetzlichen Jugendmedienschutzes, den Alterskennzeichen. Auch Alterskennzeichen sollen Eltern und Kindern Orientierung geben und ihnen dabei helfen, unangemessene Inhalte von altersangemessenen Angeboten unterscheiden zu können. Derartige Vorsorge aber ist bezogen auf einen einzelnen statischen Medieninhalt und eng
mit diesem verschränkt. Zudem knüpft das Recht an die Altersbewertung (oder ihr
Fehlen) weitere, teils restriktive Rechtsfolgen, wie zB Abgabe- oder Zugangsbeschränkungen. Dagegen sollen die von § 24a JuSchG angedachten Maßnahmen vor
allem auf Infrastrukturebene wirken. Sie geben nicht Orientierung über Einzelinhalte,
sondern wirken auf die **Verbesserung des Schutzniveaus** innerhalb der adressierten
Angebote insgesamt und unabhängig von konkreten Einzelinhalten hin. Die Idee, geschützte Kommunikations- und Interaktionsräume für Kinder und Jugendliche zu
schaffen, ist ein klassischer Gedanke des digitalen Jugendschutzdiskurses. Dabei bezogen sich entsprechende Diskussionen vor allem auf besonders kindgerechte Angebote und Nutzungsumgebungen („sicherer Surfraum")[1], die vor allem durch altersgerechte Inhalte und bei Interaktionsmöglichkeiten durch den Ausschluss Älterer den
erforderlichen Schutz bieten sollten. Das JuSchG geht angesichts der starken Beliebtheit von nicht kinderspezifischen Social-Media-Angeboten bei Minderjährigen einen
Schritt weiter und verpflichtet ua diese Anbieter zur Etablierung von **Maßnahmen,
die die (Selbst-)Schutzmöglichkeiten innerhalb ihrer Angebote strukturell verbessern.**

Einen solchen anbieterbezogenen Vorsorgeansatz verfolgt seit ihrer letzten Novellie- 3
rung die **AVMD-RL**[2]: Für Video-Sharing-Anbieter sieht Art. 28b Abs. 3 AVMD-
RL teils vergleichbare Vorgaben (ua Melde- und Beschwerdesysteme für ungeeignete
Inhalte, nutzerseitige Alterseinstufungsverfahren, Altersüberprüfungssysteme und
Parental-Control-Funktionen) vor, zu deren Umsetzung § 24a JuSchG beiträgt. Der

---

1 *Siller* FS Aufenanger, 2010, 160.
2 RL 2010/13/EU.

EU-Gesetzgeber argumentiert an dieser Stelle mit neuen Angebotsformen und dadurch bedingten Gefährdungslagen: Da die Anbieter von Plattformen für nutzergenerierte Inhalte idR keine Kenntnis von den einzelnen Inhalten besitzen, diese aber algorithmenbasiert selektieren und ordnen, müssten sie sich ihrer gesellschaftlichen Verantwortlichkeit stellen und durch nicht-inhaltsbezogene Maßnahmen gewährleisten, dass Kinder und Jugendliche nicht mit belastenden Inhalten in Berührung kommen.[3]

4   Ähnlich argumentiert das **Online Harms White Paper**[4] der britischen Regierung, das als Basis für die Modernisierung des Rechtsrahmens für die Online-Sicherheit von Kindern und Jugendlichen auf neue Risiken durch Interaktion und Kommunikation reagiert, indem es für Online-Anbieter die Einhaltung von (noch durch einen Regulierer zu konkretisierenden, aber bereits zahlreich und recht detailliert vorformulierten) Sorgfaltspflichten vorschlägt.

5   Zuvor hatte in Deutschland bereits die **Bund-Länder-Kommission zur Medienkonvergenz** in ihrem Endbericht gefordert, dass „Anbieter von Kommunikationsdiensten [...] dabei unterstützt [werden], geeignete und verhältnismäßige Maßnahmen zu treffen, die den Schutz der persönlichen und informationellen Integrität von Kindern und Jugendlichen, ihren Schutz vor der Konfrontation mit für sie beeinträchtigenden oder gefährdenden Inhalten sowie ihre Befähigung zur Selbsthilfe fördern. Dazu gehören zB: Die Einrichtung eines Melde- und Beschwerdesystems in deutscher Sprache mit einer für Kinder und Jugendliche möglichst altersentsprechenden Benutzerführung, die Einrichtung eines Einstufungssystems für von Nutzerinnen und Nutzern generierte Inhalte, mit dem diese im Zusammenhang mit der Generierung standardmäßig dazu aufgefordert werden, die Eignung eines audiovisuellen Inhalts nur für Erwachsene oder in besonderer Weise für Kinder anzugeben, der Hinweis auf anbieterunabhängige Rat-, Hilfe- und Meldemöglichkeiten, die Einrichtung von Voreinstellungen, die Nutzungsrisiken für Kinder und Jugendliche begrenzen."[5]

6   Insgesamt erscheinen Vorsorgemaßnahmen als „**Trend**" in der aktuellen Debatte über eine zeitgemäße Regulierung von Intermediären mit nutzergenerierten Inhalten und deren spezifische Herausforderungen für die Governance.[6] Im Jugendmedienschutz versprechen sich Gesetzgeber hier die Auflösung oder jedenfalls Verbesserung eines Bündels von problematischen Entwicklungen:

7   Durch nutzergenerierte Inhalte gelangen einzelne Darstellungen in Angebote, die keiner jugendschutzrechtlichen (Vor-)Prüfung unterliegen. Da die Anbieter (auch) für jugendschutzrelevante Inhalte von Nutzerinnen und Nutzern erst ab Kenntnis oder ggf. ab Kennenmüssen hiervon haften, setzen das europäische Recht (Art. 14 E-Commerce-RL[7]) wie das in seiner Umsetzung ergangene nationale Recht (§ 10 TMG) hier einen starken „**Anreiz zum Wegschauen**"[8]. Plattformen mit nutzergenerierten Inhal-

---

3   Vgl. ErwG 47 RL (EU) 2018/1808.
4   *UK Department for Digital, Culture, Media & Sport* Online Harms White Paper.
5   *Bund-Länder-Kommission zur Medienkonvergenz* Endbericht S. 14.
6   S. dazu *Schulz/Dreyer* Informations-Intermediäre.
7   RL 2000/31/EG.
8   *Heldt/Dreyer* Journal of Information Policy 2021, 266 (268).

ten können nach Art. 15 Abs. 1 E-Commerce-RL bzw. § 7 Abs. 2 TMG auch nicht zu einer allgemeinen Überwachung von bereitgestellten Inhalten verpflichtet werden (zur Problematik der vorsorgebezogenen Anbieterpflichten in diesem Zusammenhang → Rn. 47 ff.). Würde der Anbieter freiwillig präventive Verfahren zur Erkennung ggf. problematischer Inhalte implementieren, könnte er nicht ausschließen, für sämtliche so überwachten Inhalte selbst verantwortlich zu sein.[9]

Die von § 24a JuSchG angesprochenen Angebote bieten neben statischen nutzergene- 8 rierten Inhalten auch Funktionalitäten an, mit denen die Nutzerinnen und Nutzer untereinander in Austausch treten können, sei es in geschlossenen oder offenen sozialen Gruppen oder in privaten Unterhaltungen mit engen Freunden und Bekannten, manchmal auch Unbekannten. Durch entsprechende **Kommunikations- und Interaktionsfunktionen** wie Chats, Direktnachrichten, Messengerfunktionen, Kommentare, Übertragung von Texten, Audionachrichten, Bildern oder Videos können auch Inhalte mit Jugendschutzrelevanz übermittelt oder zugänglich gemacht werden, die keiner jugendschutzrechtlichen (Vor-)Bewertung unterliegen und (mit Blick auf die Privatsphäre Heranwachsender und das Fernmeldegeheimnis) dem einfachen Zugriff staatlicher und auch elterlicher Kontrolle entzogen sind. Klassischer Jugendmedienschutz gerät hier deutlich – und seit Längerem – an seine Grenzen (→ § 2 Rn. 28).[10] Durch die Pflicht zum Vorhalten von Vorsorgemaßnahmen auf Infrastrukturebene wird insoweit versucht, der Risikoerweiterung zu begegnen und den Nutzerinnen und Nutzern Hilfestellung bei der nutzerseitigen Bewertung, bei der Orientierung und beim Selbstschutz zu bieten. Auch die Gesetzesbegründung zum JuSchG weist darauf hin, dass § 24a JuSchG mit seinem Ziel der Schaffung „sicherer Interaktionsräume" vor allem Teil der Maßnahmen zur „wirksamen Begegnung von Interaktionsrisiken"[11] ist, mit denen Gefahren für die persönliche Integrität begegnet werden soll (zum Schutzziel der persönlichen Integrität → § 2 Rn. 22 ff.).

Mit dem Ansatz des § 24a JuSchG angesprochen ist auch eine parallele Entwicklung 9 im Bereich der Kinderrechte: Wo klassischer Jugendmedienschutz in erster Linie auf den Schutz vor dem Inkontaktkommen Minderjähriger mit unangemessen Inhalten abzielt, baut die VN-Kinderrechtskonvention auf die zwei weiteren gleichberechtigten Säulen von **Befähigungs- und Teilhaberechten von Kindern** auf. Das Ziel einer „unbeschwerten Teilhabe" von Kindern und Jugendlichen an Medienangeboten und interaktiven Kommunikationsdiensten bedeutet insoweit auch, dass der Gesetzgeber ihnen wegen möglicher, aber keinesfalls sicherer Gefährdungen nicht einfach den Zugang (und damit Teilhabechancen) verwehren kann. Vielmehr muss er sich auf die Suche nach Möglichkeiten machen, wie Minderjährige diese Angebote in einer altersgerechten Art und Weise nutzen können. Pflichten zur Einziehung struktureller Vorsorgemaßnahmen können insoweit einen regulatorischen Mittelweg darstellen, der den genannten Herausforderungen begegnet. Die Begründung spricht davon, dass der

---

9 Vgl. aber Art. 6 Digital-Services-Act-Entwurf (DSA-E), der für präventive Erkennungsverfahren jedenfalls von rechtlich unzulässigen Inhalten eine mögliche Ausnahme von der grundsätzlichen Haftungsprivilegierung ausdrücklich verneint; → Rn. 21.
10 *Dreyer* Entwicklungspfade S. 10.
11 BT-Drs. 19/24909, 27.

Gesetzgeber hier „strukturelle Schutz- und Befähigungsstrukturen in für Kinder und Jugendliche relevanten sozialen Medien und Kommunikationsplattformen schaffen"[12] will.

10 Insgesamt weist die Wahl dieses Regulierungsansatzes eine Erweiterung des gesetzlichen Jugendschutzinstrumentariums in Richtung eines **präventiven erzieherischen Kinder- und Jugendschutzes** auf, wie ihn § 14 SGB VIII für das Kinder- und Jugendhilferecht seit 1990 kennt.[13] Danach sollen (staatliche) Maßnahmen „junge Menschen befähigen, sich vor gefährdenden Einflüssen zu schützen und sie zu Kritikfähigkeit, Entscheidungsfähigkeit und Eigenverantwortlichkeit sowie zur Verantwortung gegenüber ihren Mitmenschen führen" und „Eltern und andere Erziehungsberechtigte besser befähigen, Kinder und Jugendliche vor gefährdenden Einflüssen zu schützen". Dem präventiven Ansatz in der Kinder- und Jugendhilfe entspricht die Steuerung in Richtung der Schaffung von Angeboten und Funktionen, mit denen Eltern und Kinder sich informieren, orientieren und (selber) schützen können und die sie beim Lernen einer geschützt(er)en Mediennutzung unterstützen. Entsprechende Maßnahmen erscheinen als Möglichkeiten einer Befähigung zum Selbstschutz und zur kommunikativen Teilhabe im digitalen Umfeld; sie stehen im Einklang mit der Interpretation der Kinderrechte, wie sie der VN-Kinderrechtsausschuss in seiner Allgemeinen Bemerkung Nr. 25 verdeutlicht hat.[14] Es bleibt aber anzumerken, dass auch und insbesondere die Kinder- und Jugendhilfe hier weiter begleitende und unterstützende Angebote zu erbringen hat, um die angebotsseitigen Vorsorgemaßnahmen im Alltag möglichst optimal nutzen zu können. Nur, weil entsprechende Funktionen von den Anbietern vorgehalten werden (müssen), bedeutet dies nicht automatisch, dass Minderjährige und ihre Eltern von den Funktionen wissen, diese zu nutzen wissen und sie tatsächlich nutzen.

11 **Die wichtigsten Punkte:**

■ Der Gesetzgeber betritt mit der Verpflichtung zum Vorhalten von Vorsorgemaßnahmen in § 24a JuSchG relativ neue regulatorische Pfade, die zuvor bereits ua in der AVMD-Richtlinie aufschienen.

■ Ziel der Vorschrift ist die Verbesserung des Schutzniveaus durch Ansätze zur Befähigung, Orientierung und zum Selbstschutz bzw. zu besserer Begleitung der Kinder und Jugendlichen durch Erziehungsberechtigte.

B. Persönlicher Anwendungsbereich

12 Ob ein Anbieter in den Kreis der Verpflichteten des § 24a JuSchG fällt, ist anhand einer Reihe von **Positiv- und Negativmerkmalen** zu ermitteln. Der persönliche Anwendungsbereich umfasst gemäß § 24a Abs. 1 S. 1 JuSchG zunächst sämtliche Diensteanbieter (→ Rn. 14 f.), die fremde Informationen (→ Rn. 16 ff.) für Nutzerinnen und Nutzer mit Gewinnerzielungsabsicht (→ Rn. 24 ff.) speichern oder bereitstellen.

---

12 BT-Drs. 19/24909, 27.
13 Vgl. Art. 1 des Gesetzes zur Neuordnung des Kinder- und Jugendhilferechts v. 26.6.1990 (BGBl. I 1163).
14 *VN-Kinderrechtsausschuss* General Comment No. 25.

Gemäß § 24a Abs. 1 S. 2 JuSchG sind jedoch zum einen solche Diensteanbieter aus dem Anwendungsbereich ausgenommen, deren Angebote sich nicht an Kinder und Jugendliche richten und von diesen üblicherweise nicht genutzt werden (→ Rn. 29 ff.). Zum anderen sind danach journalistisch-redaktionelle Angebote nicht erfasst, die vom Diensteanbieter selbst verantwortet werden (→ Rn. 35 f.). § 24a Abs. 3 JuSchG nimmt zuletzt auch diejenigen Diensteanbieter aus dem persönlichen Anwendungsbereich aus, deren Angebot im Inland nachweislich weniger als eine Million Nutzerinnen und Nutzer hat (→ Rn. 37 ff.).

Die Entscheidung darüber, ob ein Diensteanbieter in den Kreis der nach alledem Verpflichteten fällt, obliegt (zunächst) diesem Diensteanbieter selbst.[15] Dies wird in der Praxis jedenfalls bis zu den ersten einschlägigen Gerichtsurteilen **erhebliche Rechtsunsicherheit** hervorrufen, konturiert die Norm ihren persönlichen Anwendungsbereich doch in diversen Punkten nicht hinreichend. Im Folgenden werden daher Kriterien entwickelt, die Anhaltspunkte für die praktische Handhabung der Norm in der Zwischenzeit bieten können. 13

I. Diensteanbieter

Eindeutig – weil legaldefiniert – steht fest, wer Diensteanbieter iSd § 24a JuSchG ist. Dies ist nach § 1 Abs. 6 JuSchG iVm § 2 S. 1 Nr. 1 TMG jede natürliche oder juristische Person, die eigene oder fremde Telemedien zur Nutzung bereithält oder den Zugang zur Nutzung vermittelt. Auf der Ebene der Dienstedefinition nutzt § 1 Abs. 1 S. 1 TMG eine negative Definition, dh jeder elektronische Informations- und Kommunikationsdienst ist ein Telemedium, es sei denn, es handelt sich dabei um einen Telekommunikationsdienst nach § 3 Nr. 24 TKG (ab 1.12.2021: § 3 Nr. 61 TKG), um einen telekommunikationsgestützten Dienst nach § 3 Nr. 25 TKG (ab 1.12.2021: § 3 Nr. 63 TKG) oder um Rundfunk nach § 2 RStV, dessen Definition nun in § 2 Abs. 1 MStV enthalten ist. Damit ist eine ganze **Reihe unterschiedlicher Online-Angebote** umfasst, die verschiedene Inhalte (Video, Bild, Ton, Text oder eine Kombination daraus) elektronisch zur Verfügung stellen. 14

Wichtig ist zudem, dass das TMG davon ausgeht, dass es „verschachtelte" Dienste geben kann: So ist der Betreiber einer Plattform für nutzergenerierte Inhalte im Netz Anbieter iSd § 2 S. 1 Nr. 1 TMG; gleichzeitig ist aber auch der Nutzer oder die Nutzerin der Plattform, der oder die Inhalte darüber zugänglich macht, eigenständiger Anbieter eines Telemediendienstes mit Blick auf die von ihm bzw. ihr zur Verfügung gestellten Inhalte.[16] Dadurch können sich Konstellationen ergeben, in denen mehrere Akteure parallel als Diensteanbieter des gleichen Inhalts fungieren. 15

II. Speicherung und Bereitstellung fremder Informationen

Der Verpflichtung, Vorsorgemaßnahmen nach § 24a JuSchG zu ergreifen, unterliegen allerdings nicht alle Anbieter von Telemedien. Die Vorschrift erfasst vielmehr nur solche Diensteanbieter, die fremde Informationen für Nutzerinnen und Nutzer speichern 16

---

15 BT-Drs. 19/24909, 62.
16 Spindler/Schmitz/*Spindler* TMG § 2 Rn. 24.

oder bereitstellen. Als Beispiele werden in der Gesetzesbegründung soziale Netzwerke und Onlinespiele genannt, sofern Letztere neben ihrer Primärfunktion oder als integralen Bestandteil der Nutzung die Zugänglichmachung und das Teilen von Inhalten unter den Nutzerinnen und Nutzern ermöglichen oder diesen die Gelegenheit zur Kommunikation miteinander geben.[17] Nicht in den persönlichen Anwendungsbereich der Norm fallen dagegen solche Diensteanbieter, die eigene Inhalte als eigene Informationen zur Nutzung bereithalten. Insbesondere sind dadurch Film- und Spielplattformen gemäß § 14a JuSchG (→ § 4 Rn. 28 ff.) und die einzelnen Nutzerinnen und Nutzer von Plattformen für nutzergenerierte Inhalte von den Pflichten des § 24a JuSchG ausgenommen.[18] Weder der Begriff der **eigenen** noch jener der **fremden Information** sind im Gesetz oder seiner Begründung jedoch mit Blick auf § 24a JuSchG näher definiert, so dass insbesondere in Grenzfällen eine tiefergehende Beschäftigung mit dem in Frage stehenden Angebot bei der Einordnung unter § 24a JuSchG notwendig ist.

17 Legt man mit Blick auf § 1 Abs. 6 JuSchG die etablierte Rechtsprechung zur Auslegung der Begriffe im TMG zugrunde, sind fremde Informationen grundsätzlich **alle Informationen, die Nutzerinnen und Nutzer selbst eingegeben haben.**[19] Bei solchen Informationen kann es sich aber doch um eigene Informationen handeln, wenn der Diensteanbieter sie sich zu eigen macht. Das soll allerdings grundsätzlich nur zurückhaltend angenommen werden.[20] Ein **Zu-eigen-Machen** soll vorliegen, wo der Anbieter nach außen erkennbar die inhaltliche Verantwortung für die Inhalte seiner Nutzerinnen und Nutzer übernimmt[21] oder den zurechenbaren Anschein erweckt, er identifiziere sich mit diesen Inhalten.[22] Ob dies der Fall ist, soll aus der Sicht eines verständigen Durchschnittsnutzers auf der Grundlage einer Gesamtbetrachtung aller relevanten Umstände beurteilt werden.[23] Für ein Zu-eigen-Machen soll dabei sprechen, wenn ein Anbieter die Nutzerinhalte inhaltlich-redaktionell auf Vollständigkeit und Richtigkeit kontrolliert oder für ihre Präsentation auswählt.[24] Nicht ausreichend soll dagegen eine (teilweise) automatisierte Überprüfung der fremden Inhalte zB auf

---

17 BT-Drs. 19/24909, 63.
18 BT-Drs. 19/24909, 63.
19 BGH Urt. v. 4.7.2013 – I ZR 39/12, GRUR 2014, 180 (181) – Terminhinweis mit Kartenausschnitt.
20 BGH Urt. v. 30.6.2009 – VI ZR 210/08, GRUR 2009, 1093 (1094 Rn. 19) – Focus Online; Urt. v. 27.3.2012 – VI ZR 144/11, GRUR 2012, 751 (752 Rn. 11) – RSS-Feeds; Urt. v. 19.3.2015 – I ZR 94/13, GRUR 2015, 1129 (1131 Rn. 25) – Hotelbewertungsportal; Urt. v. 1.3.2016 – VI ZR 34/15, GRUR 2016, 855 (857 Rn. 17) – www.jameda.de; Urt. v. 27.2.2018 – VI ZR 489/16, GRUR 2018, 642 (644 Rn. 28) – Internetforum; Urt. v. 14.1.2020 – VI ZR 496/18, GRUR 2020, 435 (438 Rn. 39) – www.yelp.de.
21 BGH Urt. v. 1.3.2016 – VI ZR 34/15, GRUR 2016, 855 (856 f. Rn. 17) – www.jameda.de; Urt. v. 14.1.2020 – VI ZR 496/18, GRUR 2020, 435 (438 Rn. 39) – www.yelp.de.
22 BGH Urt. v. 19.3.2015 – I ZR 94/13, GRUR 2015, 1129 (1131 Rn. 25) – Hotelbewertungsportal.
23 BGH Urt. v. 27.3.2012 – VI ZR 144/11, GRUR 2012, 751 (752 Rn. 11) – RSS-Feeds; Urt. v. 19.3.2015 – I ZR 94/13, GRUR 2015, 1129 (1131 Rn. 25) – Hotelbewertungsportal; Urt. v. 1.3.2016 – VI ZR 34/15, GRUR 2016, 855 (856 f. Rn. 17) – www.jameda.de; Urt. v. 14.1.2020 – VI ZR 496/18, GRUR 2020, 435 (438 Rn. 39) – www.yelp.de.
24 BGH Urt. v. 12.11.2009 – I ZR 166/07, GRUR 2010, 616 (618 Rn. 25 f.) – marions-kochbuch.de; Urt. v. 12.7.2012 – I ZR 18/11, GRUR 2013, 370 (371 Rn. 21) – Alone in the Dark; Urt. v. 19.3.2015 – I ZR 94/13, GRUR 2015, 1129 (1131 Rn. 25) – Hotelbewertungsportal.

Unregelmäßigkeiten oder auf Rechtsverletzungen sein.[25] Auch eine automatisierte Indexierung der Nutzerinhalte soll für ein Zu-eigen-Machen nicht genügen.[26]

Der Gesetzgeber legt in seiner Begründung zum JuSchG an den Begriff der eigenen Inhalte, der in § 14a JuSchG in einem anderen Kontext verwendet wird, jedoch offenbar davon abweichende Maßstäbe an: Danach soll es sich bei Nutzerinhalten schon dann um eigene Inhalte des Diensteanbieters handeln, wenn dieser einen **direkten inhaltlichen Einfluss auf ihre Auswahl und ihre Darstellung** genommen und sie **kuratiert bereitgestellt** hat. Dafür soll es grundsätzlich ausreichen, wenn der Diensteanbieter den Inhalt einer auch nur geringfügigen inhaltlichen Einschätzung unterzieht, ihn mittels automatisierter Verfahren sortiert und sodann veröffentlicht.[27] Derartige Handlungen, die nach der ständigen Rechtsprechung zur Rechtsfigur des Zu-eigen-Machens bisher zu Recht nicht genügen sollten, um eine Nutzerinformation zu einer eigenen Information des Diensteanbieters werden zu lassen, führten dem Verständnis der Gesetzesbegründung nach dazu, dass er dafür einstehen müsste wie für einen selbst hochgeladenen Inhalt und somit aus dem Anwendungsbereich des § 24a JuSchG fiele. Dieses Begriffsverständnis ist in der Pauschalität allerdings nicht haltbar.

Bei einer derart großzügigen Bejahung des Zu-eigen-Machens lägen auf vielen Plattformen, auf denen User-Generated-Content abrufbar ist, aus Sicht des neuen JuSchG eigene Inhalte des Diensteanbieters vor. Ein Mindestmaß an Selektion und Sortierung der nutzergenerierten Inhalte auf solchen Plattformen ist ab einer gewissen Größe schließlich erforderlich, damit ein Online-Angebot überhaupt nutzbar ist. Würde sogar eine Sortierung mithilfe automatisierter Verfahren ein Zu-eigen-Machen begründen, liefe § 24a JuSchG daher weitgehend leer. Das wäre jedoch **mit Art. 28b Abs. 3 AVMD-RL nicht zu vereinbaren**, nach dem die Mitgliedstaaten jedenfalls für die Video-Sharing-Diensteanbieter eine Pflicht zur Ergreifung angemessener Vorsorgemaßnahmen etablieren müssen. Dies erfasst auch Diensteanbieter, welche die Organisation der nutzergenerierten Videos, die auf ihrer Plattform bereitstehen, bestimmen, selbst wenn sie dies „mit automatischen Mitteln oder Algorithmen" tun (Art. 1 Abs. 1 lit. aa AVMD-RL). Sie dürfen deshalb nicht ex ante aus dem Anwendungsbereich des Umsetzungsgesetzes, wie es § 24a JuSchG sein möchte,[28] herausfallen. Das gleiche Ergebnis muss aus der Übernahme der TMG-Begrifflichkeiten und dem Verweis in § 24 Abs. 1 und § 1 Abs. 6 JuSchG auf das TMG gelesen werden: Die **unmittelbare Übernahme der Definitionen des TMG** beinhaltet die dazu bestehenden und zukünftigen Interpretationen und Auslegungen. Ansonsten käme es zu abweichenden Begriffsverständnissen von eigenen und fremden Inhalten in JuSchG und TMG. Hätte der Gesetzgeber eine solche Diskrepanz gewollt oder jedenfalls in Kauf genommen, hätte er statt eines direkten Verweises eher die Begriffsdefinitionen als eigenständige gesetzliche Definitionen in § 1 JuSchG aufgenommen.

18

19

---

25 BGH Urt. v. 19.3.2015 – I ZR 94/13, GRUR 2015, 1129 (1132 Rn. 28) – Hotelbewertungsportal; Urt. v. 1.3.2016 – VI ZR 34/15, GRUR 2016, 855 (857 Rn. 18) – www.jameda.de; Urt. v. 14.1.2020 – VI ZR 496/18, GRUR 2020, 435 (439 Rn. 39) – www.yelp.de.
26 BGH Urt. v. 27.2.2018 – VI ZR 489/16, GRUR 2018, 642 (644 Rn. 29) – Internetforum.
27 BT-Drs. 19/24909, 47.
28 S. BT-Drs. 19/24909, 63.

20   Bei der hier vertretenen, auf Rechtseinheit achtenden und richtlinienkonformen Aus-
      legung darf daher auch im Hinblick auf § 24a JuSchG nicht jede Sortierung der Nut-
      zerinhalte durch den Diensteanbieter zu deren Zu-eigen-Machen führen. Wo Nutzer-
      inhalte zB mit technischen Mitteln chronologisch sortiert oder in allgemeine Katego-
      rien eingeordnet werden, die allein der besseren Übersichtlichkeit und Nutzbarkeit
      dienen, kann gerade nicht von eigenen Inhalten ausgegangen werden. Auf der ande-
      ren Seite stehen redaktionell kuratierte Empfehlungen ausgewählter Nutzerinhalte,
      die in Einklang mit der ständigen Rechtsprechung zum Zu-eigen-Machen hierfür
      auch im Jugendschutzrecht ausreichend sind. Zwischen diesen beiden Extremen ist es
      eine **Frage des Einzelfalles**, ob noch fremde oder schon eigene Inhalte vorliegen, die
      mithilfe einer Gesamtbetrachtung aller relevanten Umstände aus der Sicht eines ver-
      ständigen Durchschnittsnutzers zu beantworten ist.

21   Weiterhin ist es – auch im Interesse eines wirksamen Jugendschutzes – durchaus im
      Sinne der Nutzerinnen und Nutzer, dass die Diensteanbieter die **Nutzerinhalte einer
      gewissen Überprüfung unterziehen,** bevor sie diese veröffentlichen. Dafür, dass eine
      freiwillige Prüfung dieser Art nicht automatisch zur Einstufung eines Inhalts als eige-
      ner Inhalt führt, spricht nun Art. 6 des Digital-Services-Act-Entwurfs (DSA-E), der
      eine sog. Good-Samaritan-Klausel enthält. Danach steht es der Einstufung eines In-
      halts als fremder Inhalt nicht entgegen, dass die Diensteanbieter freiwillige Untersu-
      chungsmaßnahmen diesbezüglich ergreifen, um jedenfalls rechtswidrige Inhalte zu fil-
      tern.[29] Derartige Maßnahmen werden den Anbietern zudem in jüngerer Zeit ver-
      stärkt durch die Rechtsordnung auferlegt: So können die Diensteanbieter ihrer Pflicht
      zur qualifizierten Blockierung von Inhalten, die das Urheberrecht verletzen, nach § 7
      UrhDaG faktisch nur vollständig nachkommen, wenn sie bereits bei dem Upload Fil-
      tertechnologien einsetzen.[30] Auch im Äußerungsrecht wird ihr Einsatz infolge der
      jüngeren EuGH-Rechtsprechung praktisch nunmehr Pflicht werden.[31] An die Ver-
      wendung solcher Prüfverfahren allein kann die Annahme des Zu-eigen-Machens des-
      halb nicht geknüpft werden.

22   Am einen Ende des Spektrums liegt ein Zu-eigen-Machen im Einklang mit der ständi-
      gen Rechtsprechung vor, wenn der Diensteanbieter Nutzerinhalte manuell inhaltlich
      sichtet sowie redaktionell prüft, bevor ihr Upload ermöglicht wird. Am anderen Ende
      des Spektrums scheidet ein Zu-eigen-Machen aus, wo eine (automatisierte oder auch
      manuelle) Überprüfung nur erfolgt, um rechtswidrige Inhalte herauszufiltern, even-
      tuell sogar in Erfüllung entsprechender gesetzlicher Prüfpflichten. Zwischen diesen
      Polen ist erneut **im Einzelfall festzustellen,** wie stark der Einfluss des Diensteanbieters
      auf die Nutzerinhalte ausfällt. Kriterien können mit Blick auf die Rechtsprechung der
      Umfang und die Tiefe der inhaltlichen Kontrolle durch den Anbieter, die Art der Prä-
      sentation von Nutzerinhalten und die aus Sicht des Durchschnittsnutzers ernsthafte
      und genügende Distanzierung von den Einzelinhalten sein.[32]

---

29 Vgl. dazu schon COM(2016) 356 final, 9 f.
30 *Kaesling/Knapp* MMR 2021, 11 (15).
31 Vgl. EuGH Urt v. 3.10.2019 – C-18/18, ECLI:EU:C:2019:821 = GRUR 2019, 1208 (1211 Rn. 46) – Glawi-
    schnig-Piesczek/Facebook.
32 S. BGH Urt. v. 12.11.2009 – I ZR 166/07, GRUR 2010, 616 (618 Rn. 31) – marions-kochbuch.de.

Einer besonderen Herausforderung bei der Bestimmung des Anwendungsbereichs   23
von § 24a JuSchG begegnen Angebotsformen, die auch, aber nicht nur nutzergenerierte Inhalte zur Verfügung stellen. So sind Angebote denkbar, die neben eigenen Inhalten auch Funktionen für Dritte zur Verfügung stellen, mit deren Hilfe Nutzerinnen
und Nutzer ihre Inhalte zugänglich machen können. Damit angesprochen sind **hybride Angebotsformen** zwischen § 14a und § 24a JuSchG wie bspw. Angebote mit redaktionell kuratierten Inhalten, die Nutzerinnen und Nutzer kommentieren können,
Onlinespiele mit Profilerstellungsmöglichkeiten und gruppenbezogenen oder privaten
Chatmöglichkeiten oder soziale Netzwerke, die neben den nutzergenerierten Profilen
und Darstellungen auch selbst erstellte oder redaktionell kuratierte Nachrichten zur
Verfügung stellen. Hier wird es jeweils auf die Identifikation des inhaltlichen und
strukturellen Schwerpunkts der Angebotsausgestaltung ankommen, da ansonsten
eine parallele Anwendung der Vorgaben aus § 14a und § 24a JuSchG für diese Angebote die Folge wäre.

III. Gewinnerzielungsabsicht

Verpflichtet sind nur Diensteanbieter, die mit Gewinnerzielungsabsicht handeln. Eine   24
positive Definition dieser Absicht enthalten weder das Gesetz noch dessen Begründung. Im Wege der Abgrenzung gibt der Gesetzgeber lediglich vor, dass Dienste
nicht erfasst sein sollen, wenn sie ohne ein **kommerzielles Interesse** betrieben werden.
Exemplarisch hierfür nennt er private, Non-Profit-, behördliche und firmeninterne
Angebote. Die Gewinnerzielungsabsicht soll auch fehlen, wenn ein Diensteanbieter
nur Spenden einwirbt, mit denen er seine Betriebskosten deckt.[33]

Diese Beispiele sprechen dafür, die Anforderungen an die Gewinnerzielungsabsicht   25
nicht zu hoch anzusetzen, werden doch nur solche Angebote aus dem Anwendungsbereich herausgenommen, die eindeutig nicht darauf gerichtet sind, signifikante Ein-
nahmen zu generieren. Für ein solches Verständnis spricht auch die **richtlinienkonforme Auslegung**: Eine Beschränkung der Pflichten auf Diensteanbieter, die mit Gewinnerzielungsabsicht handeln, findet sich in Art. 28b AVMD-RL schließlich nicht. Sie
kann jedoch als Ausprägung des **Grundsatzes der Verhältnismäßigkeit** verstanden
werden, den die Mitgliedstaaten bei der Kodifikation der Pflicht zu Vorsorgemaßnahmen zu beachten haben (vgl. Art. 28b Abs. 3 UAbs. 2 S. 2 AVMD-RL). Aus dem Kreis
der Verpflichteten können nach diesem Grundsatz allerdings nur Diensteanbieter herausfallen, deren Angebot ihnen keinen relevanten wirtschaftlichen Nutzen bringt und
denen es aus diesem Grund andersherum nicht zugemutet werden soll, dessen Risiken
mithilfe umfangreicher und womöglich kostspieliger Vorsorgemaßnahmen zu mitigie-
ren.

Bei der Frage, ob ein Diensteanbieter mit seinem Angebot einen Gewinn erzielen will,   26
darf der Blick nicht darauf verengt werden, ob das Angebot für die Nutzerinnen und
Nutzer **entgeltlich** ist. Eine Anlehnung an den Begriff der Dienstleistung in Art. 57
Abs. 1 AEUV, der es erfordert, dass eine Leistung idR gegen Entgelt erbracht wird, ist
deshalb nicht zielführend. Das gilt jedenfalls, wenn der Begriff des Entgelts im Sinne

---

33 BT-Drs. 19/24909, 63.

einer Geldzahlung verstanden wird. Gerade Online-Angebote werden von Nutzerinnen und Nutzern vielfach schließlich nicht ieS bezahlt, sondern insbesondere durch die Preisgabe personenbezogener Daten oder mit Aufmerksamkeit honoriert. Gewinn erzielen die Diensteanbieter mit ihren Angeboten in solchen Fällen bspw. durch den Verkauf passgenauer Werbung an Drittunternehmen.[34] Die Risiken für Kinder und Jugendliche, denen mithilfe der Vorsorgemaßnahmen gemäß § 24a JuSchG begegnet werden soll, bestehen aber unabhängig vom Geschäftsmodell des Diensteanbieters.

27   Anhaltspunkte für den Begriff der Gewinnerzielungsabsicht kann in der Praxis die Auslegung des **§ 1 Abs. 1 S. 1 NetzDG** bieten. Auch der persönliche Anwendungsbereich des NetzDG ist nur für solche Anbieter eröffnet, die mit Gewinnerzielungsabsicht handeln. Diese Absicht wird jedenfalls für gewerblich handelnde Anbieter bejaht,[35] auch wenn das Unternehmen ggf. defizitär arbeitet. Fehlen soll sie dagegen, wenn das Angebot nicht dauerhaft und nachhaltig gemacht wird.[36]

28   Ohne spezielle Regel zur Beweislast träfe in einem Beanstandungsverfahren die zuständige Behörde – dh die Bundeszentrale für Kinder- und Jugendmedienschutz (BzKJ) – die **materielle Beweislast**, was die Gewinnerzielungsabsicht eines Diensteanbieters angeht. Ob diese innere Tatsache vorliegt, ist unter Heranziehung äußerer, objektiver Umstände festzustellen.[37] Die Behörde muss ihre Annahme der Gewinnerzielungsabsicht also – mangels Einblicks in die Vorstellungswelt des Diensteanbieters – auf objektiv nachvollziehbare Kriterien stützen können (Rechtsform, Geschäftsmodell, Form der Entgeltlichkeit etc). Diese Kriterien können unter Umständen sogar einen Anscheinsbeweis für das Vorliegen der Gewinnerzielungsabsicht liefern.[38] Behauptet in der Entgegnung der Anbieter, dass er gerade nicht mit Gewinnerzielungsabsicht handele, so muss er diese Behauptung wiederum mit entsprechenden objektiven Anhaltspunkten stützen können.

IV. Ziel- und Nutzergruppen

29   Nicht in den persönlichen Anwendungsbereich des § 24 JuSchG fallen Diensteanbieter, die **kumulativ zwei Voraussetzungen** erfüllen: (1) Sie richten ihr Angebot nicht an Kinder und Jugendliche und (2) es wird üblicherweise auch nicht von Kindern und Jugendlichen genutzt.

30   Das Kriterium der **fehlenden Ausrichtung auf Kinder sowie Jugendliche** soll Dienste privilegieren, die für Minderjährige nicht attraktiv erscheinen. Nach der Gesetzesbegründung sollen dies etwa arbeitsspezifische Fachforen oder soziale Netzwerke sein, die dem Austausch zu beruflichen oder thematisch stark eingegrenzten Aspekten die-

---

34   *Arbeitskreis Kartellrecht* Digitale Ökonomie S. 4 f.
35   BeckOK InfoMedienR/*Hoven/Gersdorf* NetzDG § 1 Rn. 12; Spindler/Schmitz/*Liesching* NetzDG § 1 Rn. 3.
36   Spindler/Schmitz/*Liesching* NetzDG § 1 Rn. 3 mwN.
37   Vgl. dazu die Rechtsprechung hinsichtlich der Gewinnerzielungsabsicht im Steuerrecht, s. nur BFH Beschl. v. 25.6.1984 – GrS 4/82, BeckRS 1984, 22006912; Urt. v. 22.4.1998 – XI R 10/97, NZG 1998, 868 (868 f.); Urt. v. 17.11.2004 – XR 62/01, NZG 2005, 446 (447).
38   Vgl. wiederum die Rechtsprechung zur Gewinnerzielungsabsicht im Steuerrecht, s. nur BFH Beschl. v. 25.6.1984 – GrS 4/82, BeckRS 1984, 22006912; Urt. v. 12.9.2002 – IV R 60/01, DStR 2002, 2161 (2162); Urt. v. 6.3.2003 – XI R 46/01, DStRE 2003, 847.

nen.[39] Nicht von der Ausnahme in § 24a Abs. 1 S. 2 JuSchG können im Umkehrschluss daher Anbieter profitieren, die ihr Angebot an Personen aller Altersgruppen richten, und das unabhängig davon, ob das Angebot tatsächlich von Kindern und Jugendlichen genutzt wird. Das dürfte einen großen Teil der online verfügbaren Angebote betreffen.[40] An wen ein Angebot sich richtet, kann bspw. anhand der Gestaltung des Angebots, des Marketings hierfür und ggf. anhand der Ansprache der Nutzerinnen und Nutzer bestimmt werden. Auch in den Bestimmungen zum Mindestalter oder in der Präambel des Nutzungsvertrages können sich Indizien dafür finden. Für eine Ausrichtung allein an Erwachsene kann zudem sprechen, wenn gewisse Funktionen vorgehalten werden, die nur für sie einen Nutzen haben, wie etwa in den beispielhaft genannten beruflichen sozialen Netzwerken.

Während die fehlende Ausrichtung des Angebots auf Kinder und Jugendliche in der Praxis relativ eindeutig zu bestimmen sein dürfte, ist dies für das Merkmal der **fehlenden üblichen Nutzung des Angebots durch Minderjährige** weniger einfach möglich. Die übliche Nutzung eines Angebots wird in der Gesetzesbegründung als seine tatsächliche Nutzung definiert.[41] Insbesondere kann das Vorliegen dieses Kriteriums nicht allein dadurch ausgeschlossen werden, dass das Angebot formal einer Altersbeschränkung unterliegt, die jedoch faktisch nicht durchgesetzt wird.[42] Selbst eine missbräuchliche Nutzung durch Minderjährige entgegen einer Altersbegrenzung, die zB im Nutzungsvertrag vorgesehen ist, kann daher dazu führen, dass ein Diensteanbieter zu den Verpflichteten des § 24a JuSchG gehört. So erscheint es denkbar, dass Kinder und Jugendliche schon durch kollusives Verhalten oder durch die nicht bestimmungsgemäße Nutzung eines Angebots den Anbieter in den Anwendungsbereich von § 24a JuSchG drängen, etwa bei der Kaperung eines Fischzuchtforums für das Verabreden zum Kennenlernen auf Privatfeiern. **31**

Hinzu kommt, dass § 24a Abs. 1 S. 2 JuSchG **keine Mindestanzahl von Kindern und Jugendlichen** benennt, die das Angebot tatsächlich nutzen müssen, damit eine „übliche Nutzung" vorliegt.[43] Es entspricht zwar dem Verhältnismäßigkeitsgrundsatz, nicht schon einzelne Nutzungen des Angebots ausreichen zu lassen. Wann allerdings eine Üblichkeit im Sinne der Vorschrift vorliegt, bleibt unbestimmt. Für eine Üblichkeit kann die häufige Nennung eines Angebots bei repräsentativen Befragungen von Kindern und Jugendlichen sprechen; insbesondere den meistgenutzten und den meistgenannten Angeboten mit nutzergenerierten Inhalten wird eine übliche Nutzung zu unterstellen sein.[44] Um die Schutzziele des § 10a Nr. 1 bis 3 JuSchG zu erreichen, darf die Schwelle hier insgesamt nicht zu hoch angesetzt werden. Die Verpflichtung des Diensteanbieters gemäß § 24a JuSchG kann demnach auch schon vor dem Einzug in die Top 10 der meistgenutzten Angebote entstehen. **32**

Diensteanbieter sollten die Altersstruktur ihrer Nutzerinnen und Nutzer stets im Auge behalten, sind die Pflichten des § 24a JuSchG doch **unabhängig von ihrer Kenntnis** **33**

---

39 BT-Drs. 19/24909, 63.
40 *Google Ireland Ltd.* Stellungnahme S. 10.
41 BT-Drs. 19/24909, 63.
42 BT-Drs. 19/24909, 63.
43 *Dreyer/Schulz* Stellungnahme S. 12 f.; *Google Ireland Ltd.* Stellungnahme S. 10.
44 S. etwa *mpfs* JIM 2020 S. 40; *mpfs* KIM 2020 S. 49.

ab dem Moment zu erfüllen, ab dem die Voraussetzungen des § 24a Abs. 1 S. 2 JuSchG nicht mehr vorliegen. Wollen Anbieter sicher ausschließen, dass sie in den Kreis der Verpflichteten fallen, müssen sie es technisch mit einer plausiblen Altersüberprüfung unterbinden, dass Kinder und Jugendliche ihre Angebote nutzen können. Aus der Kombination der unbestimmten Üblichkeitsschwelle und der größtenteils nutzerabhängigen faktischen Nutzung eines Angebots ergibt sich aus Anbietersicht eine doppelte Rechtsunsicherheit, was die Anwendbarkeit des § 24a JuSchG auf ihr Angebot angeht. In dieser Zusammenschau kann die Bestimmung durchaus mit Blick auf das verfassungsrechtliche Bestimmtheitsgebot kritisiert werden, weil für den Anbieter nicht ohne Weiteres erkennbar ist, ob und ab wann er den Pflichten zur Einziehung von Vorsorgemaßnahmen unterfällt.

34 Die **materielle Beweislast** für die angestrebten und tatsächlichen Ziel- und Nutzergruppen trifft den Diensteanbieter. Das folgt aus der Negativformulierung des § 24a Abs. 1 S. 2 JuSchG („Die Pflicht nach Satz 1 besteht nicht [...]"). Inwieweit aber Anbieterangaben zu der eigenen Ziel- und Nutzergruppe, die im Gegensatz zu repräsentativen Erhebungen stehen, als Beweis genügen können, bleibt angesichts der grundsätzlichen Validierbarkeit von Anbieterangaben fraglich.

V. Journalistisch-redaktionelle Angebote

35 Ebenfalls nicht in den Kreis der Verpflichteten fallen diejenigen Diensteanbieter, die selbst journalistisch-redaktionelle Angebote verantworten. Der Begriff ist so auszulegen wie der des Anbieters von Telemedien mit journalistisch-redaktionell gestalteten Inhalten iSd § 18 Abs. 2 S. 1 MStV.[45] Denn in der Gesetzesbegründung wird darauf hingewiesen, dass für diese Diensteanbieter, die nicht in den persönlichen Anwendungsbereich des § 24a JuSchG fallen, die §§ 54 ff. RStV gelten, deren Inhalte sich in überarbeiteter Form nun in den §§ 17 ff. MStV finden.

36 Dieses Negativkriterium führt insofern zu einer Dopplung, als jene Diensteanbieter, die selbst (journalistisch-redaktionelle) Angebote verantworten, keine fremden Informationen speichern oder bereithalten, sondern eigene Informationen zugänglich machen. Damit gehören sie schon gemäß § 24a Abs. 1 S. 1 JuSchG nicht zum Kreis der Verpflichteten.[46] Die Ausnahme journalistisch-redaktioneller Angebote vom Anwendungsbereich wird vor diesem Hintergrund **in der Praxis keine Relevanz** erlangen. Vielmehr wird die entscheidende Weichenstellung die Vorfrage sein, inwieweit ein Anbieter fremde oder eigene Inhalte zugänglich macht (→ Rn. 16 ff.).

VI. Weniger als eine Million Nutzerinnen und Nutzer

37 Zuletzt fallen aus dem persönlichen Anwendungsbereich auch jene Diensteanbieter heraus, die nachweisen, dass ihr Angebot in der Bundesrepublik Deutschland weniger als eine Million Nutzerinnen und Nutzer hat. Auf das Alter oder insbesondere den Umstand der Minderjährigkeit dieser Nutzerschaft kommt es dabei nicht an. Dies

---

45 S. zu diesem Begriff etwa BeckOK InfoMedienR/*Lent* MStV § 17 Rn. 13 ff. mwN.
46 So ist auch die Gesetzesbegründung zu verstehen, nach der diese Regelung „[k]larstellend" ist (BT-Drs. 19/24909, 63).

soll als Ausfluss des Verhältnismäßigkeitsgrundsatzes solche Angebote aus dem Kreis der Verpflichteten herausnehmen, die **keine erhebliche Relevanz für Kinder und Jugendliche** aufweisen.[47]

Die Ausnahme vom Anwendungsbereich und vor allem ihre Begründung werfen systematische Fragen auf, weil diese Form der altersunabhängigen Nutzerzahlenschwelle in eine Beziehung mit dem Ausnahmekriterium der „üblichen Nutzung" (→ Rn. 29 ff.) tritt. Ein Angebot mit deutlich mehr als einer Million Nutzerinnen und Nutzern im Inland und einer hohen Relevanz für Kinder und/oder Jugendliche fällt eindeutig in keinen der beiden Ausnahmetatbestände und unterliegt der Pflicht nach § 24a JuSchG. Angebote, die sich nicht an Minderjährige richten und von diesen auch üblicherweise nicht genutzt werden, fallen im Gegensatz dazu komplett unabhängig von ihren Nutzerzahlen aus dem Anwendungsbereich der Vorschrift. Die Relation des Merkmals der Üblichkeit aus § 24a Abs. 1 S. 2 JuSchG scheint insoweit der Anteil der Nutzung an der Gesamtmenge der Minderjährigen (in Deutschland) zu sein und nicht der Anteil der Kinder und Jugendlichen an der Gesamtmenge der Nutzerinnen und Nutzer eines Angebots. Problematisch erscheinen die Sachverhalte, bei denen ein Angebot üblicherweise von Kindern und Jugendlichen genutzt wird, welches die Nutzerzahlenschwelle aber nicht erreicht: Es erscheint möglich, dass aus der Nutzungsperspektive von Kindern und Jugendlichen – etwa einer bestimmter Alterskohorte oder einer bestimmten Region oder Stadt – ein bestimmtes Angebot üblicherweise genutzt wird, es aber aufgrund der altersbezogenen oder räumlichen Spezifität weniger als eine Million Nutzerinnen und Nutzer aufweist. Auch kleinere Angebote, die sich speziell an Kinder und/oder Jugendliche richten und entsprechend bekannt sind, können aus Sicht des Jugendschutzziels zwar erhebliche Relevanz aufweisen, würden aber aufgrund der Nutzerzahlenschwelle aus dem Anwendungsbereich des § 24a JuSchG fallen. Vor diesem Hintergrund erscheint das gesetzliche Kriterium der Mindestzahl von einer Million Nutzerinnen und Nutzern selbst nicht zielführend, was die Erreichung der Schutzziele des § 10a JuSchG angeht. Das Schutzziel des verfassungsrechtlichen Jugendmedienschutzes ist gerichtet auf die unbeeinträchtigte Persönlichkeitsentwicklung des Einzelnen, so dass das gesetzliche Anknüpfen an etwaige Mindestnutzerzahlen vollständig unabhängig von dem Risikopotenzial eines Angebots für den Einzelnen **mit Blick auf den verfassungsrechtlichen Jugendschutzauftrag jedenfalls diskutierbar** erscheint.

38

Eine große Herausforderung für die praktische Umsetzung ist daneben die **Unbestimmtheit** dieser Norm,[48] da weder definiert ist, wer Nutzerin oder Nutzer eines Angebots ist, noch, mit welcher Methode und über welchen Zeitraum das Erreichen des Schwellenwertes zu messen ist.

39

Nicht eindeutig ist nach ihrem Wortlaut und ihrer Begründung, wer Nutzerin oder Nutzer eines Angebotes sein soll. Nach einer Ansicht sollten hier einzig **registrierte Nutzerinnen und Nutzer** berücksichtigt werden; solche, die lediglich passiv Inhalte

40

---

47 BT-Drs. 19/24909, 67.
48 *bitkom* Stellungnahme S. 42; *Dreyer/Schulz* Stellungnahme S. 13; *Hopf/Braml* ZUM 2020, 312 (318).

konsumieren, würden dagegen nicht zum Nutzerkreis zählen.[49] Ein solches Verständnis liegt verschiedenen anderen Vorschriften zugrunde, denen Diensteanbieter unterliegen: § 1 Abs. 2 NetzDG setzt voraus, dass solche Anbieter von den Pflichten des NetzDG befreit sind, die weniger als zwei Millionen *registrierte* Nutzer haben. Auch im DSA-E, in dem die Anwendbarkeit einiger Regelungen von der Nutzeranzahl abhängig gemacht wird, wird diese Anzahl in vergleichbarer Weise bemessen. So dürfen gemäß Art. 25 Abs. 1 DSA-E nur die „aktive[n] Nutzer" mitgezählt werden. Dies gibt § 24a JuSchG aber nicht explizit vor.

41   Eine alternative Auslegung, bei der **auch jene Personen** einbezogen würden, **die Inhalte konsumieren, ohne registriert zu sein**, ließe sich damit begründen, dass die Gefahren für Kinder und Jugendliche jedenfalls in Teilen unabhängig davon sind, ob sie ein Nutzerprofil angelegt haben oder nicht. Konsumieren sie nur passiv und ohne eigenen Account, fallen zB Risiken weg, die aus den Kommunikationsmöglichkeiten registrierter User mit anderen Nutzerinnen und Nutzern folgen können. Die Gefahren, die bereits der Konsum von entwicklungsbeeinträchtigenden Inhalten hervorrufen kann, sind dagegen regelmäßig nicht an die Existenz eines Nutzerprofils geknüpft und bestehen damit auch bei einer Nutzung des Angebots durch Unregistrierte.

42   Jedoch würde die Vorschrift bei einer Auslegung, die passive Nutzerinnen und Nutzer in den relevanten Nutzerkreis einbezieht, gegen das **Bestimmtheitsgebot** verstoßen.[50] Es stellte sich schließlich eine Reihe von Anschlussfragen, etwa: In welchem Zeitraum muss die Nutzergrenze überschritten werden?[51] Welche Nutzerinnen und Nutzer sollen gezählt werden: Nur jene, die die Mindestverweildauer (welche?) überschritten haben? Wie wird garantiert, dass niemand doppelt gezählt wird? Im DSA-E zB finden sich entsprechende Vorgaben. Dort wird die durchschnittliche monatliche Nutzerzahl als relevante Größe benannt (Art. 25 Abs. 1 DSA-E). Zudem ist in Art. 25 Abs. 3 DSA-E vorgesehen, dass die Europäische Kommission per delegiertem Rechtsakt eine Methode zur Berechnung dieser Nutzerzahl festlegt. Auf die durchschnittliche Nutzerzahl in einem Zeitraum von sechs Monaten stellt auch § 91 Abs. 2 Nr. 1 MStV ab, der den persönlichen Anwendungsbereich der Regeln für Medienintermediäre regelt. In § 96 S. 1 MStV ist zudem die Befugnis der Landesmedienanstalten enthalten, gemeinsame Satzungen und Richtlinien zur Konkretisierung dieser Vorschriften zu erlassen. Vergleichbare Maßstäbe oder Befugnisse fehlen in § 24a Abs. 3 JuSchG jedoch, so dass die nötige Bestimmtheit mithilfe der vorgeschlagenen Auslegung herzustellen ist.

43   Eine Begrenzung des zu berücksichtigenden Nutzerkreises auf die registrierten Nutzerinnen und Nutzer erlaubt es, klar festzustellen, ob das **Angebot im Inland genutzt** wird. Die Nutzung im Ausland muss bei der Berechnung des Nutzerkreises mit Blick auf § 24a Abs. 3 JuSchG schließlich außer Betracht bleiben. Für den Ort der Nutzung kann dann auf die IP-Adresse rekurriert werden, unter welcher die jeweilige Nutzerin

---

49 *Hilgert/Sümmermann* K&R 2021, 297 (299 f.). Sie wollen in einem zweiten Schritt des Weiteren doppelte Anmeldungen sowie seit langer Zeit inaktive Nutzerprofile aus der Nutzerzahl herausrechnen.
50 Vgl. BeckOK InfoMedienR/*Hoven/Gersdorf* NetzDG § 1 Rn. 31.
51 *Hilgert/Sümmermann* K&R 2021, 297 (299).

oder der Nutzer sich registriert haben.[52] Denkbar wäre es zwar auch, an den Wohnort anzuknüpfen. Dieser wird aber womöglich nicht von allen Diensteanbietern bei der Registrierung abgefragt. Im Interesse einer Datenminimierung (vgl. Art. 5 Abs. 1 lit. c DS-GVO) sollte dieses Erfordernis auch nicht „durch die Hintertür" eingeführt werden. Zudem böte dies ein höheres Missbrauchspotential, kann doch einfacher ein ausländischer Wohnort angegeben werden, als (zB mittels VPN) eine ausländische IP-Adresse genutzt werden.

Die **materielle Beweislast** dafür, dass die zahlenmäßige Nutzergrenze unterschritten ist, trifft den Diensteanbieter. Das folgt daraus, dass er nach dem Wortlaut des § 24a Abs. 3 JuSchG „nachweislich" weniger als eine Million Nutzerinnen und Nutzer haben muss und wird auch in der Gesetzesbegründung postuliert.[53] Die Validierbarkeit der Anbieterangaben ist dabei naturgemäß begrenzt.   44

VII. Anwendbarkeit unabhängig vom Sitzland?

Die Verpflichtung, Vorsorgemaßnahmen zu ergreifen, gilt gemäß § 24a Abs. 4 S. 1 JuSchG unabhängig davon, ob das Sitzland des jeweiligen Diensteanbieters Deutschland ist. Ausreichen soll stattdessen, dass er **hinreichenden kinder- und jugendmedienschutzrechtlichen Inlandsbezug** aufweist.[54] Das jeweilige Sitzland wird dabei – im Anwendungsbereich des TMG – nach § 2a TMG bestimmt (§ 24a Abs. 4 S. 4 JuSchG). Auch das in § 3 TMG verankerte Herkunftslandprinzip soll durch die Verpflichtung nicht berührt werden (§ 24a Abs. 4 S. 4 JuSchG; → § 9 Rn. 21 ff.). Satz 1 und Satz 4 erscheinen damit ausschließlich auf Einzelfälle anwendbar, in denen die Vorgaben von Art. 3 Abs. 4 lit. b E-Commerce-RL berücksichtigt wurden (→ § 9 Rn. 18).   45

Die wichtigsten Punkte: 46

- Der persönliche Anwendungsbereich des § 24a JuSchG weist teils erhebliche Anwendungsprobleme in der Praxis auf, insbesondere aufgrund der Unbestimmtheit der Norm.
- Wer Diensteanbieter ist, richtet sich nach der Definition im TMG.
- Ob mit den Nutzerinhalten eigene oder fremde Inhalte zugänglich gemacht werden, muss im Einzelfall festgestellt werden. Die Abgrenzungskriterien ergeben sich aus der (va zivilrechtlichen) Rechtsprechung zum Zu-eigen-Machen von Inhalten.
- Wann eine Gewinnerzielungsabsicht vorliegt, kann unter Rückgriff auf die Definition dieses Begriffs im NetzDG ermittelt werden.
- Kriterien dafür, wann ein Angebot „üblicherweise" von Kindern und Jugendlichen genutzt wird, bleiben unbestimmt.
- Das Anknüpfen der Vorsorgepflicht an Mindestnutzerzahlen unabhängig von dem Risikopotenzial eines Angebots erscheint mit Blick auf die Schutzziele des

---

52 Vgl. BeckOK InfoMedienR/*Hoven*/*Gersdorf* NetzDG § 1 Rn. 33. Kritisch aber Spindler/Schmitz/*Liesching* NetzDG § 1 Rn. 71.
53 BT-Drs. 19/24909, 67: „wenn sie nachweisen".
54 BT-Drs. 19/24909, 67.

> JuSchG problematisch; angesichts fehlender Konkretisierungen, wer wann Nutzerin oder Nutzer eines Angebots ist, erscheint die Eine-Million-Nutzergrenze extrem unbestimmt.

C. Verhältnis zum Haftungsprivileg in § 10 TMG

47 Die Pflicht, Vorsorgemaßnahmen zu ergreifen, trifft Diensteanbieter nach dem Wortlaut des § 24a Abs. 1 S. 1 JuSchG „unbeschadet" des § 10 TMG. Nach § 10 S. 1 TMG ist der Host-Provider für rechtswidrige Handlungen oder Informationen der Nutzerinnen und Nutzer nicht verantwortlich, sofern er sie nicht kennt oder kennen musste oder nach Kenntniserlangung hiervon unverzüglich tätig wird, um sie zu löschen. Gemäß der insofern knapp gehaltenen Gesetzesbegründung soll das **Haftungsregime**, das dadurch etabliert wird, auch im Anwendungsbereich des § 24a JuSchG **fortbestehen**.[55] Der Diensteanbieter haftet strafrechtlich und auf Schadensersatz also weiterhin nur bei Kenntnis oder bei Kennenmüssen für Rechtsverletzungen der Nutzerinnen und Nutzer.[56] Diese Kenntnis kann infolge der Umsetzung der Vorsorgemaßnahmen begründet werden, etwa durch eine Nutzerbeschwerde im Rahmen des Melde- und Abhilfeverfahrens nach § 24a Abs. 2 Nr. 1, Nr. 2 JuSchG oder bei der nutzerseitigen Alterseinstufung eines Inhalts nach § 24a Abs. 2 Nr. 3 JuSchG. Insbesondere kann der Gesetzgeber mit dem Hinweis, dass § 10 TMG „unbeschadet" bleibt, nicht den Anwendungsbereich der dortigen kenntnisnahmebasierten Haftungsprivilegierung beliebig auf den Bereich der Umsetzung von Vorsorgemaßnahmen ausweiten. Andererseits folgt aus der Umsetzung der Maßnahmen allein nicht automatisch, dass das Haftungsprivileg in jedem Fall entfällt.

48 Problematisch ist die Verpflichtung, Maßnahmen zu ergreifen, vor dem Hintergrund des **Art. 14 Abs. 1 E-Commerce-RL**, den das Haftungsprivileg des § 10 TMG umsetzt und der die Verantwortlichkeit des Host-Providers für im Auftrag seines Nutzers gespeicherte Informationen unter den eben genannten Voraussetzungen ausschließt. In dieser Hinsicht ist noch offen – und soll vorliegend nicht abschließend beantwortet werden –, ob § 24a JuSchG mit dem Unionsrecht zu vereinbaren ist (zum Gebot unionsrechtskonformer Rechtsanwendung im Hinblick auf die Anwendung des Gesetzes auf ausländische Anbieter → § 9 Rn. 21 ff.). Den Diensteanbietern werden in § 24a JuSchG Pflichten auferlegt, die daran anknüpfen, dass sie ihren Nutzerinnen und Nutzern grundsätzlich die Möglichkeit eröffnen, rechtswidrige Handlungen vorzunehmen bzw. rechtswidrige Informationen zur Verfügung zu stellen.[57] Diese Pflichten treffen Anbieter unabhängig von ihrer Kenntnis oder dem Kennenmüssen dieser Umstände. Verstünde man „**Verantwortlichkeit**" iSd Art. 14 Abs. 1 E-Commerce-RL weit, wären die Vorsorgepflichten hiermit kaum zu vereinbaren. § 24a JuSchG begründet schließlich insofern eine Verantwortlichkeit der Diensteanbieter für fremde Informationen, als aufgrund ihres möglichen Inhaltes die Pflicht etabliert wird, Vor-

---

55 BT-Drs. 19/24909, 63.
56 Zur Reichweite des Haftungsprivilegs s. nur BGH Urt. v. 11.3.2004 – I ZR 304/01, GRUR 2004, 860 (862) – Internet-Versteigerung I; Nomos-BR/*Müller-Broich* TMG § 10 Rn. 1.
57 *Dreyer/Schulz* Stellungnahme S. 13.

Bernzen/Dreyer

sorgemaßnahmen zu treffen. Für dieses weite Verständnis könnte Art. 5 Abs. 1 DSA-E sprechen. Er sieht wie Art. 14 Abs. 1 E-Commerce-RL eine Haftungsprivilegierung für Host-Provider vor. Der dazugehörige ErwG 17 stellt fest, dass diese Privilegierung „für jegliche Art der Haftung im Zusammenhang mit jeglicher Art von digitalen Inhalten gelten [soll], unabhängig von dem genauen Gegenstand oder der Art dieser Rechtsvorschriften." Das könnte der Auslegung des Haftungsprivilegs nach der E-Commerce-RL ebenso zugrunde gelegt werden, soll der DSA-E das Privileg doch nicht inhaltlich ändern, sondern nur in die Verordnung überführen.[58]

Es wäre jedoch auch denkbar, die Vorsorgemaßnahmen nach § 24a JuSchG als über die E-Commerce-RL hinausgehende **allgemeine Anforderung an die Diensteerbringung** einzuordnen. Mit ErwG 48 räumt die E-Commerce-RL den Mitgliedstaaten schließlich explizit die Möglichkeit ein, von Diensteanbietern zu verlangen, dass sie die nach vernünftigem Ermessen zu erwartende und in innerstaatlichen Rechtsvorschriften niedergelegte Sorgfaltspflicht anwenden, um bestimmte Arten rechtswidriger Tätigkeiten aufzudecken und zu verhindern. Auf diesen Erwägungsgrund nahm der deutsche Gesetzgeber bspw. beim Erlass des NetzDG Bezug, um die darin enthaltenen zusätzlichen Verpflichtungen der Anbieter sozialer Medien zu rechtfertigen.[59] Darunter könnte auch die Verpflichtung nach § 24a JuSchG gefasst werden. Hierfür spricht, dass das Entstehen der Vorsorgepflichten nicht davon abhängt, ob Nutzerinnen und Nutzer *tatsächlich* rechtswidrige Informationen speichern. Das soll mittels einiger der Vorsorgemaßnahmen schließlich gerade verhindert werden. Deshalb ließe sich argumentieren, dass nicht die Rechtsverletzungen Dritter die Verantwortlichkeit des Diensteanbieters auslösen, sondern bereits der Betrieb des Angebotes.

49

Die wichtigsten Punkte:

50

- Vorsorgemaßnahmen für Anbieter nutzergenerierter Inhalte sind mit Blick auf das ihnen zustehende Haftungsprivileg nicht frei von Bedenken, weil die Anbieter zu Maßnahmen nur aufgrund der Möglichkeit späterer Rechtsverletzungen durch ihre Nutzerinnen und Nutzer verpflichtet werden.
- Alternativ kann man die Pflicht zum Vorhalten von Vorsorgemaßnahmen als allgemeine Anforderung an bestimmte Formen der Erbringung von Diensten der Informationsgesellschaft verstehen, die unabhängig von möglichen späteren Rechtsverletzungen durch Nutzerinnen und Nutzer gilt.

D. Verhältnis von Absatz 1 zu Absatz 2

Die allgemeine Pflicht zum Vorhalten von Vorsorgemaßnahmen in § 24a Abs. 1 JuSchG wird ergänzt durch gesetzlich konkret benannte Maßnahmen in § 24a Abs. 2 JuSchG, die für eine Umsetzung dieser Pflicht „insbesondere in Betracht kommen". Für das Verhältnis von Absatz 1 zu Absatz 2 folgt daraus, dass in Absatz 1 eine **generalklauselartige Verpflichtung** aufgestellt wird, deren Umsetzung den Regelungsadressaten obliegt. Absatz 2 fungiert insoweit als **beispielhafter Maßnahmenkatalog**, der

51

---

58 S. hierzu ErwG 16 DSA-E.
59 BT-Drs. 18/12356, 14. Kritisch hierzu aber *Spindler* ZUM 2017, 473 (483 f.).

die allgemeine Verpflichtung nicht abschließend konkretisiert. Die Einführung der in Absatz 2 genannten Maßnahmen ist unverbindlich; insbesondere führt Absatz 2 nicht dazu, dass ein Anbieter eine bestimmte oder gar alle dort genannten Maßnahmen zu implementieren hat. Auch die Einführung solcher Vorsorgemaßnahmen, die in Absatz 2 nicht aufgezählt werden, wird hierdurch nicht ausgeschlossen. Nutzt ein verpflichteter Anbieter aber eine oder mehrere der dort genannten Vorsorgemaßnahmen für sein Angebot, kann dies ein starkes Indiz für die Eignung der ergriffenen Maßnahmen zur Erfüllung der Pflicht nach Absatz 1 sein.

52 Hinreichend für eine Erfüllung der Pflicht aus Absatz 1 ist die Nutzung einer, mehrerer oder gar aller Beispielsmaßnahmen aus Absatz 2 allerdings andersherum nicht in jedem Fall. Ob der Diensteanbieter seine Präventionspflicht erfüllt hat, ist vielmehr durch eine wertende Gesamtschau aller vorgehaltenen Maßnahmen festzustellen. Als Beurteilungsmaßstab sieht § 24a Abs. 1 S. 1 JuSchG die **Angemessenheit** und die **Wirksamkeit** der implementierten Vorsorgemaßnahmen mit Blick auf die Erreichung der Schutzziele aus § 10a Nr. 1 bis 3 JuSchG vor. Dieser Maßstab wird im Folgenden konkretisiert.

I. Angemessenheit der Vorsorgemaßnahmen

53 Der Begriff und Beurteilungsmaßstab der Angemessenheit stammt aus dem im Rechtsstaatsprinzip verwurzelten **Verhältnismäßigkeitsgrundsatz**. Der Verhältnismäßigkeitsgrundsatz besagt, dass „staatliche Maßnahmen nicht prinzipiell unbegrenzt und unbegründet sein dürfen, sondern ihre Rechtfertigung in einem benennbaren Zweck haben müssen und an diesem Zweck in ihrem Umfang und Ausmaß auch gemessen werden müssen"[60]. Zur Wahrung der Verhältnismäßigkeit muss eine Maßnahme zur Erreichung eines legitimen Zwecks geeignet, erforderlich und angemessen sein.[61] Eine Maßnahme ist angemessen, wenn die Schwere des darin liegenden Grundrechtseingriffs nicht außer Verhältnis zur Bedeutung der ihn rechtfertigenden Gründe steht.[62]

54 Indem es den Begriff der Angemessenheit verwendet, verlangt das JuSchG für die Pflichterfüllung nach Absatz 1 also eine **Einzelfallbetrachtung**, bei der die angebotsspezifischen Risiken für die Erreichung der Schutzziele des JuSchG einerseits mit der Breite und Tiefe der damit einhergehenden Beeinträchtigungen des jeweiligen Anbieters andererseits in Verhältnis gesetzt werden. Der Zweck, den die Vorsorgepflichten verfolgen, ist gemäß dem Gesetzeswortlaut die Erreichung der Schutzziele aus § 10a

---

60 Maunz/Dürig/*Grzeszick* GG Art. 20 Rn. 107.
61 Ständige Rechtsprechung, s. nur BVerfG Beschl. v. 15.1.1970 – 1 BvR 13/68, BVerfGE 27, 344 (352) – Scheidungsakte; Beschl. v. 4.4.2006 – 1 BvR 518/02, BVerfGE 115, 320 (345) – Rasterfahndung; Beschl. v. 13.6.2007 – 1 BvR 1550/03, 1 BvR 2357/04, 1 BvR 603/05, BVerfGE 118, 168 (193) – Kontenabfrage; Urt. v. 27.2.2008 – 1 BvR 370/07, 1 BvR 595/07, BVerfGE 120, 274 (318 f.) – Online-Durchsuchung; Beschl. v. 26.2.2009 – 2 BvR 392/07, BVerfGE 120, 224 (239 ff.) – Inzestverbot.
62 Ständige Rechtsprechung, s. nur BVerfG Beschl. v. 16.3.1971 – 1 BvR 52/66, 1 BvR 665/66, 1 BvR 667/66, 1 BvR 754/66, BVerfGE 30, 292 (316) – Erdölbevorratung; Beschl. v. 4.4.2006 – 1 BvR 518/02, BVerfGE 115, 320 (345) – Rasterfahndung; Beschl. v. 13.6.2007 – 1 BvR 1550/03, 1 BvR 2357/04, 1 BvR 603/05, BVerfGE 118, 168 (195) – Kontenabfrage; Urt. v. 2.3.2010 – 1 BvR 256/08, 1 BvR 263/08, 1 BvR 586/08, BVerfGE 125, 260 (368) – Vorratsdatenspeicherung; Beschl. v. 8.6.2010 – 1 BvR 2011/07, 1 BvR 2959/07, BVerfGE 126, 112 (152 f.) – Privater Rettungsdienst.

Bernzen/Dreyer

Nr. 1 bis 3 JuSchG; dieser Zweck ist mit Blick auf den Verfassungsrang von Jugendmedienschutz (→ § 1 Rn. 14 f.) als Grundlage von Grundrechtseingriffen abstrakt
tragfähig. Der Schutz der möglichst unbeeinträchtigten Persönlichkeitsentwicklung
Minderjähriger zu eigenverantwortlichen und gemeinschaftsfähigen Individuen steht
auf der gleichen Ebene wie die Grundrechte, auf die der Anbieter sich demgegenüber
berufen kann (insbesondere Berufsfreiheit und Eigentumsfreiheit [→ § 1 Rn. 24],
Letztere vor allem in ihrer Ausprägung als Recht am eingerichteten und ausgeübten
Gewerbebetrieb).

Die **Abwägung der Bedeutung des Schutzziels und der Schwere des Eingriffs** hat im   55
konkreten Fall unter Berücksichtigung der jeweiligen technischen Eigenheiten eines
Angebots, seiner kommunikationsbezogenen Funktionalitäten und deren Ausgestaltung, seiner Nutzungsbestimmung und auch der tatsächlich beobachtbaren Nutzungsformen zu erfolgen. Sie muss auch den personellen und technischen Aufwand
sowie die Kosten für die Umsetzung (und den späteren laufenden Betrieb inklusive
der dafür nötigen Verfahren und Prozesse) vor dem Hintergrund der Unternehmens-
größe und seiner finanziellen Möglichkeiten berücksichtigen. Als Grundregeln gelten:
Je größer das Risiko eines Angebots für die Erreichung des Schutzzwecks, desto eher
können auch umfangreiche Vorsorgemaßnahmen gerechtfertigt sein – solange die
Einführung dieser Maßnahmen nicht ihrerseits die Grundrechtsausübung des Anbieters in ihrem Kern verhindert. Bei der Konkretisierung und Ausgestaltung der Maßnahmen nach § 24a Abs. 1 JuSchG durch einen Anbieter kommt diesem ein Spielraum zu, der durch die zuständige Aufsichtsbehörde überprüft werden kann. Eine
mögliche Beanstandung der Behörde und die dafür erforderliche Bewertung, dass ein
Anbieter mit den eingezogenen Maßnahmen nicht ausreichend Sorge für die Schutz-
zielerreichung getragen hat, unterliegen einer gerichtlichen Vollkontrolle.[63]

Die Gesetzesbegründung geht – zu Recht – davon aus, dass jedenfalls größere Anbie-   56
ter **bereits Verfahren implementiert** haben,[64] die unter § 24a Abs. 1 JuSchG fallen
können. Bei einer Abwägung kann insoweit nur der für Umstellungen oder Auswei-
tungen notwendige Mehraufwand berücksichtigt werden. Auch dort, wo ein Anbieter
bereits gesetzlich zur Einziehung einer Maßnahme verpflichtet war, die auch im Kontext von § 24a JuSchG relevant sein kann, erscheint die (neue) Anforderung aus dem
JuSchG nicht als zusätzlicher Eingriff, der in eine Abwägung einbezogen werden
könnte. Wohl aber können Anbieter bei der Auflistung ihrer Vorsorgemaßnahmen
nach § 24a JuSchG auf entsprechende aus anderen gesetzlichen Gründen (zB § 5a,
§ 5c Abs. 2 JMStV, § 3 NetzDG, §§ 10a, 10b TMG) etablierte Funktionen und Verfahren verweisen (zum Verhältnis der Pflichten, solche Verfahren einzurichten, zueinander → Rn. 99 ff.).

Fraglich ist, ob der im Kontext des Haftungsprivilegs kurz angesprochene Umstand   57
einer mit der Einführung von Vorsorgemaßnahmen einhergehenden **Schlechterstellung aus Verantwortlichkeitssicht** (→ Rn. 47 ff.) bei der Bewertung der Angemessenheit der Maßnahmen Relevanz entfaltet. So können insbesondere die Implementie-

---

63 Zu der Frage des Beurteilungsspielraums der BPjM s. zuletzt BVerwG Urt. v. 30.10.2019 – 6 C 18.18, NJW
   2020, 785 – Bushido. Kritisch dazu *Gerlach* NordÖR 2020, 451.
64 BT-Drs. 19/24909, 34.

rung von Meldesystemen und Funktionen zur nutzerseitigen Alterseinstufung zu Situationen führen, durch die ein Anbieter in Kenntnis möglicher rechtswidriger Inhalte gesetzt wird und entsprechend gemäß § 10 S. 1 TMG für die Inhalte selbst verantwortlich ist, wenn er diese nicht unverzüglich entfernt oder den Zugang zu ihnen sperrt. Die Verpflichtung zum Vorhalten entsprechender Systeme würde ggf. dazu führen, dass insbesondere bei großen Mengen an Meldungen und Selbsteinstufungen große Kapazitäten für die Bearbeitung der Meldungen und Angaben notwendig würden, die aus Anbietersicht prohibitiv hohe Kosten verursachen. Aus Sicht der Angemessenheit kann eine Abwägung ergeben, dass insbesondere bei kleineren und umsatzschwachen Anbietern die Belastungen durch entsprechende Verfahren derart hoch sind, dass die Pflicht zum Vorhalten komplexer Meldeverfahren als Eingriff in die Berufs(wahl)freiheit erscheint. Diese Sonderfälle können eine Ausnahme von der Grundregel darstellen, dass mit einem erhöhten Risikopotenzial eines Angebots für die Erreichung des Schutzzwecks stets eine Erhöhung der Anforderungen an die Vorsorgemaßnahmen einhergeht.[65]

II. Wirksamkeit der Vorsorgemaßnahmen

58　Auch der Begriff der Wirksamkeit von Vorsorgemaßnahmen knüpft an die **Verhältnismäßigkeitskriterien** an: Wenn § 24a Abs. 1 JuSchG Anbieter dazu verpflichtet, mit *wirksamen* Vorsorgemaßnahmen dafür Sorge zu tragen, dass die Schutzziele aus § 10a Nr. 1 bis 3 JuSchG gewahrt werden, dann rekurriert dies auf den Aspekt der Eignung der implementierten Maßnahmen. Anders gewendet: Dort, wo von einem Anbieter implementierte Vorsorgemaßnahmen objektiv nicht in der Lage sind, das Erreichen der Schutzziele aus § 10a Nr. 1 bis 3 JuSchG in irgendeiner Art zu fördern,[66] muss von ihrer Unwirksamkeit ausgegangen werden. Es reicht insoweit nicht, irgendwelche Funktionalitäten vorzuhalten, die für die Verbesserung des Jugendschutzes keine Relevanz haben (zB nutzerseitig einstellbare Farbwelten eines Angebots).

59　Wie wirksam etablierte Maßnahmen eines Anbieters sind, hängt angesichts der vielfältigen Angebotsformen, Funktionalitäten, Nutzungsformen und -praktiken sowie der Risikopotenziale von ihrer Kombination ab und muss, wie bereits für die Angemessenheit erörtert, im **Einzelfall** untersucht werden. Aus der Pflicht der Einziehung wirksamer Maßnahmen allein folgt jedenfalls noch **kein Optimierungsgebot**, was die Effektivität der Maßnahmen angeht – ansonsten hätte der Gesetzgeber deutlich machen müssen, dass es ihm jeweils um die wirksamsten oder effektivsten Vorsorgemaßnahmen geht.

---

65 S. aber BT-Drs. 19/24909, 62.
66 Vgl. die ständige Rechtsprechung zur Geeignetheit im Rahmen der Verhältnismäßigkeitsprüfung, s. nur BVerfG Beschl. v. 16.3.1971 – 1 BvR 52/66, 1 BvR 665/66, 1 BvR 667/66, 1 BvR 754/66, BVerfGE 30, 292 (316) – Erdölbevorratung; Urt. v. 20.3.2006 – 1 BvR 1054/01, BVerfGE 115, 276 (308) – Sportwettenmonopol; Beschl. v. 11.7.2006 – 1 BvL 4/00, BVerfGE 116, 202 (224) – Berliner Vergabegesetz; Beschl. v. 26.2.2008 – 2 BvR 392/07, BVerfGE 120, 224 (240) – Inzestverbot; Beschl. v. 23.10.2013 – 1 BvR 1842/11, 1 BvR 1843/11, BVerfGE 134, 204 (227) – „Drop City".

Die wichtigsten Punkte: 60

- Vorsorgemaßnahmen nach § 24a JuSchG müssen stets wirksam und angemessen sein. Absatz 2 enthält einen nicht abschließenden Beispielkatalog.
- Die Anforderung der Angemessenheit verweist auf den Verhältnismäßigkeitsgrundsatz. Danach muss anhand des Einzelfalls eine Abwägung der Bedeutung des Schutzziels und der Schwere des Eingriffs erfolgen. Dabei sind die jeweiligen technischen Eigenheiten eines Angebots, seiner kommunikationsbezogenen Funktionalitäten und deren Ausgestaltung, seiner Nutzungsbestimmung und die tatsächlich beobachtbaren Nutzungsformen zu berücksichtigen.
- Die Wirksamkeitsanforderung schließt mit Blick auf die Erreichung der Schutzziele aus § 10a JuSchG ungeeignete Vorsorgemaßnahmen aus, bedeutet aber kein Optimierungsgebot im Hinblick auf die Effektivität der implementierten Maßnahmen.

E. Einzelne Vorsorgemaßnahmen (Abs. 2)

§ 24a Abs. 2 JuSchG listet **nicht abschließend** Schutzmaßnahmen auf, mit denen verpflichtete Anbieter der Anforderung aus Absatz 1 „insbesondere" nachkommen können. Implementiert ein Anbieter eine der hier genannten Vorsorgemaßnahmen, kann dies als wichtiger *Teil* einer Pflichterfüllung nach Absatz 1 gelten. Welche Vorsorgemaßnahmen im Einzelnen und welche parallel vorgehaltenen Maßnahmen in Kombination einer Pflichterfüllung entsprechen, ergibt sich jedoch nicht aus Absatz 2, sondern aus den oben dargestellten Maßstäben der Angemessenheit und Wirksamkeit. 61

I. Melde- und Abhilfeverfahren (Nr. 1, Nr. 2)

§ 24a Abs. 2 Nr. 1, Nr. 2 JuSchG sehen die Bereitstellung eines Melde- und Abhilfeverfahrens als mögliche Vorsorgemaßnahme vor. 62

Das Verfahren nach § 24a Abs. 2 Nr. 1 JuSchG soll die Möglichkeit eröffnen, Beschwerden sowohl über unzulässige Angebote nach § 4 JMStV als auch über entwicklungsbeeinträchtigende Angebote gemäß § 5 JMStV an den Diensteanbieter zu übermitteln. Sofern ein Diensteanbieter bereits ein vergleichbares System instituiert hat, soll das Verfahren nach dem JuSchG in dieses System integriert werden.[67] Erste Anhaltspunkte für die praktische Ausgestaltung des Verfahrens liefern die Vorschriften für das Melde- und Abhilfeverfahren von Video-Sharing-Anbietern in §§ 10a, 10b TMG. Sie sollen laut der Gesetzesbegründung zu § 24a JuSchG als Orientierung für die Ausgestaltung des jugendschutzrechtlichen Verfahrens dienen.[68] 63

Das **Meldeverfahren** soll danach schon im Zeitpunkt der Wahrnehmung des jeweiligen Angebots leicht erkennbar, unmittelbar erreichbar und ständig verfügbar sowie 64

---

67 BT-Drs. 19/24909, 64. Zum Beschwerdeverfahren nach § 3 NetzDG → Rn. 100.
68 BT-Drs. 19/24909, 64. Zum Fehlen diesbezüglicher Vorgaben im JuSchG selbst *Holznagel/Woods* JZ 2021, 276 (282).

leicht bedienbar sein.[69] Dabei soll insbesondere Barrierefreiheit gewährleistet sein.[70] Die Nutzerin oder der Nutzer, die oder der einen Inhalt meldet, soll außerdem die Möglichkeit erhalten, bereits bei dieser Meldung nähere Gründe hierfür anzugeben.[71]

65 Gewährleistet sein soll im Rahmen des **Abhilfeverfahrens** sodann, dass der Diensteanbieter jede Meldung unverzüglich (vgl. § 121 Abs. 1 S. 1 BGB) überprüft und eine Entscheidung darüber trifft, wie er mit dem betroffenen Angebot verfährt.[72] Handelt es sich hierbei um ein unzulässiges oder entwicklungsbeeinträchtigendes Angebot, soll er es unverzüglich löschen (im Jugendschutz reicht alternativ das Einziehen entsprechender technischer Mittel gemäß § 5 Abs. 3 JMStV),[73] zuvor allerdings zu Beweiszwecken sichern und dies für eine gewisse Zeit speichern[74]. Sowohl die Person, die die Meldung gemacht hat, als auch die Person, von der das Angebot stammt, soll er unverzüglich sowie begründet über seine Entscheidung informieren.[75] Dabei soll der Diensteanbieter sie auch über die Möglichkeit eines außergerichtlichen Schlichtungsverfahrens in Kenntnis setzen.[76] Sie sollen des Weiteren eine Gegenvorstellung abgeben können.[77] Der Diensteanbieter soll aber bei alledem ihre Identität geheim halten.[78] Inwieweit die drei letzten Punkte sinnvoll auf Melde- und Abhilfeverfahren bei vermeintlichen Jugendschutzverstößen zu übertragen sind, bleibt offen. Jedenfalls eine Widerspruchsmöglichkeit des Inhalteanbieters gegen eine Sanktion oder Schlechterstellung der Erreichbarkeit seines Inhalts aus Jugendschutzgründen sollte auch hier vorgehalten werden. Im Interesse eines transparenten Verfahrens[79] soll der Diensteanbieter zuletzt diese Schritte des Melde- und Abhilfeverfahrens dokumentieren.[80]

66 Der eben bereits kurz aufgeschienene strukturelle **Unterschied** zwischen den **Meldeverfahren nach dem NetzDG** einerseits und § 24a Abs. 2 Nr. 1 JuSchG andererseits ist, dass Meldegegenstände im Rahmen des NetzDG ausschließlich rechtswidrige, gegen den objektiven Tatbestand von Strafvorschriften verstoßende und nicht gerechtfertigte Inhalte sein können. Verfahren nach § 24a Abs. 2 Nr. 1 JuSchG betreffen dagegen Inhalte, die nicht zwingend rechtswidrig sind. Ob ein „lediglich" entwicklungsbeeinträchtigender Inhalt nach § 5 Abs. 1 JMStV oder ein relativ unzulässiger Inhalt nach § 4 Abs. 2 JMStV rechtswidrig zugänglich gemacht werden, hängt nicht vom Inhalt selbst, sondern von den Umständen anbieterseitig eingezogener Zugangshindernisse ab. Von der Ausnahme absolut unzulässiger Inhalte gemäß § 4 Abs. 1 JMStV abgesehen, umfasst § 24a JuSchG ggf. Inhalte, deren Rechtmäßigkeit von der Bereitstellung innerhalb einer geschlossenen Benutzergruppe (§ 4 Abs. 2 S. 2 JMStV) oder

---

69 Vgl. § 10a Abs. 2 Nr. 1 TMG.
70 BT-Drs. 19/24909, 64.
71 Vgl. § 10a Abs. 2 Nr. 2 TMG.
72 BT-Drs. 19/24909, 64. Vgl. auch § 10a Abs. 2 Nr. 3, § 10b S. 2 Nr. 1 TMG.
73 Vgl. § 10b S. 2 Nr. 2 TMG.
74 Vgl. § 10b S. 2 Nr. 3 TMG, der eine Pflicht zur zehnwöchigen Speicherung enthält.
75 Vgl. § 10b S. 2 Nr. 4 TMG.
76 Vgl. § 10b S. 2 Nr. 5 TMG.
77 Vgl. § 10b S. 2 Nr. 6 TMG, der hierfür eine Begründungspflicht und eine Zwei-Wochen-Frist, beginnend mit der Information über die Entscheidung, enthält. Für die Ausgestaltung des Gegenvorstellungsverfahrens vgl. § 10b S. 2 Nr. 7 bis 9 TMG.
78 Vgl. § 10b S. 2 Nr. 10 TMG.
79 Ein solches gibt Art. 28b Abs. 3 lit. d AVMD-RL vor, der mit § 24a Abs. 2 Nr. 1 JuSchG umgesetzt wird (BT-Drs. 19/24909, 63).
80 Vgl. § 10b S. 2 Nr. 11 TMG.

von der Einziehung technischer Zugangshürden bzw. Verbreitungszeiten oder der elektronischen Alterskennzeichnung des Angebots für ein anerkanntes Jugendschutzprogramm (§ 5 Abs. 3 JMStV) abhängt. Die in § 24a Abs. 2 Nr. 1 JuSchG genannten Beispiele tragen diesem Umstand Rechnung, indem sie nur solche Meldeverfahren für wirksam erachten, die sich auf Inhalte erstrecken, die angesichts der vom Anbieter vorgehaltenen technischen Schutz- und Verbreitungsmaßnahmen als rechtswidrig iSd JMStV anzusehen sind. Wenn ein Gesamtangebot etwa mit einer rechtskonformen elektronischen Alterskennzeichnung („ab 18") für ein anerkanntes Jugendschutzprogramm versehen ist, so sind sämtliche entwicklungsbeeinträchtigenden Einzelinhalte auf diesem Angebot in rechtlich zulässiger Weise zugänglich gemacht. Ein Meldeverfahren ergibt in diesem Fall ausschließlich für Inhalte nach § 4 JMStV Sinn. Einen Fall, den § 24a Abs. 2 Nr. 1 JuSchG übersieht, sind sog. relativ unzulässige Inhalte nach § 4 Abs. 2 JMStV, soweit ein Anbieter diese nur innerhalb einer geschlossenen Benutzergruppe zugänglich macht. In diesen Fällen wäre ein Meldeverfahren ausreichend, mit dem ausschließlich absolut unzulässige Inhalte nach § 4 Abs. 1 JMStV gemeldet werden könnten. Dieses einzurichten, steht dem Diensteanbieter allerdings offen, ist die Aufzählung der Meldeverfahren im Gesetzestext doch nicht abschließend.

Ein weiteres und von § 24a Abs. 2 Nr. 1 JuSchG unabhängiges Melde- und Abhilfeverfahren enthält § 24a Abs. 2 Nr. 2 JuSchG. Dabei handelt es sich um **Meldemöglichkeiten speziell für Kinder und Jugendliche**, die diesen ermöglichen, Beeinträchtigungen ihrer persönlichen Integrität zu melden, die durch Informationen oder Kommunikationen Dritter entstanden sind. Zu entsprechenden Beeinträchtigungen gehören etwa Persönlichkeitsrechtsverletzungen in Form von „Hassrede" oder durch Cyberbullying, aber auch sexuelle Grenzübertretungen oder andere, zB sozialethisch desorientierende, Inhalte im Rahmen der Nutzung eines Angebots (zum Begriff und dem Umfang der persönlichen Integrität → § 2 Rn. 22 ff.). Meldeverfahren nach § 24a Abs. 2 Nr. 2 JuSchG sind insoweit nicht nur auf öffentlich oder halb-öffentlich einsehbare Inhalte auf Angeboten nach § 24a Abs. 1 S. 1 JuSchG ausgerichtet, sondern auch auf die über das entsprechende Angebot übermittelten Kommunikationsinhalte im Rahmen von gruppeninternen oder gar privaten bilateralen Nachrichten.

Bei der Gestaltung des Melde- und Abhilfeverfahrens nach § 24a Abs. 2 Nr. 2 JuSchG soll sich der Diensteanbieter einer verständlichen Sprache bedienen.[81] Auch soll das Melde- und Abhilfeverfahren aus sich heraus **verständlich** sein und dem minderjährigen Meldenden nicht zu viele Schritte abverlangen.[82] Die Ausgestaltung des Verfahrens soll dabei mit der inhaltlichen und strukturellen Ausgestaltung des jeweiligen Angebots korrelieren.[83] So könnte zB ein Angebot, das sich vorrangig an jüngere Kinder richtet, die Meldemöglichkeit in einer besonders leichten Sprache erklären oder mithilfe von Piktogrammen durch das Verfahren leiten müssen. Im Übrigen sollen sich auch diese Verfahren an den Vorgaben der §§ 10a, 10b TMG orientieren.[84]

67

68

---

81 BT-Drs. 19/24909, 64.
82 BT-Drs. 19/24909, 64.
83 BT-Drs. 19/24909, 64.
84 BT-Drs. 19/24909, 64.

Insofern kann auf die obigen Ausführungen zum Melde- und Abhilfeverfahren nach § 24a Abs. 2 Nr. 1 JuSchG verwiesen werden.

II. Systeme zur nutzerseitigen Alterseinstufung (Nr. 3)

69   Eine mögliche Vorsorgemaßnahme speziell für audiovisuelle Nutzerinhalte ist nach § 24 Abs. 2 Nr. 3 JuSchG die Bereitstellung eines Systems, mit dem die Nutzerinnen und Nutzer bereits bei der Schaffung oder direkt nach dem Upload derartiger Inhalte **standardmäßig zur nutzerseitigen Altersklassifizierung aufgefordert** werden. Insbesondere sollen sie dazu angehalten werden, die Eignung ihres Inhaltes entsprechend der Altersstufe „ab 18 Jahren" als nur für Erwachsene zu bewerten. Damit soll an die bereits von manchen Diensteanbietern vorgesehene Unterteilung ihrer Angebote in Bereiche für Kinder und Bereiche für Erwachsene angeknüpft werden. Mithilfe der nutzerseitigen Alterseinstufung soll es für Anbieter einfacher möglich werden, die Nutzerinhalte dem einen oder anderen Bereich zuzuordnen.[85]

70   Klassifizierungsmöglichkeiten nach § 24a Abs. 2 Nr. 3 JuSchG müssen für die Nutzerinnen und Nutzer **leicht handhabbar** sein.[86] Die Ausgestaltung entsprechender Verfahren obliegt den Diensteanbietern; hier sind einfache Systeme, die aus einem Klick bestehen („Erwachseneninhalt"), genauso denkbar wie komplexe Assistenzsysteme, die den Inhalteersteller anhand von kriteriengestützten Fragen durch die Altersbewertung führen. Für Online-Inhalte allgemein bietet etwa die Freiwillige Selbstkontrolle Multimedia-Diensteanbieter eV (FSM) auf nationaler Ebene mit altersklassifizierung.de ein Verfahren, welches allerdings nicht nur zwischen Inhalten „ab 18" und anderen Inhalten unterscheidet, sondern eine mögliche Altersstufe nach § 5 Abs. 1 JMStV ausgibt. Es steht dem Diensteanbieter insoweit frei, ein eigenes System zur nutzerseitigen Alterseinstufung zu entwickeln, das die Anforderung der leichten Handhabbarkeit allein bei der Weichenstellung Erwachseneninhalt/kein Erwachseneninhalt erfüllt. Auch speziell für den Bereich der Apps und Online-Spiele existierende Systeme wie die International Age Rating Coalition (IARC), die ein internationales Klassifizierungssystem nach unterschiedlichen Altersstufen bereitstellt, sind als Vorsorgemaßnahme gemäß § 24a Abs. 2 Nr. 3 JuSchG grundsätzlich geeignet.[87] Zu beachten bleibt bei der Nutzung von Verfahren der nutzerseitigen Alterseinstufung, dass die auf dieser Grundlage erfolgenden Informationen alleine nicht ausreichen, um die jeweiligen Inhalte auf Film- oder Spielplattformen entsprechend § 14a Abs. 1 JuSchG zu kennzeichnen, sollten diese einmal vom Anbieter zu eigen gemacht werden (zu den Anforderungen an die Kennzeichnung → § 4 Rn. 43 ff.).[88]

71   Die Einstufungsmöglichkeiten nach § 24a Abs. 2 Nr. 3 JuSchG sollen des Weiteren laut der Gesetzesbegründung **freiwillig** ausgestaltet werden.[89] Die Inhalte sollen also auch hochgeladen werden können, wenn die Nutzerin oder der Nutzer auf die mögli-

85 BT-Drs. 19/24909, 64.
86 So Art. 28b Abs. 3 lit. g AVMD-RL, der mit § 24a Abs. 2 Nr. 3 JuSchG umgesetzt wird (BT-Drs. 19/24909, 64).
87 Vgl. dazu *JFMK* Bund-Länder-Eckpunktepapier TOP 7.1 Nr. 3.
88 Vgl. *JFMK* Bund-Länder-Eckpunktepapier TOP 7.1 Nr. 3.
89 BT-Drs. 19/24909, 64.

che Klassifizierung verzichtet.[90] Auch soll der Diensteanbieter, der diese Möglichkeit vorsieht, nicht zur Überprüfung einer nutzerseitigen Einstufung verpflichtet sein.[91] Entgegen dieser Vorstellung in der Begründung kann sich – wie oben gezeigt (→ Rn. 47 ff.) – durch einen Hinweis auf einen Erwachseneninhalt aber eine Kenntnis des Anbieters iSv § 10 S. 1 Nr. 1 TMG ergeben. Die Nichtüberprüfung führte insoweit zu einem Haftungsrisiko für den Anbieter, so dass faktisch ein gewisser Anreiz zur Überprüfung besteht. Das kann Folgen für die Bewertung der Angemessenheit entsprechender Maßnahmen haben (→ Rn. 57).

Damit diese Vorsorgemaßnahme praktische Relevanz hat, kommt es zudem entschei-   72 dend darauf an, dass Diensteanbieter auch die in der Gesetzesbegründung zurückhaltend als „sinnvoll"[92] bezeichneten **Melde- und Nachkontrollmechanismen** einrichten, die die schnelle Meldung falscher Einstufungen ohne erheblichen Aufwand ermöglichen. Diese könnten zB mit den Melde- und Abhilfeverfahren für unzulässige oder entwicklungsbeeinträchtigende Angebote verbunden werden (→ Rn. 62 ff.). Zu erwähnen bleibt, dass jegliche Form nutzerbasierter Kennzeichnungs- und Meldeverfahren stets dem Risiko des Missbrauchs (insbesondere durch Formen koordinierten Handelns) ausgesetzt ist. Dieses (Rest-)Risiko akzeptiert der Gesetzgeber aber explizit.

III. Altersüberprüfungssysteme (Nr. 4)

Nach § 24a Abs. 2 Nr. 4 JuSchG ist eine weitere denkbare Vorsorgemaßnahme spezi-   73 ell mit Blick auf nutzergenerierte audiovisuelle Inhalte, die nutzerseitig oder durch den Anbieter entsprechend der Altersstufe „ab 18 Jahren" als nur für Erwachsene geeignet bewertet wurden, die **Bereitstellung von technischen Mitteln zur Altersüberprüfung** der Nutzerinnen und Nutzer. Hat der Anbieter Kenntnis von dem Umstand der Minderjährigkeit seiner angemeldeten Nutzerinnen und Nutzer, so kann er für diese den Zugang zu für sie ungeeigneten Inhalten relativ einfach unterbinden.

Das Gesetz spricht an dieser Stelle von Mitteln zur „Altersverifikation". Darunter   74 sind nach der Gesetzesbegründung alle technischen Schutzmaßnahmen zu verstehen, die den Zugang zu den nutzergenerierten Inhalten auf Personen mit einem ausreichend hohen Alter beschränken sollen.[93] Im Bereich des JMStV werden darunter allerdings Systeme für geschlossene Benutzergruppen iSd **§ 4 Abs. 2 S. 2 JMStV** verstanden, in deren Rahmen Anbieter ausschließlich volljährigen Personen den Zugriff auf relativ unzulässige Inhalte gemäß § 4 Abs. 2 JMStV erlauben.[94] So eng ist der Begriff im Kontext der Vorsorgemaßnahmen jedoch nicht auszulegen, auch vor dem Hintergrund, dass es im JMStV entwicklungsbeeinträchtigende Inhalte nach § 5 Abs. 1 JMStV gibt, die ausschließlich für Erwachsene geeignet sind, ohne dass es einer dezidierten Altersverifikation bedarf.

---

90 *Holznagel/Woods* JZ 2021, 276 (282).
91 So die Gesetzesbegründung unter Verweis auf das Verbot allgemeiner Überwachungspflichten nach Art. 15 Abs. 1 E-Commerce-RL bzw. § 7 Abs. 2 TMG (BT-Drs. 19/24909, 64).
92 BT-Drs. 19/24909, 64.
93 BT-Drs. 19/24909, 65.
94 Zu dem Widerspruch mwN *Hilgert/Sümmermann* K&R 2021, 297 (301).

75   Welche Mittel der Diensteanbieter konkret einsetzen muss, soll nach der Gesetzesbe-
      gründung ua von der **verfügbaren Technik** abhängen.[95] Auch der **Verhältnismäßig-
      keitsgrundsatz** zieht dem Technikeinsatz eine Grenze. Der Ausschluss jeglicher Nut-
      zung durch minderjährige Nutzerinnen und Nutzer muss danach nicht unter allen
      Umständen gewährleistet werden, kann er doch wohl nur mit einem unangemessen
      hohen Ressourceneinsatz erreicht werden. In der Praxis bezieht sich die Norm inso-
      weit auf Verfahren der plausiblen Altersüberprüfung, an die geringere Anforderungen
      als an klassische Altersverifikationssysteme zu stellen sind. Insbesondere kann es
      für eine plausible Altersüberprüfung reichen, wenn der Anbieter auf personalausweis-
      kennziffergestützte Verfahren zurückgreift oder automatisierte Verfahren nutzt, bei
      denen die Nutzerin oder der Nutzer per dokumenten- oder webcambasierter auto-
      matisierter Alterserkennung überprüft werden. Simple Buttons zur Altersbestätigung
      oder rein nutzerseitige Angaben des Geburtsdatums reichen mit Blick auf die Anfor-
      derungen an die Wirksamkeit der Vorsorgemaßnahmen dagegen nicht aus. Wichtig
      bei allen Altersüberprüfungsroutinen bleibt, dass der Umstand der Minderjährigkeit
      eines Users nicht für Dritte einsehbar ist, um Folgerisiken zu vermeiden.[96]

76   Bei der Auswahl der möglichen Systeme soll zudem der **Grundsatz der Datenmini-
      mierung** gemäß Art. 5 Abs. 1 lit. c DS-GVO Beachtung finden.[97] Es sollten insbeson-
      dere nur die für eine Altersverifikation nötigen Daten verarbeitet und nicht aus An-
      lass der Verifikation weitere Nutzerdaten erhoben und zusammen mit dem Alter ge-
      speichert werden. Für die im Rahmen der Altersüberprüfung anfallenden Daten sieht
      § 20 TTDSG ein umfassendes Verarbeitungsverbot zu kommerziellen Zwecken vor.

IV. Hinweise auf Unterstützungs- und Beratungsangebote (Nr. 5)

77   Als weitere mögliche Vorsorgemaßnahme sieht § 24a Abs. 2 Nr. 5 JuSchG die Mög-
      lichkeit vor, die Nutzerinnen und Nutzer auf vom Diensteanbieter unabhängige Bera-
      tungsangebote, Hilfe- und Meldemöglichkeiten hinzuweisen. Durch entsprechende
      Maßnahmen sollen Kinder und Jugendliche stets und insbesondere in Überforde-
      rungs- oder Notlagen die Möglichkeit haben, **schnellen Zugang** zu Präventions- und
      Beratungsangeboten sowie zu Meldestellen und Hotlines zu erhalten, um so profes-
      sionelle Anbieter zu Rate ziehen zu können.

78   Der Hinweis auf entsprechende Angebote soll zum einen **leicht und gut sichtbar**
      sein.[98] Zum anderen sollte er sich nicht auf die Nennung von Unterstützungs- und
      Beratungsangeboten beschränken, sondern Nutzerinnen und Nutzern gleichzeitig den
      Zugang hierzu ermöglichen. Das kann regelmäßig dadurch erreicht werden, dass die
      Telefonnummern oder E-Mail-Adressen der jeweiligen Angebote im direkten Umfeld
      der Nutzerinhalte vorgehalten oder die Online-Angebote ohne weitere Umwege ver-
      linkt werden.[99] Optimal sind sicherlich Ausgestaltungen, bei denen entsprechende

---

95 BT-Drs. 19/24909, 65.
96 Vgl. *Dreyer* medien + erziehung 2018, 65.
97 *Europarat* Empfehlung CM/Rec(2018)7 3.4.56.
98 BT-Drs. 19/24909, 65.
99 Für Letzteres wohl auch die Gesetzesbegründung, nach der die Angebote „nur einen Mausklick oder
    ‚Touch' entfernt" sein sollen (BT-Drs. 19/24909, 65).

Verweise kontextsensitiv vom Anbieter vorgehalten werden, wie teilweise bereits im Umfeld von Informationen oder Meldungen zu Suizidthemen. Angesichts des hohen Aufwands einer Kontexterkennung kann dies aber nicht verpflichtend für Maßnahmen nach § 24a Abs. 2 Nr. 5 JuSchG gelten.

Dabei sollte auf eine **niedrigschwellige und jugendgerechte Gestaltung** des Hinweises 79
geachtet werden.[100] Das kann zum einen über den Inhalt des Hinweises erreicht werden, etwa indem darauf hingewiesen wird, dass die Beratung vertraulich ist oder kostenfrei zur Verfügung steht. Zum anderen kann dies über die Art der Sprache erreicht werden, in der der Hinweis verfasst ist. Er sollte insbesondere leicht verständlich sein.

V. Parental-Control-Funktionen (Nr. 6)

Eine strukturell deutlich anders gelagerte Vorsorgemaßnahme kann außerdem die Be- 80
reitstellung technischer Mittel sein, mit denen personensorgeberechtigte Personen, regelmäßig also die Eltern (vgl. § 1626 Abs. 1 S. 2 BGB), die Nutzung von Angeboten durch Kinder und Jugendliche steuern und begleiten können (§ 24a Abs. 2 Nr. 6 JuSchG). Bei entsprechenden Maßnahmen geht es in erster Linie darum, Eltern in die Lage zu versetzen, die **Angebotsnutzung ihrer Kinder individuell zu beschränken oder zu erweitern**. Damit können entsprechende Funktionen die Eltern dazu befähigen, ihre individuellen Erziehungskonzepte besser – oder überhaupt – im Hinblick auf das entsprechende Angebot durchzusetzen.

Die Funktionsweisen solcher Parental-Control-Funktionen sind durchaus unter- 81
schiedlich und reichen vom Anlegen einfacher White- und Blocklists über Zeit-, Funktions- und Kontaktsteuerung bis hin zu nachträglichen Kontroll- und Einsichtnahmemöglichkeiten.[101] Hier wird klar, dass entsprechende Möglichkeiten in einem teils komplexen **Dreiecksverhältnis von Rechten und Pflichten der Kinder, ihrer Eltern und des Anbieters** liegen. Bei der Auswahl und Gestaltung der Parental-Control-Funktionen bewegt sich der Diensteanbieter insoweit in einem Spannungsfeld: Auf der einen Seite sollen die Funktionen so ausgestaltet werden, dass die Risiken für die minderjährigen Nutzerinnen und Nutzer minimiert werden. Auf der anderen Seite dürfen weder ihre Privatsphäre noch ihre Möglichkeit, sich eigenständig im digitalen Umfeld zu bewegen, über Gebühr beeinträchtigt werden.[102] Denkbar ist deshalb etwa, die Funktionen in Abhängigkeit vom Alter der Nutzerinnen und Nutzer bereitzuhalten.[103] Insbesondere Formen der inhaltsbezogenen Einsichtnahme in die Mediennutzung jedenfalls von älteren Minderjährigen erscheinen aus Sicht ihrer Grund- und Menschenrechte auf Privatheit und Intimsphäre als bedenklich. Angebote, die sich an kleinere Kinder richten, könnten dagegen umfassendere Einschränkungen erlauben als Angebote, die Jugendlichen bereitgestellt werden. Zu den Vorsorgemaßnahmen dürften daneben auch positiv bewertete Jugendschutzprogramme innerhalb geschlos-

---

100 BT-Drs. 19/24909, 65.
101 Die Gesetzesbegründung nennt beispielhaft Nutzungszeitbegrenzungen und Einschränkungen der Möglichkeit, digitale Güter zu erwerben (BT-Drs. 19/24909, 66).
102 *Europarat* Empfehlung CM/Rec(2018)7 3.6.54. *Hilgert/Sümmermann* MMR-Beil. 2020, 26 (30), sprechen plastisch von „Overblocking-Orgien“.
103 *Europarat* Empfehlung CM/Rec(2018)7 3.4.54; *Montgomery* Telecommunications Policy 2015, 771 (780).

sener Systeme nach § 11 Abs. 2 JMStV gehören, mit denen Eltern nutzerseitige Zugangsbeschränkungen zu altersunangemessenen Inhalten innerhalb eines Angebots aktivieren und konfigurieren können.

VI. Schutzbezogene Voreinstellungen (safety by design) (Nr. 7)

82　Diensteanbieter können als Vorsorgemaßnahme nach § 24a Abs. 2 Nr. 7 JuSchG Voreinstellungen vorsehen, mit denen die Nutzungsrisiken für Kinder und Jugendliche begrenzt werden können. Der safety-by-design-Ansatz zielt darauf ab, dass mit Blick auf Kinder und Jugendliche als besonders schutzbedürftige Nutzerinnen und Nutzer eines Angebots Schutzmechanismen und -funktionen bereits bei der Konzeption und Entwicklung von neuen Angeboten systematisch mitgedacht und entsprechend frühzeitig in die Produkte integriert werden – **Jugendmedienschutz durch Technikgestaltung.** Die Idee für entsprechende Entwicklungsmodelle stammt insbesondere aus privacy-by-design-Überlegungen im Datenschutzrecht[104] und kursiert bereits seit einigen Jahren im (technischen) Jugendschutzdiskurs.[105]

83　Von den so anbieterseitig vorgegeben Standardeinstellungen soll nur abgewichen werden können, wenn eine **ausdrückliche Einwilligung** vorliegt. Der Gesetzgeber geht hier von einem einfachen und universellen Einwilligungsbegriff aus, für den sich in der Praxis aber eine Vielzahl rechtlicher Fragen ergeben können. So können bei späteren Konfigurationsänderungen, die zu anderen Formen und Möglichkeiten der Verarbeitung der eigenen personenbezogenen Daten einer Nutzerin oder eines Nutzers durch den Anbieter oder durch Dritte führen, die Anforderungen des Art. 7 DS-GVO – und bei einer Nutzerin oder einem Nutzer unter 16 Jahren zusätzlich jene des Art. 8 DS-GVO – gelten. Inwieweit eine entsprechende Einwilligung (durch die Eltern) in die spätere, erweiterte Verarbeitung bereits bei der Anmeldung zu einem Dienst abgegeben wird oder werden kann und der Anbieter diese Verarbeitungsmöglichkeit mit Blick auf § 24a JuSchG zunächst nur nicht aktiv schaltet, bedarf einer zukünftigen grundsätzlicheren Untersuchung. Daneben sind Sachverhalte denkbar, in denen eine Einstellungsänderung durch die Nutzerin oder den Nutzer keine Datenschutzrelevanz aufweist; denkbar ist etwa die Veränderung der Einstellung des Zugangs eines Accounts zu ggf. entwicklungsbeeinträchtigenden Inhalten einer höheren Altersstufe. Bei derartigen Konfigurationsänderungen gelten jedenfalls die datenschutzrechtlichen Anforderungen gerade nicht. Inwieweit es sich dabei um Willenserklärungen im Rahmen des Nutzungsvertrags handeln kann, für die die Anforderungen der §§ 104 ff. BGB gelten, bedarf ebenfalls einer vertiefenden Untersuchung. Insgesamt erscheint der vom Gesetzgeber genutzte Einwilligungsbegriff an dieser Stelle der rechtlichen Komplexität der Einordnung von anbieterseitigen Standardeinstellungen und nutzerseitigen Veränderungen dieser Vorgaben nicht gerecht zu werden.

104　Vgl. Art. 25 Abs. 1 DS-GVO.
105　So waren safety-by-design-Ansätze Teil der von der Europäischen Kommission 2011 initiierten CEO Coalition. Auch auf nationaler Ebene wurden spätestens seit 2012 entsprechende Ansätze im Rahmen der Arbeiten des Zentrums für Kinderschutz im Internet (I-KiZ) diskutiert. S. auch *Livingstone* in Feilitzen/Carlsson/Bucht New questions S. 161 (171).

　　Bernzen/Dreyer

Beispiele für die konkrete Ausgestaltung können den Diensteanbietern die bereits auf   84
einigen Plattformen vorhandenen Möglichkeiten bieten, die **Datenschutzeinstellungen**
an die individuellen Bedürfnisse der Nutzerinnen und Nutzer anzupassen.[106] Die
Norm zählt beispielhaft („insbesondere") mögliche Einstellungen auf, die der Diensteanbieter vorsehen kann: So kann der Diensteanbieter den **Zugriff auf die Nutzerprofile von Kindern und Jugendlichen beschränken** (§ 24a Abs. 2 Nr. 7 lit. a JuSchG).
Einerseits könnte er mit diesem Ziel die Auffindbarkeit der Profile mittels externer
Suchmaschinen ausschließen.[107] Auch die Auffindbarkeit in den internen Suchen
kann er damit ganz unterbinden oder nur für Kinder und Jugendliche derselben Altersgruppe ermöglichen.[108] Andererseits könnte er verhindern, dass die Nutzerprofile
für Personen einsehbar sind, die nicht selbst bei ihm angemeldet sind. Das könnte
auch die bisher teilweise vorgesehene Möglichkeit einschließen, die Profile als Externer jedenfalls in einer Basisversion ansehen zu können.[109] Gleichzeitig könnte er die
Kontaktaufnahme von außen technisch unterbinden.[110]

Weiterhin könnte der Diensteanbieter vorsehen, dass sowohl die **Standort- und Kon-**   85
taktdaten der Nutzerinnen und Nutzer als auch deren **Kommunikation untereinander**
nicht veröffentlicht werden (§ 24a Abs. 2 Nr. 7 lit. b JuSchG). Im Hinblick auf die
Daten sollte das flächendeckend erfolgen, also auch eine Anzeige für andere, ggf. sogar mit dem Kind oder Jugendlichen befreundete Profile unterbleiben.[111]

Auch könnte der Diensteanbieter die Möglichkeit zur **Kommunikation** mit minder-   86
jährigen Nutzerinnen und Nutzern von vornherein **auf einen bestimmten Personenkreis begrenzen** (§ 24a Abs. 2 Nr. 7 lit. c JuSchG). Insbesondere könnte er festlegen,
dass nur solche Nutzerinnen und Nutzer mit ihnen Kontakt aufnehmen können, mit
denen ihr Profil bereits verbunden ist.[112] Dabei ist es sowohl denkbar, dass die Kinder und Jugendlichen selbst den Personenkreis festlegen, der mit ihnen in Kontakt
treten darf, als auch, dass dies durch die personensorgeberechtigten Personen erfolgt.[113]

Zuletzt könnte der Diensteanbieter Kindern und Jugendlichen die **anonyme oder die**   87
pseudonyme Nutzung des Dienstes ermöglichen (§ 24a Abs. 2 Nr. 7 lit. d JuSchG). Insofern ergibt sich gegenüber dem Status quo kein zusätzlicher Handlungsbedarf für
die meisten der vom JuSchG erfassten Diensteanbieter, weil sie bereits nach § 13
Abs. 6 S. 1 TMG verpflichtet sind, die Möglichkeit zur anonymen oder pseudonymen
Nutzung zu eröffnen.[114]

---

106 *Holznagel/Woods* JZ 2021, 276 (282).
107 BT-Drs. 19/24909, 66.
108 BT-Drs. 19/24909, 66.
109 BT-Drs. 19/24909, 66.
110 BT-Drs. 19/24909, 66.
111 BT-Drs. 19/24909, 66.
112 BT-Drs. 19/24909, 66.
113 BT-Drs. 19/24909, 66.
114 Auf diese Pflicht verweist auch die Gesetzesbegründung (BT-Drs. 19/24909, 66). S. aber OLG München
     Urt. v. 8.12.2020 – 18 U 2822/19, MMR 2021, 245, wonach Facebook eine Klarnamenpflicht für alle
     Nutzerinnen und Nutzer vorsehen darf.

VII. Zentrale AGB-Elemente in kindgerechter Sprache (Nr. 8)

88 Zuletzt kommt als Vorsorgemaßnahme in Betracht, die für die Nutzung der Dienste wesentlichen Punkte der Allgemeinen Geschäftsbedingungen (AGB) in kindgerechter Weise darzustellen (§ 24a Abs. 2 Nr. 8 JuSchG).

89 Wesentliche Punkte sind stets die AGB-Bestimmungen, die sich auf die **Hauptleistungspflichten** beziehen, zB Klauseln, die eine Zahlungsverpflichtung der Nutzerinnen und Nutzer begründen oder Abreden zur Bereithaltung bestimmter Funktionen durch den Diensteanbieter. Wesentliche Aspekte der AGB sollen nach der Gesetzesbegründung zudem Bestimmungen sein, die sich auf die **Datenverarbeitung** beziehen.[115] So könnte der Diensteanbieter darüber informieren, welche Einstellungen Minderjährige zum Schutz ihrer Daten treffen oder wie sie diese Daten löschen können;[116] idR ist der Anbieter zu einer kindgerechten Datenschutzinformation bereits über Art. 12 Abs. 1 S. 1 Hs. 2 DS-GVO verpflichtet. Eng damit verwandt und deshalb auch wesentlich sind Regelungen, mit denen sich der Diensteanbieter **Nutzungsrechte** an nutzergenerierten Inhalten einräumen lässt. Gerade in sozialen Netzwerken enthalten diese Inhalte (bspw. „Selfies") regelmäßig personenbezogene Daten, so dass die urheberrechtliche Betrachtung von der datenschutzrechtlichen Behandlung nur schwer zu trennen ist.

90 Im Übrigen kann der Begriff des **Ungewöhnlichen** in § 305c Abs. 1 BGB einen Anhaltspunkt für die Auswahl der wesentlichen Bestimmungen iSd § 24a Abs. 3 Nr. 8 JuSchG bieten. Nach der Norm werden AGB-Klauseln nicht in einen Vertrag einbezogen, wenn sie nach den Umständen derart ungewöhnlich sind, dass der Vertragspartner nicht mit ihnen rechnen muss. Hieran wird ein objektiver Maßstab angelegt: Es kommt darauf an, was ein durchschnittlicher Kunde aus dem vertragstypischen Kundenkreis redlicherweise erwarten durfte.[117] Auf § 24a Abs. 2 Nr. 8 JuSchG übertragen bedeutet dies: Der Diensteanbieter sollte prüfen, mit welchen Klauseln durchschnittliche minderjährige Nutzerinnen und Nutzer bei Angeboten wie seinem üblicherweise rechnen müssen. AGB-Klauseln, die Kinder und Jugendliche nicht erwarten müssen, können dann als wesentliche Bestimmungen eingestuft werden. Dies beträfe etwa zahlungspflichtige Funktionen eines ansonsten kostenlosen Angebots oder Einsichtnahmerechte Dritter in private Kommunikationen.

91 Die kindgerechte Darstellung der wesentlichen AGB-Bestimmungen setzt deren **einfache, kinderfreundliche Formulierung**[118] ebenso voraus wie das Vorhalten in der **Muttersprache** der minderjährigen Nutzerinnen und Nutzer.[119] Geboten ist eine Übersetzung in die Sprache all der Länder, in denen die Dienste bestimmungsgemäß abgerufen werden können. Ist ein Dienst also auf den deutschsprachigen Markt ausgerichtet, ist die Formulierung auf Deutsch vorzuhalten. Es ist dagegen nicht nötig,

---

115 BT-Drs. 19/24909, 66 f.
116 *Europarat* Empfehlung CM/Rec(2018)7 3.4.33.
117 S. nur BGH Urt. v. 8.10.1975 – VIII ZR 81/74, NJW 1977, 195 (197); Urt. v. 30.10.1987 – V ZR 174/86, NJW 1988, 558 (559 f.); Urt. v. 11.12.2003 – III ZR 118/07, NJW-RR 2004, 780 (780 f.); Urt. v. 26.7.2012 – VII ZR 262/11, NJW-RR 2012, 1261 Rn. 10; Urt. v. 21.6.2016 – VI ZR 475/15, NJW-RR 2017, 501 (502 f. Rn. 10).
118 BT-Drs. 19/24909, 66.
119 *Europarat* Empfehlung CM/Rec(2018)7 3.1.14.

die AGB-Elemente in der Sprache eines Landes bereitzuhalten, in dem der Dienst zwar tatsächlich abrufbar ist, auf dessen Markt er aber nicht ausgerichtet ist. Eine solche Anforderung würde Diensteanbieter nämlich vor die Wahl stellen, ihr Angebot entweder per Geoblocking zu schützen oder die wesentlichen Punkte ihrer AGB in eine unüberschaubare Vielzahl von Sprachen zu übersetzen. Ersteres ist nicht im Sinne eines freien Internets,[120] Letzteres würde sie finanziell zu stark belasten und wäre daher mit dem Verhältnismäßigkeitsgrundsatz nicht zu vereinbaren.

Die Formulierung der zentralen AGB-Elemente sollte **altersgerecht** erfolgen.[121] Entsprechend bietet sich eine Orientierung an der jüngsten, nach den AGB des Diensteanbieters rechtmäßigen Nutzergruppe an. Auch die Nutzung von Piktogrammen und anderen Mitteln der bildlichen Information kann hierbei zielführend sein.   92

Die kindgerechte Zusammenfassung sollte zudem **leicht zugänglich,**[122] insbesondere barrierefrei zur Verfügung gestellt werden.[123] Bei alledem sollten die Eigenarten und Nutzungsmöglichkeiten des jeweiligen Dienstes berücksichtigt werden.[124]   93

Unklar ist nach dem Wortlaut der Norm und der Gesetzesbegründung, in welchem Verhältnis die kindgerechte Darstellung zu den allgemein verwendeten AGB stehen soll. Denkbar wäre es, die zentralen Elemente der AGB von vornherein lediglich in kindgerechter Sprache zu verfassen.[125] Das dürfte aber kaum praktikabel sein, geht damit doch zwangsläufig eine Komplexitätsreduktion einher, die einer rechtssicheren Gestaltung der AGB entgegensteht.[126] Möglich wäre es auch, in den AGB an den entscheidenden Punkten zwei verschiedene Formulierungen bereitzuhalten: einmal die allgemeine Fassung und einmal die kindgerechte Fassung. Das würde dem Kriterium der leichten Zugänglichkeit aber nur schwerlich gerecht werden, müssten Kinder und Jugendliche dann doch zunächst die geeignete Fassung finden und auswählen. Vorzugswürdig ist daher eine Auslegung des § 24a Abs. 2 Nr. 8 JuSchG, nach dem die kindgerechte Aufbereitung der wesentlichen AGB-Elemente **zusätzlich zum Text der AGB** bereitgehalten wird. So könnte direkt neben dem Link zu den AGB ein Link zur kindgerechten Zusammenfassung ihrer wesentlichen Bestimmungen (und umgekehrt) platziert werden, der entsprechend gekennzeichnet ist (zB durch eine eindeutige Formulierung des Linktextes). So kann sichergestellt werden, dass die AGB den Anforderungen der §§ 305 ff. BGB insbesondere an ihre Transparenz und Bestimmtheit genügen und gleichzeitig mit der separaten Zusammenfassung die Vorgaben des § 24a Abs. 2 Nr. 8 JuSchG eingehalten werden.   94

---

120 S. die Forderung des früheren Kommissars für den digitalen Binnenmarkt *Ansip*: „Schaffen wir all die Zäune und Mauern ab, die uns im Internet den Weg versperren. Die Menschen müssen sich im Netz ebenso frei über Grenzen hinweg bewegen können wie in der Wirklichkeit." (*Europäische Kommission* Pressemitteilung 25.3.2015).

121 *Europarat* Empfehlung CM/Rec(2018)7 3.1.14. Vgl. dazu auch den Ansatz des Child-appropriate Design Codes des britischen ICO für altersgerechte Datenschutzinformationen (Chapter 4), s. *ICO* Age appropriate design.

122 *Europarat* Empfehlung CM/Rec(2018)7 3.1.14.

123 BT-Drs. 19/24909, 67.

124 BT-Drs. 19/24909, 67.

125 So versteht dies wohl *Bodensiek* MMR-Beil. 2020, 23 (25).

126 *Google Ireland Ltd.* Stellungnahme S. 11, 13.

VIII. Weitere konkrete Vorsorgemaßnahmen

95 Da es sich bei der Aufzählung der beschriebenen Vorsorgemaßnahmen nur um eine beispielhafte handelt („insbesondere", → Rn. 51), sind darüber hinaus **weitere Maßnahmen denkbar**, mit denen der Diensteanbieter im Einzelfall seiner Pflicht nach § 24a Abs. 1 S. 1 JuSchG nachkommen kann. Die Gesetzesbegründung weist darauf hin, dass sich weitere Maßnahmen etwa aus dem Beschluss „Kinder- und Jugendmedienschutz als Aufgabe der Jugendpolitik" der Jugend- und Familienministerkonferenz vom 3./4.5.2018 und den „Leitlinien zur Achtung, zum Schutz und zur Verwirklichung der Rechte des Kindes im digitalen Umfeld" des Ministerkomitees des Europarates ergeben können.[127] Zuletzt kann die „Allgemeine Bemerkung Nr. 25 (2021) zu den Kinderrechten in der digitalen Welt" des VN-Kinderrechtsausschusses vom 2.3.2021 auf mögliche Vorsorgemaßnahmen verweisen.

96 Einen konkreten Anhaltspunkt liefert zudem Art. 28b Abs. 3 AVMD-RL, der in UAbs. 3 lit. i vorsieht, dass Diensteanbieter **Verfahren zum Umgang mit Nutzerbeschwerden** einführen können, die sich auf das Melde- und Abhilfeverfahren, die Altersverifikation, die nutzerseitige Alterseinstufung sowie die Parental-Control-Funktionen beziehen. Derartige Verfahren sollen transparent, leicht zu handhaben sowie wirksam sein. Umgesetzt hat der Gesetzgeber dies in § 24a Abs. 2 JuSchG nur im Hinblick auf die Alterseinstufung durch Nutzerinnen und Nutzer, für die jedenfalls die Gesetzesbegründung vorsieht, dass Diensteanbieter solche Verfahren bereithalten sollen (→ Rn. 69 ff.).[128] Ähnliche Verfahren können die Diensteanbieter auch für Fälle des Missbrauchs der übrigen Vorsorgemaßnahmen vorsehen. Im Hinblick auf das Melde- und Abhilfeverfahren bietet sich eine Orientierung an § 18 UrhDaG an. Danach führt der wiederholte Missbrauch der Melde- und Kennzeichnungsverfahren, die bei bestimmten Online-Angeboten zum Schutz des Urheberrechts vorgehalten werden müssen, zum temporären Ausschluss der Nutzer und Rechtsinhaber von der Teilnahme an diesen Verfahren (§ 18 Abs. 1, Abs. 3, Abs. 5 UrhDaG).

97 Denkbar ist darüber hinaus der Einsatz von **„Künstlicher Intelligenz"** (KI) zu Präventionszwecken. So könnte zB die Technik des maschinellen Lernens verwendet werden, um unzulässige Inhalte automatisiert zu erkennen.[129] KI-basierte präventive Verfahren können daneben auch zur automatisierten Mustererkennung etwa von jugendschutzrelevanten Kontaktanbahnungen und Annäherungsversuchen, aber auch von Persönlichkeitsrechtsverletzungen dienen. Im Hinblick auf einen Einsatz derartiger Technik schon vor dem Zugänglichmachen nutzergenerierter Inhalte und Kommunikate – also als sog. Uploadfilter – ist jedoch mit Blick auf die Kommunikationsfreiheiten äußerste Zurückhaltung zu wahren. Für die Beurteilung der Unzulässigkeit von Inhalten nach § 4 JMStV kommt es teilweise auf den Kontext an, der nach aktuellem Stand der Technik noch nicht sicher vollautomatisiert beurteilt werden kann. Es besteht deshalb die Gefahr des Overblockings zulässiger Inhalte, wenn bereits der

---

127 BT-Drs. 19/24909, 63.
128 BT-Drs. 19/24909, 64.
129 Ein Experiment der Betreiber von jugendschutz.net mit drei verschiedenen KI-Systemen führte zu hohen Erkennungsraten bspw. im Hinblick auf Pornografie, s. *Krempl* heise online.

Bernzen/Dreyer

Upload so unterbunden wird.[130] Der Einsatz von Filtertechniken muss daher stets zumindest durch wirksame Verfahrenssicherungen flankiert werden, für die wiederum das UrhDaG erste Anhaltspunkte liefern kann. Dieses enthält in §§ 9 bis 12 ein ausdifferenziertes System, mit dessen Hilfe dem Risiko des Overblockings durch Uploadfilter betreffend Urheberrechtsverletzungen begegnet werden soll.[131]

Die wichtigsten Punkte: 98

- Der Katalog in § 24a Abs. 2 JuSchG enthält eine Reihe von Beispielen für Vorsorgemaßnahmen, die Anbieter implementieren können, um ihrer Pflicht nach Abs. 1 zu entsprechen. Die Umsetzung einer, mehrerer oder gar aller Maßnahmen impliziert aber noch nicht, dass diese insgesamt angemessen und wirksam sind.
- Bei einigen der genannten Vorsorgemaßnahmen stellen sich Folgefragen außerhalb des Jugendschutzrechts. So bleibt unklar, ob nicht die Meldung eines vermeintlich rechtswidrigen Inhalts zwingend als Inkenntnissetzung des Anbieters hiervon zu sehen ist – mit entsprechendem Haftungsrisiko für den Anbieter.
- Die konkrete Analyse der einzelnen Maßnahmen zeigt, dass diese mit Blick auf die Ziele des JuSchG und aus kinderrechtlicher Sicht hilfreich sein können. Gleichzeitig sind aber mit Blick auf jedes Beispiel (teils) komplexe Anforderungen an die Ausgestaltung der Maßnahme zu erkennen, sodass abzuwarten bleibt, wie sie sich in der praktischen Umsetzung bewähren.

F. Verhältnis zu anderen Rechtsakten

Diensteanbieter werden nicht nur in § 24a JuSchG verpflichtet, Vorsorgemaßnahmen   99
zu treffen. Auch nach anderen Gesetzen bestehen derartige Pflichten, die der jugendschutzrechtlichen Pflicht **teilweise vorgehen und teilweise parallel anwendbar** sind.

I. Verhältnis zu den Vorschriften des NetzDG

Die Vorschriften des NetzDG sind gemäß § 24a Abs. 4 S. 2 JuSchG **vorrangig**. Rele-   100
vant wird dies, wo einerseits die unzulässigen oder entwicklungsbeeinträchtigenden Angebote, für die nach § 24a Abs. 2 Nr. 1, Nr. 2 JuSchG Melde- und Abhilfeverfahren bereitgehalten werden können, zugleich rechtswidrige Inhalte iSd § 1 Abs. 3 NetzDG sind und andererseits die Diensteanbieter soziale Netzwerke gemäß § 1 Abs. 1 S. 1 NetzDG betreiben. In dem Fall sind die Anbieter nach § 3 NetzDG stets verpflichtet, ein Beschwerdeverfahren vorzuhalten, für dessen Ausgestaltung § 3 Abs. 2, Abs. 3 NetzDG zudem zwingende Vorgaben machen.

Allerdings können die Vorschriften des NetzDG § 24a JuSchG nur insoweit verdrän-   101
gen, als sie konkurrierende Vorgaben enthalten.[132] Das entspricht dem eindeutigen gesetzgeberischen Willen, wird in der Gesetzesbegründung doch klargestellt, dass

---

130 Hierzu allgemein *Bernzen/Kehrberger* RW 2019, 374 (383 ff.).
131 BT-Drs. 19/27426, 139.
132 AA *Liesching* Herkunftslandprinzip S. 96, nach dem das NetzDG „generell und von vornherein" § 24a JuSchG verdrängt.

„weitergehende, über das NetzDG hinausgehende Anforderungen zum Zwecke des Kinder- und Jugendschutzes [...] unberührt"[133] bleiben. So sollen sich zB aus § 24a Abs. 1, Abs. 2 JuSchG **zusätzliche Anforderungen** an die Gestaltung des gemäß des NetzDG einzurichtenden Beschwerdeverfahrens ergeben, etwa das Erfordernis einer kindgerechten Benutzerführung.[134] Auch für die übrigen Vorsorgemaßnahmen nach § 24a Abs. 2 Nr. 3 bis 8 JuSchG ist Raum. So kann das Beschwerdeverfahren gemäß dem NetzDG mit Hinweisen auf Beratungsangebote, Hilfe- und Meldemöglichkeiten (vgl. § 24a Abs. 2 Nr. 5 JuSchG) verbunden werden. Diese Beispiele zeigen, dass ein solches Verständnis des Vorrangverhältnisses des NetzDG dem Sinn und Zweck des § 24a JuSchG am besten Rechnung trägt. Andernfalls müssten mit den Anbietern sozialer Netzwerke diverse Diensteanbieter, deren Angebote für Kinder und Jugendliche besondere Gefahren bergen, von vornherein keinerlei jugendschützende Präventionsmaßnahmen ergreifen. Weshalb sie von Maßnahmen befreit werden sollen, die nicht in Konkurrenz mit den Verfahren nach dem NetzDG treten, ist aber nicht ersichtlich.

102 Für unzulässige oder entwicklungsbeeinträchtigende Angebote, die **nicht unter das NetzDG fallen,** und für Diensteanbieter, die kein soziales Netzwerk betreiben, bleiben dagegen allein die Vorgaben des § 24a Abs. 1, Abs. 2 JuSchG maßgeblich.[135] Danach ist insbesondere die Einrichtung eines Melde- und Abhilfeverfahrens nicht in jedem Fall geboten.

103 Ist auch der Anwendungsbereich des NetzDG eröffnet, besteht im Hinblick auf die Melde- und Abhilfeverfahren eine **Doppelzuständigkeit:** Die Einhaltung der entsprechenden Anforderungen des NetzDG überwacht das Bundesamt für Justiz (§ 4 Abs. 4 S. 1 NetzDG), die Einhaltung der Vorgaben des § 24a JuSchG die BzKJ (§ 17a Abs. 3 JuSchG).[136] Es wird sich in der Praxis zeigen, inwiefern diese beiden Institutionen ihr Vorgehen aufeinander abstimmen werden. Dass ein Melde- und Abhilfeverfahren von der einen Stelle nicht beanstandet wird, bedeutet jedenfalls nicht, dass die andere Stelle diesbezüglich keine abweichende Position haben kann. Beide Anforderungen müssen Diensteanbieter berücksichtigen.

II. Verhältnis zu anderen Vorschriften des JuSchG

104 Weitergehende Anforderungen aus anderen Normen des JuSchG, die der **Wahrung der Schutzziele des § 10a Nr. 1 bis 3 JuSchG** dienen, bleiben nach § 24a Abs. 4 S. 3 JuSchG durch die Vorsorgepflichten unberührt. Hiermit wird klargestellt, dass die Vorsorgemaßnahmen gemäß § 24a JuSchG dem Diensteanbieter keinen „Freifahrtschein" im Hinblick auf den Jugendschutz in seinem Angebot verschaffen. Auch wenn er solche Maßnahmen eingerichtet hat, gelten für ihn weiterhin die übrigen Verhaltenspflichten nach dem JuSchG. So ist es Diensteanbietern bspw. trotz wirksamer Vorsorgemaßnahmen nach § 15 Abs. 1a JuSchG untersagt, jugendgefährdende Telemedien auf ihrem Angebot vorzuhalten, wenn sie dort für Kinder und Jugendliche zugänglich sind oder von ihnen eingesehen werden können.

---

133 BT-Drs. 19/24909, 67.
134 BT-Drs. 19/24909, 67.
135 Vgl. NK-JMStV/*Lamprecht-Weißenborn* § 5b Rn. 19. '
136 Kritisch zur Doppelzuständigkeit *Hopf/Braml* ZUM 2021, 421 (422).

III. Verhältnis zu § 5a JMStV

Die für Video-Sharing-Dienste geltenden Vorgaben des § 5a JMStV, die eine Eins-zu-   105
eins-Umsetzung von Art. 28b Abs. 3 UAbs. 3 AVMD-RL darstellen, verpflichten die
Anbieter zu „angemessenen Maßnahmen, um Kinder und Jugendliche vor entwicklungsbeeinträchtigenden Angeboten zu schützen". Hinsichtlich des sachlichen Anwendungsbereichs geht § 24a Abs. 1 JuSchG deutlich weiter, umfasst aber in persönlicher Hinsicht auch Video-Sharing-Angebote. Außerdem erscheint die Breite der Verpflichtung zu Maßnahmen größer, da das JuSchG die Anbieter zum Vorhalten angemessener *und wirksamer* Vorsorgemaßnahmen verpflichtet und nicht nur entwicklungsbeeinträchtigende Angebote erfasst. Insoweit **verdrängt** § 24a Abs. 1 JuSchG als
Bundesrecht § 5a JMStV komplett (vgl. Art. 31 GG).[137] Die übrigen Anforderungen
des JMStV bleiben – auch mit Blick auf § 16 JuSchG – allerdings bestehen.

IV. Verhältnis zu den Vorschriften der DS-GVO

Die Vorschriften der DS-GVO bleiben gemäß § 24a Abs. 4 S. 4 JuSchG unberührt.   106
Für einzelne mögliche Vorsorgemaßnahmen hält auch das Datenschutzrecht Rahmenbedingungen bereit, die der Diensteanbieter **zusätzlich** zu den jugendschutzrechtlichen Vorgaben einhalten muss.

Setzen Diensteanbieter **Systeme zur Altersüberprüfung** nach § 24a Abs. 2 Nr. 4   107
JuSchG ein, so können sie damit nicht nur ihren Vorsorgepflichten nachkommen,
sondern auch sicherstellen, dass die Anforderungen an eine wirksame **Einwilligung** in
die Verarbeitung personenbezogener Daten (vgl. Art. 6 Abs. 1 S. 1 lit. a DS-GVO) erfüllt sind.[138] Richtet sich ihr Angebot direkt an ein Kind oder an einen Jugendlichen,
das bzw. der das sechzehnte Lebensjahr noch nicht vollendet hat, muss die Einwilligung nämlich durch den Träger der elterlichen Sorge oder mit dessen Zustimmung erteilt werden (Art. 8 Abs. 1 UAbs. 1 S. 2 DS-GVO). Der Diensteanbieter muss nach
Art. 8 Abs. 2 DS-GVO in diesem Fall außerdem unter Berücksichtigung der verfügbaren Technik angemessene Anstrengungen unternehmen, um sich zu vergewissern,
dass die Einwilligung von den genannten Personen stammt. Hierzu können die Systeme zur Altersüberprüfung ebenso beitragen wie zur Klärung der Vorfrage, ob die
minderjährige Nutzerin oder der minderjährige Nutzer selbst in die Datenverarbeitung einwilligen kann.

Die Vorgaben des Art. 8 DS-GVO müssen Diensteanbieter auch berücksichtigen,   108
wenn sie gemäß § 24a Abs. 2 Nr. 7 JuSchG die Möglichkeit vorsehen, von **jugend-
schützenden Voreinstellungen** ihres Angebots per ausdrücklicher anderslautender
Einwilligung zu derogieren.[139] Sofern eine solche Einwilligung sich auch auf die Verarbeitung personenbezogener Daten bezieht – etwa, wo von der anonymen Nutzung
abgewichen wird (vgl. § 24a Abs. 2 Nr. 9 lit. d JuSchG) –, sind die soeben dargestellten Anforderungen an diese Einwilligung Minderjähriger einzuhalten.

---

137 Eine parallele Anwendbarkeit von JMStV und JuSchG sieht dagegen NK-JMStV/*Lamprecht-Weißenborn*
     § 5b Rn. 19, wobei unklar bleibt, ob sich diese Ansicht auch auf § 5a JMStV erstreckt.
138 BT-Drs. 19/24909, 65.
139 BT-Drs. 19/24909, 66 f.

109   Aus der Kumulation der beiden Schutzregime folgt erneut eine **Doppelzuständigkeit** im Bereich der Aufsicht. Die Einhaltung der Vorgaben des § 24a JuSchG stellt gemäß § 17a Abs. 3 JuSchG die BzKJ sicher, für die Einhaltung der DS-GVO ist die zuständige Datenschutzbehörde verantwortlich. Die Gesetzesbegründung sieht zwar vor, dass die Datenschutzbehörden sich mit der BzKJ abstimmen, sofern sie Aufsichtsmaßnahmen im Hinblick auf Vorsorgemaßnahmen mit einem Datenschutzbezug ergreifen.[140] Ein entsprechendes Verfahren oder eine gesetzliche Pflicht hierzu etablieren aber weder das Datenschutzrecht noch das Jugendschutzrecht. Das führt, ebenso wie für die Doppelzuständigkeit im Anwendungsbereich des NetzDG dargelegt (→ Rn. 103), dazu, dass Diensteanbieter aus der Bewertung ihrer Maßnahmen durch die eine Institution nicht darauf schließen können, dass auch die andere Institution diese für rechtskonform hält.

110   **Die wichtigsten Punkte:**

- Bei Einführung von Melde- und Abhilfeverfahren als Vorsorgemaßnahmen besteht nach dem JuSchG und dem NetzDG eine Doppelzuständigkeit verschiedener Aufsichtsbehörden für diese Verfahren, deren Einrichtung auch durch das NetzDG vorgeschrieben ist.
- § 5a JMStV wird durch § 24 Abs. 1 JuSchG vollständig verdrängt.
- Auch im Hinblick auf Maßnahmen zur Altersüberprüfung ergibt sich eine Doppelzuständigkeit verschiedener Aufsichtsbehörden aus JuSchG und DS-GVO.

G. Aufsicht und Rechtsdurchsetzung

111   Für die Aufsicht über die Einhaltung der Pflicht aus § 24a Abs. 1 JuSchG ist gemäß § 24b Abs. 1, § 17a Abs. 3 JuSchG die **BzKJ** zuständig (→ § 7 Rn. 54 ff.). Für den Fall eines Verstoßes sieht § 24b Abs. 3 JuSchG ein **„dialogisches Verfahren"** vor, dh die Bundeszentrale wirkt zunächst auf das freiwillige Einziehen von (weiteren) Vorsorgemaßnahmen hin. Der Überprüfung der Vorsorgemaßnahmen durch die BzKJ geht ein Monitoring und eine erste Einschätzung von jugendschutz.net voraus, das die Behörde über seine Auswertung der getroffenen Vorsorgemaßnahmen unterrichtet.

112   Nach § 24a Abs. 4 S. 1 JuSchG findet Abs. 1 („die Vorschrift") auch auf Diensteanbieter mit Sitz außerhalb Deutschlands Anwendung. Dabei bleiben aber § 2a und § 3 TMG gemäß § 24a Abs. 4 S. 4 JuSchG unberührt; das führt zu Problemen bei der Frage der Durchsetzbarkeit gegenüber Anbietern mit **Sitz im EU-Ausland** (→ § 9 Rn. 5 ff.).

113   **Die wichtigsten Punkte:**

- Die Aufsicht über die Einhaltung der Vorsorgepflicht obliegt der BzKJ.
- Im Fall eines Verstoßes wirkt die BzKJ zunächst darauf hin, dass der Anbieter freiwillig Vorsorgemaßnahmen ergreift.

---

140   BT-Drs. 19/24909, 67.

H. Konkretisierung im Rahmen regulierter Selbstregulierung (§ 24b Abs. 2 JuSchG)

Alternativ zu einem behördlichen Aufsichts-, Beanstandungs- und Verpflichtungsverfahren gegenüber Anbietern nach § 24a Abs. 1 JuSchG durch die BzKJ eröffnet § 24b Abs. 2 JuSchG die **Möglichkeit eines ko-regulativen Vorgehens**: Danach kann ein Anbieter seine Pflicht zum Vorhalten von Vorsorgemaßnahmen regelmäßig ohne weitere Beanstandungsmöglichkeit durch die BzKJ erfüllen, indem er die in einer **Leitlinie** zuvor festgelegten Maßnahmen umsetzt, solange die für derartige Leitlinien gesetzlich vorgesehenen Schritte erfüllt sind. Solche Leitlinien müssen die Maßnahmen nach § 24a Abs. 1 JuSchG konkretisieren und mit einer nach § 19 Abs. 2, Abs. 3 JMStV anerkannten Einrichtung der freiwilligen Selbstkontrolle, bei der der Diensteanbieter Mitglied ist, vereinbart worden sein (§ 24b Abs. 2 Nr. 1 JuSchG). Gemäß § 24c Abs. 1 JuSchG müssen bei der Erarbeitung der Leitlinien die Sichtweise von Kindern und Jugendlichen und deren Belange „in geeigneter Weise angemessen" berücksichtigt worden sein. Außerdem müssen die so vereinbarten Leitlinien der BzKJ zur Beurteilung der Angemessenheit vorgelegt und die Angemessenheit durch die BzKJ bestätigt worden sein (§ 24b Abs. 2 Nr. 2 JuSchG). Danach muss die Leitlinie im Bundesanzeiger, auf der Homepage des Diensteanbieters und auf der Homepage der Einrichtung der freiwilligen Selbstkontrolle veröffentlicht werden (§ 24b Abs. 2 Nr. 3, § 24c Abs. 2 JuSchG).

Missverständlich ist dabei die Art der Einbringung einer Leitlinie geraten. § 24b Abs. 2 Nr. 1 JuSchG spricht davon, dass die Leitlinie mit einer Einrichtung der freiwilligen Selbstkontrolle „vereinbart wurde". Vom Wortlaut umfasst wären damit auch Leitlinien, die ein Anbieter erstellt und dann ausschließlich für sein eigenes Angebot mit der Selbstkontrolle vereinbart hat. Mit Blick auf die Begründung und die Wortwahl des § 24b Abs. 5 JuSchG muss aber davon ausgegangen werden, dass der Gesetzgeber damit (ausschließlich) Leitlinien meinte, die in erster Linie von der Selbstkontrolle für eine zunächst unbestimmte Zahl von Anbietern nach Konsultation mit interessierten Diensteanbietern erstellt wurden und denen sich dann einzelne Anbieter anschließen können (strukturähnlich dem System der Verhaltensregeln in Art. 40 DS-GVO). Dieser Unterschied ist für die Textsorte der Leitlinien relevant, weil diese im ersteren Fall sehr konkret auf ein spezifisches Angebot gemünzt sein können, im letzteren Fall dagegen abhängig von ihrer Anwendungsbreite zunehmend abstrakt-generelle Vorgaben enthalten können, die wiederum von den einzelnen beigetretenen Anbietern weiter konkretisiert werden müssen. Versteht man die Leitlinien wie hier vertreten als rechtlich verbindliche Konkretisierungen der Vorsorgemaßnahmen aus § 24a Abs. 1 JuSchG, die aus der Hand einer Selbstkontrolle für *mehrere* Angebote kommen, so folgt daraus unweigerlich, dass eine einzige Leitlinie für *alle* denkbaren Formen des weiten Anwendungsbereichs von § 24a Abs. 1 JuSchG (→ Rn. 12 ff.) keine hinreichend konkreten Vorgaben enthalten kann, auf deren Grundlage die Selbstkontrolle abschließend nach § 24b Abs. 5 JuSchG entscheiden könnte. Es ist insoweit davon auszugehen, dass es **für jeweils gleichförmige Angebote verschiedene Leitlinien** geben wird (zB soziale Netzwerke, Video-Sharing-Plattformen, Micro-Blogging-Angebote).

116 Ebenfalls misslungen erscheint jene Norm, die bei der Umsetzung von Vorsorgemaßnahmen durch einen Anbieter auf Grundlage einer rechtmäßigen Leitlinie die **gesetzliche Schutzschildwirkung** gegenüber einer behördlichen Maßnahme durch die BzKJ
entfaltet (§ 24b Abs. 5 JuSchG). Danach ist der Prüfungsumfang der Behörde „auf
die Überschreitung der Grenzen des Beurteilungsspielraums durch die Einrichtung
der freiwilligen Selbstkontrolle beschränkt", wenn diese „eine Pflicht des Diensteanbieters gemäß § 24a Absatz 1 ausgeschlossen" hat. Erstens hat die ähnliche, im
JMStV erfolgte Übertragung eines verwaltungsverfahrensrechtlichen Sonderfalls (behördlicher Beurteilungsspielraum mit korrespondierendem eingeschränkten gerichtlichen Überprüfungsumfang) in den Bereich privatrechtlich organisierter Stellen bis
heute für erhebliche dogmatische Diskussionen gesorgt.[141] Dass der Bundesgesetzgeber diesen Schritt nun wiederholt, ist eher misslich. Zweitens bleibt der Verfahrens-
gang, in dem die Selbstkontrolle eine Pflicht des Dienstanbieters gemäß § 24a Abs. 1
JuSchG „ausgeschlossen" hat, relativ unklar. Gemeint ist damit offenbar die Feststellung der Selbstkontrolle, dass ein der Leitlinie beigetretener Diensteanbieter alle für
ihn in Frage kommenden Maßnahmen leitliniengerecht umgesetzt hat und damit seiner Pflicht zur Einziehung von Vorsorgemaßnahmen nachgekommen ist. In diesen
Fällen wäre der Kontrollumfang der BzKJ darauf beschränkt, zu überprüfen, inwiefern die Selbstkontrolle bei ihrer Beurteilung der Umsetzung der Leitlinie durch den
Anbieter die Grenzen ihres Spielraums eingehalten hat. Insgesamt wird in diesen Fällen die Beurteilung der Angemessenheit der Maßnahmen nach § 24a Abs. 1 JuSchG
durch die BzKJ inhaltlich nicht verändert, aber zeitlich auf die Prüfung der Vorgaben
der Leitlinie vorverlegt.

117 Vollkommen offen bleibt die Frage, inwieweit der Umstand, dass eine nach JMStV
anerkannte Selbstkontrolle nunmehr auch Rechte und Pflichten nach § 24b JuSchG
haben kann, sich auf die **Anerkennungsvoraussetzungen durch die Kommission für
Jugendmedienschutz (KJM)** gemäß § 19 Abs. 2 JMStV auswirkt. Hier bedarf es ggf.
einer Anpassung des JMStV.

118 **Die wichtigsten Punkte:**

- Die Erarbeitung und Anerkennung einer Leitlinie für Vorsorgemaßnahmen eröffnet eine alternative, ko-regulativ gestaltete Aufsichtsmöglichkeit. Dabei wird
der Zeitpunkt der Beurteilung der Angemessenheit von Vorsorgemaßnahmen
durch die BzKJ vorverlagert auf die Prüfung der Leitlinie im Rahmen ihrer
Anerkennung.

- Die gesetzliche Beschreibung der Leitlinien, ihres Zustandekommens und die
Verfahren ihrer Durchsetzung sind teils missverständlich und bedürfen der weiteren Ausdifferenzierung auf Rechtsanwendungsebene.

- Offen bleibt, welche Folgen die neuen Ko-Regulierungskompetenzen der Selbstkontrollen im JuSchG für deren Anerkennungsverfahren nach § 19 Abs. 2
JMStV haben.

---

141 Vgl. *Dreyer* Ungewissheit S. 319 ff. mwN.

§ 6 Indizierung von Medien

Literatur: *BPjM*, Gefährdungsatlas. Digitales Aufwachsen. Vom Kind aus denken. Zukunftssicher handeln, 2019, abrufbar unter https://www.bzkj.de/resource/blob/176416/2c81e8af0ea7cf f94d1b688f360ba1d2/gefaehrdungsatlas-data.pdf (zit.: *BPjM* Gefährdungsatlas); *Dankert/Sümmermann*, Hakenkreuze in Filmen und Computerspielen, BPjM-Aktuell 2/2018, 4; *Erdemir*, Aufnahme eines Films in Teil B der Liste für jugendgefährdende Medien, JMS-Report 3/2011, 63; *Erdemir*, Die Bedeutung des Kunstvorbehalts für die Prüfentscheidungen von FSK und USK, JMS-Report 5/2012, 2; *Erdemir*, Verbotene Gewalt in Spielfilmen und Computerspielen, JMS-Report 3/2011, 2; *Frey/Dankert*, Konkurrenz statt Kohärenz im Jugendmedienschutz?, CR 2020, 626; *Hajok/Hildebrandt*, Jugendgefährdung im Wandel der Zeit, BPjM-Aktuell 1/2015, 3; *Hilgert/Sümmermann*, Der Entwurf für ein neues Jugendschutzgesetz, MMR 2020, 301; *Köhler/Distler*, Die Verjährung von allgemeinen Beschlagnahme- und Einziehungsentscheidungen, BPjM-Aktuell 3/2004, 4; *KJM*, Kriterien für die Aufsicht im Rundfunk und in den Telemedien, 2020, abrufbar unter https://www.kjm-online.de/fileadmin/user_upload/KJM/Publikationen/P ruefkriterien/Kriterien_KJM.pdf; *Liesching*, Ohne Gurt im Oldtimer – Die Novellierung des Jugendschutzgesetzes, 14.2.2020, abrufbar unter https://community.beck.de/2020/02/14/ohne-gur t-im-oldtimer-die-novellierung-des-jugendschutzgesetzes (zit.: *Liesching* Novellierung JuSchG); *Monssen-Engberding/Liesching*, Rechtliche Fragestellungen der Listenführung, BPjM-Aktuell 4/2008, 3; *Schumann*, Indexbetroffene Angebote im Rundfunk und in Telemedien: Eine Zensur findet statt, ZUM 2004, 697; *Schwiddessen*, The Texas Chainsaw Massacre. Rehabilitierung von älteren beschlagnahmten Unterhaltungsmedien – praktische Vorgehensweise und Rechtsprobleme, MMR 2012, 515; *Stumpf*, Jugendschutz oder Geschmackszensur? Die Indizierung von Medien nach dem Jugendschutzgesetz, 2009 (zit.: *Stumpf* Jugendschutz); *Sümmermann*, Die Novellierung des Jugendmedienschutz-Staatsvertrages, AfP 2016, 388.

A. Allgemeines	1	a) (Bislang) keine Überarbeitung der DVO-JuSchG	49
B. Indizierungsfähige Medien	5	b) Präzisierte Anhörungs- und Nachforschungspflicht	50
I. Medien iSv § 1 Abs. 1a JuSchG	6		
II. Indizierung erst nach Erscheinen des Mediums	10	c) Maßgebliche Berücksichtigung von Anträgen und Stellungnahmen der KJM	54
III. Indizierungsschutz durch Alterskennzeichnung	11	d) Verhandlung und Entscheidung des 12er-Gremiums	57
C. Einleitung des Indizierungsverfahrens	15	4. Vorausindizierung	62
I. Zuständigkeit: Prüfstelle für jugendgefährdende Medien	16	II. Entscheidung durch das 3er-Gremium	64
II. Antrag- und anregungsberechtigte Stellen	18	1. Zusammensetzung	65
1. Ausweitung der antragsberechtigten Stellen	20	2. (Erweiterter) Anwendungsbereich	66
2. Anregungsberechtigte Stellen	22	a) Offensichtliche Jugendgefährdung und vorläufige Anordnung	67
III. Einleitung von Amts wegen	23	b) Indizierung von Telemedien auf Antrag bzw. nach Stellungnahme der KJM	68
IV. Priorisierung von Verfahren nach § 21 Abs. 4a JuSchG	25	3. Verfahren	70
D. Entscheidung durch die Prüfstelle	27	III. Entscheidung durch die oder den Vorsitzenden	74
I. Entscheidung durch das 12er-Gremium	30	1. Entscheidung über die (wesentliche) Inhaltsgleichheit eines Mediums	75
1. Zusammensetzung	31	2. Entscheidung über die Indizierung nach rechtskräftiger Entscheidung eines Gerichts	76
2. Prüfungsmaßstab	33	a) Zuständigkeit	77
a) Feststellung der Jugendgefährdung	34	b) Relevante Normen des StGB	79
b) Berücksichtigung von Gefahren für die persönliche Integrität	38		
c) Strafrechtliche Einschätzung	41		
d) Grundrechtsabwägung	46		
3. Verfahren	48		

c) Erfasste gerichtliche Entscheidungen 80
d) Defizitäre Gewährleistung der
   Kenntniserlangung 84
e) Klarstellende Ergänzung
   durch § 18 Abs. 5 S. 2
   JuSchG 86
IV. Folgeindizierungen 90
   1. Verfahren 91
   2. Prüfkompetenz bei ursprüngli-
      cher Listenaufnahme nach
      § 18 Abs. 5 JuSchG 96
V. Abschluss des Verfahrens 99
   1. Verkündung und Zustellung der
      Indizierungsentscheidung 100
   2. Aufnahme in die Liste jugendge-
      fährdender Medien und Bekannt-
      machung der Entscheidung 102
      a) Bisheriger Aufbau der Liste ... 103
      b) Gesetzgeberische Intention
         hinsichtlich der veränderten
         Listenführung 105
      c) Grundsätzlich öffentliche
         Führung der Liste 108
      d) Fortführung der bisherigen
         Listenführung für Altindizie-
         rungen 110
   3. Mitteilung der Liste jugendge-
      fährdender Medien 111
   4. Weiterführung und -entwicklung
      des „BPjM-Modul" 115
E. Folgen der Indizierung 117
   I. Restriktionen für Trägermedien 119
      1. Indizierte Trägermedien 120
      2. Nicht indizierte, schwer jugend-
         gefährdende Trägermedien 122
      3. Neues Vorführverbot für indi-
         zierte Medien
         (§ 15 Abs. 1a JuSchG) 124
      4. Sonstige Beschränkungen 125
      5. Aufsicht 126
   II. Restriktionen für Telemedien 127
      1. Beschränkungen nach dem
         JMStV 128

   2. Defizitäre Kohärenz mit JMStV
      nach Gesetzesänderung 131
   3. Aufsicht 134
III. Antrag auf Feststellung fehlender
     (wesentlicher) Inhaltsgleichheit 135
F. Streichung aus der Liste jugendgefähr-
   dender Medien 137
   I. Hintergrund: Wandel von Beurtei-
      lungsmaßstäben 138
   II. Listenstreichung nach 25 Jahren 140
   III. Entscheidung nach Aufhebung der
        den Listeneintrag auslösenden
        Gerichtsentscheidung
        (§ 18 Abs. 5a JuSchG) 141
        1. Anwendung auf (Straf-)Urteile ... 143
           a) Aufhebung rechtskräftiger
              gerichtlicher Entscheidungen   144
           b) Anwendung auf abweichende
              gerichtliche Beurteilungen 146
           c) Umgang mit Verjährung 148
        2. Anwendung auf Beschlagnahme-
           und Einziehungsbeschlüsse 151
           a) Förmliche Aufhebung 152
           b) Umgang mit Erlöschen 153
           c) Umgang mit Verjährung 155
   IV. Antrag auf Listenstreichung 158
       1. Verfahren 159
          a) Allgemein 159
          b) Besonderheiten im Fall einer
             die Indizierung begründenden
             gerichtlichen Entscheidung ... 162
       2. Kostenpflichtigkeit des Verfah-
          rens 164
          a) Allgemein 164
          b) Überarbeitung der GebO-
             BPjM 165
   V. Listenstreichung bei Wegfall der Indi-
      zierungsvoraussetzungen 166
G. Fazit und Ausblick 169

A. Allgemeines

1   Die Indizierung von Medien gehört zu den strengsten und zugleich wohl effektivsten Maßnahmen im Bereich des Jugendmedienschutzes. Indizierte Medien unterliegen weitreichenden und insbes. aus Anbietersicht empfindlichen Vertriebs- und Verbreitungsbeschränkungen. Auch nach der jüngsten Änderung des Jugendschutzgesetzes hält der Gesetzgeber an der Indizierung fest. So stellt die Durchführung von Indizierungsverfahren einen **zentralen Tätigkeitsbereich** auch der neuen **Bundeszentrale für Kinder- und Jugendmedienschutz** dar.

2   Durch die im Rahmen der Gesetzesänderung eingefügte Formulierung des **Schutzes vor jugendgefährdenden Medien** als ausdrückliches Schutzziel des Kinder- und Jugendmedienschutzes (**§ 10a Nr. 2 JuSchG**) sowie des in **§ 17a Abs. 1 Nr. 2 JuSchG** erweiterten gesetzlichen Auftrags der Bundeszentrale stärkt der Gesetzgeber nicht nur

die Bedeutung des Indizierungsverfahrens, sondern spricht diesem gerade auch eine **„erweiterte gesellschaftlich relevante Funktion"** zu. So lasse sich aus der Vielzahl der Einzelfallentscheidungen über sozialethisch desorientierende Medien „der sozialethische Orientierung gebende Entwicklungsraum für ein gutes Aufwachsen von Kindern und Jugendlichen mit Medien" ableiten.[1]

Die **wesentlichen Strukturen des etablierten Indizierungsverfahrens** hat der Gesetzge- 3 ber im Rahmen der Novellierung **beibehalten**. Das Indizierungsverfahren ist auch weiterhin im Wesentlichen in den §§ 15, 18 ff. JuSchG geregelt. Nur vereinzelt wurden die bestehenden Regelungen durch die Änderung des JuSchG ergänzt. Erklärtes Ziel des Gesetzgebers war dabei insbes. die **„Anpassung der Indizierungspraxis an das digitale Zeitalter"**.[2] Konkret erfasst die Gesetzesänderung neben redaktionellen Anpassungen ua eine Ausweitung der Stellen, die Indizierungen beantragen können (→ Rn. 20 f.), Anpassungen im Zusammenhang mit indizierungsbegründenden gerichtlichen Entscheidungen (→ Rn. 86 ff., 141 ff.) sowie Änderungen bei der Führung der Liste jugendgefährdender Medien (→ Rn. 102 ff.).

Ist auch hier in naher Zukunft mit Anpassungen der bisherigen Regelungen zu rech- 4 nen, werden die Vorschriften des Jugendschutzgesetzes zum Indizierungsverfahren weiterhin flankiert durch die Bestimmungen der **Verordnung zur Durchführung des Jugendschutzgesetzes (DVO-JuSchG)**[3] (→ Rn. 49) sowie der **Verordnung über die Erhebung von Gebühren durch die Bundesprüfstelle für jugendgefährdende Medien (GebO-BPjM)**[4] (→ Rn. 164 f.).

B. Indizierungsfähige Medien

Gegenstand eines Indizierungsverfahrens können sämtliche jugendgefährdende Medi- 5 en – online wie offline – sein. Ausgeschlossen ist eine Indizierung jedoch, wenn die Veröffentlichung erst noch bevorsteht oder das Medium bereits ein Alterskennzeichen erhalten hat.

I. Medien iSv § 1 Abs. 1a JuSchG

Mit der **Neufassung des § 18 Abs. 1 JuSchG** hat der vereinheitlichte Medienbegriff 6 des JuSchG auch in den Bereich der Indizierungen Einzug gehalten. Indiziert werden können somit sämtliche **jugendgefährdenden Medien**.

Die bisherige Differenzierung zwischen „Trägermedien" und „Telemedien", die auch 7 auf die Aufteilung der Gesetzgebungskompetenzen im Bereich des Jugendmedienschutzes zwischen Bund und Ländern zurückzuführen war, hat das JuSchG damit aber nur scheinbar aufgegeben. So dient der Begriff der „Medien", der im **neu eingefügten § 1 Abs. 1a JuSchG legaldefiniert** wird, nur als neuer Oberbegriff für Träger- und Telemedien und ist damit weiterhin nicht allumfassend; der Rundfunk bleibt

---

1 S. BT-Drs. 19/24909, 36.
2 S. BT-Drs. 19/24909, 25.
3 Verordnung zur Durchführung des Jugendschutzgesetzes v. 9.9.2003 (BGBl. I 1791), geänd. durch Art. 4 Abs. 11 des Gesetzes v. 5.5.2004 (BGBl. 2004 I 718).
4 Verordnung über die Erhebung von Gebühren durch die Bundesprüfstelle für jugendgefährdende Medien v. 28.4.2004 (BGBl. 2004 I 691).

weiterhin außen vor (→ § 2 Rn. 5).[5] Aus der Gesetzesänderung folgt somit für das Indizierungsverfahren grundsätzlich **kein erweiterter Anwendungsbereich**. Die Eigenheiten der jeweiligen Mediengattungen führen zudem dazu, dass trotz der begrifflichen Vereinheitlichung durch den § 1 Abs. 1a JuSchG eine Vielzahl von Regelungen weiterhin nur spezifisch für Tele- oder Trägermedien gelten oder Differenzierungen vornehmen (zB § 18 Abs. 8 S. 2, § 21 Abs. 6 oder § 21 Abs. 8 JuSchG).

8 **Indizierungsfähig** sind mithin auch weiterhin **Trägermedien**, insbes. Bücher, Zeitschriften, Tonträger sowie Datenträger wie CDs, DVDs oder Blu-ray Discs mit Filmen oder Computer- und Videospielen. Zahlenmäßig von nur untergeordneter Bedeutung ist die ebenfalls mögliche Indizierung von Gesellschaftsspielen. Der Wandel der Mediennutzung bringt mit sich, dass die ebenfalls mögliche Indizierung von **Telemedien** zunehmend im Fokus steht, wobei Onlineangebote wie Internetforen oder Bild- und Videobeiträge auf Multimediaplattformen in diesem Bereich die größte praktische Relevanz besitzen.

9 Auch nach der Änderung des JuSchG bleibt es dabei, dass **Rundfunkangebote nicht Gegenstand von Indizierungsverfahren** sein können. Im Rundfunk sind indizierte oder mit solchen Werken ganz oder im Wesentlichen inhaltsgleiche Angebote nichtsdestotrotz grundsätzlich unzulässig (vgl. § 4 Abs. 1 S. 1 Nr. 11 und Abs. 2 S. 1 Nr. 2 JMStV), auch wenn nach den jüngsten Änderungen des JuSchG Anpassungsbedarf seitens der Länder hinsichtlich der Regelungen des JMStV besteht (→ Rn. 131 ff.).

II. Indizierung erst nach Erscheinen des Mediums

10 Eine Vorabfreigabe, wie sie in einigen Staaten für Medien erforderlich ist, wäre in Deutschland verfassungswidrig. Hintergrund ist das Zensurverbot aus Art. 5 Abs. 1 S. 3 GG (→ § 1 Rn. 25 ff.).[6] Dieses untersagt jegliche Form staatlicher Vor- bzw. Präventivzensur.[7] Voraussetzung für eine Indizierung als repressive Maßnahme ist daher, dass das entsprechende Medium **bereits verfügbar bzw. erschienen** ist (zur Vorausindizierung von periodischen Medien → Rn. 62 f.). Bei Online-Inhalten ist etwa aufgrund ihrer weltweiten Abrufbarkeit eine Indizierung jederzeit möglich, sobald diese von Deutschland aus zugänglich sind.

III. Indizierungsschutz durch Alterskennzeichnung

11 Auch nach der Gesetzesänderung bleibt das Indizierungsverfahren mit dem **Alterskennzeichnungsverfahren konzeptionell eng verzahnt**.

12 Gem. **§ 18 Abs. 8 S. 1 JuSchG** können durch eine Einrichtung der freiwilligen Selbstkontrolle (zB durch die FSK oder USK) mit einer Alterskennzeichnung versehene **Trägermedien** nicht Gegenstand von Indizierungsverfahren werden. Dieser Ansatz verhindert nicht nur, dass sich Entscheidungen durch unterschiedliche Jugendschutzinstitutionen widersprechen. Der **Indizierungsschutz** für gekennzeichnete Trägermedien

---

5 Krit. hierzu auch: *Liesching* Novellierung JuSchG.
6 BVerfG Beschl. v. 27.11.1990 – 1 BvR 402/87, BVerfGE 83, 130 (155) – Josephine Mutzenbacher; krit. in diesem Zusammenhang insbes. bzgl. der Regelung des § 4 Abs. 3 JMStV: *Schumann* ZUM 2004, 697 (703).
7 Vgl. v. Mangoldt/Klein/Starck/*Starck/Paulus* GG Art. 5 Rn. 259.

Dankert/Sümmermann

gibt insbes. den Verlegern und sonstigen Rechteinhabern wichtige Rechtssicherheit. Der in § 18 Abs. 8 S. 1 JuSchG **neu eingefügte Verweis auf § 14 Abs. 9** JuSchG soll nach dem Willen des Gesetzgebers klarstellen, dass dieser Indizierungsschutz auch von den nach dem JuSchG vergebenen Kennzeichen für Telemedien ausgeht.[8]

Der **Indizierungsschutz für Telemedien** hängt gem. **§ 18 Abs. 8 S. 2, 3 JuSchG** grund- 13
sätzlich vom Vorliegen einer Entscheidung der KJM über die Jugendgefährdung eines Angebots ab. Jedenfalls wenn die KJM zu dem Ergebnis kommt, dass es sich nicht um ein jugendgefährdendes Telemedium handelt, ist ein Indizierungsverfahren ausgeschlossen. Handelt es sich um ein durch eine anerkannte Selbstkontrolleinrichtung (bspw. FSM, USK.online) zuvor bewertetes Telemedium, stellt die durch die Reform eingefügte **Ergänzung von § 18 Abs. 8 S. 3 JuSchG** klar, dass die Prüfstelle das Medium nur indizieren darf, wenn die KJM den Inhalt für jugendgefährdend hält oder hierzu keine Entscheidung getroffen hat.[9]

Das JuSchG sieht ein Kennzeichnungsverfahren nur für bestimmte Medien vor, ins- 14
bes. für Bücher und Tonträger gibt es so ein Verfahren nicht. Diese genießen daher weiterhin **keinen Indizierungsschutz.** Einen entsprechenden Schutz bieten auch nicht die vielen geläufigen Kennzeichen, die nicht nach dem JuSchG erfolgen, wie zB nach dem europäischen PEGI-System für Computerspiele oder das Parental Advisory Label auf Tonträgern. Gleiches gilt auch für Kennzeichen, die infolge einer Begutachtung durch die Juristenkommission der SPIO (SPIO/JK) für Filme oder Bildträger erfolgt sind. Eine Kennzeichnung der SPIO/JK bzw. das entsprechende Gutachten privilegiert Anbieter jedoch insofern, als dass sie sich auf die Expertise der Juristenkommission verlassen können. In Bezug auf den Medieninhalt unterliegen sie im – gleichwohl möglichen – Fall einer nachfolgenden Beschlagnahme oder Sicherstellung einem unvermeidbaren Verbotsirrtum gem. § 17 StGB.[10]

C. Einleitung des Indizierungsverfahrens

Der Auslöser für Indizierungen geht in der Regel von antrags- bzw. anregungsberech- 15
tigten Stellen wie Behörden oder Trägern der freien Jugendhilfe aus. In bestimmten Fällen kann die Prüfstelle jedoch auch eigenständig tätig werden.

I. Zuständigkeit: Prüfstelle für jugendgefährdende Medien

Zuständig für die Indizierung von Medien ist innerhalb der BzKJ die von dieser un- 16
terhaltene **Prüfstelle für jugendgefährdende Medien.** Die Prüfstelle setzt damit nun als Fachbereich der Bundeszentrale die Indizierungstätigkeit der vormaligen BPjM in zumindest wesentlicher organisatorischer und verfahrenstechnischer Kontinuität fort (→ § 7 Rn. 26 ff.).

---

8 BT-Drs. 19/24909, 55.
9 Vgl. BT-Drs. 19/24909, 55. Bislang wurde sich für diese Konstellation etwa für die entsprechende Anwendung von § 21 Abs. 6 S. 3 JuSchG ausgesprochen, vgl. Liesching/Schuster/*Liesching* JuSchG § 19 Rn. 122.
10 Für einen entsprechenden Gutglaubensschutz im Fall, dass das Gutachten der SPIO/JK zu dem Ergebnis kommt, dass gegen keine Bestimmungen des Strafgesetzbuches verstoßen wird: MAH Urh/*Erdemir* § 23 Rn. 132, 49 f.; Nikles/Roll/Spürck/Erdemir/Gutknecht/*Erdemir/Spürck* StGB § 131 Rn. 20.

17 Weiterhin **nicht zuständig** ist die Prüfstelle bzw. die Bundeszentrale dafür, die sich aus der Indizierung ergebenden Rechtsfolgen zu überwachen und Verstöße ggf. zu ahnden (→ Rn. 126).

II. Antrag- und anregungsberechtigte Stellen

18 Ein Indizierungsverfahren leitet in aller Regel ein **Antrag** einer der nach § 21 Abs. 2 JuSchG hierzu berechtigten Stellen oder eine **Anregung** einer Behörde oder eines anerkannten Trägers der freien Jugendhilfe nach § 21 Abs. 4 JuSchG ein. Sowohl Antrag als auch Anregung sind zu begründen, ggf. sind auch Exemplare des entsprechenden Mediums einzureichen (vgl. § 2 DVO-JuSchG). Stammt ein Antrag von einer hierzu berechtigten Stelle, ist die Prüfstelle **verpflichtet**, ein Indizierungsverfahren einzuleiten und durchzuführen.

19 **Privatpersonen sind nicht antrags- bzw. anregungsberechtigt.** Diese müssen sich mit ihrem Anliegen an eine berechtigte Stelle wenden, die ihrerseits einen Antrag bzw. eine Anregung auf Indizierung in Erwägung ziehen und ggf. stellen kann.

1. Ausweitung der antragsberechtigten Stellen

20 Indizierungsanträge konnten nach alter Rechtslage das BMFSFJ, die obersten Landesjugendbehörden, die Jugendämter und Landesjugendämter sowie die KJM stellen. Die Novellierung hat den Kreis der **antragsberechtigten Stellen** auch auf **anerkannte Einrichtungen der freiwilligen Selbstkontrolle** sowie aus Mitteln des Bundes, der Länder oder der Landesmedienanstalten geförderte **Internet-Beschwerdestellen** ausgeweitet. Entsprechende Beschwerdestellen bieten derzeit jugendschutz.net, die FSM und der eco an. Die Erweiterung soll laut Gesetzgeber die **Verfahren beschleunigen**, weil die neu aufgenommenen Stellen nun nicht mehr auf Kooperationen mit antrags- oder anregungsberechtigten Stellen angewiesen sind, um Indizierungsverfahren anzustoßen.[11]

21 Es bleibt mithin auch nach der Gesetzesänderung dabei, dass Verfahren grundsätzlich von Indizierungsanträgen bzw. -anregungen abhängig sind und die Prüfstelle nur ausnahmsweise von Amts wegen tätig wird (→ Rn. 23 f.). Die Idee, Verfahren grundsätzlich dezentral einzuleiten, soll verhindern, dass sich eine zentrale Zensurbehörde des Bundes entwickeln kann.[12] Das Konzept führt aber auch dazu, dass in Kauf genommen werden muss, dass ohne Antrag oder Anregung Medien teilweise erst lange Zeit nach ihrer Veröffentlichung und damit auch entsprechender Verbreitung unter Kindern und Jugendlichen indiziert werden. So etwa beim Album **„Jung, Brutal, Gutaussehend 3"** (**„JBG 3"**)[13] der Rapper Kollegah und Farid Bang: Das 2017 veröffentlichte Album geriet erst durch die Nominierung und Auszeichnung beim Musikpreis „Echo" im April 2018 in den Fokus einer öffentlichen Diskussion. Erst dadurch kam es zur Anregung einer Indizierung, ihre Entscheidung traf die BPjM dann im September 2018. Wirksam wurde die Entscheidung mit Veröffentlichung der Listenaufnah-

---

11 Vgl. BT-Drs. 19/24909, 56 f.
12 Vgl. Nikles/Roll/Spürck/Erdemir/Gutknecht/*Roll* JuSchG § 21 Rn. 2 mit Verweis auf: Löffler/*Altenhain* JuSchG § 21 Rn. 1.
13 Vgl. BPjM-Aktuell 4/2018, 12 – JBG 3.

Dankert/Sümmermann

me im Bundesanzeiger Ende September 2018, also fast ein Jahr nach Erscheinen des Albums.

2. Anregungsberechtigte Stellen

Behörden, die nach dem JuSchG nicht antragsberechtigt sind (zB **Polizeibehörden,**   22
Zoll oder Ordnungsämter), und anerkannte Träger der freien Jugendhilfe können eine Indizierung **anregen** und so ein Verfahren bei der Prüfstelle anstoßen. Hält die oder der Vorsitzende der Prüfstelle ein Indizierungsverfahren im Interesse des Jugendschutzes für geboten, wird die Prüfstelle in einem solchen Fall tätig – formal von Amts wegen (§ 21 Abs. 4 JuSchG). Anders als bei Anträgen besteht somit **keine Pflicht zur Verfahrenseinleitung.**

III. Einleitung von Amts wegen

Die Einleitung eines Indizierungsverfahrens kann **die oder der Vorsitzende** auch **von**   23
Amts wegen veranlassen. Dies ist gem. **§ 21 Abs. 5 JuSchG** möglich bei **Zweifeln über die (wesentliche) Inhaltsgleichheit** eines Mediums mit einem bereits indizierten Medium (Nr. 1, → Rn. 75), wenn bekannt wird, dass die **Indizierungsvoraussetzungen weggefallen** sind (Nr. 2, → Rn. 166 ff.) und bei einer möglichen **Folgeindizierung** (Nr. 3, → Rn. 90 ff.).

Ferner ist ein Verfahren von Amts wegen einzuleiten, wenn ein **Gericht** in einer   24
rechtskräftigen Entscheidung festgestellt hat, dass ein Medium einen nach §§ 86, 130, 130a, 131, 184, 184a, 184b oder 184c StGB strafbaren Inhalt hat (vgl. § 18 Abs. 5 JuSchG, → Rn. 76 ff.).

IV. Priorisierung von Verfahren nach § 21 Abs. 4a JuSchG

Der **neu eingefügte** § 21 Abs. 4a JuSchG stellt nun ausdrücklich klar, dass **Medien,**   25
die bei Kindern und Jugendlichen **besonderes verbreitet** sind oder durch die die **Belange des Jugendschutzes in besonderem Maße betroffen** scheinen, **vorrangig** und damit abweichend von deren Eingangsreihenfolge **behandelt** werden können.

Ob sich ein Medium unter Kindern und Jugendlichen besonders stark verbreitet,   26
wird sich in der Praxis kaum konkret ermitteln lassen. **Virale Videos** oder andere **mediale Inhalte mit hohen Aufrufzahlen** dürften aber ein Indiz dafür sein, dass der Inhalt auch bei minderjährigen Nutzern stark verbreitet ist – insbes. im Zusammenspiel mit anderen Faktoren wie dessen inhaltlicher Gestaltung oder Zielgruppe. Der Aspekt der besonderen Betroffenheit von Jugendschutzbelangen wird ua dann gegeben sein, wenn ein **Medium in den Fokus breiter medialer Berichterstattung gerät.** Die generelle öffentliche Aufmerksamkeit wird hier regelmäßig dazu führen, dass die Verbreitung auch unter Kindern und Jugendlichen steigt.

D. Entscheidung durch die Prüfstelle

Kommt eine **Listenaufnahme offensichtlich nicht in Betracht**, kann die oder der Vor-   27
sitzende das Indizierungsverfahren **einstellen (§ 21 Abs. 3 JuSchG)**. Das ist bspw. denkbar, wenn der Antrag von einer hierzu nicht berechtigten Stelle stammt oder ein

Telemedienanbieter zwischenzeitlich sein Angebot bzw. dessen jugendgefährdende Inhalte entfernt hat. Einstellungen sind in der Praxis aber äußerst selten.[14]

28 Wenn von der Möglichkeit der Verfahrenseinstellung kein Gebrauch gemacht wird, geht das Verfahren zur Entscheidung in die pluralistisch zusammengesetzten Gremien der Prüfstelle (sog. **12er-Gremium** und sog. **3er-Gremium**) oder an die oder den **Vorsitzenden**.

29 In **Fällen geringer Bedeutung** kann gem. § 18 Abs. 4 JuSchG auch **von einer Indizierung abgesehen werden**. Relevant für die Annahme eines solchen Falles kann etwa eine nur geringe Auflage des Werkes sein.[15]

I. Entscheidung durch das 12er-Gremium

30 Grundsätzlich entscheidet über die Indizierung eines Mediums das sog. **12er-Gremium**. Das Verfahren wird – in Abgrenzung zum vereinfachten Verfahren nach § 23 JuSchG (→ Rn. 64 ff.) – auch als **Regelverfahren** bezeichnet.

1. Zusammensetzung

31 Bei dem 12er-Gremium handelt es sich um ein **pluralistisch zusammengesetztes Gremium**. Dieses besteht aus der oder dem vom BMFSFJ ernannten **Vorsitzenden** sowie weiteren elf (ehrenamtlich tätigen) **Beisitzerinnen und/oder Beisitzern**, die vom BMFSFJ auf Vorschlag einer hierzu berechtigten Organisation (vgl. § 20 JuSchG) bzw. den Ländern ernannt werden (vgl. § 19 JuSchG).

32 Durch die Gesetzesänderung ist die **Zusammensetzung** des Gremiums **im Wesentlichen unverändert geblieben**; als Folge der Umstrukturierung der BPjM in die BzKJ fallen jedoch zukünftig zumindest Behördenleitung und das Amt der oder des Vorsitzenden der Prüfgremien nicht mehr zwingend zusammen (→ § 7 Rn. 27 ff.).

2. Prüfungsmaßstab

33 Zentraler Maßstab für das Indizierungsverfahren ist die Frage, ob ein Medium **jugendgefährdend** ist. Als neuer Aspekt, der im Jugendmedienschutz ggf. zu berücksichtigen sein kann, hat die Reform das JuSchG zudem um den Begriff der sog. **Interaktionsrisiken** erweitert. Neben der jugendschutzrechtlichen Bewertung soll sich das 12er-Gremium auch weiterhin zu einer möglichen Strafbarkeit der verfahrensgegenständlichen Inhalte äußern. Dabei ist bei jeder Beurteilung eine umfassende Grundrechtsabwägung vorzunehmen.

a) Feststellung der Jugendgefährdung

34 Gem. **§ 18 Abs. 1 S. 1 JuSchG** sind Medien zu indizieren, die geeignet sind, die Entwicklung von Kindern oder Jugendlichen oder ihre Erziehung zu einer eigenverantwortlichen und gemeinschaftsfähigen Persönlichkeit zu gefährden. Zentral für die Indizierungsspruchpraxis der Prüfstelle ist entsprechend die Feststellung, ob von einem Medium eine **Jugendgefährdung** im Sinne einer sog. **sozialethischen Desorientierung**

---

14 Nomos-BR/*Liesching* JuSchG § 21 Rn. 3.
15 Nomos-BR/*Liesching* JuSchG § 18 Rn. 22 mwN.

Dankert/Sümmermann

ausgeht.[16] Dies bemisst sich nach der Rspr. wiederum nach dem Maßstab des **gefähr-dungsgeneigten Minderjährigen**, dh Personen unter 18 Jahren, die aufgrund von Veranlagung, Geschlecht, Erziehung oder ihrer Lebensumstände Gefahr laufen, durch die inkriminierten Inhalte in sozialethische Verwirrung gestürzt zu werden.[17]

Näher konkretisiert wird der Begriff der Jugendgefährdung durch einen (nicht abschließenden) **Katalog von Regelbeispielen** in **§ 18 Abs. 1 S. 2 JuSchG**. Hiernach zählen zu den jugendgefährdenden Medien va   35

- unsittliche Medien,
- verrohend wirkende Medien,
- zu Gewalttätigkeit, Verbrechen oder Rassenhass anreizende Medien,
- Medien, in denen Gewalthandlungen wie Mord- und Metzelszenen selbstzweckhaft und detailliert dargestellt werden,
- Medien, in denen Selbstjustiz als einzig bewährtes Mittel zur Durchsetzung der vermeintlichen Gerechtigkeit nahelegt wird.[18]

Im Rahmen der Gesetzesänderung ist die **Regelung des § 18 Abs. 1 S. 2 JuSchG unan-getastet** geblieben. Wäre der Versuch einer abschließenden Erfassung aller relevanten medialen Erscheinungsformen sicherlich weder zweckführend noch tatsächlich umsetzbar, hätte eine **Erweiterung des Regelbeispielskatalogs** jedoch deutlich zur Normklarheit und Transparenz von Indizierungsverfahren/-entscheidungen beitragen können. In der Spruchpraxis der Prüfstelle bzw. BPjM haben sich etwa in den vergangenen Jahren weitere Fallgruppen herausgebildet, die ohne Weiteres in den bestehenden Katalog hätten aufgenommen werden können, ohne dadurch die Flexibilität zur Erfassung neuer jugendschutzrelevanter Erscheinungsformen zu beeinträchtigen. Die **Fallgruppen aus der Spruchpraxis** erfassen Medien, welche   36

- gegen die Menschenwürde verstoßen,
- Menschengruppen diskriminieren,
- den Nationalsozialismus verherrlichen,
- Drogen- oder exzessiven Alkoholkonsum verherrlichen und
- selbstschädigendes Verhalten nahelegen.[19]

Um das Indizierungsverfahren nicht nur für Medienanbieter und Verfahrensbeteiligte möglichst nachvollziehbar und transparent zu gestalten, ist zudem von Bedeutung, dass die Prüfstelle die Beurteilungsmaßstäbe, die sie im Rahmen ihrer Indizierungspraxis zugrunde legt, möglichst klar nach außen kommuniziert. Auch iSd gesetzlichen Auftrags nach § 17a Abs. 2 JuSchG, die Spruchpraxis der Prüfstelle auch für einen öffentlichen wie fachlichen Diskurs zu öffnen, wäre hier möglicherweise angezeigt – vergleichbar den Aufsichtskriterien der KJM[20] und unter Einbeziehung des neu geschaffenen Beirats der BzKJ –, einen **Beurteilungskatalog für die Prüfstelle** zu   37

---

16 Vgl. Nikles/Roll/Spürck/Erdemir/Gutknecht/*Roll* JuSchG § 18 Rn. 4 mwN.
17 Vgl. etwa: BVerwG Urt. v. 30.10.2019 – 6 C 18/18, NJW 2020, 785 (789) – Sonny Black; vgl. zum maßgeblichen Personenkreis auch: NK-JMStV/*Erdemir* JMStV § 5 Rn. 14 ff.
18 Vgl. hierzu im Einzelnen: Liesching/Schuster/*Liesching* JuSchG § 18 Rn. 56 ff.; Nikles/Roll/Spürck/Erdemir/Gutknecht/*Roll* JuSchG § 18 Rn. 5; Löffler/*Altenhain* JuSchG § 18 Rn. 14 ff.
19 Vgl. hierzu im Einzelnen: Liesching/Schuster/*Liesching* JuSchG § 18 Rn. 56 ff.; Löffler/*Altenhain* JuSchG § 18 Rn. 37 ff.
20 KJM, Kriterien für die Aufsicht im Rundfunk und in den Telemedien, 2020.

entwickeln, der die zentralen Kriterien und Beurteilungsmaßstäbe festhält und im regelmäßigen Turnus unter Berücksichtigung der jüngsten Spruchpraxis der Prüfstelle sowie relevanter Rspr. und Jugendmedienschutzliteratur aktualisiert wird.

b) Berücksichtigung von Gefahren für die persönliche Integrität

38 Der Bundesgesetzgeber geht ausweislich der Gesetzesbegründung davon aus, dass angesichts von § 10a Nr. 3 JuSchG auch ohne eine Änderung des § 18 Abs. 1 JuSchG die **Gefahren für die persönliche Integrität von Kindern und Jugendlichen** bei der Mediennutzung im Rahmen der Indizierungsentscheidung **berücksichtigt werden können**.[21] Festzustellen ist jedoch auch, dass sich diese vom Gesetzgeber augenscheinlich intendierte Erweiterung des Prüfmaßstabs nur sehr bedingt aus dem Normtext bzw. systematischen Erwägungen ergibt. So fehlt im Rahmen des § 18 Abs. 1 S. 1 JuSchG etwa eine mit § 10b Abs. 3 JuSchG (→ § 2 Rn. 39 ff.) vergleichbare Regelung, die ausdrücklich auf die Berücksichtigung von Risiken für die persönliche Integrität von Kindern und Jugendlichen abstellt. Wäre demnach eine deutlichere Verankerung der Erweiterung des Indizierungsprüfmaßstabs unmittelbar im Normtext aus Transparenz- sowie Kohärenzgründen möglicherweise angezeigt gewesen, wird angesichts gerade der in den Gesetzesmaterialien deutlich niedergelegten gesetzgeberischen Intention die Prüfstelle im Rahmen ihrer Indizierungsentscheidungen wohl künftig auch Gefahren für die persönliche Integrität von Kindern und Jugendlichen einbeziehen.

39 Fehlt es an einer näheren gesetzlichen Konkretisierung des Schutzaspektes der Gefahren für die persönliche Integrität im Rahmen des § 18 Abs. 1 JuSchG, wird man sich hier grundsätzlich jedoch an der **Konkretisierung in § 10b Abs. 3 S. 2 JuSchG** (→ § 2 Rn. 48 ff.) **orientieren** können. Folglich ist davon auszugehen, dass die Gremien bei der Prüfung der Jugendgefährdung eines Mediums nunmehr etwa auch **außerhalb der medieninhaltlichen Wirkung liegende Umstände einbeziehen** werden.[22] Abgesehen davon deuten sich die Themenschwerpunkte, die zukünftig unter dem Aspekt der persönlichen Integrität stärker in den Fokus der Prüfstelle gelangen dürften, auch in dem noch unter der Herausgeberschaft der BPjM entstandenen „Gefährdungsatlas" an.[23]

40 Ferner ist jedoch zu beachten, dass die Gesetzesbegründung auch darauf abstellt, dass die von Medien ausgehenden Gefährdungen der persönlichen Integrität (nur) in einer „**notwendigerweise sehr starken Ausprägung**" jugendgefährdend sein können.[24] Es bedarf folglich zur Annahme einer Jugendgefährdung unter diesem Schutzaspekt jedenfalls einer deutlichen Gefährdungsqualität mit Blick auf die Belange des Jugendschutzes.

c) Strafrechtliche Einschätzung

41 Neben der Entscheidung über die Jugendgefährdung des Mediums erfolgt gem. § 18 Abs. 6 S. 1 JuSchG – als Parallelnorm zu § 14 Abs. 3 S. 2 JuSchG – ferner eine **Einschätzung** dahin gehend, ob das verfahrensgegenständliche Medium einen nach

---

21 Vgl. BT-Drs. 19/24909, 52 f.
22 Vgl. hierzu bereits: *Frey/Dankert* CR 2020, 626 (630).
23 *BPjM* Gefährdungsatlas.
24 Vgl. BT-Drs. 19/24909, 52 f.

§§ 86, 130, 130a, 131, 184, 184a, 184b, 184c StGB strafbaren Inhalt aufweist. Wird dies bejaht, ist die insoweit begründete Entscheidung der zuständigen Strafverfolgungsbehörde zuzuleiten.[25]

Nach der Ansicht des Gesetzgebers soll die Einschätzung zwei Funktionen verfolgen: Zum einen könne diese einen wichtigen **Beitrag zur Initiierung strafrechtlicher Verfolgung** bzw. **Bewertung durch die Strafverfolgungs- und Justizbehörden** darstellen. Zum anderen soll die Einschätzung für Telemedienanbieter aus dem Ausland eine **Grundlage für die freiwillige Nichtverbreitung** bestimmter Medien darstellen, wenn die Prüfstelle für diese Medien eine strafrechtliche Relevanz bejaht hat.[26]   42

Trotz Aufgabe der Listenteile B und D (→ Rn. 103 ff.) bleibt es somit dabei, dass das in der Vergangenheit zumindest **weit überwiegend mit juristischen Laien besetzte Gremium** auch weiterhin über das Vorliegen von Straftatbeständen zu entscheiden hat, die hinzu noch in besonderem Maße auslegungsbedürftig sind und daher selbst von Juristen schwierig zu handhaben sind.[27] Ein gewisses Maß an juristischer Fachexpertise wird zumindest dadurch sichergestellt, dass die oder der **Vorsitzende** die **Befähigung zum Richteramt** besitzen muss (vgl. § 19 Abs. 1 S. 3 JuSchG). Ferner kann die oder der Vorsitzende auch **(juristische) Sachverständige** bzw. entsprechende **Sachverständigengutachten** heranziehen (vgl. § 7 Abs. 1 S. 2, 3 DVO-JuSchG) – dies wird im Einzelfall auch angezeigt sein.   43

Kommt das Gremium zu der Einschätzung, dass ein entsprechend strafbarer Inhalt vorliegt, und wird diese an die Strafverfolgungsbehörden weitergeleitet, wird es in der Praxis aufgrund des drohenden Risikos einer strafrechtlichen Verfolgung und Verurteilung regelmäßig geboten sein, den Vertrieb des entsprechenden Mediums in allen Auswertungsformen umgehend einzustellen.[28]   44

Kommt es infolge der Einschätzung der Prüfstelle zur Einleitung eines Strafverfahrens und im Zuge dessen zu einer gerichtlichen Entscheidung, wird dies – abhängig von der strafrechtlichen Einschätzung des Gerichts – auch weiterhin dazu führen, dass die **Listenaufnahme nachträglich abgeändert und in Einklang mit der gerichtlichen Einschätzung gebracht werden muss**. Zwar war dies bislang ausdrücklich in § 24 Abs. 4 S. 2 u. 3 JuSchG aF geregelt, der ausweislich der Gesetzesbegründung wegen der Aufgabe der Listenteile B und D aufgehoben wurde.[29] Es bleibt jedoch mit Blick auch auf § 18 Abs. 5a JuSchG (→ Rn. 141 ff.) und der eingeräumten Möglichkeit, die Einschätzung der strafrechtlichen Relevanz in der Liste zu benennen (→ Rn. 105), dabei, dass infolge einer späteren abweichenden gerichtlichen Entscheidung die Listenaufnahme ggf. anzupassen ist.   45

d) Grundrechtsabwägung

Gem. **§ 18 Abs. 3 JuSchG** darf ein Medium nicht in die Liste jugendgefährdender Medien aufgenommen werden   46

---

25 So bereits auch nach § 24 Abs. 4 JuSchG aF bei Eintragung eines Mediums in die Listenteile B und D.
26 Vgl. BT-Drs. 19/24909, 55.
27 Krit. hierzu bereits: *Hilgert/Sümmermann* MMR 2020, 301 (305); *Erdemir* JMS-Report 3/2011, 2 (5) mwN; *Erdemir* JMS-Report 3/2011, 63 (65 f.).
28 So auch: MAH Urh/*Erdemir* § 23 Rn. 132, 49 f.
29 Vgl. BT-Drs. 19/24909, 61.

- allein wegen seines politischen, sozialen, religiösen oder weltanschaulichen Inhalts (Nr. 1),
- wenn es der Kunst oder der Wissenschaft oder der Lehre dient (Nr. 2),
- wenn es im öffentlichen Interesse liegt, es sei denn, dass die Art der Darstellung zu beanstanden ist (Nr. 3).

47   Zum Ausdruck bringt der Gesetzgeber hierdurch insbes. das **Erfordernis einer umfassenden Einzelabwägung** zwischen dem Jugendschutz als Rechtsgut von Verfassungsrang einerseits und mit diesem im Einzelfall konfligierenden Grundrechtspositionen (va der Meinungs- und der Kunstfreiheit) andererseits, welche das Gremium im Rahmen seiner Indizierungsentscheidung stets vorzunehmen hat.[30]

3. Verfahren

48   Die Verhandlung und Entscheidung des 12er-Gremiums folgt einem Ablauf, der sich über Jahre entwickelt hat und teils in der DVO-JuSchG kodifiziert ist. Das neue JuSchG präzisiert insbes., welche Ermittlungs- und Anhörungspflichten der Prüfstelle im Vorfeld einer Entscheidung obliegen und hat Änderungen am Verhältnis zur KJM vorgenommen. Der Ablauf der eigentlichen Verhandlung und Entscheidung ist hingegen weitestgehend unangetastet geblieben.

a) (Bislang) keine Überarbeitung der DVO-JuSchG

49   Als zuständige Verordnungsgeberin hat es die Bundesregierung (vgl. § 26 JuSchG) versäumt, die Regelungen der **DVO-JuSchG**, die **wesentliche Verfahrensvorschriften für das Indizierungsverfahren enthalten**, parallel zur Novellierung des JuSchG zu überarbeiten und an die geänderten rechtlichen Bestimmungen des JuSchG anzupassen. Im Sinne eines kohärenten Regelungssystems wäre eine gleichzeitige Anpassung der Bestimmungen des JuSchG und der DVO-JuSchG durchaus wünschenswert gewesen. Gilt damit auch weiterhin die bisherige Fassung der DVO-JuSchG, ist mit ihrer **Überarbeitung** schon aufgrund og organisatorischer Umstrukturierungen sowie terminologischer Anpassungen **in naher Zukunft zu rechnen**.

b) Präzisierte Anhörungs- und Nachforschungspflicht

50   Vor einer Entscheidung ist der Urheberin oder dem Urheber (vgl. § 7 UrhG), der Nutzungsrechtsinhaberin oder dem -inhaber sowie bei Telemedien der Anbieterin oder dem Anbieter grundsätzlich Gelegenheit zur Stellungnahme zu geben (§ 21 Abs. 7 JuSchG). Die Vorschrift dient ua der Wahrung der Interessen der Urheber, die sich in Bezug auf ihre Mitwirkung auf die Kunstfreiheit (Art. 5 Abs. 3 GG) berufen können.[31]

51   Mit der Änderung des JuSchG wurde nun auch **ausdrücklich** eine **Einschränkung der Anhörungspflicht unmittelbar in § 21 Abs. 7 JuSchG eingefügt**. So besteht die Anhö-

---

30   Das Erfordernis einer Einzelfallabwägung insbes. zwischen Jugendschutz und Kunstfreiheit gilt dabei auch für schwer jugendgefährdende Trägermedien iSd § 15 Abs. 2 JuSchG (→ Rn. 122 f.). Hier fehlt es zwar an einem mit § 18 Abs. 3 JuSchG vergleichbaren ausdrücklichen Vorbehalt, ein solcher ergibt sich jedoch aufgrund einer verfassungskonformen Auslegung von § 15 Abs. 2 JuSchG, vgl. *Erdemir* JMS-Report 5/2012, 2 (3) mwN.

31   Vgl. BVerwG Urt. v. 30.10.2019 – 6 C 18/18, NJW 2020, 785 (787) – Sonny Black.

rungspflicht nur insoweit, als der Prüfstelle die **Anschriften bekannt** sind (zB aufgrund eines früheren Indizierungsverfahrens) oder sie diese durch Angaben im Zusammenhang mit dem Medium **unter zumutbarem Aufwand aus öffentlich zugänglichen Quellen ermitteln** kann (zB unter Einsatz einer Internetsuchmaschine). Diese Ergänzung soll klarstellen, dass Ermittlungs- und Anhörungspflichten vor dem Hintergrund des Zwecks des Indizierungsverfahrens begrenzt sein müssen.[32]

Ausweislich der amtlichen Begründung soll sich die Prüfstelle hinsichtlich der **Anhörung weiterer Urheberinnen und Urhebern** sowie der **Ermittlung des Kunstgehalts** eines Werkes darauf **beschränken** dürfen, die aus dem Medium hervorgehenden Rechteinhaber aufzufordern, ihrerseits die Personen zu benennen, die etwa an der Herstellung des Mediums schöpferisch oder unternehmerisch beteiligt waren und deshalb typischerweise zu den von einer Indizierung des (Gesamt-)Kunstwerks betroffenen Belangen der Kunstfreiheit Stellung nehmen können. Wird einer solchen Aufforderung nicht entsprochen, soll die Prüfstelle keine weiteren Nachforschungen anstellen müssen.[33] Dies entspricht der in der Vergangenheit vom BVerwG vorgegebenen grundsätzlichen Linie zur Reichweite der Anhörungs- und Nachforschungspflichten der Behörde.[34]   52

Diese Linie wurde jedoch von dem **BVerwG** in der „**Sonny Black**"-Entscheidung ergänzt und ist mithin auch zukünftig im Rahmen des § 21 Abs. 7 JuSchG zu berücksichtigen: Sind der Prüfstelle die Namen und Anschriften zumindest einer überschaubaren Anzahl von Urheberinnen und/oder Urhebern nicht bekannt, muss sie zumindest einfach gelagerte und erfolgsversprechende Ausklärungsmaßnahmen ergreifen, um diesen Gelegenheit zur Stellungnahme zu geben. Hierzu soll es sich in der Regel anbieten, dass sich die Behörde bei dem Vertreiber des Mediums oder bei anderen Institutionen (zB bei der GEMA) nach Namen und Anschriften der Urheberinnen und/oder Urheber – ggf. unter Setzung einer verfahrensangemessenen Frist – erkundigt. Nur ausnahmsweise darf die Prüfstelle auf solche Nachfragen verzichten, wenn die Indizierung keinen weiteren Aufschub duldet.[35]   53

c) Maßgebliche Berücksichtigung von Anträgen und Stellungnahmen der KJM

Vor der Entscheidung über die **Indizierung eines Telemediums** ist gem. § 21 Abs. 6 S. 1 JuSchG ferner der **KJM** als zentraler Aufsichtsstelle der Länder für den Jugendmedienschutz **Gelegenheit zur Stellungnahme** zu geben. Dabei kann die Prüfstelle gem. § 21 Abs. 6 S. 3 JuSchG auch ohne Stellungnahme entscheiden, soweit diese nicht innerhalb von fünf Werktagen nach Aufforderung vorliegt. Hat die KJM bereits vor Anhängigkeit des Indizierungsverfahrens entschieden, dass das Telemedium nicht jugendgefährdend ist, steht einer Indizierung bereits der Schutz des § 18 Abs. 8 S. 2 JuSchG entgegen (→ Rn. 13).   54

Nunmehr sind nicht nur **Stellungnahmen**, sondern auch **Anträge der KJM** bei der Indizierungsentscheidung **maßgeblich zu berücksichtigen** – **§ 21 Abs. 6 S. 2 JuSchG**   55

---

32 Vgl. BT-Drs. 19/24909, 58.
33 Vgl. BT-Drs. 19/24909, 58.
34 Vgl. BVerwG Urt. v. 18.2.1998 – 6 C 9-97, NJW 1999, 75 (77) – Lost Girls.
35 Vgl. BVerwG Urt. v. 30.10.2019 – 6 C 18/18, NJW 2020, 785 (788) – Sonny Black.

wurde im Rahmen der Gesetzesänderung dahin gehend **ergänzt**. **Entfallen** ist im Gegenzug § 18 Abs. 6 JuSchG aF, wonach Telemedien bislang grundsätzlich zu indizieren waren, wenn die KJM dies beantragt hatte. Durch die Änderung soll nach Ansicht des Gesetzgebers einerseits die Prüfstelle ihre Prüftätigkeit selbstverantwortlich ausüben können, andererseits die besondere Kompetenz der KJM bei der Bewertung von Telemedien maßgeblich und verfahrensbeschleunigend einfließen.[36]

56 Erfolgt durch die og Änderungen eine Stärkung der Autonomie der Prüfstelle bei der Indizierung von Telemedien, bleibt die KJM als zentrale Aufsichtsinstitution der Länder hier weiterhin eng in das Indizierungsverfahren eingebunden. Für die **Praxis** dürften sich aus den Gesetzesänderungen letztlich wohl **kaum Änderungen ergeben**: So konnte die BPjM bereits nach § 18 Abs. 6 JuSchG aF vom Antrag der KJM abweichen, wenn dieser offensichtlich unbegründet oder im Hinblick auf die Indizierungsspruchpraxis unvertretbar war. Darüber hinaus geht der Gesetzgeber auch selbst davon aus, dass auch (weiterhin) die Prüfstelle den Bewertungen der KJM in der Regel folgen wird und nur in Ausnahmefällen, bei stichhaltiger Begründung, von dieser abgewichen werden kann.[37]

d) Verhandlung und Entscheidung des 12er-Gremiums

57 Die Entscheidung über die Indizierung durch das 12er-Gremium erfolgt im Rahmen eines **gerichtsähnlichen Verfahrens** unter der Leitung der oder des Vorsitzenden, dessen Ablauf und Inhalt maßgeblich durch die **DVO-JuSchG** geregelt wird.

58 Das Gremium entscheidet in einer **mündlichen, nicht öffentlichen Verhandlung**. Die Verfahrensbeteiligten haben dabei die Möglichkeit, selbst an der Verhandlung teilzunehmen und Stellung zu nehmen. Aufgrund des verwaltungsrechtlichen Charakters des Verfahrens ist es in der Praxis üblich, dass Beteiligte einen Rechtsbeistand für das Verfahren mandatieren und sich durch diesen bei der Verhandlung vertreten lassen. Auch kann die oder der Vorsitzende Zeugen und Sachverständige zur Verhandlung heranziehen oder Urkunden (zB Sachverständigengutachten) verlesen lassen. Die Beisitzerinnen und Beisitzer des Gremiums dürfen den Beteiligten natürlich auch Fragen stellen.

59 Filme schaut sich das Gremium während der Verhandlung an, Musik wird entsprechend vorgespielt. Bei Computer- und Videospielen präsentiert ein sog. Sichter, der das Spiel zuvor vollständig durchgespielt hat, zunächst den wesentlichen Inhalt. Im Anschluss stellen die Mitglieder des Gremiums regelmäßig weitere Fragen, um den jugendschutzrelevanten Inhalt des Spiels vollständig zu erfassen.

60 Bei der **Beratung** und **Abstimmung** über die Indizierung dürfen grundsätzlich nur die Gremiumsmitglieder anwesend sein, die verpflichtet sind, über den Hergang der Beratung und Abstimmung Stillschweigen zu bewahren. Die DVO-JuSchG sieht derzeit vor, dass Mitarbeiterinnen und Mitarbeiter der Prüfstelle, Verfahrensbeteiligte und etwaige externe Dritte wie Journalistinnen und Journalisten bei der Beratung nicht anwesend sein dürfen. Rechtsreferendarinnen und Rechtsreferendaren ist die Teilnah-

---

36 Vgl. hierzu: BT-Drs. 19/24909, 57.
37 Vgl. hierzu: BT-Drs. 19/24909, 54 f., 57.

Dankert/Sümmermann

me mit Genehmigung der oder des Vorsitzenden erlaubt (§ 9 Abs. 1 S. 1 DVO-JuSchG).

Für die Indizierung eines Mediums ist grundsätzlich eine **Zwei-Drittel-Mehrheit** im 61
Gremium erforderlich. Entschieden wird dabei über das Medium in seiner Gesamtheit und in der dem Gremium vorliegenden Form. Im Gegensatz zu den Selbstkontrolleinrichtungen im Rahmen der Alterskennzeichnung kann die Prüfstelle keine Schnittauflagen erteilen oder eine bloße Teilindizierung vornehmen.[38]

4. Vorausindizierung

Bei **periodisch erscheinenden Medien** sieht § 22 JuSchG die Möglichkeit einer sog. 62
Vorausindizierung vor. Zeitschriften und vergleichbare Medien kann die Prüfstelle mit Wirkung auch für künftige Ausgaben bzw. Folgen für drei bis zwölf Monate in die Liste aufnehmen, wenn sie in den zwölf Monaten zuvor bereits zwei oder mehr Ausgaben bzw. Folgen indiziert hatte. Ausgenommen sind von der Vorausindizierung gem. § 22 S. 2 JuSchG Tageszeitungen und politische Zeitschriften. Die Entscheidung über die Vorausindizierung trifft das 12er-Gremium; eine Indizierung im vereinfachten Verfahren ist gem. § 23 Abs. 2 JuSchG ausdrücklich ausgeschlossen.

Neben der **Zusammenführung der beiden bisherigen Absätze** des § 22 JuSchG, in de- 63
nen zwischen der Vorausindizierung von Trägermedien und der Vorausindizierung von Telemedien unterschieden wurde, **erweitert** die Gesetzesänderung insbes. die **Ausnahmeregelung des § 22 S. 2 JuSchG** auf die **digitalen Ausgaben** von periodisch erscheinenden Medien. Durch die Ergänzung dürften sich Schwierigkeiten bei der Abgrenzung ergeben, welcher Teil der oftmals weitreichenden Online-Angebote genau als „digitale Ausgabe" des Printmediums zu verstehen ist.[39] Insgesamt dürfte die Norm jedoch – so jedenfalls die Indizierungspraxis der vergangenen Jahre – insgesamt nur eine **untergeordnete praktische Bedeutung** haben.

II. Entscheidung durch das 3er-Gremium

§ 23 JuSchG sieht vor, dass die Prüfstelle in bestimmten Fällen in einem **vereinfachten** 64
Verfahren über die Indizierung eines Mediums entscheiden kann. Zuständig hierfür ist das sog. **3er-Gremium**.

1. Zusammensetzung

Das 3er-Gremium besteht aus der oder dem **Vorsitzenden** und **zwei weiteren Mitglie-** 65
dern aus dem Kreis der Beisitzerinnen und Beisitzer, von denen jedoch ein Mitglied einer der in § 19 Abs. 2 Nr. 1–4 JuSchG genannten Gruppen angehören muss, also dem Bereich der Medien. Dabei haben sich auch hinsichtlich der Zusammensetzung des 3er-Gremiums durch die Gesetzesnovellierung keine wesentlichen Veränderungen ergeben (→ § 7 Rn. 35).

---

38 Vgl. hierzu: Schwarz FilmR-HdB/*Hartlieb* Kap. 14 Rn. 13.
39 Zur ähnlichen Problematik iRd § 5 Abs. 7 JMStV vgl. *Sümmermann* AfP 2016, 388 (390); HK-RStV/*Mellage* JMStV § 5 Rn. 39.

2. (Erweiterter) Anwendungsbereich

66 Im Zuge der Gesetzesnovellierung wurde der Anwendungsbereich für die Durchführung des vereinfachten Verfahrens erweitert.

a) Offensichtliche Jugendgefährdung und vorläufige Anordnung

67 Eine Indizierung im vereinfachten Verfahren kommt zunächst auch weiterhin in Betracht, wenn das Medium **offensichtlich jugendgefährdend** ist (§ 23 Abs. 1 S. 1 Nr. 1 JuSchG) oder die Gefahr besteht, dass ein Medium kurzfristig in großem Maße vertrieben, verbreitet oder zugänglich gemacht wird und die endgültige Listenaufnahme offensichtlich zu erwarten ist (sog. **vorläufige Anordnung**, vgl. § 23 Abs. 5, 6 JuSchG).[40] Die vorläufige Anordnung gilt dabei grundsätzlich nur für einen Zeitraum von einem Monat.

b) Indizierung von Telemedien auf Antrag bzw. nach Stellungnahme der KJM

68 Darüber hinaus kann das 3er-Gremium im vereinfachten Verfahren nunmehr auch über **Telemedien im Fall eines Antrags oder nach Stellungnahme der KJM** entscheiden (§ 23 Abs. 1 S. 1 Nr. 2 JuSchG). Die Erweiterung soll der hervorgehobenen Sachkunde der KJM bei der jugendschutzrechtlichen Bewertung von Telemedieninhalten Rechnung tragen und **Indizierungsverfahren** in diesem Bereich **beschleunigen**.[41]

69 Eine Entscheidung im vereinfachten Verfahren ist jedoch – wie auch bei den übrigen Fällen, in denen die Durchführung des vereinfachten Verfahrens in Betracht kommt – nicht zwingend, die Prüfstelle hat hier ein **Ermessen** („kann"). Für den Fall, dass die KJM eine Entscheidung in voller Besetzung für angemessen hält oder die oder der Vorsitzende der Prüfstelle besondere Schwierigkeiten des Falles sieht, kann daher auch unmittelbar eine Entscheidung durch das 12er-Gremium erfolgen.[42]

3. Verfahren

70 Die wesentlichen verfahrensrechtlichen Regelungen zum vereinfachten Verfahren enthält § 10 DVO-JuSchG: Hiernach sind etwa die Verfahrensbeteiligten darüber zu **benachrichtigen**, dass ein Medium im vereinfachten Verfahren indiziert werden soll. Ein wesentlicher Unterschied zur Entscheidung durch das 12er-Gremium besteht zudem darin, dass die Entscheidung des Gremiums **ohne mündliche Verhandlung** erlassen wird. Während in der Vergangenheit Verfahrensbeteiligte auch an den Sitzungen des 3er-Gremiums teilnehmen konnten, ist dies mittlerweile nicht mehr der Fall.

71 Eine Indizierung im 3er-Gremium erfordert eine **einstimmige Gremiumsentscheidung**. Kommt diese nicht zustande, geht das Verfahren von Amts wegen in das 12er-Gremium, welches dann über die Indizierung entscheidet.

72 Gegen die einstimmige Entscheidung des 3er-Gremiums im vereinfachten Verfahren für die Indizierung eines Mediums können die Betroffenen iSd § 21 Abs. 7 JuSchG innerhalb eines Monats nach Zustellung der Entscheidung einen **Antrag auf Entschei-**

---

40 So geschehen bspw. beim Online-Spiel „Rape Day", s. Gemeinsame Pressemitteilung BPjM/KJM v. 20.3.2019, abrufbar unter https://www.bzkj.de/resource/blob/176402/01d6b6cc58d45cbe3f9b946ea9 e89edd/pressemitteilung-rape-day-data.pdf.
41 Vgl. BT-Drs. 19/24909, 59.
42 Vgl. BT-Drs. 19/24909, 59.

Dankert/Sümmermann

dung durch das 12er-Gremium stellen (§ 23 Abs. 3 JuSchG). Die DVO-JuSchG verlangt, dass der Antrag schriftlich zu begründen ist und auf die in der Entscheidung benannten Punkte der Jugendgefährdung einzugehen hat (§ 10 Abs. 3 DVO-JuSchG). Dabei ist zu beachten, dass aufgrund von § 25 Abs. 4 S. 2 JuSchG ein solcher Antrag Voraussetzung auch für eine spätere Klageerhebung ist.

Für den Anbieter besteht hierdurch insbes. die Möglichkeit, im Rahmen der mündlichen Verhandlung vor dem 12er-Gremium persönlich oder etwa vertreten durch einen Rechtsanwalt Stellung zu nehmen. **73**

III. Entscheidung durch die oder den Vorsitzenden

Neben einer Entscheidung durch das 12er- oder das 3er-Gremium ergeht in bestimmten Fällen auch eine Entscheidung durch die oder den Vorsitzenden der Prüfstelle. **74**

1. Entscheidung über die (wesentliche) Inhaltsgleichheit eines Mediums

Zumindest in **eindeutigen Fällen** soll die oder der Vorsitzende der Prüfstelle für die Entscheidung über die (wesentliche) Inhaltsgleichheit eines Mediums nach § 15 Abs. 3 JuSchG (→ Rn. 125) zuständig sein. Bei Zweifeln über die Inhaltsgleichheit ist hingegen eine Entscheidung durch das 12er-Gremium herbeizuführen.[43] **75**

2. Entscheidung über die Indizierung nach rechtskräftiger Entscheidung eines Gerichts

Gem. § 18 Abs. 5 S. 1 JuSchG sind Medien in die Liste jugendgefährdender Medien aufzunehmen, wenn ein **Gericht in einer rechtskräftigen Entscheidung** festgestellt hat, dass das Medium einen nach §§ 86, 130, 130a, 131, 184, 184a, 184b oder 184c **StGB strafbaren Inhalt** hat. Der hier relevante Katalog an Normen des Strafgesetzbuches entspricht dem aus § 18 Abs. 6 S. 1 JuSchG (→ Rn. 41). **76**

a) Zuständigkeit

Bislang wurde mit Verweis auf § 24 JuSchG vertreten, dass die Listenaufnahme von der oder dem Vorsitzenden der Bundesprüfstelle vorzunehmen ist.[44] Ob die **Zuständigkeit der oder des Vorsitzenden** auch nach der Gesetzesänderung und der mit ihr einhergehenden Umstrukturierung der Behörde bestehen bleibt, ist durchaus **fraglich**. So wurde im Rahmen der Gesetzesnovellierung § 24 Abs. 1 JuSchG dahin gehend geändert, dass nicht mehr die oder der Vorsitzende der Bundesprüfstelle, sondern die BzKJ die Liste jugendgefährdender Medien führt. **77**

Der Verweis auf die Bundeszentrale könnte hier dahingehend auszulegen sein, dass die Zuständigkeit für die Listenaufnahme nach § 18 Abs. 5 S. 1 JuSchG in den Aufgabenbereich der Behördenleitung fällt, die nicht mehr zwingend in Personalunion mit dem Amt der oder des Vorsitzenden der Prüfstelle ausgeübt wird. Der Umstand, dass der Gesetzgeber durch die Änderung bloß die organisatorische Einbindung der bishe- **78**

---

43 Vgl. Liesching/Schuster/*Liesching* JuSchG § 15 Rn. 100; Löffler/*Altenhain* JuSchG § 15 Rn. 109. Zur Frage der Zuständigkeit iRd § 18 Abs. 5 JuSchG → Rn. 77 f.
44 Vgl. Liesching/Schuster/*Liesching* JuSchG § 18 Rn. 98; Nikles/Roll/Spürck/Erdemir/Gutknecht/*Roll* JuSchG § 18 Rn. 15.

rigen BPjM als Prüfstelle für jugendgefährdende Medien der BzKJ nachvollziehen wollte,[45] könnte hingegen wiederum dafür sprechen, dass die oder der Vorsitzende (der Prüfstelle) zuständig bleiben sollte.

b) Relevante Normen des StGB

79 Im Zuge der Gesetzesänderung ist der in § 18 Abs. 5 JuSchG bestehende **Katalog der zu berücksichtigenden Strafvorschriften unverändert geblieben** und so etwa auch in § 18 Abs. 5a JuSchG übernommen worden. Es wäre indes durchaus denkbar gewesen, sich im Rahmen der Novellierung kritisch mit dem bisherigen Katalog auseinanderzusetzen – auch mit Blick auf die Kohärenz des jugendmedienschutzrechtlichen Rechtsrahmens. Entsprechende Defizite zwischen JuSchG und JMStV haben sich etwa in der **jüngeren Diskussion um die Zulässigkeit von verfassungsfeindlichen Symbolen in Computerspielen**, die letztlich zu einer Änderung der bisherigen Kennzeichnungspraxis durch die USK geführt hat,[46] gezeigt. Während nämlich **§ 86a StGB** durch § 4 Abs. 1 S. 1 Nr. 2 JMStV Einzug in den JMStV gehalten hat, findet diese Strafvorschrift innerhalb des JuSchG auch weiterhin keine Berücksichtigung.

c) Erfasste gerichtliche Entscheidungen

80 Unproblematisch – wenn auch von untergeordneter praktischer Relevanz – ist die Aufnahme von Medien aufgrund von **rechtskräftigen Gerichtsurteilen**. Dies ist der Fall, wenn ein Gericht festgestellt hat, dass der Inhalt eines Mediums einen der og Katalogtatbestände erfüllt und gegen die Entscheidung keine Rechtsmittel mehr möglich sind. Für den Jugendschutz nicht von Relevanz ist, ob die Entscheidung selbst die Einziehung des jeweiligen Mediums anordnet.

81 In der Indizierungspraxis von weitaus größerer Bedeutung ist jedoch eine andere Fallgruppe, nämlich die Indizierung aufgrund von **Beschlagnahme- und (selbstständigen) Einziehungsanordnungen.** Obwohl Beschlagnahmebeschlüsse nicht rechtskraftfähig sind, geht die Praxis entgegen dem eindeutigen Wortlaut von einem weiten Verständnis aus und berücksichtigt auch diese im Rahmen des § 18 Abs. 5 S. 1 JuSchG.[47] Dass gerichtliche Beschlüsse erfasst sein sollen, findet sich nun auch in der Begründung der Novellierung wieder – trotz weiterhin unveränderten Wortlauts der Norm.[48]

82 **Beschlagnahmebeschlüsse** ergehen im Regelfall auf Antrag von Staatsanwaltschaften durch Anordnung eines Gerichts. Ziel ist die Sicherstellung und Beschlagnahme von Gegenständen zu Beweiszwecken im Rahmen von Ermittlungsverfahren (§ 94 StPO). Zudem können Beschlagnahmen im Beschlusswege zur Sicherung von Einziehungen und Unbrauchbarmachungen erfolgen (§ 111b StPO). Möglich sind **Einziehungen** auch im Wege der selbstständigen Einziehung, insbes. wenn keine bestimmte Person verfolgt oder verurteilt werden kann (§ 76a Abs. 1 StGB), wobei nur einer der Katalogtatbestände auch für den Jugendmedienschutz von Relevanz ist, nämlich Verbrei-

---

45 Vgl. BT-Drs. 19/24909, 60.
46 Vgl. BPjM-Aktuell 1/2019, 9; zum Stand der Diskussionen vor der Änderung der Kennzeichnungspraxis: *Dankert/Sümmermann* BPjM-Aktuell 2/2018, 4.
47 Vgl. auch: Nomos-BR/*Liesching* JuSchG § 18 Rn. 23.
48 BT-Drs. 19/24909, 53.

Dankert/Sümmermann

tung, Erwerb und Besitz kinderpornografischer Inhalte in den Fällen des § 184b Abs. 2 StGB (§ 76a Abs. 4 S. 3 Nr. 1 lit. d StGB).

Bei gerichtlichen Beschlüssen soll laut Gesetzesbegründung unterstellt sein, dass die Voraussetzungen für eine Listenaufnahme vorliegen, wenn „Rechtsmittel nicht erhoben worden sind".[49] Eine Frist, innerhalb derer eine Beschwerde als statthaftes Rechtsmittel eingelegt werden müsste, gibt es bei Beschlüssen jedoch nicht.[50] Es bleibt daher unklar, auf welchen Zeitpunkt der Gesetzgeber hier abstellen wollte. 83

d) Defizitäre Gewährleistung der Kenntniserlangung

Die Listenaufnahme nach § 18 Abs. 5 S. 1 JuSchG setzt voraus, dass die Bundeszentrale tatsächlich auch **von entsprechenden gerichtlichen Entscheidungen Kenntnis erlangt**. Während gem. § 18 Abs. 6 S. 2 JuSchG die Prüfstelle verpflichtet ist, im Fall der Bejahung einer strafrechtlichen Relevanz eines Inhalts diese Einschätzung den zuständigen Strafverfolgungsbehörden zuzuleiten, fehlt es jedenfalls im JuSchG an einer entsprechenden Norm, welche ihrerseits den Informationsfluss von den Gerichten an die Bundeszentrale gewährleistet. **Nr. 228 RiStBV**[51] sieht jedoch vor, dass für den Fall der **rechtskräftigen Feststellung**, dass eine Schrift (§ 11 Abs. 3 StGB) oder ein mittels Rundfunk oder Telemedien verbreiteter Inhalt einen in den **§§ 86, 130, 130a, 131, 184, 184a–c StGB** bezeichneten Charakter hat, oder dies verneint wurde, die Entscheidung durch die **Zentralstelle des jeweiligen Landes zur Bekämpfung gewaltdarstellender, pornographischer und sonstiger jugendgefährdender Schriften** (vgl. Nr. 223 RiStBV) der Bundesprüfstelle für jugendgefährdende Medien **mitgeteilt** wird. 84

Nicht unproblematisch ist angesichts der og mangelnden Rechtskraftfähigkeit von **Beschlagnahme- und (selbstständigen) Einziehungsanordnungen**, dass diese – trotz ihrer Berücksichtigung im Rahmen des § 18 Abs. 5 JuSchG in der Praxis – offenbar **nicht von der Mitteilungspflicht nach Nr. 228 RiStBV erfasst** werden. Dies hat zur Konsequenz, dass mangels Mitteilung an die Bundeszentrale widersprechende Entscheidungen zu ein und demselben Inhalt zumindest vorübergehend ergehen können. Es verwundert daher auch nicht, dass die BPjM in der Vergangenheit neben der Liste jugendgefährdender Medien auch **Sonderübersichten** veröffentlicht hat, die bundesweite Beschlagnahmen und Einziehungen differenziert nach ihren jeweiligen Beschlagnahme-/Einziehungsgründen erfassten. Die Veröffentlichung erfolgte aber mit dem ausdrücklichen Hinweis, dass nur solche erfasst seien, die der BPjM mitgeteilt wurden. Angesichts des Zwecks der Regelung des § 18 Abs. 5 JuSchG, nämlich der Verhinderung von widersprechenden Entscheidungen von (Straf-)Gerichten und der Prüfstelle,[52] und der Praxis, auch Beschlagnahme- und Einziehungsanordnungen zu berücksichtigen, erscheint eine **Anpassung der Mitteilungspflichten** daher durchaus zielführend. 85

---

49 BT-Drs. 19/24909, 53.
50 Die Möglichkeit der Beschwerde soll nach hM jedoch nach zwei bis vier Jahren verwirkt sein, s. hierzu *Schwiddessen* MMR 2012, 515 (518 f.) mwN.
51 Richtlinien für das Strafverfahren und das Bußgeldverfahren (RiStBV) v. 1.1.1977, zuletzt geänd. durch ÄndBek. v. 26.11.2018 (BAnz. AT 30.11.2018 B3).
52 Vgl. *Ukrow* JugendschutzR Rn. 586.

e) Klarstellende Ergänzung durch § 18 Abs. 5 S. 2 JuSchG

86 Im Rahmen der Novellierung wurde § 18 Abs. 5 JuSchG nunmehr um einen **zweiten Satz ergänzt**. Hiernach soll die Vorschrift des § 21 Abs. 5 Nr. 2 JuSchG ausdrücklich **unberührt** bleiben. Die Erweiterung soll klarstellen, dass auch Listeneintragungen, die aufgrund einer gerichtlichen Entscheidung gem. § 18 Abs. 5 S. 1 JuSchG erfolgt sind, der **Überprüfung durch die Prüfstelle zugänglich** sind, wenn bekannt wird, dass die Voraussetzungen für die Aufnahme eines Mediums in die Liste nicht mehr vorliegen.[53]

87 Bereits in der Vergangenheit wurde die Pflicht zur Übernahme gerichtlicher Entscheidungen mit Blick auf den Grundsatz des rechtlichen Gehörs und der Rechtsschutzgarantie aus Art. 19 Abs. 4 GG kritisiert und sich zum Teil für eine eigene umfassende Prüfungsbefugnis der Bundesprüfstelle ausgesprochen.[54] Die **Herleitung einer umfassenden eigenen Prüfungsbefugnis** seitens der Prüfstelle aus der Ergänzung von § 18 Abs. 5 JuSchG erscheint angesichts des Wortlauts von § 18 Abs. 5 S. 1 JuSchG („sind") und des Normzwecks, widersprechende Entscheidungen von Gerichten und Prüfstelle zu vermeiden, **eher fraglich**.

88 In begründeten **Ausnahmefällen** wird jedoch ein **Abweichen der Prüfstelle von einer gerichtlichen Entscheidung** gestützt auf § 18 Abs. 5 S. 2 JuSchG **zulässig** sein. Auch wenn ausweislich der Gesetzesbegründung der Gesetzgeber bei der Klarstellung wohl va den Antrag auf Listenstreichung (→ Rn. 158 ff.) sowie den Bereich der Folgeindizierungen (→ Rn. 90 ff.) im Blick hatte, erschlösse sich ansonsten kaum, wieso der Gesetzgeber den klarstellenden Verweis gerade in § 18 Abs. 5 JuSchG aufgenommen hat.

89 Die Gesetzesbegründung verweist ua auf das Beispiel der strafrechtlichen Bewertung von Gewaltdarstellungen iSd § 131 StGB, die einem ähnlichen, von technischen Weiterentwicklungen und sich ändernden Sehgewohnheiten geprägten Wandel wie die Bewertung der Jugendgefährdung unterliege.[55] Ein Abweichen der Prüfstelle könnte demnach in Betracht kommen, wenn die **Prüfstelle von einer gerichtlichen Entscheidung erst nach einem langen Zeitraum erstmals Kenntnis erlangt**. Für den Fall, dass sich zwischenzeitlich die zugrunde zu legenden Maßstäbe für die inhaltliche Bewertung des Mediums deutlich verschoben haben, wird eine eigene Prüfung des Mediums durch die Prüfstelle möglich sein. Gleiches wird wohl auch für den Fall gelten müssen, dass **zwei gerichtliche Entscheidungen**, die in gewisser zeitlicher Nähe zueinander ergehen und der Prüfstelle mitgeteilt werden, **zu unterschiedlichen Ergebnissen hinsichtlich der inhaltlichen Beurteilung** des Mediums kommen.

IV. Folgeindizierungen

90 Indizierungen sind **grundsätzlich auf 25 Jahre befristet**, anschließend verliert die Listenaufnahme ihre Wirkung gem. § 18 Abs. 7 S. 2 JuSchG. Grund für die automatische Löschung sind die „nicht unbeträchtlichen zeitgebundenen Bewertungsdifferen-

---

53 Vgl. BT-Drs. 19/24909, 53.
54 So Löffler/*Altenhain* JuSchG § 18 Rn. 98 ff.; *Stumpf* Jugendschutz S. 298 f.
55 Vgl. BT-Drs. 19/24909, 53.

Dankert/Sümmermann

zen" in der Indizierungspraxis.[56] Der Zeitraum soll daraus folgen, dass jede Generation die Frage der Jugendgefährdung jeweils selbst unter Berücksichtigung der aktuell maßgeblichen Wert- und Moralvorstellungen der Gesellschaft bestimmt.[57] Gleichwohl stellt die zeitliche Befristung keine absolute Begrenzung der Indizierung dar. Vielmehr kann nach Ablauf dieses Zeitraums eine sog. **Folgeindizierung** durch die Prüfstelle erfolgen.

1. Verfahren

Gem. § 21 Abs. 5 Nr. 3 JuSchG wird nach erneuter Sichtung des indizierten Mediums **auf Veranlassung der oder des Vorsitzenden** die Prüfstelle von Amts wegen tätig, wenn die ursprüngliche Indizierung nach Ablauf von 25 Jahren wirkungslos wird und weiterhin die Voraussetzungen für eine Aufnahme des Mediums in die Liste jugendgefährdender Medien vorliegen. Ausreichend sollen hier nach einer summarischen Prüfung bestehende **begründete Zweifel** der oder des Vorsitzenden an dem Wegfall der Indizierungsvoraussetzungen sein.[58]   91

Liegen **keine entsprechenden Zweifel** der oder des Vorsitzenden vor, ist wegen der Befristung der Indizierungswirkung keine weitere Entscheidung durch die Prüfstelle erforderlich und das **Medium aus der Liste jugendgefährdender Medien zu streichen** (→ Rn. 138 f.).   92

Im Fall **begründeter Zweifel** wird das Verfahren zur Entscheidung über die erneute Indizierung des Mediums in das 12er- oder das 3er-Gremium der Prüfstelle gegeben (→ Rn. 30 ff., 64 ff.). Inhaltlich hat das Gremium sodann zu prüfen, inwiefern die **Voraussetzungen für die Aufnahme in die Liste jugendgefährdender Medien** auch **weiterhin vorliegen.**   93

Bei **Medien**, die **aufgrund ihrer strafrechtlich relevanten Inhalte indiziert** wurden, ist in der Praxis die Folgeindizierung zwar der Regelfall. Inhaltlich divergierende Entscheidungen können sich jedoch auch hier ergeben, etwa wenn sich zwischenzeitlich die im Rahmen der Indizierung zu berücksichtigen Vorschriften des Strafgesetzbuches (→ Rn. 41) ändern sollten, wie es etwa in den vergangenen Jahren va. im Bereich der §§ 184 ff. StGB der Fall gewesen ist.   94

Erfolgte die **Indizierung aus anderen Gründen**, ist eine Ablehnung einer Jugendgefährdung durch das Gremium **aufgrund gewandelter gesellschaftlicher Wert- und Moralvorstellungen** (→ Rn. 138 f.) und damit eine Ablehnung der Folgeindizierung jedoch nicht unüblich.   95

2. Prüfkompetenz bei ursprünglicher Listenaufnahme nach § 18 Abs. 5 JuSchG

In der Vergangenheit hatte die Bundesprüfstelle noch die Auffassung vertreten, dass sie in Fällen der ursprünglichen Listenaufnahme nach § 18 Abs. 5 JuSchG (→ Rn. 76 ff.) keine eigene Prüfungskompetenz besitze und damit Inhalte, die von einem Gericht als entsprechend strafrechtlich relevant eingestuft wurden, der jugend-   96

---

56 S. BT-Drs. 14/9013, 26.
57 Vgl. Nikles/Roll/Spürck/Erdemir/Gutknecht/*Roll* JuSchG § 18 Rn. 18.
58 Vgl. Liesching/Schuster/*Liesching* JuSchG § 21 Rn. 18.

schutzrechtlichen Bewertung durch die Gremien der BPjM grundsätzlich nicht mehr zugänglich seien.[59] War dies der Fall, hatte sich die BPjM daher **bislang verpflichtet gesehen, ohne erneute eigene Prüfung eine Folgeindizierung auszusprechen.**

97 Durch die **Ergänzung von § 18 Abs. 5 S. 2 JuSchG** will der Gesetzgeber nunmehr klarstellen, dass auch Listeneintragungen, die aufgrund einer gerichtlichen Entscheidung gem. § 18 Abs. 5 S. 1 JuSchG erfolgt sind, der **Überprüfung durch die Prüfstelle zugänglich** sind, wenn bekannt wird, dass die Voraussetzungen für die Aufnahme eines Mediums in die Liste nicht mehr vorliegen (→ Rn. 166 ff.). Im Blick hatte der Gesetzgeber ausweislich der Gesetzesbegründung ausdrücklich auch den **Bereich der Folgeindizierungen:** So sei die Herbeiführung einer Überprüfung durch die Prüfstelle **rechtsstaatlich geboten,** da andernfalls etwa die Situation entstünde, dass Filme, die aufgrund ihrer veralteten Darstellungsweise heute nicht mehr jugendgefährdend wirkten und mit einem Alterskennzeichen versehen werden könnten, immer wieder folgeindiziert würden, ohne dass die Prüfstelle eine eigene, zeitgemäße Bewertung vornehmen könnte.[60] Angesichts dessen hat die Prüfstelle nun auch in dem Fall, dass ein Medium ursprünglich aufgrund einer rechtskräftigen gerichtlichen Entscheidung indiziert wurde, das indizierte Medium nach Ablauf von 25 Jahren erneut zu prüfen und über dessen etwaige Folgeindizierung zu befinden.

98 Um das Risiko einer Abweichung von strafgerichtlichen Entscheidungen gering zu halten, soll laut amtlicher Begründung die neuerliche **Überprüfung gerichtlicher Beschlüsse** erst erfolgen, wenn **sämtliche strafprozessuale Rechtsmittel erschöpft** sind. Dies soll insbes. die Beschwerde gegen Beschlagnahmebeschlüsse nach § 304 StPO (→ Rn. 157) betreffen.[61]

V. Abschluss des Verfahrens

99 Die Entscheidung über eine Indizierung ergeht als Verwaltungsakt und führt zur Aufnahme des Mediums in die **Liste jugendgefährdender Medien.**

1. Verkündung und Zustellung der Indizierungsentscheidung

100 Jedenfalls die Entscheidung des 12er-Gremiums wird unmittelbar im Anschluss an die Beratung und Abstimmung des Gremiums **verkündet.**

101 Unabhängig vom Verfahren wird die Indizierungsentscheidung gem. § 21 Abs. 8 S. 1 JuSchG der antragstellenden Behörde, der Urheberin oder dem Urheber sowie – bei Trägermedien – der Nutzungsinhaberin oder dem -inhaber bzw. – bei Telemedien – dem Anbieter förmlich **zugestellt. Entfallen** ist mit der Gesetzesänderung die **Pflicht der förmlichen Zustellung an das BMFSFJ, die obersten Landesjugendbehörden und die KJM** nach § 21 Abs. 8 Nr. 4 JuSchG aF, da diese keinen fristwahrenden Zweck erfüllt hat.[62] Nach **§ 21 Abs. 8 S. 4 JuSchG** genügt daher nunmehr eine **formlose**

---

59 Vgl. *Monssen-Engberding/Liesching* BPjM-Aktuell 4/2008, 3 (4 ff.).
60 Vgl. BT-Drs. 19/24909, 53.
61 Vgl. BT-Drs. 19/24909, 53.
62 Vgl. BT-Drs. 19/24909, 58.

Dankert/Sümmermann

Übermittlung der Entscheidung an die vorgenannten Stellen sowie an diejenige, welche ein Indizierungsverfahren angeregt hat.[63]

2. Aufnahme in die Liste jugendgefährdender Medien und Bekanntmachung der Entscheidung

Im Fall der Indizierung wird das Medium unverzüglich von der Bundeszentrale in die 102 Liste jugendgefährdender Medien (sog. „Index") aufgenommen (vgl. § 24 Abs. 1 und 2 JuSchG) und – zumindest in der Regel – im Bundesanzeiger bekanntgemacht.

a) Bisheriger Aufbau der Liste

Die Liste jugendgefährdender Medien wurde bislang in **fünf Listenteilen** geführt: Zu- 103 nächst unterteilte sie sich in die gesetzlich definierten **Listenteile A bis D**, in denen im Wesentlichen nach der Art des indizierten Mediums (Trägermedium/Telemedium) und der Frage der Einschätzung seiner strafrechtlichen Relevanz differenziert wurde (vgl. § 18 Abs. 2 JuSchG aF). Dabei enthielten die Listenteile B und D Medien, deren Inhalt von der Behörde als strafbar eingeschätzt wurde. Die Listenteile C und D für Telemedien wurden nicht veröffentlicht. Daneben gab es den Teil der Liste, der schon vor Einführung dieser Listentrennung bestand und informell bisweilen „**Teil E"** oder „**Altindizierungen"** genannt wurde.

Der Inhalt der öffentlichen Listenteile A und B sowie der Listenteil E waren bislang 104 über Fachpublikationen („BPjM-Aktuell" und „JMS-Report") zugänglich. Bei Medien, die in die Listenteile C und D aufgenommen wurden, war jedenfalls eine Listenabfrage unmittelbar bei der BPjM hinsichtlich des konkreten Mediums möglich.

b) Gesetzgeberische Intention hinsichtlich der veränderten Listenführung

Durch die Streichung des 18 Abs. 2 JuSchG aF im Rahmen der Gesetzesnovellierung 105 wollte der Gesetzgeber die bisherige Unterteilung der Liste zugunsten einer **einheitlichen Listenführung** aufgeben. Die **Aufgabe der Trennung nach Träger- und Telemedien** zugunsten einer Anknüpfung an den Medieninhalt sei, so der Gesetzgeber, insbes. notwendig, um effektiv auf die zunehmende Verbreitung von Werken im Internet reagieren zu können, deren Indizierung nach der bisherigen Rechtslage nicht einmal bekannt geworden ist, weil diese lediglich als URL in die nichtöffentlichen Listenteile C oder D einzutragen waren. Die **Aufgabe der Trennung nach der Einschätzung der strafrechtlichen Relevanz** des Mediums soll hingegen eine möglichst einheitliche Listenführung ermöglichen. Dabei sei es jedoch **möglich, diese Medien** im Sinne eines effektiven Jugendschutzes **separat im Rahmen einer geeigneten Listenführung zu benennen.** Ein Interesse hieran könne sich laut Gesetzgeber etwa daraus ergeben, dass die als strafrechtlich relevant eingeschätzten Medien hinsichtlich der Verwendung technischer Schutzoptionen zur Sicherstellung von Verbreitungsverboten ungleich behandelt werden sollen.[64]

Eine Vereinfachung der Listenführung sowie ein Mehr an Transparenz sind gerade 106 vor dem Hintergrund der weitreichenden Folgen, die mit einer Indizierung einherge-

---

63 Weitere Mitteilungspflichten finden sich etwa noch in § 15 DVO-JuSchG.
64 Vgl. BT-Drs. 19/24909, 53.

hen, zu befürworten. Auch bedeuten die Änderungen insofern eine Verbesserung der Jugendschutzpraxis, als einzelne „zufällig" als Telemedien statt als Trägermedien indizierte Werke (zB Computerspiele, die auf Datenträgern oder zum Download angeboten werden) nun in die öffentliche Liste aufzunehmen sind.[65] Durch die Führung einer öffentlichen und einer nichtöffentlichen Liste sowie aufgrund der grundsätzlichen Weiterführung der „alten" Listenteile bleibt es in der Praxis aber letztlich bei einer differenzierenden Listenführung, so dass auch nach der Gesetzesänderung eine **umfängliche Vereinheitlichung der Liste nicht erfolgt** ist.

107 Ebenfalls nicht unproblematisch ist, dass die eingeführten Veränderungen in der Listenführung bislang nicht auch im JMStV nachvollzogen wurden (→ Rn. 131 f.).

c) Grundsätzlich öffentliche Führung der Liste

108 Zur Umsetzung der og Aspekte hat der Gesetzgeber nicht nur § 18 Abs. 2 JuSchG aF gestrichen, sondern auch den **§ 24 Abs. 2a JuSchG** implementiert. Hiernach wird die Liste jugendgefährdender Medien grundsätzlich als **öffentliche Liste** geführt. Dies soll nach dem Willen des Gesetzgebers der Transparenz und der Schutzzweckerfüllung durch Aufklärung dienen, aber gerade auch die Möglichkeit einer fachlichen Auseinandersetzung über die indizierten Inhalte verbessern, deren jugendgefährdende Wirkung, soweit sie bisher nur in der nichtöffentlichen Liste geführt werden durften, nur wenigen bekannt und einem gesellschaftlichen, insbes. jugendpolitischen und medienpädagogischen Diskurs entzogen waren. Die öffentliche Führung von indizierten Telemedien soll darüber hinaus Selbstverpflichtungen von Suchmaschinenbetreibern und andere freiwillige Vorsorgemaßnahmen von relevanten Inhaltevermittlern und Plattformanbietern erleichtern, wie etwa einen Verzicht, jugendgefährdende Inhalte in ihrem frei zugänglichen Angebot anzuzeigen oder zu speichern.[66] Die Aufnahme eines Mediums in, aber auch seine Streichung aus der Liste jugendgefährdender Medien ist unter Hinweis der zugrunde liegenden Entscheidung grundsätzlich **im Bundesanzeiger bekannt** zu machen (**§ 24 Abs. 3 JuSchG**).

109 Für den Fall aber, dass die Bekanntmachung des Mediums in der öffentlichen Liste der Wahrung des Kinder- und Jugendschutzes schaden würde, ist dieses Medium in einem **nichtöffentlichen Teil der Liste** zu führen (**§ 24 Abs. 2a S. 2 JuSchG**). Dies ist nach dem Regelbeispiel des § 24 Abs. 2a S. 3 JuSchG insbes. dann anzunehmen, wenn eine Bezeichnung des Mediums in der öffentlichen Liste nur in der Weise erfolgen kann, dass durch die Bezeichnung für Kinder und Jugendliche zugleich der unmittelbare Zugang möglich wird (zB durch Nennung der URL bei Telemedien).

d) Fortführung der bisherigen Listenführung für Altindizierungen

110 Abgesehen davon wird die **vor Inkrafttreten der Gesetzesänderung** erfolgte **Listenführung** jedenfalls teilweise **fortgeführt** (vgl. § 24 Abs. 5 JuSchG). So erfolgt für die vor dem Ablauf des 30.4.2021 indizierten Medien **keine Umtragung** in die neue Listenstruktur, sondern es bleibt hier grundsätzlich bei der Differenzierung in die Listenteile

---

65 Vgl. *Hilgert/Sümmermann* MMR 2020, 301 (304).
66 Vgl. BT-Drs. 19/24909, 60.

Dankert/Sümmermann

A, B, C und D. Jedoch können zumindest Trägermedien unter Benennung der Listenteile A oder B in eine gemeinsame Listenstruktur überführt werden.

3. Mitteilung der Liste jugendgefährdender Medien

Nach § 24 Abs. 4 JuSchG kann die Bundeszentrale die **Liste jugendgefährdender Medien** – und damit deren öffentlichen sowie nichtöffentlichen Teil – sowie die **Einschätzung der Prüfstelle nach § 18 Abs. 6 JuSchG** (→ Rn. 41 ff.) der KJM, den im Bereich der Telemedien anerkannten Selbstkontrolleinrichtungen sowie den aus Mitteln des Bundes, der Länder oder der Landesmedienanstalten geförderten Internet-Beschwerdestellen **zum Zwecke des Abgleichs** von Telemedienangeboten mit bereits indizierten Medien **in geeigneter Form mitteilen.**

Bislang sah § 24 Abs. 5 JuSchG aF lediglich die Möglichkeit der Mitteilung der Indizierung eines Telemediums an anerkannte Selbstkontrolleinrichtungen zum Zweck der Aufnahme in nutzerautonome Filterprogramme vor. Ziel der Gesetzesänderung ist ausweislich der Gesetzesbegründung die **weitere Vertiefung** und der **Ausbau der Zusammenarbeit zwischen Bundeszentrale und FSM** sowie die **Erleichterung der Arbeit für die Internet-Beschwerdestellen.** Hierfür sei die Übermittlung der Liste jugendgefährdender Medien inklusive ihres nichtöffentlichen Teils unabdingbar.[67]

Der Verweis auf die Mitteilung in „geeigneter Form" stellt heraus, dass die Aufbereitung der Liste jugendgefährdender Medien zu den og Zwecken zulässig ist. Hierzu soll etwa auch die Information über die strafrechtliche Einschätzung der Prüfstelle nach § 18 Abs. 6 JuSchG gehören.[68]

Mit einer entsprechenden Zweckbestimmung sollen die Selbstkontrolleinrichtungen und Internet-Beschwerdestellen zudem **ihrerseits berechtigt** sein, die Liste **Dritten zugänglich zu machen.**[69] Ein Abdrucken oder Veröffentlichen der Liste jugendgefährdender Medien zum Zweck der geschäftlichen Werbung bleibt gem. § 15 Abs. 5 JuSchG unzulässig (vgl. auch → Rn. 125).

4. Weiterführung und -entwicklung des „BPjM-Modul"

Bei **Angeboten ausländischer Anbieter** stößt die Rechtsdurchsetzung an **rechtliche und tatsächliche Grenzen** (→ § 9 Rn. 16). Bislang hatte die BPjM **indizierte Telemedien** daher in das sog. **BPjM-Modul** aufgenommen, eine in Kooperation mit der FSM bereitgestellte **Datei zur Filterung indizierter Telemedien.** Filterprogramme konnten das BPjM-Modul für ihre Blocklisten nutzen, um den Zugriff auf indizierte Webseiten zu sperren. Die Bandbreite der Nutzer ist groß. Zum Einsatz kommt das Modul bspw. bei der Jugendschutzsoftware „JusProg" oder den Kindersicherungen der „FritzBox"-Router. Auch haben etwa die unter dem Dach der FSM zusammengeschlossenen Suchmaschinenanbieter im Rahmen eines Verhaltenskodex vereinbart,

111

112

113

114

115

---

67 Vgl. BT-Drs. 19/24909, 61.
68 Vgl. BT-Drs. 19/24909, 61.
69 Vgl. BT-Drs. 19/24909, 61.

indizierte URLs in den Ergebnislisten der Suchmaschinen grundsätzlich nicht anzuzeigen.[70]

116 Die bisherige **Aufnahme indizierter Medien im Rahmen der Verwendung iSd BPjM-Moduls** soll die Prüfstelle ausweislich der Gesetzesbegründung im Verbund mit den Selbstkontrolleinrichtungen **weiterführen und weiterentwickeln.**[71] Wird somit deutlich, dass das BPjM-Modul – wenn auch ggf. unter anderer Bezeichnung – weitergeführt werden wird, sind die **konkreten Weiterentwicklungen noch ungewiss.**

E. Folgen der Indizierung

117 Landläufig ist bei indizierten Medien oftmals von „verbotenen" Schriften bzw. Medien die Rede.[72] Mit der Bekanntmachung der Indizierung im Bundesanzeiger gelten für das indizierte Medium zumindest **weitreichende Verbreitungs- und Werbebeschränkungen,** die zum Teil aber auch **straf- bzw. ordnungsrechtlich sanktioniert** sind.

118 Trotz des Versuchs, den Medienbegriff im Rahmen des JuSchG und auch des Indizierungsverfahrens zu vereinheitlichen, bleibt es jedoch angesichts divergierender Gesetzgebungskompetenzen dabei, dass die mit der Indizierung einhergehenden **Rechtsfolgen – abhängig von der Art des Mediums – im JuSchG** oder im **JMStV** geregelt sind.

I. Restriktionen für Trägermedien

119 Für Trägermedien ergeben sich die zu beachtenden Restriktionen unmittelbar aus dem **Jugendschutzgesetz.**

1. Indizierte Trägermedien

120 Für **indizierte Trägermedien** ergeben sich die **Restriktionen aus § 15 Abs. 1 JuSchG.** Beinhalten diese durchaus weitreichende Abgabe-, Präsentations-, Verbreitungs-, Werbe- und Vertriebsbeschränkungen, bedeutet dies jedoch **kein Totalverbot für indizierte Trägermedien.** So bleiben etwa ihr Besitz, aber auch der Verkauf an Volljährige – wenn auch unter Beachtung der Vorgaben des § 15 Abs. 1 JuSchG – zulässig.[73]

121 Zu beachten ist ferner, dass die hier vorgesehenen Verbreitungs- und Werbebeschränkungen **erst ab dem Zeitpunkt der Bekanntmachung** der Aufnahme des Mediums in die Liste jugendgefährdender Medien im Bundesanzeiger greifen. Dies hat zur Konsequenz, dass trotz bereits vorliegender Entscheidung der Prüfstelle für eine Indizierung die Verbreitung und Bewerbung des Mediums bis zur Bekanntmachung auch weiterhin zulässig ist.

---

70 Vgl. § 2 Abs. 5 lit. b des Verhaltenskodex für Suchmaschinenanbieter der FSM (VK-S), Stand: 21.12.2004, abrufbar unter https://www.fsm.de/sites/default/files/Verhaltenssubkodex_Suchmaschinenanbieter_0.pdf.
71 Vgl. BT-Drs. 19/24909, 61.
72 Die Bezeichnung „Index" geht nicht ohne Grund auf den „Index librorum prohibitorum" zurück, ein kirchliches „Verzeichnis der verbotenen Bücher".
73 Vgl. im Einzelnen zur Reichweite der Beschränkungen: Liesching/Schuster/*Liesching* JuSchG § 15 Rn. 4 ff.; Nikles/Roll/Spürck/Erdemir/Gutknecht/*Spürck/Erdemir* JuSchG § 15 Rn. 9 ff.; Löffler/*Altenhain* JuSchG § 15 Rn. 4 ff.

Dankert/Sümmermann

2. Nicht indizierte, schwer jugendgefährdende Trägermedien

Den gleichen Beschränkungen unterliegen **schwer jugendgefährdende Trägermedien**   122
iSd § 15 Abs. 2 JuSchG, ohne dass es hier einer Indizierung bedarf. Greifen die Indizierungsfolgen für diese Trägermedien somit bereits qua Gesetz und ist damit eine Indizierung nicht zwingend erforderlich, können und werden diese nicht zuletzt **aus Klarstellungsgründen in der Praxis häufig indiziert**. Erfasst werden von § 15 Abs. 2 JuSchG schwer jugendgefährdende Trägermedien, die

- einen der in §§ 86, 130, 130a, 131, 184, 184a, 184b, 184c StGB bezeichneten Inhalte haben,
- den Krieg verherrlichen,
- Menschen, die sterben oder schweren körperlichen oder seelischen Leiden ausgesetzt sind oder waren, in einer die Menschenwürde verletzenden Weise darstellen und ein tatsächliches Geschehen wiedergeben, ohne dass ein überwiegendes berechtigtes Interesse gerade an dieser Form der Berichterstattung vorliegt,
- besonders realistische, grausame und reißerische Darstellungen selbstzweckhafter Gewalt beinhalten, die das Geschehen beherrschen,
- Kinder oder Jugendliche in unnatürlicher, geschlechtsbetonter Körperhaltung darstellen,
- offensichtlich geeignet sind, die Entwicklung von Kindern oder Jugendlichen oder ihre Erziehung zu einer eigenverantwortlichen und gemeinschaftsfähigen Persönlichkeit schwer zu gefährden.[74]

Auch für Trägermedien iSd § 15 Abs. 2 JuSchG besteht streng genommen kein abso-   123
lutes Verbreitungsverbot. Dennoch ist hier besondere Vorsicht geboten, da ihre Inhalte im Einzelfall – ganz unabhängig von der Einschätzung der Prüfstelle – einen Verstoß gegen Straftatbestände darstellen und auch auf Betreiben der Strafverfolgungsbehörden eingezogen (→ Rn. 151 ff.) werden können.

3. Neues Vorführverbot für indizierte Medien (§ 15 Abs. 1a JuSchG)

Die bisher geltenden Beschränkungen wurden durch den **neu eingefügten** § 15   124
Abs. 1a JuSchG dahin gehend ergänzt, dass indizierte Medien nicht als Telemedien an einem Ort, der Kindern oder Jugendlichen zugänglich ist oder von ihnen eingesehen werden kann, vorgeführt werden dürfen. Anliegen des Gesetzgebers war die Schließung von Regelungslücken zB für den Fall der Vorführung dschihadistischer oder neonationalsozialistischer Propagandavideos oder indizierter Musikvideos auf Veranstaltungen oder auch im privaten Rahmen.[75] Nach dem Wortlaut gilt die Beschränkung ausdrücklich nur für im Bundesanzeiger bekannt gemachte Indizierungen.[76]

4. Sonstige Beschränkungen

Gem. § 15 Abs. 3 JuSchG unterliegen auch Medien den Restriktionen aus § 15 Abs. 1   125
JuSchG, die **mit einem indizierten Medium ganz oder im Wesentlichen inhaltsgleich**

---

74 Hierzu im Einzelnen: Liesching/Schuster/*Liesching* JuSchG § 15 Rn. 46 ff.; Nikles/Roll/Spürck/Erdemir/Gutknecht/*Spürck/Erdemir* JuSchG § 15 Rn. 35 ff.; Löffler/*Altenhain* JuSchG § 15 Rn. 53 ff.
75 Vgl. BT-Drs. 19/24909, 49.
76 Zum Vorführverbot des § 15 Abs. 1a JuSchG auch: *Hilgert/Sümmermann* MMR 2020, 301 (305).

sind. Gem. § 15 Abs. 5 JuSchG darf ferner bei **geschäftlicher Werbung** nicht darauf hingewiesen werden, dass ein Indizierungsverfahren anhängig (gewesen) ist.

5. Aufsicht

126 Die **Aufsicht bzw. Überwachung der Einhaltung dieser Restriktionen** obliegt, wenngleich der Bundeszentrale durch die Gesetzesänderung etwa im Rahmen der §§ 24a ff. JuSchG (→ § 5 Rn. 111 ff.) auch Aufsichtsbefugnisse übertragen worden sind, weiterhin – abhängig vom jeweiligen Bundesland – vorwiegend den örtlich zuständigen **Polizei- und Ordnungsbehörden.**

II. Restriktionen für Telemedien

127 Werden **Telemedien** in die Liste jugendgefährdender Medien aufgenommen, ergeben sich die zu beachtenden Restriktionen aus dem **Jugendmedienschutz-Staatsvertrag** (JMStV). So hat der Bund bewusst die Rechtsfolgen der Indizierung von Telemedien nicht geregelt, sondern vielmehr den Ländern die Möglichkeit weitergehender Regelungen zum Jugendschutz eröffnet (vgl. § 16 JuSchG).

1. Beschränkungen nach dem JMStV

128 § 4 JMStV sieht zunächst differenzierte Verbreitungsbeschränkungen vor: So sind gem. **§ 4 Abs. 1 S. 1 Nr. 11 JMStV** Angebote (= Rundfunksendungen und Inhalte von Telemedien) **unzulässig,** wenn sie in den **Teilen B und D** der Liste jugendgefährdender Medien aufgenommen sind oder mit einem in dieser Liste aufgenommenen Werk ganz oder im Wesentlichen inhaltsgleich sind. Angebote, die in den **Listenteilen A und C** aufgenommen oder mit einem solchen Werk ganz oder im Wesentlichen inhaltsgleich sind, sind gem. **§ 4 Abs. 2 S. 1 Nr. 2, S. 2 JMStV** nur zulässig, wenn von Seiten des Anbieters sichergestellt ist, dass sie nur Erwachsenen zugänglich gemacht werden (sog. **geschlossene Benutzergruppe**).[77]

129 Die Frage der **wesentlichen Inhaltsgleichheit** kann sich in diesem Zusammenhang etwa bei unterschiedlichen regionalen Fassungen sowie Walkthrough- oder Let's Play-Videos von indizierten Computerspielen stellen[78] oder – da diese von vornherein nicht Gegenstand von Indizierungsverfahren sein können (→ Rn. 9) – für Rundfunksendungen.[79] Ferner ist zu beachten, dass gem. **§ 4 Abs. 3 JMStV** nach Aufnahme eines Angebots in die Liste jugendgefährdender Medien die og Verbreitungsbeschränkungen **auch nach wesentlichen inhaltlichen Veränderungen** bis zu einer Entscheidung – so die derzeitige Fassung – durch die Bundesprüfstelle für jugendgefährdende Medien **wirkt.**

130 **§ 6 Abs. 1 JMStV** sieht ferner **Werbebeschränkungen** im Zusammenhang mit indizierten Angeboten vor: So ist Werbung für indizierte Angebote nur unter den Bedingungen zulässig, die auch für die Verbreitung des Angebots selbst gelten, dh für (alt-)in-

---

77 Vgl. hierzu im Einzelnen: NK-JMStV/*Erdemir* JMStV § 4 Rn. 187 ff., 214 f.; Liesching/Schuster/*Liesching* JMStV § 4 Rn. 41 f., 50 ff.
78 Vgl. mwN: Hoeren/Sieber/Holznagel MMR-HdB/*Altenhain* Teil 20 Rn. 54; NK-JMStV/*Erdemir* JMStV § 4 Rn. 193 ff.
79 Vgl. NK-JMStV/*Erdemir* JMStV § 4 Rn. 191 f.

Dankert/Sümmermann

dizierte Medien der Listenteile B und D darf überhaupt nicht geworben werden, für solche der Listenteile A und C nur innerhalb geschlossener Benutzergruppen. Untersagt ist auch, die Liste jugendgefährdender Medien zum Zwecke der Werbung zu verbreiten oder zugänglich zu machen. Auch wenn dies in der Praxis manchmal der Fall sein mag, sollen Indizierungsverfahren selbst keinen werbenden Effekt haben. Daher darf in der Werbung – entsprechend § 15 Abs. 5 JuSchG – nicht darauf hingewiesen werden, dass ein Indizierungsverfahren anhängig ist oder war.

2. Defizitäre Kohärenz mit JMStV nach Gesetzesänderung

Knüpfen die Verbreitungsrestriktionen in § 4 Abs. 1 S. 1 Nr. 11, Abs. 2 S. 1 Nr. 2   131
JMStV ausdrücklich an die Aufnahme in die Listenteile B und D bzw. A und C an, haben diese in ihrer derzeitigen Fassung **nur noch Relevanz für Altindizierungen**, bei denen die bisherige Listenführung bzw. -unterteilung beibehalten wird (→ Rn. 110).

Dies bedeutet zwar nicht, dass Medien, die nun unter der neuen Rechtslage indiziert   132
werden, damit unbeschränkt in Rundfunk und Telemedien verbreitet werden dürfen. Zwischen den Unzulässigkeitskatalogen in § 4 Abs. 1 und 2 JMStV und den gesetzlich definierten Tatbeständen einer (schweren) Jugendgefährdung in § 15 Abs. 2 JuSchG bestehen weitgehende Parallelen. Dies wird letztlich dazu führen, dass in aller Regel im Fall der Indizierung eines Mediums auch dessen Verbreitung im Rahmen eines Rundfunk- oder Telemedienangebots zumindest nur eingeschränkt zulässig sein wird. Jedoch bedarf es hier stets einer **eigenständigen Prüfung des Inhalts durch die zuständige Landesmedienanstalt bzw. KJM** mit der möglichen Folge einer von der Prüfstelle abweichenden Beurteilung. Aufgrund des Risikos abweichender Beurteilungen ein und desselben Inhalts durch zwei unterschiedliche Institutionen des Jugendmedienschutzsystems erscheint somit nicht unproblematisch, dass die Verbreitungsrestriktionen des JMStV noch nicht an das geänderte Jugendschutzgesetz angepasst wurden. Zum Zweck der Schaffung eines möglichst kohärenten Regelungsrahmens erscheint daher eine **Überarbeitung des § 4 Abs. 1 und 2 JMStV angezeigt.**[80]

Ebenfalls **Anpassungsbedarf** zeigt sich bei § 4 Abs. 3 JMStV, der in seiner derzeitigen   133
Fassung auf eine Entscheidung der „Bundesprüfstelle für jugendgefährdende Medien" abstellt.

3. Aufsicht

Die **Aufsicht über die Einhaltung der Restriktionen des JMStV** führt die für den jeweiligen Anbieter **zuständige Landesmedienanstalt**, die sich als Organ der **KJM** als   134
zentraler Aufsichtsstelle für den Jugendschutz der Länder bedient. Ein Verstoß gegen die Restriktionen des JMStV kann nicht nur mit einem **Bußgeld** (vgl. § 24 JMStV) geahndet werden. Es drohen auch **aufsichtsrechtliche Maßnahmen** – zB eine Untersagungsverfügung – seitens der zuständigen Landesmedienanstalt (vgl. § 20 JMStV).

---

80 S. a. NK-JMStV/*Erdemir* JMStV § 4 Rn. 196, 215.

III. Antrag auf Feststellung fehlender (wesentlicher) Inhaltsgleichheit

135   Die Beschränkungen für indizierte Medien sind weitreichend, da sie auch Medien und Angebote erfassen, deren Inhalt mit einem indizierten Medium wesentlich übereinstimmt. Im Bereich des Rundfunks und der Telemedien gelten ferner die Verbote für indizierte Medien auch bei wesentlichen inhaltlichen Veränderungen zunächst weiter (§ 4 Abs. 3 JMStV). In Zweifelsfällen kann daher ein Antrag bei der Prüfstelle Rechtssicherheit schaffen. Für diese Fälle ist es möglich, einen **Antrag** auf **Feststellung, dass ein Medium nicht mit einem bereits indizierten Medium ganz oder im Wesentlichen inhaltsgleich** ist, zu stellen (§ 21 Abs. 2, § 7 JuSchG). Antragsberechtigt sind Urheberin und Urheber, Nutzungsrechtsinhaberin und -inhaber sowie bei Telemedien der Anbieter. Der Antrag ist zumindest nach der noch geltenden Fassung der GebO-BPjM (→ Rn. 164 f.) gebührenpflichtig.

136   In Betracht kommt ein solcher Antrag etwa für den Fall, dass bei der FSK eine **geschnittene Fassung eines indizierten Filmes** zum Zwecke der Altersfreigabe/-kennzeichnung vorgelegt werden soll,[81] oder bei einem nach einer Indizierungsentscheidung angepassten Internetangebot.

F. Streichung aus der Liste jugendgefährdender Medien

137   Die Liste jugendgefährdender Medien befindet sich in einem stetigen Wandel. Nicht nur, dass kontinuierlich neue Medien hinzukommen. Die Prüfstelle für jugendgefährdende Medien streicht auch regelmäßig Medien von der Liste, bei denen die Voraussetzungen einer jugendgefährdenden Wirkung nicht mehr vorliegen. Anlass für eine Listenstreichung kann dabei insbes. der **Ablauf der 25-jährigen Indizierungsfrist** (→ Rn. 140) oder aber ein **Antrag auf Listenstreichung** (→ Rn. 158 ff.) sein. **Neu geregelt** ist in **§ 18 Abs. 5a JuSchG** nun auch die Streichung nach **Aufhebung der den Listeneintrag auslösenden Gerichtsentscheidung** (→ Rn. 141 ff.).

I. Hintergrund: Wandel von Beurteilungsmaßstäben

138   Wohl mit am deutlichsten zeigt sich der **Wandel bei der Beurteilung von jugendgefährdenden Inhalten** bei sexualitätsbezogenen Darstellungen. Einerseits veränderten sich die angelegten Maßstäbe im Laufe der Zeit: In den 50er und frühen 60er Jahren landeten selbst Reklameprospekte für Unterwäsche teils auf dem Index.[82] Andererseits wandelte sich auch die Sexualmoral, bspw. der Umgang mit Themen wie Abtreibung, Ehebruch oder Homosexualität.[83] Auch andere von der Behörde früher für indizierungsrelevant erachtete Themen haben sich mittlerweile gesellschaftlich überholt. In einigen Fällen führte der gesellschaftliche (aber auch rechtliche) Wandel zu einer kritischeren Neubewertung.[84]

---

81 Vgl. Schwarz FilmR-HdB/*Hartlieb* 14. Kap. Rn. 23.
82 Vgl. *Hajok/Hildebrandt* BPjM-Aktuell 1/2015, 3 (6).
83 Ausf. hierzu: *Hajok/Hildebrandt* BPjM-Aktuell 1/2015, 3.
84 Vgl. BPjM-Aktuell 2/2019, 20, zur Umtragung der Teile 1 und 3 des „Schulmädchen-Report" von Liste A in Liste B anlässlich eines Listenstreichungsantrags.

Neben den wertebezogenen Veränderungen ist insbes. bei audiovisuellen Medien   139
wie Filmen und Videospielen auch der **technische Wandel ein zunehmend relevanter
Aspekt** für Neubewertungen. Darstellungen, die in den 80er oder 90er Jahren als
„realitätsnah" galten, nehmen Minderjährige heutzutage oft als veraltet, im Falle von
Computerspielen „pixelig" und insgesamt unecht wahr.

II. Listenstreichung nach 25 Jahren

Indizierungen sind grundsätzlich auf 25 Jahre befristet. Anschließend verliert die Auf-   140
nahme ihre Wirkung gem. § 18 Abs. 7 S. 2 JuSchG. Erfolgt **keine Folgeindizierung**
(→ Rn. 90 ff.) durch die Prüfstelle, da die Voraussetzungen für die (erneute) Aufnahme in die Liste der jugendgefährdenden Medien nicht mehr vorliegen, ist eine **Listenstreichung rein aufgrund des Zeitablaufs** durch die Bundeszentrale vorzunehmen.

III. Entscheidung nach Aufhebung der den Listeneintrag auslösenden Gerichtsentscheidung (§ 18 Abs. 5a JuSchG)

Bereits bislang waren gem. § 18 Abs. 5 JuSchG Medien in die Liste jugendgefährden-   141
der Medien aufzunehmen, wenn ein Gericht einen der einschlägigen Straftatbestände
zuvor bejaht hatte (→ Rn. 76 ff.). Als faktische Einbahnstraße ausgestaltet, fehlte es
jedoch an einer entsprechenden Regelung für den Fall, dass eine solche Entscheidung
nachträglich revidiert wird oder anderweitig ihre Wirkung verliert. Nunmehr sieht
§ 18 Abs. 5a JuSchG vor, dass die Prüfstelle **von Amts wegen eine Prüfung einzuleiten
hat,** wenn sie **Kenntnis** davon erlangt, dass eine **indizierungsbegründende gerichtliche
Entscheidung aufgehoben wurde.** Liegen nach Auffassung der Prüfstelle keine Tatbestände der Jugendgefährdung mehr vor, hat sie das Medium von der Liste zu streichen.[85]

Dem **Wortlaut nach ist der praktische Anwendungsbereich** des § 18 Abs. 5a JuSchG   142
gering, da dieser die **Aufhebung** einer **rechtskräftigen** gerichtlichen Entscheidung voraussetzt. Fraglich ist aber, ob die Norm ggf. auch bei lediglich abweichenden gerichtlichen Beurteilungen, der Verjährung von indizierungsbegründenden Entscheidungen
sowie Beschlagnahmebeschlüssen Anwendung finden kann.

1. Anwendung auf (Straf-)Urteile

In erster Linie betrifft die Neuregelung den – praktisch jedoch weniger relevanten –   143
Fall der ursprünglichen Indizierung aufgrund eines rechtskräftigen Strafurteils.

a) Aufhebung rechtskräftiger gerichtlicher Entscheidungen

Erwächst ein Urteil in Rechtskraft, kann es also mit ordentlichen Rechtsmitteln nicht   144
mehr angefochten werden, ist eine **Aufhebung** nur noch **in äußerst begrenzten Fall-
konstellationen möglich.** In der öffentlichen Wahrnehmung am visibelsten ist dabei
der Rechtsbehelf der Verfassungsbeschwerde, der bei Erfolg zu einer Aufhebung der
Entscheidung gem. § 95 Abs. 2 BVerfGG führt. Ebenso kann ein Gericht ein formell

---

85   Vgl. BT-Drs. 19/24909, 54.

rechtskräftiges Urteil ua im Rahmen der Wiederaufnahme eines Verfahrens gem. §§ 349 ff. StPO aufheben.

145 In diesen Fällen ist gem. § 18 Abs. 5a JuSchG nunmehr eine **Prüfung der ursprünglichen Indizierungsentscheidungen von Amts wegen** durch die Prüfstelle vorzunehmen. Die Gründe für eine Aufhebung können vielfältig sein und müssen keine Aussage über den Medieninhalt treffen.[86] Kommt die Prüfstelle zu dem Ergebnis, dass von dem Inhalt weiterhin eine jugendgefährdende Wirkung ausgeht, verbleibt das Medium in der Liste.

b) Anwendung auf abweichende gerichtliche Beurteilungen

146 Fachgerichtliche Beurteilungen im Rahmen von Strafverfahren haben keine Bindungswirkung für spätere Verfahren, die sich auf dasselbe Medium oder inhaltsgleiche Medien beziehen. An Feststellungen früherer Entscheidungen – auch rechtskräftiger Urteile – sind Tatrichter in Strafverfahren nicht gebunden.[87] Ob ein Medium einen der von § 18 Abs. 5 S. 1 JuSchG erfassten Inhalte hat, können **Gerichte daher auch bei identischen Medien im Rahmen verschiedener Verfahren jeweils unterschiedlich beurteilen.**

147 Ob jedoch die Prüfstelle auch im Falle einer **zeitlich späteren abweichenden gerichtlichen Beurteilung eines Mediums** eine Prüfung über den Verbleib des Mediums in der Liste jugendgefährdender Medien einzuleiten hat, **lässt die Neufassung offen.** Gegen eine Neubewertung durch die Prüfstelle im Falle eines solchen Dissens spricht der Wortlaut, der von der Aufhebung einer „den" Listeintrag auslösenden Entscheidung spricht. Demnach könnte die Regelung so zu verstehen sein, dass divergierende Entscheidungen – also solche, die nicht indizierungsbegründend waren – von der Prüfstelle unbeachtet bleiben sollen. Mit dem Sinn und Zweck der neugeschaffenen Regelung – namentlich der Stärkung der eigenständigen jugendmedienschutzrechtlichen Beurteilung – dürfte dies jedoch wohl nicht vereinbar sein. Erlangt die Prüfstelle Kenntnis von einer rechtskräftigen Entscheidung, die zeitlich nachgelagert zu der indizierungsauslösenden Erstentscheidung das Vorliegen des indizierungsbegründenden Tatbestandsmerkmals verneint, ist daher ebenfalls unverzüglich von Amts wegen eine Prüfung einzuleiten.

c) Umgang mit Verjährung

148 Die Neuregelung lässt ferner **offen, ob eine Neubewertung auch bei Verjährung der indizierungsbegründenden Entscheidung** – also ohne ihre Aufhebung ieS – zu erfolgen hat.

149 Behörden können strafrechtliche Entscheidungen nur begrenzte Zeit vollstrecken. Bei rechtskräftig verhängten Strafen oder Maßnahmen richtet sich die **Vollstreckungsverjährung** nach dem jeweils ausgesprochenen Strafmaß bzw. der Maßnahme (§ 79 StGB). Das Strafmaß wird überwiegend von Faktoren bestimmt, die außerhalb des jugendmedienschutzrechtlich relevanten Medieninhalts liegen. Die Dauer der Listen-

---

86 BT-Drs. 19/24909, 54.
87 BGH Beschl. v. 9.3.2010 – 4 StR 640/09, NStZ 2010, 529.

Dankert/Sümmermann

aufnahme an die Vollstreckungsfähigkeit des zugrunde liegenden Urteils zu knüpfen, wäre daher fehlgeleitet.

Gegen eine Neubewertung von Amts wegen allein anlässlich des Eintritts der Vollstreckungsverjährung eines Urteils spricht zudem der von § 18 Abs. 5 JuSchG implizierte Gedanke, dass die Folge einer rechtskräftigen gerichtlichen Entscheidung eine reguläre Listenaufnahme ist. Besonderheiten mit Blick auf die Listenführung und die Dauer der Listenaufnahme hat der Gesetzgeber nicht vorgesehen. Bei einer in Rechtskraft erwachsenen – und ggf. zuvor durch Rechtsmittelinstanzen überprüften – gerichtlichen Entscheidung ist davon auszugehen, dass die **erforderliche Auseinandersetzung mit dem Medieninhalt in ausreichendem Maße erfolgt ist**, um eine entsprechende Listenaufnahme zu rechtfertigen.

2. Anwendung auf Beschlagnahme- und Einziehungsbeschlüsse

Schwierigkeiten bereitet insbes. der Umgang mit den praktisch bedeutsamen **Beschlagnahme- und Einziehungsbeschlüssen** (hierzu → Rn. 81 ff.).

a) Förmliche Aufhebung

Zur Beweismittelsicherung können Beschlagnahmebeschlüsse bereits im Ermittlungsverfahren ergehen, sie sind darüber hinaus aber auch zur Sicherung einer späteren Einziehung oder Unbrauchbarmachung möglich (§ 111b StPO). Entsprechende Anordnungen sind **stets auf beschränkte Zeit angelegte Maßnahmen**, die der Sicherung eines effektiven Strafverfahrens dienen sollen. Der Regelungszweck einer Beschlagnahmeanordnung entfällt daher mit Abschluss des zugrunde liegenden Strafverfahrens, im Zuge dessen das zuständige Gericht auch eine etwaige Einziehung anordnen kann. **Förmliche Aufhebungen** von Beschlagnahmebeschlüssen nach Abschluss des entsprechenden Verfahrens sind zwar möglich, haben aber lediglich deklaratorische Wirkung.[88] Erlangt die Prüfstelle von einem solchen Fall Kenntnis, hat sie gem. § 18 Abs. 5a JuSchG in jedem Fall eine Prüfung von Amts wegen einzuleiten.

b) Umgang mit Erlöschen

Eine förmliche Aufhebung ist grundsätzlich aber nicht erforderlich, da Beschlagnahmen ohnehin mit dem rechtskräftigen Abschluss des Verfahrens **erlöschen**.[89] Wie mit dieser begrenzten Lebensdauer der strafprozessualen Maßnahmen in Bezug auf die Listenführung umzugehen ist, hat der **Gesetzgeber offengelassen**.

Das **reine Erlöschen einer Beschlagnahmeanordnung** dürfte entsprechend der bisherigen Praxis **nicht als Fall des § 18 Abs. 5a JuSchG** gewertet werden. Es handelt sich um einen Automatismus, dem keine inhaltliche Aussage über das relevante Medium zu entnehmen ist. Beschlagnahmeanordnungen enden mit jedem Abschluss eines Verfahrens – also auch im Falle einer rechtskräftigen Verurteilung, die die in der Beschlagnahmeanordnung getroffene Wertung übernimmt bzw. bestätigt. Wie die Prüfstelle mit (erloschenen) Beschlagnahmeanordnungen umgeht, sollte daher in **entspre-**

150
151
152
153
154

---

88 MüKoStPO/*Hauschild* StPO § 98 Rn. 37.
89 Meyer-Goßner/Schmitt/*Schmitt* StPO § 98 Rn. 29; BeckOK StPO/*Gerhold* StPO § 98 Rn. 14.

Dankert/Sümmermann   207

chender Anwendung des § 18 Abs. 5a JuSchG davon abhängen, welche Kenntnis sie konkret vom Abschluss des Verfahrens hat:

- **Bestätigt** ein verurteilendes Sachurteil die inhaltliche Bewertung des **Beschlagnahmebeschlusses**, lässt sich eine (Fort-)Indizierung auch ohne eigenständige Befassung der Prüfstelle mit dieser neuen Entscheidung begründen. Formal dürfte es grundsätzlich geboten sein, in diesem Fall eine Listenaufnahme gem. § 18 Abs. 5 JuSchG auf Grundlage des rechtskräftigen Urteils und zugleich eine Aufhebung der auf Grundlage der Beschlagnahmeanordnung ergangenen vorigen Indizierung vorzunehmen.

- Ebenso spricht vieles dafür, den **indizierungserheblichen Tatbestand verneinende Freisprüche** als Fall des § 18 Abs. 5a JuSchG bei Kenntniserlangung der Prüfstelle zu behandeln. Insbes. entfällt in einem solchen Fall die Rechtfertigung für die Grundrechtsbeschränkungen der Inhaberinnen und Inhaber der Urheber- und Nutzungsrechte ohne förmliches Verwaltungsverfahren.[90]

- Unklar ist der Umgang mit Fällen, in denen die **auf einen Beschlagnahmebeschluss folgende Entscheidung** in einem etwaigen Hauptsacheverfahren aus anderen Gründen **nicht oder nicht im erforderlichen Maß** zu den für die Indizierung relevanten Tatbestandsmerkmalen **Stellung bezieht**. Hier wäre es wohl ebenfalls angemessen, entsprechende Entscheidungen als Fall des § 18 Abs. 5a JuSchG zu behandeln und eine Einschätzung durch die Prüfstelle vornehmen zu lassen.

c) Umgang mit Verjährung

155   Bei Beschlagnahmebeschlüssen stellt sich die Frage, wie lange diese eine Listenaufnahme begründen können, in deutlich ausgeprägterem Maße. Die **Vollstreckungsverjährung** (hierzu → Rn. 149) soll laut der jugendmedienschutzrechtlichen Literatur bei Beschlagnahmebeschlüssen **bereits nach drei Jahren**, bei Einziehungsbeschlüssen nach zehn Jahren eintreten.[91] Zwar besteht für entsprechende Beschlüsse ein Richtervorbehalt, die Prüfungstiefe in der Praxis ist jedoch regelmäßig nicht mit derjenigen strafrechtlicher Urteile vergleichbar.

156   Es dürfte daher zwar geboten sein, Indizierungen aufgrund von gerichtlichen Beschlüssen – also nicht aufgrund einer rechtskräftigen gerichtlichen Entscheidung in Form eines Urteils – nur als vorläufige Indizierung zu betrachten und spätestens mit Eintritt der Vollstreckungsverjährung einer Bewertung durch die Prüfstelle zuzuführen.[92] Gleichwohl scheint der Gesetzgeber davon auszugehen, dass auch **Beschlüsse** eine reguläre Listenaufnahme und entsprechenden -verbleib für (mindestens) **25 Jahre** begründen können.[93]

157   In der Vergangenheit war es erforderlich, vor Anträgen auf Listenstreichung im Wege der Beschwerde **indizierungsbegründende Beschlüsse** zunächst **aufheben** zu lassen –

---

90   Dagegen spricht, dass der Wortlaut des § 18 Abs. 5a JuSchG eine inhaltliche Exegese verfahrensabschließender Entscheidungen nicht vorsieht; dieser stellt ausschließlich auf die indizierungsbegründende Ursprungsentscheidung ab und setzt hier förmlich eine „Aufhebung" voraus.

91   Vgl. *Monssen-Engberding/Liesching* BPjM-Aktuell 2/2008, 3 (5); *Köhler/Distler* BPjM-Aktuell 3/2004, 4 (5); die strafrechtliche Literatur geht teils von kürzeren Fristen aus.

92   Für eine Neubewertung im Falle der Verjährung: *Hilgert/Sümmermann* MMR 2020, 301 (304 f.).

93   Vgl. auch BT-Drs. 19/24909, 54.

selbst im Falle der Verjährung.[94] **Unklar ist, ob dies weiterhin der Fall ist** bzw. wann dies nun notwendig sein wird. Die Begründung führt in diesem Zusammenhang aus: „Um das Risiko einer Abweichung von strafgerichtlichen Entscheidungen gering zu halten, soll die neuerliche Überprüfung gerichtlicher Beschlüsse erst erfolgen, wenn sämtliche strafprozessualen Rechtsmittel erschöpft sind. Dies betrifft insbesondere die Beschwerde gegen Beschlagnahmebeschlüsse nach § 304 der Strafprozessordnung."[95] Der Gesetzgeber erkennt somit mittelbar an, dass eine eigenständige Überprüfung von Urteilen durch die Prüfstelle bereits ab Eintritt der Rechtskraft grundsätzlich möglich sein soll. Es wäre systematisch jedoch befremdlich, wenn die Prüfstelle unmittelbar nach rechtskräftigem Abschluss des gerichtlichen Verfahrens von einem Urteil abweichen dürfte, ihr dies im Falle eines Beschlusses hingegen unabhängig vom Alter der zugrunde liegenden Entscheidung nur nach vorheriger Beschwerde möglich wäre – noch dazu, weil ein Erfolg der Beschwerde keine Voraussetzung ist. Beschlüssen eine stärkere Bindungswirkung als Urteilen für die Spruchpraxis der Prüfstelle zuzuerkennen, wäre verfehlt. Spätestens **nach Eintritt der Verjährung** – und in jedem Fall im Rahmen der Prüfung einer möglichen Folgeindizierung nach Ablauf von 25 Jahren – dürfte die **Prüfstelle** auch im Falle der ursprünglichen Indizierung aufgrund eines gerichtlichen Beschlusses eine **neue Bewertung des Mediums** vornehmen können.

IV. Antrag auf Listenstreichung

Eine Streichung von Medien aus der Liste jugendgefährdender Medien ist auch **auf Initiative der wirtschaftlich Berechtigten** durch einen Antrag auf Listenstreichung möglich.   158

1. Verfahren

a) Allgemein

Antragsberechtigt sind die in § 21 Abs. 7 JuSchG genannten Personen, also die Urheberin oder der Urheber, die Inhaberin oder der Inhaber der Nutzungsrechte sowie bei Telemedien der Anbieter. Die Möglichkeit einer Listenstreichung auf Antrag ergibt sich – etwas verklausuliert – aus § 21 Abs. 2 und Abs. 10 Nr. 2 JuSchG.   159

Ein entsprechender Antrag auf Listenstreichung ist formlos möglich, auch wenn die Antragstellerinnen und Antragsteller üblicherweise ihr Begehren begründen. Der Antrag hat entsprechend § 18 Abs. 7 JuSchG Erfolg, wenn die Voraussetzungen für eine Aufnahme nicht mehr vorliegen. Somit ist eine erneute Beurteilung des jugendschutzrechtlich relevanten Inhalts erforderlich, grundsätzlich also eine **Befassung durch das 12er-Gremium** (hierzu → Rn. 30 ff.).   160

Nach **Ablauf von zehn Jahren** kann die Prüfstelle gem. § 18 Abs. 4 JuSchG aber auch eine **Listenstreichung im vereinfachten Verfahren** beschließen, also hierüber im **3er-Gremium** entscheiden (hierzu → Rn. 64 ff.). Anträge auf eine Listenstreichung im vereinfachten Verfahren sind schriftlich zu begründen. Die Begründung muss auf die in   161

---

94 Ausf. *Schwiddessen* MMR 2012, 515.
95 BT-Drs. 19/24909, 54.

der Entscheidung benannten Punkte der Jugendgefährdung eingehen (§ 10 Abs. 3 S. 2 DVO-JuSchG). Andernfalls kann die oder der Vorsitzende eine erneute Befassung ablehnen und veranlassen, dass die Prüfstelle nicht tätig wird. Ansonsten entspricht das Verfahren dem der Listenaufnahme. Insbes. ist daher Einstimmigkeit erforderlich. Bei **Uneinigkeit** über die Frage der Listenstreichung geht die Sache an das **12er-Gremium.**

b) Besonderheiten im Fall einer die Indizierung begründenden gerichtlichen Entscheidung

162 Durch die Einfügung von § 18 Abs. 5 S. 2 JuSchG hat der Gesetzgeber nunmehr festgestellt, dass – in Abkehr zur bisherigen Auffassung der BPjM[96] – auch aufgrund von § 18 Abs. 5 JuSchG indizierte Medien einer Überprüfung durch die Prüfstelle grundsätzlich zugänglich sind, jedoch zur Vermeidung divergierender Entscheidungen die **Überprüfung gerichtlicher Beschlüsse erst erfolgen** soll, wenn **sämtliche strafprozessualen Rechtsmittel erschöpft** sind (→ Rn. 157).

163 Zur Vorbereitung eines Listenstreichungsverfahrens hat der Antragsteller in dieser Konstellation somit **zusätzliche rechtliche Schritte** zu ergreifen. Für den praxisrelevanten Fall, dass die Indizierung ursprünglich aufgrund eines **Beschlagnahmebeschlusses** erfolgte, ist daher – so auch die Gesetzesbegründung – gegen den Beschluss zunächst **Beschwerde gem. § 304 StPO** einzulegen.[97] Beschwerdeberechtigt ist dabei, auch wenn der Beschlagnahmebeschluss an einen Dritten gerichtet ist, (auch) der aktuelle Rechtsinhaber. Unklar ist, ob ein entsprechender Antrag weiterhin erforderlich ist, wenn der **Beschluss zwischenzeitlich verjährt** ist (→ Rn. 157). Dies ist in der Praxis nicht unproblematisch.[98]

2. Kostenpflichtigkeit des Verfahrens

a) Allgemein

164 **§ 21 Abs. 10 Nr. 2 JuSchG** sieht vor, dass die **Bundesprüfstelle** für Listenstreichungen, die auf Antrag der wirtschaftlich Berechtigten erfolgen, **Gebühren und Auslagen erheben kann.** Von dieser Möglichkeit wurde in der Vergangenheit auch in der Praxis Gebrauch gemacht, wobei die konkreten Gebühren und Auslagen seitens des BMFSFJ in der **GebO-BPjM** geregelt wurden.

b) Überarbeitung der GebO-BPjM

165 Im Zuge der Novellierung des JuSchG ist die **GebO-BPjM unangetastet geblieben,** obwohl diese bereits **zum 1.10.2021 aufgehoben wird.**[99] Die Bundeszentrale bzw. das BMFSFJ werden sich somit in naher Zukunft mit der Frage der Kostenpflichtigkeit des Antrags auf Listenstreichung befassen müssen. Hierbei wird va zu berücksichtigen sein, dass die **Kostenerhebung** von der **Literatur durchaus kritisch** gesehen wird – insbes. der Umstand der Kostenerhebung im Fall eines erfolgreichen Antrags. So wird angeführt, dass hier der Staat Geld daran verdiene, dass er einen Zustand beende,

---

96 Vgl. *Monssen-Engberding/Liesching* BPjM-Aktuell 4/2008, 3 (11).
97 Vgl. BT-Drs. 19/24909, 54.
98 Vgl. hierzu etwa: *Schwiddessen* MMR 2012, 515 (518 f.).
99 Vgl. Art. 4 Abs. 34 sowie Art. 7 Abs. 3 des Gesetzes zur Aktualisierung der Strukturreform des Gebührenrechts des Bundes (BGBl. 2016 I 1666).

den er selbst nicht nur herbeigeführt habe, sondern zu dessen Beendigung er – angesichts § 18 Abs. 7 S. 1 JuSchG (→ Rn. 166 ff.) – auch ohne Antrag verpflichtet wäre.[100]

V. Listenstreichung bei Wegfall der Indizierungsvoraussetzungen

Ein zwingendes Antragserfordernis für Listenstreichungen sieht das Jugendschutzgesetz nicht vor. Vielmehr sind gem. § 18 Abs. 7 S. 1 JuSchG Medien **von Amts wegen** von der Liste jugendgefährdender Medien **zu streichen**, wenn die **Voraussetzungen für eine Aufnahme nicht mehr vorliegen.** Dies ist mit Blick auf die mit einer Indizierung verbundenen weitgehenden Beschränkungen verfassungsrechtlich konsequent, da die mit diesen Beschränkungen einhergehenden Grundrechtseingriffe nur so lange verhältnismäßig bzw. gerechtfertigt sind, wie tatsächlich auch eine Jugendgefährdung vorliegt.[101]   166

In der Vergangenheit kam nach der **Spruchpraxis der BPjM** eine Listenstreichung mangels (weiter) bestehender Jugendgefährdung etwa in Betracht, wenn   167

- der Inhalt als nicht jugendaffin angesehen wird,
- der Inhalt so gestaltet ist, dass der oder die typischen Sympathieträger sich nicht als Identifikationsmodell anbieten,
- Nachahmungseffekte nicht zu vermuten sind,
- Gewaltdarstellungen als übertrieben, aufgesetzt, abschreckend und/oder nicht realitätsnah eingestuft werden können,
- die Anwendung von Gewalt sich innerhalb des rechtlich zulässigen Rahmens (zB Notwehr) bewegt bzw. die Anwendung von Gewalt im Prinzip abgelehnt wird.[102]

Eine **Listenstreichung gem. § 18 Abs. 7 S. 1 JuSchG** ist jedoch nicht nur jederzeit von Amts wegen möglich, sondern **jedenfalls in evidenten Fällen auch geboten.** Dies wird etwa der Fall sein, wenn ein Medium von der Liste jugendgefährdender Medien – etwa infolge eines erfolgreichen Listenstreichungsantrags – gestrichen wird und damit das Fortbestehen einer Jugendgefährdung hinsichtlich weiterer, (wesentlich) inhaltsgleicher Versionen bzw. Fassungen dieses Mediums zumindest in Zweifel gezogen werden muss.   168

G. Fazit und Ausblick

Das Indizierungsverfahren bleibt weiterhin ein ebenso **zentrales wie effektives Kerninstrument** des Jugendmedienschutzes. Das Ziel, die Indizierungsverfahren zu beschleunigen, dürfte der Bund durch die Gesetzesänderungen – etwa durch die Erweiterung der antragsberechtigten Stellen – wohl auch erreichen.   169

Ob ihm jedoch die angestrebte „Anpassung der Indizierungspraxis an das digitale Zeitalter" gelungen ist, bleibt fraglich. So vermitteln die Änderungen den Eindruck,   170

---

100   Vgl. Löffler/*Altenhain* JuSchG § 21 Rn. 51; *Stumpf* Jugendschutz S. 409 ff., hält bereits sogar die Ermächtigung zur Erhebung von Gebühren bei erfolgreichen Anträgen für verfassungswidrig.
101   Vgl. Nikles/Roll/Spürck/Erdemir/Gutknecht/*Roll* JuSchG § 18 Rn. 18; Löffler/*Altenhain* JuSchG § 18 Rn. 107.
102   Vgl. *Monssen-Engberding/Liesching* BPjM-Aktuell 4/2008, 3 (4).

dass der Bund – wohl auch aufgrund anderer, konfliktreicherer Neuerungen in der Gesetzesnovellierung – die Gelegenheit ungenutzt gelassen hat, die bestehenden Regelungen zum Indizierungsverfahren grundlegend zu reformieren und bekannte Probleme und Fragen zu adressieren. Weiterhin bleibt es bei zahlreichen Unklarheiten, wie die Normen auszulegen und anzuwenden sind, sodass **weiterer Handlungsbedarf** angezeigt bleibt:

- Trotz Ausführungen in der Gesetzesbegründung bleibt jedenfalls auf Grundlage des Normwortlauts unklar, ob – so wie es etwa § 10b JuSchG ausdrücklich verlangt – auch **außerhalb des Inhalts liegende Umstände** bei der Prüfung einer Jugendgefährdung zukünftig einbezogen werden können (→ Rn. 38 ff.).
- Versäumt wurde bislang, sich mit dem **Regelbeispielskatalog in § 18 Abs. 1 S. 1 JuSchG** (→ Rn. 36) oder den zu **berücksichtigenden Vorschriften des Strafgesetzbuches** kritisch auseinanderzusetzen (→ Rn. 79). Das wäre nicht zuletzt aus Gründen der Normklarheit und Kohärenz wünschenswert gewesen.
- Um das Indizierungsverfahren möglichst nachvollziehbar und transparent zu halten und für den öffentlichen wie fachlichen Diskurs zu öffnen, wäre die Entwicklung eines zentralen und allgemein zugänglichen **Beurteilungskatalogs für die Prüfstelle** (→ Rn. 37) angezeigt. Hier könnte die BzKJ auch den neu geschaffenen Beirat einbeziehen.
- Praktische Fragen wirft weiterhin insbes. der **Umgang mit Beschlagnahme- und Einziehungsbeschlüssen** im Rahmen des Indizierungsverfahrens auf. Der Wortlaut des **§ 18 Abs. 5 und 5a JuSchG** stellt (lediglich) auf das Ergehen bzw. die Aufhebung von rechtskräftigen gerichtlichen Entscheidungen ab; auch die Begründung verschafft hier wenig Klarheit (→ Rn. 81, 151 ff.).
- Erforderliche Anpassungen der Regelungen der **DVO-JuSchG** (→ Rn. 49) sowie der **GebO-BPjM** (→ Rn. 165) stehen noch aus.
- Die Überarbeitung zT bereits bestehender **Mitteilungspflichten** seitens der Staatsanwaltschaften bzw. (Straf-)Gerichte zur Vermeidung widersprüchlicher Entscheidungen erscheint sinnvoll (→ Rn. 84 f.).

171 Angesichts ua der veränderten Listenführung sind zudem auch die **Länder** ihrerseits aufgefordert, zum Zwecke der Schaffung eines möglichst kohärenten jugendmedienschutzrechtlichen Rahmens insbes. die **Regelungen des § 4 JMStV mit Bezügen zur Indizierung zu überarbeiten** und an die geänderte Listenführung (→ Rn. 131 ff.) anzupassen.

§ 7 Bundeszentrale für Kinder- und Jugendmedienschutz

Literatur: *Arnold,* Medienföderalismus: Geschichte der Auslöser und Auswege für Kompetenzstreite, in Eifert/Gostomzyk (Hrsg.), Medienföderalismus, 2018, S. 23 (zit.: *Arnold* in Medienföderalismus); *BMFSFJ,* Reform des Jugendschutzgesetzes tritt in Kraft, Pressemitteilung vom 30.4.2021, abrufbar unter https://www.bmfsfj.de/bmfsfj/aktuelles/alle-meldungen/reform-des-ju gendschutzgesetzes-tritt-in-kraft-161184; *BMFSFJ,* Sebastian Gutknecht als erster Direktor im Amt eingeführt, Pressemitteilung vom 9.6.2021, abrufbar unter https://www.bzkj.de/bzkj/servic e/alle-meldungen/sebastian-gutknecht-als-erster-direktor-im-amt-eingefuehrt-181976; *Brüggen/ Dreyer/Gebel/Lauber/Müller/Stecher,* Gefährdungsatlas, 2019 (zit.: *Brüggen* et. al. 2019); *Bundesprüfstelle für jugendgefährdende Medien,* Die ZUKUNFTSWERKSTATT als Teil der gesetzlichen Gesamtstrategie, BPJM-Aktuell 2/2021, 18 (18); *Degenhart,* Staatsferne der Medienaufsicht – Rechtsgutachten, 2020, abrufbar unter https://www.die-medienanstalten.de/fileadmin/us er_upload/die_medienanstalten/Ueber_uns/Positionen/20200909_Staatsferne_der_Medienaufsic ht.pdf (zit.: *Degenhart* Rechtsgutachten); *Deutscher Bundesjugendring,* Stellungnahme vom 4.3.2020 zum Entwurf des 2. Gesetzes zur Änderung des Jugendschutzgesetzes, abrufbar unter https://www.dbjr.de/fileadmin/Stellungnahmen/2020/DBJR-Stellungnahme-JuSchG-2020.pdf (zit.: Stellungnahme des Bundesjugendrings vom 4.3.2020); *Deutscher Bundestag,* Dokumentation Wissenschaftliche Dienste: Die gemäß § 17 JuSchG-E geplante Bundeszentrale für Kinder- und Jugendmedienschutz als Aufsichtsbehörde zur Überprüfung von Vorsorgemaßnahmen mit Blick auf den Grundsatz der Staatsferne der Medienaufsicht, WD 10–3000–046/20, 2020, abrufbar unter https://www.bundestag.de/resource/blob/812674/9b9e5b51f85bde81bcfa136ae0d3 e72a/WD-10-046-20-pdf-data.pdf (zit.: WD 10–3000–046/20); *Die Medienanstalten,* Positionspapier der Landesmedienanstalten zum Jugendmedienschutz. Zukunftsfähiger Kinder- und Jugendmedienschutz – Kräfte bündeln, vernetzt agieren, Risiken minimieren, 2019, abrufbar unter https://www.die-medienanstalten.de/fileadmin/user_upload/die_medienanstalten/Ueber_uns/Posi tionen/2019_05_19_Position_der_Landesmedienanstalten_zum_Jugendmedienschutz.pdf (zit.: *Die Medienanstalten,* Positionspapier); *Die Medienanstalten,* Stellungnahme der Medienanstalten zum Entwurf eines Zweiten Gesetzes zur Änderung des Jugendschutzgesetzes vom 6. März 2020, abrufbar unter https://www.die-medienanstalten.de/fileadmin/user_upload/die_medienans talten/Ueber_uns/Positionen/2020_03_06_Stellungnahme_Medienanstalten_2.JuSchGAEndG_0 1.pdf (zit.: *Die Medienanstalten,* Stellungnahme); *Dreyer/Schulz,* Schriftliche Stellungnahme zu dem Entwurf eines Zweiten Gesetzes zur Änderung des Jugendschutzgesetzes, 2020, abrufbar unter https://www.hans-bredow-institut.de/uploads/media/default/cms/media/rrfjs70_HBI_Stellu ngnahme_JuSchG-E-1.pdf (zit.: *Dreyer/Schulz,* Schriftliche Stellungnahme); *Eifert,* Aufsicht über angemessene Vorsorgemaßnahmen des Jugendschutzes bei sozialen Netzwerken als zulässige Verwaltungsaufgabe – Rechtliches Kurzgutachten für das Bundesministerium für Familie, Senioren, Frauen und Jugend, 2020 (zit.: *Eifert* Kurzgutachten); *Erdemir,* Entwurf eines neuen Jugendschutzgesetzes. Husarenstück oder kompetenzüberschreitende Verstaatlichung des Jugendmedienschutzes?, ZRP 2021, 53; *Frey/Dankert,* Konkurrenz statt Kohärenz im Jugendmedienschutz?, CR 2020, 626; *FSF/FSM,* „Gut gemeint, aber noch nicht gut!" – Das Ziel eines modernen Jugendschutzes ist mit Inkrafttreten des neuen Jugendschutzgesetzes noch nicht erreicht, Pressemitteilung vom 30.4.2021, abrufbar unter https://fsf.de/fsf-kompakt/fuer-die-presse/presse archiv/neues-juschg-zum-1-mai-2021/?no_cache=1&sword_list%5B0%5D=jugendschutzgesetz &cHash=b42a33bfa052c8f4c0f0bcc3dec1057a; *Gonzáles/Heinen/Croll,* Kinderrechte im neuen Jugendschutzgesetz – Elisabeth Ávila Gonzáles, Christina Heinen im Gespräch mit Jutta Croll, tv diskurs webklusiv vom 4.5.2021, abrufbar unter https://tvdiskurs.de/beitrag/kinderrechte-im- neuen-jugendschutzgesetz/ (zit.: *Gonzáles/Heinen/Croll* tv diskurs webklusiv 2021); *Hannak/ Salzmann,* Zukunftswerkstatt zur Weiterentwicklung des Kinder- und Jugendmedienschutzes bei der BPJM, KJug 2018, 45; *Hartlieb,* Gesetz zur Neuregelung des Jugendschutzes in der Öffentlichkeit, NJW 1985, 830; *Herberger,* Ein digitales Update für das Jugendschutzgesetz, FuR 2021, 286; *Hilgert/Sümmermann,* Von Inhalt zu Interaktion: Neuerungen im Jugendschutzrecht, K&R 2021, 297; *Hopf/Braml,* Die Entwicklung des Jugendmedienschutzes 2019, ZUM 2020, 312; *Hopf/Braml,* Die Entwicklung des Jugendmedienschutzes 2020, ZUM 2021, 421;

Junge, Jugendmedienschutz in der Bundesrepublik Deutschland (ab 1949), in Friedrichs/Junge/
Sander (Hrsg.), Jugendmedienschutz in Deutschland, 2013, S. 41 (zit.: *Junge* Jugendmedien-
schutz in Deutschland); *Kment/Vorwalter,* Beurteilungsspielraum und Ermessen, JuS 2015, 193;
Krause, Kinder und ihre Rechte im digitalen Raum schützen, KJug 2021, 66; *Langenfeld,* Die
Neuordnung des Jugendschutzes im Internet, MMR 2003, 303; *Liesching,* Das neue Jugend-
schutzgesetz, NJW 2002, 3281; *Liesching/Zschammer,* Das reformierte Jugendschutzgesetz,
JMS-Report 3/2021, 2; *Paulus/Nölscher,* Rundfunkbegriff und Staatsferne im Konvergenzzeital-
ter, ZUM 2017, 177; *Rossen-Stadtfeld,* Jugendschutz durch JMStV und JuSchG: Wie lassen sich
die Wertungen dynamisch harmonisieren?, in Eifert/Gostomzyk (Hrsg.), Medienföderalismus
S. 165 (zit.: *Rossen-Stadtfeld* in Medienföderalismus); *Stettner,* Der neue Jugendmedienschutz-
Staatsvertrag, ZUM 2003, 452; *Stiftung digitale Chancen,* Neuer Jugendmedienschutz: PARTI-
ZIPATION von Kindern wird großgeschrieben!, Pressemitteilung vom 5.3.2021, abrufbar unter
https://www.digitale-chancen.de/content/presse/stories.cfm/rss.1/key.419/lang.1; *Waldeck,* Wer
darf? Wer muss? Wer sollte? Zur Frage der Gesetzgebungskompetenzen im Bereich des Jugendmedienschutzes, KJug 2019, 23.

A. Einführung	1	
B. Der Weg hin zur Bundeszentrale	3	
I. Die Vorläuferinnen – BPjS und BPjM	4	
1. Die Bundesprüfstelle für jugend-		
gefährdende Schriften (BPjS)	5	
2. Die Bundesprüfstelle für jugend-		
gefährdende Medien (BPjM)	7	
II. Gründe der Umstrukturierung hin		
zur Bundeszentrale	8	
C. Die Bundeszentrale: Struktur, Aufbau		
und Aufgaben	10	
I. Struktur und Aufbau	11	
1. Behördenleitung	12	
2. Fachreferate	13	
3. Beirat, § 17b JuSchG	15	
a) Ursprung des Konzepts der		
Beteiligung von Kindern und		
Jugendlichen	18	
b) Personelle Besetzung	19	
c) Aufgaben	22	
4. Prüfstelle für jugendgefährdende		
Medien, § 19 JuSchG	26	
a) Personelle Besetzung,		
§ 19 Abs. 1 JuSchG	27	
b) Entscheidungsgremien,		
§ 19 Abs. 5 JuSchG	33	
II. Finanzielle Ausgestaltung	37	
III. Aufgaben	42	
1. Unterhaltung einer Prüfstelle		
§ 17a Abs. 1 JuSchG und Listen-		
führung, § 18 Abs. 1 JuSchG	43	
2. Förderung der Weiterentwicklung		
des Kinder- und Jugendmedien-		
schutzes durch geeignete Maß-		
nahmen, § 17a Abs. 2 Nr. 1–3		
JuSchG	46	
a) Förderung einer gemeinsamen		
Verantwortungsübernahme		
(Nr. 1)	48	
b) Nutzbarmachung der Spruch-		
praxis der Prüfstelle (Nr. 2)	50	
c) Informationsaustausch über		
die Spruchpraxis weiterer		
Institutionen (Nr. 3)	52	
3. Aufsichtsbefugnis, § 17a Abs. 3		
JuSchG iVm § 24b JuSchG	54	
a) Überprüfung der Vorsorge-		
maßnahmen	55	
b) Das dialogische Verfahren,		
§ 24b Abs. 3 JuSchG	63	
c) Formelle Rechtsdurchsetzung	72	
d) Einklang mit höherrangigem		
Recht	74	
D. Rechtsschutz gegen Entscheidungen der		
Bundeszentrale	79	
I. Zulässigkeit im Klageverfahren	80	
1. Indizierungsverfahren	81	
2. Aufsichtsverfahren	86	
II. Bußgeldverfahren	88	
E. Fazit und Ausblick	90	

A. Einführung

1 Die Bundeszentrale für Kinder- und Jugendmedienschutz (BzKJ – im Folgenden
„Bundeszentrale") wurde durch die Änderungen im neuen Jugendschutzgesetz
(JuSchG) neu organisiert. Sie stellt die Nachfolgerin der Bundesprüfstelle für jugend-
gefährdende Medien dar, es erfolgte neben einer Umbenennung jedoch auch eine
Umstrukturierung. Diese Neuordnung der Bundeszentrale ist eine der zentralen Än-
derungen im neuen Jugendschutzgesetz.

Es handelt sich bei der Bundeszentrale um eine **selbstständige Bundesoberbehörde** 2
mit Sitz in Bonn, die im nachgeordneten Geschäftsbereich des Bundesministeriums
für Familie, Senioren, Frauen und Jugend (BMFSFJ) angesiedelt ist (§ 17 Abs. 1
JuSchG). Die Befugnis zu ihrer Errichtung seitens des Bundes ergibt sich aus Art. 87
Abs. 3 S. 1 GG, da es sich um eine zu regelnde Angelegenheit handelt, für die dem
Bund die Gesetzgebungskompetenz zugewiesen ist.[1]

B. Der Weg hin zur Bundeszentrale

Mit der jüngsten Gesetzesnovellierung des Jugendschutzgesetzes und der enthaltenen 3
Umstrukturierung der Bundesoberbehörde qua Gesetz (§ 17 Abs. 1 JuSchG) soll der
veränderten Lebenswelt von Kindern und Jugendlichen Rechnung getragen werden.[2]
Dies ist kein neues Phänomen: Es handelt sich um die **zweite Umbenennung** der Behörde seit ihrer Errichtung durch das Gesetz zur Verbreitung jugendgefährdender
Schriften (GjS) vom 9.6.1953[3] und allen Änderungen über die Zeit war gemein, dass
sie die veränderten technischen und rechtlichen Gegebenheiten ihrer Zeit widerspie-
geln, sie also jeweils eine reaktive Anpassung an die sich **wandelnden Lebensrealitä-
ten** darstellten. Um diesen Entwicklungsprozess nachvollziehen zu können, sollte der
historische Hintergrund betrachtet werden.

I. Die Vorläuferinnen – BPjS und BPjM

Die Bundeszentrale steht in **direkter Nachfolge** der Bundesprüfstelle für jugendge- 4
fährdende Medien (BPjM), welche wiederum aus der Bundesprüfstelle für jugendgefährdende Schriften (BPjS) hervorgegangen ist.

1. Die Bundesprüfstelle für jugendgefährdende Schriften (BPjS)

In der frühen Nachkriegszeit bestand eine gewisse Skepsis bezüglich einer zentralen 5
Regulierung der Medien, so auch bei der Errichtung einer einheitlichen staatlichen
Aufsichtsbehörde.[4] Erst im Jahr 1951 wurde mit dem „Gesetz zum Schutze der Jugend in der Öffentlichkeit" (JÖSchG) eine bundesweite Regelung zu Altersfreigaben
für öffentliche Filmveranstaltungen getroffen.[5]

Anfang der 1950er Jahre sahen Teile der Gesellschaft in Comics und anderen „Aus- 6
wüchsen des Druckschriftenwesens" neue Gefahren für den Jugendschutz heraufzie-
hen und es wuchs bereits kurz nach der Verabschiedung des JÖSchG der Druck auf
den Gesetzgeber, eine entsprechende Jugendmedienschutzregulierung bzgl. dieser bis-

---

1   Siehe BVerfGE 31, 113 (117). Dieses Urteil bezieht sich jedoch auf die damalige Bundesprüfstelle für jugend-
    gefährdende Schriften. Durch die Novellierung tangiert die Bundesoberbehörde aber nunmehr auch deutli-
    cher Länderzuständigkeiten (→ Rn. 75), so dass eine Errichtungsbefugnis für diese Bereiche zumindest hinter-
    fragt werden muss.
2   Zu den neuen Schutzzielen → § 2 Rn. 15 ff.
3   BGBl. 1953 I 377.
4   *Junge* Jugendmedienschutz in Deutschland S. 41 (41 ff.); zu den Gründen s. *Arnold* in Medienföderalismus
    S. 23 (23 ff.); zu dem gesetzlichen Vorläufer aus dem Deutschen Reich s. *Löffler/Altenhain* JuSchG Einl. Rn. 2.
5   Das JÖSchG wurde in den 1980er Jahren novelliert und eine Altersfreigabe für Videofilme und vergleichbare
    Bildträger aufgenommen, siehe zur Novellierung und den Auswirkungen auf die BPjS vgl. *Hartlieb* NJW
    1985, 830 (832).

lang nicht umfassten Druckerzeugnisse zu treffen.[6] So wurde im Jahr 1953 das „Gesetz über die Verbreitung jugendgefährdender Schriften" (GjS) erlassen.[7] Das GjS sah überdies erstmals die Errichtung einer „Bundesprüfstelle für jugendgefährdende Schriften" (BPjS) vor, die gem. § 8 GjS eine Indizierungsliste führen sollte (§§ 1, 11 GjS). Diese **Bundesprüfstelle** wurde als kollegial zusammengesetzte und kollegial entscheidende Bundesoberbehörde errichtet, die der Dienstaufsicht des Bundesministeriums des Innern unterstand (§ 9 GjS).[8] Sie nahm im Jahr 1954 ihre Arbeit auf. Im Jahr 1967 ging die Zuständigkeit der Dienstaufsicht auf das Bundesministerium für Jugend und Familie über.[9] Mit Inkrafttreten des „Informations- und Kommunikationsdienste-Gesetzes" (IuKDG) im Jahr 1997 wurde der Zuständigkeitsbereich der Bundesprüfstelle auf sog. „Teledienste" erweitert[10] und das GjS mit dem Zusatz „und Medieninhalte" (GjSM) versehen.[11] Im Vorfeld dieser Änderungen traten bereits erhebliche Kompetenz- und Zuständigkeitsstreitigkeiten bzgl. der verschiedenen Mediensparten auf, die sich bis heute fortsetzen.[12]

2. Die Bundesprüfstelle für jugendgefährdende Medien (BPjM)

7 Der ab den 1990er Jahren fortschreitenden Digitalisierung und den damit zusammenhängenden Gefahren für Kinder und Jugendliche begegnete der Gesetzgeber mit Erlass des **Jugendschutzgesetzes** (JuSchG), welches am 1.4.2003 in Kraft trat.[13] Mit diesem wurden die medienrechtlichen Bestimmungen des JÖSchG und des GjS zusammengefasst und modernisiert, auch um einer Zersplitterung der Jugendschutzregeln entgegen zu wirken.[14] Zudem wurde der Kompetenz- und Zuständigkeitsstreit zwischen Bund und Ländern im Zuge dessen durch einen Kompromiss beigelegt, der eine Zuständigkeit nach den unterschiedlichen Verbreitungswegen vorsah.[15] Das damalige neue Jugendschutzgesetz sah gem. § 17 JuSchG die Errichtung einer „Bundesprüfstelle für jugendgefährdende Medien" (BPjM) vor. Im Vergleich zur vorherigen BPjS wurde der BPjM ein erweiterter Zuständigkeitsbereich zugewiesen, was sich auch in der Namensgebung zeigen sollte. Die **Begriffsbestimmungen** wurden verschlankt: Aus „Schriften", „Mediendiensten" und „Telediensten" wurden „Trägermedien" und „Telemedien".[16] Unter den Begriff der Trägermedien konnten nunmehr auch Computerspiele und Bildschirmspielgeräte subsumiert und einer Alterskennzeichnung sowie einer Indizierung zugänglich gemacht werden. Die Zuständigkeit erstreckte sich seitdem also neben den Offline-Medien auf den gesamten Online-Bereich, jedoch mit Ausnahme des Rundfunks. Auffällig war die Bemühung, eine kongruente und einheitliche Regelung im Einvernehmen mit den Bundesländern zu finden. So wurde ex-

---

6 BT-Drs. 1/1101, 8.
7 BGBl. 1953 I 377. Auch das GjS erfuhr im Laufe der Zeit einige Änderungen, vgl. Löffler/*Altenhain* JuSchG Einl. Rn. 4 ff.
8 *Junge* Jugendmedienschutz in Deutschland S. 41 (44); Erbs/Kohlhaas/*Liesching* JuSchG § 17 Rn. 1.
9 BGBl. 1967 I 525.
10 BGBl. 1997 I 1870; *Junge* Jugendmedienschutz in Deutschland S. 41 (54).
11 Löffler/*Altenhain* JuSchG Einl. Rn. 6.
12 Vgl. BT-Drs. 13/7385, 64, 73.
13 BT-Drs. 40/9013; *Junge* Jugendmedienschutz in Deutschland, S. 41 (55).
14 BT-Drs. 40/9013, 1; Löffler/*Altenhain* Einl. JuSchG Rn. 7.
15 Vgl. zum Kompromiss Löffler/*Altenhain* JuSchG Einl. Rn. 7 mwN und zur Entstehung *Ukrow* JugendschutzR S. 14 ff.
16 Zur Begriffsbestimmung vgl. BT-Drs. 40/9013, 17 f.

Ehls

plizit darauf geachtet, dass die zwischen Bund und Ländern abgestimmten Regelungen für die Länderzuständigkeiten zeitgleich mit dem neuen JuSchG in Kraft traten. Dies entfaltete unabhängig der vorangegangenen Streitigkeiten zumindest nach außen eine entsprechende Symbolkraft. Auch wurde ausdrücklich die Länderzuständigkeit im Rundfunkbereich hervorgehoben. So bekam die BPjM im Gegensatz zur BPjS zwar einen umfangreicheren gesetzlichen Auftrag übertragen, ohne aber die **föderalen Zuständigkeiten** zu übergehen und ohne das Ziel aus dem Blick zu verlieren, die jugendschutzrechtlichen Regelungen zu vereinheitlichen und zu vereinfachen. Auch wenn hierfür zuvor umfangreiche Gespräche zwischen Bund und Ländern geführt werden mussten, führten diese schließlich zu einem Kompromiss.[17] Dieser zeigt sich auch in der Errichtung der Kommission für Jugendmedienschutz der Landesmedienanstalten (KJM) durch die Länder, wodurch die Aufsichtsstrukturen verschlankt und die Selbstkontrolleinrichtungen gestärkt wurden.

II. Gründe der Umstrukturierung hin zur Bundeszentrale

Der vordringliche Grund für die Umstrukturierung der BPjM hin zur jetzigen Bundeszentrale im Speziellen, aber auch der Gesetzesnovellierung des Jugendschutzgesetzes im Allgemeinen, liegt für den Gesetzgeber in dem „fundamental geänderten Mediennutzungsverhalten von Kindern und Jugendlichen seit der letzten Neuordnung des Jugendmedienschutzes in Deutschland im Jahr 2003, den neuen, aus der Interaktion rührenden Gefährdungsdimensionen und der rasant fortschreitenden **Medienkonvergenz**".[18] Diese geänderte Ausgangssituation (→ § 1 Rn. 4 ff.) stellt andere Herausforderungen an den Schutz- und Fürsorgeauftrag des Staates gegenüber Kindern und Jugendlichen als dies noch bei der letzten Gesetzesnovelle der Fall war. 8

Es bedarf nunmehr zusätzlich einer **Befähigung und Teilhabe** von Kindern und Jugendlichen im Umgang mit Medien. Diese Herangehensweise wird auch in den neuen Schutzzielen in § 10a JuSchG formuliert (→ § 2 Rn. 29 ff.), wo von „Förderung von Orientierung" gesprochen wird. Gesetzlich schlägt sich dieser neue Auftrag in § 17a JuSchG nieder. Hiernach obliegt der Bundesoberbehörde laut dem ersten Absatz weiterhin die Fortführung des bisherigen Auftrags der BPjM. Es treten „Maßnahmen zur Weiterentwicklung des Kinder- und Jugendmedienschutzes durch die Förderung einer gemeinsamen Verantwortungsübernahme von Staat, Wirtschaft und Zivilgesellschaft zur Koordinierung einer Gesamtstrategie, die Nutzbarmachung und Weiterentwicklung der aus der Gesamtheit der Spruchpraxis der Prüfstelle abzuleitenden Erkenntnisse sowie einen regelmäßigen institutionellen Informationsaustausch"[19] hinzu (Absatz 2). Außerdem „zählt die Aufsicht über die in § 24a normierten Anbietervorsorgemaßnahmen (Absatz 3) sowie eine Fördertätigkeit zur Unterstützung der Aufgaben aus Absatz 2 (Absatz 4)"[20] nunmehr zu den gesetzlichen Aufgaben der Bundeszentrale. Dieser erweiterte Aufgabenkreis geht deutlich über die indizierungsrelevante Prü- 9

---

17 BT-Drs. 14/9013, 13 ff.; *Ukrow* JugendschutzR S. 14 ff.; *Liesching* NJW 2002, 3281 (3281).
18 BT-Drs. 19/24909, 18.
19 BT-Drs. 19/24909, 36.
20 BT-Drs. 19/24909, 36.

fung von Medien hinaus und gründet sich ua auf die neu formulierten Schutzziele[21], so dass es auch einer Verwaltungsmodernisierung, mithin einer Erweiterung der bestehenden Organisationsstruktur bedarf (→ Rn. 11 ff.). Diese Umstrukturierung lässt eine Umbenennung folgerichtig erscheinen, die Bezeichnung „Bundeszentrale für Kinder- und Jugendmedienschutz" ist daher gelungen.

C. Die Bundeszentrale: Struktur, Aufbau und Aufgaben

10 Durch die Gesetzesnovellierung des JuSchG unterliegt die Bundeszentrale einem neuen Ansatz: Sie ist zum einen eine klassische Behörde mit Aufsichts- und Sanktionsfunktion, zum anderen wird ihr aber auch eine Förderfunktion zugewiesen, so dass ihr zukünftig auch eine Koordinierungsfunktion zukommt, die auch eine Beziehungsarbeit und -pflege über Deutschland hinaus umfasst. Die vormalige **Prüfstelle** BPjM wird in die Bundeszentrale eingegliedert und verliert ihren Status als eigene Bundesoberbehörde. Dies ist dem deutlich erweiterten Aufgabenspektrum der Bundeszentrale geschuldet, welches erhebliche organisatorische und personelle Umstrukturierungen mit sich bringt. So haben die Novellierungen im JuSchG insgesamt Auswirkungen auf die neue Bundeszentrale, da diese zum einen die neuen Regelungen in ihren Verwaltungsverfahren beachten und umsetzen muss, sich zum anderen aber auch neue Zuständigkeitsbefugnisse ergeben.[22] Zu nennen sind hier die Einführung eines einheitlichen Medienbegriffs[23] (→ § 2 Rn. 4 ff.), die Neujustierung der Schutzziele (→ § 2 Rn. 15 ff.), die Erweiterung der antragsberechtigten Stellen und eine Reformierung der Listenführung im Indizierungsverfahren[24] (→ § 6 Rn. 105 ff.), aber auch die Durchführung von Aufsichts- und Rechtsdurchsetzungspflichten gegenüber Plattformanbietern (→ Rn. 54 ff.). Durch diesen Umbau reagiert der Gesetzgeber auf die veränderte Medienwelt und verfolgt den Ansatz einer kohärenten Jugendmedienschutzregelung auch im Hinblick auf die fortschreitende Medienkonvergenz (→ § 1 Rn. 4 ff.). Zudem wurden europarechtliche Regelungen umgesetzt und eingearbeitet (→ § 9 Rn. 10 ff.).

I. Struktur und Aufbau

11 Die Bundeszentrale befindet sich aktuell in einer Phase des Aufbaus und der Anpassung an die neuen gesetzlichen Regelungen. Die grundlegende Struktur ist jedoch festgelegt und kann dem JuSchG sowie der Gesetzesbegründung entnommen werden. Wie aufgezeigt, handelt es sich bei der Bundeszentrale um eine selbstständige Bundesoberbehörde mit Sitz in Bonn. Die Umbenennung der ehemaligen „Bundesprüfstelle für jugendgefährdende Medien" in die „Bundeszentrale für Kinder- und Jugendmedi-

---

21 So auch *Hilgert/Sümmermann* K&R 2021, 297 (297).
22 Neben den neu hinzutretenden Normierungen muss die neu ausgestaltete Bundeszentrale aber natürlich auch die allgemeingültigen verfassungs- und verwaltungsrechtlichen Grundsätze beachten. Hierzu gehört auch das häufig im Zusammenhang mit der Indizierung angesprochene Zensurverbot (→ § 1 Rn. 25 ff.).
23 Sofern der vermeintlich „einheitliche" Medienbegriff für eine konvergente Ausgestaltung des JuSchG stehen soll, wird das gesetzgeberische Ziel verfehlt. Vielmehr handelt es sich hierbei lediglich um eine „gesetzgeberische Wortschöpfung" ohne praktische Relevanz, s. *Liesching/Zschammer* JMS-Report 3/2021, 2 (4); Stellungnahme der Medienanstalten S. 9.
24 Zu den Auswirkungen der Reformierung der Listenführung auf das Regime des JMStV siehe NK-JMStV/ *Erdemir* JMStV § 4 Rn. 196 und 215.

Ehls

enschutz" (vgl. § 17 Abs. 1 JuSchG) wurde mit Inkrafttreten der Gesetzesnovellierung am 1.5.2021 vollzogen. Die Bundeszentrale wird von einer Behördenleitung geführt und teilt sich in Fachreferate auf. Daneben bestehen Positionen für Spezialaufgaben (Datenschutz und IT-Sicherheit).

1. Behördenleitung

Die Behördenleitung wird durch eine Direktorin oder einen Direktor wahrgenommen 12 (§ 17 Abs. 2 JuSchG). Die Ernennung erfolgt durch das Bundesministerium für Familie, Senioren, Frauen und Jugend. Laut Gesetzesbegründung sollte die Behördenleitung die **Befähigung zum Richteramt** gem. § 5 DRiG aufweisen.[25] Der Grund hierfür liegt in dem zu verantwortenden Aufgabenbereich der Bundeszentrale: Rechtsfragen aus den Bereichen des nationalen Verwaltungs-, Ordnungswidrigkeiten-, und Verwaltungsvollstreckungsrechts sowie des Europarechts können beispielsweise im Rahmen der Aufsichtsfunktion gem. § 17a Abs. 3 JuSchG auftreten; aber auch der Prüfstellenvorsitz gem. § 19 Abs. 1 JuSchG, der durch die Behördenleitung selbst wahrgenommen werden kann, setzt Rechtskunde gem. § 5 DRiG voraus.[26] Zum 1.6.2021 wurde das Amt des Direktors an Sebastian Gutknecht übertragen.[27] Dieser war zuvor Geschäftsführer der Arbeitsgemeinschaft Kinder- und Jugendschutz Nordrhein-Westfalen und vertrat seit dem Jahr 2008 die obersten Landesjugendbehörden in der Kommission für Jugendmedienschutz.[28] Das Amt des stellvertretenden Direktors wurde dem zuvor stellvertretenden Behördenleiter der BPjM und stellvertretenden Vorsitzenden der Bundesprüfstelle Thomas Salzmann übertragen.[29]

2. Fachreferate

Die Bundeszentrale gliedert sich in **fünf** Fachreferate, die mit den gesetzlich normier- 13 ten Aufgaben (→ Rn. 42 ff.) betraut werden. Namentlich sind dies: Referat für zentrale Aufgaben (Referat Z), Referat für den gesetzlichen Jugendmedienschutz (Referat gJMS); Referat für die Weiterentwicklung des Kinder- und Jugendmedienschutzes, Prävention und Kommunikation (Referat WPK); Referat für Rechtsdurchsetzung (Referat RDS) und das Referat für Presse- und Öffentlichkeitsarbeit, Grundsatz und Strategie (Referat PÖGS).[30] Daneben sind zusätzlich Zuständigkeiten für IT-Sicherheit und Datenschutz eingeplant, die beide keinem speziellen Referat zugeordnet sind und somit jeweils einen eigenständigen Bereich innerhalb der Bundeszentrale verantworten. Im Gegensatz zur vormaligen BPjM wird die Behörde somit formal um ein Fachreferat – das der Rechtsdurchsetzung – erweitert. Dies schließt aber nicht aus, dass die einzelnen schon zuvor bestehenden Referate inhaltlich ebenfalls weiter ausgebaut werden.

---

25 BT-Drs. 19/24909, 50.
26 BT-Drs. 19/24909, 50.
27 Pressemitteilung des BMFSFJ vom 9.6.2021.
28 Pressemitteilung des BMFSFJ vom 9.6.2021.
29 Vgl. dazu das Organigramm der Bundeszentrale (abrufbar unter https://www.bzkj.de/bzkj/ueberuns/organig ramm) und der Bundesprüfstelle (abrufbar unter https://www.bzkj.de/resource/blob/147576/1c1df8595984 b0e03e55c401e9479c45/organisationsplan-01-02-2020-data.pdf).
30 S. dazu https://www.bzkj.de/bzkj/ueberuns/organigramm.

14   Ausweislich des Organisationsplans[31] der Bundeszentrale wird die Prüfstelle für jugendgefährdende Medien voraussichtlich im Bereich des Referats gJMS angesiedelt sein. Die Entscheidungsgremien sind zwar strukturell ebenfalls in diesem Zuständigkeitsbereich verortet, die Gremienmitglieder in ihren Entscheidungen aber nicht weisungsgebunden und zudem ehrenamtlich tätig.[32] Das **Referat Z** ist mit der Verwaltung und dem technischen Jugendschutz/IT betraut. Das **Referat WPK** übernimmt maßgeblich die Ausarbeitung der „Maßnahmen zur Weiterentwicklung des Kinder- und Jugendmedienschutzes durch die Förderung einer gemeinsamen Verantwortungsübernahme von Staat, Wirtschaft und Zivilgesellschaft zur Koordinierung einer Gesamtstrategie, die Nutzbarmachung und Weiterentwicklung der aus der Gesamtheit der Spruchpraxis der Prüfstelle abzuleitenden Erkenntnisse sowie einen regelmäßigen institutionellen Informationsaustausch".[33] Vorbehaltlich der tatsächlichen organisatorischen Ausgestaltung ist anzunehmen, dass innerhalb dieses Referats auch die bereits seit 2018 bei der BPjM eingerichtete Zukunftswerkstatt[34] (→ Rn. 48) sowie der Beirat (→ Rn. 15 ff.) verortet werden. Das **Referat RDS** übernimmt mit der Rechtsdurchsetzung die „Kernaufgabe der Bundeszentrale"[35] und ist so auch elementar für die Umsetzung des Aufsichtsauftrags aus § 24b JuSchG (→ Rn. 54 ff). Die Länder hingegen vertreten diesbezüglich eine andere Ansicht und sehen die Aufsicht über Vorsorgemaßnahmen insgesamt bei der zentralen Aufsichtsstelle der Länder für den Jugendmedienschutz (KJM).[36] Darüber hinaus bestehen Bedenken sowohl bezüglich der Kompetenz, des Europarechts als auch hinsichtlich des Gebots der Staatsferne (→ Rn. 74 ff.).

3. Beirat, § 17b JuSchG

15   Aus den Bestrebungen, den Kinder- und Jugendmedienschutz zu modernisieren, entstammt auch die Idee, eine Weiterentwicklung des Kinder- und Jugendmedienschutzes durch geeignete Maßnahmen zu fördern. Ausweislich der Gesetzesbegründung bedarf es hierfür eines „ganzheitlichen, interdisziplinären und kinderrechtlich determinierten Blickes unter Beteiligung von Kindern und Jugendlichen".[37] Diese Funktion soll der – durch die Novelle neu eingeführte – Beirat ausfüllen, „der das Wohl und die Interessen von Kindern und Jugendlichen und ihr Recht auf Schutz, Befähigung und Teilhabe in Bezug auf, in der Mediennutzungsrealität regelmäßig digitale, Medien in den Mittelpunkt stellt".[38]

---

31 Abrufbar unter https://www.bzkj.de/bzkj/ueberuns/organigramm.

32 Nikles/Roll/Spürck/Erdemir/Gutknecht/*Roll* JuSchG § 20 Rn. 5 ff.; Erbs/Kohlhaas/*Liesching* JuSchG § 19 Rn. 2; zur Zusammensetzung der Prüfstelle → Rn. 27 ff.

33 BT-Drs. 19/24909.

34 Mit der Zukunftswerkstatt wurde ein Strategieprozess angestoßen, der auf die Weiterentwicklung des Kinder- und Jugendmedienschutzes abzielt und eine ganzheitliche Betrachtung unter Einbeziehung der gesamten Verantwortungsgemeinschaft anstrebt, *Hannak/Salzmann* KJug 2018, 45 (47). Durch die Gesetzesnovellierung wurde dieses Konzept gesetzlich verstetigt (→ Rn. 48).

35 BT-Drs. 19/24909, 90.

36 Vgl. Stellungnahe des Bundesrates BT-Drs. 19/24909, 89; exemplarisch auch *Degenhart* Rechtsgutachten, 2020.

37 BT-Drs. 19/27289, 15.

38 BT-Drs. 19/27289, 15.

Dieser gesetzlich normierte Beirat ist ein Novum, durch ihn wird ein **Perspektiv- und** 16
Paradigmenwechsel vollzogen, da nicht nur Erwachsene, sondern auch Kinder und
Jugendliche selbst in den Beratungs- und Entscheidungsprozess mit einbezogen werden. Hierdurch wird sichergestellt, dass „Interessen und Perspektiven von Kindern
und/oder Jugendlichen direkt in die Tätigkeit des Beirates einfließen und berücksichtigt werden".[39]

Einzelheiten bzgl. der konkreten Ausgestaltung und Vorgehensweise des Beirats sol- 17
len durch eine Geschäftsordnung geregelt werden, die noch nicht erlassen wurde.[40]
Der Gesetzgeber sieht jedoch eine Regelung in der Geschäftsordnung zur **digitalen**
Durchführung von Beiratssitzungen als unumgänglich an.[41] Hierdurch wird zum
einen die Schwelle zur Beteiligung minderjähriger Beiratsmitglieder gering gehalten,
da lange Anfahrten vermieden werden und zum anderen auf zeitgemäße Kommuni-
kationskanäle zurückgegriffen.

a) Ursprung des Konzepts der Beteiligung von Kindern und Jugendlichen

Die Normierung eines Beratungsgremiums, an dem zwingend Kinder und/oder Ju- 18
gendliche zu beteiligen sind, ist in ihrer praktischen Umsetzung zwar eine Neuerung,
wird jedoch schon seit einiger Zeit durch verschiedene Regelwerke statuiert. Allen
voran ist hier die **VN- Kinderrechtskonvention** (KRK) zu nennen, die insbesondere in
Art. 12 KRK die Berücksichtigung des Kindeswillens sowie eine Beteiligung „in allen
das Kind berührenden Angelegenheiten" normiert.[42] Diese wurde bereits 1989 durch
die Generalversammlung der Vereinten Nationen verabschiedet und trat nach erfolgreicher Ratifizierung vor fast 20 Jahren für Deutschland in Kraft.[43] Ergänzt wurde
die KRK jüngst durch die sog. 25. „allgemeine Bemerkung", welche die Kinderrechte
im digitalen Raum adressiert.[44] Noch vor deren Verabschiedung ist eine Vielzahl an
Anregungen aus dieser in die Gesetzesnovelle des JuSchG eingeflossen, welche sich
unter anderem in der Implementierung des Beirats und seiner Beratungsfunktion hinsichtlich § 17a Abs. 2 S. 1 JuSchG niederschlagen.[45] Somit ist Deutschland das weltweit erste Land, das die Forderung der allgemeinen Bemerkung zu den Rechten von
Kindern im digitalen Umfeld umsetzt.[46] Eine solche Einbindung von Kindern und/
oder Jugendlichen ist nicht alleinig auf die KRK zurückzuführen: Im Jahr 2018 erschienen **Leitlinien des Ministerkomitees des Europarates**, die ebenfalls eine direkte
Beteiligung von Kindern und Jugendlichen empfahlen, um die tatsächlichen Entwicklungen im digitalen Umfeld auf ihre Praktikabilität zu überprüfen.[47] Auch in der **EU-**
Grundrechtecharta ist in Art. 24 Abs. 1 die Berücksichtigung der Meinung von Kindern festgeschrieben. Zudem ist bei entsprechender Auslegung auch eine Teilhabe
von Kindern und Jugendlichen aus **Art. 2 Abs. 1 GG iVm Art. 1 Abs. 1 GG** zu ent-

---

39 BT-Drs. 19/27289, 15.
40 Stand 18.8.2021.
41 BT-Drs. 19/27289, 15.
42 Ausführlich zur KRK *Brüggen* et. al, 2019, 68.
43 BGBl. II 990.
44 CRC/C/GC/25 (2021); *Krause* KJug 2021, 65.
45 *Krause* KJug 2021, 66 (68 f.); *Gonzáles/Heinen/Croll* tv diskurs webklusiv 2021.
46 Pressemitteilung Stiftung digitale Chancen vom 5.3.2021.
47 CM/Rec(2018)7.

nehmen, nach dem Minderjährigen der Schutz, die Hilfe und die Förderung zukommen soll, durch die sie sich zu eigenverantwortlichen Persönlichkeiten innerhalb der sozialen Gemeinschaft entwickeln und an ihr teilhaben können.[48] Weiterhin hat die **Kinderkommission des Deutschen Bundestages** im Jahr 2019 für einen Perspektiven- und Paradigmenwechsel in diesem Sinne plädiert.[49] Schließlich hat die **Jugend- und Familienministerkonferenz** den partizipativen Ansatz im Jahr 2018 für den Jugendmedienschutz im Speziellen und jüngst im Allgemeinen ebenfalls durch Beschluss forciert.[50] Somit fußt die Idee einer Einbindung von Perspektiven und Interessen von Kindern und Jugendlichen insgesamt auf einem breiten internationalen, politischen und gesellschaftlichen Fundament. Dies spiegelt sich ebenfalls in der öffentlichen Anhörung von Sachverständigen wider[51] und wird auch im Rahmen der Novellierung des JuSchG in der Literatur durchweg begrüßt.[52]

b) Personelle Besetzung

19 Der Beirat besteht aus bis zu **zwölf Personen**, die sich in besonderer Weise für die Verwirklichung der Rechte und den Schutz von Kindern und Jugendlichen einsetzen (§ 17a S. 2 JuSchG). Die gesetzliche Formulierung ist vom Gesetzgeber bewusst offen gehalten, um so eine fach- und bedarfsgerechte Besetzung zu ermöglichen sowie eine nötige Flexibilität bei der Implementierung zu gewährleisten.[53] In der Gesetzesbegründung werden jedoch Vorschläge zu verschiedenen Tätigkeitsbereichen und Personengruppen unterbreitet, die der Gesetzgeber als besonders geeignet für die Tätigkeit im Beirat in Betracht zieht. Hierzu zählen „Vertretungen von Kinderrechtsorganisationen, des Kinder- und Jugendschutzes, der freien Wohlfahrtspflege, von Elternvertretungen, von Familienverbänden, von Behindertenverbänden, der Ärzteschaft, der (Medien-)Pädagogik und von besonders von den Risiken digitaler Mediennutzung Betroffenen."[54] Daneben findet sich ein Passus, der auch die Beteiligung der Länder sowie der Landesmedienanstalten vorsieht.[55]

20 Einzig für die Vertretung der Interessen von Kindern und Jugendlichen sind gesetzlich **drei Plätze** vorgesehen (§ 17a S. 3 JuSchG), von denen mindestens zwei Plätze an Kinder oder Jugendliche vergeben werden müssen („sind zu besetzen"). Das Gesetz knüpft die Berufung der Kinder- und Jugendlichen in den Beirat an **zwei Voraussetzungen**: Zum einen dürfen diese zum Zeitpunkt der Berufung höchstens 17 Jahre alt sein und zum anderen müssen sie von auf Bundesebene tätigen Vertretungen der Interessen von Kindern und Jugendlichen vorgeschlagen worden sein (§ 17a S. 4

---

48 Als „Schutz und Hilfe" formulierend BVerfGE 79, 51 (63); BVerfGE 83, 130 (140); einen objektiv-rechtlichen Gehalt annehmend *Ukrow* Jugendschutzrecht S. 10; *Langenfeld* MMR 2003, 303 (305).
49 Kom.-Drs. 19/05, 10.
50 Beschluss der Jugend- und Familienministerkonferenz der Länder am 03./04.05. 2018, abrufbar unter https://www.bzkj.de/resource/blob/176388/dc2bddeb09a4736824fc40e63f3f29b1/jfmk-data.pdf; und am 6.5.2021, abrufbar unter https://jfmk.de/wp-content/uploads/2021/06/TOP-9.2-Staerkung-der-Partizipation -von-Kindern-und-Jugendlichen-1.pdf.
51 Protokoll-Nr. 19/77 zur öffentlichen Anhörung von Sachverständigen vor dem Ausschuss für Familie, Senioren, Frauen und Jugend des Deutschen Bundestages am 11.1.2021.
52 Statt vieler *Hinze* KJug 2021, 65; *Krause/Salzmann/Brüggen* KJug 2020, 136; Stellungnahme des Bundesjugendrings vom 4.3.2020.
53 BT-Drs. 19/27289, 16.
54 BT-Drs. 19/27289, 16.
55 BT-Drs. 19/24909, 23.

Ehls

JuSchG). Hierfür können sich die Vertretungen eines bewerbungsoffenen Auswahlverfahrens bedienen.[56]

Die Berufung aller Beiratsmitglieder erfolgt – analog zu der Ernennung der Mitglieder der Prüfstelle[57] – für die Dauer von drei Jahren durch die Bundeszentrale (§ 17a S. 5 JuSchG). Hierdurch wird gewährleistet, dass diese **Amtsdauer** flexibel genug ist, um auf einen Perspektivenwechsel reagieren zu können, ohne dabei an Kontinuität zu verlieren. Insbesondere im Hinblick auf die minderjährigen Teilnehmer erscheint eine längere Amtsdauer nicht zweckmäßig, um zum einen das Ziel einer Beteiligung von Kindern und Jugendlichen nicht zu unterlaufen und zum anderen, um nicht einer Verfestigung von Interessen und Perspektiven der Beiratsmitglieder Vorschub zu leisten. Insbesondere in einer sich schnell entwickelnden Medienwelt sollte die Funktion des Beirats durch überlange Amtszeiten nicht gefährdet werden. 21

c) Aufgaben

Die Aufgaben des Beirats erstrecken sich auf die gesetzlich normierte Beratung der Bundeszentrale bei der Erfüllung von Aufgaben nach § 17a Abs. 2 S. 1 JuSchG, namentlich der Weiterentwicklung des Kinder- und Jugendmedienschutzes (→ Rn. 46 ff.). Dies stellt – wie sich aus der Gesetzesbegründung ergibt – keine abschließende Aufgabenzuweisung dar. 22

Vielmehr soll dem Beratungsgremium auch die Aufgabe zukommen, sicherzustellen, dass der Perspektiven- und Paradigmenwechsel über ein **institutionalisiertes Beratungsgremium** ganzheitlich in die Behördentätigkeit der Bundeszentrale eingebracht wird.[58] Denkbar wären beispielsweise die Förderung weiterer Beteiligungsmöglichkeiten von Kindern und Jugendlichen, die durch den Beirat angestoßen und unterstützt würden.[59] Möglicherweise kann eine solche neue Perspektive zudem dazu beitragen, die Verzahnung von Bundes- und Länderregelungen zu optimieren, was für eine Weiterentwicklung eines kohärenten Kinder- und Jugendschutzes unabdingbar ist. Hierfür spricht auch die angedeutete Beteiligung von Ländervertretern in der Gesetzesbegründung.[60] Freilich muss hier das Verbot der Mischverwaltung hinsichtlich konkreter Entscheidungen berücksichtigt werden. Da dem Beirat aber lediglich beratender Charakter zukommt, sollte es hier zu keinen Überschneidungen kommen.[61] 23

Zusätzlich wird in § 24c Abs. 1 JuSchG ausdrücklich die Berücksichtigung von Sichtweisen und Belangen von Kindern und Jugendlichen in geeigneter Weise bei der **Erarbeitung von Leitlinien** normiert. Ob hierbei ebenfalls die Mitwirkung des Beirats gemeint ist, bleibt die Gesetzesbegründung schuldig und dies ist eher zweifelhaft. Vielmehr spricht sie bezüglich der Art und Weise der Mitwirkung von einem „weiten Spielraum".[62] 24

---

56 BT-Drs. 19/27289, 16.
57 BT-Drs. 19/27289, 16.
58 BT-Drs. 19/27289, 16.
59 BT-Drs. 19/27289, 16.
60 BT-Drs. 19/24909, 24.
61 Ähnlich auch *Wolfgang Schulz* im Rahmen der Öffentlichen Anhörung vor dem Ausschuss für Familie, Senioren, Frauen und Jugend, Protokoll 19/77, S. 23.
62 BT-Drs. 19/27289, 16.

25 Schließlich fungiert der Beirat im Rahmen der Evaluierung als **zentraler Empfänger** für die Berichterstattung der Bundesregierung über die weitere Entwicklung beim Erreichen der Schutzziele. Ein solcher Bericht soll alle zwei Jahre erfolgen. Hierdurch soll der Dynamik der Medienentwicklung und Mediennutzung und der fortschreitenden Medienkonvergenz Rechnung getragen werden.[63] Der Beirat kann diese Berichte unmittelbar für seine Beratungstätigkeit gegenüber der Bundeszentrale verwenden und ermöglicht somit gleichzeitig die direkte Einbindung der Expertise und Perspektive von Kindern und Jugendlichen.[64]

4. Prüfstelle für jugendgefährdende Medien, § 19 JuSchG

26 Die Prüfstelle, die den bisherigen gesetzlichen Auftrag der BPjM – die Entscheidung über die Indizierung von Medien (→ § 6 Rn. 1 ff.) –, weiterführt, unterliegt aufgrund der Umstrukturierung nun dem Zuständigkeitsbereich der Bundeszentrale. Die Prüfstelle ist somit nicht länger selbst Bundesoberbehörde, sondern in die Bundeszentrale eingebunden. Durch die **formale Einrichtung** der Prüfstelle werden jedoch die gerichtsähnliche Ausgestaltung und die damit verbundenen spezifischen Verfahrensanforderungen des Indizierungsverfahrens gewahrt.[65] Infolgedessen unterliegt die Struktur der Prüfstelle lediglich geringfügigen organisatorischen Änderungen, die insbesondere die Einbindung der Prüfstelle innerhalb der Bundeszentrale nachvollziehen. Die **personelle Ausgestaltung** der Prüfstelle ergibt sich aus § 19 JuSchG. Sie besteht gem. § 19 Abs. 1 JuSchG aus dem Vorsitz (Nr. 1), den Beisitzenden der Länder (Nr. 2) und weiteren, vom Bundesministerium zu ernennenden Beisitzenden (Nr. 3). Für alle Personen ist mindestens eine Stellvertretung zu benennen (§ 19 Abs. 1 S. 5). Die vorsitzende Person samt Stellvertretung handelt hauptamtlich, während die Beisitzenden das Amt ehrenamtlich ausüben (§§ 81 ff. VwVfG).[66] Einzelheiten und Verfahrensregelungen werden durch eine Durchführungsverordnung (DVO-JuSchG) näher bestimmt (→ § 6 Rn. 48 f.), für die aufgrund der Umstrukturierung der BPjM zur Bundeszentrale jedoch Anpassungsbedarf besteht. So muss durch die organisatorische Umstrukturierung jedenfalls textlich der Begriff „Bundesprüfstelle" durch „Prüfstelle" ersetzt werden, da es sich bei letzterer nicht länger um eine eigenständige Bundesoberbehörde handelt. Dabei dürfen jedoch etwaige Verschiebungen der Zuständigkeiten nicht außer Acht gelassen werden, die durch die Eingliederung der Prüfstelle entstanden sind. Zu nennen ist hier etwa die Listenführung (§ 13 DVO-JuSchG), für die nunmehr die Bundeszentrale auf Grundlage der Entscheidungen der Prüfstelle zuständig ist, § 18 Abs. 1 JuSchG. Diese Anpassung ist ungeachtet der Tatsache, dass auch die Listenführung selbst eine Neuerung erfahren hat, erforderlich (→ § 6 Rn. 103 ff.).

a) Personelle Besetzung, § 19 Abs. 1 JuSchG

27 Der **Vorsitz** wird auf Vorschlag der Bundeszentrale vom BMFSFJ ernannt (§ 19 Abs. 1 S. 1 und 2 JuSchG). Gesetzlich sind für die Position des Vorsitzes zwei Voraussetzungen normiert: Die Beschäftigung bei der Bundeszentrale und die Befähigung

---

63 BT-Drs. 19/27289, 18.
64 BT-Drs. 19/27289, 18.
65 BT-Drs. 19/24909, 50.
66 Löffler/*Altenhain* JuSchG § 19 Rn. 1.

Ehls

zum Richteramt, § 19 Abs. 1 S. 3 JuSchG. Insbesondere die Befähigung nach § 5 RiDG bedingt sich aus der gerichtsähnlichen Ausgestaltung des Indizierungsverfahrens sowie den rechtlichen Erwägungen im Verfahren selbst.[67] Anders als bei der vormaligen BPjM fallen aufgrund der neuen Organisationsstruktur und dem damit zusammenhängenden erweiterten Aufgabenkreis die Position der Behördenleitung und des Vorsitzes nicht mehr kraft Gesetzes zusammen. Ausweislich der Gesetzesbegründung soll hierdurch eine „in erheblichem Maße vertretungsweise Übertragung des Prüfstellenvorsitzes auf andere Beschäftigte" vermieden werden.[68] Gleichwohl steht es im Ermessen der Behördenleitung, den Vorsitz auch selbst zu übernehmen, § 19 Abs. 1 S. 4 JuSchG.

Bei den **Beisitzenden** ergeben sich durch die Gesetzesnovelle im Vergleich zur BPjM   **28** hinsichtlich der vertretenen gesellschaftlichen Bereiche keine Veränderungen, durchaus hingegen bezüglich einer Wiederbenennung (→ Rn. 32). Die Beisitzenden unterteilen sich in Länder- und Gruppenbeisitzende. Die **Länderbeisitzenden** werden von ihren jeweiligen Landesregierungen ernannt (§ 19 Abs. 1 Nr. 2 JuSchG). Es besteht jedoch die Möglichkeit, gem. § 19 Abs. 1 S. 6 JuSchG das Ernennungsrecht auf eine oberste Landesbehörde zu übertragen.

Die **Gruppenbeisitzenden** werden auf Vorschlag der **vorschlagsberechtigten Verbände**   **29** **und Organisationen** (§ 20 JuSchG) vom BMFSFJ ernannt (§ 19 Abs. 1 Nr. 3 JuSchG). Sie entstammen den in § 19 Abs. 2 Nr. 1–8 JuSchG bezeichneten Kreisen (Kunst, Literatur, Buchhandel und Verlegerschaft, Anbieter von Bildträgern und Telemedien, Träger der freien Jugendhilfe, Lehrerschaft, Kirchen und Religionsgemeinschaften, die Körperschaften des öffentlichen Rechts sind). Insgesamt werden 37 Organisationen gesetzlich benannt, die jedoch nicht auf die Benennung einer Person beschränkt sind. Bei Mehrfachvorschlägen hat das BMFSFJ das **Auswahlrecht** (§ 20 Abs. 1 S. 3 JuSchG). Um auf gesellschaftliche Veränderungen und Auffassungen reagieren zu können, die nicht nur von vorübergehender Dauer sind, sieht § 20 Abs. 2 zudem die mögliche Benennung von weiteren Beisitzenden aus nicht benannten Organisationen vor, die einem der acht Kreise angehören.[69] Hierdurch kann die Prüfstelle auch die Sicherstellung eines pluralistisch besetzten Gremiums gewährleisten.

Alle Mitglieder der Prüfstelle unterliegen der **Weisungsfreiheit** (§ 19 Abs. 4 JuSchG),   **30** die sich jedoch ausschließlich auf die Entscheidungsfindung im Gremium bezieht.[70] Somit verfügen die Entscheidungsträger über eine quasi-richterliche Unabhängigkeit.[71] Davon unberührt bleibt aber die Verpflichtung zur gewissenhaften und unpar-

---

67 Namentlich können diesbezüglich grundrechtsrelevante Abwägungen zwischen jugendschutzrechtlichen Belangen und weiteren Verfassungsgütern wie Kunst, Wissenschaft, Forschung und Lehre genannt werden, die im Ergebnis zu wirtschaftlich relevanten Verbreitungsverboten führen können. Zum Indizierungsverfahren → § 6 Rn. 1 ff.
68 BT-Drs. 19/24909, 55.
69 Löffler/*Altenhain* JuSchG § 19 Rn. 3, § 20 Rn. 2.
70 BT-Drs. 19/24909, 56.
71 Löffler/*Altenhain* JuSchG § 19 Rn. 6.

teiischen Amtsführung,[72] die bei einem Verstoß zur Ablehnung der Person durch die Beteiligten führen kann (§ 6 DVO-JuSchG).[73]

31 Regelmäßig werden Vorsitz und Beisitzende für die **Dauer von drei Jahren** berufen, eine vorzeitige **Abberufung** durch das BMFSFJ – bei Gruppenbeisitzenden und Vorsitz sowie bei Landesbeisitzenden durch die Landesregierung – ist aber möglich, wenn Vorsitz oder Beisitzende der Verpflichtung zur Mitarbeit in der Prüfstelle nicht nachkommen (§ 19 Abs. 3 JuSchG), Pflichten gröblich verletzen oder sich als unwürdig erweisen.[74]

32 Nach Ablauf der Amtszeit ist eine **Wiederbenennung** der Beisitzenden und des Vorsitzes möglich und nunmehr – im Gegensatz zur vorherigen Situation – geregelt.[75] Ausweislich der Gesetzesbegründung soll mit Inkrafttreten der Novelle eine solche jedoch auf maximal zwei Wiederberufungen für die Beisitzenden begrenzt sein.[76] Hier widerspricht sich die Gesetzesbegründung: Zum einen statuiert sie die „Regelungen zur Ernennung der Beisitzerinnen und Beisitzer sowie ihrer Stellvertreterinnen oder Stellvertreter entsprechend den bisherigen Regelungen."[77] Zum anderen bezieht sie sich in der Gesetzesbegründung zu § 29a JuSchG auf eine vermeintlich neue Regelung in § 19 Abs. 3 S. 2 JuSchG, „nach der die Wiederberufung von Beisitzerinnen oder Beisitzern der Prüfstelle für jugendgefährdende Medien sowie ihrer Stellvertreterinnen und Stellvertreter auf zwei Wiederberufungen begrenzt ist".[78] Der Gesetzestext weist an dieser Stelle jedoch keine Novellierung – auch nicht in der Gesetzesbegründung – auf. Erst in § 29a JuSchG wird als Übergang eine Regelung bzgl. der Wiederbenennung von Mitgliedern, die bereits bei in Kraft treten des Gesetzes im Amt waren, getroffen. Ob es sich hierbei lediglich um ein redaktionelles Versehen handelt, welches bereits im Referentenentwurf angelegt war, bleibt offen. Diese widersprüchliche Regelung eröffnet für die spätere Praxis jedoch einen entsprechenden Interpretationsrahmen. Bei wörtlicher Auslegung würde eine Begrenzung der Wiederbenennung ausschließlich für bereits im Amt befindliche Personen Wirkung entfalten. Neubenannte Beisitzende würde dies jedoch – mangels Regelung – nicht betreffen. Dies kann kaum gewollt sein, zumal die Gesetzesbegründung zu § 29a JuSchG direkt auf eine allgemeine Regelung Bezug nimmt. Eine entsprechende Konkretisierung des Gesetzes erscheint geboten, um Unsicherheiten zu beseitigen. Die Motivation zu einer solchen Regelung hingegen ist offensichtlich: Die Prüfstelle soll vor einer anachronistischen Zusammensetzung der Beisitzenden in den Gremien geschützt werden, um eine pluralistische und zeitgemäße Zusammensetzung der Gremien zu ermöglichen. Dabei ist jedoch sicherzustellen, dass die gesammelte Erfahrung und die Kompetenz auch weiterhin verfügbar bleiben. Indem der Vorsitz in der Befristung ausdrücklich nicht genannt wird, liegt es nahe, diesem diese Verantwortung zu übertragen.

---

72 Für die verbeamteten Mitglieder aus §§ 60 f. BBG bzw. §§ 33 f. BeamtStG und für die Gruppenbeisitzenden aus §§ 83 f. VwVfG, § 11 DVO-JuSchG.
73 Löffler/*Altenhain* JuSchG § 19 Rn. 7 f.
74 Löffler/*Altenhain* JuSchG § 19 Rn. 5 mwN und Beispielen.
75 Zuvor war eine Wiederbenennung vom Gesetz nicht ausgeschlossen und somit zulässig, Löffler/*Altenhain* JuSchG § 19 Rn. 2.
76 BT-Drs. 19/24909, 72.
77 BT-Drs. 19/24909, 55.
78 BT-Drs. 19/24909, 72.

Ehls

b) Entscheidungsgremien, § 19 Abs. 5 JuSchG

Die Beisitzenden bilden zusammen mit dem Vorsitz **zwei Gremien,** die über eine Indi- 33
zierung, mithin über eine Listenaufnahme entscheiden. Es wird zwischen dem 12er-
Gremium und dem 3er-Gremium unterschieden. Die Zusammensetzung wird durch
einen Geschäftsverteilungsplan bestimmt und variiert hinsichtlich der beteiligten Personen (§ 12 DVO-JuSchG). Hierdurch wird zum einen die pluralistische Meinungsbildung gefördert und zum anderen einer Manipulation entgegengewirkt.[79]

Die Prüfstelle entscheidet regelmäßig in Form eines sogenannten **12er-Gremiums** 34
(§ 19 Abs. 5 JuSchG). Dieses besteht aus dem Vorsitz, drei Länderbeisitzenden und
acht Gruppenbeisitzenden – aus jedem in § 19 Abs. 2 JuSchG benanntem Kreis wird
eine Person entsandt. Für eine **Beschlussfähigkeit** ist nicht zwingend eine vollständige
Besetzung notwendig. Sie kann in Ausnahmefällen bereits ab neun Personen gegeben
(§ 19 Abs. 5 S. 2 JuSchG) sein. Hierfür bedarf es jedoch einer Anwesenheit von mindestens zwei Personen aus dem Bereich „Kunst", „Literatur", „Buchhandel und Verlegerschaft" oder solcher, die dem Kreis „Anbieter von Bildträgern und von Telemedien angehören" (§ 19 Abs. 5 S. 2 JuSchG). Liegt kein Fall dieser Ausnahmeregelung
vor und sind weniger als zwölf Mitglieder anwesend, muss der Abstimmungstermin
verschoben werden; eine Heilung ist nicht möglich.[80] Die Entscheidungen für eine
Listenaufnahme werden mit einer **Zweidrittelmehrheit** getroffen (§ 19 Abs. 6
JuSchG). Die Ablehnung einer Listenaufnahme wird nicht gesondert abgestimmt und
ergibt sich aus dem Fehlen einer solchen qualifizierten Mehrheit. Für alle anderen
Entscheidungen genügt eine einfache Mehrheit.[81] Zu der Auswirkung der Gesetzesnovellierung auf das Indizierungsverfahren → § 6 Rn. 1 ff., 169.

Unter den Voraussetzungen des § 23 Abs. 1 JuSchG ist eine Entscheidung über eine 35
Listenaufnahme und unter den zusätzlichen Voraussetzungen des § 23 Abs. 4 JuSchG
die Streichung aus der Liste im **vereinfachten Verfahren** zulässig (→ § 6 Rn. 64 ff.). In
solchen Fällen entscheidet ein **3er-Gremium.** Dieses besteht aus dem Vorsitz, einer
Person aus dem Bereich „Kunst", „Literatur", „Buchhandel und Verlegerschaft"
oder aus dem Kreis „Anbieter von Bildträgern und von Telemedien" und einer weiteren Person aus der Gruppe der Beisitzenden (§ 23 Abs. 1 S. 2 JuSchG). Die Entscheidungen für eine Listenaufnahme werden stets **einstimmig** getroffen (§ 23 Abs. 1 S. 3
JuSchG), andernfalls wird das Verfahren an das 12er-Gremium weitergeleitet. Zusätzlich findet das vereinfachte Verfahren auch im **Eilverfahren** hinsichtlich einer vor-
läufigen Anordnung Anwendung (§ 23 Abs. 1 S. 5 JuSchG; → § 6 Rn. 67). Die abschließende Entscheidung obliegt jedoch dem 12er-Gremium.

Zu der Auswirkung der Gesetzesnovellierung auf die Voraussetzungen für eine Ver- 36
fahrenseinleitung im vereinfachten Verfahren → § 6 Rn. 66 f.

---

79 Löffler/*Altenhain* JuSchG § 19 Rn. 9.
80 Löffler/*Altenhain* JuSchG § 19 Rn. 12.
81 Nikles/Roll/Spürck/Erdemir/Gutknecht/*Roll* JuSchG § 19 Rn. 10; Löffler/*Altenhain* JuSchG § 19 Rn. 14
mwN.

II. Finanzielle Ausgestaltung

37   Die Gesetzesnovelle bringt einen entsprechenden Bedarf in den **Haushaltsausgaben** des Bundes mit sich. Durch die Zuständigkeitsbündelung bei der Bundeszentrale als zentrale Aufsichts- und Koordinierungsstelle (→ Rn. 54 ff.) entfallen die veranschlagten Kosten im Bundeshaushalt fast ausschließlich auf diese. Durch den **sukzessiven Aufbau** der Bundesstrukturen findet über die ersten vier Jahre hinweg eine entsprechende Kostensteigerung statt.[82] Ursächlich für den größeren Finanzbedarf ab dem Jahr 2023 sind insbesondere der gestiegene Personalbedarf der Bundeszentrale (5,5 Mio. EUR) sowie maßgeblich das Einsetzen eines externen Monitorings (3,25 Mio. EUR). Beides liegt in der zusätzlichen Aufsichtsfunktion der Bundeszentrale begründet.[83] Darüber hinaus ist die Bundeszentrale mit einer Förderkompetenz ausgestattet (→ Rn. 46 ff.), die sie durch die Gewährung von Zuwendungen an Träger wahrnimmt;[84] hierfür werden insgesamt 1 Mio. EUR veranschlagt. Im ersten halben Jahr (2021) werden die Gesamtkosten auf rund 3,9 Mio. EUR beziffert; ab 2023 regelmäßig mit 11,2 Mio. EUR veranschlagt.[85]

38   Der **jährliche Erfüllungsaufwand** für den Bund beläuft sich schließlich auf 4,8 Mio. EUR, die sich aus dem Erfüllungsaufwand für Personal- und Sachkosten für die Bundeszentrale sowie 0,37 Mio. EUR laufenden Erfüllungsaufwand für das BMFSFJ durch die Errichtung der Bundeszentrale zusammensetzen.[86]

39   Der Großteil des Erfüllungsaufwands ist für **Personalkosten** veranschlagt. Er allein beläuft sich auf 3,9 Mio. EUR, was 50 Stellen entspricht,[87] davon sollen schon 2021 allein 37 Stellen besetzt werden.[88] Dieser Personalbedarf ergibt sich durch eine „Ermittlung des [für die Erfüllung gesetzlicher Aufgaben] erforderlichen Bedarfs […] unter Heranziehung einer durchgeführten „Aufgabenkritik", der Optimierung der Aufbau- und Ablauforganisation und darauf basierender Personalbedarfsbemessung".[89] Es sind für die Bundeszentrale insgesamt 83 Stellen veranschlagt. Der Stellenumfang der BPjM belief sich auf insgesamt 33 Stellen.[90] Folglich wurde der Stellenplan um mehr als das Doppelte aufgestockt. Von den 50 neuen Stellen entfallen 41,5 Stellen auf den Bereich der Aufsicht nach § 24a JuSchG bzw. speziell auf die Zuständigkeit der Rechtsdurchsetzung.[91] Dies wird mit dem erstmaligen Personalbedarf in diesem Bereich begründet.[92] Daneben sind einzelne Stellen für die Innenrevision, Personal und Organisation veranschlagt (insgesamt 2,75 Stellen). Die anderen Fachbereiche bedürfen hingegen einer vergleichsweise geringen Personalerhöhung – insgesamt 38,75 Stellen. Davon entfallen jeweils 10,5 Stellen auf die Prüfstelle und den Bereich „Weiterentwicklung des Kinder- und Jugendmedienschutzes, Prävention, Öffentlich-

---

82   Im Jahr 2022 werden 6 Mio. EUR und in den Folgejahren je 11,2 Mio. EUR ohne Erfüllungsaufwand veranschlagt, vgl. BT-Drs. 19/24909, 2 f., 34.
83   BT-Drs. 19/24909, 31.
84   BT-Drs. 19/24909, 2, 31.
85   BT-Drs. 19/24909, 2, 31.
86   BT-Drs. 19/24909, 79.
87   BT-Drs. 19/24909, 2 f., 50, 79.
88   Vgl. dazu Pressemitteilung des BMFSFJ vom 30.4.2021.
89   BT-Drs. 19/24909, 36.
90   BT-Drs. 19/24909, 36.
91   BT-Drs. 19/24909, 2 f., 38, 79.
92   BT-Drs. 19/24909, 38.

Ehls

keitsarbeit", 8,5 Stellen auf die Verwaltung, 5,25 Stellen auf den Technischen Jugendmedienschutz/IT und 4 Stellen auf die Leitung der Bundeszentrale.[93] Somit ist schon an dieser Stellenkalkulation der vorgenommene Schwerpunkt der Bundeszentrale abzulesen.

Der geschätzte Erfüllungsaufwand für **Sachkosten** fällt hingegen verhältnismäßig gering aus und wird mit insgesamt 475.000 EUR veranschlagt. Hiervon sind insbesondere Maßnahmen zur wissenschaftlichen Prozessbegleitung sowie Orientierungs- und Informationsmaßnahmen umfasst.   40

Die Errichtung der Bundeszentrale hat mittelbar auch Auswirkungen auf das BMFSFJ, welches die Fach-, Dienst- und Rechtsaufsicht ausübt. Mit 370.000 EUR entsteht dort jedoch ein überschaubarer Erfüllungsaufwand.   41

III. Aufgaben

Durch die Gesetzesnovellierung wurde der Aufgabenbereich der Bundeszentrale – im Vergleich zur vorigen BPjM – deutlich ausgeweitet. Die ihr übertragenen Aufgaben ergeben sich primär aus § 17a Abs. 1 bis 4 JuSchG und werden in bundeseigener Verwaltung ausgeführt (§ 17 JuSchG). Die Bundeszentrale verfolgt einen gesetzlichen Auftrag, der sowohl den Schutz als auch die Befähigung und Teilhabe von Kindern und Jugendlichen umfasst und vor dem Hintergrund des tiefgreifenden digitalen Wandels modernisiert wurde.[94]   42

1. Unterhaltung einer Prüfstelle § 17a Abs. 1 JuSchG und Listenführung, § 18 Abs. 1 JuSchG

Der gesetzliche Auftrag der bisherigen Bundesprüfstelle für jugendgefährdende Medien wird mit der Gesetzesnovellierung aufrechterhalten. Die Bundeszentrale unterhält in ihrem Geschäftsbereich wie beschrieben weiterhin eine Prüfstelle für jugendgefährdende Medien (→ Rn. 26 ff.), die für die Entscheidung über Listenaufnahmen und -streichungen zuständig ist. Die Liste jugendgefährdender Medien selbst wird hingegen von der Bundeszentrale auf Basis dieser Entscheidungen geführt. Die Anordnung der Listenaufnahme stellt – wie auch schon zuvor – einen **Verwaltungsakt** gem. § 35 VwVfG dar.   43

Im Rahmen der Gesetzesnovellierung wurde der Kreis der **Antragsberechtigten** für eine Listenaufnahme oder -streichung bei der Prüfstelle nach § 21 Abs. 2 JuSchG um Selbstkontrolleinrichtungen und Internet-Beschwerdestellen erweitert (→ § 6 Rn. 20 ff.). Ausweislich der Gesetzesbegründung sind dies die Beschwerdestellen von jugendschutz.net sowie der Freiwilligen Selbstkontrolle Multimedia-Diensteanbieter eV (FSM) und der eco – Verband der Internetwirtschaft eV.[95]   44

Darüber hinaus können sich aber durchaus auch praktische Unterschiede durch die neue Listenaufteilung ergeben (→ § 6 Rn. 105 ff.).[96] Jedenfalls bleibt abzuwarten, in-   45

---

93 BT-Drs. 19/24909, 36.
94 BT-Drs. 19/24909, 21, 24.
95 BT-Drs. 19/24909, 57.
96 *Hilgert/Sümmermann* K&R 2021, 297 (302).

wieweit sich die in § 10b JuSchG vorgenommene Konkretisierung des Begriffs der entwicklungsbeeinträchtigenden Medien auf das Indizierungsverfahren und somit für die Anbieter auswirken wird (→ § 6 Rn. 38 ff.).[97]

2. Förderung der Weiterentwicklung des Kinder- und Jugendmedienschutzes durch geeignete Maßnahmen, § 17a Abs. 2 Nr. 1–3 JuSchG

46 Grundsätzlich ist notwendig – und dies hat auch der Gesetzgeber erkannt –, dass ein moderner Jugendmedienschutz nicht durch repressive Schutzmaßnahmen allein zu verwirklichen ist, sondern es auch **untergesetzlicher und präventiver Maßnahmen** bedarf, die auf die **Befähigung von Kindern und Jugendlichen** abzielen (→ § 1 Rn. 14 f.).[98] Nur so wird ermöglicht, auf neue Medien und Gefahren schnell zu reagieren und den Jugendmedienschutz effektiv weiterzuentwickeln. Dies wird auch durch die neu eingeführten Schutzziele in § 10a JuSchG, speziell durch Nr. 4 (Förderung der Orientierungshilfe), betont (→ § 2 Rn. 29 ff.). Der Gesetzgeber hat daher drei nachfolgend betrachtete Maßnahmen aufgezeigt, die der Verwirklichung des normierten Förderauftrags dienen und die Weiterentwicklung des Kinder- und Jugendmedienschutzes im Sinne eines kohärenten Konzepts stärken.[99]

47 Durch § 17a Abs. 4 JuSchG wird diesbezüglich klargestellt, dass in Fällen von **überregionaler Bedeutung** die Bundeszentrale sich nicht auf eine reine Förderung beschränken muss, sondern die entsprechende Maßnahme auch selbst durchführen kann. Hierbei hatte der Gesetzgeber nachweislich Maßnahmen in Bezug auf digitale Medienangebote im Blick und begründet dies zum einen mit der „aus der Natur der Sache folgenden bundesweiten Relevanz" solcher Angebote und zum anderen mit der „Wahrung von Chancengleichheit für Kinder- und Jugendliche" um völker- und verfassungsrechtlich verankerte Rechte in Bezug auf digitale Medien gewährleisten zu können.[100] Dennoch wäre in solchen Fällen ein Dialog mit den Ländern wünschenswert, um die verfassungsrechtliche Kompetenzverteilung zu wahren und einem erneuten Streit hierüber keinen Vorschub zu leisten.

a) Förderung einer gemeinsamen Verantwortungsübernahme (Nr. 1)

48 Ausweislich der Gesetzesbegründung ist auf dem Weg zu einer gemeinsamen Verantwortungsübernahme zunächst eine „Verankerung eines kontinuierlichen Forums" vorgesehen, das alle relevanten Akteure in den Weiterentwicklungsprozess einbindet.[101] Hierbei wird klar auf das bereits bestehende Konzept der **Zukunftswerkstatt** bei der ehemaligen BPjM Bezug genommen. Die Zukunftswerkstatt besteht seit 2018[102] und ist bestrebt, „die verschiedenen Perspektiven und Disziplinen, die für ein gutes Aufwachsen von Kindern und Jugendlichen mit Medien besonders relevant sind, zusammenzuführen und zu vernetzen".[103] Durch dieses Zusammenwirken der

---

97 *Frey/Dankert* CR 2020, 626 (630).
98 Exemplarisch *Herberger* FuR 2021, 286 (287, 293); Die Landesmedienanstalten, Positionspapier, S. 3.
99 Kritisch hierzu *Hopf/Braml* ZUM 2020, 312 (318), die hierin einen Eingriff in die Kulturhoheit der Länder gem. Art. 30 GG sehen.
100 BT-Drs. 19/24909, 21, 52.
101 BT-Drs. 19/24909, 21, 51.
102 Zum vorangegangenen politischen Entwicklungskonzept und zur Implementierung der Zukunftswerkstatt vgl. *Hannak/Salzmann* KJug 2018, 45 (45 ff.).
103 *Salzmann/Brüggen* KJug 2020, 136 (137).

Ehls

sogenannten „**Verantwortungsgemeinschaft**", die sowohl die Länderstrukturen des Kinder- und Jugendmedienschutzes, öffentlich-rechtliche und private Medienanbieter, Fachorganisationen der Kinder- und Jugendhilfe und des erzieherischen Kinder- und Jugendschutzes sowie die Wissenschaft umfasst, werden flexible Formate erarbeitet, die auf die Verwirklichung der Kinderrechte abzielen und an die Dynamik der Digitalisierung angepasst werden können.[104] Mit § 17a Abs. 2 Nr. 1 JuSchG wird dieses bereits bestehende Konzept der Zukunftswerkstatt nun gesetzlich normiert und bestätigt. Der bestehende und insbesondere gemeinsame und inklusive Strategieprozess der Zukunftswerkstatt wird so von der Bundeszentrale zukünftig weiterhin koordiniert und operationalisiert.[105] Hiermit wird dauerhaft sichergestellt, dass die Schutzziele aus § 10a JuSchG durch einen koordinierten dialogischen Prozess verwirklicht und gefördert werden.[106] Besonders erfreulich ist, dass der **Leitgedanke** der Zukunftswerkstatt – einen zukunftsfähigen Kinder- und Jugendmedienschutz aus Sicht des Kindes aus zu denken – ebenfalls in Form des **Beirats** Einzug in das Gesetz erhalten hat, in dem zwingend zwei minderjährige Personen vertreten sein müssen. Dies steht im Einklang mit internationalen und nationalen Empfehlungen, die durch das JuSchG erfreulicherweise und vorbildhaft umgesetzt werden (→ Rn. 18).

Zukünftig könnte in einem solchen Prozess auch die stärkere Verzahnung der Regelungswerke von Bund und Ländern begleitet werden. Hierbei ist jedoch das **Verbot der Mischverwaltung** zu beachten und eine klare Trennung vorzunehmen.[107]   49

b) Nutzbarmachung der Spruchpraxis der Prüfstelle (Nr. 2)

Der Gesetzgeber hat erkannt, dass die aus der praktischen Arbeit der Prüfstelle dort   50 gesammelte Erfahrung bei entsprechender Aufbereitung eine Chance zur Nutzbarmachung für die Öffentlichkeit im Sinne einer **Risikoprävention** bietet.[108] Mit der Normierung einer solchen fördert er direkt die Verwirklichung des Schutzziels aus § 10a Nr. 4 JuSchG (Förderung der Orientierungshilfe). Hierzu stehen der Bundeszentrale vielfältige publizistische Mittel zur Verfügung, die nicht allein auf Druckerzeugnisse und Fachtagungen begrenzt sind.[109] Bei der Wahl des Mittels sollte insbesondere die Kinder- und Jugendaffinität beachtet werden, um auch eine altersgerechte Aufbereitung gewährleisten zu können.

In der Praxis war eine solche **Nutzbarmachung** jedoch auch bislang gängige Praxis.[110] Die aufgearbeiteten Erkenntnisse gelangten so auch schon vor der gesetzlichen   51 Normierung über Umwege an die Öffentlichkeit – wenn auch oft mit einer anderen Stoßrichtung. Diesen Weg nun auch für Kinder und Jugendliche sowie andere Personen zu öffnen, die sich nicht schwerpunktmäßig mit Indizierungen und Jugend-

---

104 *Salzmann/Brüggen* KJug 2020, 136 (137).
105 BPjM-Aktuell 2/2021, 18 (18).
106 BT-Drs. 19/24909, 21, 51.
107 So auch *Schulz* in der öffentlichen Anhörung von Sachverständigen vor dem Ausschuss für Familie, Senioren, Frauen und Jugend des Deutschen Bundestages am 11.1.2021, Protokoll-Nr. 19/77, S. 23.
108 BT-Drs. 19/24909, 51.
109 BT-Drs. 19/24909, 51.
110 Zu nennen sind hier schon allein die von der BPjM selbst herausgegebene Vierteljahresschrift BPjM-Aktuell und die mannigfaltigen wissenschaftlichen Ausarbeitungen und Kommentierungen zu JMStV und JuSchG.

medienschutz beschäftigen, ist überfällig und im Hinblick auf eine Befähigung und Teilhabe von Kindern und Jugendlichen unumgänglich. Dies gilt insbesondere für eine Behörde wie die Bundeszentrale, die einen umfassenden Ansatz des Kinder- und Jugendmedienschutzes für sich beansprucht. Ein gesonderter Hinweis in der Gesetzesbegründung, dass der Auftrag über die obligatorische Öffentlichkeitsarbeit einer Behörde hinaus geht, sollte daher nicht einmal nötig sein. Auch diesbezüglich sollte zwingend der **Beirat** samt seiner kinderrechtlichen Perspektive einbezogen werden, um eine kindgerechte und ansprechende Aufarbeitung gewährleisten zu können.

c) Informationsaustausch über die Spruchpraxis weiterer Institutionen (Nr. 3)

52   Durch die verfassungsrechtliche Kompetenzverteilung (→ Rn. 75) sind in Deutschland eine Vielzahl weiterer Entscheidungsgremien und Institutionen entstanden. Um ein kohärentes Schutzsystem zu etablieren und die Akzeptanz sowie Vertrauen in ein solches System zu stärken, ist ein ständiger Austauschprozess zwischen den Beteiligten unabdingbar. Nur so kann auf eine einheitliche Spruchpraxis hingewirkt werden.

53   In der Praxis findet ein solcher Austausch bereits statt und ist aus den genannten Gründen zweifelsohne zu unterstützen. Er kann jedoch keine moderne und kohärente Regelung ersetzen, die sich auch einem Laien erschließt. Hier wäre beispielsweise an echte **Durchwirkungsregelungen** zu denken. Die Prüfstellen selbst versuchen hier, im Rahmen der gesetzlichen Regelungen einen gangbaren Weg zu finden, und kommen der Konvergenz in der Praxis bereits näher.[111] Der Gesetzgeber ist auf Bundes- und Länderebene aufgefordert, hier entsprechende Gespräche wieder aufzunehmen, um die in der Gesetzesbegründung angesprochene Orientierungsfunktion hinsichtlich Altersfreigaben und Indizierungen für Erziehende sowie für Kinder und Jugendliche nicht durch ein undurchsichtiges Regelungswerk zu unterlaufen.

3. Aufsichtsbefugnis, § 17a Abs. 3 JuSchG iVm § 24b JuSchG

54   Der Gesetzgeber verpflichtet Diensteanbieter, wirksame Vorsorgemaßnahmen für ihre Plattformen vorzunehmen, § 24a JuSchG (→ § 5 Rn. 61 ff.). Der Bundeszentrale wurde durch die Gesetzesnovellierung des JuSchG die Aufsicht hierüber übertragen – die sogenannte „dritte Säule" eines modernen Kinder- und Jugendmedienschutzes.[112] Dieser Aufgabe kommt die Bundeszentrale in einem **gestuften Prozess** nach. Zunächst überprüft die Bundeszentrale die Vorsorgemaßnahmen auf ihre Umsetzung, konkrete Ausgestaltung und Angemessenheit. Bei Zweifeln an der Umsetzung wird ein sogenanntes „dialogisches Verfahren" eingeleitet. Nach Scheitern eines solchen Verfahrens wird die Bundeszentrale zu rechtsverbindlichen Maßnahmen ermächtigt.

a) Überprüfung der Vorsorgemaßnahmen

55   Die Bundeszentrale bekommt durch § 24b Abs. 1 S. 1 JuSchG explizit eine Überprüfungsbefugnis bzgl. der Einhaltungen der Verpflichtungen zugewiesen. Sie kann diese Aufgabe sowohl **eigeninitiativ** aufgrund von eigenen Erkenntnissen durch Recherche oder Heranziehung von eigenen oder von außen herangetragenen Informationen über

---

111   Siehe bspw. Pressemitteilung der FSF und FSM vom 30.4.2021.
112   BT-Drs. 19/24909, 52.

                                         Ehls

Versäumnisse tätig werden als auch **reaktiv** ausüben".[113] Die reaktive Ausführung kann auch mithilfe eines **externen Monitorings** vorgenommen werden. Ein solches ist im Haushaltsplan ab 2023 bereits vorgesehen und mit einem Mittelbedarf von 3,25 Mio. EUR pro Jahr eingeplant.

Die Überprüfung selbst findet in einem **dreistufigen Prozess** statt: Zunächst muss fest-   56
gestellt werden, ob der Anwendungsbereich des § 24a JuSchG eröffnet ist (**Normen-betroffenheit**), ob also der Diensteanbieter der Vorsorgepflicht unterfällt (→ § 5 Rn. 12 ff.). An dieser Stelle wird der **Prüfumfang** der Bundeszentrale beschränkt, so-fern eine **anerkannte Einrichtung der freiwilligen Selbstkontrolle** entschieden hat, dass ein Anbieter nicht von der Vorsorgepflicht betroffen ist (§ 24b Abs. 5 JuSchG). Diese Entscheidung kann von dem jeweiligen Diensteanbieter erwirkt werden.[114] Dass diese Bestimmung wiederum die Selbstkontrollen vor das Problem einer Beurtei-lung des Anwendungsbereichs des § 24a JuSchG stellt, soll hier nicht weiter ausge-führt werden (→ § 5 Rn. 12 ff., 38 ff.).[115] Bei positiver Bescheidung verbleibt der Bundeszentrale sodann lediglich eine Überprüfung dahin gehend, ob die Selbstkon-trolle in ihrer Entscheidung die Grenzen des Beurteilungsspielraums überschritten hat (§ 24b Abs. 5 JuSchG). Hierbei ist sie an die allgemeinen, durch die verwaltungsge-richtliche Rechtsprechung entwickelten, Grundsätze zur Überprüfung des Beurtei-lungsspielraums gebunden.[116] Hierdurch eröffnet das Gesetz dem Diensteanbieter einen Vertrauenstatbestand, der zur Rechtssicherheit beitragen soll[117] – ganz im Ge-gensatz zum Anwendungsbereich des § 24a JuSchG. Zusätzlich wird ein Anreiz für ein selbstregulierendes Verhalten geschaffen.

Wenn eine Normenbetroffenheit gegeben ist, muss eruiert werden, ob der Normad-   57
ressat überhaupt Vorsorgemaßnahmen getroffen hat („**Umsetzung**"). In einem letzten Schritt müssen dann die Vorsorgemaßnahmen selbst auf ihre **Angemessenheit** über-prüft werden („konkrete Ausgestaltung"). Eine **erste Einschätzung** diesbezüglich wird dem gemeinsamen Kompetenzzentrum von Bund und Ländern für den Jugendmedi-enschutz im Internet („**jugendschutz.net**") zugewiesen (§ 24b Abs. 1 S. 2 JuSchG), das seine Beurteilung an die Bundeszentrale abgibt (§ 24b Abs. 1 S. 2 JuSchG).

Im Rahmen der Überprüfung der Vorsorgemaßnahmen wird außerdem die zentrale   58
Aufsichtsstelle der Länder für den Jugendschutz im privaten Fernsehen sowie im In-ternet (**Kommission für Jugendmedienschutz – KJM**) durch Gesetz formal in den Er-kenntnisgewinn der Bundeszentrale eingebunden und ihr wird **Gelegenheit zur Stel-lungnahme** gegeben (§ 24b Abs. 1 S. 2 JuSchG).

Darüber hinaus werden ausweislich der Gesetzesbegründung weitere **Synergieeffek-**   59
te zwischen KJM und Bundeszentrale im Überprüfungsverfahren ausdrücklich be-grüßt.[118] Beispielhaft werden dort die Berücksichtigung der durch die KJM aner-

---

113   BT-Drs. 19/24909, 67.
114   BT-Drs. 19/24909, 69.
115   Siehe zur Unbestimmtheit des Anwendungsbereichs im Allgemeinen *Dreyer/Schulz*, Schriftliche Stellung-nahme 2020, S. 12; *Hilgert/Sümmermann* K&R 2021, 297 (300).
116   BT-Drs. 19/24909, 69; zu den Grundsätzen vgl. *Kment/Vorwalter* JuS 2015, 193 (193 ff.).
117   BT-Drs. 19/24909, 69.
118   BT-Drs. 19/24909, 67.

kannten Altersverifikationssysteme oder geschlossenen Benutzergruppen für die Beurteilung der Angemessenheit einer Maßnahme genannt.

60 Der Gesetzgeber verfolgt letztlich eine intensivere Zusammenarbeit von Bund und Ländern hinsichtlich einheitlicher Aufsichtsmaßnahmen sowie die Stärkung der Selbstkontrollen.[119] Er beansprucht für sich die selbstregulative Ausgestaltung des Aufsichtsmodells.[120] Auch die Gesetzesbegründung betont, dass die europäische **AVMD-RL** in Art. 28b Abs. 4 ausdrücklich eine Stärkung der Ko-Regulierung vorsieht, die der Gesetzgeber nunmehr umgesetzt sieht. In Art. 30 AVMD-RL ist jedoch auch eine rechtlich und strukturell von der Regierung unabhängige Regulierungsbehörde vorgesehen – die hiesige Umsetzung bietet diesbezüglich Anlass zur Diskussion (→ Rn. 76 f.).[121]

61 Dass der korrekten Überprüfung der Maßnahmen und somit der Einschätzung der **KJM** nicht gänzlich vertraut wird, zeigt sich daran, dass dieser zwar die Möglichkeit der Stellungnahme gegeben wird, verbindliche Konsequenzen aus einer solchen jedoch nicht erwachsen. Somit bleibt eine seitens des Gesetzgebers „denkbare und wünschenswerte" Zusammenarbeit der beiden Regulierungsstellen in diesem Punkt eher eine unverbindliche Interpretation. Es bleibt demnach abzuwarten, wie sich das Zusammenspiel zwischen Bundeszentrale und KJM in der Praxis tatsächlich ausgestalten wird.

62 Ein ebensolcher Mangel an legislativem Vertrauen ist auch im Hinblick auf anerkannte Einrichtungen der freiwilligen Selbstkontrollen zu erkennen; dies ergibt sich aus § 24b Abs. 2 JuSchG.[122] Hier wird zwar statuiert, dass **Leitlinien**, die mit einer anerkannten Einrichtung der freiwilligen Selbstkontrolle erarbeitet wurden und die vorgenommenen Maßnahmen festsetzen und ausweisen, hinsichtlich der Pflichterfüllung aus § 24a JuSchG genügen, der Bundeszentrale aber dennoch eine Überprüfung der Angemessenheit eingeräumt wird (§ 24b Abs. 2 Nr. 1 JuSchG). Erst nach einer Bestätigung der Bundeszentrale erfolgt eine Veröffentlichung (§ 24b Abs. 2 Nr. 3 JuSchG iVm § 24c Abs. 2 JuSchG). Das Ziel, die Selbstkontrolleinrichtungen mit diesem Verfahren zu stärken, wird so nicht glaubwürdig umgesetzt. Ausweislich der Gesetzesbegründung ist das Vorlage- und Beurteilungsverfahren durch die Bundeszentrale näher auszugestalten.[123] Hier bleibt letztlich zu hoffen, dass auf diesem Wege die Zusammenarbeit über untergesetzliche Regeln durch vereinfachte Verfahren ausgestaltet werden. Die Regelung hinsichtlich des eingeschränkten Prüfumfangs der Bundeszentrale zur Normenbetroffenheit eines Anbieters, gem. § 24b Abs. 5 JuSchG (→ Rn. 56) weist hierbei in die richtige Richtung.

b) Das dialogische Verfahren, § 24 b Abs. 3 JuSchG

63 Sofern das Überprüfungsverfahren abgeschlossen ist und Zweifel an der pflichtgemäßen Umsetzung der Vorsorgemaßnahmen bestehen, wird ein sog. dialogisches

---

119 BT-Drs. 19/24909, 68.
120 BT-Drs. 19/24909, 29 f.
121 Krit. *Hopf/Braml* ZUM 2020, 312 (318); krit. Stellungnahme des Bundesrates BT-Drs. 19/24909, 85 f. und Gegenäußerung des Gesetzgebers S. 90 f.
122 So auch *Hilgert/Sümmermann* K&R 2020, 297 (302).
123 BT-Drs. 19/24909, 38, 68.

Ehls

Verfahren eingeleitet. Auch dieses gestaltet sich anhand eines gesetzlich vorgegebenen dreigliedrigen Aufbaus – Stellungnahme, Beratung, Umsetzung.

Zunächst nimmt die Bundeszentrale mit dem Diensteanbieter Kontakt auf und fordert ihn zu einer **Stellungnahme** auf (§ 24b Abs. 3 S. 1 Hs. 1 JuSchG). 64

Im Anschluss kommt der Bundeszentrale eine **Beratungspflicht** (dialogisches Element) hinsichtlich der erforderlichen Vorsorgemaßnahmen zu (§ 24b Abs. 3 S. 1 Hs. 2 JuSchG). Diese Beratung soll ausdrücklich in einem Dialog erfolgen, der auf die Beseitigung der defizitären Umsetzung der Maßnahmen aus § 24a JuSchG hinwirkt.[124] Eine schlichte **Belehrung** reicht für die Pflichterfüllung auf Seiten der Bundeszentrale somit nicht aus. Vielmehr muss die Bundeszentrale die im **konkreten Einzelfall** erforderlichen und angemessenen Vorsorgemaßnahmen, auch unter zu Hilfenahme der gewonnenen Erkenntnisse aus dem Überprüfungsverfahren (→ Rn. 55 ff.), eruieren.[125] 65

Ausweislich der Gesetzesbegründung steht ein solches Beratungsverfahren auch ausdrücklich Anbietern offen, „die **eigeninitiativ** mit entsprechenden Anliegen auf die Bundeszentrale zugehen".[126] 66

Insgesamt soll durch diesen intensiven Austausch eine **Sensibilisierung** für die nationalen Belange des Kinder- und Jugendmedienschutzes gestärkt werden.[127] Dies gilt insbesondere für internationale Diensteanbieter, die ihren Sitz nicht in Deutschland nehmen. Es bleibt abzuwarten, ob diese Annahme sich auch in der Praxis bewährt. Der Gesetzgeber geht zumindest von einer positiven Beteiligung am Beratungsverfahren von Seiten der Diensteanbieter aus.[128] 67

Als letzter Schritt sollte nach Abschluss des Beratungsverfahrens auf Seiten der Anbieter die **Umsetzung** der sondierten Maßnahmen **eigeninitiativ** erfolgen. Der zeitliche Rahmen für diese Umsetzung wird nicht näher bestimmt. Die Gesetzesbegründung weist lediglich für die Bundeszentrale ein „**angemessenes Zuwarten**" aus.[129] Hilfreich wäre daher beispielsweise, am Ende des Beratungsverfahrens eine entsprechende Implementierungsphase zu vereinbaren. Stellt die Bundeszentrale schließlich fest, dass die entsprechenden Maßnahmen nach solch einem Zuwarten nicht umgesetzt worden sind, erfolgt unter **angemessener Fristsetzung** eine **Aufforderung zur Abhilfe** an den Diensteanbieter.[130] 68

Es ist fraglich, welche rechtliche Qualität den einzelnen in Absatz 3 genannten Maßnahmen zukommt. Es könnte sich (jeweils) sowohl um einen Verwaltungsakt als auch um andere Handlungsformen handeln. Die im § 24b Abs. 3 S. 1 JuSchG genannte Gelegenheit zu Stellungnahme und die Beratung könnte sich – wie es auch der Gesetzgeber in seiner Gesetzesbegründung ausführt – als **informelles Verwaltungshandeln** qualifizieren lassen. 69

---

124 BT-Drs. 19/24909, 38, 69.
125 BT-Drs. 19/24909, 69.
126 BT-Drs. 19/24909, 38.
127 SchG-Drs. 19/24909, 69.
128 BT-Drs. 19/24909, 38.
129 BT-Drs. 19/24909, 69.
130 BT-Drs. 19/24909, 69.

70 Ein solches informelles (oder auch „kooperatives") Verwaltungsverfahren, welches sich aufgrund des **Grundsatzes der Gesetzmäßigkeit der Verwaltung** dennoch innerhalb eines gewissen gesetzlichen Ordnungsrahmens bewegen muss, wird durch bestimmte Begriffe gekennzeichnet, zu denen auch der der Beratung gehört.[131] Durch die Formulierungen „berät über die erforderlichen Vorsorgemaßnahmen" in § 24b Abs. 3 S. 1 JuSchG sowie „Abschluss der Beratung" in Satz 2 spricht an dieser Stelle der Wortsinn durchaus für die vom Gesetzgeber angeführte Form eines informellen Verfahrens. Neben den von der Gesetzesbegründung erhofften positiven Auswirkungen einer solchen Beratung werden auch in der Literatur als Vorteile von einem solchen Verwaltungshandeln die Vermeidung von Fehlinvestitionen, Abbau von Rechtsunsicherheiten und die Vermeidung von Rechtsstreitigkeiten genannt.[132] Diese Vorteile sind in einem immer komplexer werdenden Regelungsrahmen wie dem JuSchG nicht von der Hand zu weisen. Die Bundeszentrale würde sich in diesem Fall in eine Art Doppelrolle als Regulierungs- und Dienstleistungsbehörde begeben.

71 Der Gesetzgeber geht weiterhin ausweislich der Gesetzesbegründung offenbar auch bezüglich der in § 24b Abs. 3 S. 2 JuSchG genannten Aufforderung zur Abhilfe (bei nach Abschluss der Beratung nicht erfolgten Vorsorgemaßnahmen) von einem informellen Verwaltungshandeln und nicht vom Vorliegen eines Verwaltungsaktes aus.[133] Nach seinem Verständnis wäre somit das gesamte dialogische Verfahren des Absatz 3 als **informelles Verwaltungshandeln**[134] zu qualifizieren. Die Intention des Gesetzgebers ist zwar nachvollziehbar. Jedoch entfaltet die Gesetzesbegründung keine Bindungswirkung für die rechtliche Beurteilung, so dass eine andere Einschätzung möglich ist. Wenngleich die Bewertung des Gesetzgebers bezüglich der Stellungnahme und Beratung nachvollziehbar erscheint, so ist die Einstufung der Aufforderung zur Abhilfe als informelles Verwaltungshandeln durchaus fraglich. Jedenfalls diese Aufforderung kann im Rahmen des dialogischen Verfahrens durchaus auch als Verwaltungsakt kategorisiert werden.

c) Formelle Rechtsdurchsetzung

72 Als letzte Maßnahme wird die Bundeszentrale im Rahmen ihrer Aufsicht zu weiteren – auch repressiven – Maßnahmen gegenüber dem Diensteanbieter ermächtigt. Hierbei handelt es sich um ein **formelles Verwaltungsverfahren**. Dieses wird jedoch nur ausgelöst, falls ein dialogisches Verfahren fruchtlos bleibt. Gem. § 24b Abs. 4 S. 1 Alt. 2 JuSchG ist das Verfahren auch erfolglos, wenn der Anbieter der Aufforderung zur Abhilfe innerhalb der Fristsetzung nur unzureichend nachkommt.

73 Die Bundeszentrale kann sodann von ihrer Ermächtigung Gebrauch machen und erlässt unter **erneuter Fristsetzung** die **Anordnung** zur Abhilfe und Einhaltung der Anbieterverpflichtungen aus § 24a JuSchG. Diese ist **rechtsverbindlich** und wird in Form eines **Verwaltungsakts** erlassen.[135] Bei Zuwiderhandlung gegen eine solche vollzieh-

---

131 Fehling/Kastner/Störmer/*Schwarz* VwVfG § 24 Rn. 27; Stelkens/Bonk/Sachs/*Schmitz* VwVfG § 9 Rn. 172.
132 Stelkens/Bonk/Sachs/*Schmitz* VwVfG § 9 Rn. 173.
133 BT-Drs. 19/24909, 38. Er spricht erst bei der „erneuten" Fristsetzung von einem Verwaltungsakt und bezieht sich somit auf den vierten Absatz.
134 Stelkens/Bonk/Sachs/*Schmitz* VwVfG § 1 Rn. 264, § 9 Rn. 172.
135 Auch der Gesetzgeber sieht in dieser Anordnung einen Verwaltungsakt, BT-Drs. 19/24909, 38.

Ehls

bare Anordnung kann die Bundeszentrale ein Bußgeldverfahren gem. § 28 Abs. 3 Nr. 4 JuSchG einleiten, welches gem. § 28 Abs. 5 JuSchG iVm § 30 Abs. 2 S. 3 OWiG in einer Höhe von bis zu 5 Mio. EUR ergehen kann. Die Rechtsdurchsetzung samt Bußgeld (§ 28 Abs. 6 JuSchG) soll auch ausländische Anbieter umfassen (→ § 8 Rn. 48 ff.).

d) Einklang mit höherrangigem Recht

Die aufsichtsrechtliche Ausgestaltung der Bundeszentrale hat schon während des **74** Gesetzgebungsverfahrens für viel Diskussionsbedarf gesorgt und ist häufig der größte Kritikpunkt am neuen Jugendschutzgesetz.[136] Als zentrale Punkte werden die mangelnde Staatsferne und ein Verstoß gegen die kompetenzrechtlichen Vorgaben genannt – beides steht in Zusammenhang mit den Regelungen zu Telemedien und betrifft mit verfassungsrechtlichen Prinzipien höherrangiges Recht.

Im Hinblick auf die **verfassungsrechtliche Kompetenzverteilung** beruft sich der Bun- **75** desgesetzgeber auf die ihm zustehende konkurrierende Gesetzgebung aus Art. 72, 74 Abs. 1 Nr. 7 GG („öffentliche Fürsorge").[137] Aus dieser leitet er seine Regelungshoheit für den Jugendmedienschutz ab. Schon hier ist fraglich, ob Regelungen bezüglich der öffentlichen Fürsorge sich auf den Bereich der Telemedien erstrecken, die dem Rundfunkbereich und somit den Ländern überantwortet sind.[138] Unabhängig davon geht der Bund zusätzlich von einem Bedarf zur bundeseinheitlichen Regelung gem. Art. 72 Abs. 2 GG (**Subsidiaritätsprinzip**) aus.[139] Hierbei verkennt er jedoch, dass der JMStV bereits eine umfassende und insbesondere bundeseinheitliche Regelung im Bereich des Rundfunks und der Telemedien geschaffen hat.[140] Auch wenn eine Regelung zu den hier besonders in Frage stehenden Diensteanbietern (noch) keinen Eingang gefunden hat[141], steht doch außer Frage, dass eine Verortung bei den Ländern ob der Kompetenzverteilung die bessere Alternative darstellt. Hier wären zielführendere Gespräche mit den Ländern wünschenswert gewesen.

Gleiches gilt auch für das **Gebot der Staatsferne** (→ § 1 Rn. 34 ff.). Hiernach muss die **76** Medienregulierung staatsfern ausgestaltet sein.[142] Die Bundeszentrale setzt sich durch ihren umfassenden Aufsichtsanspruch der Kritik – insbesondere durch die Länder – eines Verstoßes gegen dieses Gebot aus.[143] Der Bundesgesetzgeber hat sich über ein

---

136 Vgl. exemplarisch die kritische Auseinandersetzung in der öffentlichen Anhörung von Sachverständigen vor dem Ausschuss für Familie, Senioren, Frauen und Jugend des Deutschen Bundestages am 11.1.2021, Protokoll-Nr. 19/77; WD 10–3000–046/20.
137 BT-Drs. 19/24909, 38.
138 NK-JMStV/*Schwartmann/Hentsch* JMStV § 1 Rn. 3; zur fraglichen Gesetzgebungskompetenz mwN *Stettner* ZUM 2003, 452 (428); *Waldeck* KJug 2019, 23 (24).
139 BT-Drs. 19/24909, 38.
140 *Erdemir* ZRP 2021, 53 (54 f.); *Hopf/Braml* ZUM 2020, 312 (317); aA Löffler/*Altenhain* JuSchG Einl. Rn. 12; der JMStV als „ausbaufähige Grundlage für eine kohärente Regelung" bei *Waldeck* KJug 2019, 23 (24).
141 *Erdemir* ZRP 2021, 53 (53); *Hilgert/Sümmermann* K&R 2020, 297 (302).
142 Dreier/*Schulze-Fielitz* GG Art. 5 Abs. 1–2, Rn. 46; ausführlich samt *Paulus/Nölscher* ZUM 2017, 177; eine staatsfreie Ausgestaltung ist hingegen nicht erforderlich vgl. *Erdemir* ZRP 2021, 53 (56); *Rossen-Stadtfeld* in Medienföderalismus, S. 165 (173).
143 WD 10–3000–046/20, S. 5 ff.; kritisch auch in der öffentlichen Anhörung von Sachverständigen vor dem Ausschuss für Familie, Senioren, Frauen und Jugend des Deutschen Bundestages am 11.1.2021, Protokoll-Nr. 19/77; NK-JMStV/*Bornemann* JMStV § 14 Rn. 17 f.

Gutachten[144] zu diesem Bereich (vermeintlich) abgesichert. Ein Gegengutachten im Auftrag der Direktorenkonferenz der Landesmedienanstalten existiert ebenfalls,[145] ebenso wie zahlreiche kritische Stellungnahmen.[146] Von den kritischen Stimmen wird zudem die europarechtliche Ebene der AVMD-RL angeführt, die ausdrücklich eine Trennung von Regulierungsbehörde und Regierung vorsieht.[147]

77 Der Bundesgesetzgeber hat sich im Laufe des Gesetzgebungsverfahrens zumindest kurzfristig dazu entschieden, mit § 16 JuSchG einen vermittelnden Ansatz zu suchen, indem er statuiert: „Die an die Inhalte von Telemedien zu richtenden besonderen Anforderungen ergeben sich aus dem Jugendmedienschutz-Staatsvertrag." Gänzlich zerstreut werden kann die Kritik jedoch nicht. Daher wäre es ratsam, auch hier erneut ein Einvernehmen mit den Ländern zu suchen.

78 So hätte dann womöglich auch das Entstehen von Doppelstrukturen in der Aufsicht vermieden werden können, die sich nun aufgrund überschneidender Regelungsstrukturen zeigen.[148] Die jetzige Ausgestaltung der Bundeszentrale ist im Hinblick auf eine Vereinbarkeit mit höherrangigem Recht jedenfalls ausgesprochen diskussionswürdig.

D. Rechtsschutz gegen Entscheidungen der Bundeszentrale

79 Die durch die Gesetzesnovellierung veränderten Aufgaben der Bundeszentrale haben Auswirkungen auf ihre rechtliche Stellung. Dies betrifft sowohl das Klageverfahren gegen Indizierungen als auch das Bußgeldverfahren, in dessen Rahmen Verstöße gegen bußgeldbewerte Bestimmungen aus dem JuSchG geahndet werden.

I. Zulässigkeit im Klageverfahren

80 Für das Klageverfahren ist zwischen den Anordnungen im Indizierungs- und denen im Aufsichtsverfahren zu unterscheiden.

1. Indizierungsverfahren

81 Bei der Anordnung einer Listenaufnahme handelt es sich aufgrund des Regelungscharakters dieser Maßnahme um einen **Verwaltungsakt** iSd § 35 VwVfG (→ Rn. 43), gegen den der **Verwaltungsrechtsweg** eröffnet ist. Dies trifft ebenfalls auf alle anderen Anordnungen im Rahmen des Indizierungsverfahrens zu, auch hier ist gegen diese der Verwaltungsrechtsweg zu beschreiten.[149]

82 **Als statthafte Klageart** bei Indizierungsentscheidungen als belastende Maßnahme ist die **Anfechtungsklage** gem. § 42 Abs. 1 Alt. 1 VwGO einschlägig. Gegen Entscheidungen des 3er-Gremiums (vereinfachtes Verfahren) steht der Rechtsweg jedoch nach wie vor nicht offen, zuvor ist ausweislich des § 25 Abs. 4 JuSchG eine Entscheidung

---

144 *Eifert* Rechtliches Kurzgutachten, der ein Verstoß gegen das Gebot der Staatsferne ablehnt, da es sich lediglich um Schrankensetzung handle.
145 *Degenhart* Rechtsgutachten, 2020, der einen Verstoß gegen das Gebot der Staatsferne annimmt.
146 *Hopf/Braml* ZUM 2021, 421 (422).
147 Exemplarisch *Degenhart* Rechtsgutachten, 2020, S. 3, 26 f.; *Erdemir* ZRP 2021, 53 (56).
148 Siehe hierzu auch NK-JMStV/*Lamprecht-Weißenborn* JMStV § 5b Rn. 17 ff.
149 Ausführlich hierzu Löffler/Altenhain JuSchG § 25 Rn. 1 ff.; Erbs/Kohlhaas/*Liesching* JuSchG § 25 Rn. 1; Nikles/Roll/Spürck/Erdemir/Gutknecht/*Roll* JuSchG § 25 Rn. 1.

durch das 12er-Gremium herbeizuführen. Die **Verpflichtungsklage** (§ 42 Abs. 1 Alt. 2 VwGO) hingegen ist bei der Ablehnung einer Listenstreichung oder -aufnahme sowie bei Feststellung der Inhaltsgleichheit statthaft.[150]

Für die Praxis ergeben sich im Rahmen der Zuständigkeit im Klageverfahren durch 83
die Umstrukturierung zur Bundeszentrale hinsichtlich des **Klagegegners** grundsätzlich keine Änderungen: Im Verwaltungsverfahren ist gegen eine Entscheidung der Prüfstelle die Klage weiterhin gegen den **Bund** zu richten, jedoch wird dieser nunmehr nicht mehr durch die Prüfstelle, sondern durch die Bundeszentrale vertreten (§ 25 Abs. 3 JuSchG).

Eine weitere Änderung ergibt sich durch die Erweiterung des Kreises der Antragsbe- 84
rechtigten um anerkannte Einrichtungen der freiwilligen Selbstkontrolle sowie die aus Mitteln des Bundes, der Länder oder der Landesmedienanstalten geförderten Internet-Beschwerdestellen nach § 21 Abs. 2 JuSchG (→ Rn. 44). Hierdurch erhalten nunmehr auch diese Behörden eine **Klagebefugnis** im Rahmen der Verpflichtungsklage für die in § 25 Abs. 2 JuSchG genannten Fälle (Einstellung des Indizierungsverfahrens und keine Listenaufnahme). Lediglich anregungsberechtigte Behörden (→ § 6 Rn. 22) sind weiterhin nicht klagebefugt. Hinsichtlich der Klagebefugnis bei der Anfechtungsklage ergeben sich keine Änderungen. Weiterhin ist klagebefugt, wer geltend machen kann, in seinen Rechten verletzt zu sein. Dies sind grundsätzlich die Urheber, Inhaber der Nutzungsrechte und Anbieter bei Telemedien, nicht hingegen Händler oder Access-Provider.[151]

Für die restlichen Zulässigkeitsvoraussetzungen ergeben sich keine Änderungen. Da 85
die Bundeszentrale ihren Sitz in Bonn hat, beginnt der Instanzenzug beim zuständigen Verwaltungsgericht in Köln. Die Folgeinstanzen sind das Oberverwaltungsgericht Münster als Berufungsinstanz (§§ 124, 124a VwGO) und als Revisionsinstanz – sofern eine solche zugelassen ist – das Bundesverwaltungsgericht in Leipzig (§ 132 VwGO).

2. Aufsichtsverfahren

Sofern ein dialogisches Verfahren zwischen Diensteanbieter und Bundeszentrale 86
scheitert, setzt gem. § 24b Abs. 4 JuSchG ein förmliches Verwaltungsverfahren ein.[152]
Nach fruchtloser Fristverstreichung erlässt die Bundeszentrale eine **Anordnung** auf Abhilfe und Einhaltung der Verpflichtungen zur Anbietervorsorge (→ Rn. 72 f.). Diese Anordnungen haben **Verwaltungsaktqualität** iSd § 35 VwVfG, weswegen gegen sie wiederum die **Anfechtungsklage** im Verwaltungsrechtsweg statthaft ist.

Der **Klagegegner** bestimmt sich nach dem **Rechtsträgerprinzip** (§ 78 Abs. 1 Nr. 1 87
VwGO). Da es sich bei der Bundeszentrale um eine Bundesoberbehörde handelt, ist der Rechtsträger und Klagegegner der Bund. Die weiteren Voraussetzungen richten

---

150 Ausführlich hierzu Löffler/Altenhain JuSchG § 25 Rn. 2 ff.; Erbs/Kohlhaas/*Liesching* JuSchG § 25 Rn. 1.
151 Ausführlich hierzu Löffler/*Altenhain* JuSchG § 25 Rn. 5 ff.; Erbs/Kohlhaas/*Liesching* JuSchG § 25 Rn. 1.
152 Zur Frage, ob womöglich schon vorher im Verfahren ein angreifbarer Verwaltungsakt vorliegt, → Rn. 69 ff. Sollte das Vorliegen eines Verwaltungsakts bereits im dialogischen Verfahren bejaht werden, wäre schon dort die Anfechtungsklage statthaft.

sich nach den allgemeinen Verfahrensvorschriften. Der Instanzenzug ist mit dem im Indizierungsverfahren identisch (→ Rn. 85).

II. Bußgeldverfahren

88 Die Erweiterung der Aufsichtspflichten der Bundeszentrale zeitigt Auswirkungen auf ihre Stellung im Bußgeldverfahren (→ § 8 Rn. 52 ff.). So bestimmt der neu eingefügte § 28 Abs. 7 JuSchG die Bundeszentrale ausdrücklich zur **sachlich zuständigen Verwaltungsbehörde** iSd § 36 Abs. 1 Nr. 1 OWiG in den Fällen des § 28 Abs. 3 Nr. 2, 4 und 5 JuSchG. Namentlich sind dies die Fälle des Bereithaltens eines Films oder eines Spielprogramms ohne erforderliche Kennzeichnung (Nr. 2), der Zuwiderhandlung einer aufsichtsrechtlichen Anordnung nach § 24b Abs. 4 JuSchG (Nr. 4) und des Versäumens eines Empfangsbevollmächtigten im Inland (Nr. 5).[153] Durch § 28 Abs. 6 JuSchG wird der **Anwendungsbereich** der genannten Bußgeldvorschriften über den innerdeutschen Bereich hinaus ausgeweitet (→ § 8 Rn. 48 ff.).

89 Der Betroffene hat nach den allgemeinen Vorschriften die Möglichkeit, innerhalb von zwei Wochen **Einspruch** gegen den Bußgeldbescheid einzulegen, § 76 Abs. 1 OWiG.

E. Fazit und Ausblick

90 Die Umbenennung zur Bundeszentrale resultiert aus einem umfassend erweiterten gesetzlichen Auftrag an die Bundesoberbehörde, der sowohl die Listenführung für jugendgefährdende Medien, die Weiterentwicklung des Kinder- und Jugendschutzes mit geeigneten Maßnahmen als auch Aufsichts- und Förderfunktionen umfasst. Dennoch schafft es das neue Gesetz nicht, sich von anachronistischen Ansätzen zu lösen. So begeht der Gesetzgeber einmal mehr den Fehler, die Novelle auf ein Gesetz aufzubauen, das noch aus Zeiten ohne Internet und Diensteanbieter stammt (→ Rn. 3 ff.). Hierdurch bereitet er Kritik und Kompetenzstreitigkeiten den Boden, wodurch leider auch oft das Ziel eines einheitlichen und verständlichen Kinder- und Jugendmedienschutzes unterminiert wird. Durch die Umgestaltung zur Bundeszentrale werden andererseits auch neue Impulse vorbildlich umgesetzt. Positiv hervorzuheben ist beispielsweise die direkte Teilhabe von Kindern- und Jugendlichen durch den Beirat in den Verfahren und Abläufen der Bundesoberbehörde (→ Rn. 15 ff.). Auch ist zu begrüßen, dass die neue Bundeszentrale den bereits vorgezeichneten Weg der Zukunftswerkstatt nun durch Gesetz weiter beschreitet und somit auf einen fruchtbaren Dialog aller Akteure in Zukunft zu hoffen ist (→ Rn. 48 f.). Die stark kritisierten Aufsichtsregelungen (→ Rn. 54 ff.) bedürfen hingegen einer Nachjustierung, um sie für alle Beteiligten rechtssicher auszugestalten. Dennoch ist es begrüßenswert, dass hier zumindest der Gedanke einer stärkeren Beteiligung durch die Selbstregulierung zu erkennen ist.

91 Die größten Veränderungen im Rahmen der Umstrukturierung zur Bundeszentrale ergeben sich aus

---

153 Zu den Straf- und Ordnungsrechtlichen Sanktionen insgesamt (→ § 8 Rn. 1 ff.).

- der Erweiterung der Aufgaben der Bundeszentrale, die sich nunmehr neben der Listenführung auch auf die Aufsicht sowie den aktiven Austausch über die Weiterentwicklung des Kinder- und Jugendmedienschutzes erstrecken und – damit einhergehend – eine Förderkompetenz beinhalten (→ Rn. 42 ff.),
- der Ausgestaltung der Fachbereiche, da ein Fachbereich für die aufsichtsrechtliche Wahrnehmung implementiert und die Prüfstelle in die Bundeszentrale eingegliedert wurde (→ Rn. 13 ff.),
- der Errichtung eines Beirats, der ausdrücklich minderjährige Mitglieder enthalten muss und zentrale beratende Funktion hinsichtlich der Weiterentwicklung des Kinder- und Jugendmedienschutzes sowie der Evaluation wahrnimmt (→ Rn. 15 ff.),
- der Begrenzung der Wiederbenennung der Beisitzenden der Prüfstelle (→ Rn. 32 f.),
- dem Aufsichtsverfahren über die Vorsorgepflichten von Diensteanbietern, das aus einem dreigliedrigen Stufenkonzept besteht und ein dialogisches Verfahren beinhaltet (→ Rn. 54 ff.).

Zukünftig wäre es zielführend, wenn   92

- sich die Befristung der Beisitzenden der Prüfstelle auch in § 19 JuSchG niederschlagen würde (→ Rn. 32 f.),
- die DVO-JuSchG an die veränderten Strukturen der Bundeszentrale angepasst würde (→ Rn. 26),
- das Vertrauen in die Verantwortungsübernahme der Länder und den Einrichtungen der Selbstkontrollen gestärkt würde, um doppelte Verfahren zu vermeiden und die Rechtssicherheit zu stärken (→ Rn. 58 ff.).

Grundsätzlich bedarf es zukünftig ausgiebiger Gespräche mit den Ländern hinsicht- 93
lich kompetenzrechtlicher Streitigkeiten, die sich auch auf die Aufsichtsfunktion der Bundeszentrale auswirken. Nur so kann ein System entstehen, das aufeinander abgestimmt ist und Rechtssicherheit bietet. Der neu eingerichtete Beirat sollte hierbei beratend hinzugezogen werden, ohne gegen das Gebot der Mischverwaltung zu verstoßen (→ Rn. 23 und 49). Sollte es so zu keiner sinngerechten Lösung kommen, so erscheint als Ultima Ratio eine klärende kompetenzrechtliche Verschiebung entweder zugunsten des Bundes oder zugunsten der Länder zielführend, um den Weg für eine kohärente Regulierung freizumachen und den Kinder- und Jugendmedienschutz insgesamt zu stärken.[154]

---

[154] Wobei sowohl die Kultur – und Rundfunkhoheit der Länder als auch das Gebot der Staatsferne es nahelegen, den Weg hin zu einem konvergenten und kohärenten Jugendmedienschutzrecht über das staatsvertragliche Instrumentarium des kooperativen Föderalismus zu ebnen; s. hierzu *Erdemir* ZRP 2021, 53 (54 ff.) mwN.

§ 8 Straf- und ordnungsrechtliche Sanktionen

Literatur: *Erdemir*, Entwurf eines neuen Jugendschutzgesetzes. Husarenstück oder kompetenzüberschreitende Verstaatlichung des Jugendmedienschutzes, ZRP 2021, 53; *Haft*, Strafrecht Allgemeiner Teil, 9. Aufl. 2004 (zit.: *Haft* StrafR AT); *Hain/Poth*, Ausgestaltung und Beschränkung der „dienenden" Rundfunkfreiheit, JA 2010, 572; *Hilgert/Sümmermann*, Von Inhalt zu Interaktion: Neuerungen im Jugendschutzrecht, K&R 2021, 297; *Korte*, Bekämpfung der Korruption und Schutz des freien Wettbewerbs mit den Mitteln des Strafrechts, NStZ 1997, 513; *Kramer*, Grundbegriffe des Strafverfahrensrechts, 9. Aufl. 2021 (zit.: *Kramer* StrafVerfR); *Kühl*, Notwehr und Nothilfe, JuS 1993, 177; *Lemke/Mosbacher*, Ordnungswidrigkeitengesetz, 2. Aufl. 2005 (zit.: *Lemke/Mosbacher* OWiG); *Linz*, Ein wichtiger Schritt in die richtige Richtung, KJug 2020, 40; *Maatz*, §§ 20, 21 StGB, Privilegierung der Süchtigen? – zur normativen Bestimmung der Schuldfähigkeit alkoholisierter Straftäter, StV 1998, 279; *Mikat*, Halt auf halber Strecke: Der Entwurf für ein neues Jugendschutzgesetz wird der Medienkonvergenz nicht gerecht, KJug 2020, 143; *Mitsch*, Recht der Ordnungswidrigkeiten, 2. Aufl. 2005 (zit.: *Mitsch* Recht der Ordnungswidrigkeiten); *Otto*, Der Vorsatz, Jura 1996, 486; *Pfaff*, Ordnungswidrigkeitenrecht für Polizei, Ordnungsbehörden und Verwaltung, 2021 (zit.: *Pfaff* OrdnungswidrigkeitenR); *Rudolphi*, Vorhersehbarkeit und Schutzzweck der Norm in der strafrechtlichen Fahrlässigkeitslehre, JuS 1969, 549; *Schall*, Die richterliche Zumessung der Geldbuße bei Verkehrsordnungswidrigkeiten, NStZ 1986, 1; *Schwacke*, Recht der Ordnungswidrigkeiten, 4. Aufl. 2006 (zit.: *Schwacke* OWiR); *Volk/Engländer*, Grundkurs StPO, 9. Aufl. 2018 (zit.: *Volk/Engländer* GK StPO); *Walz*, Das Ziel der Auslegung und die Rangfolge der Auslegungskriterien, ZJS 2010, 482; *Wieser*, Praxis des Bußgeldverfahrens, 9. Aufl. 2021 (zit.: *Wieser*); *Zieschang*, Strafrecht Allgemeiner Teil, 6. Aufl. 2020 (zit.: *Zieschang* StrafR AT).

A. Strafrechtliche Sanktionen, § 27 JuSchG ... 1
  I. Neue oder veränderte Straftatbestände ... 1
    1. § 27 Abs. 1 Nr. 1 JuSchG ... 1
    2. § 27 Abs. 4 JuSchG ... 4
  II. Subjektiver Tatbestand – Vorsatz und Fahrlässigkeit ... 8
    1. Einleitung ... 8
    2. Direkter Vorsatz ... 11
      a) Absicht (Dolus Directus 1. Grades) ... 12
      b) Direkter Vorsatz (Dolus Directus 2. Grades) ... 13
    3. Eventualvorsatz (Dolus Eventualis) ... 14
    4. Fahrlässigkeit ... 22
  III. Fazit ... 32
B. Ordnungsrechtliche Sanktionen, § 28 JuSchG ... 33
  I. Besondere Bußgeldtatbestände ... 33
    1. Mischtatbestände und Abgabepflicht der Bußgeldbehörde ... 33
    2. Neue oder veränderte Vorschriften ... 39
      a) § 28 Abs. 1 Nr. 4 und Abs. 2 Nr. 4 JuSchG ... 39
      b) § 28 Abs. 3 Nr. 2 JuSchG ... 40
      c) § 28 Abs. 3 Nr. 4 JuSchG ... 41
      d) § 28 Abs. 3 Nr. 5 JuSchG ... 44
      e) § 28 Abs. 5 JuSchG ... 46
      f) § 28 Abs. 6 JuSchG ... 48
      g) § 28 Abs. 7 JuSchG ... 52

II. Verfahrensgrundsätze des Ordnungswidrigkeitenrechts ... 70
    1. Das Bestimmtheitsgebot ... 72
    2. Das Analogieverbot ... 76
    3. Der Opportunitätsgrundsatz ... 78
    4. Der Untersuchungsgrundsatz ... 83
    5. Die Unschuldsvermutung und der Grundsatz „in dubio pro reo" ... 86
    6. Das Rückwirkungsverbot ... 95
    7. Das Erfordernis rechtlichen Gehörs ... 97
III. Verfolgungsverjährung ... 100
    1. Länge der Verjährungsfrist und Fristberechnung ... 101
      a) Länge der Frist ... 101
      b) Fristberechnung ... 105
    2. Unterbrechung der Verjährungsfrist und absolute Verjährung ... 108
      a) Unterbrechung ... 108
      b) Absolute Verjährung ... 110
      c) Reichweite der Unterbrechungswirkung ... 112
IV. Das Bußgeldverfahren ... 117
    1. Sinngemäße Geltung der StPO im Bußgeldverfahren ... 117
    2. Verfahrensrechtliche Unterschiede des Bußgeldverfahrens zum Strafverfahren ... 118
    3. Ähnlichkeiten des Aufbaus einer Ordnungswidrigkeit zum strafrechtlichen Deliktsaufbau ... 119
      a) Tatbestandsmäßigkeit ... 122

b) Rechtswidrigkeit 125
c) Vorwerfbarkeit 126
4. Bearbeitungsreihenfolge für Bußgeldverfahren 135
V. Bußgeldzumessung 136
1. Grundlegendes 136
2. Zumessungsfaktoren nach
§ 17 Abs. 3 OWiG 145

a) Bedeutung der Tat 146
b) Vorwurf, der den Täter trifft 150
3. Wirtschaftliche Verhältnisse des
Betroffenen 162
4. Das Gebot der Überschreitung
des wirtschaftlichen Vorteils 171
VI. Fazit 177

A. Strafrechtliche Sanktionen, § 27 JuSchG

I. Neue oder veränderte Straftatbestände

1. § 27 Abs. 1 Nr. 1 JuSchG

In § 27 Abs. 1 Nr. 1 JuSchG wurde als **neue Tatbestandsalternative** eingefügt „entge- 1
gen § 15 Absatz 1a ein dort genanntes Medium …" – es folgen dann die insgesamt
neun möglichen Tathandlungen.

Damit wurde der neu eingefügte Verbotstatbestand des § 15 Abs. 1a JuSchG auf- 2
grund des vergleichbaren Handlungs- und Erfolgsunwertes[1] ebenfalls in den Katalog
der Straftatbestände aufgenommen.

Zu beachten ist, dass hier die Änderung des **Medienbegriffs** im JuSchG direkt in der 3
Strafvorschrift umgesetzt wurde, da die bisherige, engere Formulierung „ein **Träger-
medium**" gestrichen wurde. Entsprechend des erweiterten Medienbegriffs kann die
Straftat nun begehen, wer in der beschriebenen Weise mit einem in § 15 Abs. 1a
JuSchG genannten Medium als Telemedium verfährt. Der Begriff „Medien" umfasst
fortan **sowohl Trägermedien als auch Telemedien** (vgl. § 1 Abs. 1a JuSchG; zu dieser
Änderung → § 2 Rn. 4 f.).[2]

2. § 27 Abs. 4 JuSchG

Die Systematik der Ausnahmevorschrift bleibt gleich, sie wird jedoch in ihrem **Gel-** 4
tungsbereich erweitert. Das sog. „Elternprivileg" des Satzes 1 schließt weiterhin die
Strafbarkeit für Taten nach § 27 Abs. 1 Nr. 1 und 2 sowie Abs. 3 Nr. 1 JuSchG aus.
Jedoch gilt die Straffreiheit jetzt nicht nur für die personensorgeberechtigten Personen selbst, sondern auch für Personen, die „**im Einverständnis** mit einer personensorgeberechtigten Person handeln".

Dies ist eine **Flexibilisierung**, die zB im Hinblick auf Patchworkfamilien von verschie- 5
dener Seite gefordert wurde.[3] Mit der Änderung entspricht der hier privilegierte Personenkreis dem bereits in § 28 Abs. 4 S. 2 JuSchG beschriebenen Personenkreis. Die
Privilegierung gilt jedoch nur, **soweit** das Einverständnis **inhaltlich reicht**. Es kann auf
einzelne Medien oder Inhalte beschränkt werden.

Durch die Änderung wird die Ausübung des Entscheidungsrechts der Eltern flexibili- 6
siert und erweitert. Die Änderung erscheint auch im Hinblick auf den schulischen
Alltag sinnvoll, weil sie **Lehrerinnen und Lehrern** Sicherheit vor Strafverfolgung geben kann, wenn diese zB indizierte Medieninhalte im Unterricht aufarbeiten. Dies

---

1 BT-Drs. 19/24909, 70, zu § 27 lit. a.
2 Vgl. mkritAnm zum Medienbegriff des JuSchG etwa *Mikat* KJug 2020, 143 (144).
3 Vgl. *Linz* KJug 2020, 141.

wird nun ohne Verletzung der Strafvorschrift möglich, wenn ein **wirksames und ausreichendes** Einverständnis vorliegt.[4]

7   Nach der Zielsetzung des Gesetzgebers soll das Einverständnis nur vor einem **medienpädagogisch motivierten Hintergrund** erteilt werden.[5] Wenn die Erteilung des Einverständnisses selbst bereits eine **grobe Verletzung** der **Erziehungspflichten** der sorgeberechtigten Person darstellt, **gilt die Privilegierung nicht.** Dies stellt § 27 Abs. 4 S. 2 JuSchG klar. Eine solche grobe Verletzung der Erziehungspflicht liegt jedenfalls dann vor, wenn schon bei Erteilung des Einverständnisses angenommen werden kann, dass das Zugänglichmachen des jugendgefährdenden Mediums in einer Weise erfolgen wird, die Erziehungspflichten grob verletzt.

II. Subjektiver Tatbestand – Vorsatz und Fahrlässigkeit

1. Einleitung

8   Eine mögliche Strafbarkeit nach § 27 Abs. 1 JuSchG besteht bei den Taten nach § 27 Abs. 1 Nr. 1 sowie Nr. 3, 4 oder 5 JuSchG **sowohl bei vorsätzlicher als auch bei fahrlässiger Begehungsweise** (vgl. § 27 Abs. 3 JuSchG). Die Taten nach § 27 Abs. 1 Nr. 2 sowie Abs. 2 JuSchG können **nur vorsätzlich** begangen werden. Aufgrund dieser Mischung von Vorsatz- und Fahrlässigkeitsdelikten sollen hier beide Handlungsformen kurz betrachtet werden.

9   Vorsatz ist der Wille zur Verwirklichung eines objektiven Straftatbestandes in Kenntnis aller seiner Tatumstände.[6] Die (etwas unpräzise) Kurzformel lautet: Vorsatz ist Wissen und Wollen der Tatbestandsverwirklichung.[7] Daraus ist bereits ersichtlich, dass Vorsatz sowohl ein intellektuelles (**Wissens-**) als auch ein voluntatives (**Wollens-)Element** hat. Das Verhältnis dieser beiden Elemente weist diverse Schwierigkeiten auf. Auf ein **Willenselement** kann ua deshalb **nicht verzichtet werden**, weil sonst eine sachgerechte Abgrenzung zwischen Eventualvorsatz und bewusster Fahrlässigkeit nicht mehr gewährleistet wäre.

10   Beide Elemente, Wissenselement und Wollenselement, sind daher erforderlich.[8] Dies gilt auch für die Bestimmung der Handlungsform nach § 10 OWiG und damit auch für den bußgeldrechtlichen Vorsatz.[9] Zwischen beiden Elementen besteht ein **gegenseitiges Abhängigkeitsverhältnis**, so dass ein Minus an „Wollen" durch ein mehr an „Wissen" ausgeglichen werden kann und umgekehrt.[10] Je nachdem, welches Element im Vordergrund steht, lassen sich verschiedene Vorsatzformen unterscheiden, wobei festzuhalten ist, dass **jede dieser Formen** für sich genommen ausreichend ist, um das Tatbestandsmerkmal „Vorsatz" zu erfüllen, sofern nicht das Gesetz selbst eine **spezifischere Form** verlangt (zB „Absicht" im Tatbestand).

---

4   BT-Drs. 19/24909, 71.
5   BT-Drs. 19/24909, 71 zu bb.
6   BGH Urt. v. 5.5.1964 – 1 StR 26/64, NJW 1964, 1330 (1331); vgl. auch *Zieschang* StrafR AT Rn. 113.
7   LPK-StGB/*Kindhäuser/Hilgendorf* StGB § 15 Rn. 12 f.; Lackner/Kühl/*Kühl* StGB § 15 Rn. 3; *Haft* StrafR AT S. 151.
8   Satzger/Schluckebier/Widmaier StGB/*Momsen* StGB § 15 Rn. 7.
9   *Mitsch* Recht der Ordnungswidrigkeiten § 8 Rn. 9.
10 *Haft* StrafR AT S. 156.

Krebs

2. Direkter Vorsatz

Direkter Vorsatz kann in die Form der **Absicht** (dies ist Dolus Directus 1. Grades) 11
und die Form des **sicheren Wissens** (dies ist Dolus Directus 2. Grades) unterteilt
werden.

a) Absicht (Dolus Directus 1. Grades)

Bei dieser Vorsatzform **dominiert das „Wollen"**. Der Täter will den tatbestandlichen 12
Erfolg als **Ziel seiner Handlungen**. Es kommt ihm auf die Herbeiführung des tatbestandlichen Erfolgs an.[11] Dabei kann dieses Ziel auch nur ein Zwischenziel auf dem
Weg zu einem angestrebten Endziel sein. Ein solcher Fall könnte zB vorliegen, wenn
der Betreiber eines Internetversandhandels entgegen § 15 Abs. 4 JuSchG die Liste der
jugendgefährdenden Medien auf seiner Internetpräsenz mit dem Ziel veröffentlicht,
den Umsatz seines Versandhandels zu steigern. Das Endziel ist hier die Steigerung seines Umsatzes. Um dies zu erreichen, will er aber bewusst den Taterfolg des § 27
Abs. 1 Nr. 3 JuSchG verwirklichen, um eine „Werbewirkung" zu erreichen. Somit lä-
ge auch hinsichtlich dieses Zwischenziels Dolus Directus 1. Grades vor. Das bei dieser Vorsatzform vorhandene starke „Wollen" kann ein nur geringeres Wissen um die
Erreichung des Taterfolgs ausgleichen.

b) Direkter Vorsatz (Dolus Directus 2. Grades)

Bei dieser Vorsatzform **überwiegt das (sichere) Wissen**. Der Täter hat sicheres Wissen 13
davon, dass er durch seine Handlungen einen Straftatbestand verwirklicht.[12] Er weiß
oder sieht als sicher voraus, dass seine Handlungen den objektiven Tatbestand einer
Strafnorm erfüllen. Dieses Wissen kann mit Wollen zusammentreffen, aber das sichere Wissen **kann auch ein „Nichtwollen" ausgleichen**. Daher ist es bei dieser Vorsatzform grundsätzlich **unerheblich**, ob dem Täter der **Erfolgseintritt erwünscht ist**.[13]
Wenn beispielsweise ein Kurier entgegen § 15 Abs. 1 Nr. 7 JuSchG ein Trägermedium
aus dem Ausland einführt und dabei sicher weiß, dass dies verboten ist und auch vor-
aussieht, dass dieses Trägermedium an Kinder verkauft werden soll, dann liegt Dolus
Directus 2. Grades auch dann vor, wenn die Person nur gehandelt hat, um die Bezah-
lung für die Kurierdienste zu erhalten und ihr die Abgabe an Kinder **gänzlich unerwünscht** ist. Für den Straftatbestand des § 27 Abs. 1 Nr. 2 JuSchG ist dann direkter
Vorsatz anzunehmen.

3. Eventualvorsatz (Dolus Eventualis)

Bei dieser Vorsatzform bestehen sowohl beim Wissen als auch beim Wollen der Tat- 14
bestandsverwirklichung gewisse Defizite. Dadurch wird die **Abgrenzung zur bewussten Fahrlässigkeit** problematisch. Dieses Problem ist im Rahmen des § 27 JuSchG bedeutsam, weil nur in den Fällen des Absatzes 3 eine fahrlässige Tat strafbar ist.

Welches genaue Verhältnis zwischen dem Wollenselement und dem Wissenselement 15
auf der inneren Tatseite erforderlich ist, um bedingten Vorsatz anzunehmen, ist **umstritten**. Einigkeit besteht darüber, dass für den bedingten Vorsatz ein intellektuelles

---

11 Satzger/Schluckebier/Widmaier StGB/*Momsen* StGB § 15 Rn. 41; *Zieschang* StrafR AT Rn. 121.
12 *Zieschang* StrafR AT Rn. 122.
13 Satzger/Schluckebier/Widmaier StGB/*Momsen* StGB § 15 Rn. 42 mwN.

Moment vorliegen muss. Der Täter muss also für das Vorliegen eines Dolus Eventualis die Verwirklichung des Tatbestandes **zumindest für möglich halten.**[14] Darüber hinaus ist jedoch im Rahmen des bedingten Vorsatzes auch ein **Willenselement** erforderlich.[15]

16 Nach der Rechtsprechung des Bundesgerichtshofs zur Abgrenzung von bedingtem Vorsatz und bewusster Fahrlässigkeit handelt der Täter mit bedingtem Vorsatz, wenn er den Eintritt des tatbestandlichen Erfolgs als möglich und nicht ganz fernliegend erkennt und damit in der Weise einverstanden ist, dass er die Tatbestandsverwirklichung **billigend in Kauf nimmt** oder sich um des erstrebten Zieles willen **wenigstens mit ihr abfindet,** mag ihm auch der Erfolgseintritt an sich unerwünscht sein.[16] Die Rechtsprechung begegnet hier aber immer wieder den Grenzen der Erkenntnismöglichkeiten, weil das selbstständig abzuklärende Willenselement nicht als solches feststellbar ist. Da es auf der inneren Tatseite liegt, kann es nur **aus äußeren Indizien** geschlossen werden.[17]

17 Auch in der Literatur wird die Ansicht vertreten, mit **bedingtem Vorsatz** handele, wer sich durch die erkannte Möglichkeit der Verwirklichung des Tatbestandes nicht von der Tatausführung abbringen lässt und mit der Verwirklichung als mögliche Folge des Handelns rechnet.[18] Eine Bestrafung wegen einer **Vorsatztat** erfordert damit eine nach außen erkennbare Umsetzung einer inneren Entscheidung des Täters gegen das geschützte Rechtsgut bzw. eine „**innere Stellungnahme** des Täters zu dem erkannten Risiko".[19] Diese Entscheidung ist im Abfinden mit dem Erfolg bzw. im Gegensatz dazu an dem ernsthaften Vertrauen auf das Ausbleiben des Erfolgs ablesbar.[20]

18 **Dolus Eventualis** liegt damit dann vor, wenn der Täter sich auch durch die erkannte Möglichkeit des Erfolgseintritts nicht von der Tatausführung hat abhalten lassen und sein Verhalten den Schluss rechtfertigt, dass er sich um des von ihm erstrebten Zieles Willen mit dem Risiko der Tatbestandsverwirklichung **abgefunden** hatte – er also eher zur Verwirklichung des Tatbestandes bereit war als zum Verzicht auf die Tathandlung.

19 **Bewusste Fahrlässigkeit** liegt hingegen dann vor, wenn der Täter mit der als möglich erkannten Tatbestandsverwirklichung nicht einverstanden ist und **ernsthaft** – nicht nur vage – jedoch **pflichtwidrig und vorwerfbar darauf vertraut,** der tatbestandliche Erfolg werde nicht eintreten.[21] Ernsthaft vertrauen wird ein Täter in diesem Sinn aber dann nicht können, wenn nach den bekannten Umständen der Nichteintritt des Erfolgs **bloßer Zufall** wäre.[22]

---

14 *Haft* StrafR AT S. 158; *Zieschang* StrafR AT Rn. 123.
15 *Otto* JURA 1996, 468 (472); Lackner/Kühl/*Kühl* StGB § 15 Rn. 19.
16 BGH Urt. v. 4.11.1988 – 1 StR 262/88, BGHSt 36, 1 (9) = NJW 1989, 781.
17 Lackner/Kühl/*Kühl* StGB § 15 Rn. 25 mwN.
18 LPK-StGB/*Kindhäuser/Hilgendorf* StGB § 15 Rn. 26; *Krenberger/Krumm* OWiG § 10 Rn. 12; *Zieschang* StrafR AT Rn. 129.
19 *Haft* StrafR AT S. 159; Hervorhebung nur hier.
20 Vgl. *Zieschang* StrafR AT Rn. 129 f. (mit Übersicht über abweichende Theorien).
21 BGH Urt. v. 22.4.1955 – 5 StR 35/55, BGHSt 7, 363 (369, 370) = NJW 1955, 1688; BGH Beschl. v. 25.8.1982 – 2 StR 321/82, NStZ 1982, 506 (507); *Zieschang* StrafR AT Rn. 126.
22 Satzger/Schluckebier/Widmaier StGB/*Momsen* StGB § 15 Rn. 58.

Krebs

Diese Abgrenzung verdient Zustimmung, weil der Täter im Falle der bewussten Fahr-   20
lässigkeit **keine innere Entscheidung** gegen das geschützte Rechtsgut trifft. Er vertraut
vielmehr – wenn auch pflichtwidrig – auf die Nichtverletzung des Rechtsgutes. Beim
Eventualvorsatz **billigt** er die Verletzung des Rechtsgutes zumindest im beschriebenen
Sinne und trifft damit eine **gegen das Rechtsgut** gerichtete Willensentscheidung.

Vergleicht man beide Formen in Bezug auf das Verhältnis des Wollenselementes   21
und des Wissenselementes, so zeigt sich, dass der Eventualvorsatz ein zwar „verküm-
mertes" Willenselement besitzt, wohingegen bei der bewussten Fahrlässigkeit **das
Willenselement** (wie bei jeder Fahrlässigkeit) **ganz fehlt.**[23]

4. Fahrlässigkeit

Für die Strafbarkeit nach § 27 Abs. 3 JuSchG ist **Fahrlässigkeit** ausreichend. Die Vor-   22
schrift beschreibt keine neuen, fahrlässig erfüllbaren objektiven Tatbestandsmerkmale, sondern erklärt die Taten nach § 27 Abs. 1 Nr. 1 oder Abs. 1 Nr. 3, 4 oder 5
JuSchG als fahrlässig begehbar.

Fahrlässig handelt, wer entweder die **Sorgfalt außer Acht** lässt, zu der er nach den   23
Umständen und seinen persönlichen Fähigkeiten verpflichtet und fähig ist, und deshalb die mögliche Tatbestandsverwirklichung nicht erkennt (unbewusste Fahrlässigkeit) oder wer die Tatbestandsverwirklichung als möglich erkennt, jedoch **pflichtwidrig und vorwerfbar im Vertrauen darauf handelt,** dass der Tatbestandserfolg nicht
eintreten werde (bewusste Fahrlässigkeit).[24]. Fahrlässige Begehungsdelikte können
nach dem folgenden **Schema** geprüft werden:

- Eintritt des tatbestandlichen Erfolgs
- Kausales Verhalten des Täters
- Objektive Sorgfaltspflichtverletzung bei objektiver Vorhersehbarkeit
- Objektive Zurechnung: Pflichtwidrigkeitszusammenhang und Schutzzweckzu-
  sammenhang
- Rechtswidrigkeit
- Fahrlässigkeitsschuldvorwurf: Subjektive Sorgfaltspflichtverletzung bei subjekti-
  ver Vorhersehbarkeit.

Der **tatbestandliche Erfolg** muss für das Vorliegen eines vollendeten Vorsatz- oder   24
Fahrlässigkeitsdeliktes eingetreten sein. Zwischen Erfolg und Handeln des Täters
muss ein **kausaler Zusammenhang** bestehen. Der Erfolg muss kausale Folge des
Handelns des Täters sein. Nach der **Äquivalenztheorie**[25] ist das der Fall für jede
Handlung, die nicht hinweggedacht werden kann, ohne dass der Erfolg in seiner
konkreten Form mit an Sicherheit grenzender Wahrscheinlichkeit entfiele. Die Rechtsprechung hält – im Wesentlichen – an dieser Kausalitätsregel fest. Eine **notwendige
Einschränkung** dieser sehr weiten Kausalitätsregel nimmt sie ggf. im Rahmen der
objektiven Vorhersehbarkeit vor, während die wohl hM der Literatur die Lehre von
der **objektiven Zurechnung** anwendet.[26]

---

23 Vgl. *Krenberger/Krumm* OWiG § 10 Rn. 17; *Mitsch* Recht der Ordnungswidrigkeiten § 8 Rn. 20.
24 Lackner/Kühl/*Kühl* StGB § 15 Rn. 35.
25 Vgl. zur Äquivalenztheorie und Einwänden dagegen *Haft* StrafR AT S. 51 f.
26 Vgl. krit. *Zieschang* StrafR AT Rn. 83 f. mwN.

25 Der **Inhalt der Sorgfaltspflicht** ist nur selten gesetzlich bestimmt. Teilweise legen die Straftatbestände indirekt selbst den Inhalt der Sorgfaltspflichten fest, weil sich diese aus ihnen klar ableiten lassen (zB § 315 c Abs. 1 Nr. 1 StGB: „Führe kein Fahrzeug im Zustand der Fahruntüchtigkeit aufgrund des Genusses alkoholischer Getränke oder anderer berauschender Mittel.“). Diese gesetzlichen Bestimmungen der Sorgfaltspflicht sind jedoch **die Ausnahme.** Es ist nicht möglich, alle denkbaren, strafrechtlich relevanten Sorgfaltspflichten vollständig gesetzlich zu definieren, dazu ist ihre Anzahl zu hoch. Fahrlässigkeitsdelikte müssen daher um eine im Tatbestand **regelmäßig nicht geschriebene** Sorgfaltspflichtverletzung ergänzt werden.[27] Im Fall des § 27 Abs. 3 JuSchG ist dies die Sorgfaltspflicht im Umgang mit jugendgefährdenden Medien. Ihr Inhalt verpflichtet den Inhaber, ihr konkretes Gefährdungspotenzial zu begrenzen, wobei sich die konkreten Anforderungen immer an den **Umständen des Falles** orientieren.

26 Das Verhalten des Täters muss **objektiv sorgfaltswidrig** sein. Außerdem muss **objektiv vorhersehbar** sein, dass das Fehlverhalten des Täters zum tatbestandlichen Erfolg führen kann. Der Maßstab für die Sorgfaltspflichtverletzung ist ein **objektiver Maßstab** ex ante, dh zu fordern ist diejenige Sorgfalt, zu der ein **gewissenhafter und besonnener Dritter** aus dem Verkehrskreis des Täters in der konkreten Situation des Täters imstande wäre.[28]

27 **Objektiv vorhersehbar** ist die Tatbestandsverwirklichung, wenn sie nach allgemeiner Lebenserfahrung in der Situation des Täters als nicht ungewöhnliche Folge erwartet werden konnte.[29] Nach der Rechtsprechung soll es genügen, wenn der Erfolg **nur im Endergebnis,** nicht aber auch im Kausalverlauf vorhersehbar war.[30] Die Grenze liegt dort, wo der konkrete Ablauf der Ereignisse **außerhalb aller Lebenserfahrung** liegt (sog. Adäquanzzusammenhang).[31] Auch nicht vorhersehbar ist das völlig unvernünftige Verhalten anderer.[32]

28 Nach dem Merkmal der **objektiven Zurechnung** muss der Erfolg **gerade** auf dem pflichtwidrigen Verhalten des Täters beruhen. Es muss sich also gerade die im pflichtwidrigen Verhalten angelegte Gefahr im Erfolg realisieren.[33] Im Rahmen der objektiven Zurechnung sind der **Pflichtwidrigkeitszusammenhang** und der **Risikozusammenhang** zu prüfen. Der Pflichtwidrigkeitszusammenhang fehlt, wenn der Erfolg (zB aufgrund eines Fehlverhaltens des Opfers oder aufgrund von Naturereignissen) auch **bei pflichtgemäßem Verhalten** des Täters eingetreten wäre.[34] In diesem Fall ist keine Pflichtwidrigkeit des Täters im Erfolg gegeben. Die Rechtsprechung sieht hier

---

27 *Haft* StrafR AT S. 164, 165.
28 BGH Urt. v. 19.4.2000 – 3 StR 442/99, NJW 2000, 2754 (2758); *Haft* StrafR AT S. 166; *Zieschang* StrafR AT Rn. 430.
29 Lackner/Kühl/*Kühl* StGB § 15 Rn. 46; vgl. auch *Zieschang* StrafR AT Rn. 433.
30 BGH Urt. v. 22.11.2000 – 3 StR 331/00, NJW 2001, 1075 (1077); OLG Stuttgart Beschl. v. 30.7.1981 – 3 Ss 375/81, NStZ 1982, 116.
31 Vgl. *Haft* StrafR AT S. 53; *Zieschang* StrafR AT Rn. 62, der richtigerweise darauf hinweist, dass die Adäquanztheorie sich im Strafrecht nicht durchsetzen konnte.
32 Satzger/Schluckebier/Widmaier StGB/*Momsen* StGB § 15 Rn. 77.
33 *Haft* StrafR AT S. 169; *Krenberger/Krumm* OWiG § 10 Rn. 29 f.
34 *Zieschang* StrafR AT Rn. 434.

Krebs

bereits eine fehlende Ursächlichkeit.[35] Der **Risikozusammenhang**[36] ist zu bejahen, wenn der Erfolg in den **Schutzbereich der Norm** fällt. Diese Anforderung ist erfüllt, wenn die Sorgfaltsnorm, gegen die verstoßen wurde, gerade den eingetretenen Erfolg verhindern will.

Für die Rechtswidrigkeit des Fahrlässigkeitsdeliktes (und auch der Vorsatzdelikte) gelten die allgemeinen Regeln. Hier **indiziert** die Tatbestandsmäßigkeit die Rechtswidrigkeit, sofern **keine Rechtfertigungsgründe** eingreifen.[37]   29

Im Rahmen der Prüfung der **Fahrlässigkeitsschuld** ist der **Maßstab subjektiv.** Der Täter ist nach seinen **persönlichen Kenntnissen und Fähigkeiten** zu beurteilen. Es ist zu prüfen, ob der Täter nach diesen Kenntnissen und Fähigkeiten, etwa Intelligenz, Bildung, Geschicklichkeit, Lebenserfahrung oder Alter, in der konkreten Situation, in der er sich befand, in der Lage war, die Sorgfaltspflichtverletzung zu vermeiden und den tatbestandsmäßigen Erfolg vorauszusehen.[38] War er das nicht, etwa aufgrund von Affekt, Stress, Schrecken oder Verwirrung, so kann es am Fahrlässigkeitsschuldvorwurf fehlen.   30

Ebenfalls fehlen kann der Fahrlässigkeitsschuldvorwurf, wenn normgemäßes Verhalten für den Täter **unzumutbar** war. Der Täter wird aber von der Erfüllung der Sorgfaltspflicht auch in Konfliktlagen **nur ausnahmsweise** freigestellt, wenn er anderenfalls wichtige, anzuerkennende Interessen seiner selbst oder ihm nahestehender Personen verletzen müsste. Das ist insbesondere der Fall, wenn **ein Entschuldigungsgrund** nach § 35 StGB eingreift.[39]   31

III. Fazit

- Der Medienbegriff des JuSchG wurde erweitert, er erfasst nun auch Telemedien.   32
- Die Ausnahmevorschrift des § 27 Abs. 4 JuSchG wird in ihrem **Geltungsbereich erweitert.** Sie erfasst nun auch Personen, die im **Einverständnis** mit einer personensorgeberechtigten Person handeln.
- Diese Freistellung von der Strafbarkeit geht jedoch nur so weit, wie das erklärte Einverständnis **inhaltlich** reicht.
- Ist bereits bei der Erteilung des Einverständnisses erkennbar, dass die eingeräumte Möglichkeit zu einer **groben Verletzung** der Erziehungspflichten führen wird, gilt die Einwilligung nicht.
- Die Abgrenzung zwischen Eventualvorsatz und bewusster Fahrlässigkeit richtet sich im Wesentlichen danach, ob der Täter ernsthaft, aber pflichtwidrig auf **das Nichteintreten** des tatbestandlichen Erfolgs **vertraut** hat oder ob er mindestens mit der Tatbestandsverwirklichung in der Weise **einverstanden** war, dass er sich mit ihr **abgefunden** hat.

---

35 BGH Urt. v. 27.4.1966 – 2 StR 36/66, BGHSt 21, 59 (60, 61) = NJW 1966, 1871.
36 Vgl. grundlegend *Rudolphi* JuS 1969, 549.
37 Vgl. LPK-StGB/*Kindhäuser/Hilgendorf* StGB vor § 32–35 Rn. 3; *Zieschang* StrafR AT Rn. 183; allgemein zur Rechtswidrigkeit vgl. *Haft* StrafR AT Abschnitt D S. 65 f.
38 BGH Urt. v. 17.11.1994 – 4 StR 441/94, BGHSt 40, 341 (348) = NJW 1995, 795.
39 *Krenberger/Krumm* OWiG § 10 Rn. 40; vgl. auch *Zieschang* StrafR AT Rn. 439.

B. Ordnungsrechtliche Sanktionen, § 28 JuSchG

I. Besondere Bußgeldtatbestände

1. Mischtatbestände und Abgabepflicht der Bußgeldbehörde

33   Die Unterscheidung zwischen einer Straftat nach § 27 JuSchG und einer Ordnungswidrigkeit nach § 28 JuSchG kann in der Praxis schwierig sein. Wird der zuständigen Bußgeldbehörde eine bestimmte Handlung bekannt, die den Tatbestand einer Ordnungswidrigkeit nach § 28 JuSchG erfüllen könnte, so **kann** sie ein Bußgeldverfahren einleiten.[40]

34   Sie muss dies nicht zwingend tun, da die Verfolgung einer Ordnungswidrigkeit grundsätzlich in ihrem **Ermessen** steht (→ Rn. 79). Aufgrund der materiellen Ähnlichkeit von Straftaten und Ordnungswidrigkeiten nach dem JuSchG, insbesondere durch **die Mischtatbestände** nach § 27 Abs. 2 JuSchG, die unter bestimmten Umständen Bußgeldtatbestände zu Straftaten „aufwerten", wird vielfach für die bearbeitende Person zu Beginn der Ermittlungen nicht erkennbar sein, ob sich ein Lebenssachverhalt später als Straftat oder Ordnungswidrigkeit darstellen wird.

35   Stellt sich im Rahmen eines eingeleiteten Bußgeldverfahrens heraus, dass **Anhaltspunkte** für eine Straftat bestehen, so ist das Verfahren gemäß § 41 Abs. 1 OWiG an die Staatsanwaltschaft abzugeben.[41] Die Abgabe ist **verpflichtend**, sobald im Rahmen des Ermittlungsverfahrens im Bußgeldverfahren der Behörde Anhaltspunkte einer Straftat bekannt werden. In diesem Moment erlischt bereits die Verfolgungszuständigkeit der Behörde.[42] Die Abgabe steht **nicht im Ermessen** der Behörde und löst ggf. eine **strafrechtliche Garantenstellung** aus.[43] Dies führt dazu, dass Mitarbeiter der Bußgeldbehörde, die ein Verfahren trotz bestehender Abgabepflicht nicht an die Staatsanwaltschaft abgeben, uU Strafvereitelung durch Unterlassen begehen können.[44]

36   **Der Anfangsverdacht** einer Straftat im Sinne der StPO besteht, wenn **zureichende tatsächliche Anhaltspunkte** (vgl. § 152 Abs. 2 StPO) für eine Straftat vorliegen, wobei eine geringe Wahrscheinlichkeit genügt.[45] Bloße, nicht durch konkrete Umstände belegte, **Vermutungen** oder rein **denktheoretische Möglichkeiten** reichen für einen Anfangsverdacht im Sinne von § 152 Abs. 2 StPO **nicht** aus.[46] Entsteht also während eines laufenden Bußgeldverfahrens der Behörde der Verdacht einer Straftat, so ist das Verfahren an die Staatsanwaltschaft abzugeben. Ein Verdacht in diesem Sinne ist gegeben, wenn **der Anfangsverdacht** einer Straftat besteht.[47]

37   Die wesentlichen Merkmale, welche die Ordnungswidrigkeiten nach § 28 Abs. 1 Nr. 4–18 oder 19 JuSchG zu Straftaten nach § 27 Abs. 2 Nr. 2 JuSchG „aufwerten", sind die **Gewinnsucht** oder das **beharrliche Wiederholen.** Gewinnsucht ist die Steige-

---

40   Vgl. Mustervermerk zur Verfahrenseinleitung bei *Pfaff* OrdnungswidrigkeitenR S. 143 f.
41   Zur praktischen Gestaltung eines Abgabeschreibens siehe Musterschriftsatz bei *Pfaff* OrdnungswidrigkeitenR S. 150.
42   *Schwacke* OWiR S. 93.
43   Vgl. aber BGH Urt. v. 30.4.1997 – 2 StR 670/96, BGHSt 43 (82) = NJW 1997, 2059.
44   Vgl. *Korte* NStZ 1997, 513 (517); *Lemke/Mosbacher* OWiG § 41 Rn. 1.
45   Vgl. *Mitsch* Recht der Ordnungswidrigkeiten § 27 Rn. 3; *Volk/Engländer* GK StPO § 8 Rn. 3.
46   *Kramer* StrafVerfR Rn. 140 mwN; *Volk/Engländer* GK StPO § 8 Rn. 5.
47   *Krenberger/Krumm* OWiG § 41 Rn. 1.

Krebs

rung des Erwerbssinns auf ein ungehemmtes, überzogenes, sittlich anstößiges Maß.[48] **Beharrliches Wiederholen** setzt wiederholte Zuwiderhandlung in einer Haltung voraus, die gesteigerte Missachtung der Norm oder Gleichgültigkeit gegenüber dem Verbot offenbart und deshalb weitere Wiederholung indiziert. **Vorherige Ahndung** durch staatliche Reaktion ist **nicht erforderlich**,[49] ohne diese ist Beharrlichkeit aber in der Regel schwer beweisbar.

Daneben kommt für die Ordnungswidrigkeiten nach § 28 Abs. 1 Nr. 4–18 oder 19   38
JuSchG auch dann eine Strafbarkeit in Betracht, wenn die Ordnungswidrigkeit **vorsätzlich begangen** wurde und dadurch **wenigstens leichtfertig** ein Kind oder eine jugendliche Person in der körperlichen, geistigen oder sittlichen Entwicklung schwer gefährdet wurde (vgl. § 28 Abs. 2 Nr. 1 JuSchG; zur **Leichtfertigkeit** → Rn. 152).

2. Neue oder veränderte Vorschriften

a) § 28 Abs. 1 Nr. 4 und Abs. 2 Nr. 4 JuSchG

Die hier erfolgte Anpassung (Streichung der Worte „Film- oder" vor dem Wort   39
„Spielprogramm") ist lediglich eine **redaktionelle Folgeänderung** der in § 3 Abs. 2
S. 3 JuSchG erfolgten Änderung. Der Begriff des „Filmprogramms" wurde aus dem
JuSchG gestrichen, weil eine Unterscheidung zwischen Filmen und Filmprogrammen
entbehrlich wurde.

b) § 28 Abs. 3 Nr. 2 JuSchG

Die Vorschrift ist neu und dient der effektiven Durchsetzung der Pflicht zur **Alters-**   40
kennzeichnung bei Film- und Spielplattformen nach § 14a Abs. 1 S. 2 JuSchG. Zur
Definition von Film- und Spielplattformen s. § 14a Abs. 1 S. 1 JuSchG. Die Tat ist
grundsätzlich auch bei Begehung im Ausland verfolgbar (vgl. § 28 Abs. 6 JuSchG,
→ Rn. 48 f.). Der Pflicht kann der Anbieter nur entgehen, wenn ein **Ausnahmetatbe-**
stand nach § 14a Abs. 2 JuSchG vorliegt.

c) § 28 Abs. 3 Nr. 4 JuSchG

Durch diese Bußgelddrohung wird die Durchsetzung der Pflichten aus § 24a Abs. 1   41
JuSchG gesichert. Werden diese Pflichten auch nach Anhörung und Beratung durch
die Bundeszentrale (vgl. § 24b Abs. 3 JuSchG) vom Anbieter nicht erfüllt, kann die
Bundeszentrale die erforderlichen Vorsorgemaßnahmen unter **erneuter Fristsetzung**
selbst anordnen (vgl. § 24b Abs. 4 S. 1 JuSchG). Wird dann **dieser Anordnung zuwi-**
dergehandelt, kann der Tatbestand der Bußgeldvorschrift erfüllt sein.

Zu beachten ist, dass die Anordnung der Bundeszentrale **vollziehbar** sein muss. Das   42
bedeutet, dass zum Zeitpunkt der Tat eine **Befolgungspflicht** für die Anordnung bestehen muss. Da § 25 JuSchG die Anordnung nach § 24b Abs. 4 JuSchG nicht in den
Kreis der Maßnahmen einbezieht, bei denen eine Klage bereits aufgrund des Gesetzes
keine aufschiebende Wirkung hat, hätte eine Klage grundsätzlich nach § 80 Abs. 1
VwGO aufschiebende Wirkung. Bei Eintritt der aufschiebenden Wirkung besteht keine aktuelle Befolgungspflicht. Es besteht aber die Möglichkeit, dass die Bundeszen-

---

48   Lackner/Kühl/*Heger* StGB § 236 Rn. 6.
49   BGH Beschl. v. 5.7.2011 – 3 StR 87/11, BGHSt 56, 271 = NJW 2011, 3174.

trale die **sofortige Vollziehbarkeit** anordnet (vgl. § 80 Abs. 2 Nr. 4 VwGO). Diese gilt dann so lange, bis sie ggf. gerichtlich aufgehoben wird. Bei einem Bußgeldverfahren empfiehlt es sich daher, die Vollziehbarkeit der Anordnung zu prüfen.

43 Bei der Bußgeldzumessung zu diesem Tatbestand ist auch § 28 Abs. 5 JuSchG zu beachten, weil die Tat hier einen **besonderen Bußgeldrahmen** erhält (→ Rn. 47, 143). Die Tat ist grundsätzlich auch bei **Begehung im Ausland** verfolgbar (vgl. § 28 Abs. 6 JuSchG, → Rn. 48 f.).

d) § 28 Abs. 3 Nr. 5 JuSchG

44 Die Vorschrift ist neu und sichert die Benennung eines **Empfangsbevollmächtigten** im Inland. Der Empfangsbevollmächtigte soll die Erreichbarkeit von ausländischen Anbietern sicherstellen. An ihn können unter Beachtung des § 24a Abs. 4 JuSchG **Bekanntgaben und Zustellungen** im Verfahren nach § 24b Abs. 3 und 4 JuSchG bewirkt werden (vgl. § 24d JuSchG). Seine Anschrift muss also eine **zustellungsfähige Anschrift** in Deutschland sein. Außerdem muss im Angebot in **leicht erkennbarer** und **unmittelbar erreichbarer** Weise auf ihn aufmerksam gemacht werden. Zum inländischen Empfangsbevollmächtigten vgl. auch → § 9 Rn 24 f.

45 Die Verpflichtung trifft die in § 24a Abs. 1 iVm Abs. 4 JuSchG genannten **Diensteanbieter**. Der sachliche Anwendungsbereich bestimmt sich nach dem TMG, wobei § 2 **Nr. 1 TMG** den Begriff des Diensteanbieters näher definiert. Erfasst sind damit grundsätzlich alle Dienste, die fremde Informationen für Nutzerinnen und Nutzer speichern oder bereitstellen. Diensteanbieter, die **eigene Inhalte** als eigene Informationen im Sinne des § 7 Abs. 1 TMG bereithalten, sind von der Pflicht nicht erfasst.

e) § 28 Abs. 5 JuSchG

46 Die Vorschrift legt den **Höchstrahmen** des Bußgeldes für die Ordnungswidrigkeiten nach § 28 JuSchG mit Ausnahme des § 28 Abs. 3 Nr. 4 JuSchG wie folgt fest: **Vorsätzlich** begangene Ordnungswidrigkeiten können mit einer Geldbuße von bis zu **50.000 EUR** geahndet werden, während für **fahrlässig** begangene Ordnungswidrigkeiten eine Höchstgrenze von **25.000 EUR** gilt. Die Halbierung des Höchstrahmens für fahrlässig begangene Ordnungswidrigkeiten folgt aus § 17 Abs. 2 OWiG.

47 Für den Fall des § 28 **Abs. 3 Nr. 4 JuSchG** ist § 30 Abs. 2 S. 3 OWiG anzuwenden. Dies führt dazu, dass sich für diese Tat das **Höchstmaß der Geldbuße verzehnfacht** und somit bis zu **50 Mio. EUR** beträgt (weil das in § 28 Abs. 5 JuSchG bestimmte Höchstmaß für die Tat nach § 28 Abs. 3 Nr. 4 JuSchG bereits **5 Mio. EUR** beträgt; zur **Bußgeldzumessung** → Rn. 136 f.). Die Verzehnfachung gilt jedoch nur für die Festsetzung von Geldbußen gegen **juristische Personen oder Personenvereinigungen**.

f) § 28 Abs. 6 JuSchG

48 Die Vorschrift erklärt die Taten nach § 28 Abs. 3 Nr. 2, 4 und 5 JuSchG auch dann für nach dem JuSchG ahndungsfähig, wenn sie **nicht im Geltungsbereich** des JuSchG begangen werden. Normalerweise – ohne eine solche Erweiterung – können Ord-

nungswidrigkeiten nach deutschem Recht gemäß § 5 OWiG nur bei Taten **im Inland** verfolgt werden (sog. **Territorialprinzip**).[50]

Bei der Verfolgung von Taten von Ausländern in Deutschland kann sich das Problem 49 stellen, dass der Betroffene die Tat zwar in Deutschland begeht, aber zum Zeitpunkt der Ahndung bzw. Vollstreckung bereits wieder in seinem Heimatland ist. In diesen Fällen – auf die § 28 Abs. 6 JuSchG keine direkten Auswirkungen hat – richtet sich die Vollstreckung nach dem **Gesetz über die internationale Rechtshilfe in Strafsachen (IRG)**.[51] Das IRG gilt auch für Ordnungswidrigkeiten nach deutschem Recht, sofern über deren Festsetzung ein auch für Strafsachen zuständiges Gericht entscheiden kann.

Bei der **Vollstreckung** eines Bußgeldes gegenüber einem ausländischen Betroffenen 50 **innerhalb der EU** ist ein Antrag an das **Bundesamt für Justiz** zu stellen. Dabei ist das **elektronische Formular** zu verwenden.[52] Das Bundesamt kontaktiert dann den betroffenen EU-Staat. Ist die Geldbuße im Ausland für vollstreckbar erklärt worden, wird sie **im Mitgliedstaat** gegenüber dem dortigen Bürger vollstreckt. Die deutsche Geldbuße wird ggf. in die Landeswährung umgerechnet. Gegenüber Personen, die ihren Sitz oder Wohnsitz außerhalb der EU haben, ist eine Vollstreckung mangels entsprechender Vollstreckungsverträge in der Regel nicht möglich.

Die Erweiterung des räumlichen Geltungsbereiches des JuSchG für die hier genannten 51 Fälle wurde ua als unverhältnismäßig oder als Verstoß gegen das Herkunftslandprinzip aus Art. 3 Abs. 1 E-Commerce-RL kritisiert.[53] Zur Rechtsdurchsetzung gegenüber ausländischen Anbietern außerhalb des Bußgeldrechts → § 9 Rn. 5 f.

g) § 28 Abs. 7 JuSchG

Die Vorschrift weist die **Zuständigkeit** zur Ahndung von Ordnungswidrigkeiten nach 52 § 28 Abs. 3 Nr. 2, 4 und 5 JuSchG der neu geschaffenen Bundeszentrale zu. Die **Bundeszentrale** wird damit **zuständige Verwaltungsbehörde** nach § 36 Abs. 1 Nr. 1 OWiG für diese Tatbestände.

Die Bundeszentrale ist eine selbstständige **Bundesoberbehörde**, die dem Bundesminis- 53 terium für Familie, Senioren, Frauen und Jugend untersteht. Die damit entstehende **zusätzliche Zuständigkeit** im Bereich von Bußgeldverfahren nach dem JuSchG im Verhältnis zur weiterhin für Bußgeldentscheidungen nach dem JMStV für Rundfunk und Telemedien bestehenden Zuständigkeit der jeweiligen **Landesmedienanstalt** – vgl. § 24 Abs. 4 JMStV – führt aufgrund der Erweiterung des Medienbegriffs des JuSchG zu jedenfalls **potenziell unklaren Zuständigkeitsabgrenzungen** und ist deswegen verschiedenfach bereits kritisiert worden.[54]

---

50 *Pfaff* OrdnungswidrigkeitenR S. 31.
51 IRG idF d. Bek. v. 27.6.1994, BGBl. 1994 I 1537, zuletzt geändert am 23.11.2020 (BGBl. 2020 I 2474).
52 Abrufbar unter https://www.informju.de/ffw/form/display.do?%24context=2EDDEB9BECDB BA292F87.
53 *Game-Verband*, Stellungnahme zum Referentenentwurf des Bundesministeriums für Familie, Senioren, Frauen und Jugend für ein zweites Gesetz zur Änderung des Jugendschutzgesetzes (JuSchG-E), 28.2.2020, abrufbar unter https://www.game.de/wp-content/uploads/2020/02/2020-02-28-game-Stellungnahme-zum-JuSchG -final.pdf, S. 14.
54 Vgl. etwa *Hilgert/Sümmermann* K&R 2021, 297 (303).

54 Bedeutsam ist aber ebenso die Frage, ob die Zuweisung einer Zuständigkeit für Sanktionsmaßnahmen durch die Mittel des Ordnungswidrigkeitenrechts an eine Bundesoberbehörde, die direkter Teil des staatlichen Verwaltungsaufbaus ist, hier unter dem Gesichtspunkt der **Staatsferne des Rundfunks** (→ § 1 Rn. 34 ff.) zulässig ist.

55 Wesentlicher Inhalt des Gebots der Staatsferne des Rundfunks ist schon seit dem 1. Rundfunkurteil des BVerfG, dass der Rundfunk weder dem Staat noch einer oder einzelnen gesellschaftlichen Gruppen **ausgeliefert** sein darf. Schon in dieser Entscheidung von 1961 betont das BVerfG, dass es mit den in Art. 5 Abs. 1 S. 2 GG enthaltenen Garantien **unvereinbar** wäre, „die Presse oder einen Teil von ihr unmittelbar oder mittelbar von Staats wegen **zu reglementieren oder zu steuern**".[55] Diese Grenze gilt, wie das Gericht klarstellt, nicht nur für die Presse, sondern auch für den Rundfunk.

56 Damit dürfte es für die weitere Beantwortung der aufgeworfenen Frage darauf ankommen, ob die hier betroffenen Regelungsgegenstände der Tatbestände des § 28 Abs. 3 Nr. 2, 4 und 5 JuSchG **solche des „Rundfunks"** sind.

57 Der Bußgeldtatbestand der Nr. 2 bezieht sich auf das Verbot, einen **Film oder ein Spielprogramm** entgegen § 14a Abs. 1 S. 2 JuSchG **ohne erforderliche Kennzeichnung** bereitzuhalten. Nach § 14a Abs. 1 S. 1 JuSchG sind Film- oder Spieleplattformen Diensteanbieter, die Filme oder Spielprogramme in einem Gesamtangebot zusammenfassen und mit Gewinnerzielungsabsicht als eigene Inhalte **zum individuellen Abruf** zu einem von den Nutzerinnen und Nutzern gewählten Zeitpunkt bereithalten.

58 Der **verfassungsrechtliche Rundfunkbegriff** (→ § 1 Rn. 35) ist deutlich weiter als der **einfachrechtliche Rundfunkbegriff** des § 2 Abs. 1 MStV. Während für die Erfüllung des einfachrechtlichen Rundfunkbegriffs nach § 2 Abs. 1 S. 1 MStV erforderlich ist, dass das Angebot **linear verbreitet** wird („für die Allgemeinheit und zum zeitgleichen Empfang bestimmt" sowie „entlang eines Sendeplans"), gilt diese Einschränkung beim verfassungsrechtlichen Rundfunkbegriff nicht.

59 Der verfassungsrechtliche Rundfunkbegriff umfasst daher neben dem herkömmlichen Hörfunk und Fernsehen auch alle neuartigen Dienste, wie zB **Abruf- und Zugriffsdienste**, die den individuellen Abruf von Darbietungen ermöglichen. Der verfassungsrechtliche Rundfunkbegriff ist gegenüber neuen technischen Entwicklungen offen, wobei das wesentliche Merkmal die elektronische Verbreitung von **Darbietungen über eine räumliche Distanz ist**. Unerheblich ist die fehlende Gleichzeitigkeit des Empfangs und die Auswahlmöglichkeit der Rezipienten.[56]

60 Der verfassungsrechtliche Rundfunkbegriff schützt trotz des Wortlautes von Art. 5 Abs. 1 S. 2 GG **nicht nur Berichterstattung** im engeren Sinn, sondern **ist unabhängig von der Programmart**. Insbesondere spielt es keine Rolle, ob der Inhalt primär der Information, der Bildung, der Unterhaltung oder anderen Zwecken dient. Geschützt ist jede Vermittlung von Information und Meinung.[57]

---

55 BVerfG Urt. v. 28.2.1961 – 2 BvG 1 und 2/60, BVerfGE 12, 205 (260, 261) = NJW 1961, 547 f. (Hervorhebung nur hier).
56 Jarass/Pieroth/*Jarass* GG Art. 5 Rn. 47, 48.
57 Jarass/Pieroth/*Jarass* GG Art. 5 Rn. 49.

Damit dürfte zumindest das in § 14a Abs. 1 JuSchG beschriebene **Bereithalten eines** **61** **Films zum Abruf** im Rahmen eines Gesamtangebotes in den Schutzbereich des verfassungsrechtlichen Rundfunkbegriffs fallen. Die Ausgestaltung der Bußgeldvorschrift mindestens des § 28 Abs. 3 Nr. 2 JuSchG dürfte damit auch am Staatsfernegebot zu messen sein.

In späteren Entscheidungen wurde die Reichweite des Staatsfernegebots weiter aus- **62** differenziert. Zunächst ist zu beachten, dass Art. 5 Abs. 1 S. 2 GG nach ständiger Rechtsprechung **einen Auftrag** zur Gewährleistung der Rundfunkfreiheit an den Gesetzgeber enthält, welcher auf eine Ordnung zielt, die sicherstellt, dass die Vielfalt der bestehenden Meinungen im Rundfunk in möglichster Breite und Vollständigkeit Ausdruck findet. Die Ausgestaltung dieser Ordnung ist Aufgabe des Gesetzgebers, der dabei einen **weiten Spielraum**, auch für Differenzierungen nach der Regelungsart und Regelungsdichte, vorfindet.[58]

Inhalt des Staatsfernegebots ist aber nicht nur das generelle „**Auslieferungsverbot**" **63** der 1. Rundfunkentscheidung. Vielmehr schließt der Grundsatz es zudem aus, dass der Staat unmittelbar oder mittelbar selbst einen Rundfunkveranstalter beherrscht. In diesem **Beherrschungsverbot** erschöpft sich der Inhalt des Grundsatzes aber ebenfalls nicht. Der Staat darf auch **keinen bestimmenden Einfluss** auf das Programm der unabhängigen Rundfunkveranstalter gewinnen. Ein solcher, weitestgehend auszuschließender Einfluss kann, jedenfalls mittelbar, auch durch einen **Sanktionierungsdruck** erzeugt werden. Jedoch sind staatliche Maßnahmen dann zulässig, wenn sie der **Herstellung und Erhaltung der Rundfunkfreiheit** dienen. Vorliegend ist fraglich, ob es sich um eine Schrankensetzung der Rundfunkfreiheit handelt oder um eine Ausgestaltungsregel.

Nach dem wesentlichen von Literatur und Rechtsprechung verwendeten Abgren- **64** zungskriterium liegt eine **Ausgestaltungsregel** dann vor, wenn die zu untersuchende Bestimmung gerade der **Sicherung der objektiven Aufgaben und Funktionen** der Rundfunkfreiheit dient. Dagegen soll eine Beschränkung der Rundfunkfreiheit dann vorliegen, wenn Regelungen der Rundfunkfreiheit zur Abwehr von vom Rundfunk zum Schaden **anderer (externer) Rechtsgüter** ausgehenden Gefahren erfolgen.[59]

Das Ziel eines effektiven Jugendschutzes und der **staatliche Schutzauftrag** für Kinder **65** und Jugendliche sind wichtige Ziele von **Verfassungsrang**.[60] Dennoch sind sie aus Sicht der Rundfunkfreiheit **keine externen Ziele**, welche sich nur als Schranke der Rundfunkfreiheit auswirken. Eine derartige Sichtweise würde zu kurz greifen und verkennen, dass es sich bei dem aus Art. 2 Abs. 1 iVm Art. 1 Abs. 1 GG folgenden Anspruch von Kindern und Jugendlichen, sich zu selbstbestimmten Persönlichkeiten entwickeln zu können, letztlich um mit der Rundfunkfreiheit potenziell **kollidierendes Verfassungsrecht** handelt (→ § 1 Rn. 14, 36), welches bereits den Kern des Schutzraumes der Rundfunkfreiheit berührt.[61]

---

58 BVerfG Urt. v. 12.3.2008 – 2 BvF 4/03, BVerfGE 121, 30 (50) = NVwZ 2008, 658 (660).
59 *Hain/Poth* JA 2010, 572 (573) mwN.
60 Vgl. Jarass/Pieroth/*Jarass* GG Art. 5 Rn. 74.
61 *Erdemir* ZRP 2021, 53 (55).

66 Die Frage, **welche Inhalte** in einem verfassungsrechtlich dem Rundfunkbegriff unter-
fallenden Angebot konkret – aus Gründen des Jugendschutzes – unzulässig und
darüber hinaus auch **von einem Bußgeld bedroht sind,** gestaltet den Inhalt der Rundfunkfreiheit bereits bei **Inhaltsauswahl und Programmherstellung** direkt aus. Denn
der **Kern der Rundfunkfreiheit** ist die Befugnis des Anbieters, sein Programm ohne
staatliche Eingriffe zu bestimmen. Rundfunkfreiheit ist in ihrem Kern Programmfrei-
heit.[62] Die hierzu nötigen **Abwägungsentscheidungen** zwischen kollidierenden Verfassungsgütern sind – gerade bei der Entscheidung über mögliche Sanktionen für
mögliche Fehler bei der Programmgestaltung – **staatsfern** zu halten, weil sich eine
Sanktion direkt programmleitend auswirken kann.

67 Das OVG Niedersachsen hatte in seiner Entscheidung zum Format „Die Super Nan-
ny" (Prüfung einer Menschenwürdeverletzung) im Jahr 2008 auch die Frage zu beantworten, welche Reichweite das Gebot der Staatsferne für die **Zusammensetzung**
und die **Arbeitsweise** des über die Sanktion entscheidenden Gremiums (damals KJM)
hat. Im Ergebnis sah das Gericht im damaligen Fall keine Verletzung des Gebotes
der Staatsferne. Die Begründung liefert aber **Hinweise** zur Bewertung der staatlichen
Einbindung der Bundeszentrale:

> „Dem weitergehenden Gebot, diesen Zweck durch eine Rundfunkordnung zu er-
> reichen, die den Grundsatz der Staatsfreiheit wahrt, ist dadurch genügt, dass einer-
> seits nach § 14 Abs. 4 JMStV u.a. Mitglieder und Bedienstete der Institutionen der
> Europäischen Union und der Verfassungsorgane des Bundes und der Länder nicht
> der KJM angehören dürfen. Dadurch wird eine Einflussnahme der Verfassungsor-
> gane des Bundes und der Länder auf die Tätigkeit der KJM vermieden. Anderer-
> seits sind nach § 14 Abs. 6 Satz 1 JMStV die Mitglieder der KJM bei der Erfüllung
> ihrer Aufgaben nach dem Staatsvertrag an Weisungen nicht gebunden. Diese, den
> Mitgliedern der KJM zustehende und nicht verzichtbare Unabhängigkeit gewähr-
> leistet in einer den Anforderungen des Grundsatzes der Staatsferne hinreichenden
> Weise, dass ein Einfluss des Staates auf Rundfunkunternehmen weitgehend ausge-
> schlossen ist."[63]

68 Damit ist festzuhalten, dass **beide** durch das OVG Niedersachsen hier herangezogene,
im JMStV geltende **Sicherungsmaßnahmen,** die vor zu starkem staatlichen Einfluss
schützen, im JuSchG in Bezug auf die Bundeszentrale bei Sanktionsentscheidungen
nicht vorgesehen sind. Es fehlt sowohl an einer Herstellung der Weisungsfreiheit bei
der Entscheidung über Sanktionen als auch an einer Einschränkung der Möglichkeit
der Mitwirkung an der Entscheidung des Aufsichtsorgans. Zwar existiert eine Vorschrift (vgl. § 19 Abs. 4 JuSchG), die eine **Weisungsfreiheit** sicherstellt. Diese gilt aber
nur für die **Mitglieder der Prüfstelle** und somit nur für die der Prüfstelle zugewiese-
nen Entscheidungen (vgl. § 18 JuSchG). Die Verhängung von Sanktionen, hier namentlich Bußgeldern, fällt nicht darunter.

69 Da das OVG Niedersachsen die Unabhängigkeit und Weisungsfreiheit der Mitglieder
des inhaltlich entscheidungsbefugten Organs (damals KJM) ausdrücklich als „nicht

---

62 BVerfG Beschl. v. 20.2.1998 – 1 BvR 661/94, BVerfGE 97, 298 (310) = NJW 1998, 2659.
63 OVG Nds. Beschl. v. 20.10.2008 – 10 LA 101/07, AfP 2009, 186 (189).

Krebs

verzichtbar" bezeichnet hat, dürfte vieles dafürsprechen, dass die Vorschrift des § 28 Abs. 7 JuSchG, jedenfalls soweit sie sich auf Tatbestände bezieht, deren materieller Regelungsgehalt dem verfassungsrechtlichen Rundfunkbegriff unterfällt, **unvereinbar** mit dem Gebot der Staatsferne des Rundfunks ist.

II. Verfahrensgrundsätze des Ordnungswidrigkeitenrechts

§ 28 JuSchG ermöglicht die Ahndung bestimmter Verhaltensweisen durch Bußgeld. 70 Für Bußgeldverfahren nach § 28 JuSchG gelten damit die wesentlichen **Verfahrensgrundsätze** des Ordnungswidrigkeitenrechts, die hier kurz beschrieben werden sollen:

- Das Bestimmtheitsgebot
- Das Analogieverbot
- Der Opportunitätsgrundsatz
- Der Untersuchungsgrundsatz
- Die Unschuldsvermutung und der Grundsatz „in dubio pro reo"
- Das Rückwirkungsverbot
- Das Erfordernis rechtlichen Gehörs.

Diese **Grundsätze** gelten – mit Ausnahme des Opportunitätsgrundsatzes – auch für 71 ein **Strafverfahren, also auch für § 27 JuSchG.** Im Rahmen eines Strafverfahrens gilt vorrangig das Legalitätsprinzip, nur in Teilen wird auch im Strafverfahren das Opportunitätsprinzip angewendet (vgl. §§ 153, 153a StPO).

1. Das Bestimmtheitsgebot

Eine Bußgeldnorm muss das mit Geldbuße bedrohte Verhalten und die möglichen 72 Sanktionen so **genau beschreiben**, dass – ggf. auch erst nach Auslegung – **im Voraus** erkennbar ist, ob ein bestimmtes Handeln oder Unterlassen als Ordnungswidrigkeit geahndet werden kann.[64] Der Tatbestand hat damit eine **Bestimmungs- und Garantiefunktion.**[65] Die adressierten Personen sollen sich darauf verlassen können (Garantiefunktion), dass sie für keine Handlung belangt werden können, deren mögliche Ahndbarkeit im Voraus nicht erkennbar war. Die Grenzen der Ahndbarkeit müssen **hinreichend erkennbar** sein (Bestimmungsfunktion). Die vollziehende Gewalt oder die Rechtsprechung sollen nicht, losgelöst vom Willen des Gesetzgebers, die normativen Voraussetzungen zur Auferlegung eines Bußgeldes bestimmen können.[66] Unbestimmte Straf- oder Bußgeldgesetze sind verboten.[67]

Allerdings bedeutet das Bestimmtheitsgebot **nicht**, dass der Gesetzgeber bei der Ge- 73 staltung von Bußgeldtatbeständen keine allgemeinen, **auslegungsbedürftigen Begriffe** verwenden dürfte. Um mit der Vielfalt denkbarer Lebenssachverhalte umgehen zu können, kann der Gesetzgeber durchaus Begriffe verwenden, die durch die rechtsanwendende Person auszulegen sind.

---

64 Vgl. *Schwacke* OWiR S. 5.
65 Vgl. BVerfG Beschl. v. 6.5.1987 – 2 BvL 11/85, BVerfGE 75, 329 = NJW 1987, 3175; *Zieschang* StrafR AT Rn. 6.
66 Vgl. BVerfG Beschl. v. 8.3.1990 – 2 BvR 1463/88, NStZ 1990, 394.
67 *Haft* StrafR AT S. 35; auch setzt das Bestimmtheitsgebot der Auslegung von Gesetzen durch Gerichte Grenzen, vgl. BVerfG Beschl. v. 10.1.1995 – 1 BvR 723/89, BVerfGE 92, 1 = NJW 1995, 1141 (Gewaltbegriff).

74 Der Bestimmtheit einer Vorschrift steht es daher nicht entgegen, dass sich ihr Inhalt erst **durch Auslegung ermitteln** lässt.[68] Gerade im Bereich der Bußgeldtatbestände darf das Bestimmtheitsgebot wegen der – im Vergleich zum Kernstrafrecht – überwiegend weniger einschneidenden Sanktionen nicht überspannt werden.[69]

75 Das Bestimmtheitsgebot gilt auch für die Höhe der möglichen Geldbuße. Die Bußgeldvorschrift muss daher einen **bestimmten Rahmen der Geldbuße** enthalten. Bußgeldandrohungen in unbestimmter Höhe sind nicht zulässig,[70] wobei auch der **allgemeine Bußgeldrahmen** des § 17 Abs. 1 OWiG insoweit eine ausreichende Klarstellung sein kann, wenn die Bußgeldvorschrift keine Höchstgrenze nennt.

2. Das Analogieverbot

76 Analogien sind im Ordnungswidrigkeitenrecht, ebenso wie im Strafrecht,[71] **zuungunsten** des Betroffenen **unzulässig**; zugunsten des Betroffenen sind Analogien erlaubt. Analogien zuungunsten des Betroffenen verstoßen gegen Art. 103 Abs. 2 GG. Eine Analogie ist die **Begründung oder Verschärfung** von Ahndungsmitteln mit dem Argument, das jeweilige Verhalten des Betroffenen stehe einem bestimmten, im Gesetz beschriebenen Fehlverhalten gleich,[72] so dass die betreffende Norm auf das konkrete Verhalten des Betroffenen „analog" anzuwenden sei. Dies würde letztlich eine Ahndung ohne geschriebene Bußgeldvorschrift begründen. Daher ist das Analogieverbot ein Unterfall des **Erfordernisses geschriebenen Rechts** nach Art. 103 Abs. 2 GG.

77 Eine **Auslegung** des Tatbestandes innerhalb der zulässigen Grenzen der Auslegung ist aber **keine unzulässige Analogie** und daher auch zuungunsten des Betroffenen möglich.[73] Analogie ist also der Gegenbegriff zur Auslegung.[74] Gerade im Straf- und Ordnungswidrigkeitenrecht gilt jedoch, dass bei der Auslegung von Vorschriften der grammatikalischen Auslegung eine herausgehobene Bedeutung zukommt; hier zieht der **Wortsinn** einer Vorschrift die **unübersteigbare Grenze**.[75]

3. Der Opportunitätsgrundsatz

78 Anders als im Strafverfahren, wo nach dem **Legalitätsprinzip**[76] eine Verpflichtung der Verfolgungsbehörde besteht, jedem Anfangsverdacht nachzugehen und bei hinreichendem Verdachtsgrad (im Regelfall auch) Anklage zu erheben (vgl. § 152 Abs. 2 StPO), gilt im Ordnungswidrigkeitenrecht der **Vorrang des Opportunitätsprinzips**. Das ist ein wesentlicher Grundsatz des Bußgeldverfahrens.

---

68 Vgl. BVerfG Beschl. v. 22.6.1960 – 2 BvR 125/60, BVerfGE 11, 234 (237) = BeckRS 1960, 278; *Haft* StrafR AT S. 35; *Schwacke* OWiR S. 5; s. a. zu den Auslegungsmethoden *Walz* ZJS 4/2010, 482 (483).
69 Vgl. OLG Zweibrücken Urt. v. 5.10.1993 – 1 Ss 127/92, ZfS 1993, 103; s. a. OLG Braunschweig Beschl. v. 30.6.2003 – 2 Ss (BZ) 14/03, abrufbar unter https://openjur.de/u/315153.html.
70 Vgl. *Lemke/Mosbacher* OWiG § 3 Rn. 7.
71 *Lackner/Kühl/Kühl* StGB § 1 Rn. 5; *Zieschang* StrafR AT Rn. 8.
72 *Schwacke* OWiR S. 6.
73 BVerfG Beschl. v. 8.4.1982 – 2 BvR 1339/81, NJW 1982, 1512; bestätigt durch BVerfG Beschl. v. 24.9.2009 – 1 BvR 1231/04 Rn. 13, abrufbar unter https://openjur.de/u/31541.html.
74 Vgl. *Haft* StrafR AT S. 34; zu Methoden der Auslegung *Walz* ZJS 4/2010, 482 (483).
75 BVerfG Beschl. v. 17.11.2009 – 1 BvR 2717/08, NJW 2010, 754.
76 *Pfaff* OrdnungswidrigkeitenR S. 109; *Volk/Engländer* GK StPO § 18 Rn. 7; *Kramer* StrafVerfR Rn. 23, 98.

Krebs

Nach dem Opportunitätsprinzip[77] (vgl. § 47 Abs. 1 S. 1 OWiG) steht es stets im 79
pflichtgemäßen Ermessen der zuständigen Bußgeldbehörde, ob sie ein Bußgeldverfahren einleitet und auch, ob sie es ggf. einstellt oder einen Bußgeldbescheid erlässt. Einen **Verfolgungs- oder Ahndungszwang** kennt das OWiG **nicht.**[78] Daraus folgt, dass die Bußgeldbehörde **jederzeit,** solange sie die Hoheit über das Verfahren hat und sogar bei offensichtlich gegebener Tat, entscheiden kann, ob und wie (ggf. mit Einstellung, Verwarnung, Bußgeld mit/ohne Nebenfolgen etc) sie wem gegenüber reagiert.[79] Diese Entscheidung muss die Bußgeldbehörde jedoch stets nach **pflichtgemäßem Ermessen** treffen. Hierbei darf sie **nicht willkürlich** handeln, sondern muss nach den sachlichen Umständen verfahren.[80]

Eine Verfahrenseinstellung zB bei gegebenem Tatverdacht muss also **verhältnismäßig** 80
und sachgerecht sein.[81] Nicht erlaubt – und ggf. sogar **strafbar** nach § 339 StGB (Rechtsbeugung) – ist daher jedenfalls ein Absehen von Verfolgung, für das es **allein sachfremde Gründe** gibt.[82] Täter einer Rechtsbeugung können nicht nur Personen aus dem richterlichen oder staatsanwaltlichen Dienst sein, sondern auch Personen, die bei einer Bußgeldbehörde ein Bußgeldverfahren führen.[83]

Gründe für eine Einstellung können zB sein: Deutlich weniger schwere Tatfolgen, kei- 81
ne Wiederholungsgefahr, Verhalten des Täters nach der Tat, sehr geringer Vorwerfbarkeitsgrad, Bedeutung der verletzen Bußgeldnorm, unverhältnismäßiger Aufwand der Aufklärung usw.

Trotz der Geltung des Opportunitätsprinzips darf im Bußgeldverfahren die Einstel- 82
lung des Verfahrens **nicht von einer Geldzahlung abhängig** gemacht werden (anders als im Strafrecht, vgl. § 47 Abs. 3 OWiG).[84]

4. Der Untersuchungsgrundsatz

Die Bußgeldbehörde ist **verpflichtet,** den Sachverhalt **von Amts wegen** aufzuklären. 83
Sie darf sich also nicht allein auf das beschränken, was der Betroffene vorträgt,[85] sondern hat selbst aufzuklären, was passiert ist. Hierbei ist sie verpflichtet, sowohl die der **Belastung** des Betroffenen wie auch die seiner **Entlastung** dienenden Faktoren zu ermitteln.[86] Ermittelt die Behörde nur belastende Umstände und verschließt sich der Ermittlung von entlastenden Faktoren, so erfüllt sie ihre Aufklärungspflicht nicht.

Die Bußgeldbehörde ist **Herrin des Ermittlungsverfahrens** im Bußgeldverfahren. Das 84
bedeutet, dass sie die Ermittlungen **leitet und führt.** Sie kann selbst entscheiden, welche Ermittlungsmaßnahmen wann durchgeführt werden. Zur Aufklärung des Sach-

---

77 Vgl. zur möglichen Geltung im Strafverfahren *Kramer* StrafVerfR Rn. 272.
78 *Wieser* S. 13; *Mitsch* Recht der Ordnungswidrigkeiten § 23 Rn. 5; *Pfaff* OrdnungswidrigkeitenR S. 109.
79 *Schwacke* OWiR S. 86.
80 *Pfaff* OrdnungswidrigkeitenR S. 109, 116.
81 *Lemke/Mosbacher* OWiG § 47 Rn. 8.
82 BGH Urt. v. 3.12.1998 – 1 StR 240/98, BGHSt 44, 258 = NJW 1999, 1122; *Mitsch* Recht der Ordnungswidrigkeiten § 23 Rn. 5.
83 Vgl. BGH Urt. v. 27.1.2016 – 5 StR 328/15, abrufbar unter https://openjur.de/u/873369.html.
84 *Pfaff* OrdnungswidrigkeitenR S. 116.
85 *Schwacke* OWiR S. 87.
86 *Pfaff* OrdnungswidrigkeitenR S. 117.

verhalts besteht eine **Auskunftspflicht** aller öffentlichen Behörden gegenüber der ermittelnden Bußgeldbehörde (vgl. § 46 Abs. 1 und 2 OWiG, § 161 Abs. 1 StPO). Zu Folgen der Unschuldsvermutung für Ermittlungsmaßnahmen → Rn. 86.

85 Die Bußgeldbehörde kann andere Stellen um Mitwirkung bitten. Dies umfasst andere Behörden im Weg der **Amtshilfe**, das Gericht zur Vornahme von richterlichen Maßnahmen und auch die **Polizei**. Die Polizei muss einem Ersuchen der Bußgeldbehörde, zB Ermittlungshandlungen durchzuführen, grundsätzlich nachkommen (vgl. § 46 Abs. 1 OWiG, § 161 S. 1 StPO).[87]

5. Die Unschuldsvermutung und der Grundsatz „in dubio pro reo"

86 Der Grundsatz der **Unschuldsvermutung** bedeutet, dass bis zum Nachweis der Vorwerfbarkeit **von der Unschuld des Betroffenen auszugehen ist**. Der Grundsatz fußt auf dem Rechtsstaatsprinzip und hat Verfassungsrang.[88] Es ist daher bis zum Nachweis der Tat zB immer von einer **„möglichen" Tatbegehung** zu sprechen. Es sind alle Formulierungen zu vermeiden, die die Tatbegehung als sicher oder feststehend erscheinen lassen. Die Unschuldsvermutung hat auch durchgreifende Folgen für die Ermittlungstätigkeit: Alle Maßnahmen, die gegenüber einem „Verdächtigen" getroffen werden, müssen so gestaltet sein und dürfen nur so weit gehen, dass sie sich auch dann noch vertreten lassen, wenn sich der Verdächtige später als unschuldig erweist.[89]

87 Der Grundsatz „in dubio pro reo"[90] folgt aus Art. 6 Abs. 2 EMRK. Er gilt sowohl im Bußgeldverfahren als auch im Strafverfahren. Der Verfolgte hat **keinerlei Verpflichtung**, an der Aufklärung des Sachverhalts mitzuwirken.[91] Hierin liegt ein erheblicher Unterschied zum Verwaltungsverfahren, in dem Mitwirkungspflichten bestehen können (vgl. § 26 VwVfG). Im Bußgeldverfahren hat der Betroffene ein **Schweigerecht** zur Sache, die alleinige **Beweislast** für die Tat liegt bei der zuständigen Bußgeldbehörde.

88 Die Behörde muss den Betroffenen über sein Schweigerecht zur Sache belehren. Er muss ausdrücklich darauf hingewiesen werden, dass er zur Sache **nicht aussagen muss** (vgl. § 46 Abs. 1 und 2 OWiG, § 136 Abs. 1 S. 2 StPO). Macht er von seinem Schweigerecht Gebrauch, dürfen hieraus grundsätzlich **keine** für ihn **nachteiligen Schlüsse** gezogen werden (zum **Teilschweigen** → Rn. 154).

89 Die Belehrung im Bußgeldverfahren muss jedoch (anders als im Strafverfahren) **nicht den Hinweis enthalten**, dass der Betroffene vor der Aussage einen **Verteidiger** hinzuziehen kann (vgl. § 55 Abs. 2 OWiG).[92] Gelingt der Tatnachweis im Rahmen der nach pflichtgemäßem Ermessen durchgeführten Beweiswürdigung der Behörde nicht, darf kein Bußgeldbescheid ergehen und das Verfahren ist **einzustellen**.[93]

---

87 *Schwacke* OWiR S. 114.
88 *Pfaff* OrdnungswidrigkeitenR S. 117.
89 *Volk/Engländer* GK StPO § 8 Rn. 4.
90 Grundlegend zur Unschuldsvermutung und zum Grundsatz „in dubio pro reo": *Kramer* StrafVerfR Rn. 311; *Volk/Engländer* GK StPO § 8 Rn. 4.
91 *Wieser* S. 13, 14.
92 *Pfaff* OrdnungswidrigkeitenR S. 119.
93 Vgl. *Pfaff* OrdnungswidrigkeitenR S. 117; *Wieser* S. 14.

Krebs

Kern des Grundsatzes „in dubio pro reo" ist, dass **Sachverhaltszweifel zugunsten** **des Betroffenen** zu werten sind. Im Zweifel muss die für ihn **günstigere Sachverhaltsalternative** der Entscheidung zugrunde gelegt werden.[94] Die Bußgeldbehörde darf nur dann einen Bußgeldbescheid erlassen, wenn sie von der Erfüllung aller materiell- und prozessrechtlichen Voraussetzungen einer Ahndung durch Bußgeld **überzeugt** ist. Die Überzeugung der Bußgeldbehörde muss den Grad erreichen, dass **keine vernünftigen** **Zweifel** an der Tatbegehung und „Schuld" (Vorwerfbarkeit) des Betroffenen bestehen.

Ein „vernünftiger Zweifel" hat seine Grundlage in **rationaler Argumentation,** welche die für den Betroffenen sprechenden Indizien vollständig in ihren sachverhaltsbedeutsamen Aspekten erfasst[95] und diese ins Verhältnis setzt zu den belastenden Indizien. Führt diese Prüfung dazu, dass **konkrete Zweifel** an der Schuld des Betroffenen entstehen oder verbleiben, die **nicht** nur aus der **allgemeinen Unzulänglichkeit** des menschlichen Erkenntnisvermögens stammen, muss nach dem Grundsatz von der für den Betroffenen günstigsten Sachverhaltsalternative ausgegangen werden.

Absolute, quasi **mathematische Sicherheit** ist jedoch **nicht erforderlich.** Die Überzeugung der Bußgeldbehörde kann sich aus einem **Zusammenspiel von Indizien ergeben,** ohne dass ein absolut sicherer Tatnachweis vorliegt. Damit ist letztlich auch die Gewinnung der hier nötigen Überzeugung aufgrund eines Wahrscheinlichkeitsurteils möglich.[96] Überzeugung ist jedoch ein „Ja-Nein-Begriff",[97] deswegen muss die Bußgeldbehörde sich am Ende der Ermittlungen **festlegen:** Sie ist entweder überzeugt von der Tatbegehung durch den Betroffenen oder sie ist es nicht.

Das Verfahren ist auch dann einzustellen, wenn sich Zweifel am Vorliegen eines **Verfolgungshindernisses** (zB Verfolgungsverjährung, § 31 Abs. 1 OWiG, → Rn. 100 f.) nicht mit hinreichender Sicherheit ausräumen lassen, da der Grundsatz „in dubio pro reo" auch im Bereich der Verfolgungsvoraussetzungen gilt.[98]

Der Grundsatz ist keine **Beweisregel,** sondern eine **Entscheidungsregel.** Er gilt nur für die Beurteilung von Sachverhaltsfragen, **nicht** für **Rechtsfragen.**[99] Der Grundsatz ist daher nicht schon dann verletzt, wenn der Richter nicht zweifelt, wenn er an der „Schuld" des Täters hätte zweifeln müssen, sondern erst dann, wenn er **verurteilt,** **obwohl er zweifelt.**[100] Dies gilt sinngemäß auch für die Bußgeldbehörde.

6. Das Rückwirkungsverbot

Kern dieses Grundsatzes ist es, dass die Ahndbarkeit des ordnungswidrigen Verhaltens **gesetzlich fixiert** sein muss, **bevor die Handlung begangen** wurde.[101] Das bedeutet, dass es nicht erlaubt ist, ein Verhalten mit Geldbuße zu ahnden, für das es im

90

91

92

93

94

95

---

94 *Schwacke* OWiR S. 87; *Zieschang* StrafR AT Rn. 806 f.
95 *Kramer* StrafVerfR Rn. 311.
96 *Haft,* StrafR AT S. 41
97 *Haft* StrafR AT S. 41.
98 *Schwacke* OWiR S. 87; *Zieschang* StrafR AT Rn. 808; vgl. auch differenzierend *Kramer* StrafVerfR Rn. 311.
99 *Kramer* StrafVerfR Rn. 311; *Zieschang* StrafR AT Rn. 807.
100 BVerfG Beschl. v. 16.5.2002 – 2 BvR 665/02, NJW 2002, 3015; *Kramer* StrafVerfR Rn. 311.
101 *Schwacke* OWiR S. 7.

Zeitpunkt der Handlung noch keine Bußgeldvorschrift gab. Das Gleiche gilt auch für nachträgliche **Verschärfungen** der Ahndung. Maßgeblich ist hier die **Zeit der Handlung** nach § 6 OWiG.

96 Zu beachten ist aber, dass das **Rückwirkungsverbot** nur für Vorschriften gilt, die die **materiellen Voraussetzungen** der Ahndung schaffen. Es gilt nicht für rein formelle Vorschriften. Daraus folgt, dass eine Änderung von **Verfahrensvorschriften** auch Verfahren betreffen kann, die bereits laufen und bei denen die Handlung bereits so weit zurückliegt, dass **vor der Änderung gehandelt** wurde. Dies gilt nur, soweit in Übergangsregelungen nichts anderes geregelt wird.[102] Änderungen der höchstrichterlichen Rechtsprechung unterfallen ebenfalls nicht dem Rückwirkungsverbot. Es ist die Rechtsprechung zum Zeitpunkt der Ahndungsentscheidung zugrunde zu legen.[103]

7. Das Erfordernis rechtlichen Gehörs

97 Wie im Strafverfahren auch gilt im Bußgeldverfahren das Erfordernis rechtlichen Gehörs. Das bedeutet, dass jeder Person, **bevor** ihre Rechte durch eine staatliche Maßnahme unmittelbar beeinträchtigt werden, **Gelegenheit zur Äußerung** gegenüber der zuständigen Stelle gegeben werden muss (vgl. § 55 OWiG). Der Grundsatz folgt direkt aus Art. 103 Abs. 1 GG und bedeutet, dass der Betroffene auch die Gelegenheit haben muss, Anträge zu stellen und **Ausführungen zur Sach- und Rechtslage** zu machen. Diese müssen zur Kenntnis genommen und in Erwägung gezogen werden, wobei aber **keine Verpflichtung** besteht, dass die Behörde ein **Rechtsgespräch** mit dem Betroffenen führt.[104]

98 Dem Betroffenen muss mitgeteilt werden, **welche Tat** ihm zur Last gelegt wird und **welche Bußgeldvorschriften** in Betracht kommen. Nur so ist sichergestellt, dass der Betroffene sich in der für ihn geeigneten Weise rechtfertigen kann.[105] Eine besondere Form für diese Äußerung ist nicht vorgeschrieben, sie kann also auch **mündlich** erfolgen. Bei einer mündlichen Anhörung vor Ort reicht der Hinweis auf die zur Last gelegte Tat aus.[106] Ein **Absehen von der Anhörung** (wie in bestimmten Fällen im Verwaltungsverfahren, vgl. § 28 Abs. 2 VwVfG) ist im Bußgeldverfahren **unzulässig**. Geht eine Äußerung des Betroffenen erst nach Erlass des Bußgeldbescheides ein, so kann das rechtliche Gehör im Einspruchsverfahren nachgeholt werden.

99 Da der Betroffene auch im Bußgeldverfahren bei der **ersten Anhörung** darüber zu **belehren** ist, dass es ihm freisteht, Angaben zur Sache zu machen oder nicht zur Sache auszusagen (§ 46 Abs. 1 OWiG, § 136 Abs. 1 S. 2, § 163a Abs. 4 StPO), ist die Anhörung auch praktisch wichtig. **Unterbleibt** diese Belehrung trotz Belehrungspflicht, führt dies auch im Bußgeldverfahren zu einem **Verwertungsverbot** der Angaben des Betroffenen.[107]

---

102 *Schwacke* OWiR S. 7.
103 *Krenberger/Krumm* OWiG § 3 Rn. 15.
104 Vgl. *Volk/Engländer* GK StPO § 9 Rn. 30.
105 *Pfaff* OrdnungswidrigkeitenR S. 19.
106 *Pfaff* OrdnungswidrigkeitenR S. 118; vgl. auch die Musterschriftsätze für die Anhörung bei *Pfaff* OrdnungswidrigkeitenR S. 148.
107 OLG Bamberg Beschl. v. 27.8.2018 – 2 Ss OWi 973/18, abrufbar hier: https://www.gesetze-bayern.de/Content/Document/Y-300-Z-BECKRS-B-2018-N-24507?hl=true.

Krebs

III. Verfolgungsverjährung

Die Verfolgungsverjährung ist ihrer rechtlichen Natur nach ein **Verfahrenshindernis** 100
bei der Verfolgung von Ordnungswidrigkeiten, das in **jeder Lage** des Verfahrens, also
auch nach Einspruch und in der Rechtsbeschwerde, **von Amts wegen** zu berücksichtigen ist. Liegt Verfolgungsverjährung vor, ist sowohl die Verhängung eines Bußgeldes
gegen den Betroffenen als auch die Anordnung von Nebenfolgen (Bußgelder gegen
juristische Personen) oder eine Anordnung nach § 29a OWiG ausgeschlossen.[108]
Liegt Verfolgungsverjährung vor, stellt die Behörde das Verfahren nach § 46 Abs. 1
OWiG iVm § 170 Abs. 2 StPO ein. Die Verfolgungsverjährung ist ein praxisrelevan-
tes Verfahrenshindernis.

1. Länge der Verjährungsfrist und Fristberechnung

a) Länge der Frist

Die Länge der Verjährungsfrist richtet sich grundsätzlich nach der **Höhe der Bußgeld-** 101
androhung (vgl. § 31 Abs. 2 OWiG). Es kommt dabei nicht auf das konkret festge-
setzte Bußgeld an, sondern allein die Höhe der **maximalen** Bußgeldandrohung ist
maßgeblich. Ausnahmen von der Geltung des § 31 Abs. 2 OWiG sind möglich, wenn
das Gesetz abweichende Fristen bestimmt. Dies ist im JuSchG nicht der Fall. Damit
verbleibt es für **alle Fälle des** § 28 JuSchG dabei, dass ein Fall des § 31 Abs. 2 Nr. 1
OWiG vorliegt. Die Verjährungsfrist für Ordnungswidrigkeiten nach § 28 JuSchG beträgt damit immer **drei Jahre**.

Es ist zwar möglich, dass für fahrlässige und vorsätzliche Taten **unterschiedliche Ver-** 102
jährungsfristen gelten, da für fahrlässige Taten im Regelfall nur die Hälfte der maximalen Bußgelddrohung gilt, die für vorsätzliche Taten gelten würde. Diese Regel ist
für das JuSchG bei der Frage der Verjährungsfrist aber **wirkungslos**, da auch die
Hälfte des Bußgeldrahmens von 50.000 EUR noch über der Grenze von § 31 Abs. 2
Nr. 1 OWiG (15.000 EUR) liegt.

Die Verjährung beginnt, sobald die **Handlung beendet ist**. Gemeint ist der Zeitpunkt, 103
zu dem der Täter nach natürlicher Auffassung das tatbestandliche Geschehen zum
Abschluss bringt.[109] Tritt ein zum Tatbestand gehörender Erfolg erst später ein, so
beginnt die Verjährung erst mit diesem Zeitpunkt (vgl. § 31 Abs. 3 OWiG).

Für eine **Dauerordnungswidrigkeit** folgt daraus, dass die Verjährung erst mit **Be-** 104
seitigung des rechtswidrigen Zustandes bzw. Beendigung der rechtswidrigen (Dau-
er-)Handlung beginnt. Besteht der rechtswidrige Zustand im Ermittlungsverfahren
der Behörde permanent fort, so bildet der Erlass des **Bußgeldbescheides** eine **Zäsur**.[110]

b) Fristberechnung

Bei der Berechnung der Frist ist der **Tag, an dem die Verjährung beginnt**, in die 105
Frist **miteinzubeziehen**.[111] Die Frist endet dann mit **Ablauf** des Tages, der nach seiner

---

108 *Pfaff* OrdnungswidrigkeitenR S. 91.
109 *Krenberger/Krumm* OWiG § 31 Rn. 8.
110 Vgl. *Krenberger/Krumm* OWiG § 31 Rn. 14; *Pfaff* OrdnungswidrigkeitenR S. 93.
111 Vgl. *Pfaff* OrdnungswidrigkeitenR S. 94.

Bezifferung im Kalender dem Tag des Beginns der Frist **vorangeht**, wobei es keine Rolle spielt, wie viele Tage der Monat bzw. das Jahr hat.

106 **Beispiel:** Bei einer Kontrolle in einem Lokal wird am **19.2.2021** festgestellt, dass einem Kind das Spielen an einem Bildschirmspielgerät entgegen § 13 Abs. 1 JuSchG gestattet wurde (vgl. § 28 Abs. 1 Nr. 19 JuSchG). Der Betreiber des Kiosks nimmt das Gerät sofort außer Betrieb. Die Verjährungsfrist beträgt nach § 31 Abs. 2 Nr. 1 OWiG **3 Jahre**. Sie endet damit mit Ablauf des **18.2.2024**. Der 18.2.2024 ist ein Sonntag.

107 Dass im Beispiel der Tag des Endes der Frist ein **Sonntag** ist, hat **keine Folgen** für die Berechnung der Frist. § 43 Abs. 2 StPO ist im Bußgeldverfahren nicht anwendbar, so dass die Frist auch an einem Samstag, Sonntag oder Feiertag ablaufen kann.[112]

2. Unterbrechung der Verjährungsfrist und absolute Verjährung

a) Unterbrechung

108 Wird **innerhalb der Verjährungsfrist** eine Handlung vorgenommen, die zur Unterbrechung der Verjährungsfrist geeignet ist (vgl. § 33 Abs. 1 OWiG), so führt dies dazu, dass **von dem Beginn des Tages an**, an dem die Unterbrechungshandlung vorgenommen wurde, **die Frist von Neuem zu laufen beginnt**.[113] Die Bezeichnung „Unterbrechung der Verjährungsfrist" kann daher verwirrend sein, denn die Wirkung ist ein **Neubeginn** der Verjährungsfrist.

109 Diese Regelung bedeutet aber nicht, dass durch wiederholten Neubeginn die Verjährungsfrist beliebig verlängert werden kann. Dem steht die **absolute Verjährung** nach § 33 Abs. 3 Sätze 2 bis 4 OWiG entgegen.

b) Absolute Verjährung

110 Die absolute Verjährung bestimmt eine **äußere Grenze** der Verjährungsfrist, die auch durch Unterbrechungen **nicht verlängert werden kann**.[114] Die Länge der absoluten Verjährungsfrist beträgt **das Doppelte** der gesetzlichen Verjährungsfrist, mindestens aber zwei Jahre (vgl. § 33 Abs. 3 S. 2 OWiG). Für die Fälle des § 28 JuSchG sind dies **sechs Jahre**. Bei der Berechnung der absoluten Verjährung wird die Zeit, in der die Verjährung nach § 32 OWiG ruhte, **nicht mitgerechnet**.

111 Die Aufzählung der Unterbrechungstatbestände in § 33 Abs. 1 OWiG ist **abschließend**. Nur die hier genannten Handlungen bzw. Umstände führen zur Unterbrechung. Diese Beschränkung dient der Rechtsklarheit, da **keine Prüfung** mehr erforderlich ist, ob die Handlung zur Förderung des Verfahrens geeignet oder bestimmt war.

c) Reichweite der Unterbrechungswirkung

112 In persönlicher Hinsicht wirkt die Unterbrechung **nur gegenüber dem Betroffenen**, auf den sich die Unterbrechungshandlung bezieht. Daraus folgt, dass sich die Unterbrechungshandlung gegen einen oder mehrere bestimmte Betroffene richten muss.

---

112 Vgl. *Krenberger/Krumm* OWiG § 31 Rn. 31.
113 Vgl. *Pfaff* OrdnungswidrigkeitenR S. 97.
114 Vgl. *Krenberger/Krumm* OWiG § 33 Rn. 94.

Eine **Verfolgung gegen Unbekannt** wegen einer bestimmten Tat genügt für die Unterbrechung **nicht**.[115]

Wird gegen verschiedene Betroffene ermittelt, kann die Unterbrechung **unterschiedlich eintreten**, so dass sich unterschiedliche Verjährungsfristen ergeben. Wird **eine Handlung** vorgenommen, die sich **auf mehrere Betroffene bezieht**, zB eine Durchsuchungsanordnung (vgl. § 33 Abs. 1 Nr. 4 OWiG) für eine Wohnung, in der drei Betroffene wohnen, so erfasst die Unterbrechungswirkung **alle Betroffenen**, wenn sich aus dem Zweck der Maßnahme nicht ergibt, dass nur einzelne Betroffene gemeint waren.[116]   113

Damit eine Unterbrechungshandlung zur Unterbrechung führt, muss sie **wirksam** sein. Wirksamkeit setzt voraus, dass die Handlung von einer inländischen Verfolgungsbehörde in einem inländischen Verfahren vorgenommen wird. Weiter ist erforderlich, dass sich die Handlung auf eine bestimmte Tat und einen bestimmten Betroffenen bezieht. **Nicht erforderlich** ist, dass die Handlung **sinnvoll oder nötig** war, um das Verfahren zu fördern.[117]   114

Bei Unterbrechungshandlungen, die die Schriftform verlangen oder schriftlich durchgeführt wurden, zB Erlass eines Bußgeldbescheides (Mindestinhalt nach § 66 OWiG beachten) oder schriftliche Anhörung, ist der **Zeitpunkt der Vornahme, nicht der Zeitpunkt der Bekanntgabe** maßgebend. Das bedeutet, dass bei schriftlichen Unterbrechungshandlungen **der Tag der Unterzeichnung** der Tag der Unterbrechung ist, sofern die Anordnung **alsbald in den Geschäftsgang** gelangt ist.[118]   115

Bei einer mündlich vorgenommenen Unterbrechungshandlung tritt die Unterbrechungswirkung **unmittelbar** mit der Vornahme ein. Bei einer schriftlichen Unterbrechungshandlung muss sich der Akte entnehmen lassen, **welcher Amtswalter wann welche Handlung** vorgenommen hat.[119]   116

IV. Das Bußgeldverfahren

1. Sinngemäße Geltung der StPO im Bußgeldverfahren

Gemäß § 46 Abs. 1 OWiG gelten für das Bußgeldverfahren sinngemäß die Vorschriften der StPO, soweit das OWiG nicht ausdrücklich etwas anderes bestimmt. **Einschränkungen** der Geltung der StPO sind in § 46 Abs. 3 bis 7 OWiG geregelt. Ausgenommen sind ua: 117

- die körperliche Untersuchung nach § 81a StPO, sofern es sich nicht nur um geringfügige Eingriffe wie die Entnahme von Blutproben handelt
- die molekulargenetische Untersuchung (§ 81e StPO)
- die Beschlagnahme von Postsendungen (§ 99 StPO)
- die vorläufige Festnahme (§ 127 Abs. 2 StPO).

---

115 *Pfaff* OrdnungswidrigkeitenR S. 101.
116 *Krenberger/Krumm* OWiG § 33 Rn. 98.
117 *Krenberger/Krumm* OWiG § 33 Rn. 8.
118 *Krenberger/Krumm* OWiG § 33 Rn. 27; vgl. auch *Pfaff* OrdnungswidrigkeitenR S. 98.
119 *Krenberger/Krumm* OWiG § 33 Rn. 20.

2. Verfahrensrechtliche Unterschiede des Bußgeldverfahrens zum Strafverfahren

118 Im Gegensatz zu den unter → Rn. 70 f. dargestellten, auch im Strafrecht geltenden, **gemeinsamen Verfahrensgrundsätzen** existieren wesentliche **Unterschiede** der Ordnungswidrigkeitenvorschrift des § 28 JuSchG zur Strafvorschrift des § 27 JuSchG:

- Die Rechtsfolge der Ordnungswidrigkeit ist nicht die Strafe, sondern das Bußgeld (ggf. auch die Einziehung, vgl. § 29a OWiG).

- Im Fall der Uneinbringlichkeit der Geldbuße kann **keine Ersatzfreiheitsstrafe** angeordnet werden (vgl. § 43 StGB), sondern der Zahlungsunwillige kann auf Antrag der Vollstreckungsbehörde durch das zuständige Amtsgericht in **Erzwingungshaft** genommen werden (§§ 95, 96 OWiG). Hierbei ist die **Belehrungspflicht** über diese Möglichkeit zu beachten (vgl. § 96 Abs. 1 S. 1 Nr. 3 OWiG).

- Der mögliche Täter ist nicht „Verdächtiger", „Beschuldigter", „Angeschuldigter" oder „Angeklagter", sondern stets **„Betroffener"**.

- Für die Verfolgung des Betroffenen gilt nicht das **Legalitätsprinzip** (vgl. § 152 StPO), sondern das **Opportunitätsprinzip** (→ Rn. 78).

- Der Betroffene soll für seine Handlung nicht „sühnen", sondern Zweck ist eine **Pflichtenmahnung**. Der Betroffene wird durch die Ahndung einer Ordnungswidrigkeit **nicht** „(vor)bestraft".[120]

3. Ähnlichkeiten des Aufbaus einer Ordnungswidrigkeit zum strafrechtlichen Deliktsaufbau

119 Jedoch ist, trotz dieser Unterschiede, eine Prüfung einer möglichen Ordnungswidrigkeit in weiten Teilen nach **strafrechtlichen Grundsätzen** durchzuführen. Dies folgt aus § 1 Abs. 1 OWiG. Danach ist eine Ordnungswidrigkeit *„… eine rechtswidrige und vorwerfbare Handlung, die den Tatbestand eines Gesetzes verwirklicht, das die Ahndung mit einer Geldbuße zulässt."* Diese Definition ähnelt sehr der einer Straftat.

120 Hieraus ergibt sich, dass für die Ahndung eines Verhaltens als Ordnungswidrigkeit nach § 28 JuSchG immer eine **tatbestandsmäßige, rechtswidrige und vorwerfbare** Handlung oder Unterlassung vorliegen muss. Daraus folgt ein **dreigliedriger** Deliktsaufbau[121] mit den Elementen

a) (objektive und subjektive) Tatbestandsmäßigkeit
b) Rechtswidrigkeit
c) Vorwerfbarkeit (Schuld).

121 Zwischen diesen drei Elementen besteht eine **materiell begründete Abhängigkeit**: Die Tatbestandsmäßigkeit ist Voraussetzung der Rechtswidrigkeit und die Rechtswidrigkeit ist Voraussetzung der Vorwerfbarkeit. Ohne Tatbestandsmäßigkeit gibt es keine ordnungswidrigkeitenrechtliche Rechtswidrigkeit und ohne Rechtswidrigkeit gibt es keine ordnungswidrigkeitenrechtliche Vorwerfbarkeit.[122]

---

120 Vgl. *Pfaff* OrdnungswidrigkeitenR S. 16, 17.
121 Es wird teilweise auch ein zweigliedriger Deliktsaufbau vertreten; vgl. zum Deliktsaufbau im Allgemeinen *Kindhäuser/Hilgendorf* LPK-StGB vor § 13 Rn. 14 f.; *Zieschang* StrafR AT Rn. 12 f.
122 *Mitsch* Recht der Ordnungswidrigkeiten § 9 Rn. 2.

a) Tatbestandsmäßigkeit

Der **Tatbestand** einer Bußgeldnorm ist die **Beschreibung einer gedachten menschlichen Tätigkeit** (der Handlung) oder eines Unterlassens mithilfe abstrakter Begriffe. Im Tatbestand wird das Unrecht der Tat durch die Beschreibung des Verhaltens des Täters erfasst.[123]   122

Der äußere (objektive) Tatbestand beschreibt dabei das in der Wirklichkeit **sichtbare** Geschehen, während der subjektive Tatbestand die **innere Tatseite** beschreibt. Die Formen des vorwerfbaren Handelns auf der inneren Tatseite sind auch bei der Ordnungswidrigkeit die fahrlässige oder vorsätzliche Handlungsweise. Zur Abgrenzung der verschiedenen Formen von Vorsatz und Fahrlässigkeit → Rn. 8 f.   123

Bei Ordnungswidrigkeiten kann nach § 10 OWiG nur die vorsätzliche Begehung geahndet werden, außer wenn das Gesetz ausdrücklich auch die fahrlässige Begehung mit Geldbuße bedroht. Dies ist in § 28 JuSchG weitgehend der Fall, weil die Absätze 1, 2 und 3 die fahrlässige Begehung unter die Bußgeldandrohung stellen. § 28 Abs. 4 JuSchG enthält die Erweiterung auf die fahrlässige Begehungsform nicht und kann nur vorsätzlich verwirklicht werden.   124

b) Rechtswidrigkeit

Die **Rechtswidrigkeit** muss auch im Ordnungswidrigkeitenverfahren – im Normalfall – nicht gesondert festgestellt werden. Sie liegt in der Regel vor, wenn der Betroffene den Tatbestand einer Bußgeldnorm verwirklicht hat. Mit der Erfüllung des Tatbestandes wird auch im Ordnungswidrigkeitenrecht **die Rechtswidrigkeit indiziert.**[124] Diese Regel gilt aber nur, sofern **keine Rechtfertigungsgründe** eingreifen. Das OWiG regelt die wichtigsten Rechtfertigungsgründe in § 15 (Notwehr) und § 16 (rechtfertigender Notstand). Zur Notwehr nach § 15 OWiG und zum rechtfertigenden Notstand nach § 16 OWiG kann auf die umfangreiche strafrechtliche Literatur zu diesen Rechtsfiguren verwiesen werden.[125]   125

c) Vorwerfbarkeit

Der Betroffene, der tatbestandsmäßig und rechtswidrig handelt, handelt **in der Regel auch vorwerfbar.** Der bußgeldrechtliche Begriff der „Vorwerfbarkeit" entspricht dem Begriff der „Schuld" im Strafrecht.[126]   126

Nicht vorwerfbar handelt, wer bei Begehung der Handlung (Tatzeit, vgl. § 6 OWiG) **noch nicht 14 Jahre** alt ist (Kinder) oder wer bei Begehung der Handlung **mindestens 14, aber noch nicht 18 Jahre** alt ist (Jugendliche) und nach seiner **sittlichen und geistigen Entwicklung** noch nicht reif genug ist, das Unrecht der Tat einzusehen und nach dieser Einsicht zu handeln (vgl. § 3 S. 1 JGG). Die Bußgeldbehörde hat bei Jugendlichen in Zweifelsfällen die Möglichkeit, eine Äußerung der **Jugendgerichtshilfe** zum Entwicklungsstand anzufordern (vgl. § 46 Abs. 6 OWiG).   127

---

123 *Haft* StrafR AT S. 44, 45.
124 *Mitsch* Recht der Ordnungswidrigkeiten § 9 Rn. 2 mwN; *Pfaff* OrdnungswidrigkeitenR S. 22.
125 Vgl. *Haft* StrafR AT S. 82, 93 f.; *Kühl* JuS 1993, 177; *Zieschang* StrafR AT Rn. 196 f.
126 *Pfaff* OrdnungswidrigkeitenR S. 23.

128 Ebenso nicht vorwerfbar handelt, wer bei Begehung der Handlung wegen einer krankhaften seelischen Störung, wegen einer tiefgreifenden **Bewusstseinsstörung** oder wegen einer Intelligenzminderung oder einer schweren anderen seelischen Störung unfähig ist, das Unerlaubte der Handlung einzusehen oder nach dieser Einsicht zu handeln (§ 12 Abs. 2 OWiG). Beide Möglichkeiten können unabhängig voneinander vorliegen.

129 **Grundlage der Vorwerfbarkeit** ist der Vorwurf, dass sich eine Person **für das Unrecht entschieden hat, obwohl sie sich für das Recht hätte entscheiden können.**[127] Daraus folgt, dass die Vorwerfbarkeit dann fehlt, wenn die Person **diese Möglichkeit nie hatte**, weil sie nicht erkennen konnte, was Recht und Unrecht ist, oder nicht nach dieser Einordnung handeln konnte.

130 Ergeben sich aus dem Verhalten des Betroffenen im Ordnungswidrigkeitenverfahren Anhaltspunkte für eine **krankhafte seelische Störung** oder eine tiefgreifende Bewusstseinsstörung zum Tatzeitpunkt, die die Vorwerfbarkeit ausschließen könnten, so ist die Vorwerfbarkeit von Amts wegen zu überprüfen.

131 In der Praxis kann sich eine **Anfrage bei der Staatsanwaltschaft** empfehlen, ob evtl. ein psychiatrisches Gutachten über den Betroffenen vorliegt, oder ob bereits Strafverfahren gegen den Betroffenen aufgrund von § 20 StGB (Schuldunfähigkeit) eingestellt worden sind. Ebenso möglich ist eine **Anfrage beim Betreuungsrichter** des Amtsgerichts, ob ein Betreuungsverfahren gegen den Betroffenen anhängig ist. Das Auskunftsersuchen der Bußgeldbehörde kann auf § 46 Abs. 2 OWiG iVm § 161 Abs. 1 S. 1 StPO gestützt werden.

132 Bewusstseinsstörungen und **Rauschzustände**, die sich aufgrund zu starken Konsums von **Alkohol** ergeben, zählen dann zu den **krankhaften seelischen Störungen** im Sinne von § 12 OWiG und können die Verantwortlichkeit ausschließen, wenn sie zu einer **hinreichend tiefen Störung** des Bewusstseins geführt haben.[128] Für die bußgeldrechtliche Bewertung solcher **Intoxikationspsychosen** kann auf die umfangreiche, im Strafrecht hierzu vorliegende Rechtsprechung und Literatur verwiesen werden.[129]

133 Eine Vorschrift wie § 21 StGB (**verminderte** Schuldfähigkeit) kennt das Ordnungswidrigkeitenrecht nicht. Eine „verminderte Verantwortungsfähigkeit" im Sinne des OWiG gibt es nicht. Auch der vermindert Schuldfähige kann daher grundsätzlich bußgeldrechtlich vorwerfbar handeln. Dieser Umstand kann jedoch im Rahmen der **Bußgeldzumessung** (Vorwurf, der den Täter trifft) **mildernd berücksichtigt** werden (→ Rn. 150 f.).

134 Der **Heranwachsende** (18, aber noch nicht 21 Jahre alt) handelt vorwerfbar **wie ein Erwachsener.** Die Vorschrift des § 105 JGG ist im Ordnungswidrigkeitenverfahren nicht anzuwenden. Für die Feststellung des Alters des Betroffenen und der Verantwortungsreife ist ausschließlich die **Tatzeit nach § 6 OWiG** maßgeblich.

---

127   *Pfaff* OrdnungswidrigkeitenR S. 66.
128   *Lemke/Mosbacher* OWiG § 12 Rn. 12.
129   Vgl. etwa BGH Urt. v. 29.4.1997 – 1 StR 511/95, BGHSt 43, 6 = NJW 1997, 2460; *Maatz* StV 1998, 279 (281)

Krebs

4. Bearbeitungsreihenfolge für Bußgeldverfahren

Bußgeldverfahren sollten in folgender Reihenfolge bearbeitet werden: 135

- Prüfung der Zuständigkeit
- Prüfung der Verfahrenshindernisse (möglicher späterer Eintritt im Verfahren beachten)
- Aufklärung des Sachverhalts
- Anhörung des Betroffenen
- Subsumtion des ermittelten Sachverhalts unter Würdigung einer möglichen Stellungnahme des Betroffenen
- Abschluss der Ermittlungen (in Akte vermerken)
- Entscheidung der Bußgeldbehörde (Ahndung/Nichtahndung)
- ggf. Erlass eines Bußgeldbescheides → notwendigen Inhalt des Bußgeldbescheides (vgl. § 66 OWiG) beachten[130] oder Verwarnung oder Verfahrenseinstellung

V. Bußgeldzumessung

1. Grundlegendes

Zentrale Vorschrift der Bußgeldzumessung ist § 17 OWiG. Die Zumessung einer   136
Geldbuße ist ein häufig komplexer Bereich, da eine der Tat angemessene Sanktion gefunden werden muss. Das erfordert die Berücksichtigung verschiedener Einzelfallfaktoren. Die Geldbuße ist eine staatliche **Sanktion sui generis** für Verwaltungsunrecht.
Sie wirkt dabei zwar auch repressiv, allerdings ohne „Strafe" zu sein.[131] Die Geldbuße wird nicht, wie die Geldstrafe, in Tagessätzen beziffert, sondern im Bußgeldbescheid als **Geldsumme** bekannt gegeben.

Im Bereich der Bußgeldzumessung ist das sog. „**Doppelverwertungsverbot**" zu beach-   137
ten: Was die Ahndbarkeit an sich begründet hat, ist für die Bußgeldzumessung „verbraucht" und darf nicht erneut berücksichtigt werden.[132] Ein Verstoß gegen diese
Regel macht die Bußgeldzumessung fehlerhaft und kann im Einspruchsverfahren zur
Reduzierung der Geldbuße führen.

Die bearbeitende Person ist bei der Erstellung eines Bußgeldbescheides **nicht** ver-   138
pflichtet, im Bescheid offenzulegen, auf welchen Erwägungen die konkrete Bußgeldzumessung beruht, denn der Bußgeldbescheid braucht über die Angaben nach § 66
Abs. 1 Nr. 3 und 4 OWiG hinaus **nicht begründet** zu werden (vgl. § 66 Abs. 3 OWiG).
Im Bußgeldbescheid zu nennen ist allerdings die Form der Vorwerfbarkeit (Vorsatz
oder Fahrlässigkeit), da diese Angaben zur Bezeichnung der Tat gehören.[133] Die Angaben, die eine eindeutige **Beschreibung der Tat** umfassen, sowie die Angaben zu den
Beweismittel sind **Pflichtinhalte** der Begründung.

Auch wenn die Begründung des Bescheides die Erwägungen zur Bußgeldhöhe nicht   139
zu enthalten braucht, empfiehlt es sich, gerade bei **höheren Bußgeldern**, diese dennoch mindestens in einen **Aktenvermerk** aufzunehmen.

---

130 Vgl. Muster eines Bußgeldbescheides bei *Pfaff* OrdnungswidrigkeitenR S. 158 f.
131 *Pfaff* OrdnungswidrigkeitenR S. 16; *Lemke/Mosbacher* OWiG § 17 Rn. 2.
132 *Mitsch* Recht der Ordnungswidrigkeiten § 15 Rn. 7.
133 *Lemke/Mosbacher* OWiG § 66 Rn. 14.

140 Bei der behördlichen Bußgeldzumessung sind die Maßstäbe des § 17 OWiG zu beachten, da sie für die sachbearbeitende Person **verbindliche Zumessungsregeln** enthalten.[134] § 17 OWiG enthält kein feststehendes System zur Bußgeldzumessung, sondern stellt verschiedene Kriterien zur Verfügung. Die Vorschrift des § 17 OWiG enthält in Absatz 1 den **allgemeinen Bußgeldrahmen** für die Fälle, in denen das Gesetz zwar eine Handlung mit Geldbuße bedroht, jedoch keinen Rahmen für sie angibt.

141 Wenn das Gesetz, das die Ahndung ermöglicht, einen **Höchstrahmen** für die Ordnungswidrigkeit angibt, dann gilt dieser Höchstrahmen. Zu beachten ist hier der neue Verweis in § 28 Abs. 5 S. 2 JuSchG. Danach ist § 30 Abs. 2 S. 3 OWiG in den Fällen des § 28 Abs. 3 Nr. 4 JuSchG anzuwenden. Daraus folgt, dass sich bei einer Ordnungswidrigkeit nach § 28 Abs. 3 Nr. 4 JuSchG das Höchstmaß der möglichen Geldbuße **verzehnfacht** und 50 Mio. EUR beträgt.

142 Nach § 17 Abs. 2 OWiG kann fahrlässiges Handeln im Höchstmaß mit **der Hälfte des angedrohten Höchstbetrages** der Geldbuße geahndet werden, wenn das Gesetz für vorsätzliches und fahrlässiges Handeln eine Geldbuße androht und dabei **im Höchstmaß** nicht zwischen beiden Formen unterscheidet. Eine solche Regelung ist zB § 28 Abs. 5 JuSchG, der eine Geldbuße bis **maximal 50.000 EUR** (bzw. 5 Mio. EUR bei Abs. 3 Nr. 4) androht, ohne zwischen Vorsatz und Fahrlässigkeit zu differenzieren.

143 Für die Ordnungswidrigkeiten nach § 28 JuSchG ergibt sich damit Folgendes:

- **Vorsätzlich** begangene Ordnungswidrigkeiten können mit einem Bußgeld **bis zu 50.000 EUR** geahndet werden.
- **Fahrlässig** begangene Ordnungswidrigkeiten können mit einem Bußgeld **bis zu 25.000 EUR** geahndet werden.
- Für § 28 Abs. 3 Nr. 4 JuSchG gilt die **Sonderregel**, dass hier ein Bußgeld **bis 50 Mio. EUR** verhängt werden kann. Diese Sonderregel gilt nur für Bußgelder gegen juristische Personen und Personenvereinigungen.

144 § 17 Abs. 2 OWiG enthält **keine allgemeine Regel**, nach der die gebotene unterschiedliche Ahndung vorsätzlichen und fahrlässigen Verhaltens immer in der Weise vorzunehmen wäre, dass für fahrlässiges Handeln die Hälfte des Bußgeldes festzusetzen ist, welches für vorsätzliches Handeln festzusetzen wäre.[135] Die Bußgeldfestsetzung hat vielmehr **im Einzelfall** nach den Maßstäben des § 17 Abs. 3 OWiG zu erfolgen.

2. Zumessungsfaktoren nach § 17 Abs. 3 OWiG

145 Die Festsetzung der Höhe des konkreten Bußgeldes liegt **im pflichtgemäßen Ermessen** der zuständigen Bußgeldbehörde.[136] § 17 Abs. 3 S. 1 OWiG legt fest, dass **zwei wesentliche Faktoren** die Höhe des festzusetzenden Bußgeldes bestimmen: Die **Bedeutung der Tat** und der **Vorwurf, der den Täter trifft.**

---

134 *Wieser* S. 542.
135 *Lemke/Mosbacher* OWiG § 17 Rn. 8.
136 *Pfaff* OrdnungswidrigkeitenR S. 78.

Krebs

a) Bedeutung der Tat

Das Merkmal der Bedeutung der Tat zielt auf **objektive Bemessungskriterien**. Es 146 können hier alle Umstände, die die Tat objektiv prägen, berücksichtigt werden, und zwar **belastend und entlastend**.[137]

Bei Taten, deren Intensität sich ggf. an zählbaren Tatobjekten beurteilen lässt, spielt 147 die **Anzahl bzw. der Umfang der Übertretungen** eine Rolle bei der Ermittlung der Bedeutung der Tat. Wenn beispielsweise ein Kurier entgegen § 15 Abs. 1 JuSchG einem Kind oder einer jugendlichen Person Bildträger zugänglich macht, wird die Anzahl der Bildträger die Bedeutung der Tat nach § 28 Abs. 1 Nr. 15 JuSchG mitbestimmen.

Weitere **Zumessungskriterien** im Rahmen der Beurteilung der Bedeutung der Tat 148 können sein: die abstrakte Gefährlichkeit des untersagten Verhaltens, spezial- oder generalpräventive Erwägungen, die Art und Weise der Tatausführung, die Schwere der Folgen der Tat, ein evtl. „berechtigtes" Anliegen zugunsten des Betroffenen, die Dauer der Zuwiderhandlung, ggf. ein eigener Schaden des Betroffenen, eine mitwirkende Verursachung durch den Geschädigten oder dessen Vortatverhalten, das Zusammentreffen mehrerer Verstöße in Tateinheit oder auch eine allgemeinschädliche Wirkung der Tat.[138]

Sind mehrere Ordnungswidrigkeiten in **gleichartiger oder ungleichartiger Tateinheit** 149 verwirklicht worden (vgl. § 19 OWiG), so ist gemäß § 19 Abs. 1 OWiG **nur ein Bußgeld** festzusetzen. Die Bedeutung der Tat steigt aber, wenn durch dieselbe Handlung ein Tatbestand mehrfach oder mehrere Tatbestände verwirklicht wurden. So liegt gleichartige Tateinheit vor, wenn eine Bußgeldvorschrift mit einer Handlung mehrfach verletzt wurde.[139] Dies ist bei der Bemessung zu berücksichtigen, wobei es allerdings nicht korrekt wäre, **das Bußgeld einfach rechnerisch zu vervielfachen**.[140] Wenn beispielsweise zunächst ein Automat festgestellt wird, in dem entgegen § 28 Abs. 1 Nr. 11 JuSchG alkoholische Getränke angeboten werden, und sich bei weiterer Überprüfung ergibt, dass in derselben Lokalität noch drei weitere solche Automaten aufgestellt wurden, wäre es **nicht korrekt**, dass angemessene Bußgeld für den ersten festgestellten Automaten **schlicht zu vervierfachen**. Vielmehr ist das Bußgeld der Bedeutung der Gesamttat angemessen zu erhöhen.

b) Vorwurf, der den Täter trifft

Das Merkmal des Vorwurfes, der den Täter trifft, ist die Summe der den **Grad** 150 des „Verschuldens" ausmachenden Tat- und Tätermerkmale.[141] Es gibt verschieden intensive Formen der Vorwerfbarkeit einer Tat. In diesem Bereich geht es um den Grad des **subjektiven Übertretungsvorwurfes**, der dem Täter zu machen ist.

Auch innerhalb derselben Form der Verantwortlichkeit, also innerhalb der Kategorien 151 „Vorsatz" und „Fahrlässigkeit", kann es **unterschiedliche Schweregrade** des Übertretungsvorwurfes geben. So kann als **Faustregel** innerhalb dieses Zumessungs-

---

137 *Krenberger/Krumm* OWiG § 17 Rn. 8; *Lemke/Mosbacher* OWiG § 17 Rn. 14.
138 *Lemke/Mosbacher* OWiG § 17 Rn. 17.
139 *Pfaff* OrdnungswidrigkeitenR S. 76.
140 *Wieser* S. 546.
141 *Mitsch* Recht der Ordnungswidrigkeiten § 15 Rn. 11.

kriteriums berücksichtigt werden, dass direkter Vorsatz einen gewichtigeren Vorwurf begründet als Eventualvorsatz. Leichtfertigkeit begründet einen gewichtigeren Vorwurf als einfache Fahrlässigkeit.[142]

152 **Leichtfertigkeit** entspricht in etwa der groben Fahrlässigkeit des Zivilrechts. Grob fahrlässig handelt, wer die im Verkehr erforderliche Sorgfalt in besonders schwerem Maße verletzt, nämlich **einfachste, ganz naheliegende Überlegungen** nicht anstellt und dasjenige nicht beachtet, was im gegebenen Fall jedermann einleuchten musste.[143] Auch dürfte **bewusste Fahrlässigkeit** häufig – nicht regelmäßig – einen schwereren Vorwurf begründen als **unbewusste Fahrlässigkeit**.[144]

153 **Nicht nochmals** berücksichtigt werden darf allerdings, dass der Täter die Tat selbst „vorsätzlich" oder „fahrlässig" begangen hat, wenn dies bereits als Vorwerfbarkeitsform ahndungsbegründend war (Doppelverwertungsverbot). **Zugunsten** des Betroffenen kann ein **vermeidbarer Verbotsirrtum** (vgl. § 11 Abs. 2 OWiG) berücksichtigt werden, wenn dieser **nicht** auf Gleichgültigkeit oder Rechtsblindheit beruht. Es spricht für den Betroffenen, wenn er **Anstrengungen unternommen hat, sich zu informieren**, oder nur schlechte Erkenntnismöglichkeiten hatte.[145]

154 Es darf dem Betroffenen **niemals** nachteilig angelastet werden, wenn er zu dem ihm gemachten Vorwurf im Bußgeldverfahren (vollständig) schweigt. **Der Betroffene hat das Recht, zu schweigen.** Niemand muss an seiner eigenen Überführung als Täter einer Ordnungswidrigkeit mitwirken (vgl. § 46 Abs. 1 OWiG iVm § 136 Abs. 1 S. 2 StPO). Macht der Betroffene von diesem **elementaren Recht** Gebrauch, so darf dies **keine** für ihn nachteilige Wirkung haben. Auch auf eine „Uneinsichtigkeit" des Betroffenen kann aus einem totalen Schweigen nicht geschlossen werden. Macht der Betroffene aber teilweise Angaben und schweigt zu anderen Teilen des Sachverhaltes, kann ein Fall des sog. „**Teilschweigens**" vorliegen, in dem uU doch Schlüsse aus diesem Verhalten gezogen werden können.[146]

155 „**Uneinsichtigkeit**" des Betroffenen kann eine angemessene Erhöhung der Geldbuße **nur dann** rechtfertigen, wenn sie nach der Tat des Betroffenen und seiner Persönlichkeit darauf schließen lässt, dass er sich durch eine geringe Geldbuße nicht hinreichend beeindrucken lassen wird, die Rechtsordnung künftig zu beachten.[147] Eine Aussage in diese Richtung, die ggf. in einer Stellungnahme nach Anhörung durch die Behörde enthalten sein kann, kann darauf schließen lassen, dass der Betroffene die Unrechtmäßigkeit seines Handelns bisher nicht hinreichend erkannt hat. Wenn dies der Fall ist, erfordert die Funktion des Bußgeldes als Pflichtenmahnung ggf. einen höheren Bußgeldbetrag.

156 Hierbei ist allerdings zu beachten, dass die „Uneinsichtigkeit" in dieser Weise **nur dann** gegeben sein kann, wenn anzunehmen ist, dass der Betroffene entweder eine

---

142 *Mitsch* Recht der Ordnungswidrigkeiten § 15 Rn. 11.
143 BGH Urt. v. 2.4.1986 – IVa ZR 187/84, VersR 1986, 671; LPK-StGB/*Kindhäuser/Hilgendorf* StGB § 15 Rn. 93 mwN.
144 *Mitsch* Recht der Ordnungswidrigkeiten § 8 Rn. 21.
145 *Wieser* S. 547, 548.
146 Vgl. zum „Teilschweigen" BGH Urt. v. 18.4.2002 – 3 StR 370/01, NJW 2002, 2260.
147 OLG Oldenburg Beschl. v. 26.11.2018 – 2 Ss (OWi) 286/18 mwN, abrufbar unter https://openjur.de/u/220 5840.html.

rechtsfeindliche Gesinnung hat, dass er besonders **gefährlich** ist oder dass er auch **künftig Rechtsverletzungen** begehen wird.

Eine **bloße fehlende Einsicht**, die diese Annahmen nicht trägt, darf nicht bußgeldver- 157 schärfend berücksichtigt werden, da niemand verpflichtet ist, seine „Einsicht" gegenüber der Bußgeldbehörde zu erklären. Wenn der Betroffene also „nur" auf seiner Rechtsansicht beharrt und behauptet, sich korrekt verhalten zu haben, ist dies **kein Grund** für eine Bußgelderhöhung wegen fehlender Einsicht.[148]

Legt der Betroffene ein **echtes Geständnis** gegenüber der Bußgeldbehörde ab, so ist 158 dies zugunsten des Betroffenen zu bewerten. Dies gilt allerdings nur, wenn es sich um ein echtes Geständnis handelt, das nicht nur aus taktischen Erwägungen abgelegt wurde. Ein **taktisches Geständnis** liegt vor, wenn der Betroffene nur das nachträglich zugibt, was ihm die Behörde aufgrund ihrer Ermittlungen **ohnehin bereits nachweisen kann.** Ein insoweit taktisches Geständnis ist bei der Bußgeldzumessung bedeutungslos.[149] Besonders bußgeldmindernd kann ein Geständnis ins Gewicht fallen, wenn dadurch **aufwendige Ermittlungen erspart** werden oder wenn die Tat ohne die Angaben des Betroffenen nicht hätte nachgewiesen werden können.

Frühere rechtskräftige Ahndungen (sog. „Vorbelastungen") wegen Ordnungswidrig- 159 keiten gegen den Betroffenen dürfen dann erschwerend berücksichtigt werden, wenn sie zu der neuen Ordnungswidrigkeit in einem **sachlichen und zeitlichen inneren Zusammenhang** stehen.[150] Zu prüfen ist, ob sich in Bezug auf die neue Tat der **Schuldvorwurf,** der den Täter trifft, durch die Vorbelastung erhöht oder nicht. Entscheidend ist dabei, ob die neue Tat wegen der Nichtachtung der Warnung aus dem vorangegangenen Verfahren einen **gesteigerten Vorwurf verdient,** der Täter also die von der oder den Vortaten ausgehende **Warnfunktion** in vorwerfbarer Weise **missachtet** hat.[151] Ist dieser Zusammenhang zu verneinen, darf die alte Ordnungswidrigkeit nicht verschärfend berücksichtigt werden. So dürfen beispielsweise vorherige Verkehrsordnungswidrigkeiten in der Regel nicht verschärfend bei Verstößen gegen § 28 JuSchG berücksichtigt werden, da es am sachlichen Zusammenhang fehlt.

Weitere **Zumessungskriterien** zur Beurteilung des Vorwurfes, der den Täter trifft, 160 können zB sein: die Art der Ausführung der Tat, der mit der Zuwiderhandlung verfolgte Zweck, die Verletzung besonderer Berufspflichten, die Ausnutzung besonderer Vertrauensverhältnisse, eine nur untergeordnete Beteiligung des Täters, das Nachtatverhalten des Täters, ein Bemühen des Täters, den Schaden ggf. wieder gut zu machen oder auch der Umstand, dass die Behörde bei anderen, ihr bekannten Zuwiderhandlungen untätig geblieben war.[152]

Bevor eine Festsetzung einer Geldbuße erfolgt, die den vorhandenen Bußgeldrahmen 161 **ausschöpft,** sollte immer gesondert geprüft werden, ob dies wirklich angemessen

---

148 OLG Zweibrücken Beschl. v. 18.11.1982 – 2 Ss 292/82, StV 1983, 194; *Lemke/Mosbacher* OwiG § 17 Rn. 21; *Wieser* S. 549.
149 *Wieser* S. 550.
150 OLG Köln Beschl. v. 15.8.1981 – 1 Ss 970/80 B, GewArch 1982, 157 (158).
151 OLG Köln Beschl. v. 8.1.2001 – Ss 545/00(Z)-1/01Z, abrufbar unter https://openjur.de/u/156235.html; *Schall* NStZ 1986, 1 (4, 5).
152 *Lemke/Mosbacher* OWiG § 17 Rn. 18.

ist. Denn das Höchstmaß des Bußgeldrahmens ist für die **denkbar schwersten Fälle** vorgesehen, bei denen **keine Milderungsgründe** vorhanden sind.[153]

3. Wirtschaftliche Verhältnisse des Betroffenen

162 Die wirtschaftlichen Verhältnisse des Betroffenen spielen bei der Bußgeldzumessung grundsätzlich eine **untergeordnete Rolle**,[154] denn sie kommen gemäß § 17 Abs. 3 S. 2 OWiG nur „in Betracht". Das verdeutlicht, dass die Kriterien des Vorwurfes, der den Täter trifft, und der Bedeutung der Tat **vorrangige Kriterien** sind. Dennoch kann es sich als nötig erweisen, Feststellungen zu den wirtschaftlichen Verhältnissen zu machen.

163 Das Ordnungswidrigkeitenrecht hat das System des Strafrechts, nach dem eine Geldstrafe in Tagessätzen abhängig vom Einkommen des Täters verhängt wird, nicht übernommen. Die Geldbuße wird **als Geldsumme festgesetzt**, die die wirtschaftlichen Verhältnisse des Täters nicht bereits „automatisch" bei ihrer Berechnung berücksichtigt.

164 Damit besteht im Ordnungswidrigkeitenrecht ein besonderes Bedürfnis, der unterschiedlichen „**Strafempfindlichkeit**"[155] von Tätern mit unterschiedlicher wirtschaftlicher Leistungsfähigkeit auf andere Weise Rechnung zu tragen. Ua um hier ungleiche Wirkungen zu vermeiden, enthält das Gesetz den Hinweis, dass die wirtschaftlichen Verhältnisse des Betroffenen bei der Bußgeldzumessung „in Betracht kommen". Nach § 17 Abs. 3 S. 2 OWiG bleiben diese jedoch in der Regel **außer Betracht**, wenn es sich um eine **geringfügige** Ordnungswidrigkeit handelt.

165 Wo die **Grenze der Geringfügigkeit** liegt, ist umstritten. Teilweise wird eine Grenze von 250 EUR als systemgerecht angesehen,[156] teilweise wird die Grenze auch deutlich tiefer gezogen.[157] In Anbetracht des Umstandes, dass die Grenze der Rechtsbeschwerdemöglichkeit nach § 79 Abs. 1 Nr. 1 OWiG bei 250 EUR liegt und dies darauf hindeutet, dass der Gesetzgeber unterhalb dieser Sanktionsgrenze ein geringeres Bedürfnis rechtlicher Überprüfbarkeit gesehen hat, erscheint es sachgerecht, diese Grenze auch auf die Beurteilung der Geringfügigkeit zu beziehen.[158] Jedenfalls bei Bußgeldern bis **250 EUR** kann daher von einer geringfügigen Ordnungswidrigkeit ausgegangen werden.[159]

166 Das Gesetz ordnet keine zwingende Berücksichtigung der wirtschaftlichen Verhältnisse – auch bei nicht geringfügigen Ordnungswidrigkeiten – an, so dass es für die Bußgeldbehörde im Normalfall nicht zwingend ist, die wirtschaftlichen Verhältnisse des Betroffenen zu ermitteln.[160] Insbesondere begeht die Behörde durch die Nichtermitt-

---

153 BayObLG Beschl. v. 11.2.2020 – 201 ObOWi 2771/20, abrufbar unter https://openjur.de/u/2296848.html.
154 OLG Braunschweig Beschl. v. 13.4.2021 – 1 Ss (OWi) 103/20, BeckRS 2021, 7676; *Lemke/Mosbacher* OWiG § 17 Rn. 26.
155 *Mitsch* Recht der Ordnungswidrigkeiten § 15 Rn. 12.
156 *Lemke/Mosbacher* OWiG § 17 Rn. 31.
157 *Mitsch* Recht der Ordnungswidrigkeiten § 15 Rn. 12; *Schwacke* OWiR S. 60 (35 EUR).
158 So auch OLG Celle Beschl. v. 16.7.2008 – 311 SsBs 43/08, NJW 2008, 3079 mwN; OLG Koblenz Beschl. v. 26.8.2013 – 2 SsBs 128/12, NZV 2014, 589; aA OLG Hamm Beschl. v. 10.7.2019 – 3 RBs 82/19, abrufbar unter https://openjur.de/u/2193505.html.
159 OLG Bremen Beschl. v. 15.11.2012 – 2 SsBs 82/11, NZV 2014, 140 (Aufklärungspflicht über 250 EUR).
160 *Mitsch* Recht der Ordnungswidrigkeiten § 15 Rn. 12.

lung **keinen** derart **gravierenden Verfahrensfehler**, dass dies dazu führen würde, dass der Bußgeldbescheid keine hinreichende Verfahrensgrundlage nach einem Einspruch des Betroffenen wäre.

Allerdings sollte, bei nicht geringfügigen Ordnungswidrigkeiten, bei denen ggf. ein **167** **erhebliches Bußgeld** in Betracht kommt, schon durch die Bußgeldbehörde versucht werden, die wirtschaftlichen Verhältnisse des Betroffenen aufzuklären. Hierbei kommen als **Auskunftsquellen** zB in Frage:[161]

- Amtsgericht (Grundbuchamt) für unbelastetes Grundeigentum
- Gewerbeamt für Gewerbeanmeldungen
- Zentrales Fahrzeugregister (ZFZR) für Kraftfahrzeuge
- Handelsregister für Geschäftsführer- oder Inhaberstellungen
- Elektronisches Vollstreckungsportal für Vollstreckungsverfahren.

Relevante Faktoren für die wirtschaftlichen Verhältnisse können sein: Das **Einkom-** **168** **men** des Betroffenen, das **sonstige Vermögen** wie zB Geldanlagen, Immobiliarvermögen, Schulden, Unterhaltsverpflichtungen, die berufliche Stellung des Betroffenen (sie lässt Rückschlüsse auf seine wirtschaftlichen Verhältnisse zu), Erträge aus Nießbrauch, Renten, Grundeigentum, Dividenden, Aktien, Sachbezüge, ihm gewährte Rechte usw.

In manchen Bundesländern existieren bzw. existierten **Bußgeldkataloge** zum **169** JuSchG.[162] Diese haben üblicherweise die Qualität von **Richtlinien** für die Verwaltung. Gerichte sind an diese Bußgeldkataloge nicht gebunden. Es empfiehlt sich dennoch, zu überprüfen, ob im jeweiligen Bundesland solche Bußgeldkataloge existieren. Gibt es einen Bußgeldkatalog, so ist diesem **für Regelfälle zu folgen**. Die Behörde kann jedoch in Fällen, in denen **atypische Umstände** bestehen, von den Regelsätzen abweichen und ist hierfür auch nicht im Bußgeldbescheid begründungspflichtig. Ein Aktenvermerk ist hierzu aber zweckmäßig.[163]

Es kann geboten sein, auf **Wiederholungen** von Ordnungswidrigkeiten trotz vorheri- **170** ger behördlicher Sanktion ggf. auch vor Erreichen der Schwelle zur Straftat wegen beharrlichen Wiederholens (vgl. § 27 Abs. 2 Nr. 2 JuSchG) mit einer Erhöhung der Geldbuße zu reagieren. Hierbei kann als Orientierungshilfe für das Ausmaß der Erhöhung folgendes Muster gelten:

a) Wiederholungsfall innerhalb eines Jahres:
   - Erste Wiederholung: bis zu 50 % Aufschlag
   - Zweite Wiederholung: bis zu 100 % Aufschlag
   - Dritte Wiederholung: bis zu 200 % Aufschlag.

---

161 *Wieser* S. 553.
162 Vgl. Thüringer Vollzugshinweise mit Bußgeldkatalog, abrufbar unter http://www.thueringen.de/imperia/m d/content/tmsfg/abteilung4/referat31/brosch__re_th__ringer_vollzugshinweise_mini.pdf; für Berlin: https:// www.berlin.de/ba-treptow-koepenick/politik-und-verwaltung/aemter/ordnungsamt/mdb-jugend_rs_1_201 1_juschg.pdf.
163 *Schwacke* OWiR S. 61.

b) Wiederholungsfall innerhalb von **mehr als einem**, aber **weniger als drei Jahren:**
- Erste Wiederholung: bis zu 25 % Aufschlag
- Zweite Wiederholung: bis zu 50 % Aufschlag
- Dritte Wiederholung: bis zu 100 % Aufschlag.

4. Das Gebot der Überschreitung des wirtschaftlichen Vorteils

171 Nach § 17 Abs. 4 OWiG bestimmt die Höhe des wirtschaftlichen Vorteils, den der Täter aus der Tat gezogen hat, die Höhe des Bußgeldes mit. Das Bußgeld soll den wirtschaftlichen Vorteil **übersteigen**. Ziel der Regelung ist es, dass sich Ordnungswidrigkeiten für den Täter **nicht wirtschaftlich „lohnen"** sollen. Die Vorteile der Zuwiderhandlung sollen nicht – auch nicht teilweise – beim Täter verbleiben. Diese Regel bildet gemeinsam mit den Kriterien nach § 17 Abs. 3 OWiG die **Grundlage der Gesamtwürdigung**, die zur Bemessung der Geldbuße führt. § 17 Abs. 4 OWiG ist daher nicht isoliert, sondern gemeinsam mit den Maßgaben des § 17 Abs. 3 OWiG anzuwenden.

172 § 17 Abs. 4 S. 1 OWiG ist als sog. **Sollvorschrift** formuliert. Sollvorschriften ermöglichen die Abweichung von dem so geforderten Verhalten **nur in begründeten Ausnahmefällen**. Derartige Normen sind **im Regelfall** für die mit ihrer Durchführung betraute Behörde rechtlich **zwingend** und verpflichten sie, grundsätzlich so zu verfahren, wie die Sollvorschrift vorgibt. Im Regelfall bedeutet das „Soll" ein „Muss". Nur bei Vorliegen von Umständen, die den Fall als **atypisch** erscheinen lassen, darf die Behörde anders verfahren als im Gesetz vorgesehen und den atypischen Fall nach **pflichtgemäßem Ermessen** entscheiden.[164] Im **Normalfall** bildet daher die Abschöpfung des wirtschaftlichen Vorteils die **Untergrenze** der Geldbuße.[165]

173 Die Abschöpfung kann beispielsweise dann unterbleiben, wenn die zur Feststellung des wirtschaftlichen Vorteils nötigen Ermittlungen in einem **Missverhältnis** zum wahrscheinlichen Bußgeld stehen und daher ein atypischer Fall vorliegt.[166] Ebenso kann eine Feststellung des wirtschaftlichen Vorteils unterbleiben, wenn die Bedeutung der Tat oder das vorwerfbare Verhalten so gering waren, dass sich daraus ein atypischer Fall ergibt.[167]

174 Das Bußgeld soll nach § 17 Abs. 4 S. 1 OWiG den „wirtschaftlichen Vorteil", den der Täter aus der Tat gezogen hat, übersteigen. Im Rahmen des § 17 Abs. 4 S. 1 OWiG gilt das sog. **„Nettoprinzip"**.[168] Dies macht eine **Saldierung** erforderlich, nach der die Aufwendungen, die der Betroffene **bei Begehung der Tat** bzw. zur Erzielung des Gewinns machte, **vom Bruttogewinn abzuziehen** sind.[169] Diese Saldierung muss in der Regel einen **konkreten Betrag** ergeben, der angibt, welcher wirtschaftliche Vorteil

---

164 OVG Nds. Urt. v. 18.7.2006 – 12 LB 116/06, NVwZ-RR 2007, 147; VG Darmstadt Urt. v. 14.4.2011 – 3 K 899/10.DA, ZUM-RD 2011, 446 mwN; aA *Krenberger/Krumm* OWiG § 17 Rn. 28 („soll" wird als „kann" verstanden).
165 Vgl. *Wieser* S. 555 (mit Hinweis auf denkbare Ausnahmefälle).
166 *Schwacke* OWiR S. 61.
167 *Lemke/Mosbacher* OWiG § 17 Rn. 39.
168 hM vgl. BGH Beschl. v. 8.12.2016 – 5 StR 424/15, StV 2018, 43; *Mitsch* Recht der Ordnungswidrigkeiten § 15 Rn. 15; *Schwacke* OWiR S. 61.
169 *Krenberger/Krumm* OWiG § 17 Rn. 26; *Lemke/Mosbacher* OWiG § 17 Rn. 34.

nach Abzug der abzugsfähigen Aufwendungen verbleibt. Nur ausnahmsweise, wenn dies nicht möglich ist, darf eine konkrete **Schätzung** erfolgen.

Abzugsfähig sind jedoch nur die Aufwendungen, die **zur Erlangung des Bruttoge-** 175 **winns aus der konkreten Tat** erforderlich waren. Dies können zB besondere Personalkosten sein, die zur Begehung der Tat erforderlich waren. Nicht abzugsfähig sind Kosten, die der Betroffene **ohnehin gehabt hätte** (sog. Generalkosten).

Der **nachträgliche Wegfall** des erlangten Vorteils mindert diesen Vorteil nicht, ist aber 176 bei der Ermessensausübung bei der Bemessung der Geldbuße zu berücksichtigen.[170]

VI. Fazit

- Die Verjährungsfrist für alle Bußgeldtatbestände des § 28 JuSchG beträgt drei 177 Jahre. Die absolute Verjährungsfrist beträgt sechs Jahre.
- Für die Ordnungswidrigkeiten nach § 28 Abs. 3 Nr. 2, 4 und 5 JuSchG ist die Verfolgung auch dann möglich, wenn sie im Ausland begangen wurden.
- Für Zuwiderhandlungen gegen vollziehbare Anordnungen nach § 24b Abs. 4 JuSchG (Tat nach § 28 Abs. 3 Nr. 4 JuSchG) gilt ein Bußgeldrahmen von bis zu 5 Mio. EUR, der bei juristischen Personen auf bis zu 50 Mio. EUR erhöht wird.
- Die Zuständigkeit der Bundeszentrale für die Verhängung von Bußgeldern ist im Hinblick auf das Gebot der Staatsferne jedenfalls insoweit mindestens problematisch, als die Regelungsinhalte der jeweiligen Tatbestände dem verfassungsrechtlichen Rundfunkbegriff unterfallen.
- Bei der Bußgeldzumessung spielen die Kriterien der Bedeutung der Tat und des Vorwurfs, der den Täter trifft, eine hervorgehobene Rolle. Die Bußgeldfestsetzung steht im Rahmen dieser Kriterien im pflichtgemäßen Ermessen der Bußgeldbehörde.

---

170 *Krenberger/Krumm* OWiG § 17 Rn. 26.

§ 9 Europarechtliche Aspekte und Rechtsdurchsetzung gegenüber ausländischen Anbietern

Literatur: *Barczak/Hartmann*, Kohärenz im Glücksspiel: Das unionsrechtliche Kohärenzgebot als Schranken-Schranke der Glücks- und Wettspielregulierung in Österreich, 2021; *Cole/Ettel-dorf/Ullrich*, Cross-Border Dissemination of Online Content, 2020; *Cole/Ukrow/Etteldorf*, Research for CULT Committee – Audiovisual Sector and Brexit: the Regulatory Environment, 2018; *Eifert/von Landenberg-Roberg/Theß/Wienfort*, Netzwerkdurchsetzungsgesetz in der Bewährung, 2020; *Engels,* Kinder- und Jugendschutz in der Verfassung, AöR 1997, 212; *Grundmann*, Die Auslegung des Gemeinschaftsrechts durch den Europäischen Gerichtshof, 1997; *Hilgert/Sümmermann*, Von Inhalt zu Interaktion: Neuerungen im Jugendschutzrecht, K&R 2021, 297; *Hong*, Der Menschenwürdegehalt der Grundrechte, 2019; *Kamanabrou*, Richtlinienkonforme Auslegung im Rechtsvergleich, 2021; *Knaupe*, Die unionsrechtskonforme Auslegung des bundesdeutschen Strafrechts, 2020; *Liesching*, Das Herkunftslandprinzip der E-Commerce-Richtlinie und seine Auswirkung auf die aktuelle Mediengesetzgebung in Deutschland, 2020; *Liesching*, Stellungnahme zum Entwurf eines 2. Gesetzes zur Änderung des Jugendschutzgesetzes, 28.12.2020, abrufbar unter https://www.bundestag.de/resource/blob/815128/4966d9425b7 1b62319d65cfc9552c598/19-13-110a-data.pdf; *Roder*, Die Methodik des EuGH im Urheberrecht, 2016; *Schilling*, Die staatliche Pflicht zum Schutz von Grundrechten und Menschenwürde, KritV 82 (1999), 452; *Thies*, Kulturelle Vielfalt als Legitimitätselement der internationalen Gemeinschaft, 2013; *Ukrow*, Das Medienrecht auf dem Weg von technischer zu regulatorischer Konvergenz bei Wahrung kultureller Vielfalt. Entwicklungsperspektiven im Zeitalter europäischer Verfassungsgebung und gemeinwohlverträglicher Globalisierung, in Bröhmer ua (Hrsg.), Internationale Gemeinschaft und Menschenrechte. Festschrift für Georg Ress, 2005, S. 1305; *Ukrow*, Internationaler und europäischer Jugendmedienschutz – Bestandsaufnahme, Entwicklungstendenzen und Herausforderungen, RdJB 2017, 278; *Ukrow*, Der Rahmen für die Rechtsdurchsetzung gegen Online-Anbieter und ausländische Inhalte-Anbieter, in Cappello (Hrsg.), Medienrechtsdurchsetzung ohne Grenzen, IRIS Spezial 2018, S. 9.

A. Einleitung 1
B. Die Regelungen zur Rechtsdurchsetzung gegenüber ausländischen Anbietern im Überblick 5
C. Die Novelle des Jugendschutzgesetzes und das Gebot unionsrechtskonformer Rechtsanwendung 10
   I. Einleitung 10
   II. Primärrechtliche Aspekte 13
III. Das Verhältnis zur E-Commerce-Richtlinie 14
IV. § 14a JuSchG und das Gebot unionsrechtskonformer Rechtsanwendung .. 16
V. § 24a JuSchG und das Gebot unionsrechtskonformer Rechtsanwendung .. 21
D. Insbesondere: Zum inländischen Empfangsbevollmächtigten 24
E. Fazit und Ausblick 35

A. Einleitung

1 Die grenzüberschreitende Verbreitung von mit Blick auf den Schutz der Menschenwürde oder den Jugendschutz problematischen Medien stellt die nationale Regulierung zur Gewährleistung von verfassungsrechtlichen Schutzpflichten aus Art. 1 Abs. 1[1] und Art. 5 Abs. 1 GG[2] vor Herausforderungen, die im Zuge der Megatrends von Digitalisierung und Globalisierung[3] an Gewicht immer weiter zunehmen. Die

---

1 Vgl. hierzu zB BVerfG Urt. v. 28.5.1993 – 2 BvF 2/90 ua, BVerfGE 88, 203 (251 ff.); *Hong*, Der Menschenwürdegehalt der Grundrechte, 2019, S. 538 ff.; *Schilling* KritV 82 (1999), 452 ff.
2 Vgl. hierzu zB BVerfG Beschl. v. 27.11.1980 – 1 BvR 402/87, BVerfGE 83, 130 (139, 142 f., 146 f.); *Engels* AöR 1997, 212 (219 ff., 226 ff.); *Ukrow* JugendschutzR Rn. 12 ff.
3 Vgl. hierzu zB *Petersen/Bluth*, Megatrend-Report #02: Die Corona-Transformation, 2020; *Ukrow* in FS Ress, 2005, 1305 (1306 f., 1324 f.); *Ukrow* RdJB 2017, 278 (278).

Rechtsharmonisierung im Bereich der EU für die audiovisuellen Medien hat zwar durch die Einbindung immer neuer Akteure – vom klassischen Fernsehen in der ursprünglichen Richtlinie aus 1989[4] über audiovisuelle Mediendienste auf Abruf[5] bis zu Video-Sharing-Diensten in der jüngsten Novelle 2018[6] – an jugendschützerischem Gehalt gewonnen. Es bleiben aber selbst in diesem supranationalen System der Gewährleistung des öffentlichen Interesses an effektivem Jugendmedienschutz ua mit Blick auf ein fortdauernd unterschiedliches kulturelles Grundverständnis dessen, was Minderjährige in ihrer Entwicklung beeinträchtigen kann,[7] Einfallstore für Aushöhlungen eines effektiven Jugendmedienschutzes aus Sicht verfassungsrechtlicher Vorverständnisse des Schutzauftrages. Diese kulturelle Diversität innerhalb der EU[8] begründet Gefährdungslagen, die im Blick auf die Binnenmarktkonzeption des AEUV und das hieran anknüpfende sekundärunionsrechtliche Prinzip der Herkunftslandkontrolle regulatorische Relevanz gewinnen.

Das die AVMD-RL seit ihrem Ausgangspunkt der EWG-Fernsehrichtlinie 1989 prägende Zusammenspiel von materiellrechtlicher Mindestharmonisierung inhaltlicher Vorgaben an audiovisuelle Mediendienste einerseits, verfahrensrechtlichem Herkunftslandprinzip andererseits soll sicherstellen, dass eine Kontrolle von Anbietern grundsätzlich nur durch den Mitgliedstaat erfolgt, unter dessen Hoheitsgewalt der Anbieter tätig ist, wodurch Inhalte grundsätzlich frei verbreitet werden können und damit ein audiovisueller Binnenmarkt entwickelt und befördert werden kann. Die in Art. 3 Abs. 2, 3 und 5 der novellierten AVMD-RL eröffneten Möglichkeiten, in einem geordneten Verfahren vom Herkunftslandprinzip abzuweichen, sollen es einem Empfangsmitgliedstaat gestatten, auf Inhalte von ausländischen Anbietern, die aus der auch durch dessen kulturelle Traditionen geprägten Sicht des Empfangsmitgliedstaates gegen Vorgaben der Mindestharmonisierung in Bezug auf den Schutz der Menschenwürde und den Jugendmedienschutz nach Art. 6 Abs. 1 lit. a und Art. 6a der novellierten AVMD-RL in offensichtlicher, ernster und schwerwiegender Weise verstoßen, zu reagieren. 2

Das Prinzip der Herkunftslandkontrolle ist mit Blick auf Anwendung und Auslegung des novellierten JuSchG bedeutsam nicht nur in der AVMD-, sondern auch in der E-Commerce-Richtlinie verankert. Diese ECRL ist ein horizontal anwendbares Regelungsinstrument für sämtliche Dienste der Informationsgesellschaft.[9] Hierbei handelt es sich um „jede in der Regel gegen Entgelt elektronisch im Fernabsatz und auf indi- 3

---

4 Richtlinie 89/552/EWG des Rates v. 3.10.1989 zur Koordinierung bestimmter Rechts- und Verwaltungsvorschriften der Mitgliedstaaten über die Ausübung der Fernsehtätigkeit, ABl. 1989 L 298, 23.

5 Richtlinie 2010/13/EU des Europäischen Parlaments und des Rates v. 10.3.2010 zur Koordinierung bestimmter Rechts- und Verwaltungsvorschriften der Mitgliedstaaten über die Bereitstellung audiovisueller Mediendienste (Richtlinie über audiovisuelle Mediendienste), ABl. 2010 L 95, 1.

6 Richtlinie (EU) 2018/1808 des Europäischen Parlaments und des Rates v. 14.11.2018 zur Änderung der Richtlinie 2010/13/EU zur Koordinierung bestimmter Rechts- und Verwaltungsvorschriften der Mitgliedstaaten über die Bereitstellung audiovisueller Mediendienste (Richtlinie über audiovisuelle Mediendienste) im Hinblick auf sich verändernde Marktgegebenheiten, ABl. 2018 L 303, 69.

7 Vgl. hierzu zB *Ukrow* RdJB 2017, 278 (291).

8 Vgl. hierzu zB *Thies*, Kulturelle Vielfalt als Legitimitätselement der internationalen Gemeinschaft, 2013, S. 113 ff.; Grabitz/Hilf/Nettesheim/*Ukrow/Ress* AEUV Art. 167 Rn. 93 ff.

9 Vgl. *Cole/Etteldorf/Ullrich*, Cross-Border Dissemination of Online Content, 2020, S. 91 ff.

viduellen Abruf eines Empfängers erbrachte Dienstleistung".[10] Die ECRL etablierte für solche Dienste der Informationsgesellschaft eine Kombination eines Mindestharmonisierungsansatzes, der sich auf einen eng begrenzten Bereich koordinierter Tätigkeiten bezieht, einer weitgehenden Verantwortlichkeitsprivilegierung für Diensteanbieter, die nicht Inhalteanbieter sind, und eines relativ streng angewandten Prinzips der Herkunftslandkontrolle.[11] Die Unsicherheit darüber, wer für einen Inhalt verantwortlich ist und welche Beteiligten bei der Verbreitung von Inhalten von ihrer Produktion bis hin zum Empfang beim Endnutzer eine aktive Rolle spielen und daher haftbar gemacht werden können,[12] ist im Anwendungsbereich des novellierten JuSchG ebenso relevant, wie es die Ausnahmemöglichkeiten vom Prinzip der Herkunftslandkontrolle unter den engen, in Art. 3 Abs. 4 bis 6 ECRL geregelten Voraussetzungen[13] sind.

4   Im Folgenden kann es zunächst nicht um die Frage einer schutzfreundlicheren Ausdehnung oder zumindest Konkretisierung dieser Ausnahmen de lege ferenda gehen, sondern muss es insbesondere um die Frage gehen, ob die auf eine transnationale Rechtsdurchsetzung ausgerichteten Vorgaben des novellierten JuSchG mit vorrangigem EU-Recht de lege lata in Einklang stehen. Als im Hinblick auf die Wahrung der Schutzgüter des Art. 1 Abs. 1 und Art. 5 Abs. 1 GG bedeutsam erweisen sich aber nicht nur solche regulatorischen Vorgaben des EU-Rechts, sondern auch die Vielzahl an und der immer einfachere Zugang zu illegalen oder schädigenden Inhalten über Online-Dienstleister, die nicht der Jurisdiktionsgewalt eines EU-Mitgliedstaates unterliegen. Bei solchen Nicht-EU-Mitgliedstaaten stellen sich ua Fragen der Erstreckung des EU-Rechts in den EWR-Raum und das Nach-Brexit-UK sowie nach völkerrechtlichen Grenzen der Ausübung von Jurisdiktionsgewalt.

---

10   Art. 1 Abs. 1 lit. b der Richtlinie (EU) 2015/1535 v. 9.9.2015 über ein Informationsverfahren auf dem Gebiet der technischen Vorschriften und der Vorschriften für die Dienste der Informationsgesellschaft, ABl. 2015 L 241, 1. Die Bedeutung dieser Definition der RL (EU) 2015/1535 für das Begriffsverständnis der ECRL folgt aus Art. 2 lit. a ECRL iVm Art. 1 Nr. 2 RL 98/34/EG idF der RL 98/48/EG iVm Art. 10 Abs. 2 und Anhang IV RL (EU) 2015/1535.
      Im Sinne dieser Definition bezeichnet der Ausdruck ‚i) ‚im Fernabsatz erbrachte Dienstleistung' eine Dienstleistung, die ohne gleichzeitige physische Anwesenheit der Vertragsparteien erbracht wird; ii) ‚elektronisch erbrachte Dienstleistung' eine Dienstleistung, die mittels Geräten für die elektronische Verarbeitung (einschließlich digitaler Kompression) und Speicherung von Daten am Ausgangspunkt gesendet und am Endpunkt empfangen wird und die vollständig über Draht, über Funk, auf optischem oder anderem elektromagnetischem Wege gesendet, weitergeleitet und empfangen wird; iii) ‚auf individuellen Abruf eines Empfängers erbrachte Dienstleistung' eine Dienstleistung, die durch die Übertragung von Daten auf individuelle Anforderung erbracht wird."
      Nicht „auf individuellen Abruf eines Empfängers" erbrachte Dienste sind nach Anhang I Nr. 3 RL (EU) 2015/1535 „Dienste, die im Wege einer Übertragung von Daten ohne individuellen Abruf gleichzeitig für eine unbegrenzte Zahl von einzelnen Empfängern erbracht werden (Punkt-zu-Mehrpunkt-Übertragung): a) Fernsehdienste (einschließlich zeitversetzter Video-Abruf) nach Artikel 1 Absatz 1 Buchstabe e der Richtlinie 2010/13/EU; b) Hörfunkdienste; c) Teletext (über Fernsehsignal)."
11   Vgl. *Cole/Etteldorf/Ullrich*, Cross-Border Dissemination of Online Content, 2020, S. 169 ff.
12   Vgl. *Cole/Etteldorf/Ullrich*, Cross-Border Dissemination of Online Content, 2020, S. 188 ff.
13   Vgl. *Liesching*, Das Herkunftslandprinzip der E-Commerce-Richtlinie und seine Auswirkung auf die aktuelle Mediengesetzgebung in Deutschland, 2020, S. 3 ff.

B. Die Regelungen zur Rechtsdurchsetzung gegenüber ausländischen Anbietern im Überblick

Der transnationale Schutzansatz des novellierten JuSchG wird an mehreren Stellen 5
dieses Gesetzes materiell- und organisationsrechtlich verdeutlicht:

1. § 14a Abs. 3 JuSchG bestimmt, dass § 14a zur Kennzeichnung bei Film- und 6
Spielplattformen auch auf Diensteanbieter Anwendung findet, deren Sitzland
nicht Deutschland ist. Die §§ 2a und 3 TMG bleiben dabei unberührt. In der Begründung des Gesetzentwurfs wird diese extraterritoriale Anwendung allerdings
deutlich eingegrenzt: Danach handelt es sich bei Absatz 3 um eine bloße Klarstellung, dass die Kennzeichnungspflicht auch gegenüber ausländischen Anbietern,
deren Sitzland nicht Deutschland ist, Anwendung findet, „sofern ein hinreichender kinder- und jugendmedienschutzrechtlicher Inlandsbezug gegeben ist".[14] Diese Einschränkung findet sich zwar weder in § 14a JuSchG noch im Abschnitt 1
„Allgemeines" des Gesetzes ausdrücklich geregelt. Sie stellt indessen eine Ausformung der Völkerrechtsfreundlichkeit der gesamten deutschen Rechtsordnung dar:
Die Eingrenzung ist vor diesem Hintergrund Ausdruck des völkerrechtlichen „genuine link"-Konzepts beim regulatorischen Zugriff auf Sachverhalte mit Aus-
landsbezug.[15]

Wann ein „hinreichender kinder- und jugendmedienschutzrechtlicher Inlandsbe- 7
zug" iS der Begründung gegeben ist, wird weder im JuSchG noch in den Gesetzesmaterialien erläutert. Insoweit können indessen die Parallelregelungen in § 1
Abs. 8 S. 1 und 2 MStV und § 2 Abs. 1 S. 2 und 3 JMStV fruchtbar gemacht werden (auch wenn Landesrecht selbstverständlich rechtsdogmatisch nicht unmittelbar zur Auslegung von Bundesrecht herangezogen werden kann): Nach § 1 Abs. 8
S. 1 MStV gilt dieser Staatsvertrag für Medienintermediäre, Medienplattformen
und Benutzeroberflächen abweichend von Absatz 7, der an das Kriterium der
Niederlassung anknüpft, „soweit sie zur Nutzung in Deutschland bestimmt
sind". Eine solche Nutzungsbestimmung ist bei den erwähnten Sonderformen von
Telemedien nach § 1 Abs. 8 S. 2 MStV dann gegeben, „wenn sie sich in der Gesamtschau, insbesondere durch die verwendete Sprache, die angebotenen Inhalte
oder Marketingaktivitäten, an Nutzer in Deutschland richten oder in Deutschland einen nicht unwesentlichen Teil ihrer Refinanzierung erzielen". Eine spezifisch jugendmedienschützerische Ausformung und im Hinblick auf den personellen Anwendungsbereich sogar Erweiterung auf sämtliche Anbieter von Rundfunk
und Telemedien erfährt dieser Ansatz in § 2 Abs. 1 S. 2 und 3 JMStV, wobei die
Kriterien für eine auf Deutschland ausgerichtete Nutzungsbestimmung textiden-
tisch mit den Kriterien nach dem MStV sind. Wenn sich Film- und Spielplattformen in der Gesamtschau, insbesondere durch die verwendete Sprache, die angebotenen Inhalte oder Marketingaktivitäten, an Nutzer in Deutschland richten
oder in Deutschland einen nicht unwesentlichen Teil ihrer Refinanzierung erzie-

---

14 BR-Drs. 618/20, 53.
15 Vgl. hierzu *Ukrow* in Cappello Medienrechtsdurchsetzung ohne Grenzen S. 9 (20 ff.).

len, ist im Lichte dieses völkerrechtskonformen Verständnisses ein hinreichender kinder- und jugendmedienschutzrechtlicher Inlandsbezug gegeben.

8 2. Einem vergleichbaren regulatorischen Ansatz folgen die Regelungen von § 24a JuSchG zu Vorsorgemaßnahmen: Auch Diensteanbieter, die fremde Informationen für Nutzerinnen und Nutzer mit Gewinnerzielungsabsicht speichern oder bereitstellen und deren Sitzland nicht Deutschland ist, haben nach Absatz 4 iVm Absatz 1 dieser Norm durch angemessene und wirksame strukturelle Vorsorgemaßnahmen dafür Sorge zu tragen, dass die Schutzziele des § 10a Nr. 1 bis 3 JuSchG gewahrt werden. Auch hier wird zwar nicht im Text der Norm, aber in der Gesetzesbegründung aufgezeigt, dass Voraussetzung für diese extraterritoriale Anwendung ist, dass „ein hinreichender kinder- und jugendmedienschutzrechtlicher Inlandsbezug gegeben ist".[16] Auf die Ausführungen zum genuine link kann insoweit verwiesen werden.

9 3. Ein Anknüpfungspunkt für eine transnationale Rechtsdurchsetzung seitens der neuen Bundeszentrale kann schließlich auch § 17a Abs. 2 iVm Abs. 4 JuSchG werden – und dies auch in Bezug auf Telemedien in ihrer Gesamtheit. Denn nach § 17a Abs. 2 S. 1 JuSchG fördert die Bundeszentrale durch geeignete Maßnahmen die Weiterentwicklung des Kinder- und Jugendmedienschutzes. Hierzu gehört nach Satz 2 Nr. 3 der Regelung insbesondere auch ein regelmäßiger Informationsaustausch mit den im Bereich des Kinder- und Jugendmedienschutzes tätigen Institutionen hinsichtlich der jeweiligen Spruchpraxis. Eine Begrenzung dieses Austausches auf nationale Akteure im deutschen Aufsichtsverbund liegt zwar im Lichte der Gesetzesbegründung nahe: Danach ist der Austausch zwischen den nach JuSchG und JMStV anerkannten Prüfinstitutionen und der KJM als der nach dem JMStV aufsichtsführenden Institution dringend geboten, um kohärente Entwicklungen in den Spruchpraxen der diversen Institutionen zu unterstützen.[17] Indessen kann selbstverständlich mit Blick auf die grenzüberschreitende Dimension eines effektiven Jugendmedienschutzes auch der Austausch mit Jugendschutz-Regulierungsbehörden im EU-Ausland oder in sonstigen Drittstaaten zB über Fragen der Abgrenzung zwischen Jugendbeeinträchtigung und Jugendgefährdung bzw. relativ und absolut unzulässigen Angeboten, die Einbeziehung neuer Risiken in die Spruchpraxen sowie über Erkenntnisse der Wirkungsforschung und Entwicklungen der Rechtspraxis[18] Kinder- und Jugendmedienschutz weiterentwickeln helfen. Die Bundeszentrale kann nach § 17a Abs. 4 JuSchG auch zur Erfüllung ihrer Aufgabe aus Absatz 2 Satz 2 Nr. 3 Maßnahmen, die von überregionaler Bedeutung sind, fördern oder selbst durchführen. Dass grenzüberschreitende Maßnahmen von überregionaler Bedeutung sind, ist selbsterklärend. Bei einem solchen transnationalen Engagement hat die Bundeszentrale allerdings im materiellrechtlichen Anwendungsbereich der AVMD-RL zu beachten, dass eigenes Engagement nicht mit Aufgabenwahrnehmungen seitens der ERGA kollidieren darf.

---

16 BR-Drs. 618/20, 75 f.
17 BR-Drs. 618/20, 57.
18 Vgl. zu diesen Themenstellungen BR-Drs. 618/20, 57.

Ukrow

Im Hinblick auf die Medienkonvergenz erscheint zudem auch ein mit der Repräsentanz Deutschlands in der ERGA unabgestimmtes transnationales Agieren auch außerhalb des sachlichen Anwendungsbereichs der AVMD-RL, die bislang zB Medienintermediäre noch nicht reguliert, jenseits entsprechender rechtlicher Koordinierungspflichten jugendschützerisch nicht zielführend.

C. Die Novelle des Jugendschutzgesetzes und das Gebot unionsrechtskonformer Rechtsanwendung

I. Einleitung

§ 14a und § 24a JuSchG dienen im Ausgangspunkt der Umsetzung von Vorgaben der AVMD-RL idF der RL (EU) 2018/1808:[19] Die Alterskennzeichnung gemäß § 14a JuSchG erfüllt die aus der AVMD-RL folgende Maßgabe, eine hinreichende Transparenz und Orientierung über entwicklungsbeeinträchtigende audiovisuelle Medien zu schaffen; § 24a JuSchG greift die in Artikel 28b dieser Richtlinie enthaltene Maßgabe auf, dafür Sorge zu tragen, dass die der Rechtshoheit eines Mitgliedstaates unterliegenden Video-Sharing-Plattform-Anbieter angemessene Maßnahmen zum Schutz vor entwicklungsbeeinträchtigenden Inhalten treffen.[20]   10

Damit geht eine (im Prinzip der loyalen Zusammenarbeit nach Art. 4 Abs. 3 EUV wurzelnde) Verpflichtung einher, das JuSchG europarechtskonform im Blick auf diesen Akt des sekundären Unionsrechts auszulegen.[21] Nicht zuletzt auch den Erwägungsgründen der RL (EU) 2018/1808 kann insoweit interpretatorischer Hinweischarakter bei einer Auslegung des unionsrechtlich determinierten JuSchG nach dessen Sinn und Zweck zukommen.[22]   11

Darüber hinaus sind bei der Auslegung des JuSchG zwei weitere Maximen zu beachten: Erstens gilt als generelle Auslegungsmaxime (auch jenseits unionsrechtlicher Umsetzungsbefehle in Bezug auf die AVMD-RL), dass das JuSchG (wie jeder Akt nationaler Rechtsetzung) unionsrechtskonform unter Berücksichtigung der Vorgaben des primären Unionsrechts zu interpretieren ist.[23] Bei diesem Gebot unionsrechtskonformer Auslegung kommt vorliegend der Gewährleistung der Grundfreiheiten, insbesondere der Dienstleistungsfreiheit nach Art. 56 AEUV, besonderes Gewicht zu. Zweitens muss nationales Recht wie die Novelle des JuSchG auch so ausgelegt werden, dass es nicht in Widerspruch zu sekundärem Unionsrecht steht, das zwar nicht einen europarechtlichen Impuls qua Umsetzungsbefehl für mitgliedstaatliches Recht gesetzt hat, indessen als horizontal wirkendes Unionsrecht sonstige, nicht konkret umsetzungsbezogene Bedeutung für mitgliedstaatliches Recht hat. Dies ist vorliegend bei der ECRL der Fall. Wo eine unionsrechtskonforme Auslegung mitgliedstaatlichen   12

---

19 Vgl. BR-Drs. 618/20, 28.
20 Vgl. BR-Drs. 618/20, 28.
21 Vgl. EuGH Urt. v. 10.4.1984 – 14/83, Slg. 1984, 1891 Rn. 15, 23 – von Colson und Kamann (stRspr) sowie zB *Kamanabrou*, Richtlinienkonforme Auslegung im Rechtsvergleich, 2021, S. 23 ff.
22 Vgl. EuGH Urt. v. 13.7.1989 – 215/88, Slg. 1989, 2789 Rn. 30 – Casa Fleischhandel (stRspr) sowie zB *Grundmann*, Die Auslegung des Gemeinschaftsrechts durch den Europäischen Gerichtshof, 1997, S. 258 ff.; *Roder*, Die Methodik des EuGH im Urheberrecht, 2016, S. 100 ff.
23 Vgl. zB Schulze/Janssen/Kadelbach EuropaR-Hdb/*Borchardt* § 15 Rn. 66 ff.; *Knaupe*, Die unionsrechtskonforme Auslegung des bundesdeutschen Strafrechts, 2020, S. 166 ff.

Rechts nicht möglich ist, muss dieses Recht in Sachverhalten mit Unionsrechtsbezug vor dem Hintergrund des Anwendungsvorrangs des Unionsrechts unangewendet bleiben.[24]

II. Primärrechtliche Aspekte

13　Die skizzierten extraterritorialen Erstreckungen des novellierten JuSchG in dessen § 14a und § 24a berühren die in Art. 56 AEUV verankerte Grundfreiheit des freien Dienstleistungsverkehrs. Da der Schutz von Kindern und Jugendlichen indessen ein berechtigtes Interesse darstellt, das grundsätzlich geeignet ist, eine Beschränkung von Grundfreiheiten wie des freien Dienstleistungsverkehrs zu rechtfertigen, sind mitgliedstaatliche Jugendschutzregelungen legitim, wenn sie geeignet sind, die Erreichung des verfolgten Ziels zu gewährleisten, und nicht über das hinausgehen, was zur Erreichung dieses Ziels erforderlich ist. Die an den legitimen Schutzzielen ausgerichteten Verpflichtungen zu Vorsorgemaßnahmen in § 24a JuSchG sind auch durch die fakultative Offenheit der Maßnahmen und das abgestufte Umsetzungsverfahren verhältnismäßig und im Einklang mit den Anforderungen des Art. 56 AEUV.[25]

III. Das Verhältnis zur E-Commerce-Richtlinie

14　Dienste iSd § 14a JuSchG wie Dienste iSd § 24a JuSchG sind in gleicher Weise Dienste der Informationsgesellschaft iSd ECRL.[26] Die ECRL kennt zwar weder in ihrem Art. 1 Abs. 5 noch in ihrem Art. 1 Abs. 6 Regelungen, die in Bezug auf jugendschutzrechtlich relevante mediale Dienste (ähnlich wie für Glücksspiele) eine ausdrückliche Ausnahme vom Anwendungsbereich oder (ähnlich wie in Bezug auf die Vielfaltssicherung) eine Unberührtheitsklausel in Bezug auf mitgliedstaatliche Maßnahmen kennen. Dies steht indessen der Beachtung des Jugendmedienschutzes als zwingendem Grund des Allgemeininteresses, der eine nicht diskriminierende und verhältnismäßige Einschränkung der primärrechtlich gewährleisteten Dienstleistungsfreiheit rechtfertigt, im sekundärunionsrechtlich nicht koordinierten Bereich nicht entgegen. Zudem eröffnet die ECRL selbst die Möglichkeit einer Abweichung vom Prinzip der Herkunftslandkontrolle sogar im koordinierten Bereich.

15　Es bestehen im Blick auf die in den Art. 12 bis 15 dieser Richtlinie verankerten Vorgaben hinsichtlich der Verantwortlichkeiten von Diensteanbietern keine durchgreifenden unionsrechtlichen Bedenken in Bezug auf die ECRL. Den Mitgliedstaaten wird in Art. 15 Abs. 1 ECRL untersagt, Diensteanbietern allgemeine Überwachungs- und Nachforschungspflichten aufzuerlegen. Solche Verpflichtungen sieht das novellierte JuSchG nicht vor. Daneben enthält die ECRL ein abgestuftes Haftungs- bzw. Privilegierungssystem, dessen Umsetzung in deutsches Recht in den §§ 7 bis 10 TMG erfolgt ist. Diese Bestimmungen bleiben von den Vorschriften des JuSchG, wie in den

---

24　Zum Anwendungsvorrang des Unionsrechts vgl. BVerfG Beschl. v. 6.7.2010 – 2 BvR 2661/06, BVerfGE 126, 286 (302); Schulze/Janssen/Kadelbach EuropaR-Hdb/*Ehlers* § 11 Rn. 48 ff.; Calliess/Ruffert/*Ruffert* AEUV Art. 1 Rn. 16.
25　Vgl. BR-Drs. 618/20, 29.
26　Zur Abgrenzung von Diensten der Informationsgesellschaft zu Fernseh- und Radiosendungen vgl. ErwG 18 ECRL.

Verweisen in § 24a Abs. 1, in § 24a Abs. 4 und in § 24d ausdrücklich klargestellt wird, unberührt.[27]

IV. § 14a JuSchG und das Gebot unionsrechtskonformer Rechtsanwendung

Indem § 14a Abs. 3 S. 2 JuSchG für den durch EU-Sekundärrecht wie die AVMD-RL und die ECRL koordinierten Bereich[28] klarstellt, dass die Anforderungen der §§ 2a und 3 TMG, die Vorgaben der novellierten AVMD-RL und der ECRL in innerstaatliches Recht umgesetzt haben, unberührt bleiben, verdeutlicht das JuSchG, dass beim auf § 14a JuSchG gestützten regulatorischen Zugriff auf Anbieter von Film- und Spielplattformen, die nicht in Deutschland, aber einem dritten EU-Mitgliedstaat niedergelassen sind, insbesondere die Anforderungen an das Herkunftslandprinzip und die Voraussetzungen für eine Abweichung nach § 3 Abs. 5 TMG unter Beachtung der danach vorgesehenen Verfahrensschritte zu berücksichtigen sind.[29] Danach können allenfalls „im Einzelfall" durch die Bundeszentrale, dh ausnahmsweise, gegen einen bestimmten Anbieter von Film- und Spieleplattformen mit Sitz in einem dritten Mitgliedstaat der EU Maßnahmen aufgrund von § 14a JuSchG angeordnet werden.[30]   16

Das Angebot und die Verbreitung von Telemedien, bei denen es sich – wie im Falle des § 14a JuSchG – nicht um audiovisuelle Mediendienste handelt, durch einen Diensteanbieter, der in einem anderen EU-Mitgliedstaat niedergelassen ist, können zwar nach § 3 Abs. 5 S. 1 Nr. 1 lit. a TMG den jugendschutzrechtlichen Einschränkungen des deutschen Rechts unterliegen – allerdings nur, soweit dies dem Schutz vor Beeinträchtigungen oder ernsthaften und schwerwiegenden Gefahren dient. Mag dies auch jenseits der in lit. aa der Regelung adressierten „Verhütung, Ermittlung, Aufklärung, Verfolgung und Vollstreckung" „aaa) von Straftaten und Ordnungswidrigkeiten, einschließlich des Jugendschutzes und der Bekämpfung der Verunglimpfung aus Gründen der Rasse, des Geschlechts, des Glaubens oder der Nationalität" und „bbb) von Verletzungen der Menschenwürde einzelner Personen" möglich sein, was sich aus der Einleitung dieser Tatbestandsmerkmale mit „insbesondere" erschließt, so müssen die Maßnahmen, die auf der Grundlage des deutschen Rechts in Betracht kommen, gemäß § 3 Abs. 5 S. 1 Nr. 2 TMG „in einem angemessenen Verhältnis zu diesen Schutzzielen stehen". Auch diese Verhältnismäßigkeit dürfte im Hinblick auf die EU-rechtliche Jugendschutzkonzeption mit Instrumenten auch zur Herstellung von Transparenz über Minderjährige beeinträchtigende Inhalte gegeben sein. Allerdings sind solche Maßnahmen gemäß § 3 Abs. 5 S. 2 TMG nur zulässig, wenn die gemäß Art. 3 Abs. 4 lit. b und Abs. 5 ECRL erforderlichen Verfahren eingehalten werden.   17

---

27 Vgl. BR-Drs. 618/20, 29.
28 BR-Drs. 618/20, 53.
29 BR-Drs. 618/20, 53. § 3 Abs. 6 TMG, der die Abweichung vom Prinzip der Herkunftslandkontrolle bei audiovisuellen Mediendiensten zum Gegenstand hat, ist in Bezug auf Film- und Spieleplattformen ohne Bedeutung, da es sich hierbei um Video-Sharing-Dienste handelt – ein aliud zu audiovisuellen Mediendiensten.
30 Vgl. BT-Drs. 19/25207, 4.

18 Dementsprechend ist im Vorfeld einer solchen Aufsichtsmaßnahme der Bundeszentrale

1. gemäß Art. 3 Abs. 4 lit. b erster Spiegelstrich ECRL der Mitgliedstaat, in dessen Hoheitsgebiet der betroffene Anbieter einer Film- oder Spieleplattform ansässig ist, vollständig ergebnislos oder nicht hinreichend erfolgreich aufzufordern, Maßnahmen zur jugendschützerisch effektiven Kennzeichnung einer Film- oder Spieleplattform zu ergreifen, und sind

2. gemäß Art. 3 Abs. 4 lit. b zweiter Spiegelstrich ECRL die Kommission und der Mitgliedstaat, in dessen Hoheitsgebiet der betroffene Anbieter einer Film- oder Spieleplattform ansässig ist, vorab über die Absicht zu unterrichten, eine Maßnahme zu ergreifen, die den freien Verkehr des Dienstes der Informationsgesellschaft beschränkt.

19 Diese Regelung sieht zwar keine Stillhalteverpflichtung zulasten des Mitgliedstaats vor, der den Erlass einer Maßnahme beabsichtigt, mit der der freie Verkehr von Diensten der Informationsgesellschaft beschränkt wird. Die Pflicht zur vorherigen Unterrichtung ist indessen mehr als eine bloße Mitteilungspflicht – sie ist vielmehr eine wesentliche Verfahrensvorschrift, die es rechtfertigt, dass nicht mitgeteilte Maßnahmen, die den freien Verkehr von Diensten der Informationsgesellschaft beschränken, dem einzelnen Anbieter einer Film- oder Spieleplattform nicht entgegengehalten werden dürfen. Eine Verletzung der Verpflichtung kann zudem Schadensersatzansprüche des betroffenen Anbieters begründen.[31] Dies spricht zwar für eine erhebliche Komplexität des Verfahrens der Abweichung vom Prinzip der Herkunftslandkontrolle. Dass Aufsichtsmaßnahmen der Bundeszentrale in Bezug auf § 14a JuSchG gegenüber im EU-Ausland ansässigen Anbietern gar nicht in Betracht kommen,[32] erscheint indessen in der Schlussfolgerung überzogen.

20 Eine über § 3 TMG iVm den dienstleistungsfreiheitsbezogenen Vorgaben der ECRL für in EU-Mitgliedstaaten oder Vertragsstaaten des Abkommens über den Europäischen Wirtschaftsraum ansässige[33] Diensteanbieter hinausreichende Verpflichtung zur Beachtung von verfahrensrechtlichen Vorgaben besteht weder beim Zugriff auf Anbieter in UK noch bei einer Adressierung von Anbietern in sonstigen Mitgliedstaaten des Europarates oder bei sonstigen Vertragsstaaten der WTO. Sobald indessen gegenüber einem Nicht-Mitgliedstaat der EU oder Nicht-Vertragsstaat des EWR-Abkommens solche verfahrensrechtlichen Koordinierungs- und Kooperationsvorgaben begründet werden, können hieraus im Hinblick auf die welthandelsrechtliche Meistbegünstigungsklausel[34] mittelbare Ausstrahlungswirkungen folgen.

---

31 Vgl. zum Ganzen EuGH Urt. v. 19.12.2019 – C-390/18, ECLI:EU:C:2019:1112 Rn. 88 ff. – Airbnb Ireland.
32 So aber *Liesching*, Stellungnahme zum Entwurf eines 2. Gesetzes zur Änderung des Jugendschutzgesetzes, 28.12.2020, abrufbar unter https://www.bundestag.de/resource/blob/815128/4966d9425b71b62319d65cfc 9552c598/19-13-110a-data.pdf, S. 4.
33 Vgl. zur Erstreckung der ECRL auf den EWR Art. 1 des Beschlusses des Gemeinsamen EWR-Ausschusses Nr. 91/2000 v. 27.10.2000 zur Änderung des Anhangs XI (Telekommunikationsdienste) des EWR-Abkommens, ABl. 2001 L 7, 13.
34 Vgl. zur Bedeutung der Meistbegünstigungsklausel des Welthandelsrechts im audiovisuellen Bereich *Cole/Ukrow/Etteldorf*, Research for CULT Committee – Audiovisual Sector and Brexit: the Regulatory Environment, 2018, S. 18 ff.

Ukrow

V. § 24a JuSchG und das Gebot unionsrechtskonformer Rechtsanwendung

Die in § 24a Abs. 2 JuSchG zur Pflichterfüllung vorgesehenen Maßnahmen haben   21
Überschneidungen mit den Anforderungen des Art. 28b Abs. 3 UAbs. 3 AVMD-
RL und stehen ergänzend zu der Eins-zu-eins-Umsetzung im TMG und JMStV, da
§ 24a JuSchG bezüglich des Anwendungsbereichs und der vorgesehenen Maßnahmen
über die für Video-Sharing-Plattform-Anbieter vorgegebenen Anforderungen hinausgeht. Die Richtlinie beinhaltet bezüglich der Regelungen für Video-Sharing-Plattform-Anbieter nur eine Mindestharmonisierung. Nach Art. 28b Abs. 6 AVMD-
RL können die Mitgliedstaaten Video-Sharing-Plattform-Anbietern Maßnahmen auferlegen, die ausführlicher oder strenger sind als die in Art. 28b Abs. 3 AVMD-RL genannten Maßnahmen. Dies gilt auch für strengere Maßnahmen gegenüber ausländischen und europäischen Anbietern, sofern die unionsrechtlichen Vorgaben eingehalten werden. Insbesondere Ex-ante-Kontrollmaßnahmen und Maßnahmen, die zur Filterung von Inhalten beim Hochladen führen, sind nicht vorgesehen. Das vorgesehene
Regulierungsmodell unterstützt ko- und selbstregulatorische Instrumente und ist aufgrund des Dialogelements und der starken Einbindung der Organisationen der freiwilligen Selbstkontrolle in § 24b Abs. 2 JuSchG selbstregulativ ausgestaltet. Damit
wird auch die in Art. 28b Abs. 4 AVMD-RL enthaltene Maßgabe aufgegriffen.[35]

Über die auch in § 24a JuSchG verankerte europarechtsschonende Unberührtheits-   22
klausel in Bezug auf §§ 2a und 3 TMG nach Absatz 4 Satz 4 der Regelung hinaus
sind weitere Sicherungen einer unionsrechtskonformen Rechtsdurchsetzung gegenüber ausländischen Diensteanbietern in die Norm integriert:

- Nach § 24a Abs. 1 JuSchG besteht die Pflicht zu Vorsorgemaßnahmen unbeschadet des § 7 Abs. 2 und des § 10 TMG. Damit werden durch diese Pflicht weder
  der in Umsetzung der ECRL verankerte Verzicht auf umfassende Vorabkontroll-
  pflichten in Bezug auf Content für Nicht-Content-Provider noch die gleichfalls in
  Umsetzung dieser Richtlinie erfolgte weitgehende Verantwortlichkeitsfreistellung
  für das sog. Hosting ausgehebelt.

- In Absatz 4 Satz 4 wird ferner klargestellt, dass die Bestimmungen der Datenschutz-Grundverordnung unberührt bleiben. Die Vorgaben der Datenschutz-
  Grundverordnung sind insbesondere bei der Ausgestaltung der Voreinstellungen
  nach § 24a Abs. 2 Nr. 7 JuSchG zu berücksichtigen und müssen gewahrt werden.[36] Klargestellt wird insbesondere auch, dass die Zuständigkeit hinsichtlich
  der Aufsicht über die datenschutzrechtlichen Vorgaben der Datenschutz-Grundverordnung auch in Bezug auf Kinder und Jugendliche bei den zuständigen Da-
  tenschutzaufsichtsbehörden verbleibt und sich die Bundeszentrale für Kinder- und
  Jugendmedienschutz im Rahmen der Anwendung von Vorsorgemaßnahmen mit
  Datenschutzbezug mit den zuständigen Behörden abzustimmen hat.[37] Damit trägt
  das JuSchG den organisations- und verfahrensrechtlichen Vorgaben der Datenschutz-Grundverordnung angemessen Rechnung. Es bleibt abzuwarten, welche
  Auswirkungen ein etwaiger verwaltungsorganisatorischer Unterbau auf Ebene

---

35 BR-Drs. 618/20, 29.
36 BR-Drs. 618/20, 76.
37 BR-Drs. 618/20, 75 f.

der EU wie im transnationalen Kooperationsverhältnis, wie er für den Vollzug des Digital Services Act im Vorschlag der EU-Kommission vorgesehen ist, auf die Verfahrensgestaltungen bei Vorsorgemaßnahmen nach § 24a JuSchG haben wird.

23   Zwar kann auch § 24a JuSchG aufgrund des § 3 TMG (Herkunftslandprinzip) nur unter Beachtung der verfahrensrechtlichen Vorgaben der ECRL auf die marktrelevanten Anbieter mit Sitz in einem anderen EU-Mitgliedstaat oder EWR-Vertragsstaat angewandt werden. Indessen ist dies nicht von vornherein praktisch ausgeschlossen.[38] Namentlich erscheint eine Ermittlung der Nutzerzahlen eines Angebots sowohl auf Basis von Vermarktungsmodellen wie auch im Blick auf die steuerrechtliche Relevanz von Nutzerzahlen möglich.

D. Insbesondere: Zum inländischen Empfangsbevollmächtigten

24   Eines der Hauptprobleme bei der Rechtsdurchsetzung gegenüber Anbietern mit Sitz im Ausland ist das Fehlen von verantwortlichen Ansprechpartnern bei den Betreibern jugendschutzrechtlich problematischer Angebote für Justiz, Bußgeldbehörden und nicht zuletzt auch Regulierungsbehörden. § 24d S. 1 JuSchG sieht nunmehr vor, dass Diensteanbieter iSd § 24a Abs. 1 S. 1 iVm Abs. 4 S. 1 JuSchG sicherzustellen haben, dass ein Empfangsbevollmächtigter im Inland benannt ist.[39]

25   Der Wortlaut sowie der Normzweck, „im transnationalen Bereich eine effektive Rechtsdurchsetzung durch die Bundeszentrale zu ermöglichen",[40] erlauben dem Diensteanbieter iSd § 24a Abs. 1 S. 1 iVm Abs. 4 S. 1 JuSchG eine weitgehend freie Entscheidung darüber, wen er zum Empfangsbevollmächtigten benennt, namentlich ob er eine interne oder externe natürliche oder juristische Person als Empfangsbevollmächtigten benennt.[41] Entscheidendes Auswahlkriterium ist, ob im Ergebnis die Möglichkeit einer Kommunikation im Rahmen der Aufsicht nach dem JuSchG gewährleistet ist: An den Empfangsbevollmächtigten müssen – was zB auch aus der Regulierung in § 5 NetzDG, §§ 92 und 98 MStV und § 21 Abs. 2 JMStV vertraut ist[42] – Bekanntgaben oder Zustellungen in Verfahren nach § 24b Abs. 3 und 4 JuSchG bewirkt werden können. Das gilt auch für die Bekanntgabe oder die Zustellung von Schriftstücken, die solche Verfahren einleiten oder vorbereiten.

26   In § 24d Abs. 1 S. 1 JuSchG werden den Diensteanbietern konkrete Vorgaben für die transparente Darstellung des benannten inländischen Empfangsbevollmächtigten gemacht. Auf den Empfangsbevollmächtigten muss im Angebot des Diensteanbieters – und dies bedeutet in jedem Angebot – in „leicht erkennbarer und unmittelbar erreichbarer Weise aufmerksam" gemacht werden. Hieraus folgt unter Beachtung des Zwe-

---

38   So aber *Liesching*, Stellungnahme zum Entwurf eines 2. Gesetzes zur Änderung des Jugendschutzgesetzes, 28.12.2020, abrufbar unter https://www.bundestag.de/resource/blob/815128/4966d9425b71b62319d65cfc 9552c598/19-13-110a-data.pdf, S. 7 unter Hinweis auf die fehlende Ermittelbarkeit der Anzahl der Nutzer im Inland.

39   Wenig gelungen ist der Gesetzeswortlaut deshalb, weil es erkennbar nicht um einen inländischen Benennungsakt, sondern um die Benennung eines inländischen Empfangsbevollmächtigten gehen soll; vgl. krit. zur Parallelregelung in § 5 NetzDG Spindler/Schmitz/*Liesching* NetzDG § 5 Rn. 5.

40   Vgl. BR-Drs. 618/20, 79.

41   Vgl. zur Parallelregelung in § 5 NetzDG *Eifert/von Landenberg-Roberg/Theß/Wienfort*, Netzwerkdurchsetzungsgesetz in der Bewährung, 2020, S. 128; Spindler/Schmitz/*Liesching* NetzDG § 5 Rn. 3.

42   Vgl. *Hilgert/Sümmermann* K&R 2021, 297 (301).

ckes der Regelung die Pflicht, nicht nur den Namen des Empfangsbevollmächtigten, sondern auch eine vollständige und zustellungsfähige Adresse anzugeben.[43]

Ob der Hinweis auf den Empfangsbevollmächtigten iSd Norm leicht erkennbar und unmittelbar erreichbar ist, ist aus der Perspektive der Nutzerinnen und Nutzer des Angebots zu beurteilen, wobei für die Auslegung der Begriffe das Verständnis partiell paralleler Vorgaben in § 2 Abs. 1 S. 2 und § 3 Abs. 1 S. 2 NetzDG wie bei den Impressumpflichten nach § 5 Abs. 1 TMG („leicht erkennbar, unmittelbar erreichbar und ständig verfügbar") herangezogen werden kann.[44]   27

Leicht erkennbar ist der gebotene Hinweis auch vor diesem Hintergrund, wenn er für durchschnittliche Nutzerinnen und Nutzer einfach und optisch hinreichend unterscheidbar vom Hintergrund wirksam wahrnehmbar ist. Das ist bei Verwendung kleinerer Schrift ebenso wenig der Fall wie bei einem fehlenden Kontrast zwischen der Farbe des Hintergrundes und der für den Hinweis benutzten Farbe oder einer teilweisen oder vollständigen Überblendung der Angaben des Hinweises durch drittes Bild- oder Textmaterial.[45] Ferner muss der Diensteanbieter hinreichend klare Begriffe verwenden, durch die durchschnittliche Nutzerinnen und Nutzer im Rahmen des konkreten Verwendungskontextes unzweideutig auf die von ihnen gesuchte Angabe hingewiesen werden.[46] Ob eine Einordnung des Hinweises unter „Impressum" insoweit genügt, erscheint mit Blick auf die damit verbundene fehlende Verständlichkeit für durchschnittliche Nutzerinnen und Nutzer einerseits, das Verständnis dieses Begriffes als Hinweis auf Pflichtangaben zu Anbieter und inhaltlich verantwortlicher Person eines Angebots andererseits höchst fraglich.   28

Unmittelbar erreichbar ist der Hinweis auf den Empfangsbevollmächtigten, wenn dieser im Angebot ohne wesentliche Zwischenschritte zur Kenntnis genommen werden kann. Nach herrschender Auffassung zu diesem Kriterium in Bezug auf Parallelregelungen ist dieser Anforderung jedenfalls dann genügt, wenn der Zugang zu der begehrten Information mit zwei Klicks von der Startseite des Internet-Angebots aus erreichbar[47] und zudem auf der Seite, die die Angaben zum Empfangsbevollmächtigten enthält, kein übermäßig langes Scrollen erforderlich ist.[48]   29

Die Benennungspflicht in Bezug auf einen inländischen Empfangsbevollmächtigten als Rechtsdurchsetzungsmaßnahme besteht allerdings nur unter Beachtung des § 24a Abs. 4 JuSchG. Dies bedeutet, dass auch im Umgang mit dem inländischen Empfangsbevollmächtigten die unionsrechtlich fundierten Bestimmungen des NetzDG   30

---

43 Vgl. zur Parallelregelung in § 5 NetzDG *Eifert/von Landenberg-Roberg/Theß/Wienfort*, Netzwerkdurchsetzungsgesetz in der Bewährung, 2020, S. 129; Spindler/Schmitz/*Liesching* NetzDG § 5 Rn. 4.
44 Vgl. zur Parallelregelung in § 5 NetzDG *Eifert/von Landenberg-Roberg/Theß/Wienfort*, Netzwerkdurchsetzungsgesetz in der Bewährung, 2020, S. 130; Spindler/Schmitz/*Liesching* NetzDG § 5 Rn. 6; *Spindler* K&R 2017, 533 (542).
45 Vgl. zur Parallelregelung in § 5 NetzDG auch *Eifert/von Landenberg-Roberg/Theß/Wienfort*, Netzwerkdurchsetzungsgesetz in der Bewährung, 2020, S. 130; Spindler/Schmitz/*Liesching* NetzDG § 5 Rn. 27 f.
46 Vgl. zur Parallelregelung in § 5 NetzDG auch *Eifert/von Landenberg-Roberg/Theß/Wienfort*, Netzwerkdurchsetzungsgesetz in der Bewährung, 2020, S. 130; Spindler/Schmitz/*Liesching* NetzDG § 5 Rn. 28 ff.
47 Vgl. hierzu auch BGH Urt. v. 20.7.2006 – I ZR 228/03, MMR 2007, 40 (41).
48 Vgl. zur Parallelregelung in § 5 NetzDG auch *Eifert/von Landenberg-Roberg/Theß/Wienfort*, Netzwerkdurchsetzungsgesetz in der Bewährung, 2020, S. 130 f.; Spindler/Schmitz/*Liesching* NetzDG § 5 Rn. 34 ff.

und TMG und damit vor allem auch des Herkunftslandprinzips aus § 3 TMG zu beachten sind.[49]

31   Die Vorschrift gilt für alle Diensteanbieter iSd § 24a Abs. 1 S. 1 JuSchG unabhängig von ihrem Sitz im Inland oder im Ausland. Erfasst sind mithin neben den bereits durch das NetzDG adressierten sozialen Netzwerken grundsätzlich auch inhaltsspezifische oder multifunktionale Dienste wie etwa kinder- und jugendaffine Online-Spiele, sofern diese neben der Primärfunktion oder als integraler Bestandteil der spezifischen Nutzung die Zugänglichmachung und das Teilen von Inhalten oder die Kommunikation zwischen Nutzerinnen und Nutzern möglich machen.[50] Eine Beschränkung der Verpflichtung auf Diensteanbieter im Ausland, einen inländischen Empfangsbevollmächtigten zu bestellen, wäre eine Verletzung des unionsrechtlichen Diskriminierungsverbotes, das bei Beschränkungen der Dienstleistungsfreiheit besteht. Denn eine derartige Beschränkung dürfte mit einer solchen Bestellungspflicht im Lichte des weiten unionsrechtlichen Beschränkungsbegriffs verbunden sein.

32   Umgekehrt ist die Benennungspflicht indessen eine durch zwingende Gründe des Gemeininteresses in Form des Jugendschutzes gerechtfertigte Beschränkung der Dienstleistungsfreiheit, weil ein Empfangsbevollmächtigter im Heimatstaat des Diensteanbieters einen sicheren und zügigen Empfang nicht in gleichem Maße gewährleisten kann, selbst wenn per Einschreiben zugestellt werden könnte.[51]

33   Insofern vermag das seitens der Kommission im Notifizierungsverfahren vorgetragene Argument, es sei nicht klar, warum es für die Zwecke der Anwendung des JuSchG nicht ausreichend wäre, dass der Diensteanbieter eindeutig eine Kontaktstelle für die Anwendung des JuSchG bestimmt, ohne dass das Sitzland dieser Person notwendigerweise Deutschland ist, im Hinblick auf das Ziel einer möglichst raschen Reaktion auf jugendschutzrechtlich kritische Angebotsausgestaltungen nicht zu überzeugen. Gleiches gilt für das Argument der Kommission, es sei unverhältnismäßig, wenn Deutschland jedem Diensteanbieter vorschreibe, für die Zwecke der Anwendung des JuSchG einen Bevollmächtigten zu ernennen. Denn ein jugendschutzrechtlich problematisches Verhalten kann von jedem Diensteanbieter iSd § 24a JuSchG, unabhängig von seiner Marktgröße, ausgehen. Die Benennungspflicht bewegt sich im Übrigen außerhalb des durch die ECRL koordinierten Bereichs, in dem die mitgliedstaatlichen Gestaltungsspielräume zur Wahrung eines Gemeinwohlinteresses wie des Jugendschutzes größer sind als im koordinierten Bereich. Zudem genügt die Benennungspflicht auch dem Verhältnismäßigkeitsgrundsatz, da mit ihr kein übermäßiger Verwaltungsaufwand verbunden ist.[52]

---

49 Vgl. BR-Drs. 618/20, 79.
50 Vgl. BR-Drs. 618/20, 70.
51 Vgl. zur Parallelregelung in § 5 NetzDG BT-Drs. 18/12356, 27.
52 Vgl. zu diesem Kriterium im Zusammenhang der Einschränkung der Kapital- und Zahlungsverkehrsfreiheit EuGH Urt. v. 30.1.2020 – C-156/17, ECLI:EU:C:2020:51 Rn. 61 – Köln-Aktienfonds Deka, sowie Grabitz/Hilf/Nettesheim/*Ukrow/Ress* AEUV Art. 63 Rn. 291.

Es erscheint allerdings inkonsistent, dass eine solche Benennungspflicht nicht auch   34
für Diensteanbieter iSd § 14a Abs. 1 S. 1 iVm Abs. 3 S. 1 JuSchG vorgesehen ist.[53] Im
Hinblick auf die unionsrechtlichen Vorgaben für eine Beschränkung der Dienstleistungsfreiheit weist diese organisationsrechtliche Differenzierung bei vergleichbarer
Jugendmedienschutztendenz von § 14a wie § 24a JuSchG im Hinblick auf das Kohärenzkriterium,[54] das es bei Beschränkungen der Grundfreiheiten als Element der Ver-
hältnismäßigkeitskontrolle zu beachten gilt, ein nicht unbeachtliches unionsrechtli-
ches Unvereinbarkeitsrisiko auf.

E. Fazit und Ausblick

Mit der Novelle des Jugendschutzgesetzes erfährt das deutsche Jugendmedienschutz-   35
recht eine weitere Öffnung in Richtung auf effektive Möglichkeiten transnationaler
Rechtsdurchsetzung. Damit trägt die Novelle dem Megatrend der Globalisierung
sachangemessen Rechnung. Die Schutzziele des Jugendschutzgesetzes sprechen für
die Unionsrechtskonformität der mit der Novelle verbundenen Beschränkungen der
Dienstleistungsfreiheit.

Die Trias von steuerrechtlicher Tendenz von Anbietern jugendschutzrelevanter Dien-   36
ste der Informationsgesellschaft zur Ansiedlung oder Auslagerung von Geschäfts-
zweigen in Steuerparadiese, von jugendschutzrechtlicher Verantwortungslosigkeit
oder Vortäuschen von Bereitschaft zur Verantwortungsübernahme bei Ausflüchten
im Ernstfall und von vollstreckungsrechtlicher Hilflosigkeit erweisen sich zunehmend
als Impuls für das kritische Hinterfragen bisheriger regulatorischer Antworten auf
Digitalisierung und Globalisierung.

Der Rechtsrahmen des EU-Datenschutzrechts weicht insoweit schon aktuell von dem   37
jugendschutzrechtlich bedeutsamen Regulierungsrahmen für die grenzüberschreitende Verbreitung von Online-Inhalten ab, weil die Datenschutz-Grundverordnung das
Marktortprinzip festlegt, indem sie in Bezug auf ihren Anwendungsbereich an die berechtigten Interessen der von der Datenverarbeitung Betroffenen anknüpft und damit
den nationalen Behörden die Möglichkeit eröffnet, in bestimmten Fällen sogar Nicht-
EU-Anbieter zu adressieren. Gleiches lässt sich für das Urheberrecht im Blick auf die
Richtlinie über das Urheberrecht im digitalen Binnenmarkt, die sog. DSM-Richtlinie,
beobachten.

Dass die ECRL aus 2000 bis heute unverändert geblieben ist, obwohl die hierin   38
zur Förderung digitaler Geschäftsmodelle verankerte weitreichende Rücknahme der
Verantwortlichkeit von Internet-Service-Providern und Intermediären im Blick auf
die ökonomische Potenz einer Vielzahl von digitalen Dienstleistern kaum mehr
rechtfertigbar erscheint, stellt sich als besondere Herausforderung für den Jugend-

---

53 Von einer Anwendung des § 24d JuSchG auch im Anwendungsbereich des § 14a JuSchG geht unzutreffend
   die EU-Kommission im Notifizierungsverfahren aus. § 24d JuSchG gilt nach seinem klaren Wortlaut wie seiner systematischen Stellung gerade nicht für jeden Diensteanbieter im Anwendungsbereich des novellierten
   JuSchG.
54 Vgl. hierzu EuGH Urt. v. 15.9.2011 – C-347/09, Slg. 2011, I-8185 Rn. 56 – Dickinger und Ömer (stRspr)
   sowie zB *Barczak/Hartmann*, Kohärenz im Glücksspiel: Das unionsrechtliche Kohärenzgebot als Schranken-
   Schranke der Glücks- und Wettspielregulierung in Österreich, 2021, S. 1 ff.; Grabitz/Hilf/Nettesheim/
   Ukrow/Ress AEUV Art. 63 Rn. 278.

medienschutz dar. Hier könnte der geplante Digital Services Act ein neueres, jugendmedienschutzfreundlicheres Austarieren von Grundfreiheiten der Dienstleister und gemeinwohlorientierten Schutzgütern mit sich bringen. Es erscheint (auch) aus jugendschützerischer Perspektive naheliegend, die bestehenden Haftungsbefreiungen für verschiedene Arten von Diensten der Informationsgesellschaft als Ergebnis eines „duty of care" (Sorgfalts)-Standards zu überdenken.

39   Sinnvoll erscheint es, den Instrumentenkasten deutscher Regulierungsanstrengungen in Bezug auf die Rechtsdurchsetzung gegenüber ausländischen Anbietern weiter zu harmonisieren. Hier lohnt sich der Blick auf die Glücksspielregulierung in Deutschland bereits deshalb, weil Glücksspiel wie Pornographie fortdauernd zu ökonomisch interessanten Ausformungen der Internet-Nutzung zählen und weil auch die Glücksspielregulierung dem Jugendschutz nach der Zielsetzung des § 1 S. 1 Nr. 3 Glücksspielstaatsvertrag 2021 (GlüStV 2021) verpflichtet ist.

40   Eine Harmonisierung des Instrumentenkastens zur transnationalen Rechtsdurchsetzung von Jugendschutznormen ist in Bezug auf das Instrument der Sperrung des Zugangs zu illegalem Content zwar bereits in der Regulierung durch § 20 Abs. 4 JMStV iVm § 109 MStV[55] und § 9 Abs. 1 S. 3 Nr. 5 GlüStV 2021[56] erreicht. In Bezug auf das JuSchG fehlt es indessen an einer unmittelbaren Sperrungsregelung. Das NetzDG verlagert die Sperrungsverantwortung in § 3 Abs. 2 Nr. 2 und 3 auf Anbieter des sozialen Netzwerks – eine Form privater Rechtsdurchsetzung, die fortdauernden grundrechtlichen Bedenken begegnet.

41   Ist schon in Bezug auf das IP-Blocking keine Synchronität in der Nutzung dieses Aufsichtsinstruments festzustellen, so gilt dies erst recht für das Payment-Blocking:[57] Das deutsche Jugendmedienschutzrecht nimmt bislang noch nicht ausreichend zur Kenntnis, dass die Verbreitung von jugendschutzverletzendem Content auch ein Geschäftsmodell ist, bei dem grenzüberschreitende Zahlungsströme in Rede stehen. Der GlüStV 2021 weist hier in § 9 Abs. 1 S. 3 Nr. 4[58] mit der Möglichkeit der Beschränkung von Zahlungsverkehr bei der Verbreitung von illegalen Glücksspielangeboten im Internet ein Instrumentarium auf, von dem in Zukunft stärker Gebrauch gemac

---

55   Danach zählen zu den Maßnahmen, die die zuständige Landesmedienanstalt durch die KJM wegen Verletzung einer Vorgabe des JMStV durch einen Telemedien-Anbieter ergreifen kann, „insbesondere Beanstandung, Untersagung, Sperrung, Rücknahme und Widerruf". Vgl. hierzu nunmehr die KJM-Pressemitteilung 07/2021 v. 17.6.2021 „KJM ordnet Sperre gegen großes Pornoportal an", abrufbar unter https://www.kjm -online.de/service/pressemitteilungen/meldung?tx_news_pi1%5Bnews%5D=4931&cHash=bcd17371d37cb 77b317479764095dc43.

56   Nach dieser Regelung kann die Glücksspielaufsicht unbeschadet sonstiger in diesem Staatsvertrag und anderen gesetzlichen Bestimmungen vorgesehener Maßnahmen „nach vorheriger Bekanntgabe unerlaubter Glücksspielangebote Maßnahmen zur Sperrung dieser Angebote gegen im Sinne der §§ 8 bis 10 des Telemediengesetzes verantwortliche Diensteanbieter, insbesondere Zugangsvermittler und Registrare, ergreifen, sofern sich Maßnahmen gegenüber einem Veranstalter oder Vermittler dieses Glücksspiels als nicht durchführbar oder nicht erfolgversprechend erweisen".

57   Zur Unionsrechtskonformität der Beschränkung des Zahlungsverkehrs durch den GlüStV 2021 vgl. Grabitz/ Hilf/Nettesheim/*Ukrow*/*Ress* AEUV Art. 63 Rn. 414 ff.

58   Nach dieser Regelung kann die Glücksspielaufsicht unbeschadet sonstiger in diesem Staatsvertrag und anderen gesetzlichen Bestimmungen vorgesehener Maßnahmen „den am Zahlungsverkehr Beteiligten, insbesondere den Kredit- und Finanzdienstleistungsinstituten, nach vorheriger Bekanntgabe unerlaubter Glücksspielangebote die Mitwirkung an Zahlungen für unerlaubtes Glücksspiel und an Auszahlungen aus unerlaubtem Glücksspiel untersagen, ohne dass es einer vorherigen Inanspruchnahme des Veranstalters oder Vermittlers von öffentlichen Glücksspielen durch die Glücksspielaufsicht bedarf".

werden dürfte. In einem Dialog der Regulierungsbehörden sollten diese Erfahrungen genutzt werden. Parallel zur durch den GlüStV 2021 vorgesehenen Zusammenarbeit von Glücksspielaufsicht und BaFin[59] sollte ein solcher Dialog (oder ggf. von Beginn an auch Trilog) zwischen BaFin, Bundeszentrale für Kinder- und Jugendmedienschutz und KJM etabliert werden.

---

59 Nach § 9 Abs. 3a GlüStV 2021 arbeiten die zuständigen Glücksspielaufsichtsbehörden „im Rahmen der Er-
    füllung ihrer Aufgaben insbesondere mit den Strafverfolgungsbehörden, den Landesmedienanstalten, der
    Bundesnetzagentur, der Bundesanstalt für Finanzdienstleistungsaufsicht und dem Bundeskartellamt zusam-
    men und können, soweit dies erforderlich ist, zu diesem Zweck Daten austauschen. Dies gilt für die Landes-
    medienanstalten im Hinblick auf die Zusammenarbeit mit den Glücksspielaufsichtsbehörden entsprechend."

Synopse[*]

Jugendschutzgesetz (JuSchG) – alt

Abschnitt 1 Allgemeines

§ 1 Begriffsbestimmungen

(1) Im Sinne dieses Gesetzes

1. sind Kinder Personen, die noch nicht 14 Jahre alt sind,
2. sind Jugendliche Personen, die 14, aber noch nicht 18 Jahre alt sind,
3. ist personensorgeberechtigte Person, wem allein oder gemeinsam mit einer anderen Person nach den Vorschriften des Bürgerlichen Gesetzbuchs die Personensorge zusteht,
4. ist erziehungsbeauftragte Person, jede Person über 18 Jahren, soweit sie auf Dauer oder zeitweise aufgrund einer Vereinbarung mit der personensorgeberechtigten Person Erziehungsaufgaben wahrnimmt oder soweit sie ein Kind oder eine jugendliche Person im Rahmen der Ausbildung oder der Jugendhilfe betreut.

(2) Trägermedien im Sinne dieses Gesetzes sind Medien mit Texten, Bildern oder Tönen auf gegenständlichen Trägern, die zur Weitergabe geeignet, zur unmittelbaren Wahrnehmung bestimmt oder in einem Vorführ- oder Spielgerät eingebaut sind. Dem gegenständlichen Verbreiten, Überlassen, Anbieten oder Zugänglichmachen von Trägermedien steht das elektronische Verbreiten, Überlassen, Anbieten oder Zugänglichmachen gleich, soweit es sich nicht um Rundfunk im Sinne des § 2 des Rundfunkstaatsvertrages handelt.

(3) Telemedien im Sinne dieses Gesetzes sind Medien, die nach dem Telemediengesetz übermittelt oder zugänglich gemacht werden. Als Übermitteln oder Zugänglichmachen im Sinne von Satz 1 gilt das Bereithalten eigener oder fremder Inhalte.

(4) Versandhandel im Sinne dieses Gesetzes ist jedes entgeltliche Geschäft, das im Wege der Bestellung und Übersendung einer Ware durch Postversand oder elektronischen Versand ohne persönlichen Kontakt zwischen

Jugendschutzgesetz (JuSchG) – neu

Abschnitt 1 Allgemeines

§ 1 Begriffsbestimmungen

(unverändert)

(1a) Medien im Sinne dieses Gesetzes sind Trägermedien und Telemedien.

(unverändert)

(unverändert)

(unverändert)

---

[*] Die Synopse wurde von Rechtsanwalt Philipp Sümmermann erstellt.

Lieferant und Besteller oder ohne dass durch technische oder sonstige Vorkehrungen sichergestellt ist, dass kein Versand an Kinder und Jugendliche erfolgt, vollzogen wird.

(5) Die Vorschriften der §§ 2 bis 14 dieses Gesetzes gelten nicht für verheiratete Jugendliche.

(unverändert)

(6) Diensteanbieter im Sinne dieses Gesetzes sind Diensteanbieter nach dem Telemediengesetz vom 26. Februar 2007 (BGBl. I S. 179) in der jeweils geltenden Fassung.

§ 2 Prüfungs- und Nachweispflicht

(1) Soweit es nach diesem Gesetz auf die Begleitung durch eine erziehungsbeauftragte Person ankommt, haben die in § 1 Abs. 1 Nr. 4 genannten Personen ihre Berechtigung auf Verlangen darzulegen. Veranstalter und Gewerbetreibende haben in Zweifelsfällen die Berechtigung zu überprüfen.

(2) Personen, bei denen nach diesem Gesetz Altersgrenzen zu beachten sind, haben ihr Lebensalter auf Verlangen in geeigneter Weise nachzuweisen. Veranstalter und Gewerbetreibende haben in Zweifelsfällen das Lebensalter zu überprüfen.

§ 2 Prüfungs- und Nachweispflicht

(unverändert)

(unverändert)

§ 3 Bekanntmachung der Vorschriften

(1) Veranstalter und Gewerbetreibende haben die nach den §§ 4 bis 13 für ihre Betriebseinrichtungen und Veranstaltungen geltenden Vorschriften sowie bei öffentlichen Filmveranstaltungen die Alterseinstufung von Filmen oder die Anbieterkennzeichnung nach § 14 Abs. 7 durch deutlich sichtbaren und gut lesbaren Aushang bekannt zu machen.

(2) Zur Bekanntmachung der Alterseinstufung von Filmen und von Film- und Spielprogrammen dürfen Veranstalter und Gewerbetreibende nur die in § 14 Abs. 2 genannten Kennzeichnungen verwenden. Wer einen Film für öffentliche Filmveranstaltungen weitergibt, ist verpflichtet, den Veranstalter bei der Weitergabe auf die Alterseinstufung oder die Anbieterkennzeichnung nach § 14 Abs. 7 hinzuweisen. Für Filme, Film- und Spielprogramme, die nach § 14 Abs. 2 von der obersten Landesbehörde oder einer Organisation der freiwilligen Selbstkontrolle im Rahmen des Verfahrens nach § 14 Abs. 6 gekennzeichnet sind, darf bei der Ankündigung oder Werbung weder auf jugendbeeinträchtigende Inhalte hingewiesen werden noch darf die An-

§ 3 Bekanntmachung der Vorschriften

(unverändert)

(2) Zur Bekanntmachung der Alterseinstufung von Filmen und von Spielprogrammen dürfen Veranstalter und Gewerbetreibende nur die in § 14 Abs. 2 genannten Kennzeichnungen verwenden. Wer einen Film für öffentliche Filmveranstaltungen weitergibt, ist verpflichtet, den Veranstalter bei der Weitergabe auf die Alterseinstufung oder die Anbieterkennzeichnung nach § 14 Abs. 7 hinzuweisen. Für Filme und Spielprogramme, die nach § 14 Abs. 2 von der obersten Landesbehörde oder einer Organisation der freiwilligen Selbstkontrolle im Rahmen des Verfahrens nach § 14 Abs. 6 gekennzeichnet sind, darf bei der Ankündigung oder Werbung weder auf jugendbeeinträchtigende Inhalte hingewiesen werden noch darf die Ankündigung

kündigung oder Werbung in jugendbeeinträchtigender Weise erfolgen.

oder Werbung in jugendbeeinträchtigender Weise erfolgen.

Abschnitt 2 Jugendschutz in der Öffentlichkeit

Abschnitt 2 Jugendschutz in der Öffentlichkeit

§ 4 Gaststätten

§ 4 Gaststätten

(1) Der Aufenthalt in Gaststätten darf Kindern und Jugendlichen unter 16 Jahren nur gestattet werden, wenn eine personensorgeberechtigte oder erziehungsbeauftragte Person sie begleitet oder wenn sie in der Zeit zwischen 5 Uhr und 23 Uhr eine Mahlzeit oder ein Getränk einnehmen. Jugendlichen ab 16 Jahren darf der Aufenthalt in Gaststätten ohne Begleitung einer personensorgeberechtigten oder erziehungsbeauftragten Person in der Zeit von 24 Uhr und 5 Uhr morgens nicht gestattet werden.

(unverändert)

(2) Absatz 1 gilt nicht, wenn Kinder oder Jugendliche an einer Veranstaltung eines anerkannten Trägers der Jugendhilfe teilnehmen oder sich auf Reisen befinden.

(unverändert)

(3) Der Aufenthalt in Gaststätten, die als Nachtbar oder Nachtclub geführt werden, und in vergleichbaren Vergnügungsbetrieben darf Kindern und Jugendlichen nicht gestattet werden.

(unverändert)

(4) Die zuständige Behörde kann Ausnahmen von Absatz 1 genehmigen.

(unverändert)

§ 5 Tanzveranstaltungen

§ 5 Tanzveranstaltungen

(1) Die Anwesenheit bei öffentlichen Tanzveranstaltungen ohne Begleitung einer personensorgeberechtigten oder erziehungsbeauftragten Person darf Kindern und Jugendlichen unter 16 Jahren nicht und Jugendlichen ab 16 Jahren längstens bis 24 Uhr gestattet werden.

(unverändert)

(2) Abweichend von Absatz 1 darf die Anwesenheit Kindern bis 22 Uhr und Jugendlichen unter 16 Jahren bis 24 Uhr gestattet werden, wenn die Tanzveranstaltung von einem anerkannten Träger der Jugendhilfe durchgeführt wird oder der künstlerischen Betätigung oder der Brauchtumspflege dient.

(unverändert)

(3) Die zuständige Behörde kann Ausnahmen genehmigen.

(unverändert)

§ 6 Spielhallen, Glücksspiele

§ 6 Spielhallen, Glücksspiele

(1) Die Anwesenheit in öffentlichen Spielhallen oder ähnlichen vorwiegend dem Spielbe-

(unverändert)

trieb dienenden Räumen darf Kindern und Jugendlichen nicht gestattet werden.

(2) Die Teilnahme an Spielen mit Gewinnmöglichkeit in der Öffentlichkeit darf Kindern und Jugendlichen nur auf Volksfesten, Schützenfesten, Jahrmärkten, Spezialmärkten oder ähnlichen Veranstaltungen und nur unter der Voraussetzung gestattet werden, dass der Gewinn in Waren von geringem Wert besteht.

(unverändert)

§ 7 Jugendgefährdende Veranstaltungen und Betriebe

Geht von einer öffentlichen Veranstaltung oder einem Gewerbebetrieb eine Gefährdung für das körperliche, geistige oder seelische Wohl von Kindern oder Jugendlichen aus, so kann die zuständige Behörde anordnen, dass der Veranstalter oder Gewerbetreibende Kindern und Jugendlichen die Anwesenheit nicht gestatten darf. Die Anordnung kann Altersbegrenzungen, Zeitbegrenzungen oder andere Auflagen enthalten, wenn dadurch die Gefährdung ausgeschlossen oder wesentlich gemindert wird.

§ 7 Jugendgefährdende Veranstaltungen und Betriebe

(unverändert)

§ 8 Jugendgefährdende Orte

Hält sich ein Kind oder eine jugendliche Person an einem Ort auf, an dem ihm oder ihr eine unmittelbare Gefahr für das körperliche, geistige oder seelische Wohl droht, so hat die zuständige Behörde oder Stelle die zur Abwendung der Gefahr erforderlichen Maßnahmen zu treffen. Wenn nötig, hat sie das Kind oder die jugendliche Person

1. zum Verlassen des Ortes anzuhalten,
2. der erziehungsberechtigten Person im Sinne des § 7 Abs. 1 Nr. 6 des Achten Buches Sozialgesetzbuch zuzuführen oder, wenn keine erziehungsberechtigte Person erreichbar ist, in die Obhut des Jugendamtes zu bringen.

In schwierigen Fällen hat die zuständige Behörde oder Stelle das Jugendamt über den jugendgefährdenden Ort zu unterrichten.

§ 8 Jugendgefährdende Orte

(unverändert)

§ 9 Alkoholische Getränke

(1) In Gaststätten, Verkaufsstellen oder sonst in der Öffentlichkeit dürfen

1. Bier, Wein, weinähnliche Getränke oder Schaumwein oder Mischungen von Bier, Wein, weinähnlichen Getränken oder Schaumwein mit nichtalkoholischen Ge-

§ 9 Alkoholische Getränke

(unverändert)

tränken an Kinder und Jugendliche unter 16 Jahren,

2. andere alkoholische Getränke oder Lebensmittel, die andere alkoholische Getränke in nicht nur geringfügiger Menge enthalten, an Kinder und Jugendliche

weder abgegeben noch darf ihnen der Verzehr gestattet werden.

(2) Absatz 1 Nummer 1 gilt nicht, wenn Jugendliche von einer personensorgeberechtigten Person begleitet werden.

(unverändert)

(3) In der Öffentlichkeit dürfen alkoholische Getränke nicht in Automaten angeboten werden. Dies gilt nicht, wenn ein Automat

(unverändert)

1. an einem für Kinder und Jugendliche unzugänglichen Ort aufgestellt ist oder

2. in einem gewerblich genutzten Raum aufgestellt und durch technische Vorrichtungen oder durch ständige Aufsicht sichergestellt ist, dass Kinder und Jugendliche alkoholische Getränke nicht entnehmen können.

§ 20 Nr. 1 des Gaststättengesetzes bleibt unberührt.

(4) Alkoholhaltige Süßgetränke im Sinne des § 1 Abs. 2 und 3 des Alkopopsteuergesetzes dürfen gewerbsmäßig nur mit dem Hinweis „Abgabe an Personen unter 18 Jahren verboten, § 9 Jugendschutzgesetz" in den Verkehr gebracht werden. Dieser Hinweis ist auf der Fertigpackung in der gleichen Schriftart und in der gleichen Größe und Farbe wie die Marken- oder Phantasienamen oder, soweit nicht vorhanden, wie die Verkehrsbezeichnung zu halten und bei Flaschen auf dem Frontetikett anzubringen.

(unverändert)

§ 10 Rauchen in der Öffentlichkeit, Tabakwaren

§ 10 Rauchen in der Öffentlichkeit, Tabakwaren

(1) In Gaststätten, Verkaufsstellen oder sonst in der Öffentlichkeit dürfen Tabakwaren und andere nikotinhaltige Erzeugnisse und deren Behältnisse an Kinder oder Jugendliche weder abgegeben noch darf ihnen das Rauchen oder der Konsum nikotinhaltiger Produkte gestattet werden.

(unverändert)

(2) In der Öffentlichkeit dürfen Tabakwaren und andere nikotinhaltige Erzeugnisse und deren Behältnisse nicht in Automaten angeboten werden. Dies gilt nicht, wenn ein Automat

(unverändert)

1. an einem Kindern und Jugendlichen unzugänglichen Ort aufgestellt ist oder

2. durch technische Vorrichtungen oder
durch ständige Aufsicht sichergestellt ist,
dass Kinder und Jugendliche Tabakwaren und andere nikotinhaltige Erzeugnisse und deren Behältnisse nicht entnehmen
können.

(3) Tabakwaren und andere nikotinhaltige
Erzeugnisse und deren Behältnisse dürfen
Kindern und Jugendlichen weder im Versandhandel angeboten noch an Kinder und Jugendliche im Wege des Versandhandels abgegeben werden.

(unverändert)

(4) Die Absätze 1 bis 3 gelten auch für ni-
kotinfreie Erzeugnisse, wie elektronische Zigaretten oder elektronische Shishas, in denen
Flüssigkeit durch ein elektronisches Heizele-
ment verdampft und die entstehenden Aero-
sole mit dem Mund eingeatmet werden, sowie für deren Behältnisse.

(unverändert)

Abschnitt 3 Jugendschutz im Bereich der Medien

Unterabschnitt 1 Trägermedien

Abschnitt 3 Jugendschutz im Bereich der Medien

§ 10a Schutzziele des Kinder- und Jugendmedienschutzes

Zum Schutz im Bereich der Medien gehören

1. der Schutz vor Medien, die geeignet
sind, die Entwicklung von Kindern oder
Jugendlichen oder ihre Erziehung zu
einer eigenverantwortlichen und gemeinschaftsfähigen Persönlichkeit zu beeinträchtigen (entwicklungsbeeinträchtigende Medien),

2. der Schutz vor Medien, die geeignet
sind, die Entwicklung von Kindern oder
Jugendlichen oder ihre Erziehung zu
einer eigenverantwortlichen und gemeinschaftsfähigen Persönlichkeit zu gefährden (jugendgefährdende Medien),

3. der Schutz der persönlichen Integrität
von Kindern und Jugendlichen bei der
Mediennutzung und

4. die Förderung von Orientierung für Kinder, Jugendliche, personensorgeberechtigte Personen sowie pädagogische Fachkräfte bei der Mediennutzung und Medienerziehung; die Vorschriften des Achten Buches Sozialgesetzbuch bleiben unberührt.

§ 10b Entwicklungsbeeinträchtigende Medien

(1) Zu den entwicklungsbeeinträchtigenden Medien nach § 10a Nummer 1 zählen insbesondere übermäßig ängstigende, Gewalt befürwortende oder das sozialethische Wertebild beeinträchtigende Medien.

(2) Bei der Beurteilung der Entwicklungsbeeinträchtigung können auch außerhalb der medieninhaltlichen Wirkung liegende Umstände der jeweiligen Nutzung des Mediums berücksichtigt werden, wenn diese auf Dauer angelegter Bestandteil des Mediums sind und eine abweichende Gesamtbeurteilung über eine Kennzeichnung nach § 14 Absatz 2a hinaus rechtfertigen.

(3) Insbesondere sind nach konkreter Gefahrenprognose als erheblich einzustufende Risiken für die persönliche Integrität von Kindern und Jugendlichen, die im Rahmen der Nutzung des Mediums auftreten können, unter Einbeziehung etwaiger Vorsorgemaßnahmen im Sinne des § 24a Absatz 1 und 2 angemessen zu berücksichtigen. Hierzu zählen insbesondere Risiken durch Kommunikations- und Kontaktfunktionen, durch Kauffunktionen, durch glücksspielähnliche Mechanismen, durch Mechanismen zur Förderung eines exzessiven Mediennutzungsverhaltens, durch die Weitergabe von Bestands- und Nutzungsdaten ohne Einwilligung an Dritte sowie durch nicht altersgerechte Kaufappelle insbesondere durch werbende Verweise auf andere Medien.

§ 11 Filmveranstaltungen

(1) Die Anwesenheit bei öffentlichen Filmveranstaltungen darf Kindern und Jugendlichen nur gestattet werden, wenn die Filme von der obersten Landesbehörde oder einer Organisation der freiwilligen Selbstkontrolle im Rahmen des Verfahrens nach § 14 Abs. 6 zur Vorführung vor ihnen freigegeben worden sind oder wenn es sich um Informations-, Instruktions- und Lehrfilme handelt, die vom Anbieter mit „Infoprogramm" oder „Lehrprogramm" gekennzeichnet sind.

(2) Abweichend von Absatz 1 darf die Anwesenheit bei öffentlichen Filmveranstaltungen mit Filmen, die für Kinder und Jugendliche ab zwölf Jahren freigegeben und gekennzeichnet sind, auch Kindern ab sechs Jahren gestattet werden, wenn sie von einer personensorgeberechtigten Person begleitet sind.

§ 11 Filmveranstaltungen

(unverändert)

(2) Abweichend von Absatz 1 darf die Anwesenheit bei öffentlichen Filmveranstaltungen mit Filmen, die für Kinder und Jugendliche ab zwölf Jahren freigegeben und gekennzeichnet sind, auch Kindern ab sechs Jahren gestattet werden, wenn sie von einer perso-

(3) Unbeschadet der Voraussetzungen des Absatzes 1 darf die Anwesenheit bei öffentlichen Filmveranstaltungen nur mit Begleitung einer personensorgeberechtigten oder erziehungsbeauftragten Person gestattet werden

1. Kindern unter sechs Jahren,
2. Kindern ab sechs Jahren, wenn die Vorführung nach 20 Uhr beendet ist,
3. Jugendlichen unter 16 Jahren, wenn die Vorführung nach 22 Uhr beendet ist,
4. Jugendlichen ab 16 Jahren, wenn die Vorführung nach 24 Uhr beendet ist.

(4) Die Absätze 1 bis 3 gelten für die öffentliche Vorführung von Filmen unabhängig von der Art der Aufzeichnung und Wiedergabe. Sie gelten auch für Werbevorspanne und Beiprogramme. Sie gelten nicht für Filme, die zu nichtgewerblichen Zwecken hergestellt werden, solange die Filme nicht gewerblich genutzt werden.

(5) Werbefilme oder Werbeprogramme, die für alkoholische Getränke werben, dürfen unbeschadet der Voraussetzungen der Absätze 1 bis 4 nur nach 18 Uhr vorgeführt werden.

(6) Werbefilme oder Werbeprogramme, die für Tabakerzeugnisse, elektronische Zigaretten oder Nachfüllbehälter im Sinne des § 1 Absatz 1 Nummer 1 des Tabakerzeugnisgesetzes werben, dürfen nur im Zusammenhang mit Filmen vorgeführt werden, die

1. von der obersten Landesbehörde oder einer Organisation der freiwilligen Selbstkontrolle im Rahmen des Verfahrens nach § 14 Absatz 6 mit „Keine Jugendfreigabe" nach § 14 Absatz 2 gekennzeichnet sind oder
2. nicht nach den Vorschriften dieses Gesetzes gekennzeichnet sind.

nensorgeberechtigten oder erziehungsbeauftragten Person begleitet sind.

(unverändert)

(unverändert)

(unverändert)

(unverändert)

§ 12 Bildträger mit Filmen oder Spielen

(1) Bespielte Videokassetten und andere zur Weitergabe geeignete, für die Wiedergabe auf oder das Spiel an Bildschirmgeräten mit Filmen oder Spielen programmierte Datenträger (Bildträger) dürfen einem Kind oder einer jugendlichen Person in der Öffentlichkeit nur zugänglich gemacht werden, wenn die Programme von der obersten Landesbehörde oder einer Organisation der freiwilligen Selbstkontrolle im Rahmen des Verfahrens nach § 14 Abs. 6 für ihre Altersstufe freigege-

§ 12 Bildträger mit Filmen oder Spielen

(1) Zur Weitergabe geeignete, für die Wiedergabe auf oder das Spiel an Bildschirmgeräten mit Filmen oder Spielen programmierte Datenträger (Bildträger) dürfen einem Kind oder einer jugendlichen Person in der Öffentlichkeit nur zugänglich gemacht werden, wenn die Programme von der obersten Landesbehörde oder einer Organisation der freiwilligen Selbstkontrolle im Rahmen des Verfahrens nach § 14 Abs. 6 für ihre Altersstufe freigegeben und gekennzeichnet worden sind

ben und gekennzeichnet worden sind oder wenn es sich um Informations-, Instruktions- und Lehrprogramme handelt, die vom Anbieter mit „Infoprogramm" oder „Lehrprogramm" gekennzeichnet sind.

(2) Auf die Kennzeichnungen nach Absatz 1 ist auf dem Bildträger und der Hülle mit einem deutlich sichtbaren Zeichen hinzuweisen. Das Zeichen ist auf der Frontseite der Hülle links unten auf einer Fläche von mindestens 1 200 Quadratmillimetern und dem Bildträger auf einer Fläche von mindestens 250 Quadratmillimetern anzubringen. Die oberste Landesbehörde kann

1. Näheres über Inhalt, Größe, Form, Farbe und Anbringung der Zeichen anordnen und

2. Ausnahmen für die Anbringung auf dem Bildträger oder der Hülle genehmigen.

Anbieter von Telemedien, die Filme, Film- und Spielprogramme verbreiten, müssen auf eine vorhandene Kennzeichnung in ihrem Angebot deutlich hinweisen.

(3) Bildträger, die nicht oder mit „Keine Jugendfreigabe" nach § 14 Abs. 2 von der obersten Landesbehörde oder einer Organisation der freiwilligen Selbstkontrolle im Rahmen des Verfahrens nach § 14 Abs. 6 oder nach § 14 Abs. 7 vom Anbieter gekennzeichnet sind, dürfen

1. einem Kind oder einer jugendlichen Person nicht angeboten, überlassen oder sonst zugänglich gemacht werden,

2. nicht im Einzelhandel außerhalb von Geschäftsräumen, in Kiosken oder anderen Verkaufsstellen, die Kunden nicht zu betreten pflegen, oder im Versandhandel angeboten oder überlassen werden.

(4) Automaten zur Abgabe bespielter Bildträger dürfen

1. auf Kindern oder Jugendlichen zugänglichen öffentlichen Verkehrsflächen,

2. außerhalb von gewerblich oder in sonstiger Weise beruflich oder geschäftlich genutzten Räumen oder

3. in deren unbeaufsichtigten Zugängen, Vorräumen oder Fluren

nur aufgestellt werden, wenn ausschließlich nach § 14 Abs. 2 Nr. 1 bis 4 gekennzeichnete Bildträger angeboten werden und durch technische Vorkehrungen gesichert ist, dass sie von Kindern und Jugendlichen, für deren Altersgruppe ihre Programme nicht nach § 14

oder wenn es sich um Informations-, Instruktions- und Lehrprogramme handelt, die vom Anbieter mit „Infoprogramm" oder „Lehrprogramm" gekennzeichnet sind.

(2) Auf die Kennzeichnungen nach Absatz 1 ist auf dem Bildträger und der Hülle mit einem deutlich sichtbaren Zeichen hinzuweisen. Das Zeichen ist auf der Frontseite der Hülle links unten auf einer Fläche von mindestens 1 200 Quadratmillimetern und dem Bildträger auf einer Fläche von mindestens 250 Quadratmillimetern anzubringen. Die oberste Landesbehörde kann

1. Näheres über Inhalt, Größe, Form, Farbe und Anbringung der Zeichen anordnen und

2. Ausnahmen für die Anbringung auf dem Bildträger oder der Hülle genehmigen.

Anbieter von Telemedien, die Filme und Spielprogramme verbreiten, müssen auf eine vorhandene Kennzeichnung in ihrem Angebot deutlich hinweisen.

(unverändert)

(unverändert)

Abs. 2 Nr. 1 bis 4 freigegeben sind, nicht bedient werden können.

(5) Bildträger, die Auszüge von Film- und Spielprogrammen enthalten, dürfen abweichend von den Absätzen 1 und 3 im Verbund mit periodischen Druckschriften nur vertrieben werden, wenn sie mit einem Hinweis des Anbieters versehen sind, der deutlich macht, dass eine Organisation der freiwilligen Selbstkontrolle festgestellt hat, dass diese Auszüge keine Jugendbeeinträchtigungen enthalten. Der Hinweis ist sowohl auf der periodischen Druckschrift als auch auf dem Bildträger vor dem Vertrieb mit einem deutlich sichtbaren Zeichen anzubringen. Absatz 2 Satz 1 bis 3 gilt entsprechend. Die Berechtigung nach Satz 1 kann die oberste Landesbehörde für einzelne Anbieter ausschließen.

(5) Bildträger, die Auszüge von Filmen und Spielprogrammen enthalten, dürfen abweichend von den Absätzen 1 und 3 im Verbund mit periodischen Druckschriften nur vertrieben werden, wenn sie mit einem Hinweis des Anbieters versehen sind, der deutlich macht, dass eine Organisation der freiwilligen Selbstkontrolle festgestellt hat, dass diese Auszüge keine Jugendbeeinträchtigungen enthalten. Der Hinweis ist sowohl auf der periodischen Druckschrift als auch auf dem Bildträger vor dem Vertrieb mit einem deutlich sichtbaren Zeichen anzubringen. Absatz 2 Satz 1 bis 3 gilt entsprechend. Die Berechtigung nach Satz 1 kann die oberste Landesbehörde für einzelne Anbieter ausschließen.

§ 13 Bildschirmspielgeräte

(1) Das Spielen an elektronischen Bildschirmspielgeräten ohne Gewinnmöglichkeit, die öffentlich aufgestellt sind, darf Kindern und Jugendlichen ohne Begleitung einer personensorgeberechtigten oder erziehungsbeauftragten Person nur gestattet werden, wenn die Programme von der obersten Landesbehörde oder einer Organisation der freiwilligen Selbstkontrolle im Rahmen des Verfahrens nach § 14 Abs. 6 für ihre Altersstufe freigegeben und gekennzeichnet worden sind oder wenn es sich um Informations-, Instruktionsoder Lehrprogramme handelt, die vom Anbieter mit „Infoprogramm" oder „Lehrprogramm" gekennzeichnet sind.

(2) Elektronische Bildschirmspielgeräte dürfen

1. auf Kindern oder Jugendlichen zugänglichen öffentlichen Verkehrsflächen,
2. außerhalb von gewerblich oder in sonstiger Weise beruflich oder geschäftlich genutzten Räumen oder
3. in deren unbeaufsichtigten Zugängen, Vorräumen oder Fluren

nur aufgestellt werden, wenn ihre Programme für Kinder ab sechs Jahren freigegeben und gekennzeichnet oder nach § 14 Abs. 7 mit „Infoprogramm" oder „Lehrprogramm" gekennzeichnet sind.

(3) Auf das Anbringen der Kennzeichnungen auf Bildschirmspielgeräten findet § 12 Abs. 2 Satz 1 bis 3 entsprechende Anwendung.

§ 13 Bildschirmspielgeräte

(unverändert)

(unverändert)

(unverändert)

§ 14 Kennzeichnung von Filmen und Film- und Spielprogrammen

(1) Filme sowie Film- und Spielprogramme, die geeignet sind, die Entwicklung von Kindern und Jugendlichen oder ihre Erziehung zu einer eigenverantwortlichen und gemeinschaftsfähigen Persönlichkeit zu beeinträchtigen, dürfen nicht für ihre Altersstufe freigegeben werden.

(2) Die oberste Landesbehörde oder eine Organisation der freiwilligen Selbstkontrolle im Rahmen des Verfahrens nach Absatz 6 kennzeichnet die Filme und die Film- und Spielprogramme mit

1. „Freigegeben ohne Altersbeschränkung",
2. „Freigegeben ab sechs Jahren",
3. „Freigegeben ab zwölf Jahren",
4. „Freigegeben ab sechzehn Jahren",
5. „Keine Jugendfreigabe".

(3) Hat ein Trägermedium nach Einschätzung der obersten Landesbehörde oder einer Organisation der freiwilligen Selbstkontrolle im Rahmen des Verfahrens nach Absatz 6 einen der in § 15 Abs. 2 Nr. 1 bis 5 bezeichneten Inhalte oder ist es in die Liste nach § 18 aufgenommen, wird es nicht gekennzeichnet. Die oberste Landesbehörde hat Tatsachen, die auf einen Verstoß gegen § 15 Abs. 1 schließen lassen, der zuständigen Strafverfolgungsbehörde mitzuteilen.

(4) Ist ein Programm für Bildträger oder Bildschirmspielgeräte mit einem in die Liste nach § 18 aufgenommenen Trägermedium ganz oder im Wesentlichen inhaltsgleich, wird es nicht gekennzeichnet. Das Gleiche gilt, wenn die Voraussetzungen für eine Aufnahme in die Liste vorliegen. In Zweifelsfällen führt die oberste Landesbehörde oder eine Organisation der freiwilligen Selbstkontrolle im Rah-

§ 14 Kennzeichnung von Filmen und Spielprogrammen

(1) Filme und Spielprogramme dürfen nicht für Kinder und Jugendliche freigegeben werden, wenn sie für Kinder und Jugendliche in der jeweiligen Altersstufe entwicklungsbeeinträchtigend sind.

(2) Die oberste Landesbehörde oder eine Organisation der freiwilligen Selbstkontrolle im Rahmen des Verfahrens nach Absatz 6 kennzeichnet die Filme und die Film- und Spielprogramme mit

1. „Freigegeben ohne Altersbeschränkung",
2. „Freigegeben ab sechs Jahren",
3. „Freigegeben ab zwölf Jahren",
4. „Freigegeben ab sechzehn Jahren",
5. „Keine Jugendfreigabe".

(2a) Die oberste Landesbehörde oder eine Organisation der freiwilligen Selbstkontrolle soll im Rahmen des Verfahrens nach Absatz 6 über die Altersstufen des Absatzes 2 hinaus Filme und Spielprogramme mit Symbolen und weiteren Mitteln kennzeichnen, mit denen die wesentlichen Gründe für die Altersfreigabe des Mediums und dessen potenzielle Beeinträchtigung der persönlichen Integrität angegeben werden. Die oberste Landesbehörde kann Näheres über die Ausgestaltung und Anbringung der Symbole und weiteren Mittel anordnen.

(3) Hat ein Film oder ein Spielprogramm nach Einschätzung der obersten Landesbehörde oder einer Organisation der freiwilligen Selbstkontrolle im Rahmen des Verfahrens nach Absatz 6 einen der in § 15 Abs. 2 Nr. 1 bis 5 bezeichneten Inhalte oder ist es in die Liste nach § 18 aufgenommen, wird es nicht gekennzeichnet. Die oberste Landesbehörde hat Tatsachen, die auf einen Verstoß gegen § 15 Abs. 1 schließen lassen, der zuständigen Strafverfolgungsbehörde mitzuteilen.

(4) Ist ein Film oder ein Spielprogramm mit einem in die Liste nach § 18 aufgenommenen Medium ganz oder im Wesentlichen inhaltsgleich, ist die Kennzeichnung ausgeschlossen. Über das Vorliegen einer Inhaltsgleichheit entscheidet die Prüfstelle für jugendgefährdende Medien. Satz 1 gilt entsprechend, wenn die Voraussetzungen für eine Aufnahme in die Liste vorliegen. In Zweifelsfällen führt die

men des Verfahrens nach Absatz 6 eine Entscheidung der Bundesprüfstelle für jugendgefährdende Medien herbei.

(5) Die Kennzeichnungen von Filmprogrammen für Bildträger und Bildschirmspielgeräte gelten auch für die Vorführung in öffentlichen Filmveranstaltungen und für die dafür bestimmten, inhaltsgleichen Filme. Die Kennzeichnungen von Filmen für öffentliche Filmveranstaltungen können auf inhaltsgleiche Filmprogramme für Bildträger und Bildschirmspielgeräte übertragen werden; Absatz 4 gilt entsprechend.

(6) Die obersten Landesbehörden können ein gemeinsames Verfahren für die Freigabe und Kennzeichnung der Filme sowie Film- und Spielprogramme auf der Grundlage der Ergebnisse der Prüfung durch von Verbänden der Wirtschaft getragene oder unterstützte Organisationen freiwilliger Selbstkontrolle vereinbaren. Im Rahmen dieser Vereinbarung kann bestimmt werden, dass die Freigaben und Kennzeichnungen durch eine Organisation der freiwilligen Selbstkontrolle Freigaben und Kennzeichnungen der obersten Landesbehörden aller Länder sind, soweit nicht eine oberste Landesbehörde für ihren Bereich eine abweichende Entscheidung trifft.

(7) Filme, Film- und Spielprogramme zu Informations-, Instruktions- oder Lehrzwecken dürfen vom Anbieter mit „Infoprogramm" oder „Lehrprogramm" nur gekennzeichnet werden, wenn sie offensichtlich nicht die Entwicklung oder Erziehung von Kindern und

oberste Landesbehörde oder eine Organisation der freiwilligen Selbstkontrolle im Rahmen des Verfahrens nach Absatz 6 eine Entscheidung der Prüfstelle für jugendgefährdende Medien herbei.

(4a) Absatz 4 gilt nicht für Freigabeentscheidungen nach § 11 Absatz 1

(5) Die Kennzeichnungen von Filmen gelten auch für die Vorführung in öffentlichen Filmveranstaltungen von inhaltsgleichen Filmen, wenn und soweit die obersten Landesbehörden nicht in der Vereinbarung zum Verfahren nach Absatz 6 etwas Anderes bestimmen. Die Kennzeichnung von Filmen für öffentliche Filmveranstaltungen können auf inhaltsgleiche Filme für Bildträger, Bildschirmspielgeräte und Telemedien übertragen werden; Absatz 4 gilt entsprechend.

(6) Die obersten Landesbehörden können ein gemeinsames Verfahren für die Freigabe und Kennzeichnung der Filme sowie Spielprogramme auf der Grundlage der Ergebnisse der Prüfung durch von Verbänden der Wirtschaft getragene oder unterstützte Organisationen freiwilliger Selbstkontrolle vereinbaren. Im Rahmen dieser Vereinbarung kann bestimmt werden, dass die Freigaben und Kennzeichnungen durch eine Organisation der freiwilligen Selbstkontrolle Freigaben und Kennzeichnungen der obersten Landesbehörden aller Länder sind, soweit nicht eine oberste Landesbehörde für ihren Bereich eine abweichende Entscheidung trifft. Nach den Bestimmungen des Jugendmedienschutz-Staatsvertrages anerkannte Einrichtungen der freiwilligen Selbstkontrolle können nach den Sätzen 1 und 2 eine Vereinbarung mit den obersten Landesbehörden schließen.

(6a) Das gemeinsame Verfahren nach Absatz 6 soll vorsehen, dass von der zentralen Aufsichtsstelle der Länder für den Jugendmedienschutz bestätigte Altersbewertungen nach dem Jugendmedienschutz-Staatsvertrag oder Altersbewertungen der Veranstalter des öffentlich-rechtlichen Rundfunks als Freigabe im Sinne des Absatzes 6 Satz 2 wirken, sofern dies mit der Spruchpraxis der obersten Landesbehörden nicht unvereinbar ist. Die Absätze 3 und 4 bleiben unberührt.

(7) Filme und Spielprogramme zu Informations-, Instruktions- oder Lehrzwecken dürfen vom Anbieter mit „Infoprogramm" oder „Lehrprogramm" nur gekennzeichnet werden, wenn sie offensichtlich nicht die Entwicklung oder Erziehung von Kindern und

Jugendlichen beeinträchtigen. Die Absätze 1 bis 5 finden keine Anwendung. Die oberste Landesbehörde kann das Recht zur Anbieterkennzeichnung für einzelne Anbieter oder für besondere Film- und Spielprogramme ausschließen und durch den Anbieter vorgenommene Kennzeichnungen aufheben.

(8) Enthalten Filme, Bildträger oder Bildschirmspielgeräte neben den zu kennzeichnenden Film- oder Spielprogrammen Titel, Zusätze oder weitere Darstellungen in Texten, Bildern oder Tönen, bei denen in Betracht kommt, dass sie die Entwicklung oder Erziehung von Kindern oder Jugendlichen beeinträchtigen, so sind diese bei der Entscheidung über die Kennzeichnung mit zu berücksichtigen.

Jugendlichen beeinträchtigen. Die Absätze 1 bis 5 finden keine Anwendung. Die oberste Landesbehörde kann das Recht zur Anbieterkennzeichnung für einzelne Anbieter oder für besondere Filme und Spielprogramme ausschließen und durch den Anbieter vorgenommene Kennzeichnungen aufheben.

(8) Enthalten Filme, Bildträger oder Bildschirmspielgeräte neben den zu kennzeichnenden Filmen oder Spielprogrammen Titel, Zusätze oder weitere Darstellungen in Texten, Bildern oder Tönen, bei denen in Betracht kommt, dass sie die Entwicklung oder Erziehung von Kindern oder Jugendlichen beeinträchtigen, so sind diese bei der Entscheidung über die Kennzeichnung mit zu berücksichtigen.

(9) Die Absätze 1 bis 6 und 8 gelten für die Kennzeichnung von zur Verbreitung in Telemedien bestimmten und kennzeichnungsfähigen Filmen und Spielprogrammen entsprechend.

(10) Die oberste Landesbehörde kann Näheres über die Ausgestaltung und Anbringung der Kennzeichnung nach § 14a Absatz 1 mit den Einrichtungen der freiwilligen Selbstkontrolle vereinbaren.

§ 14a Kennzeichnung bei Film- und Spielplattformen

(1) Film- und Spielplattformen sind Diensteanbieter, die Filme oder Spielprogramme in einem Gesamtangebot zusammenfassen und mit Gewinnerzielungsabsicht als eigene Inhalte zum individuellen Abruf zu einem von den Nutzerinnen und Nutzern gewählten Zeitpunkt bereithalten. Film- und Spielplattformen nach Satz 1 dürfen einen Film oder ein Spielprogramm nur bereithalten, wenn sie gemäß den Altersstufen des § 14 Absatz 2 mit einer entsprechenden deutlich wahrnehmbaren Kennzeichnung versehen sind, die

1. im Rahmen des Verfahrens des § 14 Absatz 6 oder

2. durch eine nach § 19 des Jugendmedienschutz-Staatsvertrages anerkannte Einrichtung der freiwilligen Selbstkontrolle oder durch einen von einer Einrichtung der freiwilligen Selbstkontrolle zertifizierten Jugendschutzbeauftragten nach § 7 des Jugendmedienschutz-Staatsvertrages oder,

3. wenn keine Kennzeichnung im Sinne der Nummer 1 oder 2 gegeben ist, durch ein

von den obersten Landesbehörden anerkanntes automatisiertes Bewertungssystem einer im Rahmen einer Vereinbarung nach § 14 Absatz 6 tätigen Einrichtung der freiwilligen Selbstkontrolle

vorgenommen wurde. Die §§ 10b und 14 Absatz 2a gelten entsprechend.

(2) Der Diensteanbieter ist von der Pflicht nach Absatz 1 Satz 2 befreit, wenn die Film- oder Spielplattform im Inland nachweislich weniger als eine Million Nutzerinnen und Nutzer hat. Die Pflicht besteht zudem bei Filmen und Spielprogrammen nicht, bei denen sichergestellt ist, dass sie ausschließlich Erwachsenen zugänglich gemacht werden.

(3) Die Vorschrift findet auch auf Diensteanbieter Anwendung, deren Sitzland nicht Deutschland ist. Die §§ 2a und 3 des Telemediengesetzes bleiben unberührt.

§ 15 Jugendgefährdende Trägermedien

(1) Trägermedien, deren Aufnahme in die Liste jugendgefährdender Medien nach § 24 Abs. 3 Satz 1 bekannt gemacht ist, dürfen nicht

1. einem Kind oder einer jugendlichen Person angeboten, überlassen oder sonst zugänglich gemacht werden,
2. an einem Ort, der Kindern oder Jugendlichen zugänglich ist oder von ihnen eingesehen werden kann, ausgestellt, angeschlagen, vorgeführt oder sonst zugänglich gemacht werden,
3. im Einzelhandel außerhalb von Geschäftsräumen, in Kiosken oder anderen Verkaufsstellen, die Kunden nicht zu betreten pflegen, im Versandhandel oder in gewerblichen Leihbüchereien oder Lesezirkeln einer anderen Person angeboten oder überlassen werden,
4. im Wege gewerblicher Vermietung oder vergleichbarer gewerblicher Gewährung des Gebrauchs, ausgenommen in Ladengeschäften, die Kindern und Jugendlichen nicht zugänglich sind und von ihnen nicht eingesehen werden können, einer anderen Person angeboten oder überlassen werden,
5. im Wege des Versandhandels eingeführt werden,
6. öffentlich an einem Ort, der Kindern oder Jugendlichen zugänglich ist oder von ihnen eingesehen werden kann, oder durch Verbreiten von Träger- oder Tele-

§ 15 Jugendgefährdende Medien

(1) Medien, deren Aufnahme in die Liste jugendgefährdender Medien nach § 24 Abs. 3 Satz 1 bekannt gemacht ist, dürfen als Trägermedien nicht

1. (unverändert)

2. (unverändert)

3. (unverändert)

4. (unverändert)

5. (unverändert)

6. (unverändert)

medien außerhalb des Geschäftsverkehrs mit dem einschlägigen Handel angeboten, angekündigt oder angepriesen werden,

7. hergestellt, bezogen, geliefert, vorrätig gehalten oder eingeführt werden, um sie oder aus ihnen gewonnene Stücke im Sinne der Nummern 1 bis 6 zu verwenden oder einer anderen Person eine solche Verwendung zu ermöglichen.

7. (unverändert)

(1a) Medien, deren Aufnahme in die Liste jugendgefährdender Medien nach § 24 Absatz 3 Satz 1 bekannt gemacht ist, dürfen als Telemedien nicht an einem Ort, der Kindern oder Jugendlichen zugänglich ist oder von ihnen eingesehen werden kann, vorgeführt werden.

(2) Den Beschränkungen des Absatzes 1 unterliegen, ohne dass es einer Aufnahme in die Liste und einer Bekanntmachung bedarf, schwer jugendgefährdende Trägermedien, die

(unverändert)

1. einen der in § 86, § 130, § 130a, § 131, § 184, § 184a, 184b oder § 184c des Strafgesetzbuches bezeichneten Inhalte haben,

2. den Krieg verherrlichen,

3. Menschen, die sterben oder schweren körperlichen oder seelischen Leiden ausgesetzt sind oder waren, in einer die Menschenwürde verletzenden Weise darstellen und ein tatsächliches Geschehen wiedergeben, ohne dass ein überwiegendes berechtigtes Interesse gerade an dieser Form der Berichterstattung vorliegt,

3a. besonders realistische, grausame und reißerische Darstellungen selbstzweckhafter Gewalt beinhalten, die das Geschehen beherrschen,

4. Kinder oder Jugendliche in unnatürlicher, geschlechtsbetonter Körperhaltung darstellen oder

5. offensichtlich geeignet sind, die Entwicklung von Kindern oder Jugendlichen oder ihre Erziehung zu einer eigenverantwortlichen und gemeinschaftsfähigen Persönlichkeit schwer zu gefährden.

(3) Den Beschränkungen des Absatzes 1 unterliegen auch, ohne dass es einer Aufnahme in die Liste und einer Bekanntmachung bedarf, Trägermedien, die mit einem Trägermedium, dessen Aufnahme in die Liste bekannt gemacht ist, ganz oder im Wesentlichen inhaltsgleich sind.

(3) Den Beschränkungen des Absatzes 1 unterliegen auch, ohne dass es einer Aufnahme in die Liste und einer Bekanntmachung bedarf, Trägermedien, die mit einem Medium, dessen Aufnahme in die Liste bekannt gemacht ist, ganz oder im Wesentlichen inhaltsgleich sind.

(4) Die Liste der jugendgefährdenden Medien darf nicht zum Zweck der geschäftlichen

(unverändert)

Werbung abgedruckt oder veröffentlicht werden.

(5) Bei geschäftlicher Werbung darf nicht darauf hingewiesen werden, dass ein Verfahren zur Aufnahme des Trägermediums oder eines inhaltsgleichen Telemediums in die Liste anhängig ist oder gewesen ist.

(6) Soweit die Lieferung erfolgen darf, haben Gewerbetreibende vor Abgabe an den Handel die Händler auf die Vertriebsbeschränkungen des Absatzes 1 Nr. 1 bis 6 hinzuweisen.

Unterabschnitt 2 Telemedien

§ 16 Sonderregelung für Telemedien

Regelungen zu Telemedien, die in die Liste jugendgefährdender Medien nach § 18 aufgenommen sind, bleiben Landesrecht vorbehalten.

Abschnitt 4 Bundeszentrale für jugendgefährdende Medien

§ 17 Name und Zuständigkeit

(1) Die Bundesprüfstelle wird vom Bund errichtet. Sie führt den Namen „Bundesprüfstelle für jugendgefährdende Medien".

(2) Über eine Aufnahme in die Liste jugendgefährdender Medien und über Streichungen aus dieser Liste entscheidet die Bundesprüfstelle für jugendgefährdende Medien.

---

(5) Bei geschäftlicher Werbung für Trägermedien darf nicht darauf hingewiesen werden, dass ein Verfahren zur Aufnahme des Mediums oder eines inhaltsgleichen Mediums in die Liste anhängig ist oder gewesen ist.

(unverändert)

§ 16 Landesrecht

Die Länder können im Bereich der Telemedien über dieses Gesetz hinausgehende Regelungen zum Jugendschutz treffen. Die an die Inhalte von Telemedien zu richtenden besonderen Anforderungen ergeben sich aus dem Jugendmedienschutz-Staatsvertrag.

Abschnitt 4 Bundeszentrale für Kinder- und Jugendmedienschutz

§ 17 Zuständige Bundesbehörde und Leitung

(1) Zuständig für die Durchführung der Aufgaben, die nach diesem Gesetz in bundeseigener Verwaltung ausgeführt werden, ist die Bundesprüfstelle für jugendgefährdende Medien als selbstständige Bundesoberbehörde; sie erhält die Bezeichnung „Bundeszentrale für Kinder- und Jugendmedienschutz" (Bundeszentrale) und untersteht dem Bundesministerium für Familie, Senioren, Frauen und Jugend.

(2) Die Bundeszentrale wird von einer Direktorin oder einem Direktor geleitet (Behördenleitung).

§ 17a Aufgaben

(1) Die Bundeszentrale unterhält eine Prüfstelle für jugendgefährdende Medien, die über die Aufnahme von Medien in die Liste jugendgefährdender Medien nach § 18 und über Streichungen aus dieser Liste entscheidet.

(2) Die Bundeszentrale fördert durch geeignete Maßnahmen die Weiterentwicklung des Kinder- und Jugendmedienschutzes. Hierzu gehören insbesondere

1. die Förderung einer gemeinsamen Verantwortungsübernahme von Staat, Wirtschaft und Zivilgesellschaft zur Koordinierung einer Gesamtstrategie zur Verwirklichung der Schutzziele des § 10a,
2. die Nutzbarmachung und Weiterentwicklung der aus der Gesamtheit der Spruchpraxis der Prüfstelle abzuleitenden Erkenntnisse hinsichtlich durch Medien verursachter sozialethischer Desorientierung von Kindern und Jugendlichen, insbesondere durch Orientierungshilfen für Kinder und Jugendliche, personensorgeberechtigte Personen, Fachkräfte und durch Förderung öffentlicher Diskurse sowie
3. ein regelmäßiger Informationsaustausch mit den im Bereich des Kinder- und Jugendmedienschutzes tätigen Institutionen hinsichtlich der jeweiligen Spruchpraxis.

(3) Die Bundeszentrale überprüft die von Diensteanbietern nach § 24a vorzuhaltenden Vorsorgemaßnahmen.

(4) Die Bundeszentrale kann zur Erfüllung ihrer Aufgabe aus Absatz 2 Maßnahmen, die von überregionaler Bedeutung sind, fördern oder selbst durchführen.

§ 17b Beirat

Die Bundeszentrale richtet einen Beirat ein, der sie bei der Erfüllung der Aufgaben nach § 17a Absatz 2 Satz 1 berät. Dem Beirat gehören bis zu zwölf Personen an, die sich in besonderer Weise für die Verwirklichung der Rechte und den Schutz von Kindern und Jugendlichen einsetzen. Vertretungen der Interessen von Kindern und Jugendlichen stehen drei Plätze zu. Hiervon sind zwei Sitze mit Personen zu besetzen, die zum Zeitpunkt ihrer Berufung höchstens 17 Jahre alt sind und von auf Bundesebene tätigen Vertretungen der Interessen von Kindern und Jugendlichen vorgeschlagen wurden. Die Berufung von Beiratsmitgliedern erfolgt durch die Bundeszentrale für eine Dauer von jeweils drei Jahren. Das Nähere regelt eine Geschäftsordnung.

§ 18 Liste jugendgefährdender Medien

(1) Träger- und Telemedien, die geeignet sind, die Entwicklung von Kindern oder Jugendlichen oder ihre Erziehung zu einer eigenverantwortlichen und gemeinschaftsfähigen Persönlichkeit zu gefährden, sind von der Bun-

§ 18 Liste jugendgefährdender Medien

(1) Medien, die geeignet sind, die Entwicklung von Kindern oder Jugendlichen oder ihre Erziehung zu einer eigenverantwortlichen und gemeinschaftsfähigen Persönlichkeit zu gefährden, sind von der Bundeszentra-

desprüfstelle für jugendgefährdende Medien in eine Liste jugendgefährdender Medien aufzunehmen. Dazu zählen vor allem unsittliche, verrohend wirkende, zu Gewalttätigkeit, Verbrechen oder Rassenhass anreizende Medien sowie Medien, in denen

1. Gewalthandlungen wie Mord- und Metzelszenen selbstzweckhaft und detailliert dargestellt werden oder

2. Selbstjustiz als einzig bewährtes Mittel zur Durchsetzung der vermeintlichen Gerechtigkeit nahe gelegt wird.

(2) Die Liste ist in vier Teilen zu führen.

1. In Teil A (Öffentliche Liste der Trägermedien) sind alle Trägermedien aufzunehmen, soweit sie nicht den Teilen B, C oder D zuzuordnen sind;

2. in Teil B (Öffentliche Liste der Trägermedien mit absolutem Verbreitungsverbot) sind, soweit sie nicht Teil D zuzuordnen sind, Trägermedien aufzunehmen, die nach Einschätzung der Bundesprüfstelle für jugendgefährdende Medien einen in § 86, § 130, § 130a, § 131, § 184a, § 184b oder § 184c des Strafgesetzbuches bezeichneten Inhalt haben;

3. in Teil C (Nichtöffentliche Liste der Medien) sind diejenigen Trägermedien aufzunehmen, die nur deshalb nicht in Teil A aufzunehmen sind, weil bei ihnen von einer Bekanntmachung der Aufnahme in die Liste gemäß § 24 Abs. 3 Satz 2 abzusehen ist, sowie alle Telemedien, soweit sie nicht Teil D zuzuordnen sind;

4. in Teil D (Nichtöffentliche Liste der Medien mit absolutem Verbreitungsverbot) sind diejenigen Trägermedien, die nur deshalb nicht in Teil B aufzunehmen sind, weil bei ihnen von einer Bekanntmachung der Aufnahme in die Liste gemäß § 24 Abs. 3 Satz 2 abzusehen ist, sowie diejenigen Telemedien aufzunehmen, die nach Einschätzung der Bundesprüfstelle für jugendgefährdende Medien einen in § 86, § 130, § 130a, § 131, § 184a, § 184b oder § 184c des Strafgesetzbuches bezeichneten Inhalt haben.

(3) Ein Medium darf nicht in die Liste aufgenommen werden

1. allein wegen seines politischen, sozialen, religiösen oder weltanschaulichen Inhalts,

le nach Entscheidung der Prüfstelle für jugendgefährdende Medien in eine Liste (Liste jugendgefährdender Medien) aufzunehmen. Dazu zählen vor allem unsittliche, verrohend wirkende, zu Gewalttätigkeit, Verbrechen oder Rassenhass anreizende Medien sowie Medien, in denen

1. Gewalthandlungen wie Mord- und Metzelszenen selbstzweckhaft und detailliert dargestellt werden oder

2. Selbstjustiz als einzig bewährtes Mittel zur Durchsetzung der vermeintlichen Gerechtigkeit nahe gelegt wird.

(2) (weggefallen)

(unverändert)

2. wenn es der Kunst oder der Wissenschaft, der Forschung oder der Lehre dient,
3. wenn es im öffentlichen Interesse liegt, es sei denn, dass die Art der Darstellung zu beanstanden ist.

(4) In Fällen von geringer Bedeutung kann davon abgesehen werden, ein Medium in die Liste aufzunehmen.

(unverändert)

(5) Medien sind in die Liste aufzunehmen, wenn ein Gericht in einer rechtskräftigen Entscheidung festgestellt hat, dass das Medium einen der in § 86, § 130, § 130a, § 131, § 184, § 184a, § 184b oder § 184c des Strafgesetzbuches bezeichneten Inhalte hat.

(5) Medien sind in die Liste aufzunehmen, wenn ein Gericht in einer rechtskräftigen Entscheidung festgestellt hat, dass das Medium einen der in § 86, § 130, § 130a, § 131, § 184, § 184a, § 184b oder § 184c des Strafgesetzbuches bezeichneten Inhalte hat. § 21 Absatz 5 Nummer 2 bleibt unberührt.

(5a) Erlangt die Prüfstelle für jugendgefährdende Medien davon Kenntnis, dass eine den Listeneintrag auslösende Entscheidung nach Absatz 5 Satz 1 aufgehoben wurde, hat sie unverzüglich von Amts wegen zu prüfen, ob die Voraussetzungen für den Verbleib des Mediums in der Liste weiterhin vorliegen.

(6) Telemedien sind in die Liste aufzunehmen, wenn die zentrale Aufsichtsstelle der Länder für den Jugendmedienschutz die Aufnahme in die Liste beantragt hat; es sei denn, der Antrag ist offensichtlich unbegründet oder im Hinblick auf die Spruchpraxis der Bundesprüfstelle für jugendgefährdende Medien unvertretbar.

(6) Die Prüfstelle für jugendgefährdende Medien schätzt in ihren Entscheidungen ein, ob ein Medium einen der in den §§ 86, 130, 130a, 131, 184, 184a, 184b oder 184c des Strafgesetzbuches genannten Inhalte hat. Im Bejahungsfall hat sie ihre auch insoweit begründete Entscheidung der zuständigen Strafverfolgungsbehörde zuzuleiten.

(7) Medien sind aus der Liste zu streichen, wenn die Voraussetzungen für eine Aufnahme nicht mehr vorliegen. Nach Ablauf von 25 Jahren verliert eine Aufnahme in die Liste ihre Wirkung

(unverändert)

(8) Auf Filme, Film- und Spielprogramme, die nach § 14 Abs. 2 Nr. 1 bis 5 gekennzeichnet sind, findet Absatz 1 keine Anwendung. Absatz 1 ist außerdem nicht anzuwenden, wenn die zentrale Aufsichtsstelle der Länder für den Jugendmedienschutz über das Telemedium zuvor eine Entscheidung dahin gehend getroffen hat, dass die Voraussetzungen für die Aufnahme in die Liste jugendgefährdender Medien nach Absatz 1 nicht vorliegen. Hat eine anerkannte Einrichtung der Selbstkontrolle das Telemedium zuvor bewertet, so findet Absatz 1 nur dann Anwendung, wenn die zentrale Aufsichtsstelle der Länder für den Jugendmedienschutz die Voraussetzungen für die Aufnahme in die Liste jugendgefährdender Medien nach Absatz 1 für gegeben hält.

(8) Auf Filme und Spielprogramme, die nach § 14 Abs. 2 Nr. 1 bis 5, auch in Verbindung mit § 14 Absatz 9 gekennzeichnet sind, findet Absatz 1 keine Anwendung. Absatz 1 ist außerdem nicht anzuwenden, wenn die zentrale Aufsichtsstelle der Länder für den Jugendmedienschutz über das Telemedium zuvor eine Entscheidung dahingehend getroffen hat, dass die Voraussetzungen für die Aufnahme in die Liste jugendgefährdender Medien nach Absatz 1 nicht vorliegen. Hat eine anerkannte Einrichtung der Selbstkontrolle das Telemedium zuvor bewertet, so findet Absatz 1 nur dann Anwendung, wenn die zentrale Aufsichtsstelle der Länder für den Jugendmedienschutz die Voraussetzungen für die Aufnahme in die Liste jugendgefährdender Medien nach Absatz 1 für gegeben hält oder eine Entscheidung der zentralen Aufsichtsstelle

der Länder für den Jugendmedienschutz nicht vorliegt.

§ 19 Personelle Besetzung

(1) Die Bundesprüfstelle für jugendgefährdende Medien besteht aus einer oder einem von dem Bundesministerium für Familie, Senioren, Frauen und Jugend ernannten Vorsitzenden, je einer oder einem von jeder Landesregierung zu ernennenden Beisitzerin oder Beisitzer und weiteren von dem Bundesministerium für Familie, Senioren, Frauen und Jugend zu ernennenden Beisitzerinnen oder Beisitzern. Für die Vorsitzende oder den Vorsitzenden und die Beisitzerinnen oder Beisitzer ist mindestens je eine Stellvertreterin oder ein Stellvertreter zu ernennen. Die jeweilige Landesregierung kann ihr Ernennungsrecht nach Absatz 1 auf eine oberste Landesbehörde übertragen.

§ 19 Personelle Besetzung der Prüfstelle für jugendgefährdende Medien

(1) Die Prüfstelle für jugendgefährdende Medien besteht aus

1. der oder dem Vorsitzenden,
2. je einer oder einem von jeder Landesregierung zu ernennenden Beisitzerin oder Beisitzer und
3. weiteren von dem Bundesministerium für Familie, Senioren, Frauen und Jugend zu ernennenden Beisitzerinnen oder Beisitzern.

Die oder der Vorsitzende wird vom Bundesministerium für Familie, Senioren, Frauen und Jugend ernannt. Die Behördenleitung schlägt hierfür eine bei der Bundeszentrale beschäftigte Person vor, die die Befähigung zum Richteramt nach dem Deutschen Richtergesetz besitzt. Die Behördenleitung kann den Vorsitz auch selbst ausüben. Für die Vorsitzende oder den Vorsitzenden und die Beisitzerinnen oder Beisitzer ist mindestens je eine Stellvertreterin oder ein Stellvertreter zu ernennen. Die jeweilige Landesregierung kann ihr Ernennungsrecht nach Satz 1 Nummer 2 auf eine oberste Landesbehörde übertragen.

(unverändert)

(2) Die von dem Bundesministerium für Familie, Senioren, Frauen und Jugend zu ernennenden Beisitzerinnen und Beisitzer sind den Kreisen

1. der Kunst,
2. der Literatur,
3. des Buchhandels und der Verlegerschaft,
4. der Anbieter von Bildträgern und von Telemedien,
5. der Träger der freien Jugendhilfe,
6. der Träger der öffentlichen Jugendhilfe,
7. der Lehrerschaft und
8. der Kirchen, der jüdischen Kultusgemeinden und anderer Religionsgemeinschaften, die Körperschaften des öffentlichen Rechts sind,

auf Vorschlag der genannten Gruppen zu entnehmen. Dem Buchhandel und der Verlegerschaft sowie dem Anbieter von Bildträgern und von Telemedien stehen diejenigen Kreise gleich, die eine vergleichbare Tätigkeit bei der Auswertung und beim Vertrieb der Medien unabhängig von der Art der Aufzeichnung und der Wiedergabe ausüben.

(3) Die oder der Vorsitzende und die Beisitzerinnen oder Beisitzer werden auf die Dauer von drei Jahren bestimmt. Sie können von der Stelle, die sie bestimmt hat, vorzeitig abberufen werden, wenn sie der Verpflichtung zur Mitarbeit in der Bundesprüfstelle für jugendgefährdende Medien nicht nachkommen.

(4) Die Mitglieder der Bundesprüfstelle für jugendgefährdende Medien sind an Weisungen nicht gebunden.

(5) Die Bundesprüfstelle für jugendgefährdende Medien entscheidet in der Besetzung von zwölf Mitgliedern, die aus der oder dem Vorsitzenden, drei Beisitzerinnen oder Beisitzern der Länder und je einer Beisitzerin oder einem Beisitzer aus den in Absatz 2 genannten Gruppen bestehen. Erscheinen zur Sitzung einberufene Beisitzerinnen oder Beisitzer oder ihre Stellvertreterinnen oder Stellvertreter nicht, so ist die Bundesprüfstelle für jugendgefährdende Medien auch in einer Besetzung von mindestens neun Mitgliedern beschlussfähig, von denen mindestens zwei den in Absatz 2 Nr. 1 bis 4 genannten Gruppen angehören müssen.

(6) Zur Anordnung der Aufnahme in die Liste bedarf es einer Mehrheit von zwei Dritteln der an der Entscheidung mitwirkenden Mitglieder der Bundesprüfstelle für jugendgefährdende Medien. In der Besetzung des Absatzes 5 Satz 2 ist für die Listenaufnahme eine Mindestzahl von sieben Stimmen erforderlich.

§ 20 Vorschlagsberechtigte Verbände

(1) Das Vorschlagsrecht nach § 19 Abs. 2 wird innerhalb der nachfolgenden Kreise durch folgende Organisationen für je eine Beisitzerin oder einen Beisitzer und eine Stellvertreterin oder einen Stellvertreter ausgeübt:

1. für die Kreise der Kunst durch
   Deutscher Kulturrat, Bund Deutscher Kunsterzieher e.V., Künstlergilde e.V., Bund Deutscher Grafik-Designer,
2. für die Kreise der Literatur durch
   Verband deutscher Schriftsteller, Freier Deutscher Autorenverband, Deutscher Autorenverband e.V., PEN-Zentrum,
3. für die Kreise des Buchhandels und der Verlegerschaft durch
   Börsenverein des Deutschen Buchhandels e.V., Verband Deutscher Bahnhofsbuchhändler, Bundesverband Deutscher Buch-, Zeitungs- und Zeitschriftengrossisten e.V., Bundesverband Deutscher

(unverändert)

(4) Die Mitglieder der Prüfstelle für jugendgefährdende Medien sind bei ihren Entscheidungen an Weisungen nicht gebunden.

(5) Die Prüfstelle für jugendgefährdende Medien entscheidet in der Besetzung von zwölf Mitgliedern, die aus der oder dem Vorsitzenden, drei Beisitzerinnen oder Beisitzern der Länder und je einer Beisitzerin oder einem Beisitzer aus den in Absatz 2 genannten Gruppen bestehen. Erscheinen zur Sitzung einberufene Beisitzerinnen oder Beisitzer oder ihre Stellvertreterinnen oder Stellvertreter nicht, so ist die Prüfstelle für jugendgefährdende Medien auch in einer Besetzung von mindestens neun Mitgliedern beschlussfähig, von denen mindestens zwei den in Absatz 2 Nr. 1 bis 4 genannten Gruppen angehören müssen.

(6) Zur Anordnung der Aufnahme in die Liste bedarf es einer Mehrheit von zwei Dritteln der an der Entscheidung mitwirkenden Mitglieder der Prüfstelle für jugendgefährdende Medien. In der Besetzung des Absatzes 5 Satz 2 ist für die Listenaufnahme eine Mindestzahl von sieben Stimmen erforderlich.

§ 20 Vorschlagsberechtigte Verbände

(unverändert)

Zeitungsverleger e.V., Verband Deutscher Zeitschriftenverleger e.V., Börsenverein des Deutschen Buchhandels e.V. - Verlegerausschuss, Arbeitsgemeinschaft der Zeitschriftenverlage (AGZV) im Börsenverein des Deutschen Buchhandels,

4. für die Kreise der Anbieter von Bildträgern und von Telemedien durch
Bundesverband Video, Verband der Unterhaltungssoftware Deutschland e.V., Spitzenorganisation der Filmwirtschaft e.V., Bundesverband Informationswirtschaft, Telekommunikation und neue Medien e.V., Deutscher Multimedia Verband e.V., Electronic Commerce Organisation e.V., Verband der Deutschen Automatenindustrie e.V., IVD Interessengemeinschaft der Videothekare Deutschlands e.V.,

5. für die Kreise der Träger der freien Jugendhilfe durch
Bundesarbeitsgemeinschaft der Freien Wohlfahrtspflege, Deutscher Bundesjugendring, Deutsche Sportjugend, Bundesarbeitsgemeinschaft Kinder- und Jugendschutz (BAJ) e.V.,

6. für die Kreise der Träger der öffentlichen Jugendhilfe durch
Deutscher Landkreistag, Deutscher Städtetag, Deutscher Städte- und Gemeindebund,

7. für die Kreise der Lehrerschaft durch
Gewerkschaft Erziehung u. Wissenschaft im Deutschen Gewerkschaftsbund, Deutscher Lehrerverband, Verband Bildung und Erziehung, Verein Katholischer deutscher Lehrerinnen und

8. für die Kreise der in § 19 Abs. 2 Nr. 8 genannten Körperschaften des öffentlichen Rechts durch
Bevollmächtigter des Rates der EKD am Sitz der Bundesrepublik Deutschland, Kommissariat der deutschen Bischöfe - Katholisches Büro in Berlin, Zentralrat der Juden in Deutschland.

Für jede Organisation, die ihr Vorschlagsrecht ausübt, ist eine Beisitzerin oder ein Beisitzer und eine stellvertretende Beisitzerin oder ein stellvertretender Beisitzer zu ernennen. Reicht eine der in Satz 1 genannten Organisationen mehrere Vorschläge ein, wählt das Bundesministerium für Familie, Senioren, Frauen und Jugend eine Beisitzerin oder einen Beisitzer aus.

(2) Für die in § 19 Abs. 2 genannten Gruppen können Beisitzerinnen oder Beisitzer und stellvertretende Beisitzerinnen und Beisitzer auch durch namentlich nicht bestimmte Organisationen vorgeschlagen werden. Das Bundesministerium für Familie, Senioren, Frauen und Jugend fordert im Januar jedes Jahres im Bundesanzeiger dazu auf, innerhalb von sechs Wochen derartige Vorschläge einzureichen. Aus den fristgerecht eingegangenen Vorschlägen hat es je Gruppe je eine zusätzliche Beisitzerin oder einen zusätzlichen Beisitzer und eine stellvertretende Beisitzerin oder einen stellvertretenden Beisitzer zu ernennen. Vorschläge von Organisationen, die kein eigenes verbandliches Gewicht besitzen oder eine dauerhafte Tätigkeit nicht erwarten lassen, sind nicht zu berücksichtigen. Zwischen den Vorschlägen mehrerer Interessenten entscheidet das Los, sofern diese sich nicht auf einen Vorschlag einigen; Absatz 1 Satz 3 gilt entsprechend. Sofern es unter Berücksichtigung der Geschäftsbelastung der Bundesprüfstelle für jugendgefährdende Medien erforderlich erscheint und sofern die Vorschläge der innerhalb einer Gruppe namentlich bestimmten Organisationen zahlenmäßig nicht ausreichen, kann das Bundesministerium für Familie, Senioren, Frauen und Jugend auch mehrere Beisitzerinnen oder Beisitzer und stellvertretende Beisitzerinnen oder Beisitzer ernennen; Satz 5 gilt entsprechend.

(unverändert)

§ 21 Verfahren

(1) Die Bundesprüfstelle für jugendgefährdende Medien wird in der Regel auf Antrag tätig.

(2) Antragsberechtigt sind das Bundesministerium für Familie, Senioren, Frauen und Jugend, die obersten Landesjugendbehörden, die zentrale Aufsichtsstelle der Länder für den Jugendmedienschutz, die Landesjugendämter, die Jugendämter sowie für den Antrag auf Streichung aus der Liste und für den Antrag auf Feststellung, dass ein Medium nicht mit einem bereits in die Liste aufgenommenen Medium ganz oder im Wesentlichen inhaltsgleich ist, auch die in Absatz 7 genannten Personen.

(3) Kommt eine Listenaufnahme oder eine Streichung aus der Liste offensichtlich nicht

§ 21 Verfahren der Prüfstelle für jugendgefährdende Medien

(1) Die Prüfstelle für jugendgefährdende Medien wird in der Regel auf Antrag tätig.

(2) Antragsberechtigt sind das Bundesministerium für Familie, Senioren, Frauen und Jugend, die obersten Landesjugendbehörden, die zentrale Aufsichtsstelle der Länder für den Jugendmedienschutz, die Landesjugendämter, die Jugendämter, die anerkannten Einrichtungen der freiwilligen Selbstkontrolle, die aus Mitteln des Bundes, der Länder oder der Landesmedienanstalten geförderten Internet-Beschwerdestellen sowie für den Antrag auf Streichung aus der Liste und für den Antrag auf Feststellung, dass ein Medium nicht mit einem bereits in die Liste aufgenommenen Medium ganz oder im Wesentlichen inhaltsgleich ist, auch die in Absatz 7 genannten Personen.

(unverändert)

317

in Betracht, so kann die oder der Vorsitzende das Verfahren einstellen.

(4) Die Bundesprüfstelle für jugendgefährdende Medien wird von Amts wegen tätig, wenn eine in Absatz 2 nicht genannte Behörde oder ein anerkannter Träger der freien Jugendhilfe dies anregt und die oder der Vorsitzende der Bundesprüfstelle für jugendgefährdende Medien die Durchführung des Verfahrens im Interesse des Jugendschutzes für geboten hält.

(5) Die Bundesprüfstelle für jugendgefährdende Medien wird auf Veranlassung der oder des Vorsitzenden von Amts wegen tätig,

1. wenn zweifelhaft ist, ob ein Medium mit einem bereits in die Liste aufgenommenen Medium ganz oder im Wesentlichen inhaltsgleich ist,

2. wenn bekannt wird, dass die Voraussetzungen für die Aufnahme eines Mediums in die Liste nach § 18 Abs. 7 Satz 1 nicht mehr vorliegen, oder

3. wenn die Aufnahme in die Liste nach § 18 Abs. 7 Satz 2 wirkungslos wird und weiterhin die Voraussetzungen für die Aufnahme in die Liste vorliegen.

(6) Vor der Entscheidung über die Aufnahme eines Telemediums in die Liste hat die Bundesprüfstelle für jugendgefährdende Medien der zentralen Aufsichtsstelle der Länder für den Jugendmedienschutz Gelegenheit zu geben, zu dem Telemedium unverzüglich Stellung zu nehmen. Die Stellungnahme hat die Bundesprüfstelle für jugendgefährdende Medien bei ihrer Entscheidung maßgeblich zu berücksichtigen. Soweit der Bundesprüfstelle für jugendgefährdende Medien eine Stellungnahme der zentralen Aufsichtsstelle der Länder für den Jugendmedienschutz innerhalb von fünf Werktagen nach Aufforderung nicht vorliegt, kann sie ohne diese Stellungnahme entscheiden.

(7) Der Urheberin oder dem Urheber, der Inhaberin oder dem Inhaber der Nutzungsrechte sowie bei Telemedien dem Anbieter ist Gelegenheit zur Stellungnahme zu geben.

(4) Die Prüfstelle für jugendgefährdende Medien wird von Amts wegen tätig, wenn eine in Absatz 2 nicht genannte Behörde oder ein anerkannter Träger der freien Jugendhilfe dies anregt und die oder der Vorsitzende der Prüfstelle für jugendgefährdende Medien die Durchführung des Verfahrens im Interesse des Jugendschutzes für geboten hält.

(4a) Anträge und Anregungen, die sich auf Medien beziehen, die bei Kindern und Jugendlichen besonders verbreitet sind oder durch die die Belange des Jugendschutzes in besonderem Maße betroffen scheinen, können vorrangig behandelt werden.

(5) Die Prüfstelle für jugendgefährdende Medien wird auf Veranlassung der oder des Vorsitzenden von Amts wegen tätig,

1. (unverändert)

2. (unverändert)

3. (unverändert)

(6) Vor der Entscheidung über die Aufnahme eines Telemediums in die Liste hat die Prüfstelle für jugendgefährdende Medien der zentralen Aufsichtsstelle der Länder für den Jugendmedienschutz Gelegenheit zu geben, zu dem Telemedium unverzüglich Stellung zu nehmen. Stellungnahmen und Anträge der zentralen Stelle der Länder für den Jugendmedienschutz hat die Prüfstelle für jugendgefährdende Medien bei ihren Entscheidungen maßgeblich zu berücksichtigen. Soweit der Prüfstelle für jugendgefährdende Medien eine Stellungnahme der zentralen Aufsichtsstelle der Länder für den Jugendmedienschutz innerhalb von fünf Werktagen nach Aufforderung nicht vorliegt, kann sie ohne diese Stellungnahme entscheiden.

(7) Der Urheberin oder dem Urheber, der Inhaberin oder dem Inhaber der Nutzungsrechte sowie bei Telemedien dem Anbieter ist Gelegenheit zur Stellungnahme zu geben, soweit der Prüfstelle für jugendgefährdende Medien die Anschriften bekannt sind oder die

(8) Die Entscheidungen sind

1. bei Trägermedien der Urheberin oder dem Urheber sowie der Inhaberin oder dem Inhaber der Nutzungsrechte,
2. bei Telemedien der Urheberin oder dem Urheber sowie dem Anbieter,
3. der antragstellenden Behörde,
4. dem Bundesministerium für Familie, Senioren, Frauen und Jugend, den obersten Landesjugendbehörden und der zentralen Aufsichtsstelle der Länder für den Jugendmedienschutz

zuzustellen. Sie hat die sich aus der Entscheidung ergebenden Verbreitungs- und Werbebeschränkungen im Einzelnen aufzuführen. Die Begründung ist beizufügen oder innerhalb einer Woche durch Zustellung nachzureichen.

(9) Die Bundesprüfstelle für jugendgefährdende Medien soll mit der zentralen Aufsichtsstelle der Länder für den Jugendmedienschutz zusammenarbeiten und einen regelmäßigen Informationsaustausch pflegen.

(10) Die Bundesprüfstelle für jugendgefährdende Medien kann ab dem 1. Januar 2004 für Verfahren, die auf Antrag der in Absatz 7 genannten Personen eingeleitet werden und die auf die Entscheidung gerichtet sind, dass ein Medium

1. nicht mit einem bereits in die Liste für jugendgefährdende Medien aufgenommenen Medium ganz oder im Wesentlichen inhaltsgleich ist oder
2. aus der Liste für jugendgefährdende Medien zu streichen ist,

Gebühren und Auslagen erheben. Das Bundesministerium für Familie, Senioren, Frauen und Jugend wird ermächtigt, durch Rechtsverordnung mit Zustimmung des Bundesrates die gebührenpflichtigen Tatbestände und die Gebührensätze näher zu bestimmen.

Prüfstelle für jugendgefährdende Medien die Anschriften durch Angaben im Zusammenhang mit dem Medium unter zumutbarem Aufwand aus öffentlich zugänglichen Quellen ermitteln kann.

(8) Die Entscheidungen sind

1. bei Trägermedien der Urheberin oder dem Urheber sowie der Inhaberin oder dem Inhaber der Nutzungsrechte,
2. bei Telemedien der Urheberin oder dem Urheber sowie dem Anbieter und
3. der antragstellenden Behörde

zuzustellen. Sie hat die sich aus der Entscheidung ergebenden Verbreitungs- und Werbebeschränkungen im Einzelnen aufzuführen. Die Begründung ist beizufügen oder innerhalb einer Woche durch Zustellung nachzureichen. Dem Bundesministerium für Familie, Senioren, Frauen und Jugend, den obersten Landesjugendbehörden, der zentralen Aufsichtsstelle der Länder für den Jugendmedienschutz und der das Verfahren anregenden Behörde oder Einrichtung oder dem das Verfahren nach Absatz 4 anregenden Träger ist die Entscheidung zu übermitteln.

(9) Die Prüfstelle für jugendgefährdende Medien soll mit der zentralen Aufsichtsstelle der Länder für den Jugendmedienschutz zusammenarbeiten und einen regelmäßigen Informationsaustausch pflegen.

(10) Die Prüfstelle für jugendgefährdende Medien kann ab dem 1. Januar 2004 für Verfahren, die auf Antrag der in Absatz 7 genannten Personen eingeleitet werden und die auf die Entscheidung gerichtet sind, dass ein Medium

1. nicht mit einem bereits in die Liste für jugendgefährdende Medien aufgenommenen Medium ganz oder im Wesentlichen inhaltsgleich ist oder
2. aus der Liste für jugendgefährdende Medien zu streichen ist,

Gebühren und Auslagen erheben. Das Bundesministerium für Familie, Senioren, Frauen und Jugend wird ermächtigt, durch Rechtsverordnung mit Zustimmung des Bundesrates die gebührenpflichtigen Tatbestände und die Gebührensätze näher zu bestimmen.

§ 22 Aufnahme von periodischen Trägermedien und Telemedien

(1) Periodisch erscheinende Trägermedien können auf die Dauer von drei bis zwölf Monaten in die Liste jugendgefährdender Medien aufgenommen werden, wenn innerhalb von zwölf Monaten mehr als zwei ihrer Folgen in die Liste aufgenommen worden sind. Dies gilt nicht für Tageszeitungen und politische Zeitschriften.

(2) Telemedien können auf die Dauer von drei bis zwölf Monaten in die Liste jugendgefährdender Medien aufgenommen werden, wenn innerhalb von zwölf Monaten mehr als zwei ihrer Angebote in die Liste aufgenommen worden sind. Absatz 1 Satz 2 gilt entsprechend.

§ 23 Vereinfachtes Verfahren

(1) Die Bundesprüfstelle für jugendgefährdende Medien kann im vereinfachten Verfahren in der Besetzung durch die oder den Vorsitzenden und zwei weiteren Mitgliedern, von denen eines den in § 19 Abs. 2 Nr. 1 bis 4 genannten Gruppen angehören muss, einstimmig entscheiden, wenn das Medium offensichtlich geeignet ist, die Entwicklung von Kindern oder Jugendlichen oder ihre Erziehung zu einer eigenverantwortlichen und gemeinschaftsfähigen Persönlichkeit zu gefährden. Kommt eine einstimmige Entscheidung nicht zustande, entscheidet die Bundesprüfstelle für jugendgefährdende Medien in voller Besetzung (§ 19 Abs. 5).

(2) Eine Aufnahme in die Liste nach § 22 ist im vereinfachten Verfahren nicht möglich.

(3) Gegen die Entscheidung können die Betroffenen (§ 21 Abs. 7) innerhalb eines Monats nach Zustellung Antrag auf Entscheidung durch die Bundesprüfstelle für jugend-

§ 22 Aufnahme periodisch erscheinender Medien in die Liste jugendgefährdender Medien

Periodisch erscheinende Medien können auf die Dauer von drei bis zwölf Monaten in die Liste jugendgefährdender Medien aufgenommen werden, wenn innerhalb von zwölf Monaten mehr als zwei ihrer Folgen in die Liste aufgenommen worden sind. Dies gilt nicht für Tageszeitungen und politische Zeitschriften sowie für deren digitale Ausgaben.

§ 23 Vereinfachtes Verfahren

(1) In einem vereinfachten Verfahren kann die Prüfstelle für jugendgefährdende Medien über die Aufnahme von Medien in die Liste jugendgefährdender Medien entscheiden, wenn

1. das Medium offensichtlich geeignet ist, die Entwicklung von Kindern oder Jugendlichen oder ihre Erziehung zu einer eigenverantwortlichen und gemeinschaftsfähigen Persönlichkeit zu gefährden oder

2. bei einem Telemedium auf Antrag oder nach einer Stellungnahme der zentralen Aufsichtsstelle der Länder für den Jugendmedienschutz entschieden wird.

Im vereinfachten Verfahren treffen die oder der Vorsitzende und zwei weitere Mitglieder der Prüfstelle für jugendgefährdende Medien, von denen ein Mitglied einer der in § 19 Absatz 2 Nummer 1 bis 4 genannten Gruppen angehören muss, die Entscheidung. Die Entscheidung kann im vereinfachten Verfahren nur einstimmig getroffen werden. Kommt eine einstimmige Entscheidung nicht zustande, entscheidet die Prüfstelle für jugendgefährdende Medien in voller Besetzung (§ 19 Absatz 5).

(unverändert)

(3) Gegen die Entscheidung können die Betroffenen (§ 21 Abs. 7) innerhalb eines Monats nach Zustellung Antrag auf Entschei-

gefährdende Medien in voller Besetzung stellen.

(4) Nach Ablauf von zehn Jahren seit Aufnahme eines Mediums in die Liste kann die Bundesprüfstelle für jugendgefährdende Medien die Streichung aus der Liste unter der Voraussetzung des § 21 Abs. 5 Nr. 2 im vereinfachten Verfahren beschließen.

(5) Wenn die Gefahr besteht, dass ein Träger- oder Telemedium kurzfristig in großem Umfange vertrieben, verbreitet oder zugänglich gemacht wird und die endgültige Listenaufnahme offensichtlich zu erwarten ist, kann die Aufnahme in die Liste im vereinfachten Verfahren vorläufig angeordnet werden. Absatz 2 gilt entsprechend.

(6) Die vorläufige Anordnung ist mit der abschließenden Entscheidung der Bundesprüfstelle für jugendgefährdende Medien, jedoch spätestens nach Ablauf eines Monats, aus der Liste zu streichen. Die Frist des Satzes 1 kann vor ihrem Ablauf um höchstens einen Monat verlängert werden. Absatz 1 gilt entsprechend. Soweit die vorläufige Anordnung im Bundesanzeiger bekannt zu machen ist, gilt dies auch für die Verlängerung.

§ 24 Führung der Liste jugendgefährdender Medien

(1) Die Liste jugendgefährdender Medien wird von der oder dem Vorsitzenden der Bundesprüfstelle für jugendgefährdende Medien geführt.

(2) Entscheidungen über die Aufnahme in die Liste oder über Streichungen aus der Liste sind unverzüglich auszuführen. Die Liste ist unverzüglich zu korrigieren, wenn Entscheidungen der Bundesprüfstelle für jugendgefährdende Medien aufgehoben werden oder außer Kraft treten.

---

dung durch die Prüfstelle für jugendgefährdende Medien in voller Besetzung stellen.

(4) Nach Ablauf von zehn Jahren seit Aufnahme eines Mediums in die Liste kann die Prüfstelle für jugendgefährdende Medien die Streichung aus der Liste unter der Voraussetzung des § 21 Abs. 5 Nr. 2 im vereinfachten Verfahren beschließen.

(5) Wenn die Gefahr besteht, dass ein Medium kurzfristig in großem Umfange vertrieben, verbreitet oder zugänglich gemacht wird und die endgültige Listenaufnahme offensichtlich zu erwarten ist, kann die Aufnahme in die Liste im vereinfachten Verfahren vorläufig angeordnet werden. Absatz 2 gilt entsprechend.

(6) Die vorläufige Anordnung ist mit der abschließenden Entscheidung der Prüfstelle für jugendgefährdende Medien, jedoch spätestens nach Ablauf eines Monats, aus der Liste zu streichen. Die Frist des Satzes 1 kann vor ihrem Ablauf um höchstens einen Monat verlängert werden. Absatz 1 gilt entsprechend. Soweit die vorläufige Anordnung im Bundesanzeiger bekannt zu machen ist, gilt dies auch für die Verlängerung.

§ 24 Führung der Liste jugendgefährdender Medien

(1) Die Bundeszentrale führt die Liste jugendgefährdender Medien nach § 17a Absatz 1.

(2) Entscheidungen über die Aufnahme in die Liste oder über Streichungen aus der Liste sind unverzüglich auszuführen. Die Liste ist unverzüglich zu korrigieren, wenn Entscheidungen der Prüfstelle für jugendgefährdende Medien aufgehoben werden oder außer Kraft treten.

(2a) Die Liste jugendgefährdender Medien ist als öffentliche Liste zu führen. Würde die Bekanntmachung eines Mediums in der öffentlichen Liste jedoch der Wahrung des Kinder- und Jugendschutzes schaden, so ist dieses Medium in einem nichtöffentlichen Teil der Liste zu führen. Ein solcher Schaden ist insbesondere dann anzunehmen, wenn eine Bezeichnung des Mediums in der öffentlichen Liste nur in der Weise erfolgen kann, dass durch die Bezeichnung für Kinder und Jugendliche zugleich der unmittelbare Zugang möglich wird.

(3) Wird ein Trägermedium in die Liste aufgenommen oder aus ihr gestrichen, so ist dies unter Hinweis auf die zugrunde liegende Entscheidung im Bundesanzeiger bekannt zu machen. Von der Bekanntmachung ist abzusehen, wenn das Trägermedium lediglich durch Telemedien verbreitet wird oder wenn anzunehmen ist, dass die Bekanntmachung der Wahrung des Jugendschutzes schaden würde.

(4) Wird ein Medium in Teil B oder D der Liste jugendgefährdender Medien aufgenommen, so hat die oder der Vorsitzende dies der zuständigen Strafverfolgungsbehörde mitzuteilen. Wird durch rechtskräftiges Urteil festgestellt, dass sein Inhalt den in Betracht kommenden Tatbestand des Strafgesetzbuches nicht verwirklicht, ist das Medium in Teil A oder C der Liste aufzunehmen. Die oder der Vorsitzende führt eine erneute Entscheidung der Bundesprüfstelle für jugendgefährdende Medien herbei, wenn in Betracht kommt, dass das Medium aus der Liste zu streichen ist.

(5) Wird ein Telemedium in die Liste jugendgefährdender Medien aufgenommen und ist die Tat im Ausland begangen worden, so soll die oder der Vorsitzende dies den im Bereich der Telemedien anerkannten Einrichtungen der Selbstkontrolle zum Zweck der Aufnahme in nutzerautonome Filterprogramme mitteilen. Die Mitteilung darf nur zum Zweck der Aufnahme in nutzerautonome Filterprogramme verwandt werden.

(3) Wird ein Medium in den öffentlichen Teil der Liste aufgenommen oder aus ihm gestrichen, so ist dies unter Hinweis auf die zugrunde liegende Entscheidung im Bundesanzeiger bekannt zu machen.

(4) Die Bundeszentrale kann die Liste der zentralen Aufsichtsstelle der Länder für den Jugendmedienschutz, den im Bereich der Telemedien anerkannten Einrichtungen der Selbstkontrolle und den aus Mitteln des Bundes, der Länder oder der Landesmedienanstalten geförderten Internet-Beschwerdestellen in geeigneter Form mitteilen, damit der Listeninhalt zum Abgleich von Angeboten in Telemedien mit in die Liste aufgenommenen Medien genutzt werden kann, um Kindern und Jugendlichen möglichst ungefährdeten Zugang zu Angeboten zu ermöglichen und die Bearbeitung von Hinweisen auf jugendgefährdende Inhalte zu vereinfachen. Die Mitteilung umfasst einen Hinweis auf Einschätzungen nach § 18 Absatz 6.

(5) In Bezug auf die vor Ablauf des 30. April 2021 in die Liste jugendgefährdender Medien aufgenommenen Träger- und Telemedien gelten § 18 Absatz 2 und § 24 Absatz 2 in der bis zu diesem Tag geltenden Fassung fort. Die Trägermedien, deren Aufnahme in die Liste jugendgefährdender Medien bis zum 30. April 2021 bekannt gemacht worden ist, können unter Benennung der Listenteile A oder B in eine gemeinsame Listenstruktur mit der ab diesem Tag zu führenden Liste überführt werden.

§ 24a Vorsorgemaßnahmen

(1) Diensteanbieter, die fremde Informationen für Nutzerinnen und Nutzer mit Gewinnerzielungsabsicht speichern oder bereitstellen, haben unbeschadet des § 7 Absatz 2 und des § 10 des Telemediengesetzes durch angemessene und wirksame strukturelle Vorsorgemaßnahmen dafür Sorge zu tragen, dass die Schutzziele des § 10a Nummer 1 bis 3 gewahrt werden. Die Pflicht nach Satz 1 besteht nicht für Diensteanbieter, deren Angebote sich nicht an Kinder und Jugendliche richten und von diesen üblicherweise nicht genutzt werden sowie für journalistisch-redaktionell gestaltete Angebote, die vom Diensteanbieter selbst verantwortet werden.

(2) Als Vorsorgemaßnahmen kommen insbesondere in Betracht:

1. die Bereitstellung eines Melde- und Abhilfeverfahrens, mit dem Nutzerinnen und Nutzer Beschwerden über

    a) unzulässige Angebote nach § 4 des Jugendmedienschutz-Staatsvertrages oder

    b) entwicklungsbeeinträchtigende Angebote nach § 5 Absatz 1 und 2 des Jugendmedienschutz-Staatsvertrages, die der Diensteanbieter der Allgemeinheit bereitstellt, ohne seiner Verpflichtung aus § 5 Absatz 1 des Jugendmedienschutz-Staatsvertrages durch Maßnahmen nach § 5 Absatz 3 bis 5 des Jugendmedienschutz-Staatsvertrages nachzukommen

    übermitteln können;

2. die Bereitstellung eines Melde- und Abhilfeverfahrens mit einer für Kinder und Jugendliche geeigneten Benutzerführung, im Rahmen dessen insbesondere minderjährige Nutzer und Nutzerinnen Beeinträchtigungen ihrer persönlichen Integrität durch nutzergenerierte Informationen dem Diensteanbieter melden können;

3. die Bereitstellung eines Einstufungssystems für nutzergenerierte audiovisuelle Inhalte, mit dem Nutzerinnen und Nutzer im Zusammenhang mit der Generierung standardmäßig insbesondere dazu aufgefordert werden, die Eignung eines Inhalts entsprechend der Altersstufe „ab 18 Jahren" als nur für Erwachsene zu bewerten;

4. die Bereitstellung technischer Mittel zur Altersverifikation für nutzergenerierte audiovisuelle Inhalte, die die Nutzerin oder der Nutzer im Zusammenhang mit der Generierung entsprechend der Altersstufe „ab 18 Jahren" als nur für Erwachsene geeignet bewertet hat;

5. der leicht auffindbare Hinweis auf anbieterunabhängige Beratungsangebote, Hilfe- und Meldemöglichkeiten;

6. die Bereitstellung technischer Mittel zur Steuerung und Begleitung der Nutzung der Angebote durch personensorgeberechtigte Personen;

7. die Einrichtung von Voreinstellungen, die Nutzungsrisiken für Kinder und Jugendliche unter Berücksichtigung ihres Alters begrenzen, indem insbesondere ohne ausdrückliche anderslautende Einwilligung

a) Nutzerprofile weder durch Suchdienste aufgefunden werden können noch für nicht angemeldete Personen einsehbar sind,

b) Standort- und Kontaktdaten und die Kommunikation mit anderen Nutzerinnen und Nutzern nicht veröffentlicht werden,

c) die Kommunikation mit anderen Nutzerinnen und Nutzern auf einen von den Nutzerinnen und Nutzern vorab selbst gewählten Kreis eingeschränkt ist und

d) die Nutzung anonym oder unter Pseudonym erfolgt;

8. die Verwendung von Bestimmungen in den Allgemeinen Geschäftsbedingungen, die die für die Nutzung wesentlichen Bestimmungen der Allgemeinen Geschäftsbedingungen in kindgerechter Weise darstellen.

(3) Der Diensteanbieter ist von der Pflicht nach Absatz 1 befreit, wenn das Angebot im Inland nachweislich weniger als eine Million Nutzerinnen und Nutzer hat.

(4) Die Vorschrift findet auch auf Diensteanbieter Anwendung, deren Sitzland nicht Deutschland ist. Die Bestimmungen des Netzwerkdurchsetzungsgesetzes vom 1. September 2017 (BGBl. I S. 3352) in der jeweils geltenden Fassung gehen vor. Weitergehende Anforderungen dieses Gesetzes zur Wahrung der Schutzziele des § 10a Nummer 1 bis 3 bleiben unberührt. Die §§ 2a und 3 des Telemediengesetzes sowie die Bestimmungen der Verordnung (EU) 2016/679 des Europäischen Parlaments und des Rates vom 27. April 2016 zum Schutz natürlicher Personen bei der Verarbeitung personenbezogener Daten, zum freien Datenverkehr und zur Aufhebung der Richtlinie 95/46/EG (Datenschutz-Grundverordnung) (ABl. L 119 vom 4.5.2016, S. 1; L 314 vom 22.11.2016, S. 72; L 127 vom 23.5.2018, S. 2) bleiben unberührt.

§ 24b Überprüfung der Vorsorgemaßnahmen

(1) Die Bundeszentrale überprüft die Umsetzung, die konkrete Ausgestaltung und die Angemessenheit der von Diensteanbietern nach § 24a Absatz 1 zu treffenden Vorsorgemaßnahmen. Das gemeinsame Kompetenzzentrum von Bund und Ländern für den Jugendmedienschutz im Internet „jugendschutz.net" nimmt erste Einschätzungen der von den Diensteanbietern getroffenen Vorsorgemaß-

nahmen vor. „jugendschutz.net" unterrichtet die Bundeszentrale über seine ersten Einschätzungen nach Satz 2. Im Rahmen der Prüfung nach Satz 1 berücksichtigt die Bundeszentrale die Stellungnahme der zentralen Aufsichtsstelle der Länder für den Jugendmedienschutz.

(2) Der Diensteanbieter kann die Pflicht nach § 24a Absatz 1 erfüllen, indem er in einer Leitlinie Maßnahmen festlegt und umsetzt, welche die Vorsorgemaßnahmen nach § 24a Absatz 1 für seinen Bereich konkretisieren und die Leitlinie

1. mit einer nach den Bestimmungen des Jugendmedienschutz-Staatsvertrages anerkannten Einrichtung der freiwilligen Selbstkontrolle, bei der der Diensteanbieter Mitglied ist, vereinbart wurde,

2. der Bundeszentrale zur Beurteilung der Angemessenheit gemäß § 24a Absatz 1 vorgelegt wurde und

3. nach Bestätigung der Angemessenheit durch die Bundeszentrale veröffentlicht wurde (§ 24c Absatz 2).

(3) Stellt die Bundeszentrale fest, dass ein Diensteanbieter keine oder nur unzureichende Vorsorgemaßnahmen nach § 24a Absatz 1 getroffen hat, gibt sie ihm Gelegenheit, Stellung zu nehmen und berät ihn über die erforderlichen Vorsorgemaßnahmen. Trifft der Diensteanbieter auch nach Abschluss der Beratung die erforderlichen Vorsorgemaßnahmen nicht, fordert die Bundeszentrale den Diensteanbieter unter angemessener Fristsetzung zur Abhilfe auf.

(4) Kommt der Diensteanbieter der Aufforderung nach Absatz 3 Satz 2 innerhalb der gesetzten Frist nicht oder nur unzureichend nach, kann die Bundeszentrale die erforderlichen Vorsorgemaßnahmen nach § 24a Absatz 1 unter erneuter angemessener Fristsetzung selbst anordnen. Vor der Anordnung gibt die Bundeszentrale der zentralen Aufsichtsstelle der Länder für den Jugendmedienschutz Gelegenheit zur Stellungnahme.

(5) Hat eine nach den Bestimmungen des Jugendmedienschutz-Staatsvertrages anerkannte Einrichtung der freiwilligen Selbstkontrolle eine Pflicht des Diensteanbieters gemäß § 24a Absatz 1 ausgeschlossen, ist der Prüfumfang der Bundeszentrale auf die Überschreitung der Grenzen des Beurteilungsspielraums durch die Einrichtung der freiwilligen Selbstkontrolle beschränkt.

§ 24c Leitlinie der freiwilligen Selbstkontrolle

(1) Bei der Erarbeitung einer Leitlinie nach § 24b Absatz 2 sind die Sichtweise von Kindern und Jugendlichen und deren Belange in geeigneter Weise angemessen zu berücksichtigen.

(2) Die vereinbarte Leitlinie ist in deutscher Sprache im Bundesanzeiger, auf der Homepage des Diensteanbieters und der Homepage der Einrichtung der freiwilligen Selbstkontrolle spätestens einen Monat nach Ende des Quartals, in dem die Vereinbarung durch die Bundeszentrale als angemessen beurteilt wurde, zu veröffentlichen. Die auf der Homepage veröffentlichte Leitlinie muss leicht erkennbar, unmittelbar erreichbar und ständig verfügbar sein.

§ 24d Inländischer Empfangsbevollmächtigter

Diensteanbieter im Sinne des § 24a Absatz 1 Satz 1 in Verbindung mit Absatz 4 Satz 1 haben sicherzustellen, dass ein Empfangsbevollmächtigter im Inland benannt ist und auf ihn in ihrem Angebot in leicht erkennbarer und unmittelbar erreichbarer Weise aufmerksam gemacht wird. An diesen Empfangsbevollmächtigten können unter Beachtung des § 24a Absatz 4 Bekanntgaben oder Zustellungen in Verfahren nach § 24b Absatz 3 und 4 bewirkt werden. Das gilt auch für die Bekanntgabe oder die Zustellung von Schriftstücken, die solche Verfahren einleiten oder vorbereiten.

§ 25 Rechtsweg

(1) Für Klagen gegen eine Entscheidung der Bundesprüfstelle für jugendgefährdende Medien, ein Medium in die Liste jugendgefährdender Medien aufzunehmen oder einen Antrag auf Streichung aus der Liste abzulehnen, ist der Verwaltungsrechtsweg gegeben.

(2) Gegen eine Entscheidung der Bundesprüfstelle für jugendgefährdende Medien, ein Medium nicht in die Liste jugendgefährdender Medien aufzunehmen, sowie gegen eine Einstellung des Verfahrens kann die antragstellende Behörde im Verwaltungsrechtsweg Klage erheben.

(3) Die Klage ist gegen den Bund, vertreten durch die Bundesprüfstelle für jugendgefährdende Medien, zu richten.

(4) Die Klage hat keine aufschiebende Wirkung. Vor Erhebung der Klage bedarf es kei-

§ 25 Rechtsweg

(1) Für Klagen gegen eine Entscheidung der Prüfstelle für jugendgefährdende Medien, ein Medium in die Liste jugendgefährdender Medien aufzunehmen oder einen Antrag auf Streichung aus der Liste abzulehnen, ist der Verwaltungsrechtsweg gegeben.

(2) Gegen eine Entscheidung der Prüfstelle für jugendgefährdende Medien, ein Medium nicht in die Liste jugendgefährdender Medien aufzunehmen, sowie gegen eine Einstellung des Verfahrens kann die antragstellende Behörde im Verwaltungsrechtsweg Klage erheben.

(3) Die Klage ist gegen den Bund, vertreten durch die Bundeszentrale für Kinder- und Jugendmedienschutz, zu richten.

(4) Die Klage hat keine aufschiebende Wirkung. Vor Erhebung der Klage bedarf es kei-

ner Nachprüfung in einem Vorverfahren, bei einer Entscheidung im vereinfachten Verfahren nach § 23 ist jedoch zunächst eine Entscheidung der Bundesprüfstelle für jugendgefährdende Medien in der Besetzung nach § 19 Abs. 5 herbeizuführen.

Abschnitt 5 Verordnungsermächtigung

§ 26 Verordnungsermächtigung

Die Bundesregierung wird ermächtigt, durch Rechtsverordnung mit Zustimmung des Bundesrates Näheres über den Sitz und das Verfahren der Bundesprüfstelle für jugendgefährdende Medien und die Führung der Liste jugendgefährdender Medien zu regeln.

Abschnitt 6 Ahndung von Verstößen

§ 27 Strafvorschriften

(1) Mit Freiheitsstrafe bis zu einem Jahr oder mit Geldstrafe wird bestraft, wer

1. entgegen § 15 Abs. 1 Nr. 1 bis 5 oder 6, jeweils auch in Verbindung mit Abs. 2, ein Trägermedium anbietet, überlässt, zugänglich macht, ausstellt, anschlägt, vorführt, einführt, ankündigt oder anpreist,

2. entgegen § 15 Abs. 1 Nr. 7, auch in Verbindung mit Abs. 2, ein Trägermedium herstellt, bezieht, liefert, vorrätig hält oder einführt,

3. entgegen § 15 Abs. 4 die Liste der jugendgefährdenden Medien abdruckt oder veröffentlicht,

4. entgegen § 15 Abs. 5 bei geschäftlicher Werbung einen dort genannten Hinweis gibt oder

5. einer vollziehbaren Entscheidung nach § 21 Abs. 8 Satz 1 Nr. 1 zuwiderhandelt.

(2) Ebenso wird bestraft, wer als Veranstalter oder Gewerbetreibender

1. eine in § 28 Abs. 1 Nr. 4 bis 18 oder 19 bezeichnete vorsätzliche Handlung begeht und dadurch wenigstens leichtfertig ein Kind oder eine jugendliche Person in der körperlichen, geistigen oder sittlichen Entwicklung schwer gefährdet oder

2. eine in § 28 Abs. 1 Nr. 4 bis 18 oder 19 bezeichnete vorsätzliche Handlung aus Gewinnsucht begeht oder beharrlich wiederholt.

---

ner Nachprüfung in einem Vorverfahren, bei einer Entscheidung im vereinfachten Verfahren nach § 23 ist jedoch zunächst eine Entscheidung der Prüfstelle für jugendgefährdende Medien in der Besetzung nach § 19 Abs. 5 herbeizuführen.

Abschnitt 5 Verordnungsermächtigung

§ 26 Verordnungsermächtigung

Die Bundesregierung wird ermächtigt, durch Rechtsverordnung mit Zustimmung des Bundesrates Näheres über den Sitz und das Verfahren der Prüfstelle für jugendgefährdende Medien und die Führung der Liste jugendgefährdender Medien zu regeln.

Abschnitt 6 Ahndung von Verstößen

§ 27 Strafvorschriften

(1) Mit Freiheitsstrafe bis zu einem Jahr oder mit Geldstrafe wird bestraft, wer

1. entgegen § 15 Abs. 1 Nr. 1 bis 5 oder 6, jeweils auch in Verbindung mit Abs. 2, oder entgegen § 15 Absatz 1a ein dort genanntes Medium anbietet, überlässt, zugänglich macht, ausstellt, anschlägt, vorführt, einführt, ankündigt oder anpreist,

2. (unverändert)

3. (unverändert)

4. (unverändert)

5. (unverändert)

(unverändert)

(3) Wird die Tat in den Fällen

1. des Absatzes 1 Nr. 1 oder
2. des Absatzes 1 Nr. 3, 4 oder 5

fahrlässig begangen, so ist die Strafe Freiheitsstrafe bis zu sechs Monaten oder Geldstrafe bis zu hundertachtzig Tagessätzen.

(4) Absatz 1 Nr. 1 und 2 und Absatz 3 Nr. 1 sind nicht anzuwenden, wenn eine personensorgeberechtigte Person das Medium einem Kind oder einer jugendlichen Person anbietet, überlässt oder zugänglich macht. Dies gilt nicht, wenn die personensorgeberechtigte Person durch das Anbieten, Überlassen oder Zugänglichmachen ihre Erziehungspflicht gröblich verletzt.

(unverändert)

(4) Absatz 1 Nummer 1 und 2 und Absatz 3 Nummer 1 sind nicht anzuwenden, wenn eine personensorgeberechtigte Person oder eine Person, die im Einverständnis mit einer personensorgeberechtigten Person handelt, das Medium einem Kind oder einer jugendlichen Person anbietet, überlässt, zugänglich macht oder vorführt. Dies gilt nicht, wenn die personensorgeberechtigte Person durch das Erteilen des Einverständnisses, das Anbieten, Überlassen, Zugänglichmachen oder Vorführen ihre Erziehungspflicht gröblich verletzt.

§ 28 Bußgeldvorschriften

(1) Ordnungswidrig handelt, wer als Veranstalter oder Gewerbetreibender vorsätzlich oder fahrlässig

1. entgegen § 3 Abs. 1 die für seine Betriebseinrichtung oder Veranstaltung geltenden Vorschriften nicht, nicht richtig oder nicht in der vorgeschriebenen Weise bekannt macht,
2. entgegen § 3 Abs. 2 Satz 1 eine Kennzeichnung verwendet,
3. entgegen § 3 Abs. 2 Satz 2 einen Hinweis nicht, nicht richtig oder nicht rechtzeitig gibt,
4. entgegen § 3 Abs. 2 Satz 3 einen Hinweis gibt, einen Film oder ein Film- oder Spielprogramm ankündigt oder für einen Film oder ein Film- oder Spielprogramm wirbt,
5. entgegen § 4 Abs. 1 oder 3 einem Kind oder einer jugendlichen Person den Aufenthalt in einer Gaststätte gestattet,
6. entgegen § 5 Abs. 1 einem Kind oder einer jugendlichen Person die Anwesenheit bei einer öffentlichen Tanzveranstaltung gestattet,
7. entgegen § 6 Abs. 1 einem Kind oder einer jugendlichen Person die Anwesenheit in einer öffentlichen Spielhalle oder einem dort genannten Raum gestattet,
8. entgegen § 6 Abs. 2 einem Kind oder einer jugendlichen Person die Teilnahme an einem Spiel mit Gewinnmöglichkeit gestattet,

§ 28 Bußgeldvorschriften

(1) Ordnungswidrig handelt, wer als Veranstalter oder Gewerbetreibender vorsätzlich oder fahrlässig

1. (unverändert)

2. (unverändert)

3. (unverändert)

4. entgegen § 3 Abs. 2 Satz 3 einen Hinweis gibt, einen Film oder ein Spielprogramm ankündigt oder für einen Film oder ein Spielprogramm wirbt,

5. (unverändert)

6. (unverändert)

7. (unverändert)

8. (unverändert)

9. einer vollziehbaren Anordnung nach § 7 Satz 1 zuwiderhandelt,

10. entgegen § 9 Abs. 1 ein alkoholisches Getränk an ein Kind oder eine jugendliche Person abgibt oder ihm oder ihr den Verzehr gestattet,

11. entgegen § 9 Abs. 3 Satz 1 ein alkoholisches Getränk in einem Automaten anbietet,

11a. entgegen § 9 Abs. 4 alkoholhaltige Süßgetränke in den Verkehr bringt,

12. entgegen § 10 Absatz 1, auch in Verbindung mit Absatz 4, ein dort genanntes Produkt an ein Kind oder eine jugendliche Person abgibt oder einem Kind oder einer jugendlichen Person das Rauchen oder den Konsum gestattet,

13. entgegen § 10 Absatz 2 Satz 1 oder Absatz 3, jeweils auch in Verbindung mit Absatz 4, ein dort genanntes Produkt anbietet oder abgibt,

14. entgegen § 11 Abs. 1 oder 3, jeweils auch in Verbindung mit Abs. 4 Satz 2, einem Kind oder einer jugendlichen Person die Anwesenheit bei einer öffentlichen Filmveranstaltung, einem Werbevorspann oder einem Beiprogramm gestattet,

14a. entgegen § 11 Absatz 5 oder 6 einen Werbefilm oder ein Werbeprogramm vorführt,

15. entgegen § 12 Abs. 1 einem Kind oder einer jugendlichen Person einen Bildträger zugänglich macht,

16. entgegen § 12 Abs. 3 Nr. 2 einen Bildträger anbietet oder überlässt,

17. entgegen § 12 Abs. 4 oder § 13 Abs. 2 einen Automaten oder ein Bildschirmspielgerät aufstellt,

18. entgegen § 12 Abs. 5 Satz 1 einen Bildträger vertreibt,

19. entgegen § 13 Abs. 1 einem Kind oder einer jugendlichen Person das Spielen an Bildschirmspielgeräten gestattet oder

20. entgegen § 15 Abs. 6 einen Hinweis nicht, nicht richtig oder nicht rechtzeitig gibt

(2) Ordnungswidrig handelt, wer als Anbieter vorsätzlich oder fahrlässig

1. entgegen § 12 Abs. 2 Satz 1 und 2, auch in Verbindung mit Abs. 5 Satz 3 oder § 13 Abs. 3, einen Hinweis nicht, nicht richtig oder nicht in der vorgeschriebenen Weise gibt,

---

9. (unverändert)

10. (unverändert)

11. (unverändert)

11a. (unverändert)

12. (unverändert)

13. (unverändert)

14. (unverändert)

14a. (unverändert)

15. (unverändert)

16. (unverändert)

17. (unverändert)

18. (unverändert)

19. (unverändert)

20. (unverändert)

(2) Ordnungswidrig handelt, wer als Anbieter vorsätzlich oder fahrlässig

1. (unverändert)

2. einer vollziehbaren Anordnung nach § 12 Abs. 2 Satz 3 Nr. 1, auch in Verbindung mit Abs. 5 Satz 3 oder § 13 Abs. 3, oder nach § 14 Abs. 7 Satz 3 zuwiderhandelt,

3. entgegen § 12 Abs. 5 Satz 2 einen Hinweis nicht, nicht richtig, nicht in der vorgeschriebenen Weise oder nicht rechtzeitig anbringt oder

4. entgegen § 14 Abs. 7 Satz 1 einen Film oder ein Spielprogramm mit „Infoprogramm" oder „Lehrprogramm" kennzeichnet.

(3) Ordnungswidrig handelt, wer vorsätzlich oder fahrlässig

1. entgegen § 12 Abs. 2 Satz 4 einen Hinweis nicht, nicht richtig oder nicht in der vorgeschriebenen Weise gibt oder

2. entgegen § 24 Abs. 5 Satz 2 eine Mitteilung verwendet.

(4) Ordnungswidrig handelt, wer als Person über 18 Jahren ein Verhalten eines Kindes oder einer jugendlichen Person herbeiführt oder fördert, das durch ein in Absatz 1 Nr. 5 bis 8, 10, 12, 14 bis 16 oder 19 oder in § 27 Abs. 1 Nr. 1 oder 2 bezeichnetes oder in § 12 Abs. 3 Nr. 1 enthaltenes Verbot oder durch eine vollziehbare Anordnung nach § 7 Satz 1 verhindert werden soll. Hinsichtlich des Verbots in § 12 Abs. 3 Nr. 1 gilt dies nicht für die personensorgeberechtigte Person und für eine Person, die im Einverständnis mit der personensorgeberechtigten Person handelt.

(5) Die Ordnungswidrigkeit kann mit einer Geldbuße bis zu fünfzigtausend Euro geahndet werden.

2. (unverändert)

3. (unverändert)

4. entgegen § 14 Abs. 7 Satz 1 einen Film oder ein Spielprogramm mit „Infoprogramm" oder „Lehrprogramm" kennzeichnet.

(3) Ordnungswidrig handelt, wer vorsätzlich oder fahrlässig

1. (unverändert)

2. entgegen § 14a Absatz 1 Satz 2 einen Film oder ein Spielprogramm bereithält,

3. entgegen § 24 Abs. 5 Satz 2 eine Mitteilung verwendet,

4. einer vollziehbaren Anordnung nach § 24b Absatz 4 Satz 1 zuwiderhandelt oder

5. entgegen § 24d Satz 1 nicht sicherstellt, dass ein Empfangsbevollmächtigter im Inland benannt ist.

(unverändert)

(5) Die Ordnungswidrigkeit kann in den Fällen des Absatzes 3 Nummer 4 mit einer Geldbuße bis zu fünf Millionen Euro und in den übrigen Fällen mit einer Geldbuße bis zu fünfzigtausend Euro geahndet werden. § 30 Absatz 2 Satz 3 des Gesetzes über Ordnungswidrigkeiten ist für die Fälle des Absatzes 3 Nummer 4 anzuwenden.

(6) In den Fällen des Absatzes 3 Nummer 2, 4 und 5 kann die Ordnungswidrigkeit auch dann geahndet werden, wenn sie nicht im Geltungsbereich dieses Gesetzes begangen wird.

(7) Verwaltungsbehörde im Sinne des § 36 Absatz 1 Nummer 1 des Gesetzes über Ordnungswidrigkeiten ist in den Fällen des Absatzes 3 Nummer 2, 4 und 5 die Bundeszentrale für Kinder- und Jugendmedienschutz.

Abschnitt 7 Schlussvorschriften

§ 29 Übergangsvorschriften

Auf die nach bisherigem Recht mit „Nicht freigegeben unter achtzehn Jahren" gekennzeichneten Filmprogramme für Bildträger findet § 18 Abs. 8 Satz 1 mit der Maßgabe Anwendung, dass an die Stelle der Angabe „§ 14 Abs. 2 Nr. 1 bis 5" die Angabe „§ 14 Abs. 2 Nr. 1 bis 4" tritt.

§ 29a Weitere Übergangsregelung

Bildträger mit Kennzeichnungen nach § 12 Abs. 1, deren Zeichen den Anforderungen des § 12 Abs. 2 Satz 1, aber nicht den Anforderungen des § 12 Abs. 2 Satz 2 entsprechen, dürfen bis zum 31. August 2008 in den Verkehr gebracht werden.

Abschnitt 7 Schlussvorschriften

§ 29 Übergangsvorschriften

(unverändert)

§ 29a Weitere Übergangsregelung

Beisitzerinnen und Beisitzer der Bundesprüfstelle für jugendgefährdende Medien und ihre Vertreterinnen und Vertreter, die sich am 1. Mai 2021 im Amt befinden, können unabhängig von ihrer bisherigen Mitgliedschaft in der Bundesprüfstelle noch höchstens zweimal als Beisitzerin oder Beisitzer oder als Vertreterin oder Vertreter berufen werden.

§ 29b Bericht und Evaluierung

Dieses Gesetz wird drei Jahre nach Inkrafttreten evaluiert, um zu untersuchen, inwiefern die in § 10a niedergelegten Schutzziele erreicht wurden. Die Bundesregierung unterrichtet den Deutschen Bundestag über das Ergebnis der Evaluation. In der Folge wird alle zwei Jahre dem Beirat Bericht erstattet über die weitere Entwicklung bei dem Erreichen der Schutzziele des § 10a. Alle vier Jahre ist dieser Bericht von der Bundesregierung dem Deutschen Bundestag vorzulegen.

§ 30 Inkrafttreten, Außerkrafttreten

(1) Dieses Gesetz tritt an dem Tag in Kraft, an dem der Staatsvertrag der Länder über den Schutz der Menschenwürde und den Jugendschutz in Rundfunk und Telemedien in Kraft tritt. Gleichzeitig treten das Gesetz zum Schutze der Jugend in der Öffentlichkeit vom 25. Februar 1985 (BGBl. I S. 425), zuletzt geändert durch Artikel 8a des Gesetzes vom 15. Dezember 2001 (BGBl. I S. 3762) und das Gesetz über die Verbreitung jugendgefährdender Schriften und Medieninhalte in der Fassung der Bekanntmachung vom 12. Juli 1985 (BGBl. I S. 1502), zuletzt geän-

§ 30 Inkrafttreten, Außerkrafttreten

(unverändert)

dert durch Artikel 8b des Gesetzes vom 15. Dezember 2001 (BGBl. I S. 3762) außer Kraft. Das Bundesministerium für Familie, Senioren, Frauen und Jugend gibt das Datum des Inkrafttretens dieses Gesetzes im Bundesgesetzblatt bekannt.

(2) Abweichend von Absatz 1 Satz 1 treten § 10 Abs. 2 und § 28 Abs. 1 Nr. 13 am 1. Januar 2007 in Kraft.

(unverändert)

Stichwortverzeichnis

Fette Zahlen bezeichnen die Paragraphen, magere die Randnummern.

12er-Gremium 6, 30 ff.
- Beratung und Abstimmung 6, 60 f.
- Verhandlung und Entscheidung 6, 57 ff.
- Zusammensetzung 6, 31 f.

3er-Gremium 6, 64 ff.
- Zusammensetzung 6, 65

Abgabepflicht
- Garantenstellung 8, 35
Abgrenzung
- JMStV 2, 8 ff.
Abhilfeverfahren 5, 47, 62 ff., 100 ff.
- Anforderungen 5, 65
- Missbrauch 5, 72
Abschirmung 1, 1
Abweichende Gesamtbeurteilung 2, 45 ff.
AEUV
- Art. 56 9, 12
- Art. 57 5, 26
AGB 5, 88 ff.
- Datenverarbeitung 5, 89
- Formulierung 5, 88 ff.
- Fremdsprache 5, 91
- Hauptleistungspflicht 5, 89
- leichte Verständlichkeit 5, 94
- leichte Zugänglichkeit 5, 93 f.
- Nutzungsrechteeinräumung 5, 89
- Ungewöhnliches 5, 90
- Verständlichkeit 5, 92
Aktenvermerk
- Bußgeldzumessung 8, 139
Akzessorietätsprinzip 3, 79, 81
Alkohol 8, 132
Allgemeines Persönlichkeitsrecht 1, 14 f., 18 ff.
- persönliche Integrität 2, 25 ff.

Altersabstufung 1, 2
Altersbeschränkung 3, 29
Alterseinstufung 2, 38 ff.
- leichte Handhabbarkeit 5, 70
- nutzerseitige 5, 47, 69 ff.
- Verfahren, nutzerseitiges 5, 3, 5
Altersfreigabe 3, 29 ff.
- übernahmefähige 3, 88
- Verfahren bei Telemedien 3, 52
Alterskennzeichnung siehe Kennzeichnung
Alterskennzeichnungsverfahren siehe Kennzeichnungsverfahren
Altersklassifizierung
- nutzerseitige 5, 69 ff.
altersklassifizierung.de 5, 70
Altersüberprüfung 5, 33, 73 ff., 107
- System 5, 3
Altersverifikationssystem 5, 73 ff.
- Anerkennung 4, 76
- System 4, 75 f.
Analogieverbot 8, 76 ff.
Anbahnung 2, 52
Anbieter von Telemedien 4, 23
Anbieterabfrage 3, 63
Anbieterbegriff 4, 27
- jugendschutzrechtlicher 4, 27
- nach TMG 4, 27, 29
Anbieterhaftung 4, 32
Anbieterkennzeichnung 3, 101
- missbräuchliche 3, 102
Anbieterpflicht 5, 1 ff.
Anbieterverantwortung 4, 1
Anerkennung, wechselseitige 3, 86 ff.
Anfangsverdacht 8, 36
Angebot
- ausländisches, Anwendungsbereich 5, 45, 112

- Entgeltlichkeit 5, 26
- entwicklungsbeeinträchtigendes 3, 16, 4, 21
- fernsehähnliches 4, 41 f., 47
- hybrides 5, 23
- journalistisch-redaktionelles 5, 35 f.
- Nutzungszahlen 5, 37 ff.
- Relevanz für Kinder 5, 37 ff.

Anordnung zur Abhilfe 7, 73

Anreize zur Nutzung 2, 56

Anreizregulierung 1, 10, 43

Anscheinsbeweis 5, 28

Anschlussfähigkeit, internationale 3, 44

Anwendbarkeit des JuSchG
- neben JMStV 2, 8
- parallele 5, 99

Anwendungsbereich JuSchG
- Ausland 5, 112
- ausländische Angebote 5, 45, 112
- Kriterien 5, 13
- Rundfunk 2, 5
- Telemedien 2, 5
- Trägermedien 2, 5
- unbestimmter 5, 13

Anwendungsvorrang des Unionsrechts 9, 12

App 4, 44

Appellation
- Appellationsausschuss 3, 72
- Appellationsverfahren 3, 67, 72
- Suspensiveffekt 3, 67

Arbeitsausschuss 3, 69, 73

Assistenzsystem 5, 70

Aufführungsverbot 3, 53

Aufmerksamkeit 5, 26

Aufsicht der BzKJ
- Aufsichtsbefugnis 7, 54 ff.
- AVMD-Richtlinie 7, 60, 76
- dialogisches Verfahren 7, 63 ff.
- externes Monitoring 7, 55
- formelle Rechtsdurchsetzung 7, 72

- höherrangiges Recht 7, 74
- KJM 6, 134
- Normenbetroffenheit 7, 56
- Rechtsschutz 7, 86 f.
- Staatsfernegebot 7, 76
- Stärkung der Selbstkontrollen 7, 60
- Synergieeffekte 7, 59
- über Vorsorgemaßnahmen 7, 14
- Überprüfung der Vorsorgemaßnahmen 7, 55 ff.
- Vorsorgemaßnahmen 7, 54 ff.
- Zusammenarbeit Bund und Länder 7, 60

Aufsichtsbehörde 7, 5, 14, 54
- Staatsfernegebot 7, 76

Ausland 8, 43
- Anbieter 2, 14
- Angebot, Anwendungsbereich 5, 45, 112

Auslegung
- unionsrechtskonforme 9, 11 f., 21 ff.

Ausrichtung
- Beweislast 5, 34
- Erwachsene 5, 29 ff.
- Jugendliche 5, 29 ff.
- Kinder 5, 29 ff.
- Minderjährige 5, 29 ff.
- Mindestalter 5, 30 f.

Automatisiertes Bewertungssystem 4, 61 ff., 68 f.
- Anerkennungskriterien 4, 62
- Indizierungsschutz 4, 64
- Klassifizierungs-Tool 4, 63
- Künstliche Intelligenz 4, 63
- Modellversuch der FSK 4, 63
- Qualitätsmanagement 4, 62
- staatliche Anerkennung 4, 61 f.

Autonomie 2, 2

AVMD-Richtlinie 1, 40, 4, 4 f., 83, 7, 60, 76, 9, 1 ff., 10, 16

Bagatellgrenze **4**, 71 ff.
- Begriffsbestimmung **4**, 72 f.
- NetzDG **4**, 73
- Nutzerzahl **4**, 72 f.

Barrierefreiheit **4**, 50, **5**, 64, 93

Beanstandungsverfahren **5**, 114

Befähigung zum Selbstschutz **1**, 8, 43

Befähigungsrecht **5**, 9

Begleitform **3**, 103

Begleitung **5**, 10

Begriff
- Diensteanbieter **2**, 12
- Kinder **2**, 11
- Telemedium **2**, 11
- Trägermedium **2**, 11

Begriffsbestimmungen **2**, 11, **7**, 7

Beirat bei der BzKJ **7**, 15 ff., 48, 51
- Amtsdauer **7**, 21
- Aufgaben **7**, 22 ff.
- Berichterstattung **7**, 25
- Geschäftsordnung **7**, 17
- Interessenvertretung Minderjähriger **7**, 20
- Konzept **7**, 18
- Normierung **7**, 18
- Paradigmenwechsel **7**, 16
- personelle Besetzung **7**, 19 ff.

Beisitzende im Beirat bei der BzKJ **7**, 28
- Abberufung **7**, 31
- Amtsdauer **7**, 31
- Gruppenbeisitzende **7**, 29
- Vorschlagsrecht **7**, 29
- Weisungsfreiheit **7**, 30
- Wiederbenennung **7**, 32

Belehrung **8**, 99

Benutzergruppe, geschlossene **5**, 74

Beratungsangebot **5**, 77 ff.
- Sichtbarkeit **5**, 78

Beratungspflicht **7**, 65

Bereitstellung
- automatisierte **4**, 35

- kuratierte **4**, 34

Berichterstattung **1**, 23, **7**, 25
- der Bundesregierung **7**, 25

Berufsausübung **1**, 24

Berufsfreiheit **1**, 24, 50, **4**, 11, **5**, 54, 57

Berufswahl **1**, 24

Berufung
- reformatio in peius **3**, 66
- Suspensiveffekt **3**, 66, 71
- Verfahren **3**, 66

Beschlagnahme- und Einziehungsanordnung **6**, 81

Beschlagnahmebeschluss **6**, 151 ff.
- Aufhebung **6**, 157
- Erlöschen **6**, 153 f.
- förmliche Aufhebung **6**, 152
- Vollstreckungsverjährung **6**, 155 ff.
- Vorbereitung eines Listenstreichungsverfahrens **6**, 163

Beschwerdeverfahren **5**, 3, **5**, 62 ff., 100 ff.

Bestands- und Nutzungsdaten **2**, 57 ff.

Bestandteil des Mediums **2**, 43 f.

Bestimmtheit **5**, 13, 33, 39, 42

Bestimmtheitsgebot **1**, 13, 42, 44, **4**, 12 f., 45, 72, 101, **8**, 72 ff.
- Auslegung **8**, 74
- auslegungsbedürftige Begriffe **8**, 73
- Bestimmungsfunktion **8**, 72
- Bußgeldrahmen **8**, 75
- Garantiefunktion **8**, 72

Betrachtungsgegenstand
- Erweiterung **2**, 35 ff.
- Funktionalitäten **2**, 36 f.
- Interaktionsrisiken **2**, 35 ff.

Betriebssystem **1**, 48

Beurteilungsebene **2**, 46 ff.

Beurteilungsspielraum
- behördlicher **5**, 116
- Einrichtung der freiwilligen Selbstkontrolle **5**, 116

Beweislast
- Ausrichtung 5, 34
- Gewinnerzielungsabsicht 5, 28
- Nutzergruppe 5, 34
- Nutzungszahlen 5, 44
- Zielgruppe 5, 34

Bewertungskohärenz 3, 19

Bewertungssystem
- automatisiertes 4, 61 ff.
- globales 3, 83

Bewusstseinsstörung 8, 128

Binnenmarkt
- Dienstleistungsfreiheit 9, 12 f., 31 ff.
- zwingender Grund des Allgemeininteresses 9, 14

Blu-ray-Disc (BD) 1, 23

BPjM-Modul 6, 115

Bruttogewinn 8, 175

Bundesamt für Justiz 5, 103

Bundesministerium für Familie, Senioren, Frauen und Jugend 1, 26, 38, 8, 53

Bundesoberbehörde 7, 2
- Geschäftsbereich 7, 2

Bundesprüfstelle für jugendgefährdende Medien 1, 12, 6, 16, 7, 4 ff., 7, 26 ff., 43
- 12er-Gremium 7, 34
- 3er-Gremium 7, 35
- Amtsdauer 7, 31
- Beisitzende 7, 28 ff.
- Beschlussfähigkeit 7, 34
- DVO-JuSchG 7, 26
- Eilverfahren 7, 35
- Entscheidungsgremien 7, 33 ff.
- Nutzbarmachung der Spruchpraxis 7, 50 f.
- personelle Besetzung 7, 27
- Prüfstelle 7, 10, 26 ff.
- Prüfumfang 7, 56
- Prüfungsbefugnis 6, 86 ff.
- Umstrukturierung 7, 8 f.

- vereinfachtes Verfahren 7, 35
- Vorsitz 7, 27
- Weisungsfreiheit 7, 30
- Wiederbenennung 7, 32
- Zuständigkeitsbereich 7, 6, 7

Bundesprüfstelle für jugendgefährdende Schriften 7, 5 ff.
- Dienstaufsicht 7, 6

Bundesprüfstelle für jugendgefährdendeMedien
- Aufgaben 7, 22

Bundeszentrale für Kinder- und Jugendmedienschutz 1, 12 f., 5, 28, 103, 109, 111 f., 114 ff., 7, 1 ff., 8, 68, 9, 9
- Abstimmungs- und Kooperationsbedarf mit den Einrichtungen der Freiwilligen Selbstkontrolle 1, 42
- Abstimmungs- und Kooperationsbedarf mit den Landesmedienanstalten und der KJM 1, 42
- Adressatin des Zensurverbots 1, 26, 42
- Ahndung systemischen Versagens 1, 39
- Amtsdauer Beirat 7, 21
- Anordnung 8, 41
- Aufbau von Doppelstrukturen 1, 42
- Aufgaben 7, 42 ff.
- Aufsichtsbehörde 7, 54 ff.
- Behördenleitung 7, 12
- Beirat 7, 15 ff., 48, 51
- Beratungspflicht 7, 65
- Bundesoberbehörde 7, 2, 8, 53
- Bundesprüfstelle für jugendgefährdende Schriften 7, 5 f.
- Bußgeldbehörde 1, 39
- Bußgeldverfahren 7, 88
- Dialog auf Augenhöhe mit den Anbietern 1, 42
- dialogisches Verfahren 1, 42, 7, 63 ff.
- Dienstleistungsbehörde 7, 70
- Doppelregulierung 1, 41

- Doppelstrukturen 1, 41, 7, 78
- erweiterter Aufgabenkreis 7, 9
- externes Monitoring 7, 55
- Fachreferate 7, 13 f.
- Geschäftsbereich 7, 2
- Haushaltsbedarf 7, 37
- historischer Hintergrund 7, 3 ff.
- Indizierung 6, 1 ff.
- KJM 7, 58, 61
- Kollision mit dem Staatsfernege-
  bot 1, 38
- Kritik der Länder 7, 14
- Personalkosten 7, 39
- Prüfstelle 7, 10, 26 ff., 43 ff.
- Prüfumfang 7, 56
- Rechtsschutz 7, 79
- regulatorische Aufgaben 1, 38
- Sachkosten 7, 40
- Sitz 7, 2
- Staatsferne des Rundfunks 8, 54
- Staatsfernegebot 1, 40 ff., 7, 76
- Struktur 7, 10 ff.
- Unabhängigkeit 8, 67
- verfassungsrechtliche Kompetenzver-
  teilung 7, 75
- Verstaatlichung des Jugendmedien-
  schutzes 1, 42
- Vorläuferinnen 7, 4 ff.
- Vorsorgemaßnahmen 1, 42
- Weisungsfreiheit 8, 67
- Zukunftswerkstatt 7, 48
- Zuständigkeit für Bußgeldentschei-
  dungen 8, 52 ff.

Bund-Länder-Bericht zur Medienkon-
  vergenz 1, 41
Bund-Länder-Kommission Medienkon-
  vergenz 5, 5
Bußgeld
- fahrlässige Tat 8, 46
- Höchstbetrag 8, 142
- vorsätzliche Tat 8, 46
Bußgeldkatalog
- Abweichung 8, 169
- Richtlinien 8, 169

Bußgeldrahmen
- Ausschöpfung 8, 161
- besonderer 8, 43 f.
- höchstmögliches Bußgeld 8, 161
Bußgeldverfahren 7, 88
- ausgenommene Vorschriften 8, 117
- Bearbeitungsschema 8, 135
- Geltung der StPO 8, 117
- Rechtsschutz 7, 88
Bußgeldzumessung 8, 136 ff.
- Aktenvermerk 8, 139
- Bußgeldrahmen 8, 141
- Doppelverwertungsverbot 8, 137
- fahrlässige Begehung 8, 142
- keine Verpflichtung zu Offenle-
  gung 8, 138
- Verzehnfachung 8, 141

Chat 5, 8, 23, 67, 85

Cybergrooming 1, 4, 9

Datenminimierung 5, 43, 76
Datenschutz 1, 4, 9, 2, 57 ff.
- -behörde 5, 109
- -einstellung 5, 84
- EU 9, 37
Datum, personenbezogenes 5, 26
Dauerhaftigkeit, Kriterien 2, 43 f.
Deliktsaufbau
- Ähnlichkeit zw. Straf- und Bußgeld-
  recht 8, 119
- Elemente 8, 120
- materielle Abhängigkeit der Elemen-
  te 8, 121
Deskriptor siehe Inhaltsdeskriptor
Desorientierung, sozialethische 6,
  34 ff.
Dialogisches Verfahren 1, 12, 5, 111,
  7, 63 ff.
- Aufforderung zur Abhilfe 7, 68
- Beratungspflicht 7, 65
- Damoklesschwert der Rechtsdurch-
  setzung 1, 42

– Dialog auf Augenhöhe **1**, 42
– Implementierungsphase **7**, 68
– informelles Verwaltungshandeln **7**, 69 ff.
– Rechtsqualität **7**, 69 ff.
– Stellungnahme **7**, 64
Dienst
– Abgrenzung **5**, 23
– Definition **5**, 14
– Entgeltlichkeit **5**, 26
– hybrider **5**, 23
– Schwerpunkt **5**, 23
– zusammengesetzter **5**, 23
Dienstaufsicht **7**, 2
– Bundesprüfstelle für jugendgefährdende Schriften **7**, 6
– Bundeszentrale für Kinder- und Jugendmedienschutz **7**, 2
Dienstbegriff
– hybride Dienste **5**, 23
Diensteanbieter **7**, 56, **8**, 45
– Anordnung zur Abhilfe **7**, 73
– Aufforderung zur Abhilfe **7**, 68
– Ausrichtung **5**, 29 ff.
– Begriff **4**, 26 ff., **5**, 14 f.
– dialogisches Verfahren **7**, 63 ff.
– fremde Information **5**, 16 ff.
– internationale **7**, 67
– Mehrheit **5**, 15
– Normenbetroffenheit **7**, 56
– Nutzergruppe **5**, 29 ff.
– Nutzungszahlen **5**, 37 ff.
– Relevanz für Kinder **5**, 37 ff.
– Zielgruppe **5**, 29 ff.
– Zurechnung **5**, 16 ff.
Dienstleistungsfreiheit **9**, 12 f., 31 ff.
– Jugendschutz als berechtigtes Beschränkungsziel **9**, 13
Digital Services Act **5**, 21, 40, 42, 48, **9**, 22, 38
– Verantwortlichkeit **5**, 48
Digital Versatile Disc (DVD) **1**, 23
„Digitale Volljährigkeit" **1**, 4

Digitalisierung der Gesellschaft
– Paradigmenwechsel **1**, 4
Direktnachricht **5**, 8, 67, 85
Distributionsbeschränkung **3**, 18
Diversität, kulturelle **9**, 1 f.
Dokumentarfilm **1**, 23
Dokumentation
– Kennzeichnungspflicht **4**, 45
Dolus Eventualis **8**, 14 ff.
Doppelprüfungen **3**, 76
Doppelregulierung **1**, 41
Doppelstrukturen **1**, 13, 41, **7**, 78
Doppelter kompetenzieller Zugriff **2**, 9 f.
Doppelzuständigkeit
– DS-GVO **5**, 106 ff.
– NetzDG **5**, 100 ff.
Download-Angebot **4**, 40
DS-GVO **2**, 57 ff., **5**, 43, 76, 83, 89, 107 f., **9**, 22, 37
– Abgeschlossenheit **2**, 58
– Doppelzuständigkeit **5**, 106 ff.
– Einwilligung **2**, 58
– Konkurrenz **5**, 106 ff.
Durchwirkung **3**, 3, 15
– Alterskennzeichen **3**, 86 ff.
– Durchwirkungsregelungen **7**, 53
– gemeinsames Verfahren **3**, 93
– nach JMStV **3**, 87 ff.
– Öffentlich-rechtlicher Rundfunk **3**, 89, 94
– Rechtsfolgen **3**, 97
– Überprüfungsvorbehalt **3**, 95 f.
DVO-JuSchG **6**, 4, 49, **7**, 26

E-Commerce-Richtlinie **4**, 4 f., 27, 83, **5**, 7, 45, 48 f., **9**, 3 f., 12, 14 ff., 23, 38
– Haftungsprivileg **5**, 7
– Sorgfaltspflicht **5**, 49
– Verantwortlichkeit **5**, 7, 48

– Verantwortlichkeit von Diensteanbietern **9**, 15

Eigene Information
– Abgrenzung **5**, 16 ff.

Eigene Inhalte **4**, 26, 28, 31, 34 f.

Eigentumsfreiheit **1**, 24
– Recht am eingerichteten und ausgeübten Gewerbebetrieb **5**, 54

Eigenverantwortlichkeit **2**, 2

Eigenverantwortung **1**, 15, 19 f., **4**, 22

Einfache Jugendgefährdung **3**, 41

Einfluss auf fremde Inhalte **5**, 18 ff.

Einheitlicher Medienbegriff **2**, 4 ff.

Einrichtung der freiwilligen Selbstkontrolle **1**, 10, 13, 27 ff., 42, **5**, 114 ff., **9**, 21
– FSF **1**, 10
– FSK.online **1**, 10
– FSM **1**, 10
– Indizierungsverfahren **6**, 20
– USK.online **1**, 10

Einschätzungsprärogative, gesetzgeberische **3**, 18

Eintrittswahrscheinlichkeit **2**, 49

Einverständnis
– Lehrer **8**, 6
– Reichweite **8**, 5 f.
– Schule **8**, 6
– Wirksamkeit **8**, 5

Einwilligung
– Datenschutz **5**, 83, 107 f.
– DS-GVO **5**, 83, 107 f.
– Eltern **5**, 83, 107 f.
– Erziehungsberechtigte **5**, 83, 107 f.
– Willenserklärung **5**, 83

Einziehungsbeschluss
– Vollstreckungsverjährung **6**, 155 ff.

Elterlicher Jugendschutz **1**, 15

Elterliches Erziehungsrecht **1**, 16 ff.

Eltern
– Kenntnis der Unterstützungsmaßnahmen **5**, 10

Elternprivileg
– Einverständnis **8**, 4
– Geltungsbereich **8**, 4

Elternrecht **1**, 16 ff.

Elternverantwortung **1**, 16 ff., 20

Empfangsbevollmächtigter **8**, 44
– inländischer **9**, 24 ff.

Entgeltlichkeit
– Daten **5**, 26

Entscheidungsgremien **7**, 33 ff.
– 12er-Gremium **7**, 34
– 3er-Gremium **7**, 35
– Beschlussfähigkeit **7**, 34
– personelle Besetzung **7**, 34 ff.

Entwicklungsbeeinträchtigendes Angebot **3**, 16, **4**, 21

Entwicklungsbeeinträchtigung **1**, 19 f., 37, 47 f., **3**, 16, 19 f., 103
– abweichende Gesamtbeurteilung **2**, 45 ff.
– automatisiertes Bewertungssystem **4**, 62
– Begriff **3**, 16, 109, **4**, 22
– Beurteilungsebenen **2**, 46 ff.
– Bewertung **2**, 38 ff.
– Einzelfallprüfung **3**, 20
– FSK-Grundsätze **3**, 21
– Geltung im JMStV **2**, 19
– Inhaltsbezug **4**, 22
– Interaktionsrisiko **2**, 38 ff., **3**, 19
– Legaldefinition **2**, 18
– Nutzungsrisiko **3**, 19
– Prüfungsverfahren **2**, 39 ff., 45 ff.
– Schutzziel **2**, 18 ff.
– Spruchpraxis **2**, 20
– unbestimmter Rechtsbegriff **3**, 19 f.

Entwicklungsziele **2**, 2

Erforderlichkeitsklausel **1**, 46

Erfüllungsaufwand **7**, 38

ERGA **9**, 9

Erheblichkeitsschwelle **2**, 51

Erlaubnis
- hoheitliche 3, 12
Ermittlungsverfahren
- Amtshilfe 8, 85
- Auskunftspflicht 8, 84 f.
- Polizei 8, 85
„Erster Arbeitsentwurf JMStV für
    Fachgespräche" 1, 48
Erwachsenenfreigabe 3, 13
Erwachsenenprüfung durch die FSK
- Zensurverbot 1, 28
Erweiterte Risiken 5, 8
Erzieherischer Jugendschutz 2, 29 ff.
Erziehungsaspekt 1, 19 f.
Erziehungsbeauftragte Person 3, 57
Erziehungspflichten 8, 32
- grobe Verletzung 8, 7
Erziehungsrecht 1, 16, 19, 5, 80 f.
EU-Grundrechtecharta 7, 18
Europarecht 3, 4, 4, 4 f.
- AVMD-Richtlinie 1, 40, 3, 4, 4, 4 f.,
    83
- E-Commerce-Richtlinie 4, 4 f., 83
- Herkunftslandprinzip 4, 4, 82 ff.
- Sendestaatprinzip 4, 82 ff.
- Sitzland 4, 81
EUV
- Art. 4 Abs. 3 9, 11 f.
Evaluierung 4, 93, 7, 25
- Berichterstattung 7, 25
Eventualvorsatz 8, 32
- Merkmale 8, 14 ff.
Externes Monitoring 7, 55
Exzessives Mediennutzungsverhal-
    ten 2, 56

Fahrlässigkeit 8, 22 ff.
- Definition 8, 23
- Entschuldigungsgrund 8, 31
- Kausalität 8, 24
- objektive Vorhersehbarkeit 8, 27
- objektive Zurechnung 8, 24, 28

- Pflichtwidrigkeit 8, 26
- Rechtswidrigkeit 8, 29
- Schuldvorwurf 8, 30
- Sorgfaltspflicht 8, 25
- subjektiver Maßstab 8, 30
- Unzumutbarkeit 8, 31
Falschbewertung
- Risiko 4, 24
Falschkennzeichnung 4, 96
Fernmeldegeheimnis 5, 8
Fernsehähnliches Angebot 4, 41 f., 47
Fernsehähnlichkeit 4, 42
Film- und Spielplattform 4, 25, 5, 70,
    8, 40
- Abgrenzung 5, 16 ff.
- Kennzeichnung 9, 6 f.
Filmbegriff 1, 23
Filmfreiheit 1, 21 ff.
Filmprogramm 3, 9, 8, 39
Finanzbedarf 7, 37
- Bundesministerium für Familie, Se-
    nioren, Frauen und Jugend 7, 41
- Bundeszentrale für Kinder- und Ju-
    gendmedienschutz 7, 37 ff.
- jährlicher Erfüllungsaufwand 7, 38
- Personalkosten 7, 39
- Sachkosten 7, 40
Fischzuchtforum 5, 31
Föderalismus
- kooperativer Föderalismus 1, 46
- Medienföderalismus 1, 46 ff.
Folgeindizierung 6, 90
- Prüfungskompetenz 6, 96 ff.
Förderauftrag 7, 46 ff.
- gemeinsame Verantwortungsüber-
    nahme 7, 48
- Nutzbarmachung der Spruchpraxis
    7, 50 f.
- überregionale Bedeutung 7, 47
Freigabebegründung 3, 47 f.
- FSK ab 18 3, 48
- QR-Code 3, 47

Freiheitliche demokratische Grundordnung **1**, 34

Freiwillige Selbstkontrolle **1**, 13, 27 ff., 42, **4**, 54 ff.

Freiwillige Selbstkontrolle der Filmwirtschaft GmbH (FSK) **1**, 28 f.
- Erwachsenenprüfung **1**, 28
- FSK ab 18 **3**, 39 f., 48
- FSK.online **1**, 10, **4**, 55
- FSK-Grundsätze **3**, 21, 69

Freiwillige Selbstkontrolle Fernsehen eV (FSF) **1**, 10, **4**, 55

Freiwillige Selbstkontrolle Multimedia Diensteanbieter eV (FSM) **1**, 10, **4**, 55, **5**, 70, **6**, 112
- Indizierungsverfahren **6**, 13

Fremde Information
- Abgrenzung **5**, 16 ff.

Fremder Inhalt
- Auswahl **5**, 18 ff.
- Darstellung **5**, 18 ff.
- Distanzierung **5**, 22
- Einflussnahme **5**, 18 ff.
- freiwillige Überprüfung **5**, 21 f.
- freiwilliges Monitoring **5**, 21 f.
- Kontrolle **5**, 17 ff.
- Kuratierung **5**, 18 ff.
- Monitoring **5**, 21 f.
- Selektion **5**, **3**, 18 ff.
- Sortierung **5**, **3**, 18 ff.

Fremdsprache **5**, 91

Fristberechnung **8**, 105 ff.

Gatekeeper **3**, 7, **4**, 48

GebO-BPjM **6**, **4**, 164 ff.

Gebot zur weltanschaulichen Neutralität **1**, 15

Gefährdungsatlas **6**, 39

Gefährdungsgeneigter Minderjähriger **3**, **6**, 28

Gefährdungslagen, neue **5**, 3

Gefahrenabwehr **1**, 43

Gefahrenprognose **1**, 7, **2**, 46, **3**, 25
- konkrete **2**, 48 f.

Geldbuße
- Kennzeichnungspflicht **4**, 94

GEMA **6**, 53

Gemeinsames Verfahren **3**, 45, 60 ff., 113, **4**, 53
- Beratung **3**, 64 f.
- Beschlussfassung **3**, 65

Gemeinschaftsfähigkeit **1**, 15, 19 f., **2**, 2, **4**, 22

Genuine link **9**, 6 ff.
- Konzept **4**, 78

Gesamtbeurteilung, abweichende **2**, 45 ff.

Geschäftsbedingungen **5**, 88 ff.

Geschlossene Benutzergruppe **4**, 74 ff., **5**, 74
- Altersverifikationssystem **4**, 75 f.
- nach JMStV **4**, 75

Geschützte Kommunikations- und Interaktionsräume **5**, 2

Gesetz über die Verbreitung jugendgefährdender Schriften **7**, 6
- Bundesprüfstelle für jugendgefährdende Schriften **7**, 6

Gesetz zum Schutze der Jugend in der Öffentlichkeit (JÖSchG) **7**, 5

Gesetzgebungskompetenz **1**, 12, 41, **4**, 7 f.
- Absprachegebote **2**, 9 f.
- Bund **2**, 9 f.
- der Länder **2**, 9 f., **4**, 8
- Erforderlichkeitsklausel **1**, 46, **4**, 7
- für Rundfunk **2**, 5, **4**, 8
- für Telemedien **4**, 8
- konkurrierende **2**, 9 f., **4**, 7
- Rücksichtnahmegebot **2**, 9 f.

Gesetzmäßigkeit der Verwaltung **7**, 70

Geständnis **8**, 158
- taktisches **8**, 158

Gewaltdarstellung **1**, 2, **3**, 40

Gewaltdarstellungsverbot
- Herstellungs- und Verbreitungsverbot **1**, 2
Gewinnerzielungsabsicht **4**, 37, **5**, 24 ff.
- Beweislast **5**, 28
- Daten, personenbezogene **5**, 26
- Kriterien **5**, 28
Gewinnsucht **8**, 37
Globalisierung **9**, 1, 35 ff.
Glücksspiel **2**, 55
Glücksspielstaatsvertrag 2021 **9**, 39 ff.
Gold-plating **3**, 44
Good-Samaritan-Klausel **5**, 21
Governance
- Herausforderungen **5**, 6
Großbritannien
- Online Harms White Paper **5**, 4

Haftung
- fremde Inhalte **5**, 47 ff., 71
Haftungsprivileg **5**, 7, 57
- Vorsorgemaßnahmen **5**, 47 ff., 71
Handlungsdruck **3**, 30 ff.
Hauptausschuss **3**, 71
Heranwachsende **8**, 134
Herkunftslandprinzip **4**, 4, 82 ff., **5**, 45, 112, **9**, 1, 30
- Abweichung **9**, 16 ff.
- Anwendungsfälle **4**, 85 ff.
- Durchbrechung **4**, 84
- Einzelfallmaßnahmen **4**, 84
Hinweis
- Beratungsangebote **5**, 5, 101
- Gestaltung **5**, 79
- Unterstützungsangebote **5**, 5, 101
- Verständlichkeit **5**, 79
Hinweispflicht **4**, 23
Höherrangiges Recht **7**, 74
Host-Provider **4**, 36

IARC **3**, 63, 83 ff., **4**, 61, 68 f.
- Alterskennzeichen **3**, 83
- Anbieter **3**, 83
- Anbieterkennzeichnung **4**, 68 f.
- Beschwerdestelle **4**, 69
- Deskriptor **4**, 68
- Entwickler **3**, 83
- Interaktionsrisiko **4**, 68
- Jugendschutzeinstellung **4**, 69
- Kennzeichnung **3**, 83
- Selbsteinschätzung **3**, 83, **4**, 61, 69
- Vertriebsplattform **3**, 84
Identitätsbildung **1**, 8
In dubio pro reo
- Entscheidungsregel **8**, 94
- Kern **8**, 90
- Rechtsfragen **8**, 94
- Sachverhaltszweifel **8**, 90 f.
- Schweigerecht **8**, 87 ff.
- Verfolgungshindernis **8**, 93
- Verletzung **8**, 94
Index **6**, 102
Indizierung **1**, 2, 24, **6**, 1 ff., **7**, 43
- Abschaffung **1**, 50
- Antrag auf Feststellung fehlender (wesentlicher) Inhaltsgleichheit **6**, 135 f.
- Berufsfreiheit **1**, 50
- bewahrpädagogische Ausrichtung **1**, 50
- indizierungsfähige Medien **6**, 5 ff.
- Indizierungsschutz **6**, 11 ff.
- Informationsfreiheit **1**, 50
- Paternalismus **1**, 50
- Rechtsfolgen **6**, 117 ff.
- „scharfes Schwert" **1**, 50
- Werbeverbot **1**, 50
- Zensurverbot **6**, 10
Indizierungsverfahren **6**, 15 ff.
- Absehen von Indizierung **6**, 29
- Anhörungs- und Nachforschungspflicht **6**, 50 ff.
- antrags- und anregungsberechtigte Stellen **6**, 18 ff.

– Beschlagnahme- und Einziehungsanordnung 6, 81 ff.
– Einleitung von Amts wegen 6, 23
– Einstellung 6, 27
– Folgeindizierung 6, 90 ff.
– Listenstreichung 6, 137 ff.
– Priorisierung von Verfahren 6, 25 f.
– Prüfungsmaßstab 6, 33 ff.
– rechtskräftige gerichtliche Entschei-
dung 6, 76 ff.
– rechtskräftige Gerichtsurteile 6, 80
– Rechtsschutz 7, 81 ff.
– Regelverfahren 6, 30 ff.
– strafrechtliche Einschätzung 6,
41 ff.
– vereinfachtes Verfahren 6, 64 ff.
– Verkündung und Zustellung der Ent-
scheidung 6, 100 f.
– vorläufige Anordnung 6, 67
– Vorsitzendenentscheidung 6, 74 ff.
– Zuständigkeit 6, 16
Infoprogramm 3, 100
Information
– eigene 5, 16 ff., 36
– fremde 5, 16 ff., 36
Informationelle Selbstbestimmung 2,
57 ff.
Informationsaustausch 7, 52 f.
Informationsfreiheit 1, 22 f., 30, 50
Informelles Verwaltungshandeln 7,
69 ff.
Infrastrukturbezogene Regulierung 2,
9 f.
Inhalte
– eigene 4, 26, 28, 31, 34 f.
– fremde 4, 31
– journalistisch-redaktionelle 5, 35 f.
– linear verbreitete 4, 40
– nutzergenerierte 2, 37, 52, 5, 7, 8,
16 ff.
– sich zu eigen machen 4, 31, 34 f.
– zu eigen gemachte 5, 17 ff.

Inhaltsdeskriptor 3, 2, 47 ff., 51, 65,
4, 65, 67
– Europarecht 3, 4
– In-Game-Käufe 3, 44
– Lootbox 3, 44
– Nutzerinteraktion 3, 44
– Serie 3, 49
– Standortweitergabe 3, 44
– technisch auslesbarer 3, 111
– Trailer 3, 50
– Verwaltungsakt 3, 46
Inhaltsgleichheit 3, 55
– Kennzeichnungsverfahren 3, 68
– Telemedien 3, 55
Inländischer Empfangsbevollmächtig-
ter 9, 24 ff.
Inlandsbezug 5, 45, 9, 6 ff.
– kinder- und jugendmedienschutz-
rechtlicher 4, 78 ff.
Institutionalisierung der Öffentlich-
keit 1, 11
Integrität
– dezisionale 2, 26
– geistig-seelische 2, 25 ff.
– persönliche 2, 25 ff.
– psychische 2, 26
– sexuelle 2, 26
– soziale 2, 26
Integrität, persönliche 5, 8, 67
– Bedeutung 2, 22 ff.
– Begriff 2, 22 ff.
– Kriterien 2, 27
– Maßstab 2, 27
– Schutzziel 2, 22 ff.
Interaktionsräume, sichere 5, 8
Interaktionsrisiko 1, 4, 41, 47 f., 2,
34 ff., 3, 2, 23 ff., 79, 4, 22, 65 f., 5,
4
– Altersbewertung 2, 38 ff.
– Begegnung 5, 8
– Beschränkung auf bestimmte Verfah-
ren 2, 47
– Bewertung 2, 40 f.

– dynamisches **3**, 63
– Entwicklungsbeeinträchtigung **2**, 38 ff.
– Kaufmöglichkeit **3**, 23
– Kommunikationsmöglichkeit **3**, 23
– neues Schutzziel **2**, 23
– Nutzungsdaten **3**, 23
Interaktionsschutz **2**, 36
Interesse, kommerzielles **5**, 24 ff.
Interessenvertretung Minderjähriger **7**, 20
International Age Rating Coalition **4**, 61, **5**, 70
Internet-Beschwerdestellen **6**, 111 f.
– Indizierungsverfahren **6**, 20
Intimsphäre **5**, 81
IP-Blocking **9**, 40

JBG 3 **6**, 21
JMStV **1**, 2, 10, 12, 20, 24, 47 f., **3**, 77, **5**, 56, 65, 74, 105, 114, 117, **9**, 7
– Anpassungsbedarf **6**, 131 ff.
– Geschlossene Benutzergruppe **5**, 66
– Jugendschutzprogramm **5**, 66
– Kennzeichnung **5**, 66
– restriktiver Fokus auf Inhalte **1**, 1 f.
– Überlappungen **2**, 8
– Verbreitungsbeschränkungen **6**, 128 ff.
– Werbebeschränkungen **6**, 130
Jugend- und Familienministerkonferenz **5**, 95
Jugendentscheid **3**, 5, 38 f., 41
– positiver **3**, 52
Jugendfreigabe, keine **3**, 38 ff.
Jugendgefährdende Inhalte
– automatisiertes Bewertungssystem **4**, 62
Jugendgefährdung **1**, 19, **6**, 34 ff., 167
– Begriff **2**, 21
– einfache **3**, 41
– Schutzziel **2**, 21

– Wandel von Beurteilungsmaßstäben **6**, 138 f.
Jugendhilfe **2**, 31
Jugendhilferecht **5**, 10
Jugendmedienschutz
– Paradigmenwechsel **1**, 4
– präventiver **1**, 43, 49
– repressiver **1**, 43
– verfassungsrechtlicher **2**, 1 f.
Jugendschutz
– Erweiterung der Risikodimensionen **2**, 34 ff.
– erzieherischer **2**, 29 ff., 32, **5**, 10
– Medien **2**, 4
– pädagogischer **2**, 29 ff.
– präventiver **5**, 10
– Verfassungsrang **3**, 18, **4**, 9, **8**, 65
jugendschutz.net **5**, 111, **7**, 57
Jugendschutzbeauftragter **4**, 24, 54, 57 ff.
– Fachkunde **4**, 58
– Zertifizierung **4**, 59 f.
Jugendschutzeinstellung **3**, 85, **4**, 69
Jugendschützende Voreinstellung **5**, 5, 82 ff., 108
Jugendschutzprogramm **5**, 66, 81
Jugendschutzrichtlinien der Landesmedienanstalten **4**, 56
Jung, Brutal, Gutaussehend 3 ("JBG 3") **6**, 21
Jurisdiktionsgewalt **9**, 4
JusProg **6**, 115

Kaufappell **2**, 60, **3**, 27
– Begriff **3**, 80 f.
– nicht altersgerechter **3**, 78 ff.
– werbender Verweis **3**, 80
Kauffunktion
– Beachtlichkeit **2**, 54
Keine Jugendfreigabe **3**, 14, 38 ff.
Kennzeichen
– ausländische **4**, 49

- Sozialadäquanz 3, 22
- verfassungswidriger Organisationen 3, 22

Kennzeichnung 3, 1 ff., 5 f., 19, 29 ff., 86, 4, 23, 48, 5, 2, 8, 40, 9, 10 f.
- Altersbewertung nach JMStV 3, 3
- deutlich wahrnehmbare 4, 43, 50
- Distributionsbeschränkung 3, 18
- durch automatisiertes Bewertungssystem 4, 61 ff.
- durch freiwillige Selbstkontrolle 4, 54 ff.
- durch Jugendschutzbeauftragten 4, 54, 57 ff.
- Durchwirkung 3, 3, 86 ff.
- fehlerhafte 3, 102
- Gatekeeper 3, 7
- IARC 4, 61, 68 f.
- Infoprogramm 3, 100
- keine 3, 41, 43, 53
- keine Jugendfreigabe 3, 14
- Lehrprogramm 3, 100
- Lootbox 3, 25
- ohne Altersbeschränkung 3, 29 f.
- One-Stop-Shop 3, 3
- Ordnungswidrigkeit 3, 102
- rechtliche Qualität 4, 98 f.
- Rechtsschutz 3, 75
- Selbsteinschätzung 4, 61, 69
- Sinn und Zweck 3, 5 f., 4, 48
- Stichtagbewertung 3, 63
- Trailer 3, 81
- Verfahren 3, 59 ff.
- vertriebsfeste 3, 88
- Verwaltungsakt 3, 99, 4, 98
- verweigerte 3, 59
- von Apps 4, 65
- wechselseitige Anerkennung 3, 86 ff.

Kennzeichnungsfähigkeit, fehlende 3, 52

Kennzeichnungspflicht 1, 45, 3, 1 ff., 5, 59, 4, 23
- absolute 4, 25, 95

- Angebot ausschließlich für Erwachsene 4, 74 ff.
- Anwendungsbereich 3, 8
- auf Film- und Spielplattformen 3, 107, 4, 25
- ausländische Anbieter 4, 77 ff.
- Bagatellgrenze 4, 71 ff.
- Distributionsform 3, 8
- Einschränkung des Anwendungsbereichs 4, 70 ff.
- Erweiterung 4, 3
- Europarecht 4, 77 ff.
- Geldbuße 4, 94
- geschlossene Benutzergruppe 4, 74 ff.
- Herkunftslandprinzip 4, 77
- Jugendentscheid 3, 5
- Kinder- und jugendmedienschutzrechtlicher Inhaltsbezug 4, 78 ff.
- Ordnungswidrigkeit 4, 94
- Regelungsziel 3, 3, 5
- Trailer 4, 51

Kennzeichnungsverbot 3, 14
- indizierte Inhalte 3, 14

Kennzeichnungsverbote nach § 14 Abs. 3 und 4 JuSchG 1, 29
- Verfassungswidrigkeit 1, 29
- Verhältnismäßigkeitsgebot 1, 29

Kennzeichnungsverfahren 3, 1, 59 ff.
- 3er-Arbeitsausschuss 3, 73
- Ablauf 4, 52 ff., 97 ff.
- Appellation 3, 67, 72
- Appellationsausschuss 3, 72
- Appellationsverfahren 3, 67, 72
- Arbeitsausschuss 3, 69
- Beratung 3, 70
- Berücksichtigung von Interaktionsrisiken 4, 65 f.
- Berufung 3, 66, 71
- Berufungsverfahren 3, 66, 71
- Beschlussfassung 3, 70
- besondere Verfahren 3, 68, 73
- Computerspiele 3, 62 ff.
- Filme 3, 69

– gemeinsames Verfahren 3, 60 ff., 4, 53, 66
– Hauptausschuss 3, 71
– ohne staatliche Beteiligung 4, 66
– Prinzip der abgestuften Privilegierung 4, 52
– Telemedien 3, 105 ff.
– vereinfachtes Verfahren 3, 74
– Verhandlung 3, 70
– Verwaltungsaktbefugnis 4, 99
– Verwendung von Inhaltsdeskriptoren 4, 65, 67

KI 4, 63, 5, 97

Kinder- und jugendmedienschutzrechtlicher Inhaltsbezug 4, 78 ff.

Kinderhilferecht 5, 10

Kinderrecht
– Befähigung 5, 9 f.
– Teilhabe 5, 9 f.

Kinderschutzgedanke 5, 1

Kindersicherung 5, 80 f.

Kindeswohlgefährdung 1, 16

Kinofilm 1, 23

Kinokasse 1, 6

Kinovorstellung 3, 35, 56 f., 57

KJM 1, 13, 42, 5, 117, 6, 132, 7, 7, 58 f., 61
– Altersverifikationsverfahren 4, 75 f.
– Aufsicht 6, 134
– Bestätigungsentscheidung 3, 15, 89 f., 93, 95
– Indizierungsantrag 6, 55 f.
– Stellungnahme 6, 54 ff., 68
– Zuständigkeit 4, 42

Klagegegner 7, 83 f.

Koalitionsvertrag 4, 2

Kohärenz 1, 12, 46 ff., 9, 9

Kohärenzkriterium 9, 34

Kommerzielles Interesse 5, 24 ff.

Kommunikations- und Interaktionsraum, geschützter 5, 2

Kommunikationsbegriff 2, 53

Kommunikationsfreiheit 1, 25, 30, 5, 97

Kommunikationsfunktion 2, 52 f.

Kommunikationsgrundrechte 1, 21 ff., 25

Kommunikationsrisiko 1, 4, 41, 47 f., 4, 22

Kommunikationsschutz 2, 36

Kommunikationsverfassungsrecht 1, 14

Kompetenz 7, 6, 7, 75
– Gesetzgebung 7, 7
– Kompromiss 7, 7
– Streitigkeiten 7, 6, 7

Konfrontationsschutz 5, 5

Konkrete Gefahrenprognose 2, 48 f.

Konkurrenz 5, 99
– DS-GVO 5, 106 ff.
– JMStV 5, 105
– NetzDG 5, 100 ff.

Kontakt
– -aufnahme 5, 86
– -datum 5, 85
– -funktion 2, 52 f.

Kontrolle
– automatisierte 5, 17 ff.
– elterliche 5, 80 f.
– fremde Inhalte 5, 17 ff.
– inhaltlich-redaktionelle 5, 17

Konvergenz 1, 46 ff.

Kooperationsnetzwerk 1, 43

Kooperationsproduktion 4, 14, 39

Kooperationsvereinbarung 3, 112

Koregulierung 5, 114 ff., 9, 21

Kulturelle Diversität 9, 1 f.

Kunstfreiheit 1, 21, 25, 3, 22, 42 f.
– Altersstufen 3, 42

Künstliche Intelligenz 4, 63, 5, 97

Kunstmonopol 3, 43

Kuratierte Bereitstellung 4, 34

Landesmedienanstalt **1**, 13, 42, **8**, 53
- Binnenpluralismus **1**, 27
- Fachaufsicht **1**, 27

Lehrer **8**, 6

Lehrprogramm **3**, 100

Leichtfertigkeit **8**, 38

Leitlinie **5**, 114 ff., **7**, 24, 62
- Anerkennung **5**, 116 f.
- KJM **5**, 117
- Schutzschildwirkung **5**, 116

Liste jugendgefährdender Medien **6**, 102 ff.
- bisheriger Aufbau **6**, 103 f.
- Mitteilung **6**, 111 ff.
- nichtöffentlicher Teil **6**, 109
- veränderte Listenführung **6**, 105 ff.

Listenaufnahme **7**, 43
- Antragsberechtigung **7**, 44

Listenstreichung **6**, 137 ff.
- abweichende gerichtliche Beurteilungen **6**, 146 f.
- Antrag auf Listenstreichung **6**, 158 ff.
- Aufhebung von Beschlüssen **6**, 157
- Beschlagnahme – und Einziehungsbeschluss **6**, 151 ff.
- Besonderheit bei zugrundeliegender gerichtlicher Entscheidung **6**, 162
- nach Aufhebung von Gerichtsentscheidung **6**, 141 ff.
- nach Zeitablauf **6**, 140
- vereinfachtes Verfahren **6**, 161
- Verjährung der indizierungsbegründenden Entscheidung **6**, 148 ff.
- von Amts wegen **6**, 166 ff.

Lootbox **2**, 55, **3**, 25, 27, 44
- Inhaltsdeskriptor **3**, 27
- Zulässigkeit **3**, 27

Loyale Zusammenarbeit, Prinzip der **9**, 11 f.

Marktortprinzip **9**, 37

Maschinelles Lernen **5**, 97

Maßnahmen des Medienanbieters **2**, 50

Mechanismen, glücksspielähnliche **2**, 55

Media Governance
- Institutionalisierung der Öffentlichkeit **1**, 11

Mediathek
- öffentlich-rechtliche **4**, 14, 39

Medien
- jugendgefährdende **6**, 138 f.

Medienbegriff **8**, 32
- einheitlicher **2**, 4 ff.
- Telemedien **8**, 3
- Trägermedien **8**, 3

Medienerziehung **1**, 19

Medienföderalismus **1**, 46 ff.

Medienkompetenz **1**, 8

Medienkonvergenz **1**, 46 ff., **7**, 8
- Bund-Länder-Bericht zur Medienkonvergenz **1**, 41

Mediennutzung **1**, 4, 19, **4**, 19
- altersgerechte **5**, 9
- von Onlineangeboten **4**, 17
- von Spielangeboten **4**, 18

Mediennutzungsverhalten **4**, 16 ff.
- exzessives **2**, 56

Medium
- Begriff **2**, 4 f.
- Bestandteil **2**, 43 f.

Meinungsbildungsrelevanz **1**, 34 f.

Meinungsfreiheit **1**, 21 ff., **4**, 9

Meistbegünstigung **9**, 20

Melde- und Abhilfeverfahren **1**, 12

Meldemöglichkeit **5**, 5

Meldesystem **1**, 9

Meldeverfahren **5**, 3, 5, 47, 62 ff., 100 ff.
- Anforderungen **5**, 64
- Kindergeeignetheit **5**, 67 f., 101
- Missbrauch **5**, 72

– NetzDG **5**, 66
– Unterschiede **5**, 66
– Verständlichkeit **5**, 68
Menschenwürde **1**, 5, 25, 49, **6**, 36, 122, **8**, 67, **9**, 17
Menschenwürdegarantie **1**, 25
Minderjähriger
– gefährdungsgeneigter **3**, 6, 28
Mindestalter **5**, 30
Mindestharmonisierung **9**, 21
Ministerkomitee des Europarates **5**, 95
Mobbing **1**, 4, 9
Monitoring **5**, 21 f.
Monitoringstelle **3**, 63

Nachrichtensendung **4**, 47
Nachzensur **1**, 30
Nettoprinzip **8**, 174
NetzDG **5**, 27, 40, 49, 56, 100 f.
– Doppelzuständigkeit **5**, 100 ff.
– Gewinnerzielungsabsicht **5**, 27
– Konkurrenz **5**, 100 ff.
– Verhältnis zum JuSchG **5**, 100 ff.
– Vorrang **5**, 100 ff.
Netzwerk, berufliches **5**, 30
Neutralität **4**, 32
Normenbetroffenheit **7**, 56
Notifizierungsverfahren **9**, 33
Nutzen, wirtschaftlicher **5**, 25
Nutzergenerierte Inhalte **2**, 37, 52, **5**, 7 f., 16 ff.
Nutzergruppe **5**, 29 ff.
– Beweislast **5**, 34
Nutzerprofil
– Auffindbarkeit **5**, 84
– Einsehbarkeit **5**, 84
– Zugriffsbeschränkung **5**, 84
Nutzerseitige Alterseinstufung **5**, 47
– System **5**, 5
– Verfahren **5**, 3

Nutzung
– anonyme **5**, 87
– durch Minderjährige **5**, 31 ff.
– faktische **5**, 31 ff.
– Kenntnis **5**, 33
– pseudonyme **5**, 87
– tatsächliche **5**, 31 ff.
– Üblichkeit **5**, 31 ff., 38
Nutzungsdaten **2**, 57 ff.
Nutzungsdeskriptor **3**, 44
Nutzungsrisiko **3**, 25
– dynamisches **3**, 63
Nutzungsvertrag **5**, 30, 88 ff.
Nutzungszahlen
– aktive Nutzerinnen und Nutzer **5**, 40 ff.
– Bestimmung **5**, 37 ff.
– Beweislast **5**, 44
– Geolokalisierung **5**, 43
– Inland **5**, 43
– registrierte Nutzerinnen und Nutzer **5**, 40 ff.
– Schwellenwert **5**, 39
– Unbestimmtheit **5**, 39

Öffentlich-rechtlicher Rundfunk **3**, 15, **4**, 14, 39
– Altersbewertung **3**, 99
– Durchwirkung **3**, 89, 94
– Verwaltungsaktsbefugnis **3**, 99
OLJB **3**, 76 f., 92
– Ständiger Vertreter **3**, 62
– Übernahmeentscheidung **3**, 89
One-Stop-Shop **3**, 3, 76
Online Harms White Paper **5**, 4
Onlinespiel **5**, 16, 23
Opferschutz **1**, 5, 49
Opportunitätsgrundsatz **8**, 78 ff.
Optimierungsgebot **5**, 59
Ordnungsrechtliche Sanktionen **8**, 33 ff.

Ordnungswidrigkeit
- Geringfügigkeit 8, 165
- Kennzeichnungspflicht 4, 94
- missbräuchliche Anbieterkennzeichnung 3, 102

Orientierung 4, 3, 5, 8
- Begriff 2, 30
- Schutzziel 2, 29 ff., 30

Overblocking 5, 82, 97

Pädagogischer Jugendschutz 2, 29 ff.

Paradigmenwechsel 1, 4, 7, 16

Parental Guidance 3, 35, 57

Parental-Control-Funktion 5, 3, 80 f.

Paternalismus 1, 50

Payment-Blocking 9, 41

PEGI
- Indizierungsverfahren 6, 14

Periodisch erscheinende Medien 6, 62 f.

Personalkosten 7, 39

Personelle Besetzung 7, 19, 27
- Beirat bei der BzKJ 7, 19
- Bundesprüfstelle für jugendgefährdende Medien 7, 27
- Entscheidungsgremien der Prüfstelle 7, 34 ff.

Personenbezogenes Datum 5, 26

Personensorgeberechtigte 1, 19

Persönliche Integrität 1, 19, 3, 44, 4, 22, 5, 8, 67, 6, 38 ff.
- Allgemeines Persönlichkeitsrecht 2, 25 ff.
- Bedeutung 2, 22 ff.
- Begriff 2, 22 ff.
- Grundlage 2, 24 ff.
- Herleitung 2, 24 ff.
- Kriterien 2, 27
- Maßstab 2, 27
- Schutzziel 2, 22 ff.

Persönlichkeitsentfaltung 2, 26

Persönlichkeitsentwicklung 1, 37

Piktogram 5, 68, 92

Plattform
- behördliche 4, 37
- firmeninterne 4, 37
- kommerzielle 4, 37 f.
- non-profit 4, 37
- private 4, 37

Pluralismus
- Binnenpluralismus 1, 27
- gesellschaftlicher 1, 40

Pragmatischer Realismus 1, 7, 49

Praktische Konkordanz 4, 9

Prävention 2, 29

Präventionsangebot 5, 77 ff.

Präventiver Jugendmedienschutz 1, 15, 43, 49

Pressefreiheit 1, 21 ff.

Prinzip der abgestuften Privilegierung 4, 52

Privatsphäre 5, 8, 81

Privilegierung 1, 10

Programmankündigung 3, 78, 80

Programmautonomie 1, 34

Prüfgremium 3, 61

Prüfkriterium
- Auslegungshilfe 3, 19
- untergesetzliches 3, 19

Prüfungsgegenstand
- Erweiterung 2, 35 ff.
- Funktionalitäten 2, 36 f.
- Interaktionsrisiken 2, 35 ff.

Prüfungsverfahren
- Maßnahmen des Medienanbieters 2, 50

Rauschzustände 8, 132

Recht, höherrangiges 7, 74

Rechtliches Gehör 8, 97 ff.
- Belehrung 8, 99
- Form 8, 98
- Rechtsgespräch 8, 97

– Verwertungsverbot 8, 99

Rechtsdurchsetzung 7, 72

Rechtsfeindliche Gesinnung 8, 156

Rechtsrahmen
– Modernisierung 5, 4, 6

Rechtsschutz 3, 75, 7, 79 ff.
– Aufsichtsverfahren 7, 86 f.
– Bußgeldverfahren 7, 88 f.
– Indizierungsverfahren 7, 81 ff.
– Klagegegner 7, 83 f.
– Klageverfahren 7, 80 ff.

Rechtssicherheit 5, 94

Rechtsunsicherheit 5, 13, 33

Rechtsweg
– Verwaltungsrechtsweg 3, 75

Rechtswidrigkeit
– Indizwirkung 8, 125

Regelverfahren 3, 62

Regulierte Selbstregulierung 1, 10, 40,
4, 1, 20, 24, 5, 114 ff.

Regulierungsansatz
– neuer 5, 1 ff., 10
– präventiver 5, 10

Reportage 4, 47

Repressiver Jugendmedienschutz 1, 43

Resilienz 1, 8

Rezeptionsrisiko 1, 3 ff., 41, 47

Risiko
– Bewertung 2, 41
– Einschätzung 2, 41
– Erheblichkeit 2, 48
– erweitertes 5, 8
– Erweiterung 2, 22
– Interaktions- 2, 34 ff.
– Management 1, 6 ff., 12, 43
– Maßnahmen des Medienanbie-
ters 2, 50
– neues 2, 22
– Prävention 7, 50
– Technik 2, 36 f.

Rückwirkungsverbot 8, 95 f.

Rundfunk 3, 15, 4, 14, 39
– öffentlich-rechtlicher 3, 15, 4, 14,
39
– privater 3, 15, 4, 14

Rundfunkbegriff
– Abruf- und Zugriffsdienste 8, 59
– Berichterstattung 8, 60
– einfachrechtlicher 8, 58
– Linearität 8, 58
– Programminhalt 8, 60
– verfassungsrechtlicher 1, 35, 2, 5, 8,
58 ff.

Rundfunkfreiheit 1, 21 ff., 34 ff.

Rundfunkhoheit 2, 5

Rundfunkkompetenz 2, 5

Sachkosten 7, 40

Safety by Design 3, 27, 5, 82

Saldierung 8, 174

Schadensersatz 9, 19

Schadenspotenzial 2, 49

Schranken-Schranke 4, 10

Schule 8, 6

Schutzauftrag, staatlicher 2, 1 f.

Schutzdefizit, strukturelles 3, 17

Schutzinstrument 5, 1 ff.

Schutzkonzept
– Befähigung 2, 28
– neue 2, 28
– Prävention 2, 29
– Selbstschutz 2, 28

Schutzniveau
– Verbesserung 5, 2 ff.

Schutzpflicht, verfassungsrechtliche 9,
1

Schutzziel 3, 17, 7, 9
– Bedeutung 2, 16 f.
– Erweiterung 4, 22
– gesetzliches 2, 15 ff.
– Orientierung 2, 29 ff.
– persönliche Integrität 2, 22 ff.
– Regelungsgehalt 2, 16 f.

– Schutz vor entwicklungsbeeinträchtigenden Medien 2, 18 ff.
– verfassungsrechtliches 2, 2

Schweigen 8, 154

Schweigerecht
– Belehrung 8, 88
– Teilschweigen 8, 88

Schwere Jugendgefährdung 3, 53 f.

Selbstauskunft 2, 59

Selbstbestimmtheit 2, 2

Selbstbestimmung, informationelle 2, 57 ff.

Selbsteinschätzung durch Anbieter 4, 61, 69

Selbstgefährdung 1, 4

Selbstkontrolle, freiwillige 4, 54 ff.

Selbstkontrolleinrichtung 4, 53
– Anerkennungsvoraussetzungen 4, 55
– Leitkriterien 3, 44
– nach JMStV 4, 54 ff.
– Prüfungsentscheidung 4, 56

Selbstkontrolleinrichtungen 3, 60, 76 f.

Selbstregulierung 4, 1, 20, 9, 21
– regulierte 4, 1, 20, 5, 114 ff.

Selbstschutz 5, 2, 8
– Befähigung 5, 5, 10

„Selbstzensur" 1, 27

Sendestaatprinzip 4, 82 ff.

Sendezeitbeschränkung 1, 32
– präventive 1, 32

Serie 3, 49
– Kennzeichnungspflicht 4, 45 f.

SGB VIII
– § 14 2, 31, 5, 10

Sichere Interaktionsräume 5, 8

Sichter 3, 63, 68

Simuliertes Glücksspiel 2, 55

Sitzland 4, 81, 5, 45, 112

Snackable Content 4, 42

Social Media 5, 2, 9, 16, 23, 89, 100 ff.

Sofortige Vollziehung 8, 42

Sonn- und Feiertag
– Verjährungsfrist 8, 107

Sonny Black 6, 53

Sorgerecht 1, 18

Sorgfaltspflicht 5, 4

Sortierung, chronologische 4, 34

Sozialadäquanz 3, 22

Soziale Medien 5, 2, 9, 16, 23, 89, 100 ff.

Soziales Netzwerk 1, 35, 38, 4, 36

Sozialethische Desorientierung 6, 34 ff.

Sozialisation 1, 8

Spec Ops: The Line 3, 43

Spielangebote 4, 18

Spielfilm 1, 23
– Kennzeichnungspflicht 4, 45

Spielprogramm 4, 44, 8, 39
– Erweiterung 4, 44
– Zusatzinhalt 4, 44

Spielzeitbegrenzung 1, 9

SPIO/JK
– Gutglaubensschutz 6, 14
– Indizierungsverfahren 6, 14
– Verbotsirrtum, unvermeidbarer 6, 14

Staatsferne des Rundfunks 8, 54 ff.
– Erstes Rundfunkurteil 8, 55
– Inhalt 8, 55

Staatsfernegebot 1, 33 ff., 40, 3, 77, 99, 4, 42, 7, 76, 8, 61 ff., 177
– Bundeszentrale für Kinder- und Jugendmedienschutz 1, 38, 41
– Sicherungsmaßnahmen 8, 68

Ständiger Vertreter 3, 62, 68 f.

Standortdatum 5, 85

Strafempfindlichkeit 8, 164

Strafrechtliche Sanktionen 8, 1 ff.

Streaming-Angebot 4, 40

Strukturelle Vorsorgepflicht 5, 1 ff.

Subsidiaritätsprinzip 7, 75

Suchtgefährdung 1, 4, 47 f.

Suspensiveffekt 3, 66 ff.
- Appellation 3, 67
- Berufung 3, 67

Synergieeffekte 7, 59

Tatbestandsmäßigkeit 8, 122 ff.

Technik
- als weiches Regulierungsinstrument 1, 9

Technikgestaltung 5, 82

Technischer Jugendmedienschutz 1, 9, 31

Teilhabe, unbeschwerte 2, 30, 5, 9

Teilhabechance
- Verwehrung 5, 9

Teilhaberecht 5, 9

Teilschweigen 8, 154

Telemedien
- geschlossene Benutzergruppen 6, 128
- Indizierung 6, 7 f.
- Restriktionen 6, 127 ff.
- rundfunkähnliche 4, 42

Territorialprinzip 8, 48

TMG 5, 17 ff.
- Haftungsprivileg 5, 7
- Verantwortlichkeit 5, 7

Trägermedien 6, 8
- Folgen der Indizierung 6, 120 f.
- Indizierung 6, 7 f.
- Restriktionen 6, 119
- schwer jugendgefährdende 6, 122 f.

Trailer 3, 50, 78 ff.

Transformation 1, 43

Transparenz 9, 10, 26 ff.

TTDSG
- § 20 5, 76

TV-Format 4, 47

Übernahme von Kennzeichen 4, 49

Übernahmefähigkeit 3, 88

Überprüfung
- automatisierte 5, 21 f.
- fremde Inhalte 5, 21 f.

Übertragbarkeit
- Kennzeichnung 3, 58

Überwachung
- allgemeine 5, 7
- Verbot 5, 7

Unantastbarkeitsklausel 1, 25

Unbeschwerte Teilhabe 2, 30, 5, 9

Uneinsichtigkeit 8, 155

Ungleichbehandlung, verfassungswidrige 3, 15, 4, 14 f.

Unschuldsvermutung 8, 86 ff.

Unterbrechung der Verjährung
- Ermittlung gegen Unbekannt 8, 112
- mehrere Betroffene 8, 113
- mündliche Unterbrechungshandlung 8, 116
- Reichweite 8, 112
- Tatbestände 8, 111
- Verjährungsfrist 8, 108 ff.
- Zeitpunkt der Unterbrechungshandlung 8, 115

Unterhaltungssoftware Selbstkontrolle (USK) 3, 63, 64 ff.
- Beschwerdestelle 4, 69
- IARC 4, 68 f.
- USK.online 1, 10, 4, 55
- USK.online, Indizierungsverfahren 6, 13
- USK-Grundsätze 3, 19, 62

Unterstützungsangebot 5, 77 ff.
- Sichtbarkeit 5, 78

Untersuchungsgrundsatz 8, 83 ff.

Uploadfilter 5, 21, 97

UrhDaG 5, 96
- Uploadfilter 5, 21, 97

Urheberrecht der EU **9**, 37

User-Generated-Content **5**, 19

Verantwortlichkeit **5**, 57
– Anbieter **5**, 3
– fremde Inhalte **5**, 17 ff., 47 ff., 71
– Haftungsprivileg **5**, 7

Verantwortungsgemeinschaft **7**, 48

Verbot der Mischverwaltung **7**, 23, 49

Verbot mit Erlaubnisvorbehalt **3**, 78

Verbotsirrtum **8**, 153

Verbraucherschutz **1**, 4, 47 f.

Verfahren
– dialogisches **5**, 111
– vereinfachtes **3**, 74

Verfahrenseinstellung
– keine Geldzahlung **8**, 82
– mögliche Gründe **8**, 81
– Willkürverbot **8**, 80 ff.

Verfahrensgrundsätze
– Ordnungswidrigkeitenrecht **8**, 70

Verfahrensrecht
– Unterschiede Bußgeld- und Strafverfahren **8**, 118

Verfassungsmäßigkeit **3**, 10, **4**, 6, 9
– Berufsfreiheit **4**, 11
– Bestimmtheitsgebot **4**, 12 f.
– Gesetzgebungskompetenz **4**, 7 f.
– Gleichheitsgrundsatz **3**, 15, **4**, 14 f.
– Kennzeichnungsverbot **3**, 14
– Zensurverbot **3**, 11 f., **4**, 10

Verfassungsrechtliche Anforderungen **4**, 6

Verfolgungshindernis **8**, 93

Verfolgungsverjährung **8**, 100 ff.
– Folgen **8**, 100

Verhalten Dritter
– Risikoeinschätzung **2**, 37

Verhältnismäßigkeit **4**, 38, **9**, 13, 17

Verhältnismäßigkeitsgebot **1**, 7, 13, 21, 29, 42, **5**, 25, 32, 37, 75
– Angemessenheit **5**, 53 ff.

– Eignung **5**, 58 ff.

Verjährung
– Verfahrenshindernis **8**, 100

Verjährungsfrist
– absolute **8**, 110
– Beginn **8**, 103
– Bußgeldandrohung **8**, 101
– Bußgeldbescheid **8**, 104
– Dauerordnungswidrigkeit **8**, 104
– Fristberechnung **8**, 105
– Länge **8**, 101 ff.
– Sonn- und Feiertag **8**, 107
– Unterbrechung **8**, 108 ff.
– unterschiedliche **8**, 102
– Zäsur **8**, 104

Verschlüsselung **2**, 59

Verstaatlichung des Jugendmedienschutzes **1**, 13

Verständlichkeit
– AGB **5**, 92
– Hinweis auf Beratungsangebote **5**, 79
– Hinweis auf Unterstützungsangebote **5**, 79
– Meldeverfahren **5**, 68

Verteidiger **8**, 89

Vertriebsplattform
– IARC **3**, 84

Verwaltungsakt **3**, 46, 61, **7**, 43
– dialogisches Verfahren **7**, 71
– Indizierung **7**, 43
– Rechtsdurchsetzung **7**, 73

Verwaltungsaktbefugnis **4**, 99 f.

Verwertungsverbot **8**, 99

Video-Sharing-Anbieter **5**, 3, 19, 63, 105

Video-Sharing-Plattform **1**, 35, 38, **4**, 36

VN-Kinderrechtsausschuss **5**, 95

VN-Kinderrechtskonvention **5**, 9, **7**, 18
– Allgemeine Bemerkung Nr. 25 **5**, 10

Vollstreckung
- Ausland 8, 50
Vollziehbarkeit 8, 42
Vorausindizierung 6, 62 f.
Vorbelastungen 8, 159
Voreinstellung, jugendschützende 5, 5, 82 ff., 108
Vorfeldmaßnahmen 2, 32
Vorführverbot 6, 124
Vorläufige Anordnung 6, 67
Vorrang 5, 99
- NetzDG 5, 100 ff.
Vorsatz
- Absicht 8, 11
- Definition 8, 9 ff.
- Elemente 8, 9
- sicheres Wissen 8, 11
- Willenselement 8, 10
- Wollenselement 8, 10
Vorsatz-Fahrlässigkeits-Kombination 8, 38
Vorsitzendenentscheidung 6, 74 ff.
Vorsorgeansatz 5, 1 ff.
Vorsorgemaßnahme 1, 12, 24, 41, 45, 5, 61 ff., 7, 55, 9, 8, 10, 13, 22
- Abhilfeverfahren 5, 62 ff.
- Abwägung 5, 55 ff.
- AGB 5, 88 ff.
- Altersüberprüfung 5, 73 ff.
- Anbieter 5, 61 ff.
- Angemessenheit 5, 52 ff., 53 ff., 61, 71, 105
- Anwendungsbereich 5, 12 ff.
- Aufwand 5, 25, 55, 57, 75
- Ausschluss von „Kollateralschäden" für die Kommunikationsfreiheit 1, 32
- Beispiele 5, 51, 61 ff.
- Beschwerdeverfahren 5, 62 ff.
- Bestimmtheitsgebot 1, 42
- Eignung 5, 58 ff.
- einzelne Maßnahmen 5, 51, 61 ff.

- formelle Rechtsdurchsetzung 7, 72
- Generalklausel 5, 51
- Haftungsprivileg 5, 47 ff., 71
- Hinweise auf Beratungsangebote 5, 77 ff.
- Hinweise auf Unterstützungsangebote 5, 77 ff.
- jugendschützende Voreinstellungen 5, 82 ff.
- Kosten 5, 25, 55, 57
- Leitlinie 5, 114 ff.
- Leitlinien 7, 62
- Maßnahmenkatalog 5, 51, 61 ff.
- Meldeverfahren 5, 62 ff.
- Missbrauch 5, 96
- Normenbetroffenheit 7, 56
- Nutzerbeschwerden 5, 96
- nutzerseitige Alterseinstufung 5, 69 ff.
- Parental-Control-Funktion 5, 80 f.
- safety by design 5, 82 ff.
- TMG 5, 47 ff., 71
- Überprüfung 7, 55 ff.
- Umsetzung 7, 57, 68
- Verhältnismäßigkeit 5, 53 ff.
- Verhältnismäßigkeitsgebot 1, 42
- Verpflichtete 5, 12 ff.
- weitere 5, 95 ff.
- Wirksamkeit 5, 52 ff., 58 ff., 61, 105
Vorsorgepflicht, strukturelle 5, 1 ff.
Vorsorgeprinzip 1, 7
Vorwerfbarkeit
- Alkohol 8, 132
- Ausnahmen 8, 127
- Bewusstseinsstörung 8, 128
- Ermittlungsansätze 8, 131
- Grundlage des Vorwurfs 8, 129
- Heranwachsende 8, 134
- Kinder 8, 127
- Rauschzustände 8, 132
- Schuld 8, 126 ff.
- seelische Störung 8, 130
- verminderte 8, 133

Vorzensur **1**, 25, 30, **3**, 11 ff., **4**, 10

Wahrnehmbarkeit, deutliche **4**, 50
Wechselwirkungslehre **1**, 36
Weiterentwicklung des Kinder- und Jugendmedienschutzes **7**, 46 ff.
Weltanschauliche Neutralität **1**, 15
Werbeclip **3**, 50
Werbung
– interessenschädigende **3**, 27
Wesentliche Inhaltsgleichheit **6**, 129, 135
Wiederholung von Taten
– Erhöhung des Bußgeldes **8**, 170
Willkürverbot
– Verfahrenseinstellung **8**, 80 ff.
Wirkung
– außerhalb des Inhalts **2**, 42
– nicht medieninhaltliche **2**, 42
Wirkungsmacht **3**, 20
Wirkungsrisiken **2**, 38 ff.
Wirtschaftlicher Nutzen **5**, 25

Zensur **1**, 25
– faktische **1**, 31
Zensurbegriff **3**, 11, **4**, 10
– Anpassung an neue Medienangebote **1**, 30, 31
– erweiterter formeller Zensurbegriff **1**, 31
– Nachzensur **1**, 30
– partielle Ausdehnung auf die Nachzensur **1**, 30
– Vorzensur **1**, 30
Zensurverbot **1**, 13, 25 ff., 42, **3**, 11 ff., 61, **4**, 10, **6**, 10
– Adressat **1**, 26

– Erwachsenenfreigabe **3**, 13
– Erwachsenenprüfung durch die FSK **1**, 28
– erweiterter formeller Zensurbegriff **1**, 31
– faktische Kontrollmechanismen **1**, 31
– faktische Vorlageverpflichtung **3**, 13
– Nachzensur **1**, 30
– Paradigmenwechsel **1**, 33
– partielle Ausdehnung auf die Nachzensur **1**, 30
– präventive Sendezeitbeschränkungen **1**, 32
– Proklamation der Freiheit des Geistes **1**, 25
– Schere im Kopf **3**, 11, **4**, 10
– „Selbstzensur" **1**, 26
– Strenges Mittelverbot **1**, 25
– Verbot staatlicher Einflussnahme auf Meinungsbildung und Medien **1**, 33
– Vorzensur **1**, 25, 30
– Zensurbegriff **1**, 30
– Zwillingsschwester der Medienfreiheit **1**, 33
Zielgruppe **5**, 29 ff.
– Beweislast **5**, 34
– Kenntnis **5**, 33
Zu-eigen-Machen **4**, 31, 34 f., **5**, 17 ff.
Zugänglichmachung
– fremde Information **5**, 16 ff.
Zugangssperre **9**, 40
Zukunftswerkstatt **7**, 48
Zumessungsfaktoren **8**, 145 ff.
– Anzahl der Taten **8**, 147
– Bedeutung der Tat **8**, 146
– objektive Merkmale **8**, 146
Zweitverwertung **3**, 88